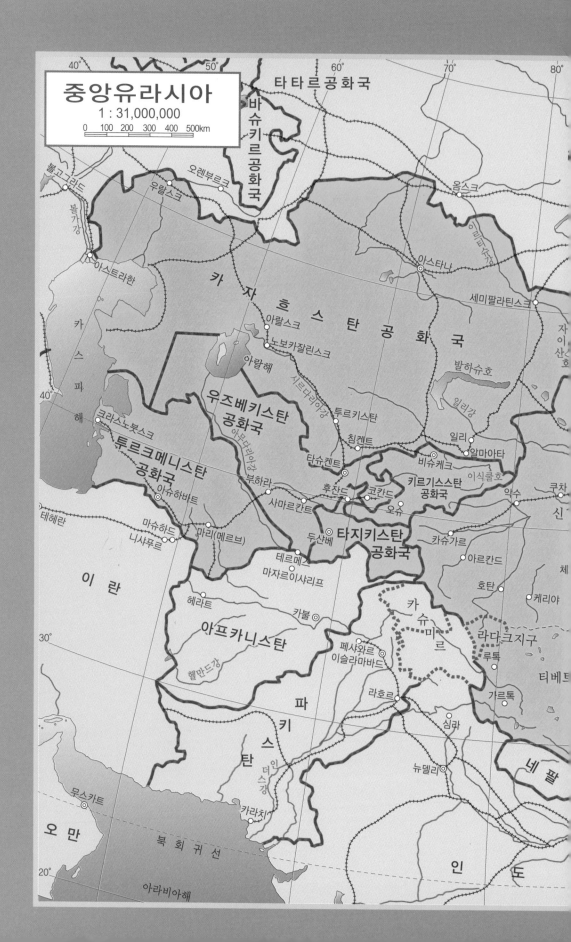

중앙
유라시아의
역사

고마츠 히사오 외 씀
이평래 옮김

소나무

중앙유라시아의 역사

초판 인쇄일 2005년 4월 25일
3쇄 인쇄일 2015년 8월 12일

펴낸이 | 유재현
기획편집 | 유재현 이윤미
마케팅 | 안혜련 장만
디자인 | 예감
인쇄제본 | 영신사
필름출력 | ING
종이 | 한서지업사
라미네이팅 | 영민사

펴낸곳 | 소나무
등록 | 1987년 12월 12일 제2013-000063호
주소 | 412-190 경기도 고양시 덕양구 대덕로 86번길 85(현천동 121-6)
전화 | 02-375-5784
팩스 | 02-375-5789
전자우편 | sonamoopub@empas.com
전자집 | http://cafe.naver.com/sonamoopub

CHUO EURASIA SHI by Hisao Komatsu
Copyright 2000 by Hisao Komatsu

Original Japanese edition published by Yamakawa-Shuppansha, Ltd.
Korean translation rights arranged with Yamakawa-Shuppansha, Ltd.
through Shin Won Agency Co., Seoul.
Korean translation rights 2005 by Sonamoo Publishing Union

ISBN 89-7139-325-4 93910
값 30,000원

중앙유라시아의 역사

중앙유라시아사 이해를 위한 서설

이 책은 일본의 중앙유라시아사 연구자들이 공동 집필한 『중앙유라시아사』(小松久男 編, 山川出版社, 2000年)의 완역이다. '중앙유라시아'는 유라시아 대륙 중심에 자리잡은 광대한 지역을 말한다. 그 범위는 대략 동서로 중국의 대싱안링(大興安嶺) 산맥에서 헝가리 평원까지, 남북으로 시베리아의 바이칼 호수 남변南邊에서 고비 사막에 이른다. 중앙유라시아는 자연 환경에 따라 다시 북부의 초원과 그 남쪽의 사막, 그리고 파미르를 중심으로 하는 산악 지대로 대별되지만, 모든 곳이 극히 건조하다는 공통점을 갖고 있다. 사람들은 초원과 사막, 황무지와 산악이 겹겹이 펼쳐진 거친 자연 환경을 극복하고 먼 옛날부터 이곳에 삶의 터전을 마련했다. 초원과 산악 지대에서 목축을 하면서 살아온 유목민遊牧民, 사막의 오아시스에서 농업이나 상업으로 삶을 이어온 정주민定住民이 그 주인공이다.

중앙유라시아의 두 축인 유목민과 오아시스 정주민은 삶을 유지하는 방식은 달랐지만, 지리적으로 이웃하면서 끊임없는 접촉을 통해 정치, 경제, 군사, 문화적으로 공생 관계를 유지했다. 유목민은 오아시스 정주민의 무역 활동을 보호하고, 대신 상업상 이권의 일부를 통행세 또는 보호세 명목으로 징수하는 한편, 이들을 통하여 문화적 욕구를 충족시켰다. 이렇게 수천 년을 살아오는 과정에서 초원과 사막을 하나로 묶어 주는 '중앙유라시아'라는 독자적인 세계가 이루어졌다.

유목민은 말 그대로 유목으로 살아가는 사람을 가리킨다. 유목은 2000여 년 전 사마천司馬遷이 『사기史記』 「흉노전匈奴傳」에서 기술한 것처럼 계절의 변화와 물과 풀의 형편에 따라 주기적으로 거처를 옮기는 목축의 한 형태이다. 몽골 고원에서 시작하여 신장(新疆)위구르자치구 북부를 지나 카자흐 초원과 흑해 북방에 이르는 유라시아 대륙 북부 초원과 파미르를 중심으로 하는 산악 지대가 이들의 활동 무대이다. 스키타이, 흉노, 훈, 선비, 유연, 돌궐, 위구르, 몽골을 비롯한 유명한 유목민 집단이 바로 이곳을 무대로 활동했다. 몽골 제국을 통해 알 수 있듯이 유라시아 초원 지대에 일단 강력한 유목 국가가 성립되면 그 힘은 언제나 주변으로 퍼져나갔고, 그 과정에서 유목민은 인류 역사에 굵고 깊은 자국을 남겼다.

고대 페르시아 제국을 위협하고 유라시아 청동기 문화(스키타이 동물 양식)에 뚜렷한 흔적을 남긴 흑해 북방의 스키타이, 오늘날 내·외몽골을 무대로 하여 한漢나라와 치열한 각축을 벌인 흉노, 그들의 후예로 서쪽으로 이동하여 게르만족의 이동을 촉발시켜 유럽을 새로운 사회로 나아가게 한 훈족, 몽골 고원 동북 변방에서 일어나 주변의 문명 세계를 유린하고 동서를 하나로 통합하여 세계사의 물줄기를 바꿔놓은 몽골족의 활동은 그 대표적인 사례이다. 또한 중원의 상주商周 문명은 유목 세계와 접촉을 통하여 형성되었다고 볼 수 있고, 수당隋唐 제국의 출현도 실은 5호 16국 시대라는 유목 세계와 정주 세계의 충돌과 융합의 결과물이었다. 그밖에 선비, 유연, 돌궐, 위구르를 비롯한 몽골 고원에서 활동한 유목민 집단이 중국과 주변 세계에 미친 크고 작은 영향까지 합하면 유목민이 행한 역사적 역할은 이루 헤아리기 어려울 정도로 많다.

초원 지대 남부, 즉 오늘날 중국 신장위구르자치구(동투르키스탄), 우즈베키스탄, 투르크메니스탄, 타지키스탄을 비롯한 옛 소련령 중앙아시아(서투르키스탄)에는 타클라마칸, 키질쿰, 카라쿰 등 거대한 사막이 펼쳐져 있다. 이러한 척박한 사막에서 천수泉水나 주위의 고산 지대에서 만년설이 녹아내린 물을 효과적으로 모아 인간이 살 수 있도록 조성한 거주 공간을 '오아시스'라 한다. 이른바 실크로드는 이들 오아시스와 오아시스가 연결된 국제 교통로이다.

오아시스 정주민들의 생업은 농업이지만, 살아가기 위하여 상업에 종사하는 사람이 나타나고, 이 중에는 실크로드 교역을 통하여 막대한 부富를 모은 사람도 생겨났다. 특히 사마르칸트를 중심으로 활동한 소그드인은 이미 4~5세기 무렵부터 중앙유라시아 육상 교통로를 이용하여 각지에 거류지를 만들어 동서 무역을 독점했다. 어려서 글을 깨우치면 장사를 배운다는 소그드인은 당나라에서 호상胡商이라 불리면서 진귀한 외국의 상품을 팔거나 고리대금업을 하여 재산을 모았는데, 이들의 활동은 특정 지역에 한정되지 않고 몽골, 중국, 서아시아에 이르기까지 이익이 남는 곳이면 어디로든 달려갔다.

물자의 이동은 필연적으로 문화와 사람의 이동을 수반하기 마련이고, 그 때문에 물자의 중개를 담당한 오아시스 정주민은 항상 동과 서의 신문화에 접할 수 있었다. 그들은 중국인에 앞서 서방에서 발생한 종교를 받아들이고, 서아시아와 유럽인에 앞서 중국의 제지 기술을 체득했다. 선진 문화의 수용은 자연스레 새로운 문화 창조로 이어졌으며, 특히 중개 무역을 통하여 모은 경제력은 오아시스민들이 동서양의 외래 문화를 통합하여 새로운 문화를 창조하는 밑거름이 되었다. 이른바 간다라 불교 미술은 그 대표적인 사례로 지적될 수 있는데, 널리 알려진 것처럼 간다라 양식은 인도 불교와 그리스 예술이 만나 이루어진 것으로 파미르와 서역西域을 거쳐 동아시아 각지로 전해졌다. 오아시스 정주민은 동서 두 세계에서 흡수한 이질 문화나 스스로 창조한 혼합 문화를 주변 세계로 전파하는 역할을 담당하기도 했다. 9세기 후반의 위구르 문자와 그 후 몽골 문자는 모두 소그드 문자를 모델로 한 것이고, 7세기 말 돌궐 문자도 소그드 문자를 참고로 했으며, 조로아스터교나 마니교로 대표되는 서방에서 기원한 종교 역시 이들의 손을 거쳐 초원에 옮겨졌다.

이처럼 초원의 유목민과 오아시스 정주민은 유라시아 역사와 문화 발전의 동력으로 작용했다. 즉 유목민의 활동은 역사의 주요 고비마다 현상 타파와 혁신 세력으로 등장하고, 오아시스 정주민의 활동은 그 자체가 동서 문화 교류 또는 신문화 창조자로 기능했다. 몽골 제국의 출현이 역사 발전의 동력으로서 두 집단의 힘이 최대로 발휘된 시기라고 한다면, 제국의 분열과 몰락은 그들의 역사적 역할의 종말을 의미했다. 이는 곧바로 인류사의 대변동으로 이어졌는데, 이러한 변화는 15~16세기에 시작되어 17~18세기에 구체화되는 중앙유라시아 세계의 몰락과 짝을 이룬다.

15~16세기까지 중앙유라시아를 독자적인 세계로 지탱해 준 것은 유목민의 군사력과 기동력, 그리고 오아시스 정주민의 경제력과 다양한 문화였다. 그러나 두 가지 요소 가운데 유목민은 대체로 이 시기를 기점으로 주변 지역에 대한 군사적 우위를 서서히 상실해 간다. 특히 유목 군사력의 근간인 궁시弓矢를

위주로 하는 기마 전술은 새로운 무기의 출현과 함께 유용성을 잃게 되고, 기마의 기동력도 새로운 교통 수단의 등장으로 과거의 위력을 상실할 운명에 처한다. 이처럼 중앙유라시아를 독자적인 세계로 유지시킨 군사적 우위가 상실됨에 따라 중앙유라시아의 존립 기반은 크게 흔들리게 된다.

주변의 정치 변화 역시 중앙유라시아 세계의 몰락을 재촉했다. 즉 15세기 중엽 사마르칸트의 번영을 구가했던 티무르 왕조의 몰락을 시발로, 15~16세기에 걸쳐 옛 소련령 중앙아시아와 서아시아 각지에 새로운 정권이 수립되고, 그들 상호간 대립이 격화되는 상황이 전개되었다. 이들의 분열과 대립은 당연히 동서 교역을 방해하고 과거처럼 서방에서 새로운 문화를 흡수할 기회를 박탈하여 국제 교역로 또는 문화 융합의 장으로서 오아시스의 위상을 크게 위축시키는 결과를 가져왔다. 게다가 서구인에 의해 촉발된 바다의 시대는 중앙유라시아의 위상에 결정적인 타격을 주었다. 증기 기관을 장착한 선박은 낙타에 화물을 싣고 사막을 오가는 대상隊商 무역을 거의 원시적인 것으로 만들어버렸다. 이런 점에서 바다의 시대의 개막은 서구의 우위와 중앙유라시아 세계의 몰락을 대변하는 상징적인 사건이라 할 수 있다.

15~16세기 이후 서구 세력이 해양으로 진출을 도모한 반면, 유라시아 양끝의 두 제국인 제정 러시아와 청나라는 대륙을 향하여 행진했다. 그리고 두 제국의 대륙 진출에 의하여 중앙유라시아 주민의 불행이 시작되었다. 1240년대 칭기스 칸의 손자 바투의 원정으로 몽골 지배(킵차크 칸국)를 받게 된 러시아는 1480년 모스크바 대공大公 이반 3세(1440~1505년)에 의해 실질적인 독립을 쟁취하고, 1581년부터 우랄 산맥을 넘어 동진東進을 계속하여 1639년에 태평양 연안에 도착했다. 이와 대조적으로 러시아의 중앙아시아 진출은 카자흐 유목민의 저항으로 상당히 더디게 진행되었다. 그러나 19세기 중엽 이후 카자흐, 우즈베크, 투르크멘 기마 군단이 신식 무기로 무장한 러시아군에게 차례로 격파되면서 이 지역 전체가 러시아의 식민지가 되었다. 명明나라를 이은 청조淸朝는 17세기 초 내몽골, 17세기 말(1691) 외몽골, 18세기 중기에 서몽골을 차례로 자국 영역으로 편입하는 한편, 이어 신장과 티베트까지 세력권에 넣음으로써 현재 중화인민공화국 서북 변방이 모두 청 제국의 지배 아래 들어갔다.

청조와 러시아의 분할 지배는 중앙유라시아의 사회 구조를 뿌리째 흔들어 놓았다. 그리고 20세기에 발생한 사회주의 혁명은 이러한 변화를 더욱 가속화시켰다. 이렇게 해서 중앙유라시아 거주민들은 한인漢人과 러시아인이 요구하는 정치 질서에 편입되어 명실상부한 피지배민으로 전락했다. 그 후 중앙유라시아 거주민은 전통 종교(이슬람교와 티베트 불교)를 포기하기도 하고, 자신들의 존립 기반인 초원에서 쫓겨나기까지 했다. 그들은 또 인간 해방을 내세운 사회주의 체제 아래서 소련과 중국의 소수 민족으로서 크고 작은 차별을 받는 이율배반의 세월을 보냈으며, 신장이나 카자흐 초원의 아름다운 대지가 핵실험장으로 쓰이는 것을 우두커니 바라보아야 했다.

1990년대 초 소련의 해체와 중국의 개혁·개방 정책은 전자의 주민(옛 소련령 중앙아시아)에게 민족 해방을, 후자의 주민(내몽골자치구, 신장위구르자치구, 티베트자치구)에게 한숨 돌릴 여유를 주었다. 그러나 아무런 준비 없이 얻은 민족 해방은 옛 소련령 중앙아시아 주민들에게 과거 소련 시절에 행해진 민족 융합 정책의 결과물인 민족 분규와 자력 갱생이라는 새로운 과제를 던져 주었고, 중국 중앙 정부의 개혁·개방 정책은 어쩔 수 없이 각 자치구 주민의 언어·종교·전통·생업에 영향을 미쳐 소수 민족의 정체성을 심각하게 위협하는 결과를 낳았다.

이 책은 지난 2천 년 동안 중앙유라시아 주민들이 겪은 위와 같은 영광과 좌절, 그리고 현재의 상황을 다룬 통사通史이다. 지금까지 국내 또는 국외에서 출간된 중앙유라시아사 개설서는 몇 종이 된다. 그러나 이들은 주로 중앙유라시아 세계의 구성 요소 가운데 어느 한 부분에 치우쳐 있거나 한 부분만 다루고 있다. "유목민족사," "실크로드사" 등의 제목으로 나온 개설서가 모두 여기에 해당된다. 이러한 책들이 그 동안 중앙유라시아 역사를 알고자 하는 사람들에게 훌륭한 길잡이 구실을 했음은 물론이다. 그럼에도 불구하고 초원과 사막이 분리될 수 없는 하나의 세계라는 점에서, 현재 나와 있는 개설서는 입문서로서 근본적인 한계를 안고 있다. 더구나 기존의 개설서가 대부분 고·중세에 편향되어 있어 중앙유라시아사를 전체적으로 이해하는 데도 장애가 되고 있다.

현재 나와 있는 입문서가 갖고 있는 이런 문제점을 보완하여 이 책은 초원과 사막, 그리고 그곳 거주민들의 고·중세 역사와 근·현대사를 종합적으로 다루고 있다. 황량한 사막에서 삶을 영위한 오아시스 정주민이 어떻게 해서 찬란한 문화를 꽃피우고, 거친 초원에서 일어난 유목민이 어떻게 해서 강대한 제국을 건설하고, 그토록 화려했던 문화가 쇠락하고 제국이 몰락한 이유는 또 무엇이고, 그 후 어떤 과정을 거쳐 강대국에 예속되어 현재에 이르게 되었는가를 시대를 좇아가면서 기술하고 있다. 특히 이 책은 과거의 개설서와 달리 근·현대 부분에 많은 지면을 할애하고 있는데, 이는 과거를 통해 현재를 이해하고 현재를 통해 과거에 대한 인식을 심화시키는 한편, 미래를 전망한다는 역사학 존립의 기본 목적에도 부합된다.

사실 동서양을 불문하고 중앙유라시아사 연구는 80% 이상이 먼 옛날이나 중세에 집중되어 있다. 이 시기가 중앙유라시아 거주민들이 역사의 수레바퀴를 힘차게 돌린, 따라서 세계사에 굵고 짙은 흔적을 남긴 때라는 것이 가장 큰 이유일 것이다. 그러나 직업으로서 역사학 종사자들의 옛 것에 대한 순수한 관심, 20세기 내내 소수 약자로 살아온 중앙유라시아 거주민에 대한 무언의 멸시, 강대하고 힘센 것에 대한 흠모가 이들을 현재와 상대적으로 관련이 적은 과거에 매이도록 만들었다는 것 역시 부인할 수 없다. 그 가장 비근한 예가 칭기스 칸과 몽골 제국에 대한 필요 이상의 관심일 것이다. 한때 우리나라에서도 선풍적인 인기를 모았던 로마 제국에 관한 책이 일본에서 군국주의 아류들의 필독서로 쓰인 것은 결코 우연이 아니다. 국내외를 막론하고 팍스 몽골리카(몽골에 의한 평화)를 얘기하고 칭기스 칸의 업적을 치켜세우는 사람들이 대부분 무한 경쟁과 강자의 약자 지배를 당연시한다는 것 역시 그냥 생겨난 돌출 현상으로 보기는 힘들다. 모두가 힘세고 강한 것에 대한 숭배의 산물이라는 것이 옮긴이의 생각이다.

이런 식의 역사 연구는 본인의 의도와 상관없이 일반인들의 역사 인식에 부정적인 영향을 주게 된다. 최근 국내에서도 의외라고 할 정도로 실크로드, 칭기스 칸과 몽골 제국에 대한 관심이 증폭되고 있는데, 반가우면서도 우려되는 면도 없지 않다. 많은 사람들이 실크로드 문화를 얘기하지만, 그 문화가 만들어진 현장에 사는 소수 민족이 겪은 가시밭길의 역사에 대해서는 말수가 적다는 것이 첫째 이유이다. 하고 많은 사람들이 실크로드를 여행하고 그곳의 유물과 유적에 대해 연구하건만, 사실상 "자기 땅에서 유배된" 채 살아가는 소수 약자의 처지에 공감하고 이를 진지하게 논한 글을 대하기 힘들다는 것이 둘째 이유이다. 일반인이나 연구자 할 것 없이 그토록 많은 사람들이 칭기스 칸의 업적을 칭송하고 몽골 제국의 유산에 대해서 말을 하지만, 그 후 그들이 어떻게 되었는지, 현재 어려움의 근본 이유는 무엇인지에 대해서는 무지함은 물론, 알려고도 하지도 않는다는 것이 셋째 이유이다.

이 모든 것은 한국 지식 사회의 철학적 빈곤성에 근본 원인이 있겠지만, 서양 연구자들의 영향도 무시할 수 없다. 서구인들의 중앙유라시아 연구는 지적 호기심 못지않게 뚜렷한 목적을 갖고 출발했고, 이러한 현상은 현대 연구자들 사이에서도 확인된다. 예술사 분야에서 서양 문화의 흔적을 찾으려 했다는 것은 널리 알려진 사실이고, 몽골 제국에 대한 관심도 따지고 보면 근대 자본주의 형성 및 그 원인 규명과 밀접한 관련이 있다. 몽골 제국과 계승 국가들이 멸망한 15~16세기를 기점으로 서양의 해상 진출에 이어 근대 자본주의가 싹트기 시작하고, 몽골 제국의 세계 통합이 세계적 통상 네트워크를 형성했으며, 몽골의 지배를 받지 않은 서구에서 근대 자본주의가 발생·발전했다는 사실은, 서구 학자들로 하여금 몽골 제국에 대해 관심을 갖게 한 현실적인 원인이 되었다. 최근 일부 미국 학자들에 의하여 이루어지고 있는 칭기스 칸의 정복 활동과 세계 지배와 그 원리에 대한 과도한 가치 부여 역시 이른바 보편적 가치(자유민주주의와 시장 경제)를 내세워 세계 지배를 정당화하는 미국의 국가 정책과 결코 무관하지 않다. 과거 소련 사람들이 죽인 칭기스 칸을 미국 사람들이 살려낸 이유도 여기에 있다.

현재 한국의 중앙유라시아사 인식과 연구 경향은 크게 보면 서구 학자들의 길을 따라가고 있다고 할 수 있다. 여기에 일본 것이 추가되었지만, 그나마 지금까지 논의한 주제와 시기에서 멀리 떨어져 있지 않다. 그러나 지금 그들이 살고 있는 모습과 우리가 발을 딛고 있는 현실을 뒤로 한 채 찬란하고 영광스런 역사에 대한 사실 관계 규명에만 머문다면, '직업적' 또는 '지적' 호기심 그 너머에 있는 학문의 궁극적 목표에 도달하기 어렵다는 것이 옮긴이의 생각이다. 강함과 중심에 대한 쏠림은 필연적으로 약함과 주변에 대한 경시로 나타나기 마련이고, 이는 궁극적으로 강자와 약자, 중심부와 주변부가 공존할 수밖에 없는 우리 사회 자체에 대한 정확한 인식을 가로막을 뿐 아니라 강자(중심부)만이 존재 가치가 있다는 철학적 파탄을 불러올 우려가 있기 때문이다.

여기에서 파생되는 현실적인 문제도 간단치 않다. 어느 나라 역사든 영광과 좌절의 시기가 있는데, 영광의 역사 못지않게 치욕의 역사도 우리에게 값진 교훈을 준다. 17세기 이후 중앙유라시아의 역사는 말 그대로 가시밭길의 연속이었다. 러시아와 청조의 강점과 무지막지한 탄압, 이에 맞선 처절한 항쟁과 분열 그리고 좌절. 이 모든 것들은 현재까지 이어지는 가난이라는 유산과 다수 속의 소수로 살아가면서 겪는 민족 갈등의 직접적인 원인이다. 또한 현재 중앙유라시아 지역에 있는 국가들은 대부분 20세기 이후에 독립했거나 그 운명이 결정된 젊은 나라들이다. 그만큼 정치적으로 유동적이고 불안과 낙관이 교차하는 곳이기도 하다. 따라서 중앙유라시아 근·현대사는 한 나라의 역사도 한 개인의 인생 유전流轉처럼 흥함과 성함이 교차한다는 평범한 진리를 가르쳐줄 뿐 아니라 특히 최근 100여 년의 유동의 역사는 민족 문제를 비롯해 현대 인류가 풀어야 할 모든 현상을 몸과 눈으로 확인시켜 주는 훌륭한 교과서이다.

이런 점에서 이 책은 중앙아시아를 전체적으로 이해하고자 하는 사람, 그리하여 지적 호기심을 넘어 역사에서 무언가를 얻고자 하는 사람에게 좋은 안내서가 될 것으로 확신한다. 이 목적을 달성하기 위하여 이 책은 구성부터 독특한 체계를 갖추었다. 서장에서는 중앙유라시아의 범위와 언어 등에 관한 전반적인 사항을, 제1장과 제2장에서는 중앙유라시아 세계의 토대인 초원과 사막에서 무르익은 고대 역사를, 제3장에서는 현재까지도 중앙유라시아 세계의 정신적 토양을 이루고 있는 이슬람화와 투르크화 과정을, 제4장에서는 중앙유라시아를 하나로 통합한 몽골 제국과 티무르 제국의 흥망성쇠를, 제5장에서는 16세기 이후 중앙유라시아 세계(동부)를 지배한 티베트 불교(라마교)를, 제6장에서는 중앙유라시아 세계가 강대국에 편입되어 주변화되어가는 과정을, 제7장에서는 20세기 사회주의 혁명으로 중앙유라시아 거주민이 겪었던 고통과 좌절을, 마지막 제8장에서는 현재 그들의 모습을 순서에 따라 다루고 있다.

그렇다고 이 책이 개설서로서 완벽하다는 뜻은 아니다. 무엇보다 지면의 한계 때문에 생략과 압축이 심하여 초보자들이 이해하기 어려운 부분이 적지 않다. 일곱 명의 저자가 공동으로 집필하다 보니 서술의 편차는 물론, 문체가 통일되지 않아 일관성이 부족한 것도 문제라면 문제이다. 그래서 옮긴이는 이 책이 '입문서'라는 점을 고려하여, 압축된 부분은 새로 써넣고 생략된 부분은 보완하고 어려운 부분은 역자의 설명을 붙여 읽는 사람의 이해를 도우려고 노력했다. 이처럼 임의로 써넣고 보완하고 설명을 붙인 곳은 물론 역주譯註를 달아 근거를 밝혔다. 그러나 사람이 하는 일이라 어쩔 수 없는 잘못이 있을 수 있고, 옮긴 사람의 무지로 잘못 붙인 설명이나 근거가 누락된 부분도 있을 것이다. 이런 것들은 전적으로 옮긴이의 책임이고 앞으로 기회가 닿는 대로 고쳐나갈 생각이다. 아무쪼록 좋은 의도에서 번역한 이 책이 중앙유라시아사를 알고자 하는 일반인이나 초심자들의 좋은 길잡이가 되었으면 한다.

옮긴이는 번역 작업을 하면서 실로 많은 분의 도움을 받았다. 가장 골치 아픈 것은 수많은 언어로 쓰인 현지어 표기 문제였다. 인명 외에는 지명과 사항 부분에 라틴어 표기가 없어 이를 찾는 데 많은 시간을 허비했다. 그래도 모르는 것은 각 분야 전문가들의 도움을 받았지만, 극히 일부는 끝내 확인하지 못했다. 작업 과정에 도움을 주신 여러 선생님께 이 자리를 빌어 깊이 감사를 드린다. 특히 교정 과정에서 많은 것을 바로잡아준 김장구 박사, 복잡한 왕조표 작업을 도와준 캐나다 토론토대학 박사 과정의 이주엽, 그리고 이 책이 나오기까지 많은 도움을 준 소나무 가족 여러분께 진심으로 감사를 드린다.

2005년 3월 6일
옮긴이 이평래 씀

차 례

일러두기

- 인명과 지명 등 고유 명사는 해당 언어의 발음대로 표기하는 것을 원칙으로 했다.

- 색인과 본문의 라틴어 표기는 인명(일부)을 제외하고 모두 옮긴이가 보충한 것이다.

- 외래어 표기는 한글 외래어 표기법을 따르는 것을 원칙으로 했다. 따라서 극히 일부를 제외하고 현행 중·고등학교와 대학 교과서 및 각종 사전류의 표기 원칙을 따랐다. 그 이유는 독자들에게 혼란을 주지 않기 위함이고, 또한 어떤 식으로 표기하든 외래어 표기가 완벽할 수 없다면 차라리 나라에서 정해 놓은 기준을 따르는 것이 올바른 길이라는 판단 때문이다.

- 'Q'와 'Kh'는 몽골어와 투르크어, 그리고 극히 일부 아랍어를 제외한 나머지 언어(페르시아, 러시아어 등)는 모두 우리말 'ㅋ'과 'ㅎ'으로 표기하는 것을 원칙으로 했다. 다만 라다크(Ladakh), 코칸드(Khokand)처럼 교과서 등에서 이미 관행화된 것은 'Kh'라도 'ㅋ'으로 표기했다.

- 몽골어의 라틴어 표기는 전통 몽골문이 폐기되는 1940년대를 기준으로 그 이전의 사람이나 사건은 전통 몽골문 표기를 원칙으로 하고, 그 후의 것은 현대 몽골어 표기를 따랐다.

- 로마자 'Sh'는 몇 가지 예외를 빼고 우리말 '슈'로 표기하는 것을 원칙으로 했다.

- 중국어는 20세기를 기준으로 그 이전은 한국 발음을, 그 이후는 현대 중국어 발음을 따랐다. 다만 광저우(廣州), 옌치(焉耆), 린안(臨安) 등 옛 지명이라도 현재까지 사용되는 것은 중국어 발음을 따르는 것을 원칙으로 했다.

- 사진 자료는 일부를 빼고 옮긴이가 원문의 사진을 대체하거나 다른 자료로 보완했다.

- 본문 하단에 있는 각주는 모두 옮긴이가 붙인 것이다.

- ( )의 설명은 번잡함을 피하기 위해 원문과 옮긴이 것 구별 없이 일괄적으로 처리했다.

- 원서에 있는 편집자의 서문은 서장의 요약이다. 따라서 중복을 피하기 위해 이를 아예 생략하고 대신 "중앙유라시아사 이해를 위한 서설"이라는 제목으로 옮긴이의 해설을 실었다.

서 장

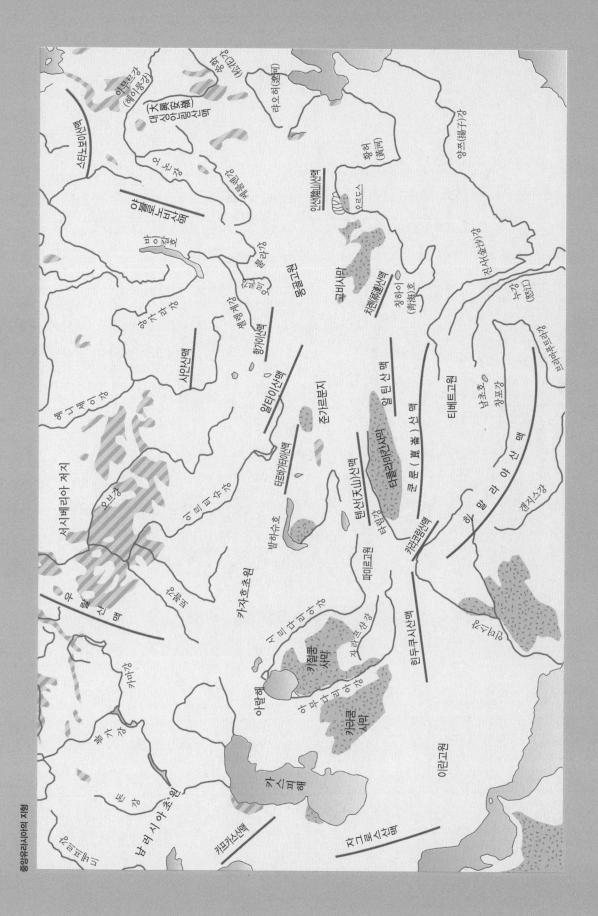

중앙유라시아의 지형

중앙유라시아의 세계

중앙유라시아의 범위

중앙유라시아(Central Eurasia)라는 용어는 1960년대에 헝가리계 알타이학 연구자 데니스 사이노어Denis Sinor가 처음 사용하기 시작한 이후 세계적으로 널리 쓰이게 되었다. 이 용어는 그때까지 사용되던 내륙아시아(Inner Asia) 또는 중앙아시아(Central Asia)라는 용어가 가리키는 영역보다 훨씬 넓은 유라시아 대륙의 중앙 부분(우랄알타이계 언어를 사용하는 사람들의 거주지) 전체를 포괄하는 개념이다. 동서로는 동유럽에서 동북아시아에 이르고, 남북으로는 북극해에서 카프카스 산맥, 힌두쿠시 산맥, 파미르 고원, 쿤룬(崑崙) 산맥, 황허(黃河)에 이르는 실로 광대한 지리적 공간을 가리킨다. 그러나 중앙유라시아는 사이노어 자신이 지적하고 있듯이 지리적인 용어라기보다는 문화적인 개념이다.

이 책에서도 '중앙유라시아'라는 용어를 이런 의미로 사용하고 있다. 중앙유라시아는 유구한 역사 과정에서 그 범위가 커지기도 하고 작아지기도 하면서 그 동쪽과 서쪽, 그리고 남쪽 세계의 역사에 커다란 영향을 미쳤다. 따라서 이 지역이 지닌 이러한 역사적 의미에 비추어 보면 '내륙아시아'라는 닫힌 느낌을 주는 용어는 적합하지 않다. 또 근래에 와서는 '중앙아시아'라는 용어가 소련에서 독립한 중앙아시아 국가들을 가리키는 말로 사용되기 때문에 이 역시 적절한 용어로 보기는 어렵다.

물론 이 책은 사이노어가 사용한 개념을 그대로 따르고 있지는 않다. 여기서는 중앙유라시아의 범위를 대체로 다음과 같이 설정했다. 즉 동서로 서쪽의 볼가—우랄 지방에서 동쪽의 대싱안링(大興安嶺) 산맥(몽골 고원)까지, 남북으로 북쪽의 시베리아 남부의 삼림 지대에서 남쪽의 티베트 고원과 서남쪽의 이란 동북부, 그리고 아프가니스탄 북부에 이르는 지역으로 설정했다. 특히 이 책은 서쪽의 이슬람 문화권과 대비되는 티베트 불교 세계의 중요성을 고려하여 티베트 고원을 중앙유라시아 범위에 포함시켰다.

역사적으로 보면 '중앙유라시아'라는 광역의 지역 명칭은 물론이고, 그 안에 있는 개별적인 지역 명칭도 외부인이 붙여준 경우가 많다. 20세기가 될 때까지 그곳 거주민들은 광역적인 지역 명칭을 거의 사용하지 않았다. '투르키스탄(투르크인의 땅)'이라는 유명한 지역 명칭도 19세기에 들어와 영국과 러시아가 중앙아시아를 놓고 각축을 벌이는 과정(이른바 그레이트 게임)에서 널리 사용되었고, 중앙유라시아가 투르크화한 결과 투르키스탄이 성립되었다는 중요한 역사적 사실을 밝혀낸 역사가들에 의해 정착된 측면이 강하다.

한 예로 1880년 여름에 러시아령 투르키스탄을 방문한 일본 외교관 니시 토쿠지로(西德二郎)는, 『중아세아기사中亞細亞紀事』에서 중앙아시아의 강역을 다음과 같이 적고 있다(제1편 1권, 1~2쪽. 고유 명사 표기는 현대식으로 바꿈—옮긴이).

대저 넓은 의미로 중아시아(유럽인이 말하는 Central Asia)는 동·서투르키스탄(土爾給斯坦)과 호라산(楚拉散) 지역을 말한다(중국인이 말하는 이른바 서역). 동투르키스탄은 청나라 신장(新疆)의 일부인 톈산 남로(天山南路)로, 보통 카슈가르라고도 한다(옛날의 우전于闐, 사차莎車, 소륵疏勒 등). 서투르키스탄은 톈산 혹은 총령蔥嶺(파미르) 서쪽, 현재의 러시아 영토와 히바, 부하라 등 여러 나라에 분속分屬되어 있는 일부 지역을 말한다(옛날의 대원大宛, 강거康居, 월지月氏). 호라산은 그 서남쪽 페르시아와 아프가니스탄에 분속되어 있는 일부 지역을 말한다(옛날의 안식安息, 조지條支). 또 줄여서 칭할 때는 오직 투르크계 사람들이 나뉘어 사는 지역만 가리킨다.

서투르키스탄은, 동쪽은 톈산을 경계로 하고, 남쪽은 힌두쿠시, 서쪽은 카스피해, 북쪽은 우랄·토볼·이르티슈 등 여러 강을 경계로 하는, 그 중간의 대략 82,000방리方里(1방리는 대략 16km²)의 광대한 지역을 가리킨다. 예로부터 혹은 대大부하라라고도 했는데(동투르키스탄을 소小부하라라고 부른다) 여러 나라 사람들이 칭하는 바가 각각 달랐다.

위의 설명에는 중앙아시아, 동·서투르키스탄, 서역, 신장, 카슈가르, 대부하라, 소부하라 등 많은 지역 명칭이 등장한다. 그러나 이들은 대부분 외부 사람들이 붙여준 명칭이고, 그나마도 사람들마다 각기 다른 의미로 사용했다. 이 가운데서 그곳 주민들이 역사 과정을 통해 지속적으로 사용한 명칭은 호라산뿐이다. 이처럼 중앙유라시아에는 고유의 정확한 지역 명칭이 없다. 그러나 우리는 중앙유라시아 각지에서 역사·문화적으로 중요성을 갖는 지역을 얼마든지 찾아낼 수 있다. 그리고 이는 여러 나라로 나뉜 현대의 국경선을 상대화하여 살펴보기 위해서도 의미가 깊은 작업이다.

중앙유라시아의 자연 환경

중앙유라시아의 자연 환경은 높은 산맥과 고원, 광대한 초원과 사막, 그리고 풍부한 녹지綠地의 오아시스로 이루어져 있다. 높은 산맥과 고원의 중심지는 만년설萬年雪을 머리에 이고 있는 파미르 고원이다. 이 파미르를 중심으로 서남쪽의 아프가니스탄 방면에는 힌두쿠시 산맥이 있고, 동쪽에는 톈산 산맥과 쿤룬 산맥, 동남쪽에는 히말라야 산맥을 비롯한 고산준령高山峻嶺이 펼쳐져 있다. 그리고 톈산 북방에는 풍요로운 초원이 있는 준가르 분지와 그 북쪽의 알타이 산맥이 있으며, 몽골 고원 중북부에는 항가이 산맥이 뻗어 있다.

이들 고산준령은 중앙유라시아의 자연 환경을 결정하는 중요한 역할을 하고 있다. 이들은 습기를 머금은 축축한 공기의 이동을 가로막아 이 지역을 건조하게 만드는가 하면, 때로는 구름과 눈을 불러와 초원과 분지盆地를 푸르게 물들이는 비를 내리게 하고, 만년설이 녹은 물은 하천 또는 복류伏流가 되어 저지대의 오아시스를 기름지게 한다. 그러므로 이러한 고산준령이 없었다면 중앙유라시아의 유목민과 오아시스 정주민定住民은 생존 자체가 불가능했다고 할 수 있다.

다음으로 강 유역에 풍요로운 삼림과 비옥한 땅을 형성하면서 카스피 해로

신장위구르자치구 투르판 지구의 카레즈
지하수로의 준설 작업을 위하여 파놓은 구덩이가 마치 분화구처럼 보인다. 그 아래로 사막의 생명수가 콸콸 흐르고 있다. 만리장성과 함께 중국의 3대 토목공사의 하나로 꼽히는 카레즈는 인간의 환경 적응력을 보여주는 극치이다.

흘러가는 볼가 강 동서쪽에는 광대한 킵차크 초원(남러시아 초원과 카자흐 초원)이 펼쳐져 있다. 이곳에서 준가르 분지를 지나 몽골 고원에 이르는 지역은 이른바 유목민의 세계인 초원 지대이다. 유라시아 역사를 통해 다양한 유목민 집단이 동에서 서로 이동하고, 투르크(돌궐突厥)와 위구르(회골回鶻, 회흘回紇)를 비롯한 많은 유목민들이 국가를 세우고 흥망을 거듭한 지역도 바로 이 초원 지대이다.

한편 파미르 고원을 중심으로 하는 고산 지대의 산록이나 그곳에서 발원하는 하천 유역에는 오아시스 형성에 적합한 조건이 갖추어졌다. 그리하여 서투르키스탄의 아무다리아 강, 시르다리아 강, 자라프샨 강 유역에는 페르가나 계곡(우즈베키스탄)을 비롯하여 타슈켄트, 사마르칸트, 부하라, 호라즘 등 대규모 오아시스가 이루어졌다. 그러나 오아시스는 이처럼 자연발생적으로만 이루어지지 않는다. 오아시스가 형성되기 위해서는 모세혈관처럼 농경지를 관통하는 수로水路와 산록의 수원지에서 줄지어 웅덩이를 파서 지하수로를 통해 물을 끌어오는 카레즈[1] 같은 관개 시설을 필요로 했다.

한편 카스피 해와 아랄 해, 발하슈 호, 바이칼 호를 비롯한 큰 호수들은 경계표로서도 중요한 역할을 했다. 특히 아무다리아 강과 시르다리아 강이 흘러

---

1) '카레즈'란 '파서 물을 통하게 하는 시설'을 뜻하는 중세 페르시아어이다. 아랍어로는 '카나트,' 현재 중국에서는 칸얼징(坎兒井)이라 부르는데, 중앙유라시아 오아시스 지대에서 만년설이나 만년빙萬年氷이 녹아 흘러내리는 물이 사막으로 흡수되는 것을 방지하고, 이를 효과적으로 모으기 위한 수리 시설이다. 즉 산기슭 근처에서부터 20~30m 간격으로 구덩이를 파고 이를 약간 경사진 지하 터널로 연결하여 수원지의 물을 오아시스 근처까지 끌어오는 시설을 말한다. 이에 관한 자세한 사항은 민병훈, 「실크로드를 통한 역사적 문화교류」, 『실크로드와 한국문화』(소나무, 1999), 29~31쪽 참고. 이하 각주는 모두 옮긴이가 단 것이다.

들어가는 아랄 해는 주변 지역의 기온 상승을 완화하고 건조화를 막았다. 그러나 옛 소련 시절에 면화 생산을 늘리고 농경지를 넓히기 위하여 두 강의 수자원을 과도하게 끌어다 쓴 결과, 아랄 해는 현재 소멸의 위기에 처하게 되었다. 이는 중앙아시아의 생태계를 파괴하여 그 주변 거주민의 생활에 큰 재앙을 불러올 가능성이 있다(제8장 3절 참고). 이처럼 중앙유라시아의 자연 환경은 늘 변화해 왔고 결코 고정되어 있지 않다. 예전에도 그랬고 지금도 그렇다. 아랄 해 위기는 그 가운데서 주목되는 하나의 사례에 지나지 않는다.

중앙유라시아의 언어

중앙유라시아 거주민들은 역사 과정을 통해 실로 수많은 언어를 사용했다. 그 가운데는 이미 소멸되어 사어死語가 된 경우도 적지 않다. 그럼에도 다양한 언어 전통은 지금까지 면면히 이어지고 있다. 오늘날 중앙유라시아에서 사용되고 있는 주요 언어는 대략 다음과 같이 정리할 수 있다. 괄호 안의 설명은 해당 언어가 주로 사용되고 있는 지역이다.

1. 알타이계 언어들
  (1) 투르크계 언어들
    (a) 불가르어군
      · 추바시어(러시아연방의 추바시공화국)
    (b) 남부어군
      · 투르크멘어(투르크메니스탄, 이란과 아프가니스탄 북부)
    (c) 서부어군
      · 크림−타타르어(원래 크림 반도에서 쓰였지만, 1944년에 행해진 크림−타타르인의 강제 이주 후 현재는 중앙아시아 여러 도시에서도 쓰임)
      · 타타르어(러시아연방의 타타르공화국과 중앙아시아의 여러 도시)

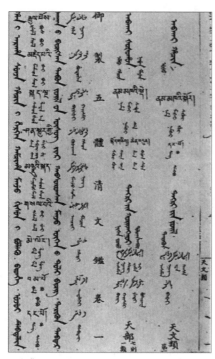

오체청문감五體清文鑑

청나라 건륭제乾隆帝의 명으로 편찬한 만주어, 티베트어, 몽골어, 투르크어, 한어 대조 사전. 청조가 지배하던 중앙아시아의 다언어多言語 세계를 상징하고 있다.

- 바슈키르어(러시아연방의 바슈키르공화국)
- 카라칼파크어(우즈베키스탄의 카라칼파크자치공화국)
- 카자흐어(카자흐스탄과 중국의 신장위구르자치구 일부 지역)
- 키르기스어(키르기스스탄, 타지키스탄, 신장위구르자치구 일부 지역)

(d) 동부어군

- 우즈베크어(우즈베키스탄, 아프가니스탄 북부와 그 주변 지역)
- 위구르어(신장위구르자치구)

(e) 북부어군

- 알타이어(러시아연방의 서시베리아 남부)
- 쇼르어(러시아연방의 서시베리아 남부)
- 투바어(러시아연방의 투바공화국)

(2) 몽골계 언어들

(a) 동부 몽골어(몽골국, 중국의 내몽골자치구,[2] 러시아연방의 부랴트공화국)

(b) 서부 몽골어(몽골국 서부와 신장위구르자치구 일부 지역, 러시아연방의 칼미크공화국)

2. 한어漢語-티베트계 언어들

- 티베트-버마어파派의 티베트어(티베트자치구와 주변의 중국 서남부 각 성)

3. 인도-유럽계 언어들

- 이란어파 서부 그룹의 타지크어(타지키스탄, 아프가니스탄 북부와 주변 지역)
- 이란어파 동부 그룹의 파미르계 언어들(타지키스탄 동부)

한편 19세기 이후 러시아인과 중국인이 대거 중앙유라시아로 이주하면서 현재 이 지역에서는 러시아어와 중국어도 널리 사용되고 있다. 또 중앙유라시

---

2) 공식 명칭은 중화인민공화국 내몽고자치구이다. 이 책에서는 '내몽골자치구'로 쓰고 있는데, 옮긴이 역시 이를 일리가 있다고 보고 이렇게 표기했다.

아 토착민 출신 가운데는 아예 자기의 고유 언어를 모르거나 사용하지 않는 사람들도 적지 않다. 특히 카자흐스탄과 내몽골자치구의 도시 지역 카자흐인과 몽골인들 사이에서 이러한 경향이 두드러진다. 이들은 사실상 러시아어와 중국어를 모국어로 쓰고 있는 형편이다.

그러나 지난 역사를 돌이켜 보면 언어의 교체, 문자의 교체, 각 언어간 상호 침투는 중앙유라시아에서 끊임없이 되풀이된 과정이다. 이에 관한 가장 좋은 사례가 제3장 2절에서 다룰 투르크화 현상이다. 원래 이란계 언어를 사용하던 중앙아시아 정주민定住民은 대부분 10세기를 기점으로 점차 투르크어를 받아들이기 시작하는데, 이러한 투르크화 과정은 20세기까지 진행된다. 물론 부하라나 사마르칸트처럼 역사적으로 투르크화되었음에도 불구하고 페르시아어 전통이 유지되고, 그 결과 투르크어와 페르시아어가 동시에 사용된 경우도 적지 않다.

투르크어 역시 전파 과정에서 이란계 언어, 특히 페르시아어의 영향을 강하게 받았다. 티무르조(제4장 4절 참고) 시대에 완성된 투르크어 문어文語인 차가타이어는, 성립 과정에서 수많은 페르시아어 단어를 받아들이고 심지어 어법語法까지 페르시아어의 영향을 받았다. 그리고 현대 우즈베크 표준어는 페르시아어의 영향으로 투르크계 언어의 기본 특징인 모음조화 규칙마저 잃어버렸다.[3] 이런 점에서 중앙유라시아의 언어도 끊임없이 변화했다고 할 수 있다.

중앙유라시아의 전망

이 책에서 다룰 주요한 나라와 지역은 대체로 다음과 같다. 먼저 몽골국(외몽골)과 중화인민공화국 내몽골자치구, 티베트자치구, 신장위구르자치구, 1991년 소련에서 독립한 카자흐스탄, 키르기스스탄, 우즈베키스탄, 타지키스

---

3) 우즈베크어는 모음조화 규칙이 뚜렷한 북부 방언과 페르시아어 영향을 강하게 받은 남부 방언으로 구분되는데, 1937년 소련의 언어 정책에 따라 우즈베크 문어는 타슈켄트, 코칸드 등지에서 사용되는 남부 방언을 표준어로 채택했다.

탄, 투르크메니스탄 등 중앙아시아 국가들, 그리고 현재 러시아연방의 일원인 부랴트공화국, 투바공화국, 바슈키르공화국, 타타르공화국이다. 현재 중앙유라시아에는 실로 많은 국경과 경계선이 존재하고, 바로 이러한 각종 경계선이 광대한 지역을 분할하고 있다.

그러나 이와 같은 현대의 국경선도 역사를 더듬어 보면 지극히 새로운 현상임을 알 수 있다. 17세기 이후 청조清朝와 제정帝政 러시아라는 두 강대국이 중앙유라시아를 양분한 것은 사실이지만, 그때의 경계선은 여전히 큰 틀에 지나지 않았다. 예컨대 오늘날 중앙아시아 국가들의 국경선은 소비에트 정권이 각 민족의 경계를 확정한 1924년에, 중국의 내몽골자치구는 이보다 20여 년이 지난 1947년에 각각 성립되었다. 따라서 중앙유라시아의 역사를 올바로 이해하기 위해서는 우선 현재의 국경선을 무시하고 좀더 거시적인 시야에서 바라볼 필요가 있다.

사실 중앙유라시아의 역사는 한정된 지역에서 완결되는 역사의 단순한 집합이 아니다. 이는 유라시아의 동서남북을 잇는 광대한 공간에서 펼쳐진 정치권력의 흥망, 여러 민족의 이동과 형성, 다양한 종교와 문화의 전파와 융합, 그리고 장거리 교역에 의한 다양한 물자의 유통이 보여주듯이, 특정한 경계를 초월하여 어떤 움직임이 되풀이되고 뒤섞이는 과정에서 만들어진 복합적인 역사이다. 그 가운데 유일하게 몽골 제국이 이와 같이 복잡한 중앙유라시아를 하나의 국가로 통합했다. 몽골인들은 중앙유라시아 세계가 지니고 있던 이러한 역동성을 효과적으로 활용하여 이를 하나로 통합했다고 할 수 있다.

이와 함께 중앙유라시아 세계는 역사 과정을 통해 끊임없이 주변 세계와 대립과 교류를 반복했다. 특히 고대의 스키타이와 흉노匈奴를 비롯한 중앙유라시아 유목민은 우월한 군사력을 바탕으로 서아시아와 동아시아, 슬라브 세계로 세력을 확대해 해당 지역의 역사에 결정적 영향을 미쳤다.

그런가 하면 때로는 동아시아의 한漢과 당唐, 서아시아의 우마이야조(661~750년)[4]와 압바스조(750~1258년)[5]를 비롯한 주변 세력이 중앙유라시아의 오아시스를 지배하기도 했다. 더욱이 근대에 들어와서는 청조와 러시아의 팽창과 더불어 중앙유라시아의 범위가 오히려 줄어들었다. 이처럼 중앙유라시아 세계는 끊임없이 늘어나기도 하고 줄어들기도 했는데, 그 범위가 최대로 확대된 시기는 물론 몽골 제국 시대였다. 이런 점 역시 중앙유라시아 세계의 동적인 특성의 하나라고 할 수 있다.

15세기 중엽 티무르조, 18세기 중엽 최후의 유목 제국인 서몽골의 준가르 제국(제5장 참고)이 멸망한 후 중앙유라시아 역사는 과거의 영광을 잃어버렸다고 할 수 있다. 그 후 중앙유라시아 내부에 정치적 분열이 심화되고, 곧이어 청과 러시아라는 두 대국의 지배 아래 편입되었기 때문이다. 그러나 그 후에도 티베트 불교와 이슬람이라는 동과 서의 두 문화권은 강고한 전통을 유지했다. 그리고 20세기에 들어와 두 대국에서 일어난 혁명을 계기로 중앙유라시아 각지에서는 민족 운동이 태동하기 시작했다. 이러한 민족 운동은 종종 비극적인 종말을 맞이했는데, 이는 과거 중앙유라시아 거주민이 걸어온 가시밭길을 거듭 보여주고 있다.

20세기 말 소련의 해체와 함께 중앙유라시아에는 명실상부한 독립국이 생겨났다. 이는 중앙유라시아 역사에서 획기적인 의의를 갖는 사건이다. 동시에 현대의 중앙유라시아에는 민주화와 인권, 개발과 환경, 민족 문제, 소련 해체 후의 안보 문제, 경제 체제의 전환, 세속주의와 이슬람주의의 대립이라는 중요하고 풀기 어려운 문제가 산적해 있다. 물론 이러한 문제들은 중앙유라시아만의 문제가 아니고, 현대 세계가 공유하는 문제라고 할 수 있다. 이런 점에서 현대의 중앙유라시아를 고찰하기 위해서는 전지구적 관점에서 접근할 필요가 있다.

---

4) 아랍의 정통 칼리프 시대(632~661년, 전체 이슬람 교단에 의해 선출된 칼리프가 통치하던 시대) 말기의 혼란을 틈타 당시 시리아 총독이었던 우마이야 가문 출신의 무아위야가 칼리프 자리를 탈취하고 다마스쿠스를 중심으로 하여 세운 이슬람 왕조.
5) 무함마드(마호메트)의 4대손 아불 압바스 압둘라가 우마이야조를 멸망시키고 창건한 서아시아 왕조. 8세기 중기부터 13세기 중기에 몽골의 훌레구(일 칸국의 창건자)에 의해 멸망할 때까지 약 5세기 동안 이라크를 중심으로 존속했다.

1. 초원의 세계

유라시아의 주요 유적

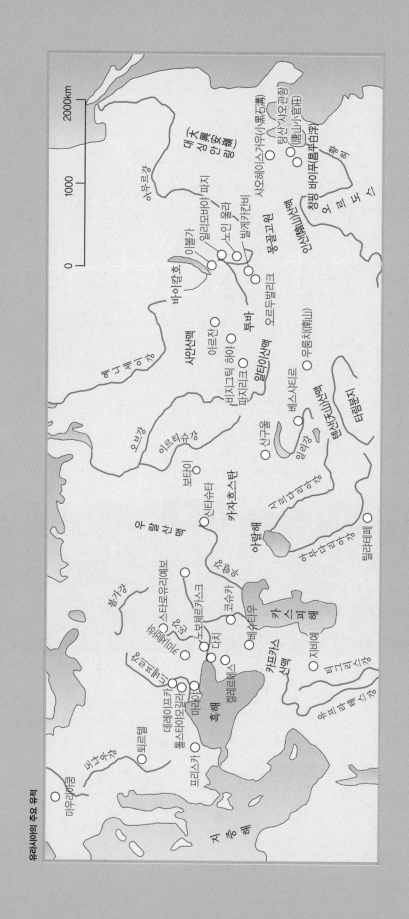

유라시아 대륙의 초원 지대는 동쪽의 대싱안링(大興安嶺) 산맥에서 서쪽의 헝가리 평원에 이르는 대략 8000km에 달하는 광활한 공간을 차지하고 있다. 이 공간은 크게 동부(몽골 고원과 알타이, 남시베리아), 중부(톈산 산맥과 카자흐스탄), 서부(카스피 해와 흑해 북쪽 연안, 도나우 강 중·하류 유역)로 나눌 수 있다.

이 가운데서 서부와 중부의 초원 지대에는 현재 유목민이 거의 살고 있지 않다. 그러나 과거에 이 땅의 주인공은 분명히 기마 유목민이었다. 물론 유목민의 거주지로 일컬어지는 지역이라고 반드시 유목민만 살았던 것은 아니다. 그곳에도 실제로는 많은 정주민이 섞여 있었다. 이런 점에서 초원 세계의 역사는 유목민이 주축을 이루면서 정주민이 여기에 관여하는 형태로 전개되었다고 할 수 있다. 이 장에서는 이런 점을 고려하면서 기마 유목민의 탄생에서 유목 국가의 발생, 그리고 이들 유목 국가들이 점점 '정주 문명화'하는 역사를 개관할 것이다.

1. 기마 유목민의 탄생

동물의 가축화

유목은 계절에 따라 가축과 함께 거처를 옮기는 목축의 한 형태이다. 일부 연구자들은 유목을 가장 오래된 형태의 목축으로 보고 있다. 고고학 자료에 의하면 동물의 가축화(양과 염소)는 기원전 6600년경(다른 측정법에 의하면 기원전 7600년)에 서아시아에서 시작되었고, 그 일을 담당한 사람들은 그보다 조금 앞서 식물을 재배하기 시작한 정주민들이었다. 그로부터 500~600년이 지난 다음 역시 서아시아에서 소가 가축화되고, 뒤이어 돼지가 가축화되었다.

인간이 동물을 가축화한 주요 목적은 고기를 얻기 위해서였다. 물론 동물을 도축屠畜하면 모피毛皮도 얻을 수 있지만, 그보다는 고기가 더 중요했다. 다만 고기 이외의 부산물, 즉 젖과 모피(특히 양의 모피)를 어느 시기부터 이용했는가에 대해서는 의견이 엇갈린다. 일부 연구자들은 인간이 동물을 가축화한 후 곧바로 젖과 모피를 이용했다고 보는 반면, 또 다른 연구자들은 가축화한 후 시간이 상당히 지난 뒤에 젖과 모피를 이용하기 시작했다고 주장하고 있다. 그로부터 2000~3000년이 지난 뒤 인간은 소를 경작과 운송에 이용하게 되었다.

소를 비롯한 가축을 기르고 보리를 재배하는 복합 경제가 서아시아에서 유럽 동남부로 전해지고, 다시 기원전 5000~4000년경에 흑해 북쪽 연안에서 우랄 산맥 부근까지 확대되었다. 일부 연구자들은 이렇게 초원 지대 서부까지 진출한 농경·목축민이 야생마를 발견하고 이를 가축화했다는 주장을 펴고 있다. 방사성 탄소 연대 측정 결과 기원전 4000~3500년경의 것으로 추정되는 우크라이나 중부의 데레이프카 유적(부락지와 고분으로 이루어짐)에서 희생犧牲으로 바친 것으로 보이는 수말(雄馬)이 출토되었다. 그 말은 제1작은어금니(小臼齒)가 비스듬히 닳아 있었는데, 학자들은 이것이 재갈을 물릴 때 흔히 나타나는 현상으로 보고 있다. 물론 재갈 자체는 발견되지 않았지만, 재갈 양쪽 끝에 장착하는 후대의 재갈멈치와 비슷한 사슴뿔 제품이 출토되었다. 이러한 사실에 근거하여 학자들은 서아시아에서 차車바퀴가 발명되는 기원전 3500년 이전에 초원 지대에서 이미 기마騎馬가 시작되었다는 가설을 제기했다.

그러나 연대 측정 자체에 의문을 제기하는 연구자가 있는가 하면, 사슴뿔 제품을 재갈멈치로 인정하지 않는 학자도 있다. 이 유적에서는 또 위에서 언급한 수말 외에 다른 말뼈가 다량 출토되었다. 이들은 모두 식용食用으로 쓰인 말뼈들이다. 그러나 이 말들이 식용으로 사육된 것인지 그렇지 않은 것인지를 놓고도 의견이 나뉜다. 두 가지 견해 가운데 사육설이 약간 유력하기는 하지만, 이 역시 확실하지 않다. 기원전 3000년을 전후하여 수 백 년에 걸쳐 형성된 카자흐스탄 북부의 보타이 부락지에서도 말뼈 35만여 점이 출토되었다. 이 말뼈에 대해서도 현재 야생설과 가축설이 대립하고 있다.

이와 같이 말이 가축화된 기원과 말의 이용 문제는 아직 충분하게 해명되지 않았다고 할 수 있다. 설령 기원전 4000~3500년경 말이 가축화되고 그 일부가 탈것으로 이용되었다고 해도, 그 시기에 공격적인 기마 유목민 군단이 출현한 것은 아니다.

한편 기원전 2500~1800년경 우랄 산맥 서쪽의 카스피 해와 흑해 북방에는 '얌 문화' 라 불리는 독특한 수혈묘竪穴墓 문화가 널리 퍼져 있었다. 이 무렵 초원 지대의 기후는 서서히 건조화되어 초원이 늘어나고 농경보다 목축에 적합한 환경이 조성되어갔다. 그럼에도 이 지역에서는 여전히 농경과 목축의 복합 경제가 주류를 이루고, 흙벽과 이를 둘러싼 도랑 등 방어 시설을 갖춘 부락이 만들어졌다.

어떻든 이 시기에는 서아시아에서 수레가 전해지고 이동 목축을 할 수 있는 조건이 갖추어져 있었다. 우크라이나 중남부의 스타로제바야 모길라 2호묘에서는 통나무를 둥글게 잘라 만든 2개의 수레바퀴가 출토되었는데, 무덤 구덩이 서남쪽 면에서 수레 본체 일부가 발견되고, 그 아래 직사각형 구덩이에서는 사람 뼈가 출토되었다. 또한 우크라이나 서남부의 비노그라도프카 마을 6호분 4호묘[1]에서는 재 갈멈치로 보이는 나무 제품 두 점이 출토되기도 했다.

아파나시예보 문화기의 유물
청동기 시대 초기 산악 알타이의 데니소바 동굴 유적에서 출토된 돌창, 돌살촉, 돌날, 청동 자귀, 청동 칼.

이보다 약간 늦게 우랄 산맥 동쪽의 시베리아에서도 농경·목축 문화가 퍼지기 시작했다. 이 문화는 '아파나시예보 문화' 라는 이름으로 알려지고 있는데, 학자들은 대체로 이를 얌 문화의 영향으로 발생했다고 보고 있다. 예니세이 강 상류에 위치하는 이 문화 유적에서는 분명히 재갈멈치로 보이는 사슴뿔 제품이 출토되었다. 이와 아울러 수레도 전해진 것으로 보인다.

얌 문화와 아파나시예보 문화는 동석기銅石器 시대(신석기 시대와 청동기 시대의 과도기)에 속한다. 잘 알려진 것처럼 구리는 강도가 낮기 때문에 예리한 도구나 무기를 만드는 데 적합하지 않다. 그래서 청동기 시대에 들어와서야 금속 제품이 본격적으로 도구나 무기로 사용되었다.

---

1) 하나의 대형 무덤 안에 주곽主槨과 여러 개의 부곽副槨이 있는 경우를 말하는 듯하다.

청동기 시대의 문화

　기원전 2000년경부터 볼가 강 하류 유역과 흑해 북부 연안에는 시기적으로 얌 문화와 약간 겹치는 '카타콤(橫穴墓) 문화'가 발생했다(기원전 1500년경까지). 장법葬法은 구덩이 바닥(竪穴底部)의 옆 벽면에 한 단 낮게 또 다른 구덩이(橫穴)를 파고 거기에 시신을 매장하는 형태이다. 이 시기에는 또 판자를 두세 개 붙여서 만든 수레바퀴가 등장한다. 발굴 결과 사륜四輪 수레와 덮개가 붙은 이륜二輪 수레를 모방한 흙 제품이 출토되었지만, 아직까지 수레를 끈 동물의 흔적은 발견되지 않았다.

　기원전 1700년경 볼가 강 하류 유역에는 카타콤 문화의 영향 아래서 또 다른 독특한 장법葬法을 지닌 문화가 발생했다. 이른바 '스루브(木槨墓) 문화'이다. 이 문화는 흑해 북안北岸 전역으로 확산되었다. 이와 매우 유사한 문화가 우랄에서부터 동방의 남시베리아와 중앙아시아로 확산되었다. '안드로노보 문화'라 불리는 이 문화는 초기 스루브 문화와 관계가 있는 것으로 보이지만, 그 기원은 아직 명확하게 밝혀지지 않았다. 두 문화기에는 2개의 거푸집(鑄型)을 사용하여 구리와 주석의 합금, 즉 구리보다 단단한 청동 제품을 만들었다.

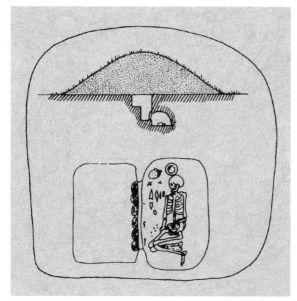

카타콤 문화 유적

또 이 시기에는 판자를 붙여서 만든 바퀴 외에 바퀴살을 장착한 바퀴도 발명되었다. 판자를 붙여서 만든 바퀴는 무겁기 때문에 끄는 데 소가 적합하지만, 바퀴살이 장착된 가벼운 바퀴는 말도 끌 수 있고 속력도 낼 수 있었다. 소가 끄는 사륜 수레는 운반용으로 쓴 것 같고, 말이 끄는 이륜 수레는 전차戰車로 사용한 것 같다.

　우랄 지방과 카자흐스탄에서는 기원전 16세기경에 제작된 것으로 보이는 가벼운 수레(輕車)가 발견되었다. 수레바퀴의 지름

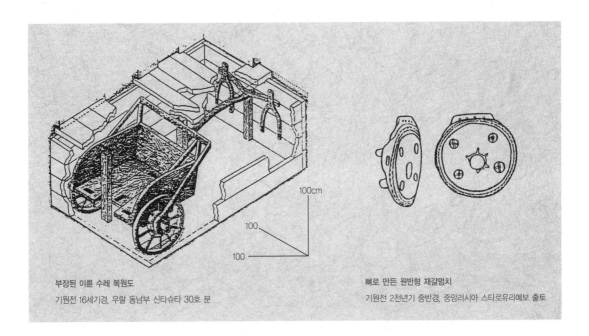

부장된 이륜 수레 복원도
기원전 16세기경, 우랄 동남부 신타슈타 30호 분

뼈로 만든 원반형 재갈멈치
기원전 2천년기 중반경, 중앙러시아 스타로유리예보 출토

은 약 1m, 양 바퀴의 폭은 1.2~1.3m, 바퀴살 수는 10개 전후이다. 재갈멈치는 원반형으로 안쪽에 돌기가 붙어 있고, 어떤 것은 미케네 양식의 소용돌이 문양이 장식되어 있다. 이러한 재갈멈치는 동유럽에서부터 그리스와 서아시아에 이르는 여러 지역에 분포하고 있다.

　일부 학자들 사이에서는 북방 초원 지대보다 그리스와 서아시아가 문화적으로 앞선다고 생각하는 경향이 있다. 그렇지만 말이 끄는 경차와 소용돌이 문양이 붙은 재갈멈치는 초원 지대에서 남방으로 전해졌다는 설이 유력하다. 또 이들의 전파와 인도 – 유럽어족의 확산을 결부시켜 보는 견해도 있다. 물론 이 견해는 아직 충분하게 증명되지는 않았다.

　이 무렵부터 초원 지대의 기후는 더욱 건조해지고, 수레가 발달함에 따라 점점 이동 목축에 유리한 조건이 형성되었다. 그럼에도 불구하고 사람들은 여전히 정주 부락을 건설하고 농경 – 목축이라는 복합 경제를 영위했다. 주요 가축은 소·양·염소이고, 그 밖에 스루브 문화기에는 돼지, 그리고 안드로노보 문화기에는 쌍봉雙峰 낙타가 나타난다. 따라서 후자의 문화가 좀더 이동성이 높았다고 할 수 있다.

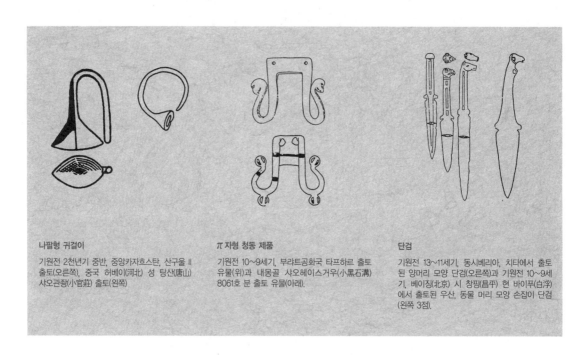

나팔형 귀걸이
기원전 2천년기 중반, 중앙카자흐스탄, 산구울 II
출토(오른쪽), 중국 허베이(河北) 성 탕산(唐山)
샤오관좡(小官莊) 출토(왼쪽)

π자형 청동 제품
기원전 10~9세기, 부랴트공화국 타프하르 출토
유물(위)과 내몽골 샤오헤이스거우(小黑石溝)
8061호 분 출토 유물(아래).

단검
기원전 13~11세기, 동시베리아, 치타에서 출토
된 양머리 모양 단검(오른쪽)과 기원전 10~9세
기, 베이징(北京) 시 창핑(昌平) 현 바이푸(白浮)
에서 출토된 우산, 동물 머리 모양 손잡이 단검
(왼쪽 3점).

　　기원전 16~15세기경 초원 지대 동쪽 끝에서도 안드로노보 문화와 유사한
청동 제품을 수반한 문화가 출현했다. 이른바 샤자뎬하층문화(夏家店下層文化)가
그것인데, 두 문화에서 공통적으로 나타나는 유물은 한쪽 끝이 나팔 모양으로
열려 있고 다른 쪽 끝이 뾰족한 둥근 귀걸이와 안쪽으로 휜 칼을 들 수 있다.
특히 안쪽으로 휘어진 칼은 중국의 상商나라 시대 유적에서도 출토되는 유물
이다. 초원 지대와 중국 가운데 어느 쪽이 시기가 빠른가에 대해서도 이론이
분분하지만, 학자들은 대체로 남시베리아에서 몽골 고원을 거쳐 중국으로 전
해진 것으로 보고 있다. 이와 함께 카자흐스탄에서 중국 서북부를 거쳐 중원
에 이르는 루트도 생각할 수 있다. 또 가축화된 말과 전차, 거울도 이 시기에
중국으로 전해졌을 가능성이 높다.

　　어떻든 이 시기까지 초원 지대의 다양한 문화가 서쪽에서 동쪽으로 전해졌
다. 그러나 기원전 13~12세기경부터는 그 방향이 바뀌기 시작한다. 초원 지대
서부와 중부에서는 여전히 스루브 문화나 안드로노보 문화가 계속되지만, 동
부의 남시베리아와 몽골 고원에서는 주로 산양, 사슴, 말을 모티프로 하는 청
동기 문화가 나타난다. 이 문화는 '카라수크 문화' 라 불리는데, 이전 시대 이

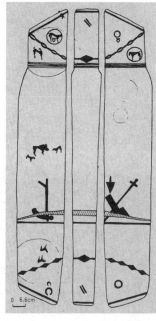

상으로 중국의 상商나라 후기와 서주西周 시대 문화와 관련이 깊다. 두 지역에서 모두 구부러진 손잡이 끝에 동물 머리가 표현되어 있고, 양측에 작은 날밑(鐔)이 돌출한 형태의 단검이 나타난다. 또 용도가 불명한 파이(π)자형 청동 제품도 두 곳에서 두루 출토된다.

카라수크 시대의 특징적인 유물은 사슴 그림을 얕게 새긴 사슴돌(鹿石)[2]이다. 사슴돌의 연대는 뒤에 서술할 스키타이 시대의 유물이라고 하는 설도 있지만, 사슴돌에는 사슴 외에 카라수크형 단검과 파이자형 제품이 새겨져 있기 때문에 카라수크 시대의 문화 유산으로 볼 수 있다. 사슴돌에는 이 밖에도 귀걸이, 목걸이, 활과 화살, 방패, 버클, 도끼를 비롯하여 사람이 몸에 지니고 다니는 물건이 표현되어 있다. 일부 학자들은 이를 근거로 사슴돌이 사람을 표현한 것으로 보고 있지만, 건립 목적은 아직 확실하게 밝혀지지 않았다.

사슴돌 부근에는 또한 돌을 원형 또는 사각형으로 낮게 쌓아 두른 적석총積

----

2) 현재까지 유라시아 초원 지대에서 확인된 사슴돌은 700여 기에 이른다. 이 가운데 550기 정도가 몽골에서 발견되었고, 나머지는 남바이칼, 투바, 산악 알타이, 카자흐스탄, 그리고 소수이기는 하지만 멀리 중앙아시아와 북카프카스에도 분포한다.

몽골 초원의 대형 적석총

몽골 중앙부 아르항가이 아이막(道) 하누이 강 주변 계곡에 있는 대형 적석총. 몽골인들은 이러한 유적을 '히르기수르(키르기스인의 무덤)'라고 한다. 히르기수르는 아직까지 발굴된 사례가 많지 않아 매장 유적인지 제사 유적인지를 놓고도 의견이 갈린다.

石塚이 있는 경우가 많다. 이 적석총도 매장 유적인지 아니면 제사 유적인지를 놓고 이견이 분분하다. 어떻든 적석총은 높이가 최대 5m 정도이고, 사각형 또는 원형 돌 구조물(테두리) 외곽의 부속 시설까지 합치면 지름 또는 한쪽 변이 200m를 넘는 거대한 것도 있다. 이런 점으로 미루어 이 무렵부터 상당히 큰 권력을 가진 유력자가 출현했을 가능성이 있다.

카라수크 문화의 기원을 놓고도 두 가지 견해가 대립하고 있다. 일부 학자들은 이 문화가 안드로노보 문화에서 발전했다고 보는 반면, 일부는 중국 북방 초원 지대에서 전파되었거나 그로부터 강한 영향을 받았다는 의견을 개진하고 있다. 두 가지 견해 가운데 현재는 후자의 설이 약간 우세한 편이다. 또 이전부터 여러 학자들은 스루브 문화와 안드로노보 문화의 유사성에 대해서 지적해 왔는데, 최근에는 여기서 한 걸음 나아가 스루브·안드로노보 문화의 후기와 카라수크 문화도 깊은 관련이 있었다는 데 주목하고 있다. 특히 카라수크형 단검이 스루브 문화 유적에서 발견되고 있는 점은 매우 흥미롭다. 일부 학자들은 이와 같은 유사성이 이들 문화의 담당자들이 모두 이란계 집단이었기 때문이라는 주장을 펴고 있다. 그러나 이런 설명보다는 초원이라는 환경에 어울리는 여러 문화가 발생하고, 이들 사이에 교류가 이루어진 결과로 보는 것이 더 설득력이 있다. 다만 어떤 경우라 해도 기원전 1000년경 초원 지대 전역에 걸쳐 문화적 일체성이 형성되고 있었던 것은 사실이다.

청동솥
북카프카스 베슈타우 산기슭 출토.

스키타이 이전 시대

기원전 10~9세기경이 되면 초원은 더욱 건조해지고 초원 지대의 농경-목축민은 양극화된다. 즉 물을 확보할 수 있는 남쪽 오아시스에서는 순수한 정주 농경민이 나타나고, 북방 초원에서는 이동 목축을 영위하는 전업專業 유목민이 등장한다.

유목민의 발생 배경으로 두 가지 조건을 생각할 수 있다. 우선 기마가 일반화되었다는 점을 들 수 있는데, 그것은 3개의 구멍이 뚫린 막대 모양의 재갈멈치가 보급되어 말타기가 훨씬 편리해진 결과이다. 또 하나는 나무 뼈대를 갖춘 간단한 주거가 출현한 점이다. 이 주거는 후대 유목민의 주거인 모전毛氈 천막(게르 또는 유르트)의 원형일 가능성이 있다.

초원 지대 서부에서는 기원전 7세기경 기마 유목민인 스키타이가 등장한다. 그러나 그 바로 전에 이미 기마 유목 문화가 나타나는데, 학자들은 이 시기(기원전 9~8세기)를 흔히 선先스키타이(Pre-Scythian) 시대라 부른다. 이 시기에는 흑해 북부 연안을 중심으로 하는 '체르노고로프카형 문화'와 북카프카스를 중심으로 하는 '노보체르카스크형 문화'가 출현한다. 시기적으로는 전자가 약간 앞서지만, 공존한 시기도 있었던 것으로 보인다.

두 문화는 그렇게 큰 차이는 없으나 화살촉과 재갈에서는 다른 점이 확인된

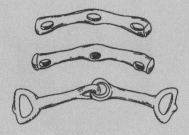

체르노고로프카형 청동 재갈멈치(위, 가운데)와 재갈(아래)
기원전 9~8세기, 흑해 북안 카미세바하 출토.

체르노고로프카형 청동 화살촉
기원전 9~8세기, 흑해 북안 말라야 침빌카 고분 출토.

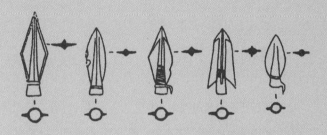

노보체르카스크형 청동 재갈(왼쪽, 가운데)과 재갈멈치(오른쪽)
기원전 9~8세기, 흑해 북안 노보체르카스크 출토.

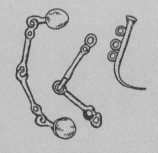

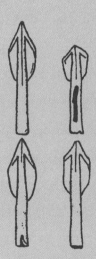

노보체르카스크형 청동 화살촉
기원전 9~8세기, 흑해 북안 오브리프스키 고분 출토.

다. 체르노고로프카형 화살촉은 촉대(鏃)가 짧고 속이 비어 있으며, 촉대 중앙선 위에 가로로 새긴 칼자국 문양이 있고, 촉대 아래 부분에 가시 모양의 돌기가 붙어 있는 것도 있다. 노보체르카스크형 화살촉도 중간 부분이 자루 모양으로 불룩하지만, 촉대가 긴 것이 특징이고, 청동제 외에 쇠로 만든 것도 있다. 그러나 양쪽 모두 두날 화살촉(兩翼鏃)이고, 형태는 마름모 또는 나뭇잎 모양이다.

체르노고로프카형 재갈은 양끝의 고리(環)가 반원형이고, 재갈멈치는 약간 구부러진 막대 모양으로 구멍이 3개 나 있으며, 양끝이 우산 모양으로 되어 있는 것도 있다. 노보체르카스크형 재갈은 여덟 팔八자형인 2개의 고리로 되어 있는데, 바깥쪽 고리에 원반형의 보조 고리가 붙어 있고, 재갈멈치는 막대 모양으로 3개의 고리가 붙어 있으며, 한쪽 끝은 못대가리 모양이고, 다른 쪽 끝은 구둣주걱 모양으로 구부러져 있다. 그러나 두 문화의 재갈과 재갈멈치가 동시에 나타나는 유적도 있기 때문에 두 문화를 확실히 구별하는 것이 가능한지 의문이 든다.

두 문화의 기원과 담당자에 대해서는 여러 가지 설이 제출되어 있다. 과거에는 체르노고로프카형 문화의 기원을 스루브 문화에서 찾는 견해가 유력했다. 그러나 근년에는 남시베리아 투바(러시아연방의 투바공화국)의 아르잔 고분[3]에서 출토된 마구馬具나 화살촉과의 유사성에 주목하고, 이들을 초원 지대 전역에서 이뤄진 문화 발전의 일환으로 파악하는 견해가 있다. 한편 노보체르카스크형

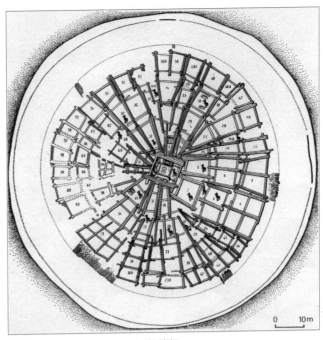

아르잔 고분 평면도

기원전 9~8세기경으로 추정되는 아르잔 고분에서는 표범형 장식판, 산양형 간두식, 장신구, 단검, 도끼, 화살촉, 재갈멈치, 재갈을 비롯한 다수의 유물이 출토되었다. 특히 이 고분에서는 주실과 부실을 막론하고 수많은 말뼈가 발견되었다.

---

3) 이 고분은 뒤에 서술할 그랴즈노프(M. P. Gryaznov) 지도 아래 1971년부터 1974년 사이에 발굴 · 조사되었다. 여기서는 스키타이 이전 시기(선先스키타이 시대)와 스키타이 문화 형성기의 유물, 특히 동물 양식 유물이 출토되었다.

유물이 북카프카스 유적에서 초기 스키타이 문화의 동물 문양 유물과 함께 출토되는 사례도 있는데, 이로 미루어 두 문화의 밀접한 관련성을 엿볼 수 있다.

이 점을 중시하는 연구자는 노보체르카스크형 문화를 초기 스키타이 문화 첫 단계로 간주하고, 체르노고로프카형 문화를 스키타이 출현 이전부터 흑해 북안에 거주하다가 스키타이에게 쫓겨난 킴메리오이인이 남긴 문화로 보고 있다. 그러나 그 반대의 설을 제창하는 연구자도 있고, 양쪽 모두 스키타이 또는 킴메리오이에 속한다고 주장하는 견해도 있다. 두 문화가 유사하다는 점에서 어느 쪽도 틀렸다고 말하기는 어렵고, 스키타이와 킴메리오이 모두 이름은 다르지만 문화적으로 상당히 가까운 관계에 있는 기마 유목민이었을 것이다.

선先스키타이 시대 초원 지대 동부와 서부의 관련성을 보여주는 또 다른 사례로 사슴돌과 솥(鍑)을 들 수 있다. 앞에서 언급한 것처럼 사슴돌은 카라수크 시대에 초원 지대 동부의 특징적인 유물이다. 숫자는 많지 않지만(15점), 이와 유사한 돌기둥(石柱)이 우랄에서부터 흑해 연안에 걸쳐 산재하는 선先스키타이 시대 유적에서도 발견되고 있다. 돌기둥에 새겨진 검劍은 카라수크형으로 동방의 직접 또는 간접적인 영향을 확인할 수 있다.

솥은 의식에 사용된 청동 솥(銅鍑)으로 스키타이 시대 이후 초원 지대 여러 곳에서 발견되는 유물이다. 학자들은 이 유물이 서주 시대 후기(기원전 9~8세기)에 중국 북방에서 유래한 것으로 보고 있다. 이와 유사한 솥이 노보체르카스크형 재갈이나 재갈멈치와 함께 북카프카스 유적에서도 출토되고 있는데, 이 역시 동방에서 전해진 것으로 보인다. 이와 같이 선先스키타이 시대에는 초원 지대 동서간의 교류가 점점 활성화되고, 거의 같은 형식의 실용품(마구와 무기)이 전 지역에 보급되고, 사슴돌을 세우고, 솥을 사용하는 의례도 널리 퍼졌다. 이러한 사실을 통해 물질 문화뿐 아니라 정신 문화도 유라시아 초원 지대가 하나로 통합되기 시작했음을 알 수 있다. 이 통합성은 다음 스키타이 시대가 되면 더욱 뚜렷하게 나타난다.

2. 스키타이와 시베리아 문화권

스키타이의 기원

헤로도투스는 스키타이의 기원에 대해 세 가지 설을 소개하고 있다. 그 가운데 두 가지 설은 여러 신이 등장하는 신화 전설이고 서로 공통점도 많다. 특히 외래外來의 남신과 토착의 여신을 조상으로 하는 점이 주목된다. 이는 외부에서 이주해 온 스키타이가 토착민을 지배하게 된 상황을 상징화한 것으로 볼 수 있다. 또 하나의 설에 의하면, 다른 유목민인 마사게타이의 공격을 받은 스키타이가 동방에서 볼가 강을 건너 흑해 북부 연안으로 이주하여, 원래 거기에 살고 있던 유목민 킴메리오이를 몰아내고 그 지역을 차지했다고 한다.

헤로도투스도 이 세번째 설에 가장 신빙성을 두고 있다. 그 후 사르마타이, 훈, 아바르, 몽골을 비롯한 수많은 유목민이 동방에서 이동해온 점을 고려하면 이 설이 가장 그럴듯하다. 그러나 스키타이 연구가 활발하게 진행된 과거 소련 학계에서는 대규모 민족 이동을 인정하지 않고, 남러시아 청동기 시대 주민이 그대로 발전하여 스키타이가 되었다는 토착설이 주류를 이루었다. 물론 당시에도 우크라이나 고고학자 테레노지킨(A. I. Terenojikin)처럼 스키타이의 동방 기원설을 주장하는 연구자도 있었다. 조금 전 언급한 남시베리아 투바의 아르잔 고분에서는 이들 소수파 연구자에게 유리한 유물이 출토되었다.

아르잔 고분은 지름 120m의 대형 무덤이지만, 높이는 4m밖에 안 되는 비교적 납작한 적석총이다. 적석 아래에는 통나무를 짜 맞추어 만든 70여 개의 묘실墓室이 있다. 애석하게도 이 고분은 상당히 오래 전에 도굴되어 금제품이나 은제품은 발견되지 않았으나 다른 중요한 유물이 다량으로 출토되었다. 앞에서 지적했듯이 이 고분에서 선先스키타이 시대의 체르노고로프카형 마구와 화살촉이 출토되었다. 또 초기 스키타이 미술에 전형적으로 나타나는 몸통을 둥글게 표현한 표범 같은 동물 형태의 청동제 장식판과 산양 모양의 간두식竿頭

飾, 그리고 역시 초기 스키타이 시대에 속하는 발끝을 세운 사슴과 돼지를 표현한 사슴돌 단편이 발견되었다.

이 고분을 발굴한 그랴즈노프는 이 유적을 기원전 9~8세기의 것으로 추정하고, 스키타이 계통의 문화 유적 가운데서 가장 오래된 것으로 위치 지움으로써, 흑해 북부 연안 스키타이 문화가 남시베리아에서 기원하는 것으로 보았다. 그의 견해는 큰 반향을 불러일으켜 시기를 기원전 7세기로 내려 잡아야 한다는 반론도 제기되었다. 그러나 마구와 화살촉 외에도 아르잔과 흑해 북쪽 연안의 선先 스키타이 시대와 연결되는 유물이 있고, 또 중간 지대인 카자흐스탄과 우랄에서도 유사한 마구와 화살촉이 출토됨에 따라 스키타이 문화의 동방 기원설은 더욱 설득력을 얻고 있다.

스키타이의 서아시아 침입

흑해 북안에 출현한 스키타이와 그들에게 쫓겨난 킴메리오이의 행적을 더듬어 보는 것도 흥미롭다. 헤로도투스에 의하면 킴메리오이는 흑해 동쪽 또는 서쪽을 돌아 아나톨리아로 들어가 한때 그 북부와 서부를 차지했다고 한다. 그들을 쫓아 스키타이가 남하하다가, 길을 잘못 들어 이란 서부를 침략하고 그 후 28년 동안 서아시아 전역을 휩쓸고 다녔다고 한다.

그러나 스키타이가 서아시아를 침략한 것은 단순히 누군가를 쫓고 쫓기는 차원이 아니었다. 킴메리오이는 그 전에도 약탈을 목적으로 이오니아(에게 해의 동부 연안)를 침략한 적이 있었다. 또 기원전 7세기 말 메디아가 아시리아의 수도 니네베를 포위했을 때, 프로토티에스의 아들 '마디에스' 라는 스키타이 왕이 이끄는 대군이 와서 메디아군을 격파한 적도 있었다. 따라서 이 스키타이는 분명히 아시리아의 원군이다. 그러나 그 후 스키타이는 메디아 측에 가담했는지 어떤지 메디아 왕이 개최한 연회에 초대를 받는다. 이와 별도로 스키타이 본국에서 모반을 일으키고 메디아로 도망쳐온 스키타이 일파는 메디아에서 군사를 훈련시키기도 하지만, 결국 메디아 왕과의 불화를 극복하지 못하고 그의 적인 리디아 측에 가담했다.

이와 같이 킴메리오이는 스키타이와 관계없이 아나톨리아에 들어간 적이 있고, 스키타이 역시 킴메리오이와 상관없이 여러 세력과 손을 잡기도 하고 결별하기도 했다. 이런 점에서 양자는 아무런 관계없이 서아시아를 침략했던 것으로 보인다. 이 추측은 아시리아와 우라르투[4]의 설형楔形 문자 점토판 문서[5]에 의해 입증된다. 점토판 문서에는 김미리Gimmirri 또는 가미라Gamirra, 아슈쿠자이Ashkuzai 또는 이슈쿠자Ishkuza라 불리는 북방의 침입자가 자주 등장한다. 전자는 킴메리오이Kimmerioi와 자음이 일치하고(g와 k는 유성음과 무성음의 관계), 후자도 똑같이 스키타이Skythai와 자음이 일치한다. 많은 연구자들이 이를 근거로 이들을 서로 같은 집단으로 보고 있다.

점토판 문서에 의하면 최초로 등장하는 집단은 킴메리오이인데, 그들은 우라르투의 사르두리 2세(기원전 764~735년 재위)의 치세가 끝날 무렵에 이란 서북부 우르미아 호수 남방에 나타난 것으로 되어 있다. 우라르투는 당시 서아시아에서 최강을 자랑하던 아시리아 입장에서도 결코 얕보기 어려운 존재였다. 그들은 몇 차례에 걸쳐 우라루트를 원정했지만 큰 성과를 거두지 못했다. 그러던 중 우라르투 국내에 풀어놓은 스파이로부터 킴메리오이가 우라르투를 습격하고 여러 성을 함락시켰다는 중요한 정보가 전해졌다. 이 보고를 접한 아시리아의 사르곤 2세(기원전 722~705년 재위)는 기원전 714년 위기에 처한 우라르투를 공격해 마침내 대승을 거두었다.

그러나 그 후 킴메리오이는 우라르투와 손을 잡았고, 아시리아는 이에 대항하기 위하여 새로운 세력과 동맹을 맺었는데, 그 대상이 바로 스키타이였다. 스키타이의 이름이 처음으로 서아시아에 등장한 것은 기원전 670년대이다. 그 무렵 스키타이는 '이슈파카이'라는 왕의 지휘 아래 메디아의 동맹자로서 아시리

---

4) 인도–유럽어족이 정주하기 이전 아르메니아에서 번영을 누린 고대 왕국. 기원전 13세기 아시리아 기록에 처음으로 '우루아트리'라는 이름으로 등장한다.

5) 메소포타미아를 중심으로 한 고대 오리엔트 지방에서 주로 설형 문자를 기록하기 위하여 사용된 점토판의 총칭으로, 수메르인에 의해 고안되었다. 티그리스 강과 유프라테스 강 유역에는 원래 금석金石이 많지 않아 값이 비쌌기 때문에 두 강 유역에 퇴적된 양질의 점토에 문자를 기록하는 전통이 발달했다.

아와 싸웠다. 이슈파카이 왕이 죽고 그의 후계자로 생각되는 파르타투아는 아시리아의 아사르핫돈(기원전 680~669년 재위)의 딸에게 청혼을 했다. 아사르핫돈이 이 요구를 수용함으로써 양자는 새로운 관계를 맺었다. 파르타투아는 자음이 모두 헤로도투스가 언급하는 프로토티에스와 일치하기 때문에 두 사람은 같은 인물로 볼 수 있다.

기원전 7세기 중반 킴메리오이는 서방으로 이주하여 아나톨리아 중서부로 들어가 프리기아와 리디아를 공격한 것으로 보인다. 그 후 킴메리오이와 스키타이의 이름은 서아시아 문헌에서 사라진다. 헤로도투스는 스키타이가 기원전 6세기 초기까지 서아시아에 있었던 것으로 기록하고 있지만, 문서 자료를 보면 스키타이는 이미 그보다 수십 년 전에 북방 초원 지대로 돌아간다. 따라서 이 문제는 어느 쪽이 옳은지 아직 결말이 나지 않은 상황이다.

어떻든 스키타이가 서아시아를 침략한 기원전 8세기 말부터 7세기까지 기간은 대국大國인 아시리아 외에도 각지에서 신흥 국가들이 발흥한 격동의 시대였다. 때문에 그들은 그때그때 상황에 따라 상대방을 바꾸어 연대하거나 대립하면서 이른바 용병傭兵으로 서아시아 각 세력으로부터 재부財富를 수취했다.

고고학 자료를 통해서도 그들의 침략 흔적을 확인할 수 있다. 이란 서북부의 지비예[6]에서 출토된 스키타이 양식의 동물 문양이 장식된 유보遺寶는 그곳을 침략한 스키타이 왕릉의 부장품이고, 아나톨리아 중서부의 이미르렐르에서 출토된 가시가 달린 두 날 청동 화살촉, 등자형鐙子形 재갈, 철제 단검(아키나케스형 검)도 스키타이 유물이다. 반면에 확실하게 킴메르와 관련이 있는 고고학 자료는 서아시아에서 거의 출토되지 않고 있다. 이런 이유로 학자들 사이에서는 그들의 거주지와 연대를 둘러싸고 커다란 논쟁(이른바 킴메르 문제)이 벌어지고 있다.

---

6) 1947년 이란 서북부 삭크이즈 부근 지비예 마을에서 발견된 퇴장 유적. 삭크이즈 퇴장 유적이라고도 한다.

스키타이 문화의 특징

　그런데 지비예와 이미르렐르의 출토품을 보면 스키타이가 서아시아를 침략하기 시작한 시기부터 이미 그들 독자의 문화를 가지고 있었음을 확인할 수 있다. 스키타이 문화를 특징짓는 문화 요소로 자주 거론되는 것이 마구(등자형 재갈과 3개 또는 2개의 구멍이 있는 재갈멈치), 무기[하트형 날밑(鐔)이 특징인 아키나케스식 검]와 가시가 달린 두 날 또는 세 날(三翼) 화살촉, 그리고 스키타이 양식의 동물 문양이다. 이들을 일반적으로 스키타이 3요소라고 하는데, 스키타이인들이 처음부터 이런 요소들을 갖추고 서아시아에 나타났다는 것은 이들 스키타이계 기마 유목민이 북방 초원 지대에 있을 때 이미 이를 완성시켰음을 의미한다.

아키나케스형 청동 단검
기원전 6~5세기, 우랄 서남부 소로프카 출토 유물.

아키나케스형 철검
기원전 6~5세기, 중국 허베이 성 화이라이(懷來) 현 베이신푸(北辛堡) 출토 유물.

　예전에는 이들 세 가지 요소 중, 특히 동물 문양은 스키타이가 서아시아를 침략할 때 아시리아에서 받아들였다는 설이 유력했다. 그러나 최근에는 스키타이의 동방 기원설과 관련하여 위의 세 가지 요소를 비롯한 스키타이 문화의 특징은 대부분 유라시아 초원 지대 동부에서 기원하고, 그곳에서 급속히 서쪽으로 확산되었다는 의견이 점차 힘을 얻어가고 있다.

　스키타이 동물 문양은 동물끼리 싸우거나, 맹수가 초식 동물을 습격하는 이른바 동물 투쟁 문양이 유명하다. 그러나 이 문양이 뚜렷하게 나타나는 것은 스키타이 후기 미술이고, 이는 그리스와 서아시아 미술의 영향이 크다. 스키타이 전기(기원전 7~6세기) 미술의 동물 표현은 다음과 같은 특징이 있다. (1) 맹수의 몸통을 둥글게 웅크린 자세로 표현한다. (2) 맹수의 발끝을 둥글게 표현한다. (3) 사슴과 산양을 비롯한 초식 동물의 다리를 앞뒤로 접어 넣은 자세로 표현한다. (4) 사슴과 돼지의 사지(四肢)를 수직으로 펴서 발끝을 세워 놓는다. (5) 초식 동물의 목을 뒤로 돌려 놓는다. (6) 몸통의 전반부(앞 부분)와 후반부(뒤 부분)가 각각 다른 방향으로 향하게끔 180도 뒤틀어 놓는다. (7) 동물의 어깨에

청동 간두식
기원전 6세기경, 서북카프카스, 울스키 아울 2호분에서 출토된 스키타이 동물 양식의 간두식.

그리핀(혹은 새) 머리를 표현한다. (8) 가장자리를 동물(그리핀이 많음) 머리로 장식한다. (9) 하나의 동물 머리에 여러 동물을 작게 표현한다. 이 가운데서 여섯번째 특징은 카자흐스탄 동쪽에서만 나타나지만, 그 밖의 특징은 중국 북부에서 흑해 북안에 이르는 초원 지대 거의 전역에서 확인된다. 일부 특징은 이미 선先스키타이 시대에 나타나고, 그 대부분은 스키타이 시대 후기까지 존속했다.

물론 위의 특징들이 혼합되어 있는 경우도 많다. 카프카스 서북부 쿠반 강 유역의 울스키 아울 2호분에서 출토된 청동제 간두식竿頭飾은, 상부와 측면에 그리핀 또는 새의 머리가 배치되고(8), 중앙의 산양은 목을 뒤로 구부리고(5), 다리를 안쪽으로 접어 넣고(3), 어깨에 조그마한 새의 머리가 나와 있다(7). 눈알 표현은 스키타이 미술에서는 예외적이지만, 서아시아 사례에 비추어 본다면 재난을 불러오는 사악한 시선視線을 살펴 격퇴시키기 위한 목적일 것이다. 위의 세 가지 요소 외에도 스키타이 문화의 공통점은 많다. 공통적인 유물과 유적으로는 솥, 고리(鈕)가 달린 거울, 간두식, 대형 원형 무덤을 들 수가 있다. 솥은 스키타이 시대 직전에 이미 초원 지대에 나타나지만, 스키타이 시대가 되면 초원 지대 전역으로 널리 확산된다. 그러나 지역에 따라 독자적인 특징이 나타나기도 하는데, 예컨대 세 다리 솥(三脚鍑)은 톈산 북쪽 기슭에서만 나타난다.

고리가 달린 거울도 스키타이 이전 시기에 출현했을 가능성이 있다. 이 거울은 특히 스키타이 시대 전기에 널리 보급되었다. 스키타이 거울과 똑같이 뒷면의 중앙에 손잡이가 붙어 있고, 그 주변에 동물 문양이 있고, 테두리가 돌기된 거울은 톈산 남쪽 기슭의 허징(和靜) 현 차우후거우(察吾呼溝)와 러시아령 알타이의 마이에미르 초원, 우랄 지방의 주에프스키 등지에서도 출토되고 있다. 카프카스 서북부의 켈레르메스 4호분에서 출토된 거울은 손잡이가 없어지고 기부基部만 남아 있지만, 주변 문양에는 스키타이 양식의 동물 문양 외에도 그리핀과 날개가 달린 여신을 비롯한 그리스와 소아시아 모티프 등 여러 가지

스키타이 동물 문양
기원전 5세기 초 크리미아 쿨라르코프스키 2호분 출토 유물. 늑대는 입과 꼬리가 맞닿아 있고, 어깨 부위에는 야생 염소가 누워 있으며, 늑대의 앞발과 뒷발도 맹금의 머리 형상을 하고 있다. 이처럼 하나의 동물에 다른 동물을 함께 표현하는 기법은 스키타이 미술 양식의 특징이기도 하다.

은제 거울
기원전 7세기 후반, 서북카프카스 쿠반 지방의 켈레르메스 4호분 출토 유물. 위쪽의 '날개 달린 여신'을 중심으로 하여 사자, 그리핀, 반인반수 등이 눈에 띈다.

문화 요소가 뒤섞여 나타난다.

간두식은 밑 부분이 장대(竿)를 끼워 넣을 수 있게 통으로 되어 있고, 그 위에 동물 또는 동물의 머리 부분이 장식으로 붙어 있다. 동물 부분이 방울로 되어 있기도 하고, 구리 방울이 붙어 있는 경우도 있다. 간두식은 수레와 마구의 장식, 의례 용구7) 등 여러 설이 있지만, 분묘의 간두식은 분명히 죽은 이를 지키는 의미가 포함되었을 것이다.

초원 지대에서는 어느 시대나 원형 무덤이 조영되었다. 스키타이 시대에는 특히 대형 원형 무덤이 만들어졌다. 전기에는 지상이나 매우 얕은 무덤 구덩이(墓壙)에 오두막 형태의 목제 구조물을 만들고, 그것을 돌로 덮거나 그 위를 다시 흙(점토)과 돌을 덮어 높힌 형식이 흔하게 나타난다. 카자흐스탄 남부의 베르샤티르 고분군 가운데 가장 큰 무덤은 현재 상태로 높이가 17m, 지름이 104m에 달한다. 한편 북카프카스에는 봉분封墳이 변형되어서 지름은 알 수 없으나 높이가 15m 이상인 울스키 아울 2호분이 있다.

---

7) 이때 간두식은 일종의 세계수世界樹를 상징한다. 그래서 간두식 동물은 상계上界와 관련이 있는 존재물(새와 그리핀)이나 세계수를 총체적으로 표현할 수 있는 굽이 있는 동물(有蹄動物)로 장식된다.

알타이 현상
무덤 내부가 냉동실처럼 꽁꽁 얼어붙은 상태로 발견되는 현상을 말한다. 그래서 알타이 지역의 파지리크 고분은 도굴되지 않은 경우 유물이 훌륭하게 보존되어 있다. 1993년에 발견된 '얼음 공주'도 '알타이 현상'으로 인하여 세상에 빛을 보게 되었다.

스키타이 시대 중기(기원전 5세기)에서 후기(기원전 4세기)가 되면 묘실墓室이 지하 깊숙한 곳에 만들어지는데, 초원 지대 서부와 동부에서 그 구조가 각각 다르게 나타난다. 서부의 흑해 북안에서는 먼저 깊은 구덩이를 파고, 바닥에 수평으로 횡혈橫穴을 파서 그곳을 묘실로 사용한다. 일부 연구자들은 이 시대의 대형 원형 무덤을 높이에 따라 분류하고, 가장 큰 것(높이 14~21m)이 왕릉, 다음 규모(8~11m)의 고분이 귀족묘라는 가설을 제시하고 있다.

한편 동부의 알타이 지역에서는 깊고 큰 구덩이 아래 부분에 스키타이 전기와 똑같이 오두막 형태의 목제 구조물을 만들었다. 그 대표적인 사례인 파지리크 고분군에는 묘실이 얼어 있던 탓에 나무 제품이나 직물, 펠트, 미라화한 시신 등이 잘 보존되어 있었다. 출토품 가운데는 아케메네스조朝 페르시아(기원전 550~330년)와 깊은 교류를 보여주는 모티프가 다수 확인되고, 아마도 흑해 북안에서 전해진 것으로 보이는 그리스 양식의 그리핀 모티프와 중국제 직물류, 청동 거울도 있다. 이런 점에서 스키타이 시대 중기와 후기에는 초원 지대

말 안장 깔개의 그리핀 상

기원전 5세기, 알타이 지역 파지리크 2호분 출토 안장 깔개 조각으로 다리를 펴고 왼쪽으로 향하는 그리핀이 보인다.

를 통해 동서 문화 교류가 매우 활발하게 이루어졌음을 알 수 있다.

　이상에서 보는 바와 같이 스키타이 시대에는 초원 지대 동부에서 서부까지 약간의 지역적 차이가 있지만 유사한 문화가 널리 퍼져 있었음을 확인할 수 있다. 그러나 이 말이 곧 스키타이라는 단일 집단이 광대한 지역을 지배했다는 뜻은 아니다. 스키타이는 어디까지나 북카프카스에서 흑해 북쪽 연안에 걸쳐서 거주하고 있던 집단의 명칭이며 언어적으로 이란 계통이었다. 이보다 동쪽의 카자흐스탄에서 알타이 주변까지는 이란계 집단이 퍼져 있었고, 그 동쪽인 몽골 고원에서 중국 북부에 이르는 지역에는 투르크계 또는 몽골계가 주류를 이루고 있었다. 이와 같이 초원 지대 거주민들은 언어와 계통은 달라도 초원이라는 비슷한 환경에서 유사한 기마 유목 문화를 갖고 있었다.[8]

가죽 안장 장식

기원전 5세기 말. 알타이 지역 파지리크 5호분 출토 유물. 왼쪽의 매-그리핀은 머리 뒷부분에서 등에 걸쳐 있는 등지느러미 모양의 장식이 그리스 그리핀과 일치하고, 오른쪽 사자-그리핀은 머리 위의 구부러진 뿔과 치켜 올린 날개는 페르시아 그리핀과 일치한다.

----

8) 이하 스키타이 문화에 관한 전반적인 상황은 E. V. 뻬레보드치코바 著, 정석배 역, 『스키타이 동물양식』(학연문화사, 1999)를 참고.

3. 사르마타이와 흉노 시대

사르마타이 문화의 특징

흑해 북부 연안에서 후기 스키타이 문화가 번창한 기원전 4세기경, 카스피해 북방 초원에서는 새로운 유목민 세력이 발흥하고 있었다. 이른바 '사르마타이'라 불리는 집단이 그들이다. 그곳에는 이전부터 '사우로마타이'라는 유목민이 있었음을 헤로도투스의 『역사』를 통해 알 수 있는데, 바로 그들과 카자흐스탄 방면에서 온 다른 집단이 합쳐져 사르마타이가 되었던 것 같다. 사르마타이 역시 스키타이처럼 이란 계통이었던 것으로 보인다.

헤로도투스에 의하면 사우로마타이는 전설적인 여자 전사 집단인 아마존과 일부 스키타이 청년을 조상으로 하는데, 아마존의 전통을 이어받아 "처녀들은 적 한 명을 죽일 때까지 결혼하지 않았다"고 한다. 이 기록을 뒷받침하듯 사우로마타이 문화와 그 문화를 계승한 전기 사르마타이 문화(프로호로프카 문화라고도 한다. 기원전 4~2세기)에 속하는 여자 무덤에는 종종 마구와 무기가 함께 묻혀 있는데, 남자 무덤과 달리 창이나 검은 드물고 활과 화살이 주류를 이룬다. 사르마타이는 우랄 남부에서 서방으로 급속히 세력을 확대하여 기원전 2세기에는 드네프르 강 유역에서 스키타이를 몰아냈다. 이에 일부 스키타이 집단은 크림 반도 남부와 도나우 강 하구 부근으로 들어갔다. 고고학에서는 기원전 2세기 말기에서 기원후 2세기 초기까지를 중기 사르마타이 문화라고 부르는데, 이 문화의 주요한 유적은 돈 강 유역에 분포한다.

사르마타이의 왕공 계급은 스키타이처럼 대형의 분구墳丘를 만들지는 않았다. 돈 강 하구의 아조프 시 교외에 있는 다치 1호분은 경작지로 이용된 탓도 있지만, 높이가 90cm도 안 되고 묘실도 도굴되었다. 그러나 무덤 구덩이(墓壙) 서쪽의 작은 구덩이(카타콤 유형의 구덩이)에서는 화려하게 장식된 단검과 팔찌, 마구 장식을 비롯하여 다량의 금제품이 출토되었다. 단검 칼집에서 볼 수 있듯

금제 장식판

볼가 강 하류 볼고그라드 지방 포그롬노예 마을 2호 분에서 출토된 가죽띠에 붙어 있던 장식판. 맹수가 말의 몸통과 머리, 염소의 뿔이 달린 상상의 동물을 공격하고 있다. 기원전 1세기 사르마타이 동물 양식.

이 터키석이나 석류석과 같은 푸른 돌과 붉은 돌로 상감象嵌한 이른바 다색多色 상감은 사르마타이 미술의 특징이다. 이 유물과 매우 비슷한 다색 상감을 한 단검 칼집이 아프가니스탄 북부 시바르간 지방의 틸랴테페에서도 출토되고 있는데, 이는 사르마타이 미술의 확산을 보여주는 한 사례이다.

중기 무덤에서는 로마와 중국에서 들어온 수입품 또는 그 모조품(특히 거울)이 발견된다. 문양으로는 중국의 용龍이 확인되는데, 이러한 장식 요소는 초원 지대 동부의 흉노匈奴와 중앙아시아 북부 유목민의 손을 거쳐 전해졌을 것이다. 또 스키타이의 경기병輕騎兵과 달리 사르마타이의 기마 전사는 창을 든 중무장 기병인데, 이는 동시대 서아시아의 파르티아9) 전사와 유사하다. 이와 같이 사

---

9) 파르티아(기원전 248~기원후 226)는 대체로 동아시아의 진한秦漢 시대에 이란과 메소포타미아를 지배한 파르니족 왕국이다. 중국 사서史書는 시조始祖 아르사케스와 관련지어 이 나라를 '안식국安息國'이라 표기하고 있다. 파르티아는 실크로드 요충지에 자리하고 있었기 때문에 한 무제武帝 이후 활발해진 동서 교역, 특히 중국 비단의 중계무역을 독점했다.

청동 솥
흑해 북안 로스토프 지방의 소콜로프스키 계곡 고분 출토 사르마타이 문화기 유물. 나팔 모양의 굽다리가 달린 단지 형태의 전형적인 유목민 솥이다. 위에 붙은 네 개 손잡이 중 두 개는 고리 모양. 두 개는 염소 형상을 하고 있다. 기원후 1~2세기.

르마타이는 그 당시 대국인 중국이나 파르티아, 로마와도 교류하고 있었다.

로마 측 사료史料에 의하면 기원후 1세기 후반에서 2세기에 걸쳐 사르마타이 동쪽에는 '알란'이라는 기마 유목민이 새로이 등장한다. 이 집단은 『위지魏志』「동이전東夷傳」에 인용된 『위략魏略』「서융전西戎傳」과 『후한서後漢書』「서역전西域傳」에 보이는 '아란阿蘭'이다. 이들이 사르마타이의 일부인지 아니면 카자흐스탄 방면에서 이주해온 또 다른 기마 유목민 집단인지를 놓고도 의견이 엇갈린다. 그러나 언어적으로 이들 역시 이란 계통으로 추정된다.

학자들은 또 문화적으로 어느 정도 연속성을 인정하여, 알란이 북카프카스에서 흑해 북안에 이르는 초원 지대에서 지배력을 행사한 2~4세기 문화를 후기 사르마타이 문화라 부른다. 매장 시설의 구조는 전기·중기와 같고, 봉분이 낮거나 전혀 없는 경우도 있다. 부장품도 큰 차이가 없는데, 말의 다리뼈만 발견되는 사례가 이 지역에서는 처음으로 나타난다.

알란은 그 후 훈족의 침략을 받는 등 풍파에 시달리면서도, 일부가 카프카스의 산악 지대에서 살아남아 오늘날 오세트인[10]의 조상이 되었다.

흉노의 발흥과 융성

스키타이와 동시대인 기원전 8~4세기에 몽골 고원에서 중국 북부에 이르는 중앙유라시아 동부 초원 지대에서도 스키타이와 똑같은 무기와 마구와 동물

---

10) 카프카스 중앙부에 거주하며 러시아연방 북오세티야공화국을 구성하는 민족. 몽골 지배 시기 킵차크 칸국의 압박으로 북카프카스의 풍요로운 초원을 떠나 산지로 이동하여 현재의 북오세티야를 세우고, 그 일부는 남오세티야(그루지야공화국 내의 자치구)로 진출했다. 한편 알란족 일부는 멀리 동방으로 이주하여 13~14세기 원나라 황제 친위군단으로 복무하기도 했는데(아스족), 그 후손은 '아수드阿蘇特'라는 이름으로 현재까지 이어지고 있다.

문양을 소유한 문화가 번창했다. 일부 학자들은 이 문화를 남긴 사람들을 중국 사서史書의 산융山戎 또는 적狄과 결부시켜 보기도 하지만, 그들의 실체는 아직 명확하게 밝혀져 있지 않다. 어떻든 이 시기 초원 지대 동부에서는 크고 작은 부족들이 통일을 이루지 못한 채 할거하고 있었다.

그러나 중국이 급속히 통일을 향해 가던 기원전 3세기 후반, 마치 이에 호응이라도 하듯이 북방 초원에서도 통합의 기운이 무르익었다. 그리고 얼마 안 있어 몽골 고원 동부에서 서부에 걸쳐 정립하고 있던 동호東胡, 흉노, 월지月氏 가운데 흉노가 다른 두 집단을 제압하고, 기타 군소 세력까지 규합하여 역사상 초유의 큰 정치 세력을 수립했다.

중국의 사서는 이 일을 담당한 사람을 묵특선우冒頓單于라고 기록하고 있다. 묵특은 태자 시절에 아버지 두만頭曼에 의해 폐적廢嫡될 위기에 처한 적이 있는데, 그는 어려운 상황을 역으로 이용하여 아버지를 살해하고 자기 힘으로 선우 자리에 올랐다.[11] 정변 직후 인접해 있던 동호는 아직 묵특의 권력이 안정되지 않았다고 판단하고 흉노에 갖가지 사항을 요구했다. 묵특은 그들의 요구를 죄다 들어주었고, 그래서 동호는 흉노를 얕보고 방비를 게을리 했다. 이에 묵특은 즉시 군대를 동원하여 동호를 급습하고 순식간에 그들을 격파해버렸다.

동호를 격파한 묵특은 그 여세를 몰아 사방으로 원정을 감행하여 만리장성萬里長城 이북의 초원민을 하나로 통합했다. 이로써 새로운 유목 국가 흉노와 때마침 중원을 통일한 한나라의 충돌은 불가피하게 되었다. 양측의 격돌은 기원전 201년에 일어난 마읍馬邑 사건을 계기로 표면화되었다. 이는 마읍에서 흉노에게 포위된 한왕 신韓王信이 그들과 사신使臣을 주고받았다 하여 조정의 의심을 받게 되자 묵특에게 투항한 사건을 말한다.[12] 이로 인하여 이제 막 중원

---

11) 두만은 후처의 자식을 태자로 세우려고 묵특을 폐적하여 적국 월지에 인질로 보냈다. 그리고 월지가 묵특을 살해하도록 유도하기 위해서 월지를 급습했다. 위기에 처한 묵특은 선마善馬를 훔쳐 타고 본국으로 돌아와 아버지를 살해하고 선우가 되었다.

12) 유방은 천하를 통일한 뒤 한왕 신을 중원의 중앙부 영천潁川에서 산시의 타이위안 군(太原郡, 치소治所는 진양晉陽)으로 옮겨 분봉했다. 그 후 한왕 신은 진양 북쪽 안문군雁門郡 마읍으로 치소를 옮겨줄 것을 요청하고 조정의 허락을 받았다. 이곳은 물론 북방의 최전선이다.

을 통일한 한 고조(劉邦)는 대군을 지휘하여 평성平城[현재의 산시(山西) 성 다퉁(大同) 동북방]까지 진격했으나, 백등산白登山[현재의 산시 성 딩샹(定襄) 현 소재]에서 묵특 군사에게 포위되고 말았다. 이렇게 유방과 그의 부대는 흉노군에게 7일 동안 포위되었는데, 고조는 사자를 보내어 연지(關氏, 선우 처의 칭호)에게 뇌물을 주고 화의和議를 청하여 해마다 많은 비단 제품과 술, 곡식을 흉노에 공납한다는 일 방적인 화평 조약을 체결하고 간신히 포위망을 빠져나왔다. 그 후 묵특의 원 정 활동은 서방으로 향했다. 즉 서역西域으로 통하는 길목인 하서회랑河西回廊 [간쑤(甘肅) 성의 회랑 지대]에서 월지를 추방하여 중앙아시아까지 지배력을 확대하 고 실크로드 무역로를 장악했다. 또 그는 오환烏桓을 비롯한 예속민들에게서 피포세皮布稅를 비롯한 각종 공물을 징수하기도 했다.

'묵특' 이라는 이름은 몽골어 바아투르(바투르, 즉 용사)를 음사音寫한 말이다. 『한서漢書』에 의하면 "흉노 군주의 칭호인 선우는 탱리고도선우撑犁孤塗單于의 약칭으로 '탱리' 는 하늘, '고도' 는 아들, '선우' 는 광대함을 뜻한다"고 한다. 많은 연구자들은 탱리를 고대 투르크 – 몽골어에서 하늘을 의미하는 텡그리(천 신)로 보고 있다. 모리 마사오(護雅夫)는 여기서 한 걸음 더 나아가 '고도' 를 고 대 투르크어에서 영위靈威를 뜻하는 '쿠트' 로 이해하고, '탱리고도선우' 가 하 늘의 영위를 받은 하늘의 아들을 뜻한다는 독특한 해석을 내놓았다. 북아시아 유목민과 수렵민은 천신을 최고신으로 여기는 샤머니즘을 신봉했는데, 흉노 의 군주는 스스로 하늘의 아들이라 칭함으로써 자신의 정치적 지배력을 일반 유목민의 정신 세계에 미치려고 했다는 것이다.

흉노인들이 가장 중시하는 제사 의식은 중국 사서에 농성籠城 또는 용성龍城 으로 기록된 성소聖所에서 거행되었다. 에가미 나미오(江上波夫)는 이를 북아시 아 민족지 자료에서 확인되는 나무 또는 버드나무 가지를 세워 만든 제단祭壇 으로 보고 있다. 북아시아 수렵민과 유목민은 여기에 모여 그 주위를 돌면서 신을 불러내고 천지 신령께 제사를 지냈다.[13] 흉노인들은 1년에 두 차례(봄과 여

---

13) 에가미 나미오는 나무나 버드나무 가지를 세워 만든 제단을 후대 몽골에서 확인되는 오보(敖博), 그리고 제단 주위 를 돌면서 천지 신령에게 제사지내는 행위를 후일 오보제의 일환으로 이해했다. 이에 관한 자세한 사항은 이평래, 「몽골 지역 오보신앙의 형성과 전개」, 『민속학연구』 8(국립민속박물관, 2001), 320쪽 참고.

름, 나중에 정월도 추가되었다) 농성에 모여 희생犧牲을 바치고, 번영을 기원하고, 경마와 씨름을 즐기고, 길흉을 점쳤다고 한다. 이와 함께 이 제사 때에는 여러 부족들을 소집하여 회의를 개최하고 국사國事를 토의했으며, 과세課稅의 기초인 인구와 가축 수를 헤아렸다. 아마도 새로운 선우도 이러한 회의를 통해 선출되었을 것이다. 그러나 묵특선우 치세기에는 선우 권력이 워낙 강대해 족장회의가 형식적이었을 가능성이 있다.

선우는 연제씨攣鞮氏라는 특정 가문에서만 선출되었다. 한편 선우의 후비后妃도 특정 가문 출신으로 한정되었다. 인척姻戚 씨족으로는 호연씨呼衍氏, 난씨蘭氏, 수복씨須卜氏(나중에 구림씨丘林氏가 추가되었다)가 있었다. 한나라 황실의 공주를 후비后妃로 맞이하는 경우도 있었는데, 유명한 왕소군王昭君처럼 반드시 황제의 친딸에 한정하지 않고 궁중에서 시중드는 여자를 양녀로 삼아 보내는 경우도 있었다.[14]

선우 아래에는 여러 가지 명칭의 왕이 있었으며, 그들은 각각 좌우(동서)로 나뉘어 영지領地를 소유하고 있었다.[15] 그들은 모두 연제씨를 비롯한 핵심 집단 출신자들에 의해 채워졌지만, 기타 흉노에 복속된 다른 부족도 각각 독자적으로 왕을 추대하고 선우 휘하에 들어와 있었다. 왕들은 각각 수천에서 1만 규모의 유목민, 즉 기병을 거느리고 있었고, 이들은 일괄적으로 만기萬騎라 불렸다. 그 아래에는 소왕小王을 위시하여 천장千長, 백장百長, 십장什長(또는 천인장千人長, 백인장百人長, 십인장什人長)이 있고, 통치 기구는 그대로 군사 조직의 기능을 맡았다. 또 선우의 보좌역으로 인척 씨족 출신자인 골도후骨都候라는 대신이 있었다. 모리 마사오는 '골도' 역시 위에서 언급한 '고도'처럼 '쿠트'를 한자로 표현한 것이며, 따라서 골도후는 선우의 영위를 나누어 가진 제후를 의미한다고 해석했다.

---

14) 이처럼 주변의 이민족에게 시집간 여자를 화번공주和蕃公主라 한다. 문학 작품의 소재로도 자주 등장하는 왕소군도 그 일례이고, 뒤에서 언급할 티베트로 시집간 당나라의 문성공주와 금성공주도 모두 화번공주이다.

15) 『사기』 「흉노전」에는 "좌우현왕左右賢王, 좌우녹려왕左右谷蠡王, 좌우대장左右大將, 좌우대도위左右大都尉, 좌우대당호左右大當戶, 좌우골도후左右骨都候를 두었고 (중략) 좌우현왕 이하 당호에 이르기까지 큰 것은 만 기, 작은 것은 수천 기를 지휘하는 24장이 있는데 (모두) 만기萬騎라고 불렸다"는 기록이 있다.

흉노의 쇠퇴와 분열

한나라는 고조 이래 흉노에 대해 소극적인 정책으로 일관했다. 그러나 패기 만만한 무제武帝가 즉위하면서(기원전 141년) 충실한 국력을 배경으로 적극적인 대흉노 정책을 펴기 시작했다. 먼저 기원전 139년에 장건張騫을 서방의 대월지 大月氏에 파견하여 흉노에 대한 협공을 모색했는데, 도중에 장건이 흉노에게 붙잡히는 바람에 뜻을 이루지 못했다. 그리고 기원전 133년에는 밀무역을 미끼로 선우가 거느리는 흉노의 대군을 유인하여 일망타진하려 했지만, 이 계획 역시 실행 직전에 발각되어 수포로 돌아갔다.

이와 같이 여러 차례의 계략이 실패로 끝난 후 무제는 마침내 정공법正攻法을 단행했다. 기원전 129년에 네 명의 장군을 파견한 원정은 실패로 끝났으나, 그 이듬해 장군 위청衛青이 이끄는 3만 군대가 출전하여 흉노 수천 명을 참수斬首하고 많은 사람을 포로로 잡는 대승을 거두었다. 그 후 양측은 잠시 일진일퇴를 반복하다 전세가 점차 한나라 쪽으로 기울었다. 한나라 군대는 기원전 121년에 하서 지방을 빼앗고, 2년 후에는 고비 남쪽에 있는 흉노의 근거지를 일소했다. 하서를 손에 넣은 한은 서쪽으로 이어지는 서역, 즉 중앙아시아 오아시스 지대로 손을 뻗치기 시작했다. 그 결과 기원전 104년과 102년 두 차례에 걸친 원정으로 파미르 서쪽의 대원大宛(페르가나)까지 그 위세가 미치게 되었다. 그 후 기원전 60년에 흉노의 서쪽 변경을 담당하는 일축왕日逐王이 한나라에 복속하면서 타림 분지의 오아시스 나라들은 모두 한의 지배 아래 놓이게 되었다.

그 이전 흉노는 서역에 동복도위僮僕都尉라는 관리를 파견하여 오아시스의 여러 나라들로부터 물자와 사람을 징발했는데, 마침내 오아시스라는 수입원을 빼앗기고 좋은 목초지가 있는 하서 지방마저 상실하게 되면서 점점 쇠퇴의 길로 접어들었다. 그런데다 그때까지 흉노에 복속하고 있던 정령丁零(또는 丁令, 丁靈), 오환烏桓(또는 烏丸), 선비鮮卑 등이 이반함으로써 흉노의 쇠퇴를 더욱 촉진시켰다.

바로 이때를 즈음하여 흉노에서는 선우 자리를 둘러싸고 내분이 발생했다.

이어 호한야呼韓邪선우와 그의 형 질지郅支선우 사이에 싸움이 일어났다. 결국 호한야가 이끄는 동흉노는 기원전 51년 한나라에 복속하고 한의 도움을 받게 된다. 한편 질지가 이끄는 서흉노는 서쪽으로 이주하여 톈산 북쪽 기슭에 본거지를 두고 여러 차례 오손烏孫[16]과 정령을 격파하지만, 기원전 36년 마침내 한나라 군대에 패하고 질지가 살해되면서 서흉노도 와해되고 말았다.

한편 한나라는 복속한 호한야를 특별히 대우했다. 그의 지위를 제후왕諸侯王보다 위에 두고, 황제를 알현할 경우에도 신臣이라 칭할 뿐 이름을 대지 않도록 하고 많은 금품까지 하사했다. 이렇듯 양자는 일시적으로 화평을 유지했다. 그러나 한나라를 대신하여 신新(8~23년)을 세운 왕망王莽이 극단적인 중화사상中華思想을 가지고 이민족을 대하고, 흉노에 대해서도 강압적인 태도를 취함에 따라 양자 관계는 다시 악화되었다.

왕망 치세 말년에 중국이 혼란에 빠지자 흉노는 한때 세력을 되찾고 예전 위세를 회복했다. 그러나 그것도 잠시 흉노는 천재지변과 전염병으로 세력이 다시 약화되어 동쪽의 오환으로부터 공격을 받고 내분까지 겹쳐 남북으로 분열되었다(48년). 즉 이 해에 남쪽의 여덟 흉노 집단의 추장인 비比가 선우인 포노蒲奴에게 반기를 들고 후한後漢에 투항하는 사건이 발생했다. 이들이 이른바 남흉노라 불리는 흉노 집단이다. 후한에 신속臣屬한 남흉노는 그 후 서서히 중국 사회에 편입되었다. 한편 몽골 고원에 남은 북흉노는 동쪽에서 선비와 오환, 북쪽에서 정령, 남쪽에서 남흉노와 후한의 공격을 받고 서방으로 이동했다. 하지만 그들도 2세기경 톈산 북방에 있었음을 보여주는 기사記事를 끝으로 중국 사서에서 완전히 자취를 감춘다.

---

16) 중국 한나라 시대부터 남북조 시대 초기에 걸쳐 톈산 북방 일리 강 유역 이식쿨 호반, 시르다리아 강 상류 지역에 거주하던 유목민 집단. 한 무제는 대흉노 작전의 일환으로 오손과 동맹을 맺기 위하여 장건을 파견하기도 했다.

흉노의 사회

유목민 흉노의 풍속은 정주 사회 거주민들 눈에 매우 기이하게 반영되었다. 『사기』「흉노전」에는 한나라 사신과 흉노 고관 중항열中行說 사이에 주고받은 흥미로운 문답이 기록되어 있다. 한나라 사신이 "흉노는 노인을 업신여긴다" 고 비난하자, 중항열은 "흉노에서는 전쟁이 중요하기 때문에 싸우지 못하는 노약자는 뒤로 미루고, 먼저 건장한 사람에게 맛있고 영양가 있는 음식을 먹게 한다. 그렇게 하여 전쟁에 이기면 노인도 그의 자식과 함께 생활할 수 있다"고 반박했다고 한다.

이에 한나라 사신이 "흉노는 아버지와 아들이 같은 천막에서 잠자고, 아버지가 죽으면 계모繼母를 처로 삼고, 형제가 죽으면 형수를 아내로 맞아들인다. 위계位階에 상응하는 복식服飾도 없고, 궁정의 의례와 제도도 없다"고 비판하자, 이에 중항열은 "흉노는 가축과 함께 생활하고 계절에 따라 이동한다. 법규가 간소해 지키기 쉬우며, 군신 관계도 단순하다. 한 국가의 정치는 한 인간의 신체와 같다. 부자와 형제가 죽으면 그 처를 취하는데, 이는 종족의 대가 끊기는 것을 꺼려하기 때문이다. 중국에서는 겉치레만 하고 실제로는 친족을 서로 살해하고 있다. 흉노에는 그러한 허식적인 의례나 복식이 없다"고 반박했다고 한다.

이 대화 속에는 중국의 사회 현상을 우려하는 사마천司馬遷의 생각이 담겨 있다고 볼 수 있다. 그러면서도 한편으로 유목 사회와 정주 사회의 윤리가 확실히 다르다는 점이 분명하게 나타나 있다.

중항열은 원래 한나라 사람이었다. 한나라 문제文帝가 종실宗室의 딸을 노상老上선우에게 시집보낼 때 수행원으로 따라갔다가 선우에게 투항한 환관宦官이다. 이처럼 유목 사회라고 해서 오직 유목민만 있었던 것은 아니다. 그 가운데는 꽤 많은 수의 정주 사회 출신자들이 있었고, 그들은 유목 사회에서 매우 중요한 역할을 담당했다.

유라시아 초원 지대는 확실히 유목에 적합한 땅이다. 그러나 유목이라는 이동 목축은 생산성이 낮고 기상 조건에 따라 성패가 크게 좌우된다. 따라서 유목은 생산력을 안정적으로 유지하고 생산력을 발전시키는 데 일정한 한계가 있다. 그래서 유목 국가는 이 불안한 경제 기반을 보완하기 위하여 유목 외에도 약탈, 수공업, 농경민과의 교역 등 다른 방법을 써서 생산성을 높이지 않으면 안 되었다. 그리고 농경민과 교역하거나, 수공업을 활성화시키기 위해서는 부락 또는 교역 거점이라는 정주 사회에서나 볼 수 있는 여러 가지 시설이 필요했다. 말하자면 유목 국가가 하나의 국가로서 존립하기 위해서는 유목과 상반된 정주화를 추진해야 한다는 모순에 부딪친다.

유목 국가 안에서 정주적 생산 활동에 종사한 사람은 중국인을 비롯한 정주 농경 사회 출신자들이었다. 흉노는 수시로 중국 북쪽 변방을 침략하고 약탈을 자행했는데, 약탈이라 하면 흔히 금이나 은을 비롯한 재화를 생각하기 쉽지만, 흉노인들은 주로 인간과 가축을 약탈했다. 예컨대 묵특선우 말년인 기원전 181년에 흉노는 현재의 간쑤 성 란저우(蘭州) 남쪽을 침략하여 2천여 명을 약탈했고, 이어 노상선우 시대인 기원전 166년경에는 해마다 많은 사람과 가축을 약탈했으며, 대군代郡(지금의 허베이 성 서북부와 산시 성 동북부)에서는 1만여 명을 살해하고 약탈했다는 기록이 남아 있다. 물론 이러한 수치를 그대로 믿기는 어렵다. 그러나 흉노는 발흥기에서 남북 분열기에 이르기까지 전술한 호한야선우 치세기와 뒤이은 한 시기를 빼고는 끊임없이 사람과 가축 약탈을 자행했다. 그밖에 유목 사회에는 전쟁에서 포로로 잡혀온 사람, 한나라에서 망명한 사람, 그리고 생활이 어려워 도망온 사람도 적지 않았다.

이들 가운데는 서역으로 팔려간 사람도 있었지만, 흉노 지배 아래서 그냥 정주민으로 생활한 사람도 적지 않았다. 지금도 몽골 고원에는 그들이 모여 살았던 것으로 보이는 부락 유적이 남아 있다. 현재까지 발견된 유적은 약 20개에 이르는데, 대부분 몽골 고원 북부에 집중되어 있다. 북쪽이 남부의 고비 지대보다 강수량이 많은 데다 만리장성에서 멀어 도망가기가 어려웠기 때문이다. 중국에서는 이와 같은 정주민의 강제 이주 정책을 '사민徙民'이라 불렀는데, 이는 후대의 선비, 유연柔然, 돌궐을 비롯한 유목 국가, 5호 16국 시대 북방계 왕조, 북위北魏, 그리고 요遼를 비롯한 유목민 출신의 왕조에서도 똑같이 확인된다.

수혈 주거 추정 복원도
기원전 2세기~기원후 1세기, 부랴트공화국 이볼가 유적.

위에서 언급한 약 20개 유적 가운데 발굴 조사가 대대적으로 이루어진 러시아연방 부랴트공화국 이볼가 유적은 셀렝게 강의 옛 강바닥 왼쪽 연안에 위치한다. 북쪽과 남쪽, 서쪽 세 방향은 네 겹의 흙벽으로 둘러싸여 있고, 동쪽은 강바닥의 나지막한 낭떠러지에 면해 있다. 주거지는 대부분 반지하식 사각형 구덩이이고, 동북쪽 모퉁이에 납작돌(板石)로 만든 화덕이 있는데, 그곳에서 벽을 따라 역시 납작돌로 만든 난방용 연도(煙道)가 뻗어 있다. 유적 중앙에 위치하는 사각형 기단(基壇) 위에서는 파서 세운 기둥 구조의 주거지가 발견되었다. 그 규모로 보아 부락 수장의 주거로 생각된다. 같은 기단 위에서는 또 쇠를 불리는 노지(爐址)도 발견되었다.

출토품은 매우 다양하다. 특히 주목되는 것은 출토된 토기가 대부분 한대의 회도(灰陶)와 똑같다는 점, 호미와 낫을 비롯한 철제 농구도 중국산과 매우 유사하다는 점, 그리고 한자(漢字)가 새겨진 숫돌이 세 개 발견된 점이다. 출토된 동물 뼈는 주로 가축 뼈인데, 개(27.0%), 양(21.6%), 소(17.5%), 돼지(14.8%), 말(13.5%) 순서로 나타난다. 초원 유목 지대에서 돼지를 사육하는 것은 매우 드문 일이다. 따라서 이처럼 돼지 뼈 비율이 비교적 높다는 것은 그곳 거주민이 정주 사회 출신, 특히 중국 출신이었을 가능성을 암시한다.

과거 소련 학계에서는 이 부락 주민을 대체로 정주화한 흉노로 보았다. 그러나 위에서 설명한 것처럼 출토 유물이 모두 중국적 성격이 짙다는 점을 고려하면 그 주민을 한인(漢人)으로 보는 것이 이치에 더 맞다. 다만 출토품 가운데 동물 문양을 붙인 장식품이나 청동 솥(銅鍑)처럼 유목민 고유의 유물이 존재하는 것도 사실이다. 또 이 유적 부근에서 동시대 유목민의 무덤도 발견되고 있기 때문에 여기에 흉노 또는 흉노 계통의 유목민이 거주했다는 것은 거의 확실하다. 그렇다면 양자 사이에는 역할이 분담되어 있었을 것이다. 즉 한인은

기원전 2세기~기원후 1세기
부랴트공화국 두레니 유적.

농경과 수공업 생산에 종사하고, 흉노 병사는 그들을 감시했을 가능성이 있다. 그런가 하면 이 지역에는 흉노에 대항한 정령이 거주하고 있었다는 점에서, 방어 시설을 갖춘 이 부락이 정령의 침략을 막기 위한 군사 거점 역할을 했을 가능성도 배제할 수 없다. 부락의 이러한 성격을 보여주는 흥미로운 유물이 이볼가 유적보다 약간 남쪽에 위치하는 두레니 부락지에서 출토되었다. 여기에서는 한 변의 길이가 약 2cm 정도인 청동으로 만든 인장印章이 출토되었는데, 앞면에 머리를 뒤로 돌린 산양 비슷한 동물이 새겨져 있다. 선우가 그 부락 수장에게 수여한 인장일 가능성이 있다. 그러나 이들의 규모는 말 그대로 부락 정도이고 아직 도시는 발생하지 않았다.

흉노의 국가 체제에 대해서는 (1) 통치와 행정 기구가 정비되어 있지 않은 미숙한 수장제首長制 국가, (2) 국가 형성 과정의 단계, (3) 지배 씨족과 그 아래에 몇 개 부족을 연합한 부족 연합 국가, (4) 다른 집단을 지배한다는 데 근거하여 제국으로 보는 견해, (5) 마르크스-엥겔스의 사회 발전 단계설에 의거하여 노예제 국가로 보는 견해, (6) 유목민 특유의 발달한 권력 형태이자 이민족까지 지배한 군사 민주제 제국으로 보는 견해 등 여러 가지 설이 제출되어 있다.

정주민을 대량으로 붙잡아 와서 북쪽 변방에 부락을 만들고 생산 활동에 종사시키는 한편, 그곳을 북방의 군사 거점으로 활용하는 일은 개별 부족 차원에서는 수행하기 힘들다. 이는 적어도 국가 차원에서나 할 수 있는 일이다. 흉노인들은 물론 중국과 같은 복잡한 행정 기구를 구비하고 있지는 않았다. 그러나 선우는 여러 지역 출신의 고문단과 부족장 회의 결정 사항을 존중하면서

1.
초
원
의

세
계

63

군사권과 행정권, 그리고 종교적 권력을 한 손에 쥐고 있던 존재로 이해해야 한다. 따라서 중국이나 유럽과 같은 정주 사회의 척도를 가지고 유목 국가를 평가하여 흉노를 국가 형성 이전 또는 그 과정에 있는 상태로 보아서는 안 된다. 흉노와 같은 통치 형태야말로 기마 유목민의 '국가'라고 해야 한다. 이런 점에서 위의 국가 체제에 관한 설 가운데서 (3), (4), (6)이 가장 설득력이 있다.

흉노의 문화

최전성기 흉노 왕후王侯의 무덤은 아직 발견되지 않았다. 그러나 기원 전후 동흉노가 전한前漢과 화평 상태에 있었을 무렵 또는 그 후 흉노가 일시적으로 세력을 회복한 시기로 추정되는 왕릉이 몽골 고원 북부 노인 울라와 부랴트공화국 남부 일모바야 파드에서 발견되었다.

노인 울라 유적은 몽골국 수도 울란바토르에서 북쪽으로 약 80km 지점 삼림 속에 있고, 현재까지 확인된 무덤 수는 약 70기에 달한다. 그 가운데서 비

노인 울라 흉노 무덤에서 출토된 항아리(壺)와 토기

몽골 북부 투브 아이막(道) 바트숨베르 솜(郡)에 소재하는 노인 울라의 흉노 귀족 무덤에서 출토된 곡물 등 식량 저장용으로 쓰인 유물. 옛 소련의 코즐로프(P. K. Kozlov)가 이끄는 몽골-티베트 조사단(1924~1925년)에 의하여 본격적으로 발굴된 이 유적에서는 20세기 최대의 고고학 연구 성과의 하나로 꼽힐 정도로 수많은 유물이 출토되었는데, 그 가운데 특히 주목을 끄는 것은 흉노와 정주민의 교역을 보여주는 각종 희귀한 자료들이다. 현재 노인 울라 출토품은 대부분 상트 페테르부르크 에르미타주 박물관에 소장되어 있고, 극히 일부만 몽골 역사박물관에 남아 있다.

교적 큰 무덤은 12기인데, 대부분 분구를 흙으로 쌓아올리
고 표면을 돌로 덮었다. 이러한 형식은 스키타이 시대 고
분에서도 나타나며, 일본 고분의 즙석葺石과도 유사하
다. 분구 형태는 정사각형에 가깝고, 한 변 길이는
15~25m 전후이며, 높이는 2m 이하인 경우가 많다.
그러나 한 변이 35m, 높이가 3.5m에 달하는 대형분도
있다. 분구가 작은 데 비하여 묘실墓室은 꽤 깊은 곳에 있

흉노 무덤에서 발굴된 청동 거울

2000년 한국 국립중앙박물관 조사팀이 몽골 중부 투브 아이막
(道) 알탄불락 솜(郡) 모린 톨고이에서 발굴한 거울이다. 후한後漢
시대에 만들어져 위세품으로 흉노에 보내진 유물로 추정된다.

고(깊이는 8~10m), 남쪽에서부터 비스듬하게 내려가는 묘도墓道가 나 있다. 또
고분에는 묘도를 덮은 기다란 봉토가 있는데, 외견상 직사각형 돌출부가 붙어
있는 것처럼 보인다.

　노인 울라에서 다시 200km 정도 북상하여 몽골과 러시아 국경을 넘으면 역
시 삼림 가운데 일모바야 파드 유적이 있다. 이곳의 무덤도 대부분 사각형이
다. 조사된 것 가운데서 사장 큰 무덤은 16×15.5m이고, 높이는 1m가 약간 안
된다. 그러나 묘실은 8.5m 깊이에 있고, 남쪽에 길이가 14m나 되는 끝이 가느
다란 돌출부가 붙어 있다. 무덤 구조는 노인 울라와 거의 같지만, 분구 바로 아

**부랴트공화국 일모바야 파드
고분과 분구 아래의 돌 칸막
이(왼쪽)**

기원전 2~기원후 1세기.

**몽골 북부 노인 울라 24호
분의 평면도와 단면도
(오른쪽)**

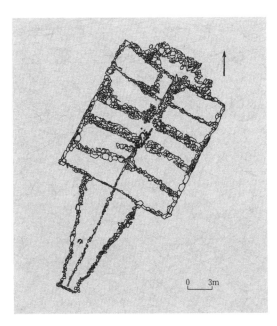

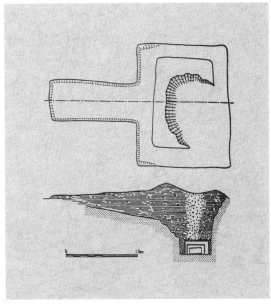

노인 울라 흉노 무덤에서 출토된 카페트. 몽골 역사박물관

래에 납작돌을 짜 맞춘 칸막이가 만들어져 있다. 그러나 이 구조물의 용도는 확실하지 않다. 사각형 무덤은 시베리아 남부 타가르 문화(기원전 7~기원 후 1세기) 중기와 후기, 그리고 타슈티크 문화(1~5세기)에서도 나타난다. 이러한 형태의 무덤은 초원 지대에서는 비교적 드물기 때문에 중국의 영향을 받았을 가능성도 있다. 그럼에도 기다란 돌출부와 납작돌 칸막이는 특징적인 현상임에 틀림없다.

어느 유적이나 묘실에는 통나무를 짜 맞춘 목곽木槨이 있고, 그 중간에 목관木棺이 놓여 있다. 묘는 모두 도굴되었지만, 노인 울라 고분은 분구 아래의 지면이 얼어 있었기 때문에 토기, 동기銅器, 옥기玉器, 나무 제품이나 염직물染織物, 칠기漆器도 잘 보존되어 있었다. 칠기 가운데 전한前漢 건평建平 5년(기원전 2년)의 명문銘文이 새겨진 귀잔(耳杯)이 있고, 비단에 왕망의 신나라를 지칭하는 것으로 보이는 '신신령광성수만년新神靈廣成壽萬年'이라는 명문이 있는 데서 알 수 있듯이 전체적으로 중국 제품이 많다. 그러나 귀잔과 같은 무덤에서 출토된 청동 솥은 분명히 유목 문화의 소산이고, 매 모양 그리핀과 유사한 괴조怪鳥가 순록을 습격하는 투쟁 문양도 흉노를 비롯한 유목민에게 고유한 것이다. 이와 함께 뿔과 날개가 달린 사자 문양 자수刺繡는 중국의 천록벽사天祿辟邪의 영향일 것이지만, 이것은 원래 아케메네스조 페르시아의 사자 모양 그리핀에서 유래한다. 이와 같이 기원 전후 흉노인들은 중국 문화의 영향을 강하게 받으면서도 유목민 고유의 문화를 잘 보존하고 있었다.

4. 민족 대이동 시대

선비의 흥기와 5호 16국 시대

북흉노에 이어 다음으로 선비가 몽골 고원을 지배했다. 선비는 오환과 함께 동호의 후예라고 일컬어진다. 그들은 주로 싱안링 남부에서 시라무렌(西拉木倫) 강 유역에 걸쳐 거주하고 있었는데, 흉노의 전성기에 그 지배를 받았다. 그러나 선비는 흉노 세력이 쇠퇴하는 1세기경 서쪽으로 진출하여 북흉노 잔존 세력 '십여만락十餘萬落('락'은 1호의 천막을 가리킨다)'을 흡수하는 등 점점 강대한 세력으로 성장했다. 이때도 물론 개별 부족은 여전히 분열되어 있었다.

2세기 중엽에 단석괴檀石槐라는 걸출한 인물이 나타나 뿔뿔이 흩어져 있던 부족을 하나로 통합했다. 그는 아버지가 3년 동안 흉노를 따라 종군從軍하는 사이 어머니가 천둥과 함께 떨어진 우박을 삼키고 임신하여 낳은 자식이라고 일컬어진다. 이 이야기는 북아시아 유목민들 사이에서 흔히 나타나는 일종의 천손강림天孫降臨 설화이다. 단석괴는 열네다섯 살 무렵부터 용감하고 강대하며 지혜와 책략을 겸비하고 있었다고 전한다. 부족민들은 그의 무용武勇이 감복할 만하고 그의 지시나 결정이 공정하여, 마침내 그를 대인大人으로 추대했다고 한다. 말하자면 단석괴는 자신의 실력으로 유목민 군주 자리에 올랐던 것이다. 그 후 대인 자리는 세습되었다.

단석괴는 선비계 부족을 통합한 다음부터 남쪽으로 후한後漢의 북쪽 변방을 약탈하고, 북쪽으로 정령의 공격을 막아내며 동쪽으로 부여夫餘를 물리치고, 서쪽으로 오손을 격파하여 과거 흉노를 연상시킬 정도로 위세를 떨쳤다. 그는 영토를 동부(20여 읍邑), 중부(10여 읍), 서부(20여 읍)로 나누고, 동부와 서부에는 4명, 중부에는 3명의 대인(또는 태수太帥)을 두는 등 나라를 나누어 통치했다. 따라서 1명의 태수 아래 4개 또는 5개 정도의 읍이 속해 있었던 셈이다. 물론 하나의 읍(혈연적 또는 지연적 집단)에도 각각 수장이 있었을 것이기 때문에 읍의 수장 위에 태수, 태수 위에 단석괴라는 지배 구조를 이루었을 것으로 생각된다.

단석괴는 거의 매년 중국 북쪽 변방을 침략하여 관리와 인민을 살해하거나 붙잡아갔다. 이 무렵 중국은 후한 말기의 혼란기에 해당되는데, 경제적으로 어려운 사람이나 정치적 망명자 등 선비로 도망간 한인도 많았으며, 밀무역 역시 활발하게 이루어졌다. 후한 최고 학자인 채옹蔡邕은 177년 궁정에서 벌어진 논의에서 "장성의 경비가 느슨해 선비가 무기로 쓰일 양질의 쇠(鐵)를 다량 보유하고, 한인 도망자 가운데 선비의 고문이 된 사람도 있다"고 했다. 그러나 단석괴가 완성시킨 지배 구조는 그다지 튼튼하지 못했다. 그 결과 후한 광화光和 연간(178~184년)에 45세 나이로 단석괴가 사망하면서 자손들 사이에 내분이 일어나 선비는 점점 쇠퇴했다.

2세기 말 또는 3세기 초기가 되자 단석괴와 다른 계통인 가비능軻比能이라는 사람이 두각을 나타내고 대인으로 추대되었다. 그러나 그의 세력은 중부와 서부로 한정되고, 동부에서는 여전히 단석괴 후예가 세력을 유지하고 있었다. 이 시기 중국은 아직도 혼란이 계속되고 있었고, 정치·경제적 어려움에 처한 한인들이 상대적으로 안정된 가비능의 선비 땅으로 들어갔다. 『위지』「선비전」에 의하면, 그들이 선비인들에게 무기와 투구, 방패 제작법을 가르치고 문자도 가르쳤다고 한다. 여기서 말하는 문자는 한자일 것이고, 아마도 행정의 필요 때문에 지배층 일부가 문자를 배웠던 것으로 보인다. 단석괴 치세 때와 똑같이 가비능 때에도 각 분야에서 한인들이 큰 역할을 담당했다. 그러다가 235년 위魏나라가 보낸 자객에 의해 가비능이 살해되자 선비는 구심력을 잃었다. 그러나 중국 문화에 친숙해진 선비는 그 후 중국 본토 역사와 깊은 관련을 맺게 된다.

한편 중국 진대晉代에 일어난 팔왕八王의 난[17]을 계기로 흉노계와 선비계의 여러 부족들이 중국 북부에서 중부까지 침입하여 독자적인 왕조를 개창했다. 이렇게 해서 이른바 5호 16국 시대(304~439년)가 시작되었다. 진나라가 멸망하

---

17) 291년에서 306년까지 16년에 걸쳐 전개된 서진西晉의 내란. 여덟 명의 왕은 이 난의 와중에 군사력을 강화하기 위하여 흉노, 선비를 비롯한 유목민을 끌어들임으로써 결국 5호 16국의 난을 자초했다.

가시안동과 선비 비문
대싱안링 동북부에 있는 가시안동과 동굴 입구에 새겨진 비문.

고(316년) 종실 일부가 양쯔 강(揚子江) 하류 유역에 새로운 왕조를 개창하는데, 이 왕조가 바로 동진東晉이다. 이 무렵 동아시아 지역에서는 한족을 포함한 대대적인 민족 이동이 일어난다. 학자들이 이 시대를 동아시아의 민족 대이동 시대라고 부르는 것도 이 때문이다.

5호 16국 시대에 종지부를 찍은 것은 선비계의 탁발부拓跋部가 건설한 북위北魏이다. 북위는 중국사 범위에 속하므로 자세한 것은 생략하기로 한다. 다만 여기서는 1980년 대싱안링 동북부의 가시안동(嘎仙洞)에서 발견된 북위의 비문碑文에 대해서만 언급하겠다. 이는 북위 태무제太武帝가 조상에게 제사지내기 위하여 443년에 남긴 일종의 제문祭文이다. 그 내용은 대부분 『위서魏書』「예지禮志」에 기록되어 있으나, 비문 말미 황조皇祖인 선대의 가한可寒과 황비皇妣인 선대의 가돈可敦이라는 표현은 『위서』에는 없다. 가한은 분명히 카간(可汗)의 다른 표기이다. 이를 통해 중국식 제호帝號가 채용되기 이전 북위에서는 그 수장을 가한(카간), 그 부인을 가돈(카둔)이라 불렀음을 알 수 있다.

그 동안 카간 칭호에 대해서는 곧이어 언급할 유연의 사륜社崙이 402년에 구두벌 카간(丘豆伐可汗)이라 칭한 것을 최초의 사례로 보았다. 그러나 위의 가시안동 비문을 놓고 보면 그 이전 3세기, 경우에 따라서는 2세기 말 선비족 사이에서도 카간(可寒, 可汗)의 칭호가 사용되었을 가능성이 있다. 그리고 황제 칭호를 채용한 선비의 탁발규拓跋珪(도무제道武帝)에게 몽골 고원으로 내몰린 유연의 사륜이 그와 대항하기 위하여 카간을 칭했다고 할 수 있다. 반면에 한화漢化를 추진했던 북위 왕조는 그 과정에서 카간 칭호를 폐기했던 것으로 보인다.

고차와 유연의 흥망

북흉노가 서방으로 떠나고 가비능 정권이 무너진 후 고차高車와 유연이라는 유목민 집단이 몽골 고원에서 우월한 세력으로 군림했다. 고차는 고차정령高車丁零(높은 바퀴의 수레를 사용하는 정령)의 약칭으로 적력狄歷 또는 칙륵勅勒이라고도 불리는데, 이 두 가지 표기와 정령은 모두 투르크어를 한자로 표현한 것으로 보인다. 정령은 흉노 시대에는 몽골 고원 북방에 있다가 3~4세기경 남쪽으로 내려온 듯하다.

『위서』「고차전」은 다음과 같이 고차의 기원을 전하고 있다. 흉노의 선우에게 두 명의 어여쁜 딸이 있었다. 선우는 딸들을 하늘에 바치려고 높은 단을 쌓고 두 딸을 그 위에 올려놓은 다음, 하늘이 그들을 데리러 오기를 기다렸으나 끝내 오지 않았다. 그 후 4년이 지나 늙은 늑대 한 마리가 와서 단 아래에 굴을 파고 살았다. 동생은 이 늑대를 하늘이 보낸 것으로 판단하고, 언니의 반대를 뿌리치고 단 아래로 내려가 늑대의 아내가 되었다. 그리고 그들 사이에서 태어난 자식이 고차의 조상이 되었다. 이러한 늑대 족조 설화(族祖說話)는 후대 돌궐에서도 확인된다. 고차인들은 또 천둥을 숭배한 것으로 알려지고 있는데, 이 풍습도 선비와 비슷하다.

유연은 연연蠕蠕, 예예芮芮, 여여茹茹 등 여러 가지 이름으로 불린다. 그러나 이러한 명칭이 어떤 원음을 표기한 것인지에 대해서는 의견이 분분하다. 그들은 동호의 후손 또는 흉노의 별종別種이라고도 일컬어진다. 4세기 초기에는 선비 일파인 탁발부에 복속되어 가축이나 담비 가죽을 공물로 바쳤다. 그 후 점차 발전하여 북위와 대립하게 되자 북위는 유연을 토벌하고(402년), 앞에서 언급한 대로 유연의 족장 사륜은 몽골 고원 북부로 달아난다.

사륜은 몽골 고원의 고차를 병합하고 툴라 강(톨 강) 상류에 본거지를 정하는 한편, 흉노와 똑같이 십진법十進法에 의거하여 군사 제도를 정비했다. 나아가 그는 서북방에 있던 흉노 잔당을 오르콘 강(오르혼 강) 부근에서 격파하고 멀리 톈산 산맥 동부까지 위세를 떨쳤다. 이때에 이르러 사륜은 스스로 구두벌 카간으로 칭한다.

410년 사륜이 사망하고 잠시 후계자 쟁탈전이 벌어졌다. 그 싸움에 이긴 사륜의 사촌 형제 대단大檀이 모한흘승개牟汗紇升蓋 카간(414~429년 재위)이라는 이름으로 즉위했다. 유연은 그의 치세에 최전성기를 맞이하는데, 424년에는 북위의 옛 수도 성락盛樂을 함락시키고, 토벌에 나선 세조 태무제를 포위하여 곤경에 빠뜨리기도 했다. 그 뒤 유연은 북위의 반격을 받고, 자신의 예속민이었던 고차가 북위에 투항하는 등 그 위세가 점점 약화되었다.

그럼에도 유연은 칭하이(靑海) 지방의 토욕혼吐谷渾,[18] 그리고 그들을 통해 남조南朝의 송宋, 제齊, 양梁을 비롯한 여러 나라와 사신을 교류하면서 북위를 견제했다.[19]

제7대 카간인 두륜豆崙(485~492년 재위)은 인망人望이 없었고 그러다 보니 그의 치세기에 내정이 문란해지고 여러 부족들이 이반했다. 고차는 두륜이 즉위하기 얼마 전부터 투르판 분지의 고창국高昌國에 영향력을 행사하는 등 서방으로 중심을 옮겨갔다. 그리고 두륜이 즉위한 직후 유연으로부터 이반하여 서방으로 이주하고 톈산 북방에서 자립했다. 고차 수장인 부복라씨副伏羅氏(고차는

---

18) 칭하이 성(靑海省)에 있었던 유목 국가. 왕족은 선비족이지만 피지배층은 선비를 비롯하여 티베트계와 기타 집단으로 구성되어 있었다. 5호 16국 시대 초기까지 몽골 초원 남변 인산(陰山) 산맥 부근에 있다가 칭하이 지역으로 이주하여 서방의 한 세력을 형성했다. 수나라가 남북조南北朝를 통일할 무렵 전성기를 맞이하여, 국경은 동쪽으로 칭하이, 서쪽으로 체르첸(且末), 북쪽으로 치롄(祁連) 산맥, 남쪽으로 설산雪山에 미쳤다. 그 후 수 양제와 당 태종의 침략을 받아 그 지배를 받았고, 663년에 티베트 고원에서 발흥한 토번吐蕃에게 멸망했다. 당은 670년에 대군을 파견하여 토욕혼의 옛 땅을 회복하려 했지만 실패로 돌아갔다. 그 후 토욕혼의 유민은 양주涼州에서 영주靈州로 옮겨가지만, 재차 토번에게 패배하여 다시 동천하여 삭방朔方과 하동河東 사이에 흩어져 거주하게 된다. 당나라 말기에서 오대五代에 걸쳐 산시(山西)에서 내몽골 남변에 거주한 토욕혼은 그들의 후손이다.

19) 이 무렵 동아시아의 국제 관계를 보면, 중국 본토의 남북조 대립을 기축으로 하는 한편, 북조·고구려의 우호 관계와 이를 포위하는 형태의 남조·토욕혼·유연의 연합이라는 두 가지로 집약된다. 이 구도 속에서 토욕혼은 남조의 도움으로 북조에 대항하고 유연과 연대했다.

열두 씨족으로 알려져 있다)의 아복지라阿伏至羅는, 490년 소그드 상인을 사신으로 임명하여 북위에 파견하는 한편, 유연과 대결 자세를 명확히 했다. 이처럼 유목민이 소그드인을 관리 또는 사신으로 중용한 것은 그 뒤 투르크계 유목 국가에서 계속된다. 그 후 고차는 중앙아시아 서부에서 대세력을 이루고 있던 에프탈과 동쪽의 유연으로부터 차례로 공격을 받아 541년에 멸망했다.

두륜 치세기에 북방에서 정령이 강대해지자 유연은 거주지를 남쪽으로 옮기지 않을 수 없게 되었다. 그러나 양梁의 천감天監 연간(502~519년)에 유연은 간신히 정령을 격파하여 옛 땅을 회복하고 처음으로 성곽을 쌓았다. 이는 과거 흉노가 정령을 억누르기 위하여 성새집락城塞集落을 구축했던 것에 비견된다. 유목 국가는 남쪽 중국에 대해서는 방어 시설을 만들지 않았지만, 주변 유목민에 대해서는 방어 시설을 축조했다.

유연 역시 이전의 유목 국가와 마찬가지로 수시로 중국 북부를 침략하여 약탈을 자행했다. 물론 약탈 내용을 구체적으로 보여주는 자료는 많지 않다. 그러나 『위서』「연연전」에는 424년에 변경의 주민을 살해하고 탈취하여 도주했다는 기록이 있고, 523년에도 주민 2천 명, 공사公私의 역마驛馬, 그리고 소와 양 수만 마리를 탈취해갔다는 기록이 보인다. 후자의 사건이 일어나기 수개월 전 유연 수장 아나괴阿那瓌가 북위 조정에서 종자種子 1만 석을 구입했다는 기록이 있다. 이렇게 보면 유연은 이를 경작할 노동력으로 쓰기 위하여 주민 2천 명을 약탈했다고 할 수 있다. 이런 점에서 유연도 흉노처럼 많은 한인 농민을 데려다가 농경에 종사시켰다고 볼 수 있다.

훈의 흥망

동아시아의 5호 16국 시대로부터 수십 년 후 유라시아 대륙 서부에서도 민족 이동이 시작되었다. 민족 이동은 '훈' 이라 불리는 기마 유목민의 침입에 의해 촉발되었다. 350년경 동방에서 온 훈이라는 기마 유목민이 카스피 해 북안에서 흑해에 걸쳐 살고 있었던 알란족을 습격했다. 알란을 장악한 훈족은 세력이 크게 확대되었다. 그들은 이어 375년경 '발람베르'라는 수장의 지휘 아래 흑해 북안에 살던 게르만 계통의 동東고트 왕국을 침략했다. 동고트는 훈에 패하여 일부는 서방으로 이동하고 일부는 훈의 지배를 받았다.

알란과 동고트를 병합한 훈은 376년 오늘날 루마니아 부근에 있었던 서西고트를 압박했다. 이에 서고트의 주류는 로마 제국 국경인 도나우 강 북안으로 이동하고, 로마의 발렌스 황제에게 강을 건너 제국 영내領內로 들어가게 해달라고 요청했다. 그리고 이때 처음으로 훈이라는 이름이 로마에 알려지게 되었다. 그 이전 연대는 이때를 기준으로 역산하여 추정한 것이다.

발렌스는 서고트에게 국경 경비를 맡길 심산으로 그들의 요구를 받아들였는데, 결과적으로 이 정책은 실패하여 서고트뿐 아니라 동고트와 알란인까지 가담하여 반란을 일으켰다. 378년 반란 진압에 나선 발렌스 황제는 고트 군대에게 패하여 전사했다. 그 후 서고트는 그리스, 이탈리아를 경유하여 스페인에 이르고 로마 제국 영내에서 독립 국가를 세웠다. 5세기에 들어오면 훈족의 압력을 받고 반달족과 수에비족도 이동을 시작했다.

훈의 침략은 두 가지 사실을 가르쳐준다. 하나는 훈의 세력이 눈덩이처럼 커졌다는 점이다. 유목민 집단이 다른 집단에게 습격을 당하면 반드시 이동하고, 그것이 또 다른 집단의 이동을 촉발하여 도미노 현상을 일으키는 경우가 많다. 그러나 훈처럼 더욱 팽창해가는 사례도 있다는 것은 후대 몽골의 확대 방식을 보면 납득이 된다.

또 하나는 유라시아 대륙 동서쪽에서 거의 동시에 일어난 민족 이동이 모두 기마 유목민의 침략에 의해 촉발되었다는 점이다. 이 큰 사건의 원인을 세계적 기후 변화와 그에 따른 유목민의 이동에서 찾는 설도 있지만, 이 견해는 아직 확실하게 입증되지 않았다. 어떻든 고대 선진 문명 지대의 옛 질서가 유목민의 침략에 의해 파괴되고, 역사가 새로운 방향으로 나아간 점은 주목할 만하다.

4세기 말기에서 5세기 초에 훈은 중부 유럽뿐 아니라 카프카스 산맥을 넘어

로마 제국 동쪽 변경과 사산조 페르시아(226~651년)까지 약탈 원정을 감행했다. 특히 395년에 행한 서아시아 원정에서 훈은 많은 가축과 사람을 약탈했는데, 이런 현상은 흉노를 비롯한 북아시아 유목민과 비슷하다.

발람베르 이후 수장의 계보는 명확하지 않지만, 433년경에는 블레다와 아틸라 형제가 훈족을 통치했다. 그들은 434년에 동로마의 테오도시우스 2세를 압박하여 공납을 두 배로 증액한다는 약속을 받아냈다. 그로부터 수년 후 블레다가 사망하고(정확한 연대 불명) 아틸라의 단독 지배 체제가 구축되었다.

아틸라는 동고트인과 게피드인(고트족의 한 지파)을 등용하여 카스피 해에서 발트 해에 이르는 대제국을 건설했다. 그는 447년 이후 서로마 영내로 침입했는데, 451년에는 서로마-서고트 연합군과 프랑스 북부의 트로이에(고대의 트리캇시스) 서쪽에서 격돌했다. 이 전쟁터는 예전에 카탈라우눔으로 알려졌지만, 최근에는 마우리아쿰이라는 설이 유력하다. 이 전쟁에서 서고트 왕 테오도릭이 전사하고, 훈도 큰 피해를 입고 일단 헝가리 쪽으로 퇴각했다. 아틸라는 이어서 452년에 이탈리아 북부를 침략했으나, 로마 교황 레오 1세의 중재로 휴전하고 헝가리로 돌아갔다. 이듬해 453년 그의 갑작스런 사망과 함께 제국도 맥없이 무너졌다. 훈의 일부는 흑해 북안에 남아 후대에 흥기한 불가르와 아바르에 합류한 것으로 보인다.

흉노와 훈의 동족설

18세기 중엽 훈의 기원을 몽골 고원에서 쫓겨난 흉노에서 찾는 설, 이른바 흉노와 훈의 동족설同族說이 제출된 이래 지금까지도 이 설의 가부可否를 놓고 논란이 계속되고 있다. 일본 학계의 경우 시라토리 구라키치(白鳥庫吉)는 이 설에 비판적이고, 우치다 긴푸(內田吟風)와 에가미 나미오는 긍정적이다. 반면에 에노키 가즈오(榎一雄)와 모리 마사오는 결론을 유보하는 입장이다. 이 문제에 대해서 모리 마사오는 특이한 설을 제출했다. 즉 그는 흉노匈奴(이 한자의 원음은

'훈누'이므로 훈에 가깝다)의 이름이 정복자로서 북방과 서방 여러 민족들 사이에서 널리 알려진 결과, 많은 집단들이 흉노(훈)를 자칭하기도 하고, 다른 집단들이 북방민의 총칭으로 그렇게 불렀을 수도 있다는 점을 지적했다.

앞에서 언급했듯이 훈의 서진이 눈덩이처럼 확대되었다는 점에서 '훈'이라 불리는 집단 가운데는 다양한 계통의 사람들이 포함되어 있었음이 거의 확실하다. 따라서 단순하게 흉노를 곧바로 훈으로 보기는 어렵다. 다만 훈의 핵심세력이 흉노 출신이었을 가능성은 있다. 어떻든 근대적 의미의 민족(nation) 개념으로 흉노와 훈의 동족설을 논하는 것은 문제가 있다.

고고학 출토품을 보면 4세기 후반에서 5세기 사이 초원 지대에는 스키타이 시대와 똑같이 몇 가지 공통점이 나타난다. 그 사례로서 붉은색 상감과 작은 낟알 문양(細粒文)이 장식된 귀금속 공예품, 나무 안장과 그것을 덮는 비늘 문양(鱗形文樣)의 금제 또는 은제의 얇은 판(薄板), 그리고 훈 스타일의 청동 솥을 들 수 있다.

사르마타이 시대에는 다색 상감이 유행했지만, 민족 이동기에는 석류석과 같은 진홍색 돌을 큼직하게 여러 개 상감하고, 그 사이를 작은 낟알 문양으로 장식했다. 이와 같이 장식된 것으로는 발권형鉢卷形 왕관(디아뎀), 귀고리, 관자놀이 방식, 버클과 허리띠 장식 금구金具, 십자형 금구를 비롯한 마구, 검 장식(劍裝具), 야수 머리 모양 장식품 등이 있다.

스키타이 시대에는 방석과 같은 부드러운 안장(軟式鞍)이 사용되었고, 민족 이동기에는 나무로 만든 딱딱한 안장(硬式鞍)이 사용되었다. 안장과 등자의 기원에 대해서는 여러 가지 설이 있다. 이 가운데서 가장 타당성이 있는 설에 의하면, 딱딱한 안장은 3세기 말경 중국에서 나타났다고 한다. 한인漢人들은 말을 타는 데 익숙하지 않기 때문에 흔들리지 않도록 앞 가리개(前輪)와 뒷 가리개(後輪)가

딱딱한 안장의 추정 복원
4세기 말~5세기, 흑해 북안 멜리트폴 출토

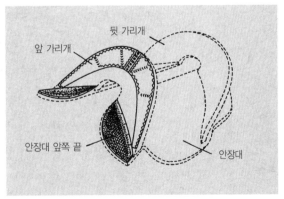

뒷 가리개

앞 가리개

안장대 앞쪽 끝

안장대

청동 솥
신장위구르자치구 우룸치 난 산(南山) 출토의 청동 솥

수직인 안장을 고안하고, 승마할 때 발판 용도로 처음으로 금속제 등자를 장착했다는 것이다. 그러나 뒷 가리개가 수직인 안장은 어린 시절부터 맨말을 타는 데 익숙한 유목민에게는 도리어 거추장스럽고 발판인 등자도 필요치 않아, 곧바로 초원 지대에 보급되지 않았다.

그 후 4세기 말 또는 5세기 초기에 중국 북부에서 뒷 가리개가 경사진 안장이 등장했다. 이는 기마 유목민도 타기 쉬운 형태였기에 순식간에 초원 지대 전역으로 퍼졌다. 아직까지 이 안장이 중국에서 발명된 것인지 초원 지대에서 발명된 것인지를 밝힐 만한 근거는 없다. 그러나 초원 지대의 초기 안장에 등자가 없다는 점, 그리고 중국에서 잠시 뒷 가리개가 경사진 안장과 수직인 안장이 동시에 사용되었다는 점을 고려하면 초원의 유목민들이 고안했을 가능성도 있다. 어떻든 5세기 전기에 훈은 딱딱한 안장을 사용하고 있었다. 물론 나무 부분은 부식되어 현재 남아 있지 않다. 그러나 안장대의 앞쪽 끝(때로는 뒤쪽 끝)을 덮는 비늘 문양 장식판은 발견되고 있다.

청동 솥은 스키타이 시대 직전부터 초원 지대 전역에 확산되는데, 민족 이동기에 톈산 북쪽 기슭에서부터 유럽 중부에 걸쳐 독특한 형태와 문양이 있는 솥이 나타났다. 즉 몸통이 수직인 작은 통 모양이고, 바닥은 그렇게 둥글지 않고, 손잡이(耳)는 사각형이고, 몸통 전체가 네 개의 수직 융기선隆起線으로 나뉘어 있다. 그리고 장식적인 요소로서 버섯 모양의 돌기가 손잡이 위에 세 개 또는 네 개, 손잡이 양쪽에 한 개씩 붙어 있고, 몸통 위 부분의 수평 융기선에서 옥玉 장식 모양의 수식垂飾이 늘어져 있는 경우가 많다. 특히 버섯 모양의 돌기가 돋보여 보는 사람에게 강한 인상을 준다. 그래서 이 장식이 붙은 솥은 훈의

상징적인 도구로 간주되고 있다.

이러한 훈 스타일 솥은 도나우 강 유역에서 비교적 많이 확인되고, 그 밖에 흑해 북안, 북카프카스, 우랄 산맥 주변, 톈산 산맥 북쪽 기슭에서도 발견된다. 그보다 동쪽에서 위의 장식품과 유사한 물품이 발견된 사례는 아직까지 없다. 그러나 솥의 원형原型으로 추정되는 것이 알타이와 몽골 고원, 그리고 중국 북부에서 발견되고 있다.

이상의 고고학 자료를 정리하면 1~2세기 무렵 몽골 고원에 거주하던 유목민 집단은 알타이에서 톈산 산맥 북쪽 기슭, 그리고 카자흐스탄으로 이동하고, 그곳에서 세력을 얻은 후 4~5세기 무렵 단숨에 중부 유럽까지 진출했다고 볼 수 있다. 그러나 곧바로 이를 근거로 흉노를 훈으로 단언하기는 어렵다.

5. 고대 투르크 시대

돌궐의 발흥과 서진西進

투르크계 유목민은 542년 고차가 멸망한 뒤에도 쇠퇴하지 않고, 세력이 더욱 커져 몽골 고원 북부에서 서쪽의 카스피 해 연안까지 확대되었다. 이 무렵부터 그들은 중국 사서에 철륵鐵勒이라는 이름으로 등장한다. 철륵은 투르크의 한자 표기이다. 한편 이와 비슷한 시기부터 돌궐이라는 유목 국가의 이름도 등장한다. 돌궐도 투르크의 한자 표기로 생각되지만, 철륵이 투르크계 유목민의 총칭임에 반하여, 돌궐은 원래 철륵에 속해 있던 것으로 보이는 아사나씨阿史那氏가 중심이 되어 건설한 나라의 명칭으로 사용되고 있다.

『주서周書』「이역전異域傳」돌궐조는 아사나씨의 기원에 대해 약간 다른 두 가지 설화를 소개하고 있다. 두 설화는 모두 어떤 남자와 암늑대 사이에 태어난 열 형제 가운데 한 사람이 아사나씨의 조상으로 되어 있다. 성별은 다르지만 부모 가운데 한쪽이 늑대라는 점은 고차의 조상 설화와 같다. 또 『수서隋書』「북적전北狄傳」돌궐조에 의하면 아사나씨는 유연에 복속되어 금산金山(알타이 산맥) 부근에서 야금冶金 일을 담당했다고 한다.

544년경 아사나씨는 만리장성 부근에서 견마絹馬 교역을 하며 중국에 통교를 요청했다. 당시 중국 북부는 서위西魏와 동위東魏로 분열되어 있었는데, 서위의 실질적인 지배자 우문태宇文泰(후에 북주北周의 태조)는 이 요청을 받아들여 545년에 오늘날 간쑤 성 주취안(酒泉)에 있던 소그드인을 사자로 임명하여 돌궐에 파견했다. 이에 돌궐인들은 "대국大國의 사자使者가 왔으므로 우리 나라도 이제부터 흥성하게 될 것이다"고 하면서 기뻐했다고 한다. 돌궐 수장 토문土門은 이듬해 즉시 서위에 조공 사절단을 파견했다. 돌궐과 중국 왕조의 교류는 이렇게 시작되었다.

토문은 투르크어로 '일만一萬' 또는 '만인장萬人長'을 뜻하는 '투멘'의 한자식 표기로 생각된다. 물론 그가 실제로 1만 병력을 거느리고 있었는지 어떤지는 분명하지 않다. 그렇지만 돌궐이 유연에 종속되어 있었던 상황에서도 서위와 직접 교섭하고, 자기 세력을 승인받을 정도로 성장해 있었던 것만은 분명하다. 그 후 소그드인은 돌궐과 깊은 관계를 맺게 되는데, 소그드와 돌궐의 관계가 돌궐이 처음 역사 무대에 등장할 때부터 시작되고 있다는 점도 매우 흥미롭다. 어떻든 중앙유라시아에서 일종의 통화 구실을 했던 비단을 입수하는 수단을 확보하고, 나아가 이를 서방에 파는 데 능숙한 소그드인과의 접촉이 시작됨에 따라 돌궐의 서방 진출은 촉진된다.

한편 토문은 서위에 정식 사절을 파견할 무렵 유연에 반란을 일으킨 철륵을 격퇴하고 '5만여 락五萬餘落'을 항복시켰다. 그는 그 기세를 몰아 유연의 카간 아나괴에게 그의 딸과 결혼시켜 달라고 요구하지만, 아나괴는 "자네는 원래 우리 대장장이 일을 하던 노예가 아닌가"하고 비난하면서 토문의 요구를 거절했다. 토문은 이에 반발하여 유연으로부터 독립하고, 551년 서위 공주를 아내로 맞이했다. 그 후 토문은 552년 정월 유연을 공격하여 아나괴를 자살케 한 다음, 스스로 이리伊利 카간이라 칭했다. '이리'는 투르크어로 '나라를 만들다'를 의미하는 '일릭'의 한자 표기로 보인다. 이렇게 하여 독립적인 돌궐 유목 국가가 탄생했다.

그 이듬해에 이리 카간이 사망하고, 또 단명에 그친 제2대 카간이 죽은 후, 이리 카간의 아들 무한(木汗)이 몽골 초원과 함께 카간 지위를 물려받았다. 이로써 이른바 동돌궐 카간국(돌궐 제1제국)이 성립했다. 한편 토문의 동생 이스테미는 야브구(葉護)라는 칭호를 갖고 준가르(현재의 카라 이르티슈와 이밀 지방), 율두스 강, 일리 강, 추 강, 탈라스 강 등지를 물려받아 서돌궐 카간국을 세웠다.

돌궐은 무한의 재위 시절(553~572년 재위)에 영역이 크게 확대되었다. 그는 남쪽으로 유연의 잔당을 멸하고, 칭하이의 토욕혼과 동방의 거란契丹, 그리고 북방의 키르기스(契骨)를 차례로 정복했다. 그는 또 서방에서는 투르판 분지를 위시하여 오아시스 도시들을 지배하고, 사산조 페르시아와 함께 에프탈을 협공하여 멸망시켰으며(558년), 소그디아나의 여러 도시를 자신의 세력 아래 두었다. 이렇게 하여 돌궐의 판도는 몽골 고원에서 카스피 해 북쪽 연안까지 미쳤다.

무한은 대카간으로 몽골 고원 중앙부의 외튀켄이라 불리는 성지聖地에 본거지를 두고, 명목상 그의 휘하인 여러 명의 카간과 함께 정복 활동을 수행했다. 에프탈 공격을 담당한 사람은 토문의 동생이자 무한의 숙부인 서면西面 카간[20] 실점밀室點密(瑟帝米)이었다. 실점밀은 돌궐 비문에 보이는 이스테미의 한자 표기인데, 비잔틴 사료에 보이는 디자보울로스 또는 실지보울로스, 아랍 사료에 나오는 신지보우와 같은 사람이라는 것은 거의 틀림없다.

이스테미는 소그드인의 요청을 받아들여 사산조 페르시아에 비단을 팔려 했지만, 사산조는 중개 무역의 이익이 줄어들 것을 우려하여 그 요청을 거부했다. 그러자 그는 568년 비잔틴 궁정에 소그드인을 사절로 파견하여 중국에서 입수한 비단을 비잔틴에 직접 파는 데 성공했다. 그 사절은 카스피 해 북쪽과 흑해를 경유하여 비잔틴에 도착했다. 그 후에도 양국은 몇 차례에 걸쳐 사신을 교환했다. 이는 이른바 실크로드의 초원로가 외교와 교역의 통로로 이용된 하나의 사례이다.

이스테미는 톈산의 율두스 초원에 본거지를 두고 있었다. 비잔틴 기록에는 무한으로 볼 수 있는 카간은 등장하지 않는다. 따라서 이스테미는 무한과 관계없이 아마도 독자적으로 비잔틴과 교섭했던 것으로 보인다. 돌궐은 580년 대에 알타이 산맥 부근을 경계로 하여 동·서로 나누어졌다. 그러나 서면 카

율두스 초원

간의 독립 경향은 일찍이 550년대 말부터 시작되었다고 볼 수 있다.

무한이 죽고 그의 동생 타발他鉢(타스파르)이 칸 지위를 계승했다(572~581년 재위). 당시 중국 북부에서는 북주北周와 북제北齊가 대립하고 있었는데, 타발은 양국의 대립을 이용하여 양측에서 비단 제품 같은 공물을 받았다. 그러나 북주를 계승한 수나라가 중국 북부, 나아가 남부를 통일하는 과정에서 양측의 입장이 역전되었다. 타발이 사망한 후 돌궐은 내부 분란에 시달리고, 그 혼란을 수습한 사발략沙鉢略(이스바라)이 대카간에 즉위한(581~587년 재위) 후로도 대카간과 소카간들 사이의 대립은 계속되었다. 여기에 수나라의 분열 공작이 겹치면서 사발략 이후의 카간은 수나라에 신속臣屬하고 그들의 책봉冊封을 받게 되는데, 이러한 상황은 수나라 말기까지 계속되었다.

한편 돌궐 서부에서는 이스테미의 아들 달두達頭(비잔틴 사료의 타르두)가 아버지를 계승하여 지배자가 되었다. 그는 돌궐 서부를 다스리는 이른바 소카간이었지만, 대세력을 배경으로 대카간의 계승 분쟁에 자주 개입했으며, 동돌궐의 신임 군주(사발략)와 결별하고 스스로 카간을 칭했다. 중앙아시아를 지배한 한나라의 위업을 실현하려 했던 수나라는 이 반란에서 타르두를 지원했고, 이로써 투르크는 둘로 분열되었다. 그 후 동돌궐과 서돌궐은 다시 통합되지 못했을 뿐 아니라 적대적인 기간이 훨씬 길었다.

반면 동부에서는 무한의 아들 대라편大邏便(아파阿波 카간)이 새로운 카간 사발략과 대립하다 583년 달두에게 도망갔다. 많은 학자들은 이때를 기점으로 돌궐이 동과 서로 완전히 분열된 것으로 보고 있다. 그러나 달두가 스스로 몽골 고원에 진출하여 대카간으로 군림한 시기(600~603년, 그 후 서돌궐에 대해서는 제2장 참고)도 있기 때문에 반드시 그렇게 말하기도 어렵다.

그 후 동돌궐의 시필始畢 카간(609~619년 재위)은 양제煬帝의 실정으로 수나라 국세國勢가 기우는 시기를 틈타 반기를 들었다. 그리고 수 말기 당 초기의 혼란기에는 중국 북부에 할거한 군웅들(후에 당을 건국하는 이연李淵도 그 중 한 사람이다)

---

20) 돌궐 제국은 중앙에 대카간(大可汗)이, 그 아래에 부카간(部可汗)인 동면 카간과 서면 카간이 있었다. 동면 카간은 몽골 고원을 통치하고, 서면 카간은 톈산 북방에 본거지를 두고 톈산에서부터 그 서쪽 중앙아시아 지역을 다스렸다. 동돌궐과 서돌궐의 분열도 여기에서 비롯되었다.

의 복속을 받을 정도로 시필 세력이 커졌다. 시필 시대 동돌궐에서 소카간은
거의 모습을 감추고 카간 다음의 고관은 설設(샤드)이라 불리게 된다(서돌궐에는
샤드 위에 엽호라는 관직도 있었다). 샤드의 권력과 권위는 소카간보다 훨씬 낮았다.
따라서 샤드의 출현은 권력이 점점 대카간에게 집중되고 있었음을 보여주는
사례라고 할 수 있다.

그렇지만 이를 곧바로 중앙 집권 국가로 보기는 어렵다. 종속 부족의 족장은
힐리발頡利發(일테베르) 또는 사근俟斤(이르킨)이라는 칭호를 갖고 여전히 족장 지
위를 유지하고 있었고, 이들 종속 부족과 오아시스 국가에는 토둔吐屯(투둔)이
라는 공납을 징수하는 관리가 파견되었다.

그러나 중국의 혼란에 편승한 돌궐의 우위는 오래 지속되지 못했다. 동돌궐
의 새로운 카간인 힐리頡利(일릭) 카간(620~630년 재위)은 이제 막 건국한 당을 자
주 침략했지만 성공을 거두지 못했다. 즉 그는 내부 문제와 철륵계 부족들의
반란, 고르지 못한 기후로 인한 가축의 손실이 겹치면서 오히려 궁지에 몰렸
다. 힐리는 결국 630년 당에 항복하는데, 이로써 동돌궐(뒤에 서술할 부흥 후의 돌
궐과 구별하기 위하여 이를 돌궐 제1제국이라 부른다)은 종말을 고한다.

당의 기미 지배와 동돌궐의 부흥

힐리가 당에 항복한 후 당나라는 철륵계 부족의 하나인 설연타薛延陀의 족장
이남夷男에게 몽골 고원의 지배권을 인정했다. 이와 함께 당은 황허 이남으로
이주한 돌궐의 여러 부족을 부족 구조는 그대로 두고 족장을 감독하는 방식으
로 통제했다. 이러한 지배 방식을 흔히 '기미羈縻 지배'라 한다. '기'는 말의
고삐를, '미'는 소의 고삐를 뜻한다. 따라서 기미 지배는 마치 말이나 소를 붙
잡아 매두고 조종하는 것 같은 지배 방식을 가리킨다.

설연타의 몽골 지배를 인정한 당은 곧이어 그의 세력이 커질 것을 우려하여
내부 분란을 부추긴 뒤, 646년 대군을 파견하여 그를 멸망시켰다. 그 결과 북

방 유목민들은 모두 당의 기미 지배를 받게 되었다. 이때 장안長安을 방문한 족장들은 당 태종에게 천 카간(天可汗, 투르크어로 텡그리 카간)이라는 칭호를 헌상했다. 그들은 말하자면 카간의 지배를 명분으로 당의 지배를 수용했던 것이다. 이는 17세기 몽골인들이 청조淸朝 황제를 칸,[21] 18세기 카자흐인들이 러시아의 차르를 차간 칸(白王)[22]이라 부르며 그들의 지배를 수용한 것과 같다(이 두 문제에 대해서는 뒤에 서술함).

투르크계 부족들은 처음엔 기미 지배를 달게 받아들였으나, 시간이 지나면서 서서히 반당反唐 움직임을 보이기 시작한다. 이러한 반당 운동이 몇 차례 실패한 후 682년 아사나씨의 쿠틀룩(骨咄祿)이 인산(陰山) 산맥 부근을 거점으로 당에서 독립했다. 처음에는 작은 세력이었지만 점점 과거 돌궐의 잔당이 쿠틀룩 주변에 모여들었다. 그 가운데 한 사람이 톤유쿠크(暾欲谷)이다. 그의 다른 이름은 아사덕원진阿史德元珍인데, 그는 장군으로서, 또 정치 고문으로서 3대에 걸쳐 카간을 섬기면서 나라의 중요한 역할을 수행했다.[23]

쿠틀룩은 686년부터 687년 사이에 몽골 고원의 성지 외튀켄을 탈환하고, 철륵계 부족들을 차례로 정복한 뒤 톤유쿠크의 권유에 따라 일테리슈('여러 부족민을 모으다'라는 뜻) 카간(682~691년 재위)을 칭했다. 이처럼 돌궐이 다시 부흥한 이후의 돌궐을 돌궐 제2제국이라 한다.

쿠틀룩이 죽자 그의 동생 묵철黙啜이 칸의 자리를 계승하고 카파간 카간(691~716년 재위)이라 칭했다. 카파간은 통치 기간 내내 지속적으로 중국 북쪽 변방을 침략하여 사람과 말을 약탈했다. 그리고 696년(698년설은 올바르지 않다)에는 당의 측천무후則天武后에게 무리한 요구를 하기도 했다. 즉 당에 투항한 돌궐 부민部民과 선우單于 도호부都護府[24]의 땅을 반환하라고 강요하는 한편, 곡

<hr>

21) 예컨대 1636년 후금後金 홍타이지(태종)는 만주인, 몽골인, 한인의 추대를 받아 대청大淸 황제에 즉위했는데, 이때 몽골 왕공들은 그에게 '복드 세첸 칸'이라는 칭호를 헌상했다.

22) 러시아의 차르는 중앙아시아와 시베리아로 진출하여 그곳 주민들에게서 지배자로서 정통성을 인정받기 위하여 몽골-투르크계 집단이 이전부터 사용해 온 '백'이나 '칸' 칭호를 사용했다.

23) 돌궐 제2제국 시기 톤유쿠크의 역할에 대해서는 정재훈, 「돌궐 제2제국 시기(682~745) 톤유쿠크의 역할과 그 위상」, 『동양사학연구』 47(동양사학회, 1994)을 참고.

24) 당나라 때 북방 경략의 거점으로 설치된 도호부로 동돌궐을 멸한 뒤 오늘날 내몽골자치구 수도 후흐호트(呼和浩特) 부근에 설치했다.

식 종자와 농기구를 요구했던 것이다. 이러한 요구를 접한 측천무후는 몹시 분노했다고 한다. 그러나 신하의 중재로 돌궐에 땅을 주지 않는 대신 수천 장막帳幕의 사람과 종자 4만여 석, 그리고 농기구 3천 점을 주었다.

선우 도호부의 땅은 인산 산맥 동남방의 농업과 목축업에 두루 적합한 곳이다. 따라서 카파간은 당에 복속되어 농경을 익힌 돌궐인들과 대규모로 사로잡은 한인 농민들에게 그 땅을 경작시키려 했다고 추측할 수 있다. 그 후에도 카파간은 인산 남쪽 지방을 점령하려 했지만, 끝내 성공을 거두지 못했다. 결국 북방 유목 국가가 중국 본토 일부를 점령한 것은 거란(요)이 연운燕雲 16주[25]를 확보하는 200여 년 후에 실현되었다.

카파간은 치세 후반에 북부와 서부 지역을 공략하는 데 온힘을 쏟았다. 북부 지역에서는 키르기스와 철륵계 부족들이 반란을 일으키고, 서부에서는 과거 서돌궐에 종속되어 있던 카를루크(葛邏祿)와 튀르기슈(突騎施)가 발흥했으며, 또 아랍-이슬람 세력의 공격에 대한 소그디아나의 원군 요청에도 응하지 않으면 안 되었다. 그런데다 몽골 고원의 케룰렌 강(헤를렌 강) 상류에 있는 철륵계 부족의 하나인 발야고拔野古(바이르쿠) 사람들이 반란을 일으켰다. 이에 카파간은 716년에 툴라 강 부근에서 그들을 격파하고 귀환하다가 패잔병에게 살해되었다.

카파간 사후 투르크인들은 심각한 내분에 휩싸였다. 그의 직계 자식들과 초대 카간인 일테리슈 후손들 사이에서 후계자를 둘러싸고 대립이 격화되었던 것이다. 이 싸움에서 후자의 형제들이 최후의 승리를 거두었다. 승리한 쪽의 형이 즉위하여 빌게(毗伽) 카간(716~734년 재위)이 되고, 그의 동생이자 정변을 주도한 퀼 테긴(闕特勤)이 군사권을 장악하고, 중신重臣 톤유쿠크가 카간을 보좌했다.

빌게 카간 치세에는 과거 유목 국가에서 볼 수 없었던 몇 가지 특징이 나타난다. 720년에 당의 현종玄宗은 빌게 정권을 적대시하여 주변의 여러 부족과 함께 공격하려 했다. 이에 빌게 카간은 기선을 제압하여 공격의 싹을 잘라버렸는데, 사실 이 사건을 제외하면 돌궐은 당을 침략하지 않았다. 오히려 빌게

---

25) 연(오늘날 베이징 지방)과 운(산시 성 다퉁 부근)을 중심으로 한 만리장성 이남 16개 주를 말한다.

퀼 테긴 비석의 돌궐어 비면

퀼 테긴이 죽은 다음 해(732년)에 만들었다. 네 비면 가운데 한 면은 당 현종玄宗이 퀼 테긴을 칭송한 글(한문)이고, 나머지 세 면은 돌궐 문자로 돌궐의 흥망과 당으로부터 독립, 그리고 돌궐인의 단결을 역설한 내용이 적혀 있다. 이 비문에서 남쪽으로 약 900미터 지점에 형 빌게 카간의 비문이 있다.

는 727년에 토번吐蕃(오늘날 티베트에 있었던 고대 왕국)이 공동으로 당을 침략하자고 서신을 보내오자, 그 서장書狀을 현종에게 헌상하여 성의를 표시하고 현종으로부터 해마다 국경에서 대량으로 견마絹馬 교역을 할 수 있는 허가를 받아냈다.

그러나 빌게는 결코 친당親唐 인물은 아니었다. 이는 돌궐 문자로 새겨진 빌게 카간의 비문을 통해 확인할 수 있다. 그 비문에서 빌게는 돌궐인들에게 당나라 사람들의 달콤한 말에 속아서 파멸에 이르지 말도록 경고하고 있다. 따라서 토번에서 보내온 서신을 현종에게 헌납한 것도 당에 대한 충성심의 표현이 아니라 견마 교역을 항구적으로 보장받기 위한 방편으로 보아야 한다. 말하자면 빌게는 이전 유목 군주들의 약탈주의에서 벗어나 교역주의로 정책을 바꾸었던 것이다.

또한 빌게 카간은 도성都城을 축조하고 불교 사원과 도교 사원까지 건설하려 했다. 그러나 톤유쿠크가 초원 지대에서는 유목 생활 양식이 적합하다고 이에 반대하자 빌게도 자신의 생각을 철회했다. 그 후 돌궐을 이은 위구르 시대에 들어와서야 유목 국가에 도시가 건설되기 시작한다.

725년이 조금 지나 톤유쿠크가 사망하고, 731년에 퀼 테긴, 그리고 734년에 빌게 카간이 차례로 세상을 떠났다. 꺼져가던 돌궐의 불꽃을 다시 일으킨 세 기둥의 죽음은 돌궐 제2제국을 쇠락의 길로 몰아갔다. 특히 빌게 카간의 죽음은 잇달아 내분을 야기했고, 궁극적으로는 돌궐 제국의 붕괴를 가져왔다. 빌게가 죽은 후 그의 아들 이연伊然이 카간이 되었지만(이연 카간) 단명에 그치고, 다시 그의 동생 등리登利(텡그리) 카간이 뒤를 이었다. 그의 치세기(734~741년 재위) 말기에는 두 명의 샤드(設)가 동서를 분할하여 통치하고 있었는데, 그 가운데 동부의 샤드가 741년에 텡그리 카간을 살해하고 스스로 오즈미슈 카간이라는 이름으로 군주를 칭했다. 이는 돌궐의 종말을 알리는 신호탄이었다. 바로 이 무렵 돌궐의 지배 아래에 있던 철륵계 부족인 위구르가 카를루크·바스밀(拔悉蜜)과 합세하여 돌궐을 공격하기 시작했기 때문이다. 이제 누가 제국을 차지하느냐의 문제만 남아 있었으니, 처음에는 바스밀이 장악하려 했지만 실패하고, 카를루크의 도움을 받은 위구르가 최후의 승자가 되어 744년에 위구르 수장이 마침내 카간이 되었다. 그리고 이듬해 745년에는 돌궐 최후의 카간(백미白眉 카간)이 살해됨으로써 돌궐은 명실상부하게 멸망했다.

위구르의 문명화

철륵계 부족 가운데 아홉 부족이 모여 연합체를 이루고 있는 집단이 있었다. 이들은 고대 투르크 비문과 아랍·페르시아 사료에서는 토쿠즈 오구즈(토쿠즈는 9, 확실치 않지만 오구즈는 연합체를 뜻하는 것 같다), 중국 사료에서는 9성철륵九姓鐵勒(후대의 9성회골九姓回鶻)이라 불렸는데, 그 가운데 하나가 위구르(회흘廻紇 또는 회골回鶻)이다. 이들 토쿠즈 오구즈가 돌궐을 타도하고 최종적으로 몽골 고원의 패권을 장악했기 때문에 이 나라를 '토쿠즈 오구즈국'이라 부르기도 하지만, 처음 카간을 배출한 집단이 위구르 부족이었다는 데 근거하여 보통 위구르라고 부른다.

위그르부部[26]의 카간은 야글라카르씨(藥羅葛氏)[27]를 칭하고, 부部 전체에 모두 아홉 개 씨氏가 있었던 것으로 알려지고 있다. 예전에는 이를 근거로 위구르부가 아홉 개로 나뉘어 있었다는 설이 유력했다. 그러나 이런 해석보다는 이들 아홉 개의 씨氏를 각각 아홉 부족 족장의 씨로 보는 것이 좀더 합리적이다.

---

26) 한문 사료에 자주 등장하는 유목 집단 명칭. 같은 의미로 부족 또는 부락部落이라는 말도 자주 쓰인다.

27) 씨氏는 유목 집단을 나타내는 부部(부족, 부락) 다음 하위 집단 명칭이다. 정확하지는 않지만, 씨족의 씨에 가깝고 (공동 조상), 우리 식으로 표현하면 성씨姓氏로 보아도 무방하다. 다만 시대와 상황에 따라 부(부족)의 명칭이 씨(씨족)의 명칭과 뒤섞여 나타나기 때문에, 그 가운데 어느 것이 총칭이고, 어느 것이 하위 집단을 가리키는 명칭인가는 일률적으로 말하기 어렵다. 그 이유는 유목 집단이 일정하게 고정되어 있지 않고 수시로 이합집산을 거듭하기 때문이다. 예를 들면 어느 족장이 이끄는 유목민은 다음 대代에 자식들에게 분할·상속되거나 처들이 결혼할 때 데리고 온 다른 집단과 결합하기 때문에 집단 구성원은 대마다 바뀔 수밖에 없다. 그러므로 특정 유목 집단 명칭은 남아도 규모와 내용은 변하게 된다. 전대前代의 부족명이 새로운 집단 안에서 다른 집단과 구별하기 위하여 씨족명으로 사용되기도 하고, 심지어 새로운 집단명이 생기는 경우도 있다.

바이 발리크 유적

757~758년경 건설. 위구르 인들이 만든 최초의 도성인 바이 발리크 성벽이 초원에 우뚝 서 있다.

초대 카간인 골력배라骨力裴羅(쿠틀룩 보일라)는 퀼 빌게 카간(闕毗伽可汗)이라는 칭호로 카간의 자리에 앉았다. 그는 또 당나라로부터 회인懷仁 가간(744~747년 재위)이라는 칭호를 받았다. 그의 뒤를 이어 아들 모윤 초르(磨延啜)가 갈륵葛勒 카간(747~759년 재위)이라는 이름으로 즉위했다. 특히 그는 북방과 서방에 대한 왕성한 정복 활동을 벌인 군주로 유명하다.

갈륵 카간은 몇 개의 비석을 세웠는데, 현재까지 그 가운데 세 개가 발견되었다. 이들은 발견 지역의 이름을 따서 테스 비문, 타리아트 비문, 시네 우스 비문이라 불린다. 비문은 모두 심하게 마모되어 있지만, 판독이 가능한 부분을 살펴보면 건국 전후 정복 활동 이야기가 서술의 중심을 이루고 있다. 특히 시네 우스 비문에는 다음과 같은 매우 중요한 내용이 담겨 있다. 즉 비문에 의하면 갈륵 카간은 757~758년경 "소그드인과 중국인(에게 명하여 또는 그들을 거주시키기 위하여) 셀렝게 강 강변에 바이 발리크를 건설하게 했다"고 한다. 고대 투르크어로 '바이'는 '풍요롭다' 또는 '부유하다'를 의미하고, '발리크'는 도성都城을 가리킨다. 따라서 바이 발리크는 『신당서新唐書』 「지리지」에 보이는 선아 강仙峨江(셀렝게 강) 북안의 부귀성富貴城에 해당된다고 할 수 있다.

바이 발리크로 추정되는 유적이 몽골국 볼간 아이막(道) 호탁 운두르 솜(郡)의 솜 소재지 부근 셀렝게 강에서 북쪽으로 20여km 떨어진 지점에 있다. 한 변의 길이가 235m 정도의 성벽으로 둘러싸인 정사각형에 가까운 유적이다. 상태가 좋은 성벽을 자세히 살펴보면, 이 성은 판축版築 공법으로 축조되었음을 알 수 있고, 성벽의 너비는 3~4m, 높이는 7m에 달한다. 이 성벽 바로 남쪽에도 한 변의 길이가 140m 정도의 성터가 있지만, 성벽의 보존 상태는 그렇게 좋지 않다. 그리고 바이 발리크 남서쪽에도 한 변의 길이가 305~345m인 성터가 있는데, 이들 세 개의 성이 하나의 복합체를 이루고 있었을 가능성도 있다.

위의 "소그드인과 중국인을 거주시키기 위하여"라는 해석이 옳다면, 이 성은 그들이 종사하는 교역 거점 역할을 했을 것이고, 그 때문에 '부귀성'이라 명명되었을 수도 있다. 갈륵 카간은 이 밖에도 오르콘 강 유역 평원에 궁전을 만들었던 것 같다.

이 무렵 당은 안사安史의 난(755~763년)으로 어려움에 처해 있었다. 갈륵 카간은 757년 자신의 아들(후에 모우牟羽 카간)을 수장으로 하는 구원군을 보내 장안과 뤄양(洛陽)을 탈환하는 데 큰 도움을 주었다. 그러나 위구르의 도움은 당에 새로운 고민을 안겨주었다. 위구르인들이 이 공로를 명분으로 장안과 뤄양에서 약탈을 자행하고, 그 후 감당하기 어려울 정도로 대규모 견마 교역을 요구했기 때문이다. 따라서 바이 발리크는 바로 이러한 교역의 확대에 맞추어 건설되었다고 볼 수 있다.

제3대 모우(뵈귀) 카간(759~779년 재위)은 762년에 반란을 일으킨 사조의史朝義의 꾐에 빠져 어려움에 처한 당나라를 이용하려고 생각했다. 그는 반란군과 연합 작전을 벌이기 위하여 군대를 이끌고 중국을 향하여 출발했지만, 도중에 중국 사신의 설득으로 당과 동맹으로 선회하여 반란군으로부터 뤄양을 수복해주었다. 이와 관련하여 한 가지 흥미로운 것은 모우가 뤄양을 수복하고 이듬해 중국에서 철군할 때 마니교[28] 승려 네 명을 대동하고 본거지로 귀환했

---

28) 3세기 사산조 페르시아에서 '마니'라는 사람이 조로아스터교를 기반으로 하여 기독교와 불교 등 여러 요소를 받아들여 창시한 종교. 마니교는 빛과 어둠의 이원론二元論 사상으로 빛을 선, 어둠을 악으로 규정하고 우주 만물에는 이 두 가지 요소가 항상 대립·투쟁하고 있다고 보는 한편, 물질과 인간의 육신은 어둠(악)에 속하므로 인간은 무릇 빛(선)을 길러 어둠을 제거해야 한다고 주장하고, 이를 실현하기 위한 도덕적 금욕을 요구했다. 4세기 이후 이집트와 북아프리카, 서유럽, 중앙아시아 등지에 전해졌으며, 7세기 말 당나라에 전해졌다. 그리고 당나라를 통해 북방 위구르 제국에 전해져 위구르의 문명화에 크게 기여했으며, 위구르가 멸망한 후 위구르인들이 투르키스탄으로 이주하면서 다시 이 지역에 전파되었다.

다는 점이다. 그 후 위구르인들, 특히 상층부에서 마니교가 널리 퍼지게 된다.[29]

오르두 발리크 유적
몽골 중부 아르항가이 아이막(道) 호톤트 솜(郡)의 오르콘 강 유역에 있다. 멀리 보이는 성벽에서 가장 높은 곳이 중앙의 토루土壘이고, 바로 앞에 보이는 것이 부서진 투르크어 비문이다.

모우 카간은 또 갈륵 카간이 건립한 것으로 추정되는 오르콘 궁전을 중심으로 하여 바이 발리크보다 훨씬 큰 도시를 건설했다. 이 성은 중국 사료에는 회골선우성回鶻單于城, 복고한성卜古罕城(뵈귀 칸성) 또는 와로타성窩魯朶城(오르다성), 이슬람 사료에는 오르두 발리크(오르두는 카간의 궁전을 뜻한다)로 기록되어 있고, 현지인들은 이를 하르 발가스(카라 발가순)라 부른다.

도시의 중심인 성터는 동서쪽이 기다란 직사각형이고, 네 모퉁이의 높은 지점에서 측정하면 넓이가 420×335m 정도이다. 현재 남아 있는 성벽 상태는 매우 좋은 편이고, 각 벽면 높이는 7m 내외, 그리고 동남부 돌출부 높이는 12~13m 정도이다. 성 안에서 출토된 숫기와 문양은 당나라 때의 전형적인 연화문蓮花紋이다. 이로 미루어 이 성을 축조하는 데 중국 장인이 관여했던 것으로 보인다.

성 밖 남쪽에는 거대한 비석의 깨진 조각이 흩어져 있다. 비문은 고대 투르크어, 소그드어, 한어의 3개 언어로 기록되어 있는데, 이 가운데서 투르크어 부분은 거의 남아 있지 않다. 이 비석은 원래 제8대 보의保義 카간(808~821년 재위)을 기리기 위하여 세워졌지만, 역대 카간의 사적事績에 대해서도 언급하였으며 특히 마니교 도입과 보호에 관한 사항이 상세하게 적혀 있다.

성터에서 남쪽으로 몇 킬로미터에 걸쳐 시가市街가 펼쳐져 있다. 그러나 이것들이 모두 모우 카간 때 건설되었는지 어떤지는 알 수가 없다. 또 이슬람 사료에 의하면 위구르 수도 부근에는 농경지가 펼쳐져 있었다고 한다. 어떻든

---

29) 이 문제에 대해서는 정재훈, 「위구르의 마니교 수용과 그 성격」, 『역사학보』 168(역사학회, 2000)을 참고.

위구르 시대에 도시의 탄생과 지배층의 정주화라는 과거 유목 국가에서 볼 수 없었던 새로운 현상이 나타난 점은 주목할 만하다.[30]

위구르는 (구원군으로 갔을 때의 약탈을 제외하면) 북아시아에서 흥기한 유목 국가로는 보기 드물게 중국 북방을 침략하거나 약탈을 자행하지 않았다. 그러나 모우 카간은 소그드인을 중용하고, 그들의 권유에 따라 당에 대한 대대적인 침략을 계획했다. 이에 그의 사촌형이자 재상宰相이었던 돈막하달간頓莫賀達干(톤 바가 타르칸)이 침략을 그만두도록 충고했다. 그러나 카간이 그의 말을 듣지 않자, 돈막하달간은 마침내 쿠데타를 일으키고 정권을 탈취했다. 그는 카간과 그의 측근, 그리고 카간을 꼬드긴 소그드인을 비롯하여 2000명을 살해하고, 스스로 4대 카간(779~789년 재위)이 되었다.

이 쿠데타에 호응하듯 당나라도 국내의 소그드인을 나라 밖으로 추방했다. 그리고 새로운 카간(당은 그를 처음에 무의성공가한武義成功可汗으로 칭하고, 나중에 장수천친가한長壽天親可汗으로 책립한다)은 당에 대해 지금까지의 형제 관계를 철회하고, 이보다 격하된 부마駙馬 관계를 스스로 받아들였다. 이러한 사실을 근거로, 제4대 카간이 유목 전통을 중시하는 복고주의자로서 외래의 마니교나 소그드인을 탄압했으며, 이때부터 위구르와 당의 관계도 공수攻守가 바뀌었다고 해석하는 사람도 있다.

그러나 새 카간은 당에 대해 배상을 청구할 때는 매우 엄격한 태도를 보였다. 더구나 배상을 청구하러 온 위구르 사신은 당연히 탄압을 받았어야 할 소그드인이었다. 장안에도 787년 당시 장기 체류하는 소그드인이 4000명 있었다고 알려진다(『자치통감資治通鑑』). 이로 미루어 양국 모두 소그드인에 대한 탄압을 그렇게 철저하게 수행하지는 않았던 것 같다. 견마 교역의 양은 오히려 증가하고, 위구르의 당에 대한 공순한 태도도 단순한 제스처에 지나지 않았다. 따라서 위의 쿠데타 사건은 위구르 상층부 내에서 약탈을 일삼는 카간을 교역을 중시하는 귀족들이 축출한 결과로 보아야 할 것이다.

---

30) 위구르의 정주와 도시 건설에 대해서는 정재훈, 「유목세계 속의 도시 ─ 위구르 유목제국(744~840)의 수도 카라발가순」, 『동양사학연구』 84(동양사학회, 2003)를 참고.

과거 유목 국가에서는 흉노의 연제씨나 돌궐의 아사나씨 같은 특정한 지배 씨족 출신자만이 수장首長이 될 수 있었다. 처음에는 위구르에서도 야글라카르씨 출신자가 카간이 되었다. 그러나 7대째부터는 같은 9성철륵의 하나인 에디즈(跌跌)씨 출신이 카간이 되었다. 그런데도 7대 카간은 스스로 야글라카르씨 출신이라 칭하고, 대외적인 국명도 그대로 위구르를 사용했다. 물론 특정 씨족이 지배하는 옛 체제는 사라졌다. 또 중국 사료에서 내재상內宰相이나 외재상外宰相으로 기록된 사람 가운데에도 위구르족 이외의 출신자가 있었다. 이러한 사실을 근거로 위구르에는 부족의 틀을 뛰어넘는 중앙 정부 기구가 있었고, 한층 발전된 국가 체제를 갖추고 있었다고 보는 견해도 있다.

　지금까지 언급한 것처럼 위구르에 와서는 그 이전 유목 국가에서는 볼 수 없었던 여러 가지 새로운 요소가 확인된다. 도성 건설과 그 주변의 대규모 농경지, 상층부의 정주화, 약탈주의에서 교역을 중시하는 정책으로 전환, 마니교 도입, 지배 기구의 변화, 돌궐 제2제국 시대에 창제된 문자에 의한 표기의 확립 등 많은 사례를 들 수 있다. 이런 점에서 위구르는 정주 농경 국가와 유사한 문명화가 진전되었다고 할 수 있다.

　840년 위구르에서 내분이 발생하고, 그 가운데 카간 반대파의 부름을 받고 위구르를 침략한 북방의 키르기스 대군은 제12대 카간을 살해하고 위구르를 멸망시켰다. 그때까지 한 유목 국가가 멸망하면 패배한 측은 승자에 흡수되든가 서방 초원으로 도망가든가, 아니면 중국 영내로 들어가 살 곳을 찾았다. 위구르 경우에도 일부에서는 그러한 현상이 확인된다. 그러나 위구르가 멸망한 후 대다수 위구르인들은 하서 지방과 톈산 남북 오아시스 지대로 이주하여 새로운 국가를 건설했다. 이는 그들이 이미 몽골 고원에 있었을 때부터 정주 문명에 익숙해져 있었기 때문에 가능했다(그 후 위구르에 대해서는 제2장 참고).

아바르, 불가르, 하자르

유라시아 초원 지대 서부에서 훈이 모습을 감춘 뒤에도 동쪽에서 다양한 기마 유목민 집단이 밀려왔다. 그들의 수령은 북아시아의 유목 군주가 사용하던 칸(可汗)을 칭하고, 고유 명사와 관직명도 투르크 – 몽골어풍이었다. 그러나 종족 계통을 보면 이란계나 우그르계(Ugric People)[31]도 섞여 있었다.

비잔틴 사료에 의하면 유스티니아누스 1세(재위 527~565년) 치세 말기에 '아바르'라 불리는 유목민이 북카프카스에 출현했다고 한다. 비잔틴은 처음 아바르에게 매년 공납을 지불하는 조건으로 그들을 회유하려 했다. 그러나 그들은 다시 흑해 북안 초원 지대를 따라 서쪽으로 나아가 다키아와 트란실바니아(현재의 루마니아 남부와 서부)에서 도나우 강 중류 판노니아(헝가리 평원)까지 진출하여, 슬라브계와 게르만계 집단을 지배하고 세력을 크게 확대했다.

비잔틴에서는 유스티니아누스 2세(재위 565~578년)가 즉위하면서 그들에 대해 강경한 태도를 견지하고 공납을 거부했다. 그렇지만 탁월한 군주인 바얀 칸이 아바르군을 이끌고 발칸 반도로 진출할 기미를 보이자 574년 공납을 재개하고 다시 동맹을 맺었다. 공납을 재개했음에도 불구하고 아바르는 자주 슬라브족을 끌어들여 발칸을 침략했는데, 623년에서 624년 사이에는 콘스탄티노플을 포위하여 거의 함락 일보 직전까지 밀어붙였지만, 헤라클레이오스 1세(재위 610~641년)에 의해 격퇴되었다. 그 후 아바르는 슬라브와 불가르의 압력을 받아 쇠퇴의 길로 접어들고, 8세기 말기에서 9세기 초에 프랑크 왕국 카를 대제의 원정군에게 괴멸되어 역사 무대에서 자취를 감추었다.

앞에서 언급한 바와 같이 비잔틴은 568년 이후 수차례에 걸쳐 돌궐과 직접 교섭했다. 이때 돌궐은 비잔틴 측이 자기들이 격파하여 도주한 아바르와 동맹 관계를 유지하는 것에 대해 불쾌감을 표시했다고 한다. 그리하여 일부 학자들은 과거 돌궐이 몽골 고원에서 격파한 최대의 적이 유연이라는 점을 근거로

---

31) 우랄 어족의 핀 – 우고르파 가운데서 오스탸크어(한티어), 보굴어(만시어), 헝가리어(마자르어)를 사용하는 사람들을 말한다.

아바르를 유연과 동족으로 보고 있다. 그리고 이 경우의 유연, 즉 몽골 초원에 있었던 유연을 '진정한 아바르,' 유럽을 침략한 아바르를 '가짜 아바르'라 부르기도 한다. 이와 동시에 아바르를 에프탈과 연결시키는 학자들도 있다.

고고학 자료를 보면 아바르인들이 남긴 판노니아 고분에서 출토된 등자와 부싯돌은 동아시아 또는 북아시아에서 기원한 것이다. 특히 등자는 아바르에 의해 유럽에 전해져 중무장 기사의 전투력을 강화시켰다. 등자를 재빨리 수용한 카를 마르텔은 새로운 형태의 전법戰法을 창안했는데, 일부 학자들은 이 전법이 후대에 봉건제封建制라는 새로운 사회 구조를 만들어낸 기초가 되었다고 한다. 물론 이에 대한 반론도 만만치 않다.

불가르는 언어적으로 투르크계이고 동방에서 이주해온 것으로 추정된다. 이들은 아마도 5세기경부터 북카프카스에 있었던 듯 하지만, 7세기 전반 비잔틴이 아바르를 견제하기 위하여 불가르를 동맹자로 인정할 무렵에는 이미 거대한 세력으로 성장해 있었다. 학자들은 이 집단을 '대大불가리아'라 부른다. 그러나 642년 대불가리아 지도자 쿠브라트가 사망하자 계승 분쟁이 벌어지고, 나아가 동방에서 온 새로운 세력인 하자르의 습격을 받아 대불가리아는 붕괴되었다.

대불가리아가 붕괴한 후 불가르의 주요 집단은 하자르의 지배를 받았다. 그러나 쿠브라트의 둘째 아들 코트락이 이끄는 집단은 북쪽으로 올라가 볼가 강 중류 지역에 정착하고 국가를 세우는데, 이들이 세운 나라를 흔히 '볼가-불가리아'라 부른다. 볼가-불가리아는 처음에 하자르에 공납을 바쳤던 것으로 보인다. 그러다가 10세기에 들어와 페르시아의 압바스조와 교류를 하고 이슬람을 수용했다. 그들은 강을 따라 도시를 건설하고 노예와 모피 교역으로 번영을 누리다, 1236년 몽골군에게 정복되었다.

한편 쿠브라트의 셋째 아들 아스파루흐가 이끄는 불가르 집단은 서쪽으로 이주하여 679년에 도나우 강을 건너 옛 모에시아 땅에 정착했다. 그들은 이듬해인 680년에 비잔틴 군대를 격파하고 비잔틴으로부터 매년 공납을 받았다. 학자들은 이 나라를 '도나우-불가리아'라 부른다. 그들은 수도 프리스카를 건설하고 토착 슬라브 농경민을 지배했지만, 시간이 가면서 인구가 압도적으로 많은 슬라브인에게 동화되었다. 그리하여 9세기 후반에는 칸의 이름도 슬라브식으로 바뀌는데, 864년에 차르 보리스가 기독교를 국교로 받아들이면서부터 도나우 – 불가리아는 사실상 슬라브 국가가 되었다.

하자르 역시 언어적으로 투르크 계통이지만, 종족적으로는 우그르 계통으로 보는 학자들도 있다. 그러나 칭호나 인명, 즉위 의례의 유사성으로 미루어 볼 때 이들은 어떤 식으로든 돌궐과 관계가 있었던 것으로 생각된다. 『주서周書』 「이역전異域傳」 돌궐조에는 다음과 같은 카간 즉위와 관련된 흥미로운 기록이 있다. 즉 새로운 카간이 즉위할 때 중신重臣들이 그를 카페트에 태워 해가 도는 방향에 따라 아홉 번 돌리는데, 그때마다 모든 신하들이 절을 하고, 절이 끝나면 그를 부축하여 말에 태운다. 그리고 명주 끈으로 기절하기 직전까지 목을 졸랐다가 끈을 풀고서, 곧바로 "너는 몇 년이나 카간을 하겠느냐"고 묻는다. 그는 이미 의식이 혼미해져 햇수를 확실히 답하지 못한다. 그러나 신하들은 그가 엉겁결에 말하는 것을 듣고 그의 재위 기간을 헤아렸다고 한다.

하자르인들도 이와 똑같은 즉위 의례를 치렀던 것으로 알려지고 있다. 10세기 아랍의 지리학자 이스타흐리는 다음과 같은 흥미로운 이야기를 전해준다. 즉 하자르인들은 카간을 결정할 때, 그 사람의 목을 명주 끈으로 질식하기 직전까지 조르고, 그에게 얼마나 군림할 것인지를 묻는다. 그러면 그는 '몇 년'이라고 답한다. 만약 그가 말한 기간 내에 사망하면 그만이지만, 그렇지 않을 경우 대답한 해가 되면 그를 살해했다고 한다. 돌궐에서는 예상 기간을 넘긴 카간을 살해하지 않는 단순한 의례였던 것 같지만, 하자르에서는 실제로 살해했을 가능성도 있다.

하자르는 6세기 말 서돌궐의 종주권을 인정하고 카스피 해 북안에서 흑해 북안으로 진출하는데, 그 후 7세기 중반경 서돌궐이 쇠퇴한 후 독립을 이루었던 것 같다. 이때 서돌궐 아사나씨 일부가 서쪽으로 이주하여 하자르의 칸이 되었다는 설도 있다. 물론 이를 입증할 만한 확실한 근거는 없다.

하자르는 여러 차례 카프카스 산맥을 넘어 지금의 아제르바이잔과 아르메니아 지역을 침략하고 사람과 가축을 약탈했다. 이러한 하자르의 침략에 대해 처음에는 사산조 페르시아, 7세기 중반 이후에는 아랍 칼리프조가 반격에 나섰다. 하자르와 아랍의 전쟁은 처음에는 일진일퇴를 거듭했지만, 737년 아랍군이 볼가 강 하류의 하자르 본거지를 공격하자 마침내 하자르 칸은 아랍 쪽에 화의를 제의하고 이슬람으로 개종했다. 그러나 이 개종은 일시적이었기 때문에 결국 이 시기 이슬람의 전파는 카프카스를 넘지는 못했다고 할 수 있다.

바로 그 무렵 서유럽에서는 프랑크 왕국의 카를 마르텔이 '투르'와 '프와티에'의 중간 지대에서 이슬람군을 격파하여(732년) 이슬람이 피레네 산맥을 넘어 유럽으로 진출하는 것을 막았다. 마찬가지로 하자르는 카프카스 산맥에서 이슬람의 북상을 저지했는데, 유럽 연구자들은 이 점을 중시하여 하자르의 역할을 높이 평가하기도 한다.

8세기 중엽 이후 하자르는 교역 활동에 중점을 두고 볼가 강 하구에 수도 이틸을 건설했다. 그 이전에도 하자르는 북카프카스의 다게스탄 지역에 도시를 갖고 있었지만, 이 도시는 하자르 이전부터 있었던 것으로 하자르인이 건설한 것은 아니다. 이런 점에서 이틸은 매우 중요한 도시이다. 그러나 이 도시의 모습에 대해서는 전혀 알려진 것이 없다. 카스피 해의 수위水位가 상승하여 수몰되었다는 설, 볼가 강의 홍수로 인하여 떠내려갔다는 설, 하구의 작은 섬에 있는 성터가 그 유지遺址라는 설 등 여러 가지 의견이 제출되어 있을 뿐 정확한 것은 알 수가 없다.

바로 위에서 언급한 10세기 아랍의 지리학자 이스타흐리에 의하면 이틸 주변에는 농경지가 있었다고 한다. 따라서 하자르인 거주지에서 농경도 행해졌음을 알 수 있는데, 다만 누가 농사를 지었는지를 보여주는 자료는 없다. 일반 하자르인들은 유목에 종사했다. 10세기 초기 저술가 이븐 루스타에 의하면, 하자르 지배층은 겨울을 도시에서 보내고, 봄이 되면 초원으로 나아갔다가 겨울이 올 때까지 돌아오지 않았다고 한다.

하자르의 군주는 물론 카간이었지만, 9세기 전반경에는 그의 권위가 이름뿐이고 실권은 '벡' 또는 '샤드'라 불리는 사람이 장악했다. 이를 흔히 '이중 왕권제二重王權制'라 부른다. 같은 시기에 하자르 상층부는 유대교를 수용했다. 일부 학자들은 벡이 먼저 유대교로 개종하고 실권을 장악한 결과 이중 왕권제가 발생했다고 주장하기도 한다. 이와 함께 카간의 권력 상실과 앞에서 언급한 카간 살해를 결부시켜 보는 의견도 있다.

원래 유대인이 아닌 하자르가 유대교를 받아들인 이유도 매우 흥미롭다. 이를 당시 강대국이었던 아랍 칼리프조와 기독교 국가인 비잔틴 제국 사이에서 등거리를 유지하기 위한 의도적인 조치였다고 보는 정치학적 해석도 있다. 그렇다고 하자르인들이 전적으로 유대교만을 믿었던 것은 아니다. 10세기 전반기 아랍의 저술가 마스우디에 의하면 하자르 수도 이틸에는 거주민들에 따라 이슬람교, 기독교, 유대교 재판관이 두 명씩 있고, 기타 이교도異敎徒 재판관이 한 사람 있었다고 한다. 이교는 물론 유목민인 하자르 고유의 샤머니즘 같은 신앙일 것이다.

유럽 역사가 가운데는 전체적으로 신앙의 자유가 없었던 중세 유럽과 비교하여 종교적으로 관대한 하자르를 진보적으로 평가하는 경향이 있다. 그러나 관세關稅가 국가 수입의 큰 부분을 차지하는 유목 국가 처지에서 보면, 어떤 종교를 믿든 상인을 끌어들이는 것이 중요했다. 하자르는 육로뿐 아니라 수로까지 교역에 이용했다. 그런 이유로 카스피 해는 아랍 문헌에서 '하자르의 바다'라 불렸다. 모피나 노예 등 여러 가지 교역품이 알려지고 있지만, 하자르 자체에서 생산된 상품은 물고기 아교(풀로 사용되었다) 정도밖에 없었다. 따라서 교역은 그들의 최대의 산업이었던 셈이다.

10세기 이후에 하자르는 쇠퇴의 길로 접어든다. 공납국이었던 볼가-불가리아가 점점 독립을 강화하는 한편, 북방에 출현한 페체넥[32]의 위협에 노출되

---

32) 중국 사료에 북욕北褥으로 기록된 고대 투르크계 유목민. 페체넥은 원래 아랄 해와 시르다리아 강 중류 사이에서 유목하고 있었는데, 9세기 초 이 지역으로 이동해 온 투르크계 오구즈와 싸워 패하고 우랄 산맥 남쪽의 엠바 강과 그 서쪽 볼가 강 사이로 이주했다. 그들은 거기에서 교역과 유목을 영위하다 830년경 인접한 하자르와 오구즈의 공격을 받고, 아조프 해 북쪽 '레디기아'를 점령하고 마자르족에게서 그곳을 탈취했다. 얼마 후 페체넥은 다시 서진을 재개하여 드네프르 강과 도나우 강 하류 사이에 있는 서부 러시아 초원에서 마자르족을 축출하고, 볼가 강 하류에서 도나우 강 하구에 이르는 광대한 초원을 차지하고 루시, 불가르, 마자르를 위협했다(900년경). 934년에는 헝가리인들이 비잔틴을 공격하는 데 협력하여 트라키아에 진출하고, 1064년에는 콘스탄티노플 성문까지 진출할 정도로 흥성했다. 그 후에도 페체넥은 그들의 후방에 있던 킵차크의 공격에 밀려 자주 콘스탄티노플을 공격했지만, 결국 킵차크와 비잔틴군의 공격을 받고 1124년에 최후 부족 집단이 괴멸되어 킵차크와 오구즈에게 러

고, 또한 수시로 루시(러시아)의 침략을 받았다. 결국 965년에 키예프에 있었던 루시의 왕자 스뱌토슬라프 대공이 사르켈과 이틸을 공략하면서 하자르는 사실상 붕괴되었다. 그 후 하자르의 운명이 어떻게 되었는지는 거의 알려진 것이 없다. 하자르인들이 중세의 카프카스와 남러시아 초원에서 커다란 역할을 한 것은 분명하지만, 세계사적 의의라는 관점에서 그 역할을 말한다면, 앞서 언급한 것처럼 발흥기 아랍의 북진北進을 저지한 점일 것이다.

고대 투르크 시대의 문화

고대 투르크 시대가 되면 초원 지대에 경전經典을 갖춘 세계적인 고등 종교高等宗敎가 전파된다. 그렇지만 이때 전해진 종교는 지배층 상층부에 한정되고 일반인들 사이에 뿌리내리지는 못했다.

돌궐 제1제국의 타발 카간 시대에 북제北齊의 불승 혜림惠琳이 붙잡혀 왔다. 그는 카간에게 "제국齊國이 부귀한 것은 불법佛法이 있기 때문이다"고 말하고 십이지연기설十二支緣起說[33]을 설했는데, 카간은 그 말을 믿고 가람伽藍을 건립하고 한문 열반경涅槃經을 돌궐어로 번역시켰다고 한다(『수서』 「북적전」). 또 『당고승전唐高僧傳』 권2에 의하면, 간다라 출신의 쟈나굽타(闍那崛多)가 북주北周 무제의 불교 박해를 피하여 귀국하던 도중 카간에게 체류하고 싶다고 청하여 십여 년 동안 돌궐에 머물렀다는 기록도 있다.

타발 카간을 위하여 건립된 것으로 추정되는 묘당廟堂 유적과 석비石碑가 몽골국 아르항가이 아이막(道) 보가트(부구트)에서 발견되었다. 과거에는 이 석비의 소그드어로 쓰인 비면碑面의 한 부분을 "새로운 가람을 조영하라"고 판독하고, 이 부분이 『수서』의 기술과 일치하는 것으로 해석했다. 그러나 현지 조사

시아 초원을 내주었다.

33) 인간의 유전流轉을 열두 항목으로 나누어 설명한 불교의 진리. 십이지연기설에 의하면 인간의 생과 사의 괴로움은 무명無明으로부터 비롯되기 때문에, 이 무명을 멸하면 생사의 괴로움도 소멸하게 된다고 한다. 무명이란 진리에 대한 무지無知를 말하는 것인데, 구체적으로는 붓다의 깨달음의 내용을 아직 모르는 상태를 말한다. 그리고 이 무지로부터 생사의 괴로움이 시작되어 십이지연기의 순환 관계가 성립된다.

거북에 실려 있는 부구트비
580년대. 원래 몽골 중부 아르항가이 아이막(道) 이흐 타미르 솜(郡)에 있던 것을 아이막 소재지의 체체를렉 민족학 박물관으로 옮겨 놓았다.

에 의거한 최근의 연구는 이를 "교법 敎法의 돌石을 세울 것"으로 판독하고, 제1면에 브라흐미 문자[34]가 새겨진 이 비석을 '교법의 돌'로 보고 있었다. 현재 브라흐미 문자 비면은 마모가 심하여 판독이 불가능한 상태이다. 브라흐미 문자로 쓰인 제1면이 본래 정면이고, 거기에 짧은 경전이 새겨져 있었을 가능성이 높다. 그렇지만 그 후 불교가 돌궐에 뿌리를 내렸다는 것을 보여주는 증거는 없다.[35]

위구르 시대에는 모우 카간이 당나라에서 마니교 승려를 데리고 온 이후 마니교가 신봉되었다. 그러나 그전부터 위구르 국내에 살던 소그드인 가운데 마니교도가 있었던 것으로 보이고, 카간이 이들 소그드인들에게서 영향을 받았을 가능성도 있다.

마니교는 이란인 마니가 바빌론에서 창시한 종교로 조로아스터, 석가, 예수를 스승으로 하는 혼합적인 교리를 갖고 있다. 앞서 언급했듯이 광명과 암흑의 이원론 사상으로 광명을 선, 암흑을 악으로 규정하고, 만물에는 이 두 가지가 항상 대립하며 투쟁하고 있다고 여긴다. 유목민들은 원래 천신(텡그

---

34) 고대 인도의 문자. 그 기원에 관해서는 페니키아 문자설, 셈 문자설이 있다. 원래는 오른쪽에서 왼쪽으로 가로쓰기(右橫書)를 했지만, 인도에 들어가 왼쪽에서 오른쪽으로 가로쓰기(左橫書)를 하게 되었다. 46개의 자모로 구성되어 있고, 현재 아소카 왕의 비문(기원전 250년)이 가장 오래된 기록으로 되어 있다.
35) 돌궐의 불교 수용에 관한 자세한 사항은 박원길, 『북방민족의 샤마니즘과 제사습속』(국립민속박물관, 1998), 186~189쪽 참고.

리)을 숭배하고 있었다. 따라서 텡그리와 마니교의 광명신이 연결되어 위구르 지배층에게 수용되었다고 볼 수 있다. 마니교가 일반인들에게 전파되었는지 어떤지는 확실하지 않다. 그렇지만 위구르 제국이 멸망한 후 그 일부가 건설한 톈산위구르 왕국에서도 상층 귀족들은 마니교를 신봉했다.

이와 함께 앞에서 언급했듯이 도나우 – 불가리아인들은 기독교, 하자르인들은 유대교를 신봉했는데, 이와 같이 초원 지대 동부와 서부 거주민들이 경전을 갖춘 외래 종교를 신봉한 것도, 고대 투르크 시대의 공통적인 경향이다.

고대 투르크 시대 장제葬制와 신앙 관련 유물로 흥미로운 것이 석인石人이다. 몽골 고원에서부터 알타이, 톈산, 카자흐스탄에 걸쳐 다양한 유형의 석인이 나타난다. 그 가운데 한 형태는 오른손으로 잔을 들고 있는 석인인데, 동쪽 또는 동남쪽을 향하고 있다. 석인 앞에는 낮은 입석

발발(줄 돌)
우부르 항가이 아이막(道) 오얀가 솜(郡)의 옹긴 유적의 발발.

立石(투르크어로 '발발')이 줄지어 있고, 뒤에는 납작돌을 세워 조영한 정사각형에 가까운 돌 구조물[36]이 있다. 러시아령 알타이 유적에서는 이 돌 구조물 중앙에 움푹 팬 곳이 있고, 그 중간에 목간木幹이 남아 있으며, 주변에서 재와 숯, 불탄 양뼈, 말뼈, 치아가 발견되었다. 이와 같이 조합된 유적이 남북 방향으로 늘어서 한 그룹을 이루고 있는 경우도 많다.

『주서周書』에 의하면, 돌궐인들은 죽은 이를 그가 생전에 탄 말이나 사용한 물건과 함께 화장한 다음 그 재를 소중히 간직했다가, 봄 또는 가을에 매장하고 묘지에 돌이나 묘표墓標를 세웠다고 한다. 돌은 죽은 이가 생전에 죽인 적의 수에 따라 세우고 묘표에는 양이나 말 머리를 매달아 두었다. 『수서』 기록도

---

36) 동서남북 사방에 납작한 판석을 세워 만든 것으로 적절한 용어를 찾기 어려워 그냥 돌 구조물이라고 했다. 작은 모형 집 또는 상자처럼 보이는데, 이 구조물의 의미는 여러 가지로 해석되고 있다. 예컨대 이 구조물을 사람이 거주하는 집을 표현한 것으로 보는 사람이 있는가 하면, 고인이 내세에 거주할 집으로 보는 사람도 있다. 그런가 하면 일부 학자들은 이를 고대 동양에 널리 퍼진 인도 – 이란 문화에서 기원한 우주의 형태, 그 최고봉인 수미산을 표현한 것으로 보고, 고인의 영혼이 이 안에 잠시 머물다 하늘로 올라간다고 해석하기도 한다.

고대 투르크 석인
몽골 서부 오브스 아이막(道) 타리알란 솜(郡) 할하이틴 덴지에 있는 6~8세기에 제작된 전형적인 고대 투르크 시대 석인으로 오른손으로 용기를 들고, 왼손으로 칼의 손잡이를 잡고 있다.

이와 거의 같은 내용인데, 여기에는 특히 나무를 세워 집을 만들고 그 안에 고인의 초상肖像이나 살아 있을 때의 전투 장면을 그려놓았다고 한다. 위에서 언급한 유적 구성 가운데서 목간은 묘표, 양뼈와 말뼈는 묘표에 매달려 있는 것, 재와 숯은 화장의 흔적, 그리고 나란히 서 있는 돌은 죽인 적의 수에 해당된다고 볼 수 있다.

그렇지만 문헌 자료에는 석인이 나오지 않는다. 『수서』에 나오는 집안에 그려놓았다고 한 고인의 초상을 석인으로 간주하는 연구자도 있으나 그렇게 보기에는 다소 어려운 점이 있다. 그 때문에 석인을 고인이 죽인 적으로 보는 학자도 있다. 그러나 남녀 한쌍으로 된 석인도 있고, 또 오른손에 잔을 들고 있다는 점을 고려하면, 죽은 이(때로는 그의 부인)가 석인 형태로 장례의 주연(funeral feast)에 참가하고 있다고 보는 해석이 타당할 것 같다.[37]

사실 앞에서 기술한 유적의 조합은 최소 기본 단위이다. 유적에는 이러한 기본 단위에서부터 상당히 규모가 큰 것에 이르기까지 몇 가지 등급이 있다. 우선 중앙의 정사각형 돌 구조물을 에워싸고 흙벽이나 도랑(일종의 해자垓字)이 있고 돌 구조물 대신 잘 다듬어진 석곽石槨을 조영한 경우가 있는가 하면, 석인도 남녀 두 기의 좌상座像으로 되어 있고, 흙담 입구에 돌사자와 돌로 만든 양을 한 쌍씩 세운 것도 있고, 굴착해서 조영한 작은 집을 건립한 것도 있다. 만약 고인이 돌궐 제국의 중신重臣이라면, 그 밖에 시종侍從으로 생각되는 석인이나 석비가 있으며, 건물도 기와 지붕으로 지어져 있다. 그리고 카간이면 비석이 중국식 귀부龜趺(초석) 위에 놓여 있고, 주위 흙담도 기와로 이어져 있다.

석인의 기원에 대해서는 아직 이렇다 할 정설은 없다. 중국의 석인이나 불

---

37) 돌궐 시대 석인의 주인공에 대해서는 학자들 사이에 이견이 분분하다. 일부 학자들은 석인이 고인의 가장 강력한 적을 표현한 것이라고 주장하고, 어떤 학자들은 고인 자신을 표현한 것이라고 상반된 의견을 제시하고 있다. 이 가운데 가장 보편적인 견해는 석인을 사망한 전사로 보고, 석인 앞쪽에 줄지어 세운 '발발(줄 돌)'을 고인이 평생 동안 죽인 적 또는 고인의 장례식에 참가한 사람을 표현한 것으로 보는 견해이다.

교의 영향, 이란-소그드 미술의 영향을 비롯하여 여러 가지 추론이 가능하다. 이와 함께 돌궐 시대 어느 때부터 석인이 나타났는가 하는 문제도 아직 결말이 나지 않았다. 물론 제1제국 시대부터 존재했다고 하는 설이 가장 유력하지만, 제1제국이 멸망한 다음 설연타 때부터 석인이 건립되기 시작했다는 설, 또는 제2제국 시대에 등장했다고 하는 설 등 이견이 분분하다. 이런 문제와 함께 돌궐에 이어 몽골 초원을 지배한 위구르 시대에도 석인이 제작되었는가 아닌가 하는 점도 분명하지 않다. 위구르 초기의 석비가 발견된 유적에는 석인이 없기 때문이다.

그러나 석인은 몽골 고원 서쪽 끝에서부터 투바, 알타이, 카자흐스탄 등지에서 두루 발견되고, 배(腹) 앞에 모은 두 손으로 잔을 들고 있는 형태는 시기적으로 위구르 시대 이후에 만들어졌을 가능성이 높다. 이 형태는 사각형 돌 구조물이나 '발발'을 수반하고 있지 않은 점으로 미루어, 아마도 장례와 별개로 또 다른 조상 숭배 의례와 관련이 있을 가능성이 높다. 이런 유형에는 가슴에

알타이 지역의 고대 투르크 시대의 석인

유방을 표현한 여자 석인도 있는데, 특히 카자흐스탄과 톈산에서 많이 볼 수 있다. 일부 학자들은 이런 유형의 석인을 10~11세기 유적으로 보고 있다. 참고로 11~13세기 남러시아 초원 지대에서 세력을 구축한 투르크 계통의 폴로브치[38]도 똑같은 형태의 남녀 석상을 세웠다.

끝으로 이 시대 문화 현상으로 독자적인 문자 창제를 들 수 있다. 앞에서 언급한 것처럼 돌궐 제1제국의 부구트 비문은 소그드 문자와 브라흐미 문자로 쓰여 있지만, 제2제국 시대인 7세기 말기가 되면 돌궐 문자가 등장하고, 이것이 위구르 시대까지 사용되었다. 이 문자는 최초 발견지 이름을 따서 '오르콘 문자' 또는 고대 게르만인들이 사용한 룬 문자(Runic Script)와 모양이 유사하다(다만 기원적 관계는 없다)고 하여 '룬 문자' 또는 '고대 투르크-룬 문자' 또는 예니세이 강 유역에서도 똑같은 문자와 비문이 발견되었다는 데 근거하여 '오르콘-예니세이 문자' 등 여러 가지로 불린다.[39]

돌궐 문자가 소그드 문자에서 발생했다고 하는 설이 있지만, 양자는 유사한 점이 그렇게 많지는 않다. 따라서 그 중간에 해당되는 문자가 나오지 않는 한 이 가설은 입증되기 어렵다[40]고 할 수 있다. 돌궐 문자는 모두 40개 문자로 이

---

38) 킵차크 또는 코만(쿠만)이라 불리는 투르크계 유목민 집단으로 11세기경 볼가 강 방면에서 흑해 북안 초원 지대로 진출했다. 1054년의 러시아 연대기들은 그들이 흑해 북방 초원에 나타난 것과 그들이 밀어낸 오구즈의 출현에 대해 처음으로 언급하고 있다. 폴로브치는 오구즈가 페체넥을 격파하고, 오구즈 또한 발칸 원정 과정에서 비잔틴과 불가르에게 격파되는 일련의 사건에 힘입어 러시아 초원의 유일한 지배자가 되었다. 이처럼 폴로브치는 1223년 몽골군이 밀려들 때까지 러시아 초원의 패자로 남아 있었는데, 같은 해 두 차례에 걸친 싸움에서 몽골군에 패한 폴로브치 주력은 이른바 킵차크 칸국에 편입되고, 일부는 마자르족 거주지로 이주하여 그들의 용병이 되었다.

39) 19세기 말(1887~1888년) 핀란드 학술 조사단은 2차에 걸친 학술 조사를 통해 예니세이 강 유역에서 고대 룬 문자와 비슷한 문자로 쓰인 비문을 발견하고 학계에 보고했다. 핀란드 조사단에 이어 1889년에 야드린체프(N. M. Yadrintsev)가 이끄는 러시아 조사단은 몽골의 오르콘 강 상류 유역에서 똑같은 문자로 쓰인 비문을 발견했는데, 덴마크의 톰센(V. Thomsen)이 1893년에 이를 해독하고 학계에 발표함으로써 돌궐 문자 비문의 전모가 밝혀지게 되었다. 그 후 비문 발견 작업도 활발히 진행되어 지금까지 50여 개의 크고 작은 비문이 확인되었다. 돌궐 비문은 몽골 초원의 유목민이 창제한 최초의 문자이고, 특히 그들이 중국의 지배를 경험한 후 제작되었으며, 따라서 중국 지배에 대항하는 돌궐인들의 주체 의식이 표현되었다는 점에서 학자들의 주목을 받고 있다. 이하 투르크 비문에 관한 전반적인 사항은 탈라트 테킨 지음, 김영일·이용성 옮김, 『고대 튀르크 비문의 연구』(부산교육대학교 출판부, 1993)를 참고.

40) 돌궐 문자의 기원에 대해서는 아직 확정된 정설은 없다. 스칸디나비아 지역의 문자와 연결시키는 주장이 있는가 하면, 아람 문자에 기초하고 있다는 설, 심지어 한자의 영향을 주장하는 학자도 있다. 그런가 하면 실크로드 상인

루어졌는데, 이 가운데서 두 개[41]는 상형 문자임이 분명하다.

돌궐 문자의 기원과 관련하여 또 하나 까다로운 문제가 있다. 즉 돌궐 문자와 매우 유사한 문자가 거의 동시기에 시베리아 남부에서부터 톈산 북쪽 기슭, 중앙아시아 북부, 북카프카스, 흑해 북안, 동유럽까지 퍼져 있다는 점이다. 더구나 이 문자들은 모두 투르크계 언어를 표현하는 데 사용되었던 것으로 생각된다. 이들은 몇 개 그룹으로 나뉘지만, 이 그룹들이 한 뿌리에서 발생한 것인지 아니면 다원적으로 발생한 것인지, 또 한 뿌리에서 나왔다고 한다면 어떤 그룹이 가장 시기가 빠른가 하는 문제가 제기된다.

앞에서 언급한 것처럼 초원 지대에는 스키타이 시대 이전부터 비슷한 문화가 퍼져 있었다. 고대 투르크 시대에도 이와 유사한 경향이 보인다. 독자적인 문자 창제, 경전을 갖춘 고등 종교의 도입, 도시 건설, 교역량 증대는 초원 지대가 문화적 측면에서뿐 아니라 사회·경제적 측면에서도 비슷한 과정을 거쳤음을 보여준다.

집단으로 내륙아시아 지역에서 활동한 소그드인들의 문자(소그드 문자), 그리고 최근에는 북아시아 유목민 사이에서 전해져온 씨족·부족의 탐가(標識) 또는 나무에 새긴 기호 등에서 기원을 찾는 사람도 있다.

41) 지금까지 상형 문자에서 온 것으로 알려진 돌궐 문자는 'eb(집)'과 'oq(화살)'이다.

2. 오아시스 세계

오아시스 세계 –13세기까지

오아시스 세계는 농경을 바탕으로 하며 대부분 도시를 끼고 있다. 오아시스는 건조 지대에서 사막이나 초원 혹은 산악에 의해 서로 단절된 지역을 말한다. 앞에서 언급한 초원 세계 남쪽에 위치하며 서쪽은 카스피 해, 서남쪽은 이란과 접하고, 남쪽은 인도로 통하고, 동쪽은 중국의 간쑤(甘肅)와 중원中原으로 이어진다. 이 장에서는 잠정적으로 오아시스 세계를 중앙아시아로 총칭하기로 한다. 그리고 이를 다시 파미르 고원을 경계로 하여 동부[중국 신장(新疆)]와 서부(옛 소련령 중앙아시아)로 대별하여 각각 중앙아시아 동부와 중앙아시아 서부로 부르기로 한다.

오아시스 세계의 역사는 항상 초원 세계와 남북 관계를 이루며 전개되었다. 그리고 동부는 중국 문명, 서부는 지중해-메소포타미아-페르시아 문명과 교류했으며, 양쪽 모두 인도 문명, 그리고 불교 문화와 깊은 관련이 있다. 이러한 문명의 교류를 염두에 두고, 이 장에서는 농경과 도시 문명의 발생에서부터 이 지역 거주민들이 투르크화-이슬람화하는 시기까지를 개관한다.

1. 농경 · 도시 문명의 시작과 인도 · 이란인의 확산

중앙아시아 서부의 상황

중앙유라시아의 건조 지대에도 구석기인의 발자취가 남아 있다. 현재 정주 지역에서 가장 오래된 인공물人工物은 타지키스탄 남부 '락티 I' 유적에서 출토된 석기(약 30만 년 전)이다. 또 중앙아시아 서부의 카라타우(남카자흐스탄) 유적에서 출토된 작은 원형 석기(20만 년 전)는 남시베리아, 투르판 서부 및 중국의 황토 지대에서 출토된 것과 유사한 점이 많다. 그 시기 사람들은 아직 완전한 정착 생활을 하지 않고 수렵과 채집 생활을 했다. 그 가운데서 목축민이 생겨나는 한편, 점차 정주 생활을 하는 사람도 출현한 것으로 보인다.

기원전 6~5천년기千年紀(신석기 시대) 이후에는 오아시스 농경이 시작되었으며, 중앙아시아 서부 지역에서 농경 유적遺蹟과 유구遺構가 발견되고 있다. 이란과 투르크메니스탄의 국경 지대(코페트다우 산맥 북쪽 기슭의 아슈하바트 서북 지역)의 제이툰 유적이다. 이 유적에서는 보리와 밀의 흔적, 세석기細石器와 채도彩陶, 그리고 가족 단위로 살았던 것으로 보이는 주거지가 발견되었다. 기원전 3천년기 전후에 이 지역에서 동남쪽의 메르브 방면, 즉 테젠 강 하류 지역에서

여성 석상
마르기아나 또는 박트리아 청동기 시대(기원전 3천년기 말~2천년기 초). '풍요의 여신상'으로 알려지고 있다.

무르갑 강 하류(마르기아나) 쪽으로 문화 중심을 확대한 사람들이 있었다. 그들은 이미 정주 가옥을 짓고, 가축을 사육하고, 밀과 보리와 포도를 재배하고, 동기銅器와 채도彩陶를 사용하고, 간단한 관개 농경 시설도 만들었다. 그들의 거주지는 모두 오늘날 투르크메니스탄 남부에 해당한다. 일부 학자들은 그 지역을 원原드라비다인 거주지의 최북단最北端에 해당된다고 보고 있다.

다음에는 우즈베키스탄과 타지키스탄 남단(아무다리아 강 중류로 합류하는 지류의 계곡)에서부터 아프가니스탄 국경 지대로 확장된 정주 농경 문화가 확인된다. 아무다리아 강을 건너 남쪽으로 내려가면, 북아프가니스탄의 박트라(현재의 발흐)를 중심으로 하는 박트리아 또는 토하리스탄이라 불리는 지역에 이른다. 또 현재의 우즈베키스탄에 속하는 아무다리아 강 하류 지역(호라즘), 아무다리아 강과 시르다리아 강 사이를 흐르는 자라프샨 강 유역(소그디아나), 그리고 오늘날 국경선이 복잡하게 얽혀 있는 시르다리아 강 상류 지역(페르가나)에서도 정주 유적이 발견되었다. 이들 각 지역에서 행해진 발굴 조사 결과는 한결같지 않다. 그러나 대개 기원전 2천년기까지는 청동기 시대로 진입했다. 코페트다우 산맥 북쪽 기슭에서는 점점 큰 가옥과 방어 시설이 나타나고, 생명의 나무(生命樹)와 지구라트[1]를 만드는 등 메소포타미아 문명의 영향을 받았으며, 서로간에 교류가 광범위하게 이루어졌다. 메소포타미아 문명은 육로로 직접 전해지거나 일단 해로로 인더스에 상륙한 뒤 북방의 중앙아시아 서부 지역으로 전해졌던 것으로 보인다.

코페트다우 북쪽 기슭의 초기 농경 문화는 기원전 2천년기에 한계에 달하여 쇠퇴한다. 중앙아시아 서부를 중심으로 하여 일어난 인간과 문화의 대변동이 여기에 영향을 미친 것으로 보인다. 기후 변화와 토양의 염화鹽化도 하나의 원

---

1) 고대 메소포타미아의 종교 구조물로 흔히 '성탑聖塔'이라 번역한다. 지구라트는 산을 본뜬 것으로 산악 거주민이었던 수메르인들이 메소포타미아의 저지대로 내려와 고향의 산악 종교 의례를 행하기 위하여 만든 것으로 알려진다. 수메르로 '에-우르-이민-안-키(천지의 경계를 이루는 7층 건물)'라 불리고 탑 꼭대기로 신이 내려온다고 한다.

인이 되었을 것이다. 어떻든 인더스의 하라파[2] 문명이 쇠퇴하고, 이란 동북부와 마르기아나(현재의 메르브)의 인구가 감소하고, 그 대신 초원의 청동기 문화와 말(馬) 이용 문화를 소유한 사람들이 남하했다(제1장 참고). 남쪽 정주 사회에서는 기원전 4천년기부터 낙타와 소가 이끄는 수레를 사용했는데, 여기에 말 이용 문화가 더해졌다. 바로 이들이 인류 역사상 가장 오래된 언어 집단으로 알려진 인도-이란인(인도-아리안계)이다.

언어학자 하르마타(J. Harmatta)의 가설을 참고하여 그 발자취를 살펴보면, 이들의 원래 고향은 중앙유라시아 스텝이었을 것으로 추정된다. 그들은 기원전 6천년기에는 동유럽에서 신석기 농업을 행하고, 기원전 4천년기에는 코카서스(카프카스)에서 카스피 해와 아랄 해 방면으로 진출했다. 이 사람들이 이른바 '코카소이드'이다. 기원전 4천년기 중반경에 개발된 말 이용 문화, 그리고 가벼운 이륜二輪 수레와 사륜 수레가 사람들의 활동 범위를 넓혀주었다. 그 가운데 한 지파인 원原인도인은 기원전 3천년기 말엽부터 기원전 2천년기 전반에 걸쳐 미탄니 왕국[3]을 세우고, 팔레스티나와 시리아 방면으로 진출했다. 그리하여 원原인도 문화(언어)가 메소포타미아 주민에게 영향을 미치게 된다. 이들은 한편으로 기원전 3천년기 말경까지 마르기아나와 박트리아로 남하하고, 앞에서 언급한 코페트다우의 신석기~금석金石 시대 주민인 원原드라비다인 사회로 들어오고, 이어 간다라까지 진출한다. 마치 이 이동을 추격이라도 하듯이 원原이란인이 남하하여 카스피 해 서쪽 연안과 시베리아 남부로 확산되었다.

중앙아시아 서부 농경 지대의 토착 문화와 언어는 기원전 2천년기 후반까지 그런대로 보전되어 있었다. 그러나 이 이동의 시대에 언어와 사람의 형질 모두가 원原인도-이란인에게 압도당했다. 그러한 모습은 『사기』「대원전」과 『한서』「서역전」에 묘사된 시기로 이어진다. 그래서 이들 사서는 기원 전후 무렵까지 페르가나(大宛)에서 파르티아(安息)에 이르는 지역 거주민들은 언어가 달라도

2) 모헨조다로와 함께 인더스 문명의 중요한 도시 유적. 인더스 강 상류 라비 강 남쪽에 있으며, 현재는 파키스탄 편자브 주에 속한다.
3) 기원전 2천년기 중반경 북메소포타미아의 유프라테스 강 지류인 하부르 강 상류의 할라프를 수도로 하여 이란 고원 서북부에서 북메소포타미아, 북시리아에 걸쳐 강대한 세력을 떨친 후르리족(『구약성서』, 「창세기」 14-6, 36-20의 호리족)이 세운 왕국.

서로간에 말이 통하고, 눈이 움푹 들어가고, 수염이 많다고 묘사했던 것이다. 그들의 원거주지가 북방 초원이었다는 점에서 중앙아시아 서부 오아시스 농경 세계의 역사는 처음부터 초원 문화와 혼합되어 있었다고 할 수 있다.

중앙아시아 동부의 상황

톈산 동부의 북쪽 기슭, 투르판 분지, 롭 노르 호수 서쪽, 하미(哈密, 伊吾) 주변과 타림 분지 주변을 비롯한 중앙아시아 동부(신장 지역)에서도 구석기와 신석기 유적이 발견되고 있다. 중국 연구자들은 채도를 비롯한 몇 가지 공통점을 들어 이들 여러 문화와 간쑤·칭하이 – 중원 문화의 관련성을 지적하고 있다. 후자는 기원전 5000년경 간쑤 성 친안(秦安)의 신석기 문화, 기원전 5000~3000년 중원의 양사오(仰韶) 문화, 같은 시기 간쑤의 마자야오(馬家窯) 문화, 기원전 2천년기 중엽까지 채도, 동석기(銅石器), 청동기가 출현하는 치자(齊家) 문화, 그리고 룽산(龍山) 문화와 같은 시기의 간쑤·칭하이 지방의 후기 청동기 문화[기원전 1천년기 무렵의 신디안(辛店), 탕왕(唐汪), 스와(寺窪), 카야오(卡約), 사징(沙井) 문화]이다. 그러나 이들 여러 문화와 신장 지역 유적의 관계는 아직 체계적으로 정리되지 않았다. 기원전 1000년경에는 파미르 동부의 카슈가르(喀什噶爾)와 악수(阿克蘇) 등

빗살무늬 홍칠 단지
각이 진 입술에 작은 북 모양의 배를 하고 있는 도기(陶器)로, 주둥이는 조금 떨어져 나갔고 몸 전체를 붉게 칠했다. 신장위구르자치구 허징 현(和靜縣) 차우후거우(察吾乎溝) 출토. 기원전 1000~500년경.

지에 농경과 하천 어업이나 수렵을 행하는 정주민이 거주한 것 같다. 그들은 채도를 갖고 있지 않았지만, 톈산 북부 바르쿨(巴里坤)에서 일리(伊犁)에 이르는 지역, 그리고 타림 분지 동남쪽의 체르첸(且末)과 롭 노르 호수 주변에서는 채도가 확인된다. 그곳에서는 세석기細石器도 함께 쓰였으며, 돌과 흙벽돌로 지은 네모난 주거지가 발견된다. 이들은 대체로 초원 사회의 영향을 받았는데, 특히 채도의 존재는 위에서 언급한 중앙아시아 서부나 서아시아와의 관련성을 엿보게 한다.

중앙아시아 동부 지역 문화를 담당한 사람들의 계보는 꽤나 복잡하다. 하미와 우룸치 근교의 후기 청동기 시대 고분에서 출토된 인골이나 미라는 몽골로이드 계통과 코카소이드 계통으로 대별된다. 타림 분지 주변의 오아시스에서도 적지 않은 인골과 미라가 발견되었다. 앞서 언급했듯이 코카소이드의 특질과 말 문화를 소유한 사람들이, 아마도 인도 – 이란계의 언어를 갖고서 기원전 2천년기 무렵 초원 세계 동부와 톈산 남쪽까지 진출했던 것으로 보인다. 바로 이 사람들과 인도·아프가니스탄까지 남하한 집단, 그리고 파미르 – 페르가나 계통의 코카소이드는, 각각 하미와 톈산 중부와 동부 지역에 자리잡거나 호탄과 롭 노르 호수까지 진출하기도 하고, 경우에 따라서는 동쪽에서 온 몽골로이드 계통과 혼거하거나 둘 사이에 혼혈이 이루어진 것으로 보인다.

2. 중앙아시아 서부의 이란계 사회와
그리스 문화의 영향

메디아와 아케메네스조 페르시아

기원전 2천년기 말 무렵부터 코페트다우 산맥 북쪽 기슭의 마르기아나 농경 문화는 관개 시설과 성새城塞를 갖춘 도시형 부락으로 부흥했다. 그리고 기원전 1천년기 중반경에는 호라즘과 소그디아나에 이와 똑같은 지역 통일체가 출현했다. 그러나 이들 토착 세력은 외부, 특히 남쪽에서 밀려오는 이란계 정치 권력의 지배를 받았다.

메디아 왕국은 기원전 7세기 말경 북방 스키타이(페르시아 자료의 사카) 지배를 벗어나 아시리아를 토벌하고, 이란 고원을 중심으로 하여 동쪽으로 박트리아와 파르티아를 취하고, 서쪽으로 아나톨리아 동부에 이르는 광대한 영역을 지배했다. 이어 기원전 6세기 중엽 메디아 왕국에서 자립한 아케메네스조 페르시아(기원전 550~330년)의 키로스 2세(기원전 559~530년 재위)는, 바빌로니아를 차지하고 박트리아와 북방 사카인을 복속시켰다. 비시툰 비문(기원전 518년경)[4]에는 아케메네스조의 다레이오스(다리우스) 1세(기원전 522~486년 재위)가, 박트리아와 마르기아나를 비롯하여 중앙아시아 서부 지역과 간다라를 정복했다고 쓰여 있다. 다레이오스 정권은 고대 정주 농경 문명 지대를 통괄한 왕조였다. 페르세폴리스[5]의 부조浮彫는 조공을 바치러 온 낙타를 끄는 박트리아인과 아라코시아[6]인, 소를 끌고 온 간다라인, 저울을 짊어진 인도인, 그리고 소그드인과

---

4) 고대 아케메네스조 페르시아 시대의 유적. 이란 서부 케르만샤 동쪽 30km 지점에 있다. 바위산 한쪽 절벽에 다레이오스 1세가 페르시아 제국을 통일한 전공을 기념하여 상세한 기록과 그것을 상징하는 부조를 새겨놓았다. 이에 관한 사항은 배철현, 「다리우스 왕(기원전 522~486년)은 조로아스터교 신봉자였나?」, 『중앙아시아연구』 8(중앙아시아학회, 2003), 8~12쪽 참고.

5) 아케메네스조 페르시아의 수도로 당시 서아시아의 모습이 가장 잘 보존되어 있다. 다레이오스 1세는 내란을 수습한 후 '파사르가다에'와 '수사'에 왕궁을 만들고, 곧이어 조상과 인연이 깊은 파르시스의 페르세폴리스에 새로운 궁전을 건설했다. 원래 다레이오스가 시작하고 다음 대인 크세르크세스가 완성했다고 알려져 있지만, 후대 발굴 결과를 보면 미완성 부분이 출토되고 있기 때문에 알렉산드로스(알렉산더)가 불태울 때까지 계속 개수된 것 같다.

6) 아프가니스탄의 고대 지명. 현재의 칸다하르와 카불 사이 지역으로 고대 페르시아 제국령에 속하는 주州의 하나.

호라즘인을 매우 사실적으로 표현하여 왕조의 위세를 나타내고 있다.

위병의 행렬
페르세폴리스, 아파다나(大大알현전) 중앙 계단의 부조로서, 그 당시 페르시아 제국의 강성함과 왕의 위세를 느끼게 한다.

이는 또한 시르다리아 강 중류 유역까지 확대된 아케메네스조의 중앙아시아 서부 영역 각지에 나름대로 특색을 갖춘 오아시스 통일체가 존재했음을 말한다. 그렇지만 페르시아가 이들을 어떻게 지배했는가 하는 구체적이고 상세한 모습은 확실하게 밝혀져 있지 않다. 예컨대 이 지역 거주민들의 생업이 농업이었는지, 아니면 목축업이었는지를 둘러싸고도 이견이 분분할 정도이다. 다만 앞에서 본 것처럼 이란계 사람들이 정주 농경 지대 주민을 형성함으로써, 그곳에 새로이 아케메네스조의 이란계 지배 체제(관료제, 사트라피[7] 제도에 의한 지방 통치와 징세, 화폐 주조, 군사 도로 정비와 역참제, 관개 시설 정비, 지방 요새 건설)가 실현되었다. 그 결과 공용어로서 아람어와 아람 문자[8]가 도입되었는데, 이는 오아시스 발달사에서 매우 중요한 의미를 갖는다. 아람 문자를 바탕으로 만든 소그드 문자로 이란어계의 토착 소그드어를 표기하게 됨으로써, 중앙아시아 서부에서 혼합 문화의 한 특징이 나타났다.

'스키타이 – 사카인'이라 총칭되는 시르다리아 강 북방 유목민도 넓은 의미의 이란계 집단이었다. 다레이오스 1세는 '끝이 뾰족한 모자'를 쓴 사카를 비롯한 전사 집단을 포로 또는 용병으로 자기 군대에 받아들이고 그들의 기마 전술을 활용했다. 이들의 모습도 비시툰 비문의 암벽이나 페르세폴리스 부조에 남아 있다. 다레이오스 1세 이후 아케메네스조와 중앙아시아 서부의 관계는 알렉산드로스 원정 때까지 평화롭게 진행되었다.

어떻든 중앙아시아 서부는 기원전 4세기까지 아케메네스조 페르시아의 지

---

7) 키로스 2세가 아시리아의 속주제屬州制를 본떠 만든 주州. 각 주는 왕이 임명한 태수太守, 즉 사트랍이 통치했다. 사트랍은 귀족이나 왕족 출신이 대부분이었으며, 행정, 사법, 재정권은 물론 외교와 주요 내부 문제를 처리하는 데 상당한 자치권을 갖고 있었다.

8) 기원전 8세기부터 서아시아 지역의 국제 통상이나 외교어로 쓰인 셈족계 언어의 하나. 흔히 예수의 모국어로 알려져 있는 이 언어는 현재도 아랍어 지역 북부 변방에서 20만 명 정도의 사람들이 사용하고 있다. 특히 아람어 표기에 사용된 아람 문자는 시리아 문자를 비롯한 아시아 각지의 여러 문자 발생에 직접적인 영향을 미쳤다.

간다라인 조공자(위)와 박트리아인 조공자(아래)

페르세폴리스, 아파다나(대大알현전) 동쪽 계단의 부조. 간다라인은 인도 특산인 혹이 달린 소(瘤牛)를, 박트리아인은 중앙아시아에서 특징적인 쌍봉 낙타를 끌고 간다.

배 아래 있었는데, 그때 현재까지 남아 있는 대규모 도시가 건설되었다. 구체적으로 마르기아나의 에르크 칼라(메르브), 소그디아나의 아프라시압(사마르칸트)을 들 수 있다. 또 아케메네스조 페르시아가 지중해 동부까지 확대됨에 따라 중앙아시아 서부 지역 거주민들은 그리스 문화와 접촉할 수 있게 되었다. 그 결과 그리스 화폐와 함께 갖가지 그리스 상품이 페르시아에서 유포되고, 그리스인 용병도 페르시아 영내로 들어왔다. 바로 이 그리스 문화의 힘이 이란 고원과 중앙아시아 서부, 그리고 인도 서북부의 다음 시대를 이끌게 된다.

알렉산드로스의 원정

아케메네스조 페르시아는 기원전 5세기 전반에 그리스 원정(이른바 페르시아전쟁)이 실패한 후 점점 쇠퇴의 길로 접어들고, 마지막 왕 다레이오스 3세(기원전 336~330년 재위)는 마케도니아의 알렉산드로스 군대에게 제국의 서부를 빼앗겼다. 기원전 331년 아르벨라 전투에서 패한 다레이오스는 적군의 빠른 추격에 쫓겨 도주하고, 알렉산드로스는 왕위를 찬탈하고 스스로 '아시아의 군주'임을 칭했다. 페르시아가 이처럼 쉽게 무너진 원인은, 히르카니아(카스피 해 동남부)[9]를 비롯한 페르시아 영내 그리스 용병의 이반과 침략에 직면한 동부 지역

9) 여기서 '히르카니아'는 하나의 지방 명칭으로 쓰이지만, 서양 고전에는 카스피 해 자체를 '히르카니아의 바다'라고 하는 경우도 있다.

사령관들의 자기 영역 보호 우선 정책, 즉 제국의 통일에
대한 의지가 결여된 점을 들 수 있다. 이와 대조적으로 박
트리아의 사트랍 벳수스는 자기 영지에서 침략군에 반격
할 태세를 갖추었다. 벳수스는 쫓겨온 다레이오스를 메디
아 수도 에크바타나에서 암살하고 스스로 페르시아의 대
왕을 칭했다. 알렉산드로스 군대는 그를 추격하여 이란
동부의 아리아(헤라트), 드란기아나(시스탄)를 경유하여 힌두
쿠시를 넘어 박트리아로 들어갔다.

알렉산드로스의 두상

이에 아르타크세르크세스 4세라 칭하고 박트리아의 주
권을 쥐고 있던 벳수스는 급히 추격해오는 알렉산드로스
군대를 피하여 아무다리아 강을 건너 나우타카로 도망쳤
다. 이 때문에 벳수스는 부하들의 신뢰를 잃어버렸다. 부하들이 반란을 일으
키고, 그는 친구인 스피타메네스에게 붙잡혀 알렉산드로스 앞으로 압송되었
다. 알렉산드로스는 벳수스를 에크바타나로 보내 아케메네스조에 대한 배신
자로서 페르시아인으로 하여금 처형하게 했다. 그 후 알렉산드로스는 벳수스
를 지원하고 있던 소그디아나를 토벌하기 위하여 아무다리아 강을 건너 마라
칸다(사마르칸트)와 부하라를 점령하고 소그디아나를 평정했다.[10] 그러나 시르다
리아 강 북쪽에서는 유목민 사카가 여전히 큰 세력을 형성하고 있었다. 그래
서 알렉산드로스의 영역은, 시르다리아 강 남쪽 연안(오늘날 호젠트)에 요새 도시
알렉산드리아 에스카테를 건설하는 데 그치고, 더 이상 확장되지 못했다. 그
과정에서 알렉산드로스 자신과 휘하의 마케도니아인, 그리고 그리스인 병사
들은 현지 여자를 아내로 맞이했다. 이는 알렉산드로스의 목적이 단순히 군사
적으로 페르시아를 멸망시키는 것이 아니었음을 말해준다. 근대 서양 역사가
들은 이를 두고 알렉산드로스가 헬레니즘 세계를 확대시키려 했다는 견해를
피력하고 있지만, 이와 달리 그가 헬레니즘 세계와 넓은 의미의 이란 세계를

---

10) 이에 관한 자세한 사항은 나가사와 가즈토시 지음, 이재성 옮김, 『실크로드의 역사와 문화』(민족사, 1990),
    42~44쪽 참고.

석가의 고행상
그리스 문화와 불교 문화가 융합되어 탄생한 수많은 간다라 불상 가운데서 최고 걸작으로 꼽히는 고행하는 석가상이다. 2~3세기, 파키스탄 라호르 박물관.

융합시키려 했다고 주장하는 견해도 있다.

그러나 중앙아시아 서부에서 알렉산드로스의 발길이 머문 시간은 매우 짧은 동안에 그쳤고(기원전 329~327년), 소그디아나에서 스피타메네스의 저항도 만만치 않았다. 이러한 사실은 각 오아시스들이 이미 자립할 정도로 상당히 성장해 있었음을 말해준다. 그 후 알렉산드로스는 인도를 원정하고 이란 남부를 평정한 뒤, 기원전 323년에 바빌로니아에서 병사했다. 이 질풍노도와 같은 대규모 원정은 중앙아시아 서부 오아시스 정주민과 유목민에게 커다란 변화를 가져다주었다. 그 가운데서도 공예와 미술 전통을 소유한 그리스인의 도시 문화, 언어와 문자, 화폐 경제, 원거리 무역에 대한 관심은 후세까지 이어졌고, 그리스 문화는 중앙아시아 서부 이란계 사회에 커다란 영향을 미쳤다.

그리스 문화의 확대(셀레우코스조, 그레코 박트리아, 아르사케스조 파르티아)

알렉산드로스가 죽은 후 그의 제국은 순식간에 쪼개져버렸다. 그렇지만 중앙아시아 서부 그리스계 정권은 그 후에도 200여 년간 지속되었고, 특히 문화적 영향은 수세기에 걸쳐 중앙아시아에서 아시아 전역으로 확대되어 커다란 발자취를 남겼다. 그 가운데서도 가장 중요한 것은 제국 각지에 건설된 알렉산드리아이다. 이들 도시는 모두 교통 요충지에 건설되었으며, 그곳에서 기술과 공예에 뛰어난 그리스인들이 생산과 교역에 종사했다. 이른바 헬레니즘 문

화의 발생과 분포는, 이 알렉산드리아의 도시망을 통해
분명히 드러난다. 이렇게 보면 이전 페르시아 제국이 계
속 추진해온 파미르 서부 지역에 대한 일체화 작업은 결
국 알렉산드로스에 의해 완성되었다고 볼 수 있다.

알렉산드로스 사후 그의 부장 셀레우코스 니카토르(기
원전 312~281년 재위)가 세운 셀레우코스조가 대왕의 제국
을 계승했다. 그러다가 기원전 3세기 초엽 셀레우코스와
소그디아나의 스피타메네스의 딸 사이에서 태어난 안티

셀레우코스 1세의 초상(4드라크마 은화)
알렉산드로스의 은화 계보와 다른 새로운 형태의 은화로 표면
은 왕의 초상, 그리고 뒷면에는 승리의 여신 '니케'가 축복하고
있다.

오코스 1세(기원전 281~261년 재위)가 제국의 동북부 마르기
아나, 소그디아나, 박트리아 등 중앙아시아 서부를 통치
했다. 안티오코스가 셀레우코스를 이어 왕이 되어 제국의 중앙으로 진출함에
따라 중앙 정부의 중앙아시아 서부에 대한 통제력이 약화되고, 인도 서부에서
힌두쿠시 산맥에 이르는 지역을 인도의 마우리아조[11]에게 빼앗겼다. 기원전 1
세기 중엽 셀레우코스조가 멸망할 때까지 중앙아시아 서부의 동쪽에서는 그
레코 박트리아, 서쪽에서는 파르티아가 각각 자립했다.

한편 이 시대에는 알렉산드로스 시대에 이어 소아시아, 그리스 북부, 마케
도니아 등지에서 많은 그리스인이 이주해왔다. 그들은 대부분 그리스 식민 도
시의 관리로 활동했다. 그 결과 각 도시에는 순수한 그리스 문화가 형성되고,
그리스 이민자들에 의한 정치가 행해졌다.

기원전 246년 셀레우코스조의 안티오코스 2세가 사망하면서 나라의 영역
이 불안정하게 되었다. 그리하여 기원전 250년경에는 박트리아의 사트랍인
그리스 사람 디오도토스 1세가 쿠데타를 일으켜, 이른바 그레코 박트리아 왕
국을 세웠다. 이 제국의 영역은 셀레우코스조, 그리고 서쪽의 인접국 파르티
아와 항쟁하면서 확대되었는데, 제4대 데메트리오스(기원전 200~160년 재위) 시
대에는 소그디아나, 호라즘, 마르기아나, 아프가니스탄 지방, 서북 인도의 인

---

11) 고대 인도 마가다국 출신의 청년 찬드라굽타가 세운 왕조로 인도 최초의 통일 국가이다. 기원전 326년에 알렉산
   드로스가 페르시아 제국을 정복한 여세를 몰아 서북인도를 침략하고 이듬해 서방으로 돌아갔는데, 이 사건은 인
   도에 통일 운동의 기운을 불러일으켰다.

더스 강에 인접한 아라코시아와 게드로시아[12]까지 미쳤다. 그러나 기원전 175년경부터 영역의 통합이 붕괴되면서 호라즘과 소그디아나가 독립하고, 마르기아나는 파르티아 영토로 편입되었다.

어떻든 이러한 발전은 박트리아 지방의 풍요로운 농업적 기반 위에서 이루어졌다. 이와 함께 주위의 그리스 식민 도시와 지방 수장들의 연대 정책이 유효하게 작용한 결과라고 할 수 있는데, 전반적으로 보아 그리스 색채가 농후했다. 그리하여 그리스어와 그리스 문자가 사용되고, 안티오코스 1세 때부터 주조되기 시작한 은화와 동전 역시 그리스 문화의 계승이었다. 한편 기원전 145년경 그레코 박트리아 왕국이 멸망한 원인은 북방의 유목 세력, 특히 월지 (大月氏)가 남하했기 때문인데, 이 점은 중앙유라시아 동서를 포괄하는 커다란 문제이기 때문에 항목을 바꾸어 살펴볼 것이다. 다만 그에 앞서 박트리아 서방의 동향을 하나만 확인해두려고 한다.

그레코 박트리아 왕국이 출현한 기원전 3세기 중반경, 코페트다우 북쪽 기슭의 테젠 강 유역에서 히르카니아에 걸쳐 유목하고 있던 이란계 파르니족의 아르사케스 형제가, 셀레우코스조의 농경農耕 박트리아 지방의 사트랍을 습격하고 독립하는 사건이 벌어졌다. 이 왕조가 바로 아르사케스(중국 사료의 안식安息)조 파르티아이다. 이 왕조는 제6대 미트라다테스 2세(기원전 123~87년 재위) 때에 강역을 최대로 확장시켰다. 즉 동남쪽으로 그레코 박트리아와 싸워 게드로시아를 취하여 인더스 강에 이르고, 동북쪽으로 그 세력이 아무다리아 강 근처까지 미쳤으며, 서쪽으로 아르메니아와 메소포타미아를 확보하여 기원전 1세기에 로마 제국과 대치하기에 이르렀다. 그 후 파르티아는 기원후 3세기 (226년)에 사산조 페르시아에게 멸망할 때까지 로마 세계와 뒤에서 언급할 쿠샨조 사이에서 동서 무역의 이익을 취하여 부유해졌다. 전체적으로 파르티아에서는 유목적 군사 조직과 페르시아의 궁정 정치 요소, 그리고 헬레니즘 문화의 흡수와 이에 대한 저항 등 여러 가지 요소가 확인된다. 예를 들면 알렉산

---

12) 이란 동남부와 서파키스탄 서남부에 걸쳐 있는 발루치스탄 지방 가운데, 특히 아라비아 해의 해안 지역을 '메르칸' 이라 부르는데, 게드로시아는 메크란의 고대 지명이다. 기원전 325년 알렉산드로스는 귀로에 이 지역을 통과했다.

드로스 이후 중앙아시아 서부에 널리 퍼진 그리스어를 공용어로 쓰지 않고, 아케메네스조 시대 언어인 아람어를 사용했다는 것 역시 그러한 저항의 한 증거로 볼 수 있다.

3. 쿠샨조와 그 주변

그레코 박트리아 왕국의 멸망과 북방 유목민

그레코 박트리아 왕국이 박트리아를 통합한 기간은 기원전 250년경부터 겨우 100년 정도밖에 안 된다. 그리스의 지리학자 스트라본에 의하면 시르다리아 강 북쪽에서 남하한 스키타이 집단 가운데서 '아시오이, 파시아노이, 토하로이, 사카라울로이' 라는 유목민들이 그리스인들에게서 아무다리아 강 남쪽 박트리아 지방을 탈취했다고 한다. 이 집단 명칭은 여러 가지로 논의되었지만, 그 실체는 아직까지도 분명하지 않다.

앞에서도 언급했듯이 넓은 의미의 유목 스키타이는 중앙아시아 서부 지역의 북방에서부터 톈산 산맥 남북, 알타이 지방, 몽골 고원 서쪽 끝, 중국 간쑤 성 치롄(祁連) 산맥까지 퍼져 있었다. 많은 학자들은 중국 사료에 나오는 월지를 그들의 한 지파로 보고 있다. 월지는 흉노의 노상老上선우(기원전174~160년 재위)에게 패하여, 일부가 치롄 산 주변에 남고(이른바 소월지小月氏) 주력은 아무다리아 강 북쪽으로 이주했다. 『사기』와 『한서』를 비롯한 중국 사서는 이를 대월지大月氏라 부르고 있다. 『한서』 「서역전」에 의하면 대월지는 인구가 40만 명, 정예 병사가 10만 명이었다고 한다. 그들의 거점이 아무다리아 강 북쪽 어디인가는 명확하지 않지만, 대對흉노 작전의 연합 전선을 구축하기 위하여 파견된 장건張騫이 월지의 이동로를 따라 서역을 여행했다는 것은 너무나 유명한 사실이다.

학자들은 대월지가 시르다리아 강 북방을 지나 아무다리아 강 북측까지 내려가고, 이어 아무다리아 강을 건너 박트리아 지방으로 들어가 그곳을 제압한 것으로 보고 있다. 에노키 가즈오(榎一雄)는 이러한 가설을 전제로, 위에서 언급한 토하로이를 포함한, 스키타이 4개 부족이 기원전 141년경 아무다리아 강을 건너 그레코 박트리아 왕국을 멸망시켰으며 그 결과 박트리아는 토하로이(토하라, 토하리)라 불리게 된 것으로 이해했다. 이어 대월지 전체가 소그디아나

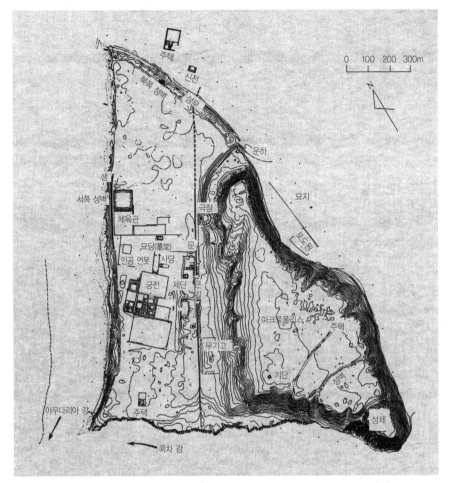

아이 하눔 유적

전형적인 그리스 도시양식을
잘 보여주고 있다. 기원전
300년경 '키네아스'라는 사
람이 창건했는데, 기원전 145
년경 북방 스키타이의 습격
에 의하여 파괴된 것으로 추
정된다.

(지도 내 표기) 주택, 신전, 북쪽 성벽, 강단, 운하, 묘지, 샘, 서쪽 성벽, 극장, 체육관, 묘당(墓堂), 문, 인공 연못, 사당, 궁전, 제단, 무기고, 아크로폴리스, 주택, 기단, 남쪽 성벽, 성채, 아무다리아 강, 콕차 강

0 100 200 300m

에서 박트리아에 이르는 지방을 제압한 것은 그보다 뒤인 기원전 136~129년
경이었을 것으로 그는 추정했다. 따라서 장건이 말하는 기원전 129년경 대하
大夏는 이미 월지에게 정복당한 후의 박트리아 땅을 가리킨다. 즉 그는 대하(타
이하)가 토하로이의 음역音譯이라면, 토하로이가 토하로이를 정복한다는 모순
이 생겨나기 때문에 그렇게 보지 않으면 안 된다는 주장을 폈다.

한편 고타니 나카오(小谷仲男)는 『한서』에 처음 등장하는 기원전 2세기의 '새
塞'를 사카, 즉 스키타이로 이해함으로써 혼란을 초래한 과거의 설을 부정하
고, 토하로이를 포함한 스키타이(사카≠새)는 곧 대월지라고 논의를 정리했다.
이 문제와 관련하여 그는 기원전 145년경 화공火攻을 당하여 소실되었다고 전

해지는 전형적인 그리스 식민 도시 아이 하눔 유적[13]에 주목했다. 프랑스 고고학 조사단의 베르나르(Paul Bernard)도 아이 하눔 멸망을 대월지의 박트리아 도래와 관련이 있는 것으로 파악했다.

그러나 여전히 해결되지 않은 문제가 남아 있다. 그 하나는 독특한 문자로 쓰인 자료에 관한 것이다. 이 유적에서 수많은 그리스어 비문이 발견되었는데, 그 가운데는 오스트라콘(도기 파편)에 쓰인 아람 문자와 은화에 새겨진 문자 등 특이한 것들이 있다. 특히 두번째 문자는 시르다리아 강 건너편 카자흐스탄의 알마아타 동쪽 50km 지점에 위치하는 이시크(이식쿨 호수와는 관계가 없다) 유적에서 출토된 은잔銀盞에 새겨진 문자(후대의 오르콘-룬 문자와 관련이 있는 것처럼 보이지만 시대가 완전히 다르다)와 유사하여 마치 북방 문화가 아이 하눔에 영향을 미친 것처럼 보인다. 그러나 이와 똑같은 문자는 그레코 박트리아 시대에서 다음의 쿠샨조 시기에 이르는 여러 유적(9개 지점)에서도 발견되었다. 이 유적들은 모두 박트리아를 중심으로 하는 지역에 소재한다. 그 가운데 하나가 힌두쿠시 남쪽 다슈트-이 나와르 유적[14]이다. 이 문자와 언어의 역사적 위치는 아직 명확히 밝혀지지 않았다. 그러나 언어학자 하르마타에 의하면, 이 문자는 서북인도의 카로슈티 문자[15]에서 기원하고, 문서 내용 가운데는 재산 분할 결정문 같은 것도 있다고 한다. 이들은 당시의 도시 문명을 보여주며 남방 문화의 영향을 강하게 시사하고 있다. 이 독특한 문자는, 자료가 비교적 풍부하게 남아 있는 호탄-사카어의 전신前身인 사카어 남방 방언 혹은 후대에 쿠샨인들이 사용한 언어일 가능성도 있다.

한편 이시크 유적의 은잔은 기원전 6~4세기 것으로 비정되고 있지만, 기원전 3세기 후기를 넘지 못한다고 주장하는 사람도 있다. 이러한 사실을 놓고 보

---

13) 1964년 아프가니스탄의 아무다리아 강 상류 좌안左岸과 그 지류인 콕차 강의 합류 지점에서 발견된 고대 그리스 도시 유적. 이 도시는 알렉산드로스가 세운 알렉산드리아의 하나인 '알렉산드리아 옥시아나'로 비정되기도 하고, 박트리아 동부의 중심 도시로 에우크라티데스가 거주했던 '에우크라티디아'로 비정되기도 한다. 이에 관한 자세한 사항은 이주형, 『간다라 미술』(사계절, 2003), 37~39쪽 참고.

14) 아프가니스탄 가즈니에서 60km 지점에 소재하는 쿠샨 시대(1~2세기)의 유적으로, 이곳에서 암각 명문 6개가 발견되었다.

15) 브라흐미 문자와 함께 인도 고대 문자의 하나로, 서북인도를 중심으로 하여 아프가니스탄, 발루치스탄, 동·서투르키스탄에서 널리 사용되었다.

면 박트리아 독자의 문화가 북방에 영향을 미쳤을 가능성은 있지만, 반대로 아이 하눔 유적에서 북방 문화의 직접적인 증거를 찾아내는 일은 현재로서 유보해야 할 것 같다.

『사기』「대원전」은 대월지가 정복한 기원전 2세기경 박트리아(이제는 토하리스탄, 즉 대하 지방이라 부를 수 있다)에는 "100만이 넘는 사람들이 도시와 가옥을 갖추고 있다. 이미 대월지의 지배를 받고 있으며, 대왕大王은 없고 도시마다 소왕小王이 있을 뿐이다. 군대는 약하고 전쟁을 두려워하지만 상업은 번성한다"고 기록하고 있다. 기원전 1세기 그리스 지리학자 스트라본과 2세기 이집트의 천문, 지리, 수학자 프톨레마이오스도 이 지역을 농산물이 풍요로운 곳으로 기록하고 있다.

쿠샨조

대월지는 박트리아를 대략 5개 지역으로 분할하여 통치했다. 『한서』「서역전」에는 5흡후翕侯(야브구)의 이름이 거명되고 있는데, 에노키 가즈오는 이들을 토착 유력자로 간주하고, 아케메네스조 이래 지방 통치 제도인 사트라피 제도와 관련지어 보고 있다. 기원 전후에서 1세기경에 5흡후의 하나인 귀상貴霜(쿠샨)이 다른 흡후들을 제압하고 왕국을 세웠는데, 쿠샨조는 대략 이렇게 하여 탄생했다. 반면에 에가미 나미오는 5흡후를 대월지에 의해 분봉된 전사 계급의 봉건 제후로 보고 쿠샨조를 대월지의 연장으로 이해했다. 이 두 가지 해석이 쿠샨조 기원에 관한 대표적인 견해인데, 뒤에서 언급할 문서 자료의 발견과 연구에 의하여 앞으로 논의해야 할 점이 많다.

쿠샨조의 창시자는 쿠줄라 카드피세스로, 『후한서』「서역전」에 구취각丘就卻(귀상 흡후)이라 기록되어 있는 인물이다. 그는 왕조를 세운 후 파르티아를 공격하고 고부高附(카불), 복달濮達(아프가니스탄), 계빈罽賓(간다라)으로 영토를 넓혔다. 쿠줄라 카드피세스가 죽은 후 그의 아들 비마 카드피세스, 즉 중국 사서의 염고진闔珍이 왕위를 계승했다. 비마 카드피세스는 북인도로 진출하여 영토를 넓히고, 쿠샨조를 이 지역에서 가장 강성한 왕국으로 만들었다. 그러나 그가 죽은 후 왕위 계승을 둘러싸고 상당한 혼란이 이어졌던 것 같다.

그러한 혼란을 극복하고 왕권을 장악하여 쿠샨조를 부흥시킨 사람이 카니슈카(1세)라는 걸출한 왕이다. 그는 영토를 최대로 넓혀 쿠샨조의 전성기를 구가했다. 그의 치세기에 쿠샨조 영역은 북쪽으로 소그디아나, 호라즘, 시르다리아에 이르고, 남쪽으로 힌두쿠시를 넘어 간다라, 서북인도에서 데칸 고원 서부까지 석권하고, 동쪽으로 북인도의 파탈리푸트라(현재의 파트나), 동북쪽으로 중앙아시아 동부의 카슈가르와 호탄까지 미쳤다. 그 후 쿠샨 왕들은 그의 즉위년을 기준으로 하여 연대를 헤아릴 정도로, 그는 사실상 쿠샨조를 다시 창건한 사람이나 마찬가지였다. 즉 카니슈카는 즉위년을 원년으로 하는 달력을 만들고, 카슈미르에서 불전 편찬을 위한 집회를 열었다고 전해지듯이 불교를 보호하고, 이를 중앙아시아 동서에 널리 보급시켰다. 아프가니스탄, 우즈베키스탄 남부를 중심으로 하는 불교 관련 유적(수르흐코탈, 달베르진테페, 카라테페, 아이르탐, 틸랴테페, 틸리베르진테페, 할차얀)이 그 사실을 증명하고 있다. 쿠샨조는 이런 점에서 세계사에 눈부신 역할을 했다고 할 수 있다.

널리 알려진 바와 같이 카니슈카는 이란과 인도의 신들을 공경하고 조상彫像을 만들기도 했다. 이와 함께 카니슈카와 그의 뒤를 이은 후비슈카 치세기에 제작된 화폐에는 나나, 미트라, 마즈다, 아르도흐쇼, 파로 등 이란의 신들과 헬리오스, 헤파이스토스, 헤라클레스 등 헬레니즘과 로마 계통의 신, 그리고 오에쇼(시바) 등 인도의 신상神像이 새겨져 있다. 이러한 많은 신상들 가운데 부처의 상이 등장한다. 카니슈카의 금화金貨에 새겨진 불상 옆에는 부처를 의미하는 그리스 문자가 뚜렷하게 명기되어 있고, 동전에도 그리스어로 '석가모니 부처'라고 써 있는 것이 있다. 화폐에 새겨진 이러한 부처 형상은 현존하는 간다라 불상과 일치하는 것으로 이미 이 시기에 불상 조성이 본격화되었음을 알 수 있다.[16] 그래서 최근에는 쿠샨조가 불상의 탄생을 비롯하여 간다라 미술 형

---

16) 이에 관한 자세한 사항은 이주형, 앞의 책, 74쪽 참고.

카니슈카 1세의 상

인도 마투라 북방의 마트에서 출토된 입상(왼편)으로 양손에 검을 쥐고 있고, 명문에는 '대왕, 왕 중의 왕, 신의 아들 카니슈카'라 적혀 있다. 2세기 전반 마투라박물관. 아프가니스탄에서 출토된 금화(오른쪽)에 새겨진 카니슈카의 전신상.

성에도 크게 관여했다고 보고 있다.

카니슈카 시대와 관련하여 한 가지 주목되는 것은 그 동안 외부 문명의 영향권 아래 있던 중앙아시아가 이 시기에 문화적으로 자립의 경향을 보인다는 점이다. 이 점은 1993년 박트리아의 수르흐코탈에서 가까운 라바타크에서 발견된 카니슈카 왕의 초기 사적이 기록된 박트리아어 비문을 연구한 심스 윌리엄스(N. Sims-Williams)에 의해 밝혀졌다. 이 비문에 의해 많은 사실들이 새롭게 밝혀졌는데, 예를 들면 카니슈카 왕이 북인도의 파탈리푸트라까지 지배한 일이 사실로 기록되어 있다. 이러한 사실도 중요하지만 이보다 더 중요한 것은 카니슈카가 칙령을 그리스어로 내리지 않고 아리아어(인도-유럽계 언어, 즉 여기서는 박트리아어)로 내렸다고 하는 점이다. 이는 카니슈카 시대의 화폐 명문에서 그리스어가 사라지고 박트리아어가 사용된다는 화폐학에서 말하는 일반적인 사실을 입증해준다.[17] 말하자면 화폐·비명碑銘·비문에 사용되는 언어와 문자가, 그리스어(그리스 문자) 또는 간다라어[18](카로슈티 문자)에서 토착 박트리아어[19](그리스

17) 이전의 군주들은 그리스인들이 확립한 화폐의 형식과 디자인을 따랐다. 즉 앞면에는 군주상과 그리스 문자(그리스어)로 된 명문을, 뒷면에는 신상과 카로슈티 문자(인도어)로 된 명문을 새겼다. 이에 관한 자세한 것은 이주형, 앞의 책, 69~72쪽 참고.
18) 기원전 3세기의 아소카 왕의 비문 등에 실례가 있고, 서북인도에서 타림 분지 남변에 이르는 지역에서 널리 사용되었다.
19) 소그드어, 호탄어와 함께 중기 이란어 동부 방언에 속한다.

문자)로 통일되었다고 볼 수 있다. 그러나 카니슈카 왕 이전에도 박트리아어와 그리스 문자로 쓰인 비문이 있었기 때문에 이를 카니슈카가 창시한 것으로 보기는 어렵다.

이란계 언어 가운데서 그리스 문자를 사용하는 말은 이 박트리아어뿐이다. 그리스 문자의 사용은 알렉산드로스 이후의 전통이지만, 한자를 사용하여 자국어를 표기한 경우(이두吏讀)처럼 외래 문자를 써서 자기의 언어를 표현한 것은 사회·문화적 독자성의 발로로 볼 수 있다. 더욱 중요한 것은 왕의 계보에 관한 정보이다. 과거에는 카니슈카 이후와 그 전대의 왕은 계보가 다르다고 생각했다. 그러나 라바타크 비문에 의해 초대 쿠줄라 카드피세스 이후 새로이 한 사람의 왕을 더한 카니슈카까지 4대의 계보가 같은 가계家系로 밝혀짐에 따라 지금까지의 통설이 뒤집혔다. 또 예전에는 왕통王統의 절대 연대에 관한 여러 견해 가운데서 카니슈카 원년을 143년 또는 144년으로 보는 기르시만(R. Girshiman) 설이 유력했다. 그러나 새로 발견된 비문을 연구한 크립(J. Cribb)은 이와 다른 연대의 가능성을 제기하고 있기 때문에 향후 연구에 많은 영향을 줄 것으로 보인다.[20]

쿠샨조 멸망 후의 중앙아시아 서부

앞에서 언급한 라바타크 비문에는 쿠샨조의 지배가 1000년에 걸쳐 지속되기를 바라는 소망이 담겨 있다. 물론 그 소원은 그대로 실현되지 않았다. 사실 쿠샨조의 번영은 1세기 정도밖에 지속되지 못했다. 연대가 새겨진 조각품을 보면, 쿠샨조는 카니슈카 즉위 50년이 지날 무렵부터 쇠퇴하기 시작했음을 알 수 있다. 마침내 3세기 전반에 파르티아를 무너뜨린 사산조가 이란 전역을 통

---

20) 쿠샨조의 연대 문제와 직결되는 카니슈카의 즉위년이 언제인가 하는 것은 인도 고대사에서 가장 큰 논쟁거리의 하나이다. 78년설에서부터 278년설에 이르기까지 무려 200년이나 차이가 나는 다양한 견해가 제시되고 있는데, 인도 학자들은 대체로 78년설을 지지하고, 구미와 일본 학자들은 144년설, 128년설, 110~115년설을 지지하는 상황이다. 이에 관한 자세한 사항은 이주형, 앞의 책, 69쪽 참고.

일하고, 그 여세를 몰아 쿠샨조를 정복했다. 그 후 4세기 전기까지 사산조 왕자인 부왕副王이 쿠샨 왕으로서 박트리아(토하리스탄)와 소그디아나를 지배했다. 그래서 이 시기를 흔히 '쿠샨-사산조 시대'라 부른다.

앞에서 언급했듯이 쿠샨 왕들이 유목 대월지의 계보를 이어받았는가, 아니면 토착 박트리아인이었는가 하는 문제는 여전히 해결되지 않은 과제로 남아 있다. 그러나 어느 경우라도 쿠샨조를 지탱한 경제적 기반은 박트리아 지방의 정착 농경 문화의 재부財富와 장거리 통상 이윤이었다. 이는 과거 소련 시절에 활발하게 진행된 발굴 조사를 통해 출토된 엄청난 양의 금은 제품과 보석, 그리스-로마 제품, 페르시아 제품, 중국 제품을 비롯한 다양한 유물들로 확인된다. 물론 이 출토품들은 시기적으로 약간씩 차이가 있다.

한편 350년경에는 월지의 일족 또는 쿠샨 계통으로 추정되는 '키다라'가 남하하여 약 100년간 박트리아에서 간다라에 이르는 지역을 지배했다. 이들은 흔히 '키다라-쿠샨'이라 불린다. 키다라에 대한 주요 자료는 『북사北史』 「서역전」에서 볼 수 있다. 이 사서의 대월지 항목에 서방으로 이주한 대월지 왕 기다라寄多羅가 군대를 이끌고 큰 산을 넘어 북천축北天竺에 들어가 건타라乾陀羅(간다라) 북쪽의 다섯 나라를 모두 복속시켰다는 기록이 보이고, 소월지 항목에는 소월지 왕이 대월지 왕 기다라의 아들이라는 구절이 나온다. 또 브라흐미 문자로 쓰인 일부 동전의 명문에도 '키다라-쿠샨 샤'라는 말이 나오는데, 이 동전은 글자체로 보아 힌두쿠시 산맥 남쪽에서 주조된 것이고, 시기는 대략 390~430년 사이이다. 『북사』의 기다라와 브라흐미 문자로 쓰인 키다라는 물론 동일 인물이다.

같은 시기 소그디아나에서는 이란계로 보이는 히온이라는 존재가 확인되는데, 5세기 중엽이 되면 이란계 혹은 투르크계(이란화한 투르크일 가능성도 있다)의 에프탈이 이들을 흡수하여 광대한 영역을 차지한다. 에프탈은 6세기 중반까지 아프간 지역을 중심으로 쿠샨조와 맞먹을 정도로 광대한 영역을 지배하고, 당시 몽골과 시베리아를 지배하던 유연이나 고차와 대치한 유목민이다. 이렇게 하여 유목계 집단이 또다시 중앙아시아 서부의 헤게모니를 장악하게 되었다.

그러나 에프탈은 여러 차례 그들의 습격을 받은 바 있는 사산조와 6세기 중반에 북방 초원의 주도권을 장악한 유목 투르크(돌궐)의 협공에 의해 멸망했다.

소그디아나와 그 주변—서돌궐 시대와 현장의 견문

6세기 중엽 이후에는 돌궐의 서부 세력이 북방 초원에서부터 중앙아시아 서부에 걸친 광대한 지역을 지배했다. 583년[21] 이후 이 세력을 흔히 서돌궐西突厥이라 부른다. 7세기 초기에 사궤射匱 카간(재위 611~617년?)을 비롯해, 특히 서돌궐의 전성기를 구가한 그의 동생이자 계승자인 통엽호統葉護(통 야브구) 카간의 명령은 추 강에서 서남쪽 방면으로, 소그디아나에서 아무다리아 강을 넘어 힌두쿠시 남쪽의 카피시국(베그람) 부근까지 미쳤다. 당나라 구법승求法僧 현장玄奘이 천축天竺(인도)으로 가던 중 수이압[22] 부근에서 통엽호를 만났을 때, 그의 세력은 정점에 달해 있었다. 통엽호는 쇄엽성의 행궁行宮에서 현장을 환대했다고 한다. 이 구법승은 "카간은 금화金花로 화려하게 장식된 큰 천막에 살고 있었다. 신하들은 입구에 천을 깔고 두 줄로 앉아 있었으며, 모두 비단으로 된 화려한 옷을 입고 있었다. 그들 뒤로는 왕의 시위들이 서 있었다. 비록 천막에 사는 야만인 통치자였지만 경외감을 갖고 그를 바라보지 않을 수 없었다"고 그에 대한 생생한 기록을 남기고 있다.[23]

이처럼 강력했던 서돌궐 제국은 현장의 방문 얼마 후에 붕괴하고 말았다. 중국 사서에 의하면 이미 정관貞觀 원년(627년)부터 같은 투르크계인 카를루크(葛

---

21) 제1장에서 살펴보았듯이 583년은 동돌궐 무한 카간의 아들 대라편大邏便(아파 카간)이 새로운 카간인 사발략과 대립하다 서돌궐의 달두(타르두)에게 도망간 해이다. 바로 이 시기인 582년부터 584년 사이에 타르두는 동돌궐의 신임 군주와 결별하고 스스로 카간을 칭했다. 그래서 학자들은 이때를 기점으로 돌궐이 동과 서로 완전히 분열된 것으로 보고 있다.

22) 톈산 산맥 서부 북쪽 기슭에 있었던 중요한 오아시스 도시이자 국제 교역의 대시장의 하나이다. 오늘날 키르기스스탄의 토크마크 서남쪽 8km 지점에 있는 아크 베심 유적이 그 유지로 추정되는 곳이다. 중국 문헌에 보이는 쇄엽碎葉 또는 소엽素葉은 수이압의 음역이다. 원래 이곳에는 돌궐 제국의 서방 전진 기지 또는 서돌궐의 왕정王庭이 있었다. 그 후 타림 분지에 진출한 당나라 군대가 679년에 수이압을 점령하고, 그곳에 대규모 성을 축조하여 쇄엽진碎葉鎭이라 했다. 쇄엽진은 719년까지 당의 안서安西 4진의 하나로 남아 있었다.

23) 이에 관한 자세한 것은 르네 그루쎄 지음, 김호동·유원수·정재훈 옮김, 『유라시아 유목제국사』(사계절, 1998), 156~157쪽 참고.

邏綠)의 반란이 일어나고, 그 이듬해에는 통엽호 카간이 그의 백부 막가돌莫賀咄에게 피살되는 사건이 발생했다. 그 후 거듭되는 내분으로 서돌궐은 결국 두 집단으로 분열되었다. 그 이름은 중국어로 전사한 것만 남아 있는데, 이식쿨 호수 서남부의 노실필弩失畢과 호수 동북부의 돌육咄陸이다. 두 집단 간의 끊임없는 항쟁은 서로를 약화시키는 결과를 불러왔다. 그런 와중에서 일시적으로 돌육의 수령 아사나하로阿史那賀魯가 노실필로부터 인정받아 서돌궐 전체를 통합하고 당의 종주권에 반기를 들었다. 이에 대응하여 당은 소정방蘇定方을 보내어 아사나하로를 공략하게 했다. 소정방은 이식쿨 호수 서쪽에 있는 추 강에서 벌어진 회전에서 아사나하로를 격파하고,[24] 그를 샤슈(石國, 타슈켄트)로 도주하게 했다(657년, 현경顯慶 2년). 결국 그 해 말 샤슈에 있던 아사나하로가 당나라 군대에 체포되고, 이듬해 당의 안서도호부安西都護府가 서주西州(투르판 분지)에서 쿠차(龜玆)로 옮겨지면서 서돌궐의 지배는 막을 내렸다.

이와 함께 중앙아시아 서부의 토하리스탄에도 당의 도독부와 주현州縣이 설치되었지만, 이 기구들이 실제로 운영되지는 않았다. 그 뒤 751년 탈라스 전투가 벌어질 때까지 중앙아시아 서부 지역에 아랍-이슬람 세력이 밀려온다. 이와 같이 중앙아시아 서부에는 외부 정치 세력의 지배가 계속되고 토착 정치 세력은 존재하지 않았던 것처럼 보인다. 그러나 위에서 언급한 통엽호 카간 시대에 인도를 여행한 현장이 서돌궐의 지배 영역을 돌아다니며 각지의 오아시스 도시와 농촌을 묘사한 기록을 참조하면, 어느 정도 독자적인 사회가 존재했음을 확인할 수 있다.

소그드인은 페르시아의 다레이오스 1세 치세기인 기원전 6~5세기부터 그 이름이 알려지고 있다. 그들은 외세 지배 아래서도 독자적인 사회를 이루고 있었다. 소그드 상인은 4세기 무렵부터 남쪽으로는 서북인도 방면, 서남쪽으로는 메르브, 동쪽으로는 둔황(敦煌)에 이르는 광대한 지역에 걸쳐 활동하고 있었다. 또 그들은 글을 읽고 쓰는 능력을 갖추고 정보에 능통한 상인으로서 몽골 고원의 돌궐과 위구르에서도 적지 않은 역할을 수행했다.

24) 이에 관한 자세한 것은 르네 그루쎄, 앞의 책, 158, 168쪽 참고.

펜지켄트 유적
아프라시압과 함께 고대 소그드인들이 남긴 대표적인 유적.
1933년부터 시작된 발굴 결과 8세기 아랍인들이 이 지역을 정
복하기 이전 소그드인들의 생활을 알 수 있는 많은 유물이 출
토되었다. 유적은 사마르칸트에서 동쪽 70킬로미터 지점에 있
으며, 현재는 타지키스탄공화국에 속해 있다.

현장은 소그드인들의 본거지인 소그디아나의 많은 오아시스 도시 전반에 대해 각 도시마다 수장이 있다고만 언급하고 있다. 이와 대조적으로 사마르칸트(康國)에 대해서는 소그드 여러 나라(오아시스)의 중심지로 군대와 병사도 강력하며 인접국들은 그 용감한 왕의 명령에 따른다고 기술하고 있다. 또 중국식 동전(方孔錢)에 '소그드 왕, 사마르칸트 영주' 시슈피르(世失畢, 605~617년 재위)라 각인되어 있듯이, 사마르칸트를 중심으로 하여 통치체제가 정비되어 있었음을 알 수 있다. 『수서』에 의하면 시슈피르는 돌궐 카간의 딸을 부인으로 맞이했다고 한다.

한편 현장이 소그디아나 전체 상황에 대해 농민이 절반, 이윤을 추구하는 상인이 절반이라 기술하고 있듯이 소그드 사회에서는 상인들의 활동이 매우 활발했다. 상인단과 대상隊商의 수장은 사르트포우(薩寶)[25]라 불렸다. 서아시아, 인도, 중앙아시아, 북방 초원의 갖가지 물품이 그들의 손을 통해 운반되고, 귀한 물건들은 중화 왕조(이 장에서는 지리적 개념으로 사용할 경우에는 중국이라고 하고, 그 문명이나 왕조의 성격을 나타낼 때는 중화라는 호칭을 사용한다)에 조공품으로 진상되었다. 그들의 통상 활동은 단지 물건 운송에 그치지 않고, 둔황을 비롯한 오아시스에 식민 부락을 건설하여 농사를 짓고 현지에서 세금을 내기도 했다. 소그디아나 본거지의 오아시스 주민들은 기장, 밀, 포도 재배 등 농업에 종사했고, 다른 산업으로는 사마르칸트의 방직이 특기되고 있다.

소그드인들은 읽고 쓰는 데 고유 언어인 소그드어를 사용했다. 소그드어는 그들의 통상 상대국인 서방의 비잔틴 제국과 동쪽의 당나라, 북쪽의 돌궐 사이

---

25) 산스크리트어 '사르타바호(商主)'의 소그드어 발음. 중국 수당 시대에는 주로 호인胡人을 관리하는 관직의 이름으로 쓰였다.

에서 일종의 국제 통상어로 통용되었다. 현장은 소그드 문자를 위에서 아래로 종서縱書(세로쓰기)한다고 기술하고 있는데, 이는 7세기 소그드인의 폭넓은 활동 범위에 비추어 보면 매우 흥미로운 사실이다. 앞서 언급했듯이 소그드 문자는 아람계 문자이기 때문에 본래 오른쪽에서 왼쪽으로 횡서橫書(가로쓰기)했고, 현재 남아 있는 문서도 보통 횡독橫讀(가로읽기)하여 연구되고 있다. 그러나 6세기 말경 몽골 고원 중부 지역에 건립된 돌궐 비문(부구트 비문)의 소그드 문자, 톈산 산맥 서부의 자오쑤 현(昭蘇縣)에 있는 6세기 말 이후의 돌궐 석인에 새겨진 소그드 문자와 소그드어 명문, 그리고 시대가 내려오지만 몽골 고원에 있는 8세기 위구르의 카라발가순 비문의 소그드어는 분명히 종서從書되어 있다.

'루스탐의 공적'에 나오는 '미인'(부분)
펜지켄트에서는 페르시아인들의 영웅 서사시 『샤 나마(제왕의 서)』에 등장하는 전설적인 영웅 루스탐의 공적을 그린 벽화가 출토되었는데, 이 그림은 그 가운데 왕녀로 추정되는 미인도이다. 벽화는 현재 상트 페테르부르크 에르미타주 박물관에 소장되어 있다.

이들 명문과 비문의 필법筆法에서 중국의 비석과 한문 문화의 영향을 엿볼 수 있다. 물론 그것이 7세기 소그디아나에 영향을 미쳤는지 어떤지는 확실하지 않다. 그렇지만 이를 단순히 현장의 잘못된 기록이라고 하기 어려운 그럴 만한 배경이 있었던 듯하다. 덧붙여 말하자면 투르판 분지에서 발견된 소그드어로 된 마니교 문헌과 편지는 그림을 중심으로 하는 미술적 관점에서 종서되고, 또 소그드 문자를 모방한 10세기 이후 위구르 문자-위구르어 불경은 한자 불경 문화의 영향으로 종서되고 있다.

또 소그디아나에는 네스토리우스파 기독교[26]가 전해졌을 뿐 아니라 한때 불교도 유행했다. 그러나 현장의 시대(7세기 전기)가 되면 사마르칸트에 승려가 없

말을 탄 소그드인

펜지켄트 부근의 무그 산 요새지에서 출토된 펜지켄트 왕의 목제木製 방패로 표면에 소그드 장군이 그려져 있다. 현재 상트 페테르부르크 에르미타주 박물관에 소장되어 있다.

는 사원이 두 군데 있다고 하면서 왕도 백성도 모두 불(火)을 섬기는 가르침, 즉 조로아스터교를 신봉하고 있었다고 한다. 이것이 소그드인 본래의 종교인데, 이들은 그밖에 마니교도 숭배했다. 3세기 바빌로니아에서 탄생한 마니는 사산조에서 탄압을 받았지만, 한때 지중해 방면에서 눈부신 발전을 이루었다. 마니교는 마니 부친의 고향인 아르사케스조 파르티아의 중앙아시아 지역까지 전해졌으며, 6세기 말기에는 사마르칸트에도 교단이 생겨났다. 다만 소그드어로 쓰인 각종 종교 문헌은 대부분 번역본으로, 여기서도 여러 문화에 대한 그들의 융통성을 엿볼 수 있다.[27]

한편 시르다리아 강 북방의 샤슈 지역과 그 주변 여러 도시에는 각각 군주나 왕이 있었고, 페르가나와 토하리스탄(현장은 소그디아나에서 철문鐵門,[28] 즉 데르벤트 고개를 남쪽으로 넘는 지역, 즉 아무다리아 강 중류 유역 남북 전체를 '토하라' 라 총칭하여 박트리아를 포함한 넓은 개념으로 사용하고 있다)에는 많은 호족이 할거하고 있었다. 그렇지만 전체적으로 보면 각 도시와 지방은 서돌궐에 종속되어 있었다. 아마도 그들은 서돌궐에 세금을 납부했던 것 같다. 현장에 따르면 토하리스탄의 문자는

---

26) 5세기 전기 콘스탄티노플 총주교였던 네스토리우스의 교리를 추종한 기독교의 일파. 예수가 인간이자 신임을 부정한다는 혐의를 받고 431년에 에페수스 종교회의에서 이단으로 낙인이 찍혔다. 그 후 그를 추종하던 집단은 박해를 피하여 페르시아를 중심으로 교세를 펼쳤는데, 중앙아시아를 거쳐 경교景敎라는 이름으로 당나라에 전해졌다.

27) 소그드와 소그드인의 활동에 관한 자세한 사항은 김영종, 『반주류의 실크로드사』(사계절, 2004), 155~188쪽 참고.

28) 중앙아시아의 사마르칸트 지방과 박트리아 지방 사이에 있는 협로. 투르크어로 '테미르 카픽' 이라 하는데, 문자 그대로 쇠로 만들어진 문이다. 케슈(현재 우즈베키스탄의 샤흐리 삽스) 동남쪽 약 60km 지점에 있다. 예로부터 소그디아나와 박트리아를 나누는 요새로 유명하다.

25자인데, 왼쪽에서 오른쪽으로 횡독하고 언어도 독특하다고 한다. 이는 그리스 문자 24자에 'sh' 자를 더한 박트리아어의 존재를 기록한 것으로 생각된다.

현장의 시대 불교는 철문 남쪽으로 전파되어 점점 번창하는 모습을 보여주고, 테르메스에 10여 개의 가람과 1천여 명의 승려가 있었다고 한다. 박트리아 지방은 기원전 3세기 아소카왕 시대, 기원후 2세기 카니슈카왕 시대부터 불교 전통을 갖고 있는 지역이다. 현장이 방문한 7세기 전기에도 박트리아의 중심 도시 발흐에는 주민이 적었음에도 불구하고, 전역에 100여 개의 가람과 3천여 명의 승려가 있었다고 한다.

박트리아 지방에서는 근래에 경이적인 내용과 여러 시대를 포괄하는 박트리아어로 쓰인 문서가 발견되었다. 1991년부터 5년 동안 100점 정도의 문서가 발견되었는데, 보고서에 의하면 종교 관련 문서(불교) 2점 외에는 편지가 가장 많고, 이어 계약 문서를 비롯하여 원칙적으로 연대가 표기된 경제와 법률 관련 문서(세속 문서)가 많다. 시기는 지금까지 언급한 것처럼 4세기 후기에 끝난 쿠샨–사산조에서부터 사산조, 키다라 시대, 에프탈 지배기, 서돌궐 지배기 등 여러 시기에 걸쳐 있다. 또 8세기 중엽으로 비정할 수 있는 매매 문서, 아랍인의 납세에 관한 기록과 기타 아랍어 문서까지 발견되고 있다. 이들 사료는 향후 박트리아뿐 아니라 중앙아시아사의 모든 분야를 해명하는 데 1급 사료로 이용될 것이다.

4. 중앙아시아 동부 – 혼합 문화의 형성

타림 분지의 오아시스

쿠샨조와 에프탈은 기본적으로 중앙아시아 서부에, 돌궐은 북방 초원 지대에 주요 거점을 두고 있었다. 그런데도 이들은 중앙아시아 동부 지역을 군사적으로 지배하거나 문화적으로 영향을 미쳤다. 앞에서 언급했듯이 인도 불교는 쿠샨조 시기 또는 그 직전, 즉 기원 전후에 중앙아시아 서부로 확대되고, 동시에 동방으로 전파되어 중국에 전해졌다. 이때 소그드인들은 장거리 무역 담당자로서 동서남북을 왕래하며 물자뿐 아니라 사상과 문화의 전달자 역할을 했다.

그런가 하면 당나라는 적어도 8세기 중엽까지 제국의 이름에 맞는 넓은 지역에 걸친 국제 질서를 수립하는 과정에서 서돌궐을 격파하고 명목상으로나마 한때 중앙아시아 서부까지 기미 지배를 확대했다. 이는 말할 필요도 없이 당이 중앙아시아 동부 지역을 지배하고 있었기 때문에 가능했다.

그러나 최초로 중앙아시아 동부(서역)를 석권한 중화 왕조는 한나라였다. 장건이 중앙아시아의 정보를 가지고 돌아온 기원전 2세기 후기 이전부터 이미 중국산 물건은 중앙아시아 서부 지역까지 전해졌다. 장건의 보고에 나타나 있듯이 쓰촨(四川)의 죽장竹杖과 포布는 인도를 경유하여

마인과 무사 그림 벽걸이

가운데 띠무늬를 중심으로 위쪽과 아래쪽으로 구분되어 있다. 위쪽 꽃무늬 장식 마름모 안에 사자 외투를 걸치고 사람 얼굴에 말의 몸을 하고 있는 마인馬人이 있고, 아래쪽에 긴 창을 가진 무사가 보인다. 무사의 용감하고 푸른 눈이 돋보인다. 호탄 동부 롭 현(洛浦縣) 산푸라(山普拉) 1호분 출토.

박트리아 지방에서 유통되었다. 따라서 동서간의 장거리 상업 루트는 매우 이른 시기부터 열려 있었다고 할 수 있는데, 이 경우는 물론 정치력이나 군사력과는 별개의 순수한 상업망이었다.

한 무제(기원전 141~87년 재위)는 흉노와 벌인 치열한 전쟁에서 승리하고 간쑤의 서쪽, 즉 서역의 여러 오아시스를 지배 아래 두고 각 방위 거점에 둔전병屯田兵을 주둔시켰다. 장건의 착공鑿空[29]과 이광리李廣利의 대원大宛 원정은 바로 무제의 대흉노 작전에서 비롯되었다. 기도위騎都尉 정길鄭吉은 신작神爵 연간(기원전 61~58년)부터 옌치[焉耆(아그니, 카라샤르)]와 쿠차(龜玆) 사이에 있는 거려渠犁(차디르)에서 한나라에 귀순한 흉노의 일축왕日逐王을 맞이했다. 이어 기원전 59년 그는 그 북방의 오루성烏壘城에 주재하는 최초의 서역 도호西域都護가 되어 오아시스에 대한 감시 체제를 구축했다. 이는 18국, 36국, 55국으로 일컬어지는 타림 분지 오아시스와 톈산 북방의 오손烏孫, 그리고 서방의 강거康居[30]를 비롯한 유목 세력의 동향을 파악하기 위한 조치였다. 그 과정에서 타림 분지 주변 여러 오아시스의 인구 통계가 작성되었다. 이들 자료를 통해 아직 조직적인 개간이나 대규모 관개 시설이 없었던 시절에 각 오아시스의 인구 부양력 정도가 어떠했는지를 알 수 있다. 가장 큰 오아시스는 인구 10만 명이 넘는 타림 분지 북변의 쿠차이고, 가장 작은 오아시스는 인구 1250명의 타림 분지 남변의 소원국小宛國이었다. 비교적 많이 알려진 카슈가르(소륵疏勒), 야르칸드(사차沙車), 호탄(우전于闐)도 2만 명 정도에 불과했다. 이러한 수치는 톈산 북방의 유목민 오손의 82만 명에 비하면 대단히 적은 것이다.

당시 인구를 현재 인구와 비교하면 쿠차 지방의 인구 증가율은 다른 오아시

29) 장건은 이제까지 전혀 알려지지 않았던 신천지를 중국인에게 처음으로 인식시켰기 때문에 그는 실크로드의 개척자로 인식되고, 그래서 아시아의 콜럼버스라 불리기도 한다. 이러한 사실을 사서에서는 착공(새로운 도로를 만듦)이라 기록하고 있다. 요컨대 이 말은 서쪽으로 이동한 월지와의 연대를 도모하기 위하여 파견된 장건이 결과적으로 동서간 공식적인 교통로를 열었음을 상징적으로 표현한 것이다. 이에 관한 자세한 사항은 나가사와 가즈도시, 앞의 책, 48~56쪽 참고.

30) 중국 사서에 보이는 시르다리아 강 하류 유역의 투르크계 유목 국가. 장건 이후 서진 시대에 이르기까지 역대 정사正史의 『서역전』에 그 이름이 나온다. 동쪽은 일리 지방의 오손, 남동쪽을 페르가나 분지의 대원, 남쪽은 아무다리아 강 유역의 대월지, 서쪽은 아랄 해 북쪽의 알란(奄蔡)에 접하고 있었다. 장건이 말하는 '행국行國' 의 하나인데, 국왕이 겨울에는 낙월닉樂越匿, 여름에는 번내蕃內에서 지내고, 동방 여러 나라와의 절충점으로 비전성卑闐城을 경영했다고 한다. 이 성의 원음은 'Bichin 또는 Bidzan(성새)' 으로 현재의 타슈켄트나 침켄트로 비정된다.

신장위구르자치구 투르판 부근의 관개 수로
오아시스에서는 이와 같이 수원水源과 관개 용수로를 빈틈없이 관리함으로써 인간이 삶을 유지할 수 있다.

스에 비하여 현저하게 낮다. 이는 2000년 전에 이미 상당한 개발이 이루어졌음을 말해준다. 한편 타림 분지 동남쪽의 소규모 오아시스들은 상대적으로 소규모라는 점에서 큰 변화가 없다. 이는 오로지 소규모 하천의 수자원에 의존하는 이 지역 오아시스의 자연 환경이 초래한 결과이고, 이와 함께 산악이나 사막과의 대비가 중앙 아시아 서부보다도 훨씬 극단적이라는 점, 즉 오아시스가 고립되어 있고 건조도가 높다는 것을 말해준다.

이미 언급한 것처럼 이 오아시스 동부 지역에는 몽골로이드 계통의 사람들이 거주하고 있었다. 그러나 타림 분지 전체를 놓고 보면 북방과 서방에서 온 원原이란 - 인도계(아리안계)와 코카소이드계(인도 - 유럽계) 언어 사용자들이 살았다고 할 수 있다. 그리고 톈산 동부는 흉노의 영향, 호탄은 티베트계의 영향을 받았다. 여기에 한대漢代 이후가 되면 동쪽에서 원정해 오는 한인 부대가 더해진다. 이렇게 하여 언어와 문자의 관점에서 보면, 이들 오아시스에는 시대에 따라 일종의 문화권이 존재했다고 볼 수 있다. 현재 우리들이 알고 있는 지식은 고문서로 남아 있는 사료에 의거한 것인데, 이미 언급한 것까지 포함하여 이 문제에 대해 정리해보도록 하겠다.

오아시스의 언어 문화권

먼저 기원전 3세기에서 기원후 3~4세기에 걸쳐 존속한 타림 분지 남변 일

대의 간다라어 — 카로슈티 문자 문
화권을 상정할 수 있다. 간다라어
는 중기 인도 — 아리안계 언어인
데, 기원전 3세기 중엽 마우리아
조 아소카 왕의 두 비문과 그 후
서북인도(현재의 파키스탄 포함)의 카

카로슈티 문자 목간
중－일 니야 공동학술조사단이 발견한 유물. 내용은 공식적인 회
답으로 여재(부인)와 6년 체납한 세금에 관해 문의한 것에 대하
여 서기의 의견을 전하고 있다. 3~4세기, 신장 문물고고연구소.

로슈티 문자로 쓰인 비문에 사용된 프라크리트어(엄격한 문

법 규범에 따르는 산스크리트어에 대해 속어를 가리킨다)와 같은 계

통의 언어이다. 그리고 이 언어와 문자의 사용 범위는 불교와 함께 확대된 것
으로 보인다. 예로부터 서북인도에서 카라코람 산맥을 넘는 교역로는 타림 분
지 서남변의 오아시스 카르갈리크를 경유하여 호탄으로 이어졌다.

현존하는 최고(2세기경)의 불경 필사본이라 일컬어지는 『법구경法句經(다르마파
다)』이 바로 이 호탄에서 발견되었다. 이 필사본은 19세기 말 중앙아시아 탐험
시대에 호탄 오아시스 서남단 카라카슈 강 우안右岸의 절벽에 굴착된 동굴 성
지聖地에 거주하는 무슬림이 소지하고 있던 것을, 1892년에 카슈가르 주재 러
시아 총영사 페트로프스키와 프랑스 지리학자 뒤트레이 드 랭 등이 구매한 것
이다.[31] 이는 간다라어로 기록되어 있고, 자작나무 껍질의 두루마리(이 형식은 세
계에서 유일하다)에 카로슈티 문자로 횡서되어 있다.

산스크리트어의 영향도 받은 이 문자와 언어는 기원 후 3~4세기 타림 분지
동남의 선선국鄯善國(누란樓蘭, 즉 크로라이나)에 이르기까지 타림 남변 일대의 오아
시스에서 널리 사용되었다. 이는 인도 불교의 동전東傳에 기록된 이른 시기 언
어 — 문자 문화권의 매우 중요한 한 그룹이다. 선선에서 니야(정절精絶)에 이르는
여러 지역에서 출토된 카로슈티 문서에는 갖가지 세속 문서와 법률 문서가 포
함되어 있다. 따라서 이 언어는 단지 종교 언어로서뿐 아니라 사회 언어로도 사

---

31) 뒤트레이 드 랭이 호탄에서 발견한 『법구경』은 조사 결과 완전한 것이 아님이 밝혀졌는데, 그 후 얼마 지나지 않
   아 그 자료의 나머지 부분이 상트 페테르부르크의 페트로프스키 수집품에서 발견되었다. 그러나 그가 어떤 경로
   를 통해 자료를 수집했는가에 대해서는 정확히 밝혀져 있지 않다. 이에 관한 자세한 것은 나가사와 가즈도시, 앞
   의 책, 185~186쪽 참고.

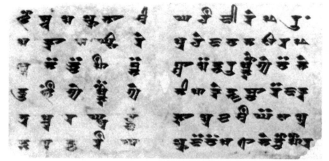

호탄어 「잠바스타의 서」
겉면과 뒷면이 모두 장식체 브라흐미 문자로 쓰여졌다. 호탄인이 창작한 것으로 추정되는 장대한 불교 시편의 일부이다. 대부분 상트 페테르부르크 동양학연구소에 소장되어 있는데, 위의 자료는 20세기 초기 오타니(大谷) 탐험대 수집품의 일부이다. 7~8세기경. 류코쿠(龍谷)대학 도서관 소장.

용되었다고 할 수 있다. 또 1994년부터 시작된 중·일 공동 니야 유적 발굴 조사에서도 소송과 납세, 행정, 계약에 관련된 목간木簡이 다량 발견되었다.

그 다음 5세기에서 10세기까지 타림 분지 서북부와 호탄을 비롯한 서남변 오아시스에서는 중기 이란어의 동부 방언에 속하는 툼슈크-사카어와 호탄-사카어가 쓰였다. 사카는 이미 언급했듯이 고대 페르시아어 비문에 기록되어 있는 북방 유목민이고, 그리스어 사료에 등장하는 스키타이이다. 기원전 2세기 이후 서북인도를 지배한 집단도 이 계통의 사람들로 생각된다. 그러나 이들이 언어적으로 관련이 있는 것은 사실이지만, 인간의 이동과 문화 전파의 구체적인 실태는 명확하지 않다. 툼슈크-사카어 자료는 극소수에 불과하다. 주로 불교나 마니교 관련 필사본과 세속 문서가 있으며, 툼슈크와 마랄바시, 투르판 분지에서 출토된다. 시기적으로 이보다는 약간 후대로 추정되는 호탄-사카어 자료는 불경, 인도 의학, 문학, 세속 문서가 풍부하게 남아 있다. 또 이 자료는 동쪽의 둔황에서도 출토되고 있는데, 이는 불교를 위주로 하는 호탄 문화의 확산을 보여준다.

사카어는 기원전 3세기 아소카 왕 비문에서 사용된 브라흐미 문자(左橫書)로 쓰였다. 타림 분지 북변 일대에서는 그곳에 남아 있는 기타 언어, 즉 산스크리트어와 3세기 인도 굽타조의 브라흐미 문자의 변형인 경사진 문자(사체斜體 문자)가 쓰였다. 또 타림 분지 서남변에서는 산스크리트어를 표기한 것과 같은 곧선 문자(직립 문자)와 약간 후대의 초서체 문자가 사용되었다. 이렇게 보면 인도계 문자에 약간의 수정을 가하여 이란계 언어를 표기하고, 그 과정에서 시대와 지역적 변화가 생겼다고 할 수 있다. 이 언어는 아마도 카슈가르에서도 사용되었던 것 같다.

사카어의 중심지는 타림 분지 남변이었다. 반면에 5~8세기경 타림 분지 북

중앙유라시아의역사

138

변에서 투르판 분지에 이르는 여러 오아시스
에서는 토하라 A어[엔치(焉耆), 고창高昌], 토하라
B어(쿠차)가 사용되었다. 토하라 A어, 토하라
B어라는 명칭은 20세기 초기 이 언어가 확인
될 때 붙여진 이름이다. 토하라어는 그리스어
나 라틴어와 같이 켄툼계 서방 언어[32]로 인
도-유럽계 언어 가운데서 가장 동쪽에 위치
하는 언어이다. 그러나 이 경우의 '토하라'는
기원 전후에 생존한 그리스 지리학자 스트라

토하라 B어 사원 출납 문서(첫 부분)
쿠차의 불교 사원에서 기록한 것으로, 보리와 기름을 소비 지출한 일시, 수량, 가격
이 기록되어 있다. 8세기. 류코쿠대학 도서관 소장.

본이 말하는 박트리아의 토하라(토하로이), 또 7세기 현장이 말하는 아프가니스
탄 북부의 도화라국觀貨邏國(토하라국), 그리고 호탄 동쪽(엔데레)의 도화라고국觀
貨邏故國과는 별개로 보인다. 결국 고립되어 존재한 이 언어의 형성 과정은 분
명히 밝혀지지 않았지만, 현재는 토하라 A어를 아그니어(엔치어), 토하라 B어
를 쿠차어라고 부르고 있다. 언어 분포로 미루어 쿠차어가 아그니어보다 이른
시기로 생각된다.

  토하라어 자료는 인도어에서 번역한 불경이 대부분으로 인도 문화의 강한
영향을 받고 있음을 알 수 있다. 그러나 불경 자료 외에도 시문, 의학서, 세속
문서가 있기 때문에 이 언어는 오아시스 사회에 정착되어 상당히 널리 사용된
것으로 추정된다. 쿠차에서 출토된 당대唐代 한문으로 쓰인 경제 문서 단편에
'호서계胡書契'라는 말이 나오는데, 여기서 말하는 '호서'가 바로 이 언어일 가
능성이 있다. 토하라어는 기본적으로 브라흐미 문자로 쓰여져 있다. 그런데 이
토하라어 요소가 타림 분지 동남변 카로슈티 문자 언어(간다라어)에 영향을 미쳤
다고 주장하는 학자도 있다. 그렇다면 간다라어가 공용어로 쓰이기 이전부터
이 언어가 타림 분지 북방에서 남방까지 퍼져 있었다고 할 수 있다. 물론 사용
연대와 상호 영향 관계는 아직 해명되지 않은 부분이 있다.

---

32) 인도-유럽계 언어는 크게 그리스어, 라틴어, 게르만어, 켈트어를 비롯한 서방의 켄툼계와 젠드어(페르시아 고
  어)와 산스크리트어 등 동방의 사템계로 나뉜다.

신장위구르자치구 쿠차의 위구르족 가무단

이상에서 언급한 간다라어, 사카어, 토하라어를 골격으로 하는 문화는 모두 인도 문화와 불교를 기조로 삼았지만, 타림 남변에서는 헬레니즘 문화의 흔적도 확인할 수 있다. 그리고 북방 초원의 흉노가 쇠퇴한 3세기경부터는 정치적으로 오아시스의 통합이 일어난다.[33] 즉 카슈가르의 아마차, 호탄의 비샤(비자야, 慰遲),[34] 쿠차의 페이(白, 伯), 옌치의 룽(龍) 등 왕통王統이 확인되고, 각 오아시스에서는 왕족의 지배 아래 관개 농업을 기초로 하는 성곽 도시 중심의 경제 및 불교 문화가 번창했다.

예를 들면 쿠차에 남아 있는 수많은 유적은 우리에게 불교 역사의 잔영을 보여주는데, 현장은 쿠차의 옛 모습에 대해 "주위가 17~18리나 되는 큰 도성이 있고, 사람들은 기장, 밀, 메벼, 포도, 석류, 배, 능금, 복숭아, 살구를 재배하고, 금, 은, 철, 납, 주석을 생산하며, 관현 기악(쿠차 음악)으로 유명하고, 금전, 은전, 동전을 사용한다"고 적고 있다. 그밖에 정치적 측면을 보면, 선선국에서는 적어도 3세기 중엽부터 80~90년 동안 마하누아바(대왕)의 칭호를 가진 5명의 왕에 의한 통치가 지속되었는데, 그 과정에서 중화적 요소(주국柱國을 비롯한 관직명)를 수용하면서 5세기 중기까지 둔황에서 호탄에 이르는 지역을 지배하고, 중앙과 지방에 사법관과 재정관을 임명하여 징세를 담당하도록 했다. 그

33) 위진 남북조魏晉南北朝(3~6세기)의 혼란기에 중원 각 왕조의 서역 경영은 그 전후 시기만큼 적극성을 띠지 못했다. 물론 이 시기에도 중원의 간섭이 전혀 없었던 것은 아니지만, 전체적으로 보아 이 지역에 장기적인 영향을 미치지는 못했다. 그 결과 이 시기에 타림 분지 오아시스 국가들은 외부의 간섭에서 벗어나 독자적인 발전을 이룩하는 한편, 인근 지역에 대한 왕성한 정복전을 펼쳐 소륵국, 고창국, 선선국, 우전국, 엔치국, 쿠차국 등 몇 개의 대국으로 통합되었다. 이들은 독립국으로서 전대의 경제력과 동서 교역의 막대한 이윤을 바탕으로 독자적인 발전을 이룩했는데, 이는 19세기 말부터 20세기 초 사이에 이른바 실크로드 탐험가들에 의해 밝혀진 유적과 유물을 통해 확인되고 있다. 이에 관한 자세한 사항은 長澤和俊, 関内勳 譯, 『東西文化의 交流』(民族文化史, 1991), 131~163쪽 참고.

34) 호탄의 왕성王姓으로 비자야는 티베트 사료, 비샤는 호탄 사료에 나온다. 중국 사료의 위지尉遲는 이들의 음역이다.

렇지만 각 오아시스의 지배 구조는 그대로 온존되었으며, 자유민은 토지와 노예를 소유하고 각종 계약을 통해 결혼이나 매매를 하는 관행이 뿌리내렸다.

한편 호탄의 불교 왕국은 1006년 이슬람 세력인 카라한조(중앙아시아의 투르크계 왕조)에 멸망할 때까지 존속했으며, 둔황(沙州)의 조씨曹氏 정권과도 밀접한 외교·혼인 관계를 맺고 있었다. 그리고 960년대까지 50년 동안 호탄을 통치한 삼바바왕은 이성천李聖天이라는 이름으로 알려진 둔황 막고굴莫高窟(제98굴)의 공양인供養人으로 묘사되고 있다. 이처럼 타림 분지의 오아시스는 각각 자립적인 언어 문화를 갖고 번영했다. 그러나 여러 세력이 외부로부터 타림 분지 주변과 투르판 분지 오아시스로 밀려오면서 오아시스의 주민 구성에 변화가 생기고 문화도 더욱 다양해졌다.

둔황

둔황 오아시스는 이러한 다양한 문화가 한데 모인 전형적인 사례이다. 그래서 둔황을 통해 중앙유라시아사 구성 요소의 하나인 오아시스의 복잡한 주민 구성에 대해 살펴보려 한다. 둔황은 이른바 하서河西 지방의 서쪽 끝에 있고, 중앙아시아 오아시스 세계에서 중국으로 가는 통로 가운데서 타림 분지 남변에서 직선 루트로 이어지는 곳이다. 물론 타림 분지 북변에서 투르판 분지를 지나 직접 둔황에 이르는 길도 있지만, 투르판 분지에서 하미를 경유하여 하서로 가는 통로에서 둔황은 제외되어 있었다. 둔황은 중원 세계에서 보면 머나먼 서쪽 끝에 해당되는 곳이지만, 북방 초원 세계와 남방 티베트의 차이담 지역에서 보면 하서 지방은 동서 세계를 연결하는 중심에 위치하고 있다. 이 때문에 사방의 여러 세력이 둔황을 빼앗기 위하여 싸움을 거듭했는데, 이 점을 염두에 두고 아래에서는 하서, 특히 둔황을 지배한 여러 세력과 그들의 대체적인 상황에 대해 한나라의 서방 진출 부분부터 살펴보겠다.

앞서 언급했듯이 기원전 2세기 둔황 주변에는 월지月氏가 자리하고 있었다.

도적을 만난 상인

막고굴 45굴에 그려진 '법화
경관세음보살보문품변상도法
華經觀世音菩薩普門品變相
圖'의 중앙 부분으로 산속에
서 실크로드 상인들이 도적
을 만난 장면이다. 긴 칼을
든 세 명의 도적 앞에 상인
들이 살려달라고 빌고 있다.
'변상도'는 불교 경전이나
교의敎義를 알기 쉽게 표현
한 그림이고, '품'은 불교 경
전의 상 또는 편을 말한다.

그러나 월지는 흉노에 패배하여 대부분 서쪽으로 이주하고, 그 일부가 소월지
라는 이름으로 하서 지방에 남았다. 소월지는 기원전 121년 곽거병霍去病이 이
끄는 한나라 군대의 침략을 받았지만, 3세기 무렵까지 여전히 둔황 주변에 널
리 퍼져 살았다. 하서 지방에는 그 밖에도 흉노와 강羌, 저氐를 비롯한 여러 종
족이 혼거하고 있었다. 한나라는 흉노를 제압하고, 기원전 2세기 말부터 우웨
이[武威(양주涼州)], 장예[張掖(감주甘州)], 주취안[酒泉(숙주肅州)], 둔황(사주沙州) 등 4
군郡을 설치했다. 이들이 이른바 하서 4군이다. 둔황은 이광리의 페르가나(대
원) 원정(기원전 104~101년)을 계기로 한나라의 중앙아시아 진출을 위한 군사 기
지가 되고, 곧이어 한나라를 왕래하는 여러 나라 상인과 주변 여러 종족이 모
여 '화융華戎(한인漢人과 호인胡人)이 공존하며 사는 중심 도시'로 변모했다. 이러
한 번영은 하서 오아시스 지역 전체가 농산물과 말이 풍부하고 통상을 통해
부유해졌기 때문에 가능했다. 게다가 많은 한인들이 중원의 정치적 혼란을 피
해 하서 지방으로 모여들었다. 이와 함께 둔황에는 서방 문화도 전래되었다.
특히 여러 종족 출신 승려들의 활동에 힘입어 불교가 이 지역에 정착되고, 4세
기부터는 불자들이 둔황 교외에 막고굴莫高窟을 조성하기 시작했다.

중국사에서 말하는 5호 16국 시대부터 남북조 시대, 즉 4세기 중엽부터 6세

막고굴 원경

정면으로 푸른 숲에 둘러싸인 북대불전北大佛殿이 뚜렷하다. 막고굴 남구의 북쪽에 위치하는 제96굴이고 약 40미터 높이의 누각 안에 거대한 대불大佛이 안치되어 있다. 북대불은 측천무후則天武后의 명령으로 만들어졌다.

기 말기까지 하서 지방에는 호胡(저족氐族이 세운 전진前秦과 후량後涼, 흉노족이 세운 북량北涼, 선비족이 세운 남량南涼), 한漢(전량前涼과 서량西涼)[35]의 여러 정권, 그리고 북방 초원의 유연, 고차, 남방의 토욕혼吐谷渾을 비롯한 여러 종족이 뒤섞여 살았다. 수나라와 당나라 때에도 둔황이 일관되게 중화 정권의 영토로 남아 있었던 것은 아니지만, 하서의 다른 오아시스처럼 그 곳에도 한인이 다수 거주하고 독자적인 세력을 형성하기 시작했다. 그러한 가운데 북쪽으로부터 돌궐과 철륵鐵勒, 남쪽으로부터 토욕혼과 토번吐蕃 세력이 하서와 둔황에 영향을 미쳤다. 수나라 양제煬帝는 하서를 친정親征하고 서역 무역을 진흥했지만, 서쪽 변두리 둔황은 여전히 외교의 전면에는 서지 못하고, 또 전란으로부터도 어느 정도 비껴나 있었다.

그 후 619년 둔황 오아시스에 당의 지배력이 미치고, 당이 서역으로 진출하는 과정에서 군사 거점 역할을 했던 것 같지만, 그렇게 중요시되지는 않았다. 현장

---

35) 5호 16국 시대 간쑤와 신장 일대에 세워진 소왕국으로, 흔히 5량 왕국이라 한다. 이 시기에 5량 왕국은 중원의 혼란을 틈타 중계 무역을 독점하여 전에 없던 번영을 누렸다.

은 인도에서 돌아오는 길에 둔황을 경유하여 귀국했다. 그는 호탄을 경유하는 서역 남도[36]를 따라 돌아왔는데, 인도로 갈 때는 이 길을 이용하지 않고 곧바로 하미로 갔다. 당나라의 중앙아시아 동부(서역) 지배와 토번 세력의 확대에 대해서는 뒤에서도 언급될 것이지만, 어떻든 토번은 7세기 전반부터 대외 진출을 시작하고, 7세기 중반부터 하서 지방에 진출하여 780년대부터 848년까지 둔황을 직접 지배했다. 그 결과 이 시기 티베트 문화는 둔황에 많은 영향을 미쳤다.

또 840년 몽골 고원의 위구르 제국이 멸망한 후 일부 위구르인들이 하서 지방에 이주하여 약 50년 후에는 감주를 중심으로 하는 소왕국을 세웠다. 이들이 역사상 '감주위구르' 라 불리는 정치 세력이다. 감주위구르는 톈산 방면으로 이주한 위구르인들이 세운 '톈산위구르 왕국' 과 함께 인적·물적·문화적으로 둔황에 많은 영향을 미쳤다. 848년 둔황의 토착 한인 호족인 장의조張議潮는

---

36) 이른바 실크로드 서역로는 톈산 산맥을 기준으로 그 북쪽의 톈산 북로와 남쪽의 톈산 남로로 대별되고, 톈산 남로는 다시 타클라마칸 사막을 기준으로 그 북쪽의 서역 북도와 남쪽의 서역 남도로 구분된다.

토번 세력을 몰아내고, 당에 의해 절도사節度使에 임명되어(851년) 자립했다. 그의 사후에도 장씨 일족이 절도사 자리를 이어가지만, 당나라 세력이 쇠퇴함에 따라 손자인 장승봉張承奉은 서한금산국西漢金山國을 세우고 독립했다(907년). 그러나 이 무렵 감주위구르가 감주를, 티베트가 양주를 점거하고 있었기 때문에 서한금산국은 과주瓜州와 사주만을 영유한 소국에 불과했다. 장승봉은 처음에는 감주위구르와 대립하였으나, 주민들이 청원하는 형식으로 그들과 부자 관계를 맺었다.

이윽고 조曹씨에게 정권이 넘어 갔다(915년경). 조씨 정권은 대왕을 칭하는 독립 왕국이었다. 그들은 동쪽의 감주위구르, 그리고 멀리 서쪽의 호탄과 혼인 관계를 맺고 상호간에 동서 교역을 통해 이윤을 추구했다. 11세기에 들어서면 감주에 탕구트[37] 세력이 밀려왔다. 한편, 둔황에 감주위구르의 영향이 높아지는 가운데, 조씨는 1014년부터 '사주위구르'를 칭했다. 그 후 둔

호탄왕 공양도

둔황 막고굴 제98굴 벽화에 그려진 호탄 왕 삼비바(李聖天)의 초상. '대조대보우전국대성대명천자大朝大寶于闐國大聖大明天子' 라는 명문이 뚜렷하다. 희고 윤이 나는 얼굴, 크게 뜬 눈, 콧수염 등 훌륭한 용모를 갖춘 고대 초상화의 일대 걸작이다. 초상의 주인공은 둔황의 조씨 정권 시대에 조씨와 통혼 관계에 있었다.

황에는 톈산위구르 세력이 강력한 영향을 미친 것으로 보인다. 사주위구르는 1036년경 탕구트족이 세운 서하西夏의 이원호李元昊가 과주·사주·숙주를 정벌함에 따라 멸망했다고 할 수 있다. 그러나 실제로는 1052년까지 사주라는 이름으로 계속해서 송조宋朝에 조공했고, 또 12세기에 들어와서도 사주위구르의 이름이 남아 있었다. 그러나 그 무렵 동서 교역의 통로는 서하가 장악하고 있었다.

1205년 몽골군이 서하의 과주와 사주를 침공하고, 1227년 서하가 멸망한 후 하서 지방은 몽골 제국으로 편입되었다. 그 후 1280년 원元 세조 쿠빌라이는 둔황에 사주로총관부沙州路總管府를 설치했다. 그리하여 둔황은 광역의 제국

37) 6~14세기경 중국의 서북 변경 지대에서 활약한 티베트 계통의 집단. 탕구트라는 명칭은 남북조 시대부터 보이고, 그들의 원거지는 쓰촨 성 서북 변경에서 칭하이 성의 산지에 이르는 지역이다. 수나라에서 당나라 초기에 걸

에서 과거와 같은 통상 거점, 병참 기지 역할을 하지 못하고, 막고굴을 비롯한 불교 도량道場을 가진 오아시스로서 겨우 존속해갔다.

쳐 토욕혼과 수·당 사이에서 활동했다. 당이 초무招撫하자 내속하고, 당은 그곳에 다수의 기미주羈縻州를 설치했다. 토번 세력이 흥성하자 일부는 토번에 복속하고 일부는 동쪽으로 이주했는데, 안사의 난 이후 다시 동천東遷하여 산시(陝西) 북부와 간쑤 동남부로 옮겨갔다. 그 후 탕구트는 동산부東山部, 평하부平夏部, 남산부南山部로 나뉘었다. 그 가운데 가장 강성한 평하부의 부장 탁발사공拓跋思恭은 황소黃巢의 난 때 당을 원조하여 당으로부터 정난공절도사定難公節度使에 제수되고(881년), 이어 하국공夏國公에 봉해졌으며(883년), 이씨李氏 성을 하사받아 오대五代에서 송초宋初에 이르렀다. 송나라 초기 송조에 복속한 이씨 정권은 거란에 복속한 이계천李繼遷의 출현으로 송에 대한 저항 체제를 갖추고, 이덕명李德明을 거쳐 이원호李元昊 대에 와서 서하西夏를 건설했다. 서하가 1227년 몽골에게 멸망한 후, 그들은 색목인色目人의 일원으로 원조 치하로 들어가는데, 마르코 폴로를 비롯한 서구인의 기행문에도 나머지 무리들의 상황이 기록되어 있다. 원조가 멸망한 후 완전히 자취를 감추고, 탕구트라는 명칭도 청나라 때에는 티베트를 가리키는 말로 바뀌었다.

5. 외부 세력의 투르판 분지와 타림 분지 진출

한나라의 영향

전한前漢의 서역 경영은 흉노나 오손처럼 동서 교역로를 장악하여 통상의 이익을 확보하는 데 목적이 있었다. 그 때문에 각 오아시스를 서역 도호의 감독 아래 두고, 타림 분지 서변의 야르칸드에 이르는 주요 오아시스에 둔전과 주둔군을 배치했다. 그러나 한의 서역 경영은 기본적으로 왕王, 부왕副王 이하 현지 정권에 위임하고, 그들을 통제하기 위하여 인수印綬(관인과 그 끈)를 수여하는 형태로 한나라 조정과 연결시키는 방법을 취했다. 이는 일정한 통치 효과를 거두어 실제로 많은 한나라 상인이 서역으로 떠나게 되었다. 그럼에도 이러한 형태로 진행된 한의 서역 지배는 영역 지배라는 점에서는 취약할 수밖에 없었다. 그 결과 전한이 쇠퇴하자 곧바로 흉노가 남하하고, 오아시스 나라들이 한나라에서 이반하기 시작했다.

전한이 멸망하고 왕망王莽이 즉위하면서 그의 중화주의를 혐오한 서역의 오아시스 나라들은 이전처럼 흉노에 복속하게 되었다. 그러나 흉노의 수탈이 너무 가혹하여 이들은 다시 중국에 내속하고, 중원 왕조에 도호를 설치해달라고 요청하는 상황이 전개되었다. 당시 중국은 이미 왕망이 세운 신新(8~25년)이 멸망하고 후한의 광무제光武帝 시대였는데, 그는 국가 초기라는 이유를 내세워 끝내 서역 원정을 단행하지 않았다. 그리하여 후한 초기에는 전한 말기의 상황이 그대로 이어졌다고 할 수 있다. 중원 세력이 다시 서역에 진출한 것은 후한 명제明帝 16년(73년) 이후이다. 이때부터 유명한 반초班超의 서역 평정(93년)으로 전한 시대에 필적하는 서역 경영이 이루어졌다. 반초는 94년까지 투르판 분지와 타림 분지 거의 전역을 제압하고 한의 위령威令이 파미르 서쪽 지역까지 미치게 했다.

또 그는 안식(파르티아)을 중계자로 하여 대진국大秦國(로마)과 교역하려고 부하인 감영甘英을 서방으로 파견하기도 했다. 그러나 후한의 서역 경영의 전성기는 20여 년밖에 지속되지 못했다. 반초가 돌아온 후 겨우 5년 만에 한은 서역으로부터 도호와 전졸田卒을 철수시켰다(107년). 그 후 123년에 반초의 아들 반용班勇이 서역 장사西域長史로 임명되어 투르판에 주둔했지만, 그 역시 4년 만에 실책으로 문죄問罪받고 물러났다. 그 후 후한의 서역 경영은 사실상 유명무실하게 되었다.[38] 그리하여 한나라 조정은 일단 서역을 방기하기로 결정했다. 흉노와의 관계는 일진일퇴를 거듭하고, 그러한 세력 관계의 추이를 보면서 각 오아시스는 독자적인 사회와 문화를 형성하고 동서 교역의 혜택을 누렸다.

한나라 문화의 유입과 남북의 유목 세력

흉노는 비록 3세기가 되면 쇠퇴하지만, 중국 땅과 하서 지방뿐 아니라 중앙아시아 동부 지역에 그 흔적을 남겼다. 동시에 중원은 정치적으로 분열의 시대로 접어들었다. 이와 함께 기원전 3세기~2세기경부터 북의 흉노, 동의 한, 서남의 타림 분지 오아시스 국가들 틈바구니 속에 끼어있었던 거사전국車師前國[39]은 3국 시대에 위魏(220~265년)와 서진西晉(265~316년)의 간섭을 받았다. 그리고 5호 16국 시대 간쑤의 한인계 왕조인 전량(313~376년)이 327년 투르판 분지를 지배하면서 현지어와 한어가 병용되고 유교 교육이 행해지는 등 한문화가 유입되었다. 이어 저족(티베트계)이 세운 전진前秦(351~394년)은 간쑤 일대를 장악한 후 동계同系인 여광呂光에게 옌치와 쿠차를 정복하게 했는데, 이 때 여광은 자립하여 간쑤에 후량(386~403년)을 건립했다. 또 북위(386~534년)에 패한 북량(401~439년)의 저거무휘沮渠無諱와 저거안주 형제(흉노계)가 도주하여 고창高

---

38) 이하 한의 서역 경영에 관한 자세한 사항은 나가사와 가즈도시, 앞의 책, 71~74쪽 참고.

39) 교하 고성交河故城을 도읍으로 하여 투르판 분지 일대를 지배하고 있었던 오아시스 국가. 거사전국은 중앙아시아 유수의 교통 요지로 타림 분지 오아시스뿐 아니라 북방의 유목 세력과도 깊은 관계를 맺고 있었다. 그 후 중원 세력과 유목 세력이 충돌하는 틈바구니에서 명맥을 이어가던 거사전국은 450년 북량의 저거안주沮渠安周가 고창국을 세우면서 그 나라로 흡수되었다.

40) 톈산 동부의 남쪽 기슭에 위치하는 투르판 분지에서 5~7세기 중엽에 걸쳐 번영한 오아시스 국가와 그 도성의 명칭.

읍[40]에 자리잡았다. 이어 저거안주가 448년에 투르판 분지의 교주交州를 취하고, 거사전국을 포함한 투르판 분지 일대를 지배했다. 이것이 고창국의 기원이다. 거사인들은 이때 서쪽의 옌치로 이주하는데, 이로써 거사전국은 투르판에서 종말을 고하게 된다.

그 후 460년에 저거안주가 초원의 유연에 의해 살해되고, 이어서 유연을 배경으로 한 한인漢人의 괴뢰 정권인 감백주闞伯周 정권이 성립되었다. 이 정권은 새로운 한인계 투르판 왕국의 시초가 되었다. 감씨 정권은 초원 세력인 고차와 에프탈의 간섭으로 491년에 붕괴되고, 고차는 둔황 사람 장맹명張孟明을 고창 왕으로 세웠다. 그러나 장맹명을 계승한 마유馬儒가 북위와 내통하려 하자 고차는 다시 그를 살해하고, 500년경 국가麴嘉라는 사람을 왕으로 세웠다. 이렇게 하여 국씨를 중심으로 하여 장씨 등 한인 명족名族을 포괄하는 국씨 고창

교하 고성

국이 성립되었다. 이처럼 투르판 분지에서는 초원 세력과 중원의 압력에 의해 하루아침에 정권이 뒤바뀌는 상황이 전개되었다.

이윽고 북방에서 흥기한 돌궐이 552년 유연을 격파한 뒤, 카간의 딸을 국보무麴寶茂에게 시집보내고 투르크 고유의 칭호인 일테베르를 부여하는 등 투르판 분지에 대한 영향력을 확대하려 했다. 그 후 고창국은 국백아麴伯雅 시대에 수나라(581~618년)에 접근했는데, 이때 고창국의 한화漢化가 진행되었다. 7세기 전반에는 북방 초원의 서돌궐이 타림 일대에 영향을 미쳤는데, 이러한 가운데 630년 당이 동돌궐을 무너뜨리고 동쪽의 하미 일대를 장악하자, 그들의 진출을 두려워한 마지막 고창 왕 국문태麴文泰는 서돌궐과 연대하고자 했다. 그는 서돌궐로부터 일테베르 칭호를 받고, 누이를 서돌궐 최전성기를 구가한 통엽호 카간에게 시집보내는 등 당에 대한 대책을 마련했지만, 640년 결국 당나라 원정군에게 굴복했다.

당은 고창에 서주西州를 두고 안서도호부安西都護府를 설치하여 군대를 주둔시켰다. 이렇게 하여 당은 타림 분지를 지배하기 위한 발판을 구축했다. 그 근본적 동기는 한나라가 흉노에 대항하여 서역으로 진출한 것과 짝을 이룬다고 할 수 있다. 즉 왕조 북방 초원 세계가 웅비하는 것을 막고, 중요한 경제적 원천인 동서 무역의 이익을 가져다주는 서역 오아시스를 자기의 세력 아래 두려 했던 것이다. 이와 같이 투르판 분지에서 흥망을 거듭한 여러 정권은 남북 대립의 최전선에 끼어 있었다.

또 타림 분지와 톈산 산맥 일대는 8세기 중엽까지 중원의 당, 서돌궐·튀르기슈·카를루크를 비롯한 투르크계 유목 세력, 남쪽의 티베트(토번) 등 세 방면의 정치·군사 세력 사이의 쟁탈전에 휘말렸다. 당은 644년 서돌궐에게서 옌치를 빼앗고, 646년 쿠차 왕 스바르나데바를 서돌궐로부터 귀순하게 했다. 그 후 당의 안서 도호부는 서돌궐과 티베트 세력의 진출에 대응하여 쿠차(648, 658, 692년)와 고창(651, 670년)으로 이설移設을 반복했다. 당의 현지 지배 기관인 안서 4진의 치소治所 역시 호탄, 카슈가르, 쿠차, 옌치로 옮겨다니다가(649~670년), 다시 옌치를 대신하여 톈산의 수이압으로 진출하기도 했다(679~719년). 오아시스에 대한 서돌궐의 실질적인 지배는 아사나하로 시대(650~657년)에 막을 내리고, 그 후로는 당과 티베트, 돌궐의 한 지파인 튀르기슈가 다투게 된다. 톈산 동부 북쪽 기슭의 경우 당나라는 640년(태종, 정관貞觀 14년)에 정주庭州를 설치하여 서돌궐에 대항했다. 이어 702년(측천무후, 장안長安 2년)에는 정주의 3개 현의 하나인 금만 현金滿縣(베슈발리크, 오늘날의 짐사 부근)에 북정北庭 도호부를 설치하여 군사력을 강화했다. 이 역시 준가르 초원에서부터 일리 분지에 이르는 지역에 산재하는 카를루크, 튀르기슈를 비롯한 서돌궐의 침략에 대비하는 데 주안점을 두었다. 이처럼 베슈발리크는 북방 초원의 유목 세력이 당나라 또는 티베트와 쟁탈전을 반복한 데서 알 수 있듯이 대단히 중요한 거점이었다.

이 기간에 중원의 한자 문화가 서서히 오아시스로 침투했다. 또 서역을 거쳐 중원에 전해진 불교가 투르판 분지와 타림 분지로 역수입되기도 했다. 이미 살펴본 것처럼 투르판 분지는 『논어論語』를 비롯한 한문 전적典籍이 수입되기도 하고, 쿠차의 튀르기슈인들이 『좌씨춘추左氏春秋』를 선호했다는 기록도 있다. 어떻든 이 시기에 투르판 분지는 중원 문화의 진열장과 같았다. 특히 고창국 시대부터 투르판 분지에는 토착의 '호문자胡文字'도 있었고, 중국식 행정이 시행되었다. 불교 분야에서도 산스크리트어 불전이 한역漢譯되기도 하고, 4세기부터는 토유크과 베제클리크에 석굴 사원이 조성되어 번창했다. 또 천축으로 가던 현장이 고창 왕 국문태의 간청으로 그곳에서 한 달 동안 체류할 정도로 불교 신앙이 정착되었으며, 당나라 지배 아래서 불교는 더욱 발전했다.

한편 수많은 소그드인이 투르판 분지에 와서 조로아스터교와 마니교(8세기 말부터)는 물론 불교를 전파하는 데 관여하고, 동쪽의 둔황 방면으로 활발한 장거리 무역 활동을 벌였다. 선주민先主民인 '토하라인'과 한인들은 각각 자기 언어와 문자를 사용하여 인도의 불경을 번역했으며, 그 밖에 투르판 분지에는 네스토리우스파 기독교도 전파되었다.

당의 오아시스 지배는 투르판 분지와 하미의 사례에서 분명히 드러나듯이 일반적으로 이중적인 지배 체제를 유지했다. 이러한 지배 체제는 쿠차와 호탄에서도 실현되었다. 즉 오아시스의 현지 정권을 온존시키면서 기미 지배를 하

베제클리크 석굴

고, 주둔군을 두어 별도의 징세 체계를 수립하는 한편, 오아시스 국가들로부터 조공을 받았다. 안서도호부와 안서 4진은 그러한 지배를 총괄하는 관청이었다.

티베트

앞에서 언급했듯이 티베트는 이 시기에 북쪽의 타림 분지 방면으로 진출했다. 티베트인들은 국지적인 관개 농업과 함께 목축, 즉 야크 방목과 유목을 병행했다. 사람들은 본교(Bon-po)라는 전통 신앙을 신봉하고, 사회는 씨족별로 나뉘어 통합을 이루지 못한 상황이었다. 7세기 초기에 들어와 이러한 분열상을 극복하고 여러 종족을 통합한 통일 정권이 수립되었다. 그때부터 250년 동안 지속된 정치 통일체를 보통 토번 왕조라 부른다. 통일 왕조를 수립한 송첸 감보(593~638년, 643~649년 재위)는 네팔의 공주 티춘을, 그리고 641년에는 당나라 태종의 딸 문성공주文成公主(실제로는 종실의 딸)를 아내로 맞이했다. 그 후 당과 티베트는 20년에 걸쳐 우호 관계를 유지했는데, 불교는 이들 양국에서 들어왔다고 전한다. 이와 함께 티베트인들은 당나라에서 종이, 묵, 유리, 차, 양잠을 비롯한 각종 문물과 제도를 수입하고, 인도와 네팔에서 천문학과 의학, 예술 공예를 받아들였다. 이와 함께 송첸 감보 시대에는 산스크리트어를 모델로 하여 티베트 문자와 문법을 창제하는 등 티베트의 독창적인 문화가 생겨났다.

7세기 후반에 토번은 당에 대항하기 시작했다. 즉 토욕혼으로부터 칭하이, 선선善鄯, 체르첸(且末)을 빼앗아 타림 분지로 팽창하기 시작하고, 수차례에 걸쳐 당의 타림 분지 오아시스 지배를 위협했다. 앞에서 언급했듯이 670년에는 쿠차에 설치되어 있던 당의 안서도호부를 우전군于闐軍과 함께 투르판 분지로 철수하게 만들었으며, 돌궐의 잔존 세력과 연합하여 당나라 군대를 격파하기도 했다. 그 후 680년대에도 토번의 타림 진출은 계속되었다. 그러나 692년 당나라는 튀르기슈와 연대해 쿠차를 탈환하고, 그곳에 3만 군대를 주둔시켜 안서도호부를 부활시켰다. 토번의 제5대 왕 티데 축첸(704~754년 재위)은 금성공주金城公主(당나라 중종中宗의 조카딸)를 아내로 맞이하여 당나라와 화해했는데, 이때 티베트에 유교, 도교, 불교 경전이 전해졌다.

그 다음 왕인 티송 데첸(754~796년 재위) 시대에 티베트 불교의 본격적인 틀이 잡혔다. 송첸 감보 시대에 불교가 전해졌다고 하지만, 당시 불교는 토착 종교인 본교와의 갈등으로 세력이 미미하여 일부에서 비공식적으로 명맥을 유지하고 있는 정도였다. 티송은 바로 이때 권신들의 반대를 무릅쓰고 불교를 국교로 채택하여 거국적인 불교 진흥의 길을 열었다. 티송 데첸을 도와 티베트를 불교 국가로 만든 두 명의 인도 승려가 있었다. 인도 불교의 중심지 날란다 대학의 산티라크시타(寂護)와 우디아나 왕자 출신인 파드마삼바바(蓮花生)가 그들이다. 산티라크시타가 먼저 티베트 땅에 발을 들여놓았다. 그는 네팔에 체재하던 중 티베트에 초청되어 왕에게 불교의 기본적 가르침을 설파했지만, 본교도들의 반대가 심하여 네팔로 돌아갈 수밖에 없었다. 왕의 초청으로 그가 재차 입국할 때 우디아나의 파드마삼바바를 대동하고 왔다고 전해진다. 유명한 주술사였던 파드마삼바바는 밀교密敎의 힘으로 본교의 위력을 억압하는 한편, 티베트 불교의 상징인 삼예사원을 건립하는 데 크게 기여했다.

이처럼 티베트 땅에 인도 불교가 뿌리를 내릴 무렵 티베트인들은 중국 불교에도 많은 관심을 기울였다. 티송 데첸은 불교를 도입하기 위하여 대규모 사절단을 당나라에 파견하는 한편, 중원과 서역, 호탄에서 고승을 초빙하여 경전 번역에도 힘썼다. 그 결과 당시 티베트에는 인도 불교(밀교) 신봉자뿐 아니라 왕실에서도 중국 불교(禪宗) 신봉자가 나타났다. 그러나 중국 불교를 신봉하던 사람들의 눈에 인도 불교는 해괴한 종교로 보였고, 반대로 돈오頓悟[41]를 강조하는 중국 불교의 수행 방법과 파격적인 이론은 보살행菩薩行을 강조하는 인도 불교를 신봉하던 사람들의 눈에 이단적인 것으로 비쳐졌다. 이처럼 조야朝野에서 서로를 반대하는 의견이 분분하자 티송 데첸은 인도 불교와 중국 불교로 하여금 논리 싸움을 벌여 우열을 가리게 했다. 그리하여 삼예사원에서 왕과 왕비 그리고 양측을 지지하는 신도들이 지켜보는 가운데 벌어진 논쟁에서 인도 불교가 승리를 거두고 티베트 불교의 주류로 자리잡게 되었다.[42] 또 이 시기에는 산스크리트어와 한역 불경이 충실하게 티베트어로 번역되었는데, 이는 후대에 티베트 대장경으로 결실을 보았다.

토번은 티송 데첸 시기에 전성기를 구가했다. 그는 서쪽으로 길기트(小勃律)와 발루치스탄(大勃律)을 영역에 넣고, 카슈가르에서 카슈미르, 인더스 강 상류로 통하는 길을 확보하는데, 이때 인도의 마가다, 벵골 등지에서 사절단이 오기도 했다. 또 동쪽 강역은 윈난(雲南)과 쓰촨에 이르고, 동북쪽으로 하서 지방

---

41) 문득 깨닫다는 뜻으로 소승小乘에서 대승大乘에 이르는 얕고 깊은 여러 차례를 거치지 않고, 처음부터 바로 대승의 깊고 묘한 교리를 들고 단번에 깨닫는 것.

42) 이 논쟁에 산티라크시타의 제자인 날란다 대학의 카말라실라가 인도 불교 대표로, 둔황에서 초청된 마하연摩訶衍이 중국 불교 대표로 나섰다. 마침내 카말라실라가 승리함에 따라 그 후 티베트 불교는 인도계 불교가 주류를 이루게 되었다. 이에 관한 자세한 사항은 야마구치 즈이호 · 야자키 쇼켄 지음, 이호근 · 안영길 옮김, 『티베트 불교사』(민족사, 1990), 28~34쪽 참고.

의 당나라 영역으로 팽창하고, 한때 장안을 점령하기도 했다. 티베트의 장안 점령은 안사의 난(755~763년) 때 일어난 일이다. 이 내란으로 인하여 서역에 주둔한 당나라 군대의 기세가 꺾이면서 타림 분지로 진출한 티베트 군대는 다시 기세를 회복하고, 790년에는 안서도호부, 792년에는 투르판의 서주를 각각 함락시키고, 톈산 북쪽 기슭의 베슈발리크까지 진출하여 유목 위구르와 패권을 다툴 정도가 되었다. 이렇게 하여 토번은 하서에서부터 타림 분지를 경유하여 중앙아시아 서부와 북인도, 아프가니스탄, 이란으로 통하는 무역로를 장악한 대왕국으로 성장했다.

그 뒤 토번은 티축 데첸(815~841년 재위)이 통치하던 초기에 당과 화의를 맺지만(唐蕃會盟), 내부적으로 불교에 대한 보호가 과도하게 진행되면서 각지의 귀족들이 반란을 일으키고 왕조가 급속하게 쇠퇴했다. 그 결과 토번의 둔황 지배도 848년 이후에 토착 한인 호족인 장의조張議潮에 의해 종말을 고한다. 그 후의 티베트에 대해서는 5장에서 언급된다.

그 사이, 즉 8세기 말기에서 9세기 전반 약 60년 동안의 티베트 지배기에는 타림 분지 남변(호탄과 미란)에 티베트어로 쓰인 계약 문서가 남아 있을 정도로 주민들 사이에 티베트 문화가 깊게 침투했다.[43]

---

43) 20세기 초기 둔황의 이른바 장경동藏經洞(둔황 제17굴)에서 발견된 수많은 유물 중에는 이른바 티베트 관련 자료도 상당한 양에 달한다. 이를 통해 우리는 고대 토번 제국의 영향이 타림 분지 주변까지 미쳤음을 확인할 수 있다.

6. 톈산위구르 왕국

왕국의 탄생

앞에서 살펴보았듯이 안사의 난을 기점으로 당의 투르판 분지와 타림 분지 지배는 쇠퇴하고, 두 지역의 오아시스 도시들은 다음 시대를 맞이했다. 인도의 불교 문화가 확산되고 소그드의 통상 문화가 더해지는 가운데, 돌궐·중국·티베트의 영향을 받으면서도 그런대로 고유 문화와 정권을 유지하고 있던 이 지역에 투르크화라는 새로운 물결이 밀려왔다. 앞서 언급했듯이 돌궐계 유목민이 투르판 분지의 고창국에 영향력을 행사하고, 튀르기슈 등이 이미 쿠차 방면에 족적을 남겼으며, 그 다음 시대의 유목 위구르는 803년에 고창을 손에 넣었다. 위구르의 서천西遷은 타림 분지의 투르크화에 결정적으로 기여했는데, 바로 이때부터 투르크인들이 직접 오아시스 도시와 농촌에 정착하기 시작했다.

840년 직전 몽골 고원에 자연 재해가 빈발하고, 유목민의 동요와 내분이 일어나 유목 위구르 제국은 점점 약화되어 갔다. 그러던 중 북방의 예니세이 강 상류에 살던 키르기스인의 공격을 받고 위구르 국가는 순식간에 붕괴했다. 이에 위구르 유목민들은 혼란하고 피폐한 몽골 고원을 떠나 중국 북부와 하서 지방, 톈산 방면으로 무리를 지어 이주했다. 그때 서쪽으로 이주한 집단은 방龐 테긴의 지휘 아래 베슈발리크(北庭) 지역을 확보하고, 이어 톈산의 율두스 초원으로 진출했다. 이미 언급한 것처럼 베슈발리크는 7세기 이후 넓은 의미의 투르크인, 그리고 위구르인과도 연고가 있는 땅이고, 율두스 초원은 서돌궐이 한때 왕정王廷을 두었던 유명한 유목지이다. 방 테긴은 이 고지대 초원에서 타림 분지 동북단의 오아시스 옌치로 진출하여 거기에 거점을 마련했다. 그곳은 지리적으로 투르판 분지와 타림 분지를 이어주는 요충지이다. 이어 850년경에는 이 지역을 거점으로 하여 투르판 분지(서주)와 베슈발리크에 지배력을 미치고, 그 후 베슈발리크에 머물고 있던 복고준僕固俊이 다시 투르판 분지, 윤대輪臺(지금의 우룸치 지역), 그리고 하미와 옌치를 정복하여 톈산위구르 왕국(서위구르 왕국)의 기초를 놓았다.

이렇게 하여 톈산위구르 왕국은 투르판 분지를 중심으로 동서로 확대되는데, 북쪽은 여전히 베슈발리크를 포함하고 있었다. 톈산위구르 왕국의 판도는 북방 알타이 산맥 방면의 초원 외에, 곧이어 타림 분지의 쿠차에서 파미르에 이르고, 남쪽으로 롭 노르 호수에서 체르첸과 호탄에 이르렀으며, 동쪽으로 둔황까지 그 영향을 미쳤다. 그 후 10세기에 들어와 카라한조가 이슬람을 수용하고 카슈가르에 진출하고, 이어 11세기에 호탄과 쿠차 방면으로 밀어닥치면서 톈산위구르 왕국의 타림 분지 영역은 축소되었다. 그러나 위구르 왕국은 거란(遼)의 야율대석耶律大石이 서천하여(1124년 이후) 세운 카라 키타이(西遼)에 반半종속되어 있으면서도 여전히 준가르 초원을 확보하고 있었다. 이 왕국의 유래는 유목 세력의 오아시스 지배라는 과정을 밟지만, 오아시스에 완전히 정착한 점은 이전의 유목민과 큰 차이가 있었다. 중앙아시아 동부의 투르크화는 이와 같이 유목민의 정주화를 의미했다. 그들은 다시는 고향인 초원으로 돌아가지 않았다.

왕족과 왕국 체제

톈산위구르 왕은 12세기 초기까지 유목 세계의 수령이 칭할 수 있는 카간이나 칸의 칭호를 그대로 사용했다. 이는 그들이 남긴 위구르어로 된 각종 비문 자료에서 볼 수 있는데, 적어도 11세기 초기까지는 확인이 가능하다. 예를 들면 850년대의 '하늘로부터 축복을 받은 용감하고 고명한 빌게(현명한) 회건懷建 카간,' 980년대의 '제4의 아르슬란(사자와 같은) 빌게 천왕天王 쉰컬뤽(창을 가진) 카간,' 1010년대 말의 '해·달·하늘로부터 축복을 받아, 큰 축복이 부여된, 용기와 덕으로 나라를 통솔하는 용감한 아르슬란, 축복이 있는 퀼(호수와 같은)

빌게 천天 칸,' 그리고 그 전후 시기로 보이는 '해와 달, 하늘로부터 축복을 받아, 복을 부여받은, 용기와 덕으로 나라를 통솔한 제3의 아르슬란 빌게 칸' 등이 있다.

이와는 대조적으로 카간이나 칸을 칭하지 않은 왕도 있었다. 그들은 950년대의 '제4국의 빌게 천왕,' 990년대의 '뵈귀(현명한) 빌게 천왕,' 11세기 초기의 '해와 달 같이 소망스럽고 아름다운 광휘의 천 뵈귀, 우리들의 텡그리켄(하늘과 같은),' 1060년대의 '천 뵈귀, 나라의 빌게 아르슬란 천 위구르, 우리들의 텡그리켄' 이라 하듯이 '텡그리 일릭(天王)' 이나 '텡그리켄' 의 칭호를 썼다.

이들 칭호의 상호 관계와 왕의 계보는 아직 분명하게 밝혀지지 않았다. 그러나 칭호의 다양성으로 볼 때, '카간국' 에서 '왕국' 으로 이행하거나 둘 사이에 유동성이 있었음을 암시하고 있다. 다만 이들 칭호를 통해 확실히 알 수 있는 것은 "속인俗人들은 천신을 신봉하면서 불법佛法을 믿고 있다"(12세기 위구르에 대한 거란의 기록)고 하듯이 위구르인들이 샤머니즘 세계의 천신(텡그리) 신앙을 계승하고 있었다는 점이다. 한자 표기를 통해 살펴보면 왕국 통치의 정점에 천왕과 천공주天公主(부인), 천왕자天王子(왕의 형제와 아들)가 군림했던 것으로 보인다. 11세기 후반의 마흐무드 알 카슈가리에 의하면 위구르는 당시 최강의 비非무슬림 궁사弓射 군단이었다고 한다. 그러나 과거와 같이 초원의 패자라는 왕의 본질은 급속하게 상실되어갔다.

왕 아래에는 초원 유목 시대 이래의 투르크계 칭호 또는 중국식 칭호를 가진 관료가 있었다. 예컨대 10세기 전반기 한자 인장인 '대복대회골중서문하힐어가사제재상지보인大福大回鶻中書門下頡於迦思諸宰相之寶印'을 들 수 있는데, 여기에 나오는 '힐어가사' 는 '일 위게시(나라의 재상)' 라는 고대 투르크–위구르어이다. 다른 자료에 나오는 '부이루크(梅錄, 전령관)' 도 돌궐 시대 이래의 관료 칭호이다. 단순히 '울룩 아이구치(大臣)' 라는 칭호도 있다. 그 밖에 한어에서 도입된 타르칸(達干), 투투크(都督), 셍귄(將軍), 칙시(刺史), 창시(長史)라는 칭호도 보이고, 혹은 국로國老라든가 단사관斷事官, 태사대승상총관내외장사太師大丞相總管內外藏事(총리 겸 재무대신)에 해당되는 관직(12세기 말)도 있었다. 이들은 모두 정주 사회를 지배하는 데 사용되었다.

송나라 사료에 의하면 위구르 왕(國主)은 황색 옷을 입고, 보석으로 장식한 관을 썼으며, 9명의 재상과 함께 국사를 담당했다고 한다. 그리고 거란 자료에 따르면 8인의 장사 이하 5인의 장군, 시랑侍郎, 교랑校郎, 주부主簿가 있었다고 한다. 이들은 대체로 12세기까지의 기록이다. 다만 그들이 어느 정도로 질서정연한 관료 조직을 형성하고 왕국을 통치했는가에 대해서는 잘 알려져 있지 않다. 왕국 말기 몽골 지배기에 투르판 분지의 도시와 농촌에는 관리(벡)와 고문관顧問官(아이구치)이 있었다는 것이 알려진 정도이다. 몽골 황제가 장악한 이들 각급 관리와 관청은 일반 농민, 불교 승려, 기독교도와 함께 본디 위구르 왕국 고유의 사회 계층과 조직이다.

위구르 왕의 초상과 명문
베슈발리크 고성 서쪽의 불교 사원지에서 발견된 벽면에 금박을 붙여 묘사한 그림. 명문에 '투그미슈' 라는 이름의 아르슬란 빌게 칸의 칭호가 보인다. 11세기 초엽의 왕인 듯하다.

이와 같이 톈산위구르 왕국은 오아시스 도시와 농촌을 사회적 기반으로 하여 성립되었다. 980년대의 쉰퀼뤽 카간은 『송사宋史』에 '사자왕' 으로 기록되어 있는데, 송나라가 대對거란 전략의 일환으로 톈산위구르 왕국에 파견한 사절 왕연덕王延德은 서주(고창)를 방문하고 베슈발리크에서 그를 만났다고 한다. 위구르 왕족들은 베슈발리크 주변에서 말 떼를 기르며 기마 민족의 풍모를 유지하고 있었지만, 오아시스에 관개 시설을 만들고 성내城內에 많은 누대樓臺를 설치하여 공예 장인을 고용하기도 했다. 왕국의 중심 지역, 특히 투르판 분지는 예로부터 풍요로운 오아시스로 유명하다. 곡물은 메밀을 제외하고 오곡이 두루 갖추어져 있었고, 이모작도 가능했으며, 포도를 비롯한 과일과 면화, 참깨가 풍부한 것도 현재와 다르지 않았다.

종교와 문화

위구르 왕족들은 몽골 고원에 있을 때 도입한 마니교를 새로운 왕국으로 가져왔다. 그래서 처음에는 투르판 분지에 거주하던 마니교도를 보호했지만, 10세기 이후에는 토착의 전통 불교를 믿기 시작했다. 이 무렵 중심 지역에는 당나라 때부터 건립된 불교 사원 50여 곳이 있었고, 마니교 사원과 페르시아 승려도 있었다고 한다. 이는 대체로 투르판 분지와 베슈발리크의 상황을 말한다. 이와 함께 옌치 지역에서 발전하고 있던 불교는 동쪽으로 하미, 서쪽으로 쿠차를 포괄하면서 위구르인에게 계승되었다.

그들은 소그드 문자를 모방한 위구르 문자를 사용하고, 토하라어와 한어로 된 경전을 위구르어로 번역했다. 그 가운데서도 9세기경부터 토하라인이 신봉하고 있던 미륵彌勒 신앙이 위구르인 사이에서 널리 확산되었다. 특히 위에 있는 자가 민중에 대해 가져야 할 의무를 강조한 8세기의 한문 위경僞經 『천지팔양신주경天地八陽神呪經』과 의정義淨이 한역한 『금광명최승왕경金光明最勝王經』, 『현장전』이 위구르어로 번역되어 유포되는 등 주목할 만한 성과가 나왔다. 이와 아울러 몇 명의 위구르 역경승譯經僧의 존재도 알려지고 있다. 대승 불교와 정토淨土 신앙에 관한 경전 외에도, 둔황 출토품까지 포함시켜 살펴보면 각종 논서류論書類에 해당하는 다량의 필사본이 만들어졌음을 알 수 있다. 또 오아시스 주변 석굴 사원의 개수와 보호, 고창성 내

마니교 경전 단편

고창高昌 사원지에서 발견된 것으로 앞면과 뒷면에 모두 그림과 글씨가 있다. 가운데에 글자가 쓰여 있고, 그 좌우에 흰 모자를 쓴 인물이 묘사되어 있다. 8~9세기 작품으로 베를린 인도박물관에 소장되어 있다.

마니교 사원의 개조와 베슈발리크 성 밖의 사원을 비롯한 불교 시설에 대한 기진寄進 관련 기록을 통해 정주 지역 불교도로서 위구르인의 모습을 분명하게 볼 수 있다.

위구르인들의 이와 같은 식자識字 능력 함양은 중앙아시아 복합 문화가 집대성되었음을 말해주는 하나의 상징이다. 위구르인은 이전에 볼 수 없을 정도로 타림 분지 오아시스를 통합시켰다. 그 결과 아랍 세력의 침략으로 본국과 연락이 어렵게 되면서 예전의 활력을 상실한 소그드인을 대신하여 위구르인이 스스로 동서 교역의 담당자로 등장했다. 이 방면에서도 위구르인의 식자 능력은 큰 힘을

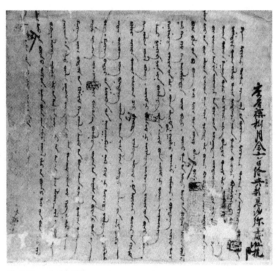

위구르문 노예 해방 문서

경진(龍)년(1280년) 8월 26일자, 핀툰(斌通)이라는 40세 한인漢人 노예 매입에 관한 증서로, 이를 분실한 핀툰이 나중에 위구르문으로 쓴 소장訴狀이다. 끝 부분에 한자 제기題記가 보인다. 위에서 아래로, 행行은 왼쪽에서 오른쪽으로 나아간다. 베이징 역사박물관 소장.

발휘했다. 톈산위구르 왕국은 10세기 후반부터 몽골 고원으로 진출한 거란과 그에 대항한 송나라의 동향을 살피면서 무역 활동에 매진했다. 대외적으로는 이 지역 오아시스들은 예로부터 고창 혹은 쿠차 등 오아시스의 이름으로 알려져 있지만, 이들 개별 오아시스의 대상隊商을 총괄한 사람은 위구르 왕이었다.

위구르인들은 통치자와 불교도로서 도시에만 거주했던 것은 아니다. 그 가운데는 농촌에서 지주 또는 농민으로 살아간 사람도 있었다. 그 결과 이들 농촌에서도 위구르 문자와 위구르어를 사용하여 토지 매매나 임대 계약 문서, 인신人身 매매 계약 문서, 소비 물자의 임대 계약 문서, 그리고 유언장이나 가계부가 작성되었다. 노예 신분을 가진 불교 신자가 작성한 소장訴狀을 통해 알 수 있듯이 식자 능력은 사회 저변까지 광범위하게 확대되었다. 계약 관련 문서 형식은 고창국으로부터 전수받았는데, 투르판 분지에서는 당나라 지배 시기에 이미 한문 문서 전통이 확립되어 있었다. 그러나 문서 내용을 보면 소그드인 세계의 확산 과정에서 들어온 중앙아시아 서부 또는 과거 타림 분지 일대에 퍼져 있던 인도 문화의 영향을 확인할 수 있다.

이 문제를 해결하기 위해서는 앞에서 언급한 중앙아시아 서부에서 발견된 문서와 각종 언어 자료를 계속해서 비교 연구하여야 할 것이다. 위구르인들의 상업 활동은 중국 왕조에 바친 조공품을 통해 확인이 가능하다. 그러한 조공품 가운데는 중앙아시아, 초원 지대와 티베트를 비롯한 내륙 지대뿐 아니라 서아시아와 인도, 경우에 따라서는 멀리 해양 상품도 포함되어 있다. 이것으로 미루어 위구르인의 문화—상업망은 대단히 광범위하게 연결되어 있었음을 알 수 있다. 어떻든 13세기 후반에서 14세기경까지 상품 목록과 편지, 수령서, 각종 경제·행정 문서, 그리고 마니교, 기독교 관련 경전, 불교 관련 필사본이 작성되었는데, 이 가운데서 불교 관련 자료가 가장 많다. 이들 문서 자료는 위구르인들의 문화적 다양성과 그들이 이룩한 사회가 일정한 법제 개념에 기초하여 세워졌음을 보여준다.

몽골 제국 형성에 대한 공헌

카라 키타이의 구르 칸(사해四海의 군주라는 뜻)은 1132년경 대관代官을 파견하여 톈산위구르 왕국을 간접 통치했다. 그래서 위구르 왕은 카간이나 칸을 칭하지는 못했지만, 왕국 내부의 실권은 여전히 그에게 위임되어 있었다.

그러나 언제부터인가 위구르 왕은 위구르에 앞서 베슈발리크에 정주한 투르크계 부족인 바스밀(拔悉密)에서 받아들인 '이디쿠트'라는 칭호를 사용했다. 12세기 말~13세기 초기 몽골 고원에서 칭기스 칸이 흥기하자 위구르 왕 바르추크 알트 티긴은 스스로 몽골에 복속했다. 즉 그는 1209년부터 1211년에 걸쳐 사절이 왕래하는 동안에 이르티슈 강 방면에서 칭기스 칸의 숙적 메르키트족의 잔당을 토벌했으며, 카라 키타이의 대관을 살해하고 칭기스 칸에게 귀순하여 왕국의 운명을 보존하는 데 성공했다. 바르추크는 칭기스칸의 딸 알알툰(也立安敦)을 아내로 맞이하고, 스스로 그의 다섯째 아들이 되었다. 이러한 관계는 몽골 제국 형성 초기에 위구르와 몽골 양쪽에 커다란 이익을 가져다주었다.

위구르 왕의 지위는 14세기 후반에 이르기까지 명목상 변함없이 보존되었다. 즉 몽골과 원나라 황제는 역대 위구르 왕에게 이디쿠트의 칭호, 고창왕의 명의名義, 금인金印 또는 그 일부를 수여했다. 또 바르추크 외에도 몽골 왕족의 딸을 아내로 맞이하는 왕이 확인되는데, 위구르인들에게 신흥 몽골의 군사력은 강력한 배경이 되었다.

한편 위구르 문화는 초원의 투르크계 집단에도 전파되었다. 몽골 초원 서부에 자리잡고 있던 나이만족[44]의 타얀 칸 휘하에서 고문으로 봉사하던 위구르인 타타통가는, 타얀 칸을 타도한 칭기스 칸에게 포로로 붙잡혔을 때, 자신이 소지하고 있던 인새印璽를 몽골로 가져왔다. 또 그는 칭기스 칸의 명령으로 왕자들에게 위구르어를 가르쳤다. 그 당시 몽골 정권은 문자와 정주지 통치 체제를 갖추고 있지 않았고, 따라서 위구르 문화는 몽골인들이 그 후 정주 지역을 점령하고 통치하는 과정에서 커다란 버팀목이 되었다. 그런데다가 글을 아는 많은 위구르인들이 연이어 몽골 정권에 의해 등용되었다. 그들과 그 후예들도 몽골 왕족의 여인을 아내로 맞이한 예가 있고, 그 밖에 위구르인들 사이에 혼인에 의한 유대도 형성되었다. 어떻든 여러 가지 이유로 몽골과 위구르의 집단적인 공생 관계는 급속하게 진행되었으며, 또 군사적인 측면에서도 상호 부조가 이루어졌다. 예컨대 위구르 왕(이디쿠트)은 다른 위구르인 부대와 함께 칭기스 칸이 1219년 중앙아시아의 호라즘을 원정할 때 참전했다고 전해진다.

어떻든 위구르인들이 몽골 제국의 일익을 담당하면서부터 왕국 내부의 유능한 인재들이 몽골로 유출됨에 따라 이디쿠트의 통치 능력은 상당히 저하되었지만, 그는 위구르인의 혼인과 풍습에 관한 문제를 결정하는 것을 비롯하여 일반인에 대해서 여전히 권위를 유지하고 있었다. 그러나 위구르어로 된 각종 계약 문서 내용과 쿠빌라이 시대 몽골 황제의 성지聖늡를 보면, 13세기 후반의 위구르인들은 몽골 황제를 최고 권력자로 받들고, 이디쿠트는 그 아래에서 황

---

44) 10세기경부터 13세기에 걸쳐 서북몽골, 알타이 산맥에서 이르티슈 강에 이르는 지역에서 유목하던 투르크계 부족. 일찍부터 투르키스탄의 위구르와 접촉하여 그 문화를 수용하고, 11세기경에는 네스토리우스파 기독교를 받아들였다. 칭기스 칸이 흥기하기 이전 몽골 고원에서 메르키트, 타타르와 나란히 큰 세력으로 군림했던 유목 집단이다.

제의 형제나 자식과 나란히 위치하고 있음을 확인할 수 있다. 몽골 정권은 원래 현지 풍속을 중시하는 정책을 추구했다. 그 결과 위구르의 농촌 경영에 자립적인 측면이 남아 있기는 했지만, 시간이 가면서 몽골 황제의 권위와 실질적인 지배가 강화되었다.

1266년 직후 몽골의 아리크 부케와 카이두가 일으킨 내란에 휩쓸려 한때 베슈발리크를 상실한 위구르 왕 코치가르는 고창으로 퇴각하여 이를 거점으로 세력을 키우고자 했는데, 결국은 쿠빌라이에게서 재정적 군사적 지원을 받지 않을 수 없었다. 그는 1275년에 차가타이 가문의 두아 군대에게 포위된 고창성을 간신히 유지했지만, 다음 왕인 니굴린은 1280년 직후 투르판 분지를 떠나 1318년 간쑤의 영창永昌에서 사망했다.

이렇게 하여 이디쿠트 계보는 간쑤에서 다시 이어졌다. 그러나 투르판과 타림의 톈산위구르 왕국은 이미 이디쿠트의 손을 떠났다. 역대 위구르 왕의 세훈비世勳碑가 간쑤의 우웨이(武威)에 세워졌다는 것은 이를 말해주는 상징적인 사건이다. 그러나 위구르 농민들은 계속 투르판 분지를 중심으로 거주했고, 위구르 명족名族 중에는 금의환향하는 사람도 있었다. 또 위구르인 가운데는 원대元代에 대도大都(현재의 베이징)와 윈난(雲南)까지 진출한 사람도 있었고, 인맥이나 종교적 배경을 바탕으로 이른바 색목인色目人으로서 중국 내지에 들어가 원의 군사 고문이나 재정 고문을 지낸 사람도 적지 않았다. 호라산 총독이 된 쾨르퀴지가 대표적인데, 가난한 마을에서 입신하여 칭기스 칸의 장자 조치 진영에 복속하고 글을 읽을 줄 아는 마부馬夫로서 두각을 나타내어 정상에 오른 위구르인이었다. 그러나 14세기가 되면 이슬람이 본격적으로 동진東進하고, 차가타이 세력이 확대됨에 따라 타림 분지 각 오아시스에 거주하던 일반 위구르인들과 일부 불교도들은 간쑤 지방으로 도망가지 않으면 안 되는 사태가 발생했다.

3. 중앙유라시아의 이슬람화와 투르크화

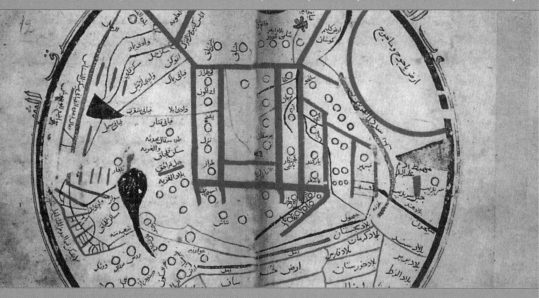

'이슬람화' 라는 역사적 현상은 그 기준에 따라 각각 다르게 정의될 수 있다. 개인 차원에서 보면 이슬람의 가르침을 받아들이고 무슬림(모슬렘)으로 살아가는 것을 말한다. 반면에 특정한 인간 집단을 기준으로 할 경우 무슬림이 된 사람들이 이슬람 규범에 의거하여 사회를 이루어가는 과정을 말하고, 지역적 측면에서 고찰할 경우 어떤 지역이 대체로 무슬림 주민에 의해 채워지고, 그곳에 이슬람 사회가 형성되어가는 과정이라 정의할 수 있다. 투르크화라는 현상도 똑같이 설명할 수 있다. 즉 어떤 개인 또는 집단이 투르크어를 모국어로 사용하고, 지역적 차원에서 보면 특정 지역 주민 다수가 투르크어를 사용하게 되는 현상이라 할 수 있다. 현재 이슬람 문화권 또는 투르크 문화권으로 분류되는 광대한 지역에서 이 두 가지 현상이 진행된 과정은 매우 다양하지만, 특정 지역의 변화는 대체로 원주민이 이슬람화 또는 투르크화한 결과라 할 수 있다. 즉 특정 지역의 이슬람화 또는 투르크화는, 새로운 이주민이 원주민을 물리적으로 배제한 결과라기보다는 오히려 이주자의 영향으로 원주민이 새로운 종교 또는 새로운 언어를 습득한 결과이다.

중앙유라시아는 그 서부의 아나톨리아나 아제르바이잔과 함께 이 두 가지 현상이 동시에 일어난 지역이다. 그 가운데 마 와라 알 나흐르[1]에서는 투르크화에 앞서 이슬람화가 진행되었고, 파미르 동쪽, 특히 동투르키스탄 서부 지역에서는 아나톨리아처럼 두 가지 현상이 거의 동시에 진행되었다.

1. 이슬람화의 진행

이슬람 세력의 중앙유라시아 진출

아랍군은 642년 이란 서부 고대 도시 니하반드 전투에서 사산조 페르시아 정규군을 격파하고 사산조 동부 영토인 호라산과 시스탄 방면으로 진출했다. 그렇지만 초기 원정은 약탈적 성격을 띠고 있었고 항구적인 지배를 확립하지 못했다. 그런데다 656년에 시작된 제1차 아랍 내전으로 동방 진출은 잠시 기세가 꺾였다. 그 후 우마이야 가문의 무아위야가 내란을 극복하고(661년에 우마이야조 개창), 665년 총신寵臣 지야드 이븐 아비히를 바스라 총독에 임명하여 그에게 호라산 지역 통치를 위임하면서 더욱 체계적인 원정이 전개되었다. 지야드 이븐 아비히(그 아비의 아들 지야드)라는 이상한 이름은, 그가 '타이푸' 마을에서 창녀의 아들로 태어나 아버지가 확실하지 않은 데서 비롯되었다. 그러나

---

1) '큰 강(아무다리아 강) 건너의 땅'을 뜻하는 아랍어로 서투르키스탄, 즉 아무다리아 강과 시르다리아 강 사이의 지역을 가리킨다. 그리스인은 이 지방을 옥서스 강 건너편, 즉 '트란스옥시아나'라 불렀다.

무아위야는 그가 창녀의 아들이라는 이유로 그를 발탁했다.

지야드의 부장 하캄 이븐 암르 알 기파리는 667년 발흐 방면에 대한 작전을 개시하여 아랍군으로는 처음으로 아무다리아 강을 넘어 차가니얀에 이르고, 아랍군에 대한 반격의 기회를 엿보고 있던 사산조 왕자 페로즈를 쫓아냈다. 지야드는 이어 671년에 아랍 전사 5만 명을 가족과 함께 바스라와 쿠파(이라크의 고대 도시)에서 호라산으로 이주시키고, 메르브를 동방 진출을 위한 새로운 전진 기지로 삼았다. 아랍인들의 호라산 이주는 그 때부터 대략 10년 후까지 계속되었다.

673년 지야드가 사망하자, 같은 해 그의 아들 우베이둘라가 호라산 총독에 임명되어 부친의 정책을 계승했다. 그리고 이듬해 봄 아무다리아 강을 건너 부하라 오아시스를 침략했다. 당시 부하라는 선왕先王의 부인인 카툰(왕비를 의미하는 투르크어 칭호)의 지배 아래 있었다. 그 직후 우베이둘라는 곧바로 이라크 총독에 임명되었는데, 바스라로 귀환할 때 그는 '부하라의 사수射手' 2000명을 데리고 와서 자신의 호위대로 삼았다. 그의 후계자들도 모두 이러한 관행을 따랐고, 이들이 후대 압바스조에서 맘루크(칼리프에 직속하는 노예 신분의 군인)의 기원이 되었다. 그러나 이들 부하라인들이 소그드인이었는지 투르크인이었는지는 확실하지 않다. 현재까지 소그드어에서 용병 또는 노예병을 의미하는 단어는 확인되고 있지 않지만, 일부 학자들은 투르크계 유목민을 군사력으로 이용하는 맘루크 제도를 아랍인들이 소그드에서 도입한 것으로 추측하고 있다.

소그드, 투르크, 아랍

'소그드'라는 말은 일찍기 『아베스타』(조로아스터교의 경전)에 나온다. 또 기원전 6~5세기에는 이 지역에 관개 시설을 갖춘 오아시스 도시가 존재했음이 발굴 조사를 통해 확인되고 있다. 알렉산드로스(알렉산더)의 동방 원정 후 박트리아 왕국에 속해 있었던 이 지방은 박트리아가 멸망한 후 줄곧 강거康居, 에프탈, 서돌궐을 비롯한 유목 세력의 영향을 받았다. 그리고 서돌궐이 사산조와 연합하여 에프탈을 격파하고 무르갑 강까지 세력을 확대한 결과, 토하리스탄과 힌두쿠시 남쪽 기슭의 지배자도 야브구나 일테베르를 비롯한 돌궐의 칭호를 사용했다. 한문 사료에 의하면, 서돌궐에 복속된 사마르칸트 왕은 돌궐 왕녀를 아내로 맞이하고, 유목민 풍속에 따라 변발辮髮을 했다고 한다. 또 수·당 시대 기록은 소그드 지방의 오아시스 국가에는 모두 소무昭武라는 성씨를 가진 왕이 있었다고 전하고, 이를 9성소무九姓昭武라 총칭하고 있다. 다만 소무의 어원이 무언인지는 분명하게 밝혀져 있지 않다. 658년 서돌궐이 당에 의해 멸망하자, 소그드 지방의 여러 나라들은 당으로부터 책봉冊封을 받고 안서도호부를 통해 당에 복속했다. 그러나 당에 복속한 것은 그저 명목에 지나지 않았고, 서돌궐의 일부였던 튀르크슈 등 투르크계 유목 세력이 여전히 오아시스에 대한 영향력을 행사했다. 바로 이 무렵에 아랍군이 출현했다.

683년 우마이야조 제2대 칼리프 야지드의 사망을 계기로 발생한 제2차 아랍 내전으로 인하여 아랍의 정복지 확대는 부득이 후퇴하지 않을 수 없었다. 정복지의 토착 세력이 일으킨 반란에 더하여 아랍 주둔군 내부에서 벌어진 부족간 항쟁은 사태를 더욱 악화시켰다. 이러한 내란을 극복하고 등극한 제5대 칼리프 압둘 말리크는 하자즈 이븐 유수프라는 사람을 이라크 총독에 임명하고, 이븐 유수프는 또 705년에 쿠타이바 이븐 무슬림이라는 사람을 호라산 총독에 기용했다. 그 후 아랍 정복은 새로운 단계에 접어들었다.

쿠타이바의 정복

호라산으로 이주한 아랍인들은 대부분 타밈, 바크르, 아즈드 부족 출신이었다. 반면에 총독 쿠타이바는 '바힐라'라는 작은 부족 출신이었다. 그런 이유로 그는 부족간 항쟁에 휘말리지 않고 아랍인들을 결집시킬 수 있었다. 쿠타이바는 몇 가지 새로운 정책을 시행했다. 그는 먼저 현지 주민을 대규모로 원정에 참여시켰다. 또 약탈을 하고 작전을 끝낸 후에 군대를 철수시키던 이전의 원정 방식을 폐기하고 정복지에 군대를 계속 주둔시켰다.

그는 먼저 하下토하리스탄을 되찾고, 바드기스를 근거지로 하는 에프탈의 수령 네자크와 화의를 맺었다. 그리고 706년에는 아무다리아 강을 건너 도선장渡船場인 아물과 부하라 중간에 위치하여 교역으로 번영한 바이칸드를 점령하고 많은 전리품을 손에 넣었다. 이듬해 그는 부하라로 진격하여 몇몇 도시를 점령했지만, 소그드와 투르크의 도움으로 항쟁을 계속하던 부하라는 709년 격렬한 전투를 치르고 나서야 겨우 정복되었다. 쿠타이바는 가혹한 항복 조건을 과하고 아랍 병사를 시내 가옥에 주둔시켰다.

한편 사마르칸트의 타르칸(타르쿤)은 저항을 단념하고, 조공과 볼모를 조건으로 쿠타이바와 화의를 맺었다. 그러나 이듬해 쿠타이바의 동생 압둘 라흐만이 약속한 공납을 받기 위하여 사마르칸트에 도착하자 도시 주민들이 봉기하여 타르칸을 퇴위시켰다. 그는 자살했다고도 전해지며 후임자인 구라크(한문 사료에 보이는 강국 왕 오륵가烏勒伽)에게 살해되었다고도 전해진다. 그러나 때마침 토하리스탄에서 일어난 네자크의 반란으로 사마르칸트 작전은 뒤로 미뤄졌다. 쿠타이바는 목숨 보전 조건으로 항복한 네자크를 처형하고 마 와라 알 나흐르로 돌아왔다.

쿠타이바의 다음 목표는 호라즘이었다. 호라즘은 정복되어 일단 공납을 바치기로 약속했지만, 쿠타이바가 퇴각하자 곧바로 반란을 일으켰다. 그 때문에 그들은 가혹한 징벌을 받았다. 부하라로 돌아온 쿠타이바는 앞에서 언급한 카툰의 자식 툭샤다를 부하라 왕으로 지명하고, 다시 사마르칸트 공략에 착수했다. 그의 공세에 직면한 구라크는 부득이 항복할 수밖에 없었다. 쿠타이바는 약탈품을 챙기고 공납을 수취한 뒤 부대를 도시에 주둔시켰다. 한편 712년에 투르크 부대가 그들을 돕기 위하여 사마르칸트에 왔지만, 현지인의 지지를 얻지 못하고 퇴각했다. 이 투르크 부대는 이른바 돌궐 제2제국의 군대인데, 오르콘 비문(퀼 테긴 비)의 "소그드인을 조직하기 위하여 우리는 진주(yäncü) 강을 건너 철문까지 진격했다"고 하는 대목은 이 원정을 언급하고 있는 것으로 보인다.

한편 아랍에서는 714년에 쿠타이바의 보호자인 하자즈, 그리고 715년에 칼리프 알 왈리드가 연이어 사망했다. 새로 즉위한 전임 칼리프의 동생 술레이만은 하자즈파를 배제하기 위하여 즉시 쿠타이바를 해임시켰다. 쿠타이바는 이에 반란으로 대응했다. 그러나 출세 초기에는 장점이 되었던 소수 부족 출신이라는 점이 이번에는 재앙으로 작용하여 휘하 군대의 지지를 얻지 못했다. 그는 결국 부하에게 살해되어 잘린 머리는 다마스쿠스로 보내졌다.

쿠타이바 이후 마 와라 알 나흐르

쿠타이바의 사망으로 아랍 정복이 주춤하자 튀르기슈의 반격이 시작되었다. 이에 앞서 튀르기슈는 돌궐의 공격을 받았지만, 한문 사료에서 소록蘇祿이라 부르는 수령의 지휘 아래 신속하게 세력을 회복했다. 그 이름의 어원은 분명하지 않으나 아랍 측에서는 그를 아부 무자힘, 즉 '(아랍과) 경쟁하는 노예'라 불렀다. 소록은 카간을 칭하고, 당나라에서 책봉을 받았으며, 토번과 연대해 아랍군과 싸웠다. 그런가 하면, 튀르기슈와 아랍 사이에서 자신의 권력을 유지하려 했던 오아시스 지배자들은 약간 모호한 태도를 보였다. 그들은 당과 튀르기슈에 원군을 요청하는 한편, 사마르칸트의 구라크처럼 일단 아랍을 적대시했다가 다시 그의 진영에 복속하기도 했다.

아랍 입장에서 보면 728년까지의 정세는 최악이었다. 그들은 간신히 사마르칸트를 확보하고 있는 상황이었다. 730년 호라산 총독에 임명된 주나이드는 튀르기슈와 싸우는 조건으로 모든 노예를 해방하고서 겨우 부하라를 되찾았다. 그렇지만 튀르기슈의 공세는 그치지 않았고, 오히려 사마르칸트와 부하라를 포위했다. 그리하여 당시 칼리프였던 히샴은 바스라와 쿠파에서 새로이 2만 군대를 파견해야만 했다.

737년 소록은 토하리스탄 방면에 출전했으나 아랍군의 기습으로 패배하고,

근거지로 돌아온 후 동족의 부장部將에게 살해당했다. 당나라는 소록의 죽음으로 발생한 튀르기슈의 내분에 개입하여 그들을 통제하는 데 성공했다. 그 결과 아랍 최대의 적이 소멸되고, 740년대 중반에는 페르가나를 포함한 아무다리아 강과 시르다리아 강 사이의 지역은 아랍 지배 아래 들어갔다. 이렇게 하여 아랍 세력이 시르다리아 강 건너편까지 미치기 시작했다.

그 무렵 마침 호라산을 무대로 압바스 혁명[2]이 진행되고 있었다. 그리하여 747년 말에 아부 무슬림[3]은 메르브를 장악하고, 큰 혼란 없이 동부 지역에서 우마이야조의 지배를 종식시켰다. 그의 부장 지야드 이븐 살리흐가 이끄는 아랍군은 동쪽으로 진격을 거듭하여 751년에 탈라스 강 강변에서 고선지高仙芝가 이끄는 당나라 군대를 격파했다. 이 전쟁은 유목 세력에 대한 이슬람 제국의 우위를 확립하는 결과를 가져왔다. 그 후 거의 2세기가 지나서야 투르크족이 다시 마 와라 알 나흐르에 진출하는데, 그때의 투르크족은 이미 이슬람을 수용하고 있었다.

이슬람화의 시작

아랍군이 마 와라 알 나흐르를 군사적으로 점령하면서 이 지역의 이슬람화가 시작되었다. 그렇지만 이를 곧바로 앞에서 정의한 의미의 이슬람화로 보기는 어렵다. 이슬람화의 속도와 강도는 지역에 따라 매우 다양하게 나타났다. 널리 알려진 것처럼 시리아는 가장 먼저 아랍군에게 점령된 지역의 하나이고 우마이야조 본거지였다. 그러나 단성론單性論[4]을 신봉하는 그곳 기독교 사회는

2) 서아시아 이슬람 세계의 주인이 우마이야조(661~750년)에서 압바스조(750~1258년)로 교체된 사건을 말한다. 압바스 혁명이라는 말은 왕조 교체가 단순한 궁정 음모나 쿠데타에 의하지 않고 강력한 혁명적 조직과 운동에 의해 달성된 데서 유래한다.
3) 페르시아계 장군으로 압바스조 창건의 공로자. 그는 압바스 가문의 이브라힘과 결탁하고 밀사로 호라산에 파견되어 우마이야조 타파 운동, 즉 압바스 혁명을 주도했다. 747년 메르브에서 봉기한 후 서진하여 우마이야조를 멸망시키고, 호라산 총독에 임명되어 동방 경략에 힘썼다. 그는 754년(또는 755년)에 압바스조의 제2대 칼리프 만수르에게 살해되었다.
4) 5세기 전반 유티케스에 의해 주창된 예수의 본성에 관한 신학설. 그는 육화肉化 전 그리스도는 신성神性과 인성人性의 양성兩性을 가지는데, 육화 후에는 유일한 본성인 신성만이 남는다는 단성단체론單性單體論을 주창했다. 이에

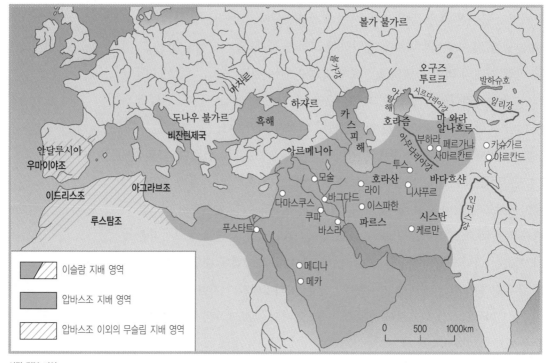

아랍 정복 지역

언어가 아랍화되고 나서도(그들 고유의 언어는 아람어였다) 적어도 우마이야조 시대
에는 이렇다 할 쇠퇴의 징후를 발견하기 어렵고, 또 그 후로도 소수자로서 현
재까지 존속하고 있다. 이에 비하면 중앙유라시아의 이슬람화는 매우 신속하
고 철저하게 진행되었다.

아랍 침략을 받기 전 중앙유라시아에는 다양한 종교가 존재했다. 메르브를
중심으로 하는 호라산에서는 조로아스터교가 가장 유력했지만, 네스토리우스
파 기독교와 야곱파 기독교, 그리고 소수이기는 하지만 유대교도가 존재했음
이 확인된다. 과거 박트리아 영역에서는 에프탈과 사산조의 공격을 받으면서
도 여전히 불교 사원이 존속했고, 마니교와 기독교 신도들도 활동하고 있었

대해 로마 교회는 콘스탄티노플 교회와 협력하여 451년 칼케돈에서 제4차 공의회를 소집하고, 그리스도 본질을
'양성의 완전한 결합,' 즉 '서로 다른 그러나 뒤섞이지 않은 채 통합된 두 개의 본성을 지닌 하나의 인격체'라는 이
른바 '칼케돈 공식'을 확정하고 유티케스를 이단으로 규정했다. 칼케돈 공식을 받아들이기를 거부한 유티케스 지
지자들은 그 후 서방 교회에서 독립하여 독자적인 길을 걷기 시작하는데, 이들이 이른바 이집트(곱트파), 시리아
(야곱파), 아르메니아의 단성론자들이다. 이에 관한 자세한 사항은, 김호동, 『동방기독교와 동서문명』(까치,
2002), 89~98쪽 참고.

다. 한편 마 와라 알 나흐르 주민들은 조로아스터교를 신봉했는데, 이 지역 조로아스터교는 사산조와 달리 토착적인 요소를 많이 담고 있었다.

잘 알려진 것처럼 아랍 정복자들은 피정복민을 개종시키는 일을 그렇게 적극적으로 전개하지 않았다. 그래서 중앙유라시아의 농촌 지역은 정복 후 몇 세기가 지난 뒤에야 주민들이 이슬람을 수용했다. 그러나 오아시스 도시 지역의 개종은 강제적으로 매우 신속하게 진행된 흔적이 확인된다. 즉 10세기 중반에 저술된 저작이기는 하지만(그나마 원래의 아랍어 원본이 아니고 12세기 전반의 페르시아어 번역본이 존재한다), 나르샤히가 쓴 『부하라사』는 이러한 상황을 잘 묘사하고 있다. 이 역사서에 의하면, 쿠타이바가 부하라를 점령할 때마다 주민을 강제로 개종시켰지만, 주민들은 아랍군이 철수하면 곧바로 이슬람교를 버리기를 세 차례나 반복했다고 한다. 그리하여 네번째로 부하라를 점령한 쿠타이바는 주민들이 겉으로 개종하고 비밀리에 우상을 숭배한다는 것을 알고, 주민들에게 특정 지역 거주민의 절반 정도를 아랍인으로 채우도록 명령하는 등 개종을 강요했다. 그는 부하라 요새 안쪽에 큰 모스크를 건설하고 금요 예배에 참석하도록 명하는 한편, 예배에 참석한 사람에게는 2디르함[5]을 주었다. 그 때문에 가난한 사람들은 예배에 참석했지만, 부유한 사람은 이를 무시했다고 한다. 그 진위야 어떻든 정복 초기부터 주민의 개종을 권장했다는 대목은 주목할 가치가 있다.

717년에 즉위한 칼리프 우마르는 우마이야조의 세제稅制를 개혁하고, 아랍인과 마왈리(비아랍인 개종자)를 동등하게 다루려 했다. 그는 광신적일 정도로 경건한 인물이었지만, 이교도에 대한 지하드(聖戰)보다는 평화적인 개종을 희망하고, 마 와라 알 나흐르의 토착 지배자들의 개종을 촉구했다. 그러나 우마르가 재위 2년 반 만에 사망함에 따라 그의 개혁은 실현되지 못하고, 앞에서 언급했듯이 튀르기슈의 공세에 밀려 마 와라 알 나흐르는 일단 아랍의 손에서 벗어났다. 그 후 이 지역에 이슬람 제국의 지배가 확립된 8세기 후반부터 본격적으로 이슬람화가 확대되고 심화되었다.

---

5) 이슬람 세계에서 사용되던 은화로 금액의 단위인 동시에 은화 그 자체의 명칭이다.

마 와라 알 나흐르의 언어의 파르스화

그렇다면 정복자와 피정복자는 과연 어떻게 의사를 소통했을까. 이 문제를 해결하기 위해서는 우선 아랍 정복 이전의 언어 상황을 확인할 필요가 있다.

사산조의 언어 상황은 상당히 복잡했다. 공식적인, 즉 통치를 위하여 사용된 문어文語는 파흘라비어(중세 페르시아어)였다. 이 언어는 아람어에서 많은 단어를 차용했는데, 마치 한자를 훈독訓讀하듯이 아람어 단어를 파흘라비어로 훈독했다. 공식적인 구어口語는 파흘라비어 또는 사산조의 본거지인 이란 서남부 파르스6) 지방의 이란어였다. 후자를 흔히 다리어라 부르는데, 이는 궁정의 언어를 의미한다. 종교 경전은 물론 고대 아베스타어로 쓰고 파흘라비어로 주석을 달았다. 그러나 각지의 주민이 사용하고 있던 언어는 더욱 다양하여 아람어를 포함한 여러 가지 언어가 존재했다.

먼저 파미르 서쪽 지역에서는 호라즘의 코라스미아어(코라스미아는 호라즘의 그리스어 변형이다), 마 와라 알 나흐르의 소그드어, 토하리스탄에서 호라산에 이르는 지역의 쿠샨어가 확인된다. 그리고 파미르 동쪽 타클라마칸 사막 주변 오아시스의 경우 현재의 투르판 분지에서 카라샤르에 이르는 지역의 아그니어, 쿠차를 중심으로 하는 지역의 쿠차어(이 두 언어를 토하라어라 한다), 호탄의 호탄-사카어, 그 동쪽 크로라이나의 간다리어를 들 수 있다. 이 가운데서 토하라어는 그리스어 및 라틴어와 같은 인도-유럽 어족의 켄툼어군에 속하고, 간다리어는 인도 프라크리트어의 일종이다. 기타 언어는 모두 중기 이란어 동부 방언이다. 이들 언어는 19세기 말기 이래 이른바 중앙아시아 탐험가들에 의해 그 자료가 발견되었고, 현재까지도 여전히 연구가 진행되고 있다.

사산조가 강력했던 시절 주변 여러 집단들은 사산조의 경제력에 이끌려 제국 변경에서 교역을 행했다. 사산조에서는 이라크에 거주하던 '타이'라는 부족에서 유래하는 '타지크'라는 말로 아랍인 일반을 통칭했다.7) 또 동방 호라

---

6) 이란 고원 서남부의 지역 명칭. 고대에 '파르샤'라 불렸고, 그리스인들은 '페르시스'라고 했다. 파르스는 파르사의 아랍어 변형이다. 고대 아케메네스조와 사산조의 옛 땅이었으며, 서양인들이 사용하기 시작한 '페르시아'는 여기에서 유래한다.

산의 중심 도시 메르브에는 소그드 상인의 주거 구역이 있었는데, 그들과 사산조의 교섭은 다리어로 이루어진 것으로 추측된다. 이런 점에서 다리어는 이미 사산조 시대부터 제국 주변을 포함한 지역에서 일종의 공통어 역할을 했다고 할 수 있다.

널리 알려진 것 처럼 아랍인들은 정복지를 통치하면서 과거에 그 지역에서 사용되던 언어를 그대로 채용했다. 697년 칼리프 압둘 말리크는 아랍어를 사용하기 위한 개혁을 시행했지만, 742년이 되어서야 호라산과 중앙아시아에서 파흘라비어가 아랍어로 교체되기 시작했다. 그 이전에는 아랍 전사戰士의 등록 대장(디완[8])은 파흘라비어로 기록되었다. 한편 정복자와 피정복자가 사용한 공통의 구어는 다리어였는데, 다수의 페르시아인이 망명자 또는 정복군 병사로서 마 와라 알 나흐르에 유입되면서 다리어 보급이 가속화되었다. 어떻든 10세기 지리학자 마크디시가 전하는 사마르칸트와 부하라의 언어는 다리어였다.

이렇게 하여 토착 소그드인과 외래의 아랍인 및 페르시아인이 혼거하고, 공식적인 문어로 아랍어, 공통의 구어로 다리어(소그드인은 이 두 언어를 동시에 배웠을 것이다)가 사용되는 상황에서 새로운 페르시아어가 탄생했다. 아랍어 어휘를 받아들여 풍부한 표현력을 갖춘 이 말은 비록 페르시아어(파르스의 언어)라고 불리지만, 이처럼 다리어의 옛 고향이 아닌 중앙아시아에서 성립되었다.

사만조의 성립

압바스조의 판도는 바그다드에서 모든 지역을 일원적으로 통치하기에는 너무나 광대했다. 그 때문에 이미 9세기에 들어오면, 제국 변방에 반독립적인 지

---

7) '타지크'의 어원에 대해서는 이론이 분분하다. 처음에는 이란어로 아랍인을 지칭하는 의미로 쓰이다가, 아랍인들이 이란을 정복한 후에는 이란인도 무슬림이면 이 이름으로 불렸다. 그러나 투르크족은 이를 이란인을 가리키는 말로 사용했다. 중국 사서에 등장하는 '대식大食'은 타지크Tazīk 또는 타지Tāzī의 음역이다.

8) 원래 '소장된 서적,' 즉 회계 장부, 기록, 시집詩集을 뜻하는 페르시아어 단어인데, 넓은 의미로 이러한 기록을 보관한 정부 기관을 가리키기도 한다.

방 왕조들이 나타나기 시작한다. 800년에 성립된 북아프리카의 아글라브조가 그 효시를 이루었다. 동부 지역의 경우 821년 호라산에서 성립된 타히르조를 전통적으로 최초의 이란계 지방 왕조로 간주한다. 그렇지만 타히르조는 상대적으로 중앙 권력으로부터 독립 정도가 낮았고, 총독 지위를 세습하는 유력한 가계家系에서 지방 왕조로 넘어가는 과도기 단계에 있었다. 바로 이 타히르조의 보호 아래서 세력을 키운 왕조가 후대의 사만조이다.

사만조의 계보는 타히르조보다 훨씬 오래된 사산조의 유력한 가계로 거슬러 올라간다. 통설에 의하면 사만조의 유명한 조상인 사만 후다('사만의 영주'라는 뜻)는 발흐 근처 사만 지방의 디흐칸('지주'라는 뜻) 출신이라고 하는데, 사만이라는 지명은 발흐뿐 아니라 사마르칸트와 테르메스 지방에도 존재한다. 사만 후다는 우마이야조 말기에 이슬람을 수용하고, 그의 아들 아사드는 압바스조를 섬겼으며, 4명의 손자는 819년경에 사마르칸트 · 페르가나 · 샤슈 · 헤라트의 지배권을 부여받았다. 그 가운데 페르가나를 위임받은 아흐마드의 아들 나스르는 864년에 사마르칸트의 지배자가 되고, 이어 875년에 칼리프 알 무타미드로부터 마 와라 알 나흐르 전체의 지배권을 부여받았다. 이렇게 하여 사만조는 사실상 독립국이 되었다. 나스르를 계승한 그의 동생 이스마일은 호라산과 시스탄을 사만조에 편입시키고, 북방의 탈라스 방면으로 원정하여 국경 지대를 투르크계 유목민의 침입으로부터 방어하고 교역로를 확보했다. 그 결과 무슬림 상인들이 초원 지대로 진출하여 유목민들 사이에 이슬람이 확산되기 시작했다.

사만조 지배자는 형식적으로 압바스조 칼리프의 권위에 복속하고 공납을 바치는 대신 아미르[9]에 임명되었다. 이러한 관행은 946년 부와이흐조[10] (932~1055년)가 바그다드에 입성할 때까지 계속되었다. 그러나 타히르조와 달리

---

9) '명령하는 자'를 뜻하는 아랍어. 『코란』에는 나오지 않고 초대 칼리프를 선출할 때 처음 사용되었다. 이 경우 아미르는 무슬림 전체 수장을 의미하지만, 정통 칼리프와 초기 우마이야조 시대에는 원정군 총사령관, 때로는 그의 하급 지휘관도 아미르라 부르고, 그들이 그대로 정복지 지사知事로 임명될 경우에도 아미르라 불렸다. 압바스조 시기에 칼리프의 재정권財政權에서 독립한 아미르가 나타나게 되면서 그들은 대부분 반독립적 왕조를 건설했다(타히르조, 사만조 등).

10) 이란 서남부에서부터 이라크에 걸친 지역을 지배한 이란계 시아파 왕조. 카스피 해 남쪽 다이람 지역 출신의 부와이흐 가문을 중심으로 하여 일어났다.

사만조는 독자적인 정치 권력으로서, 압바스조의 통치 기구를 모방하여 재상부宰相府를 위시한 10개의 디완(행정 기관)을 구비하고 있었다. 국가 기구의 가장 중요한 기능의 하나는 물론 세금을 거두는 업무였다. 아랍의 지리학자들이 전하는 바에 따르면, 사만조가 오아시스 농민, 수공업자, 상인들에게서 징수한 세금의 총액은 대략 4500만 디르함에 달했는데, 그 가운데 절반 정도는 군대와 관료 조직을 유지하는 데 지출되었다고 한다.

이스마일 사마니의 묘
마 와라 알 나흐르에 사만조의 기틀을 확립하고 초원 지대까지 진출한 이스마일은 문화 활동의 보호자로서 이슬람 세계에서 줄곧 명군주로 칭송되고 있다. 벽면이 아름답게 장식되어 있는 그의 묘廟는 중앙아시아를 대표하는 건축물의 하나이다.

사만조는 압바스조의 전성기와 같은 완전한 중앙 집권 국가는 아니고, 그 판도 안에 많은 지방 영주가 있었다. 그들은 기회만 있으면 자립하려 했는데, 굴람이라 불리는 투르크계 노예병으로 이루어진 아미르의 친위대가 이를 저지했다. 투르크인 노예는 군사 원정 과정에서 포로로 잡기도 하고 상인들에게서 사들이는 경우도 있었다. 그들은 초원 지대의 경계 부근인 이스피잡과 샤슈에서 매매되었다. 일부는 사만조의 군주와 유력자들이 소유하고, 일부는 다시 서방으로 팔려갔다. 앞에서 언급했듯이 우마이야조 시대에 일부 유력자들은 이미 중앙아시아 출신자를 친위대로 삼았다. 압바스조의 칼리프도 이를 답습하여 제8대 무타심(833~842년 재위)은, 즉위 전에 이미 3000명 또는 4000명이라 일컬어지는 투르크인 노예를 소유하고 있었는데, 즉위한 뒤로 그 수가 더욱 늘어나 7000명에 달했다고 한다.

9세기 아랍의 지리학자 이븐 후르다즈비흐에 의하면, 사만조가 성립하기 이전에 타히르조의 압둘라(828~845년 총독 재임)는 해마다 구즈(투르크인을 가리킨다)의 포로 2000명을 바그다드로 보냈다는데, 전체 가격은 60만 디르함 정도였다고 한다. 이를 기준으로 계산해보면 노예 한 사람 가격은 300디르함이 된다.

타지키스탄에서 발견된 우마이야조의 화폐

투르크인 노예를 수출하는 데는 허가서가 요구되었고, 이를 얻는 데 노예 1명 당 70에서 100디르함을 지불했다. 사실 노예 수출은 사만조의 중요한 재원이었다. 당시 화폐 가치를 알 수 있는 사료는 거의 없지만, 타히르조를 대신해 이란을 지배한 사파르조(867~903년)의 창시자 야쿱 빈 라이스가 동기銅器를 만드는 장인(사파르; 왕조 이름은 여기서 유래한다)으로 일할 때 월급이 15디르함이었다는 정보는 매우 흥미롭다. 이를 기준으로 계산해 보면 노예 가격은 장인 월급의 20개월 분이 된다.

사만조는 투르크인 노예를 효과적으로 훈련하는 체제를 갖추고 있었다. 이에 대한 상세한 내용을 셀주크조[11] 재상 니잠 울 물크[12]의 『시야사트 나마(정치서)』[13]라는 유명한 저작을 통해 알 수 있다. 이 책에 의하면 5년간 훈련받은 후 유능한 노예는 군주 측근에서 2년 동안 봉사하고, 8년째는 자신의 부하를 거느리고, 부대장, 시종, 그리고 아미르의 지위를 얻어 지방 총독으로 승진하는 자도 있었다고 한다. 이와 같이 노예를 중용한 결과 부하라의 궁정은 물론이고 지방에서도 투르크인의 세력이 커졌다. 960년대에 가즈나조(962~1186년)[14]의 초석을 놓은 알프 테긴은 그 전형적인 사례이다. 그 자신이 굴람 출신이지만, 호라산 총독이 되었을 뿐 아니라 1700명의 굴람을 소유했다고 한다. 이와 같이 세력을 얻은 투르크인 굴람은 파벌을 이루어 서로 싸움을 벌였는데, 이

11) 오구즈 투르클레리 또는 구즈 토르코만이라 불리는 고대 투르크계 종족의 한 분파인 셀주크족이 건설한 왕조(1037~1157년). 국명은 시조인 셀주크의 이름에서 유래한다.

12) 셀주크조의 이란인 출신 명재상. 그는 술탄 알프 아르슬란, 말리크 샤 등 2대에 걸쳐 재상을 역임하면서 정치, 경제, 문화 방면에서 셀주크조의 황금기를 열었으며, 현재까지도 이슬람 세계가 배출한 가장 위대한 재상의 한 사람으로 평가받고 있다.

13) 페르시아어로 쓰인 셀주크 시대의 대표적 고전 문학. 정치가의 도리뿐 아니라 치세의 구체적인 요령을 유려한 문체와 감동적인 내용으로 설파하고 있다. 이 책은 실제 정치가가 쓴 정치론의 전형으로 현실 정치의 지침서로 삼으려 한 것으로 평가받고 있다.

14) 10세기 사만조의 호라산 총독이었던 알프 테긴이 아프가니스탄의 가즈나를 중심으로 세운 투르크계 이슬람 왕조.

것이 사만조를 약체화시킨 하나의 원인이 되었다.

노예 출신자를 양성하여 국가를 떠받치는 군인과 관료를 배출하는 체제는 후대 맘루크조[15](1250~1517년)의 제도와 오스만조의 카프 쿨루[16] 제도의 기원이 되었다. 위에서 언급한 『시야사트 나마』의 내용은 셀주크조가 사만조의 노예제에 대해 많은 관심을 갖고 있었음을 보여주는 증거이다.

아랍 - 페르시아 문화의 발전

마 와라 알 나흐르의 언어 방면의 파르스화는 사만조 치하에서 완성되었다. 사만조는 페르시아어를 장려하고, 수도 부하라에 왕립 도서관을 세워 동서고금의 많은 장서를 수집했다. 그리하여 9세기 말기에는 페르시아어로 쓰인 운문韻文 작품이 출현하기 시작하고, 다음 세기에는 루다키(941년 사망), 그의 제자 발히(936년 사망), 다키키(977년 사망), 페르시아의 시성詩聖이자 『샤 나마(제왕의 서)』[17]의 저자인 피르다우시(1020년경 사망)를 비롯하여 많은 궁정 시인이 배출되어 페르시아 고전 문학의 기초를 닦았다. 이들 시인의 활약은 일반적으로 이란계 사람들의 민족 의식의 고양과 관련지어 언급되고 있다.

그렇지만 사만조에서는 아랍어에 의한 작품 활동도 활발하게 이루어졌다는 것도 덧붙여두어야 한다. 그렇지 않으면 그 당시 문화 상황을 제대로 이해하기 어렵다. 사알리비가 편찬한 『명시名詩 선집選集』에 마 와라 알 나흐르, 호라

15) 이집트를 중심으로 시리아 방면을 지배한 투르크계 이슬람 왕조. 앞에서 언급했듯이 맘루크는 투르크어로 '노예'를 의미하는데, 나중에는 비非흑인 노예, 그리고 술탄과 아미르의 친위대로서 군사·행정적인 목적으로 사역된 투르크계 군인 노예라는 뜻으로 사용되었다. 이렇게 충원된 많은 군인 노예들이 군사령관으로 승진하고, 마침내 독립 왕조를 세우기에 이르렀다. 1260년에 맘루크군이 바그다드의 칼리프 정권을 무너뜨리고 서진하던 몽골군에게 최초의 패배를 안겨준 사건은 너무나 유명하다.

16) '궁문宮門의 노예'라는 뜻으로 오스만조 술탄 직속 부대인 중앙 상비군을 말한다. 국가에서 3개월마다 급료를 받았으며, 일부는 이스탄불에, 일부는 국경 성채에 주둔했다. 이에 관한 자세한 사항은 이희수, 『터키사』(대한교과서주식회사, 1993), 353~355쪽 참고.

17) 이란의 민족 시인 피르다우시가 1010년 가즈나조의 마흐무드에게 헌정한 이란의 대서사시. 이 책은 일종의 백과사전이자 신화와 전설의 집대성이라 할 수 있는데, 천지 창조에서 아랍 정복에 이르기까지 이란 역사를 시적으로 재구성한 작품이다. 작품 속에 공공연하게 반反아랍적인 성향이 나타나 있으며, 작자의 태도에는 아랍어에 대한 반감과 순수 이란주의를 성취하고자 하는 열망이 돋보인다고 한다.

15세기 중기(1425~1450년) 헤라트에서 제작된 것으로 추정되는 『샤 나마』의 필사본 일부

산, 호라즘 출신 시인들이 아랍어로 쓴 시가 수록되어 있다는 사실이 이를 말해준다. 그런가 하면 아랍인이 페르시아어로 쓴 시도 알려지고 있다. 역사서도 마찬 가지이다. 앞에서 언급한 나르샤히는 아랍어로 『부하 라사』를 썼고, 그와 거의 동시대 사람으로 사만조의 재 상을 지낸 발아미는 타바리[18]의 유명한 역사서 『사도使 徒들과 왕들의 역사』를 페르시아어로 번역했다. 이와 같이 이 시기에는 두 가지 언어가 함께 사용되었다.

문학, 역사, 지리 이외 분야에서는 오직 아랍어만 사 용되었다. 파르스의 구어가 동방에서 문어 지위를 얻 은 것처럼 지적 활동 또한 먼저 동방에서 번성하고 그 곳에서 많은 학자들이 배출되었다. 이 현상은 후대 이 슬람 세계에 편입된 지역민들이 얼마나 진지하게 이슬 람의 가르침과 그 문명을 받아들였는가를 보여주는 단 적인 사례이다.

이슬람법(샤리아)의 법원法源으로서 『코란』 다음으로 중시되는 것이 예언자의 언행(순나[19])의 전승집(하디스[20])이다. 수니파는 일반적으로 6종의 전승집을 정통 으로 간주한다. 그 첫번째로 여겨지는 『올바른 전승집』의 편자 알 부하리(870 년 사망)는 그 이름에서 알 수 있듯이 부하라 태생이고, 증조부 때 이슬람을 받 아들였다. 그는 16세에 전승을 모으기 시작하여 각지를 편력하면서 60만 개의 전승을 수집하고, 그 가운데서 '진정한 것'을 골라 97권 3450장으로 편찬했 다. 여기에 포함되어 있는 전승 수는 7397개인데, 일부는 같은 것이 반복되기 때문에 실제 수는 2762개이다. 알 부하리는 사마르칸트 교외에서 생애를 마

---

18) 압바스조 시대의 역사가, 법학자, 신학자. 천부적인 학자적 기질을 가진 사람으로 청년 시절에는 아랍과 이슬람에 관한 자료를 수집하는 데 진력하고, 후에 교육과 문필 활동에 몰두했다. 그가 남긴 가장 유명한 저서 『사도들과 왕들의 역사』는 태고부터 시작해서 932년에 끝나는 방대한 편년체 역사서이다.

19) 아랍어 원뜻은 생활 방식, 양식 또는 관습을 의미하지만, 이슬람교에서는 예언자 무함마드의 언행을 말한다. 이 순나를 따르는 자들이 수니파이다.

20) 넓은 의미로 전승 일반을, 좁은 의미로 무함마드의 순나 관련 전승을 뜻하는 아랍어인데, 이슬람학 용어로서 하 디스는 좁은 의미로만 쓰인다.

쳤다. 나머지 5종의 전승집 편자 가운데 무슬림(875년 사
망)은 호라산의 니샤푸르, 알 티르미디(892년 사망, 단 이설이
있다)는 아무다리아 강 상류의 테르메스, 알 나사이는 호
라산의 나사 출신이다. 이들 6명 가운데 4명이 마 와라
알 나흐르와 호라산 출신이라는 것은 특기할 만하다. '올
바른 하디스'가 확정되었다는 것은 곧 무함마드의 언행
내용이 확정되었다는 것이고, 이는 곧 순나를 따르는 사
람들(수니파)의 입장이 정리되었음을 의미한다. 그런 점에
서 전승 학자들의 공로는 절대적이었다.[21]

『올바른 전승집』의 한 대목
60만 개의 전승을 수집하여 그 가운데 올바른 것을 한데 모아
놓은 책이다.

　중앙아시아에서는 그 후에도 계속 수니파(특히 하나피파[22])
법학이 발전했다. 12세기의 부르한 웃딘 알 마르기나니
는 하나피파의 법 규정을 집대성하여 후에 이 학파의 가
장 중요한 문헌으로서 권위를 인정받은 『알 히다야』를 저
술했다. 하나피파는 원래 압바스 가문의 지지를 받는 학
파였는데, 셀주크조가 마 와라 알 나흐르의 하나피파를 이슬람 세계 중심부로
가져와 그 학파의 우위를 확실하게 했다. 이슬람 교학과 법학을 가르치는 기관
인 마드라사도 처음 중앙아시아에서 성립되었지만, 셀주크조는 이 마드라사
제도를 서아시아로 가져왔다.

　수학이나 천문학을 비롯한 자연과학도 놀라울 정도로 발전하고 멀리 유럽
까지 그 영향을 미쳤다. 1차 방정식과 2차 방정식의 해법을 발견한 알 호라즈
미(850년경 사망)는 그 가운데 가장 유명한 학자의 한 사람이다. 대수학에 관한
그의 저서 『알 자브르 왈 무카발라』는 일찍이 1145년에 그 일부가 라틴어로 번
역되고, 그 제목도 아랍어 제목 그대로 『리베르 알게부라에 에트 알무카불라』

---

21) '전승집' 일반에 관한 자세한 사항은 이원삼, 『이슬람법 사상』(아카넷, 2001), 325~326쪽 참고.
22) 샤피이, 말리키, 한발리 학파와 함께 이슬람 4대 법학파의 하나이다. 법 해석에서 인간의 이성을 폭넓게 사용함
　　으로써 가장 융통성이 많고 관용적인 성격을 가진 학파로, 8세기에 아부 하니파(767년 사망)에 의해 이라크에서
　　정립되었다. 오늘날 하나피파는 광범한 지역에 퍼져 있는데, 아랍과 이란을 제외한 중근동 지방, 터키, 중앙아시
　　아, 파키스탄에서 지배적인 학파로 되어 있다. 이에 대한 자세한 사항은 이희수, 「이슬람 순니파의 형성과 교의의
　　발전」, 『이슬람 사상의 형성과 발전』(민음사, 2000), 111~112쪽 참고.

대수학의 아버지로 불리는 알 호라즈미   환자를 치료하는 이븐 시나

로 붙여졌다. 앨저브르(대수학)라는 말이 여기에서 유래할 뿐 아니라, 수학 용어인 알고리즘(연산법)은 저자의 라틴어 이름인 알고리스무스에서 기원한다. 그밖에도 삼각함수의 알 마르와지(870년 경 사망), 천문학 지식을 집대성한 알 파르가니, 육분의六分儀의 발명자 알 후잔디, 삼각 측량법의 알 부즈자니(998년 사망) 등이 배출되었다.

라틴어 이름 '아비센나'로 알려진 아부 알리 이븐 시나(1037년 사망)는 사만조 말기인 980년에 부하라 근처의 한 시골에서 태어났다. 그는 철학자, 자연과학자, 의학자, 수학자이자 시인이었을 뿐 아니라 신비주의 사상가이기도 했다. 현대 전문가의 연구에 따르면, 그는 의문의 여지가 있는 것을 포함하여 총 276종에 달하는 저작을 남긴 백과사전적인 대학자였다. 잘 알려진 것처럼 그의 『의학전범醫學典範』은 이슬람 세계는 물론 서양에서도 가장 권위 있는 의학서 역할을 했다. 또 제목으로 보아 의학서를 연상하게 하는 『치료의 서』는 이슬람 세계에 전승된 아리스토텔레스 철학을 구사하여 이슬람 철학을 수립한 저작이다.

호라즘 출신의 아부 라이한 알 비루니(1048년 사망)도 백과사전적인 학자이다. 그는 수학, 천문학, 지리학, 측량학, 광물학, 역사학에 관한 많은 저술을 남겼다. 특히 이슬람 전파 이전의 호라즘과 마 와라 알 나흐르에 관한 그의 기술은 매우 귀중한 자료로 평가받고 있다. 그는 또 가즈나조의 마흐무드가 이란을 원정할 때 동행했는데, 그때 산스크리트어와 다른 인도어를 배워 『인도사』를 저술하기도 했다.

알 파라비(950년 사망)라는 학자는 바그다드에서 수학하고 시리아에서 거주한 사람이지만, 시르다리아 강 중류의 파라브(후대의 오트라르)에서 태어난 투르크인이다. 그의 아버지는 칼리프 친위대 군인이었다. 알 파라비는 '첫번째 스승'인 아리스토텔레스에 버금가는 위대한 철학자라는 의미로 '두번째 스승(제2의 아리스토톨레스)'으로 불렸고, 그의 철학은 이븐 시나를 위시한 이슬람 세계의 철학자뿐 아니라 서양의 스콜라 철학자들에게도 큰 영향을 미쳤다.[23]

위와 같은 문화적 발전은 중앙아시아에 새로운 인간 사회가 형성되어 있었기에 가능했다. 앞에서도 언급했듯이 사산조 시대부터 페르시아인들은 아랍인을 '타지크'라 불렀다. 이 명칭은 중앙아시아, 나아가 '대식大食'이라는 이름으로 중국에 알려지고, 뒤이어 이슬람화한 중앙아시아 정주민은 모두 이 이름으로 불리게 되었다. 이 말은 처음에는 유목민 쪽에서 부른 호칭이었던 것 같지만, 11세기 중엽에 쓰인 역사서에 "우리들 타지크인"이라는 말이 나오는 데서 알 수 있듯이 곧 자칭이 되었다.

그렇다면 중앙아시아로 이주한 원래의 타지크, 즉 아랍인은 어떻게 되었을까. 이 문제에 답할 수 있는 직접적인 사료는 확인되지 않는다. 하지만 그들이 아랍으로 귀환했다거나 추방되었다는 기록이 존재하지 않는 한, 아랍인들 역시 이 지역 정주 사회에 융합, 즉 새로이 형성된 타지크 사회의 일원이 되었다고 추측할 수 있다. 13세기 이후에는 타-지-크Tāzīk 대신 타지크Tazik라는 말이 일반화되었고, 투르크화한 이후에도 이 명칭은 없어지지 않았다. 그리하여 티무르조 시대에는 특정한 부족에 속해 있는 전사를 '투르크'라 부른 데 반하여, 부족 관계를 갖고 있지 않은 도시와 농촌 정주민을 모두 '타지크'라 했다. 이렇게 보면 이들 명칭은 민족적이라기보다는 사회적인 것이라고 할 수 있다.

---

23) 이슬람 세계의 학문과 학문적 공헌에 관한 일반적인 내용은 정수일, 『이슬람문명』(창작과 비평사, 2002), 211~235쪽 참고.

3. 중앙유라시아의 이슬람화와 투르크화

2. 투르크화의 진행

투르크족의 이슬람화

서돌궐이 멸망한 후 북방 초원 지대에서는 투르크계 유목 집단들이 세력을 떨치고 있었다. 앞에서 언급했듯이 그들은 이슬람 세계의 노예 공급원이었다. 이와 함께 오아시스와 초원 접경 지대에서는 도시와 밀접한 관계를 갖고 이슬람을 수용하는 집단도 출현했다. 아랍 지리학자 이스타흐리에 의하면, 그들 무슬림 투르크인들은 같은 종교를 믿는 사람들 편에 서서 이교도인 동족同族과 전쟁을 하고 노예를 약탈하는 역할을 수행했다고 한다. 한편 무슬림 상인과 수피(이슬람 신비주의자)들은 초원 깊숙이 들어가 활동했는데, 유목민은 정주 문명의 상품과 새로운 종교의 매력에 이끌려 이슬람으로 개종하기 시작했으며, 이러한 추세는 신속하게 변방으로 확대되었다. 볼가 강과 카마 강의 합류지 부근에 거주하던 불가르에 대한 정보는 10세기 초 처음으로 이슬람 사료에 나타나는데, 이때 그들은 이미 이슬람을 수용하고 있었다고 전해진다. 그들에게 새로운 종교를 전해준 사람은 호라즘 출신의 무슬림 상인들이었던 것으로 보인다.

이와 같이 투르크족의 이슬람화 현상은 중앙유라시아 각지에서 동시다발적으로 일어났다. 그리고 이러한 흐름에 결정적인 영향을 미친 것은 카라한조였다. '카라한조'라는 명칭은 근대 학자들이 붙여준 이름이다. 이슬람 사료는 이 왕조를 하카니야, 즉 카간조 또는 아프라시압조라고 부르고 있다. 이 왕가王家의 기원이 어떤 유목 집단인지에 대해서는 이론이 분분할 뿐 아직까지 정설이 없다. 840년에 몽골 고원에서 위구르 지배가 붕괴된 후, 돌궐 지배 씨족인 아사나씨 계보와 관련이 있는 사람이 카간을 칭하고, 탈라스에서부터 일리 강 계곡과 카슈가르에 이르는 지역에 새로운 부족 연합체를 형성했다고 보는 것이 가장 일반적인 견해이다.

이슬람 수용은 초대 카간의 손자인 사투크 부그라 칸에 의해 이루어졌다. 그러나 그의 개종에 관한 기록은 동시대 자료는 존재하지 않고, 11세기에 쓰인 사료를 인용한 14세기 초기 문헌이 가장 오래된 것이다. 이 기록은 이미 전설적인 양상을 띠고 있다. 예를 들면 카슈가르 동북방의 알투슈 모스크 건설 이야기는 일종의 에피소드로 되어 있는데, 대체로 다음과 같은 내용이다. 카슈가르로 망명해 온 사만조의 왕족 나스르 빈 만수르라는 사람은, 부하라와 사마르칸트에서 온 대상隊商이 가져온 물건을 갖고서 사투크의 백부인 카간을 기쁘게 했다고 한다. 그는 모스크를 건설하기 위해 '소 한 마리의 가죽'만 한 땅을 하사해달라고 카간에게 요청하여 허락을 받았다. 그리고 도살한 소의 가죽을 찢어 끈을 만들고, 이것으로 둘러싼 만큼의 토지를 받았다는 이야기이다. 사투크는 나스르의 지도로 12세에 개종하고(무슬림으로서의 이름은 압둘 카림), 25세에 백부伯父를 타도하고 카슈가르의 지배자가 되었으며, 955년에 사망한 것으로 되어 있다. 사투크의 개종 전설은 그 후 갖가지 기적 같은 이야기가 덧붙어지더니, 마침내 그가 성자로 숭배되기에 이르렀다. 따라서 아랍 역사가 이븐 울 아시르가 전하는 "960년에 20만 호(천막)의 투르크인들이 모두 개종했다"는 기록은 사투크 후계자 시대에 카라한조가 완전히 이슬람화되었다는 것을 보여주는 자료로 볼 수 있다.

카라한조와 투르크-이슬람 문화의 발생

카라한조는 이슬람을 수용한 후에도 계속 유목적 지배 체제를 유지했다. 우크라이나 출신의 투르크학 연구자 프리차크(Omeljan Pritsak)에 의하면, 카라한조에는 돌궐과 같이 동·서 두 카간이 있었는데, 동방의 아르슬란 카라 카간(아르슬란은 사자를 의미함)이 대카간이고, 서방의 부그라 카라 카간(부그라는 수낙타를 의미함)이 소카간이었다고 한다. 그들 아래에는 아르슬란 일릭, 부그라 일릭, 아르슬란 테긴, 부그라 테긴이라는 네 명의 하급 군주가 있고 순서대로 상위 군주로 승진했다.

사투크의 손자 세대에는 알리라는 사람이 아르슬란 칸, 그의 사촌동생 하산이 부그라 칸으로 재위했는데, 그들이 마 와라 알 나흐르에 대한 침공을 개시했다. 992년에는 하산이 일시적으로 사마르칸트와 부하라를 점령했지만, 그가 카슈가르로 귀환하는 도중 사망함으로써 사만조는 다시 부하라를 되찾았다. 그러나 최종적으로 999년에 알리의 아들 나스르가 부하라를 탈취하고 사만조를 멸망시켰다.

카라한조가 이처럼 사만조에 신속하게 승리를 거둔 원인은, 앞에서 언급했듯이 투르크계 굴람의 파벌 투쟁으로 사만조의 군사력이 약화되었고, 지방 영주층이 이미 이슬

「쿠타드구 빌릭(복락지혜)」

람화한 카라한조의 지배를 큰 저항 없이 수용했기 때문이다. 이렇게 하여 마 와라 알 나흐르는 알리 가문, 발라사군(후에는 카슈가르)을 중심으로 하는 동부는 하산 가문의 지배 아래 놓였다. 그 후 11세기 중엽에 카라한조는 동·서로 분열되었다.

정주 지대로 이주한 카라한조의 투르크족은 그곳에 이미 성립되어 있던 아랍-페르시아적 요소가 융합된 이슬람 문화를 수용하고, 정확히 한 세기 이전에 사만조가 아랍-이슬람 문화를 수용하여 이를 페르시아 요소와 융합시킨 것처럼 투르크-이슬람 문화를 형성하는 데 선구적 역할을 했다. 그 문화의 최초의 기념비적 작품은 1069년(혹은 1070년)에 발라사군 출신의 유수프 하스 하집이 저술하고, 카슈가르의 지배자인 타브가치 부그라 칸(하산 가문의 하산 이븐 술레이만으로 비정되고 있다)에게 봉정된 『쿠타드구 빌릭(복락지혜福樂智慧)』이다. 피르다우시의 『샤 나마』와 같이 '마스나비'라는 이언대구二言對句와 '무타카리브'라는 운율을 사용하고 있는 것은, 서사시의 양식과 함께 유수프가 피르다우시의 영향을 받았음을 보여주고 있다. 그러나 6500개가 넘는 대구로 이루어진 이 장대한 작품의 내용은 『샤 나마』와 달리 이슬람 이전의 신화와 전설이

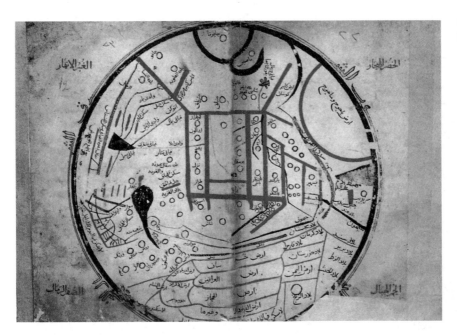

아니고, 군주가 취해야 할 자세를 설교한 교훈서이다. 여기에 등장하는 4명의
인물, 즉 '떠오른 태양'이라는 이름의 왕, 그의 재상 '가득 찬 달,' 재상의 아
들이자 현자인 '추앙받은 자,' 재상의 일족으로 고행자인 '깨달은 자'는 각각
정의, 행복, 지혜, 종말의 네 가지 덕목을 의인화한 것이다.

　정의의 왕 '떠오른 태양'을 섬기는 재상 '가득찬 달'은 임종에 즈음하여 아
들에게 후사를 맡기고, 그의 아들 '추앙받은 자'와 왕은 산 속에 은거하고 있
는 '깨달은 자'를 부르지만, 병으로 누운 '깨달은 자'는 '추앙받은 자'에게 조
언을 한 후 죽는다는 내용이 전체의 줄거리이다. 그 사이 등장 인물의 독백 또
는 토론 형태로 군주권의 존재 방식에서부터 연회의 초대 의례에 이르기까지
당시 카라한조의 궁정인이 관심을 가졌음 직한 제반 사항들이 논의되고 있다.
특히 '깨달은 자'가 등장하는 후반부에는 현세에 대한 체념을 주장하는 이야
기가 많이 보인다. 일부에서는 이를 불교의 영향으로 보고 있지만, 그런 해석
보다는 이슬람 신비주의 사상이 충실히 반영된 것으로 보는 것이 자연스럽다.

　『쿠타드구 빌릭』이 완성된 후 얼마 지나지 않은 1077년(1083년이라는 설도 있
다)에 카라한조 문화를 대표하는 또 하나의 작품인 『디완 루가트 아트 투르크

『튀르크 제어 집성』

(튀르크 제어 집성)』라는 제목의 투르크–아랍어 사전이 바그다드의 칼리프 알 묵타디에게 헌정되었다. 이 책의 저자 마흐무드 알 카슈가리는 카라한조의 하산 가문 출신으로 중앙아시아 각지를 유랑한 뒤, 셀주크조가 권력을 수립한 직후 바그다드로 가서 5년 동안 이 책을 저술했다. 저자는 해박한 아랍어 문법 이론을 적용하여 투르크어 단어를 음운적으로 분석하고, 단어의 각 항목에 아랍어로 설명을 붙이는 한편, 가끔 민요와 격언으로 이루어진 용례를 부가하고 있다. 이 책에 실린 설명이나 용례는 당시 투르크계 민족의 언어는 물론이고 구비 문학, 역사, 민족 분포, 사회, 민속에 관한 정보 보고로서, 이를 이용하지 않고 투르크학 연구는 불가능하다고 할 수 있을 정도이다.

『쿠타드구 빌릭』과 『디완 루가트 아트 튀르크』는 위대한 투르크–이슬람 문화의 선구적 작품이지만, 동시에 약간 고립된 작품인 것도 사실이다. 이들 작품에 이어 투르크어로 쓰인 저작은 그렇게 활발하게 씌여지지 않았기 때문이다. 그 밖의 카라한조 문학 작품으로는 겨우 아흐마드 유크나키의 『아타바 알–하카이크(진리의 문턱)』가 알려지고 있을 정도이고, 이 작품들은 널리 유포되지도 않았다. 『쿠타드구 빌릭』은 현재 3종의 사본이 있는 것으로 알려지고 있다. 그 가운데 하나는 티무르조 시대(1439년) 헤라트에서 유행한 위구르 문자로 쓰였는데, 이로 미루어 적어도 이 시대까지는 『쿠타드구 빌릭』이 어느 정도 읽히고 있었던 것으로 볼 수 있다. 아랍 문자로 쓰인 나머지 두 개의 사본은 연대 불명이다. 『디완 루가트 아트 튀르크』는 유일한 필사본이 이스탄불에 있다.

이처럼 투르크어는 중앙아시아에서 페르시아어에 버금가는 문화 언어의 지위를 차지하고 있었는데, 그 과정을 보면 13세기에 호라즘에서 어느 정도 발전한 뒤 티무르조에 들어와 본격화되었다. 이와 관련하여 한 가지 덧붙일 것은, 아흐마드 야사비를 비롯한 12세기 수피들이 민요에서 유래하는 운문 형식을 사용하여 투르크어로 신비주의 사상을 표현했다는 점이다. 그들의 영향은 투르크족의 이주와 함께 아나톨리아까지 미치고, 거기서도 민중적 종교 시인이 다수 배출되었다.

오아시스 정주 지대의 투르크화—동투르키스탄

중앙유라시아 오아시스 정주 지대 가운데에서 동투르키스탄이 다른 지역에 비하여 훨씬 신속하고 철저하게 투르크화가 이루어졌다. 앞 장에서 언급했듯이 동투르키스탄 동부 지역의 투르크화는 840년 몽골 고원의 위구르 제국 해체를 계기로 시작되었다. 서부 지역의 카라한조는 9세기 말 카슈가르를 점령하고 이슬람을 수용한 후, 11세기 초기에는 호탄, 그리고 중기에는 쿠차까지 지배 영역을 넓혔다. 카라한조 영역 거주민들의 투르크화는 매우 급속하게 진행되었고, 그 결과 11세기 후반에는 주민들이 투르크어로 대화할 정도였다고 한다.

동투르키스탄의 오아시스는 비교적 규모가 작고, 원주민 인구도 오아시스 규모에 비례하여 그다지 많지 않았다. 또 이 지역에는 톈산의 율두스 계곡을 제외하면 규모가 큰 목초지가 거의 없다. 따라서 이곳으로 이주한 유목 투르크족은 일찍부터 오아시스 또는 그 주변에 정주하고 원주민과 융합되었다고 할 수 있다. 호탄어로 쓰인 문서 가운데 호탄어 – 투르크어 대역對譯 어휘집이 존재한다는 것은, 이슬람의 '성전聖戰'을 부르짖던 카라한조가 호탄을 점령한 후에도 신 · 구新舊 주민의 전면적인 교체가 이루어지지 않았음을 말해주고 있다. 그리고 원주민은 새로운 지배자의 언어와 종교를 동시에 수용한 것으로 보인다.

그러나 동투르키스탄 전역을 놓고 보면, 그 후 이슬람화 과정은 오히려 완만하게 진행되었다. 여러 종교에 대해 동등한 입장을 견지한 몽골 제국 지배 시기에, 특히 동투르키스탄 동부 지역에서 이슬람교는 오랫동안 불교와 공존했다. 1420년에 티무르조(이에 대해서는 후술함)의 샤 루흐가 명明의 영락제永樂帝에게 보낸 사절단은 투르판 주민 대다수가 불교도이고, 그곳에 훌륭한 사원이 존재하며, 코물(하미)에 모스크와 불교 사원이 서로 마주보고 있다는 것을 전하고 있다. 코물에서 불교 세력이 최종적으로 구축된 것은 1513년인데, 이때 겨우 동투르키스탄의 이슬람화가 완성되었다고 할 수 있다.

오아시스 정주 지대의 투르크화—서투르키스탄

동투르키스탄에 비하면 서투르키스탄, 즉 마 와라 알 나흐르와 페르가나, 호라즘의 투르크화 과정은 좀더 복잡하다. 이 지역은 오아시스 규모도 크고, 따라서 주민 수도 많고 오아시스 사이에 유목할 수 있는 공간도 있다. 더구나 카라한조가 점령한 오아시스 주민은 이미 무슬림으로서, 지배자의 종교를 새로이 받아들이기 위하여 지배자의 언어에 동화할 필요도 없었다. 아마도 이런 사정 때문에 동투르키스탄과 같이 정주민이 언어적으로 단기간에 투르크화되지 않았던 것으로 보인다.

물론 정복자와 피정복자의 인구 비율, 그리고 그 비율을 배경으로 한 양자 사이의 통혼通婚 수치가 투르크화를 결정하는 유일한 요인은 아니다. 압도적으로 많은 피정복자가 소수 정복자의 언어를 자기 언어로 삼을 가능성도 얼마든지 있다. 더욱이 당시 오아시스 사회로 유입된 유목민 수에 관한 사료는 극히 드물다. 다만 서투르키스탄으로 유입된 투르크계 유목민이 유목 생활을 하면서 오아시스 사이의 초원에 머물러 있는 한 원주민과의 접촉 정도는 상대적으로 드물었을 것이고, 따라서 원주민의 언어적 투르크화 과정도 완만하게 이루어졌다고 볼 수 있다.

앞에서 언급한 시르다리아 강 북쪽에 있던 오구즈(구즈) 연합체의 일부(그들은 셀주크라는 부장을 수령으로 추대했다) 집단은 10세기 중엽 오구즈에서 분화하여 시르다리아 강 좌안左岸으로 이주하여 잔드를 근거지로 삼았다. 이곳에서 이슬람을 수용한 그들은 사만조 비호 아래 자라프샨 강 유역으로 이동하고, 이어

1020년대에는 카라쿰 초원을 넘어 가즈나조의 영역인 호라산 북부를 침입하기 시작했다. 1040년에 단다나칸 전투에서 가즈나조 군대를 괴멸시킨 셀주크 집단은 그 여세를 몰아 1055년 바그다드에 입성하는데, 단다나칸 전투에 참여한 셀주크 전사는 1만 6000명이었다고 전해진다. 유목 집단 전체에서 차지하는 전사 비율을 낮게 계산하여 5명 중 1명이었다고 가정해도, 전체 숫자는 8만 명을 넘지 못한다. 물론 카라한조의 유목 집단은 이보다 규모가 컸을 것이지만, 그렇다고 해도 그 규모가 결코 수십만은 되지 못했을 것이다.

아무다리아 강 하류 유역의 호라즘은 스텝과 사막으로 둘러싸여 지리적으로 고립되어 있었다. 그 결과 이슬람화한 이후에도 토착 정치 권력이 이전의 칭호인 '호라즘 샤'를 칭하며 계속 존속했다. 그러나 이곳은 1017년 가즈나조 지배에 들어갔다가, 1077년경 셀주크의 총독 아누슈 테긴이 역시 호라즘 샤를 자칭하고 지배자가 되었다. 곧이어 그의 자손이 자립하고, 1215년 가즈나조를 대신한 구르조(1186~1215년 서북인도에 있던 왕조)를 타파하여, 짧은 기간이지만 몽골에 의해 정복될 때까지 시르다리아 강에서부터 이란 전토를 포괄하는 제국을 수립하게 된다. 이 왕조는 투르크 전통을 강고하게 지켰고, 북방 초원에서 투르크계의 킵차크 부족[24]을 불러들여 군사력을 강화했다. 그 결과 이 지역의 투르크화가 크게 진전된 것으로 생각된다.

카라 키타이의 건국(1132년)에 의해 야기된 유목 부족의 이동 규모도 분명하지 않다. 카라 키타이는 카라한조 동부 지역을 직접 통치했지만, 1141년에 정복한 마 와라 알 나흐르에서는 종주권을 승인시키고 공납을 수취하는 정책을 채택했다. 따라서 이 지역의 카라한조는 호라즘 샤에게 점령된 1212년까지, 그리고 페르가나의 카라한조는 카라 키타이의 국권國權을 찬탈한 나이만족의 왕자 쿠출룩에게 점령되는 1211년까지 존속했다. 카라 키타이에 속해 있던 마 와라 알 나흐르에서는 투르크계 유목 부족이 활발하게 활동했는데, 이때 어느 정도 투르크화가 진행되었다고 볼 수 있다.

---

24) 몽골 침입 이전 카스피 해와 흑해 북방의 초원을 중심으로 활동하던 투르크계 유목민의 통칭. 그 지역을 킵차크 초원, 그리고 그곳에 세워진 나라를 킵차크 칸국이라 부르게 된 것도 이들의 이름에서 기원한다. 비잔틴 자료에는 '코만(쿠만),' 러시아 자료에는 '폴로브치'로 기록되어 있다.

이어 몽골 정복과 함께 새로운 유목 집단(대다수는 투르크계이고 몽골인은 오히려 소수이다)이 서투르키스탄으로 유입되었다. 그들은 몽골 제국 시대부터 티무르 제국 시대에 걸쳐 한편으로는 부족 조직에 소속된 전사 계층의 성격을 유지하면서 정주화의 길을 걸었다. 이와 함께 그들은 더욱더 페르시아적 이슬람 문화에 동화되고, 앞에서 언급한 것처럼 투르크어를 문화 언어로 다듬어 중앙유라시아 투르크족이 공유하는 공통 문어(차가타이어)를 발전시켰다. 정주화한 투르크계 유목민과 원주민의 융합이 본격화되고, 동시에 원주민 사이에서도 투르크어 사용이 확대되는데, 특히 도시에서는 두 언어를 함께 사용하는 사례가 점점 일반화되어갔다.

15세기 말 이후 샤이바니 칸이 이끄는 우즈베크 집단[25]의 침입은 유목민의 정주화를 더욱 촉진시켰다. 즉 그들이 마 와라 알 나흐르와 페르가나의 가장 좋은 유목지를 차지하고 그곳에 살던 유목민을 몰아낸 결과 후자는 부득이 정주화의 길을 걷지 않을 수 없었다. 이렇게 하여 서투르키스탄의 정주민은 어떤 언어를 사용하는가에 관계없이 대체로 똑같은 형질적 특징과 문화를 공유하게 되었다. 호라즘, 페르가나, 타슈켄트 주민은 '사르트'라 일컬어지고 대체로 투르크어를 사용하는 사람이 많았지만, 두 언어를 동시에 사용하는 사람도 있었다. 또 마 와라 알 나흐르의 주민은 '타지크' 또는 '차가타이'라 칭해지고 대부분 페르시아어를 사용했지만, 두 언어를 사용한 사람이나 투르크어를 모국어로 쓴 사람도 있었다. 1924년 소비에트 정권에 의해 실시된 이른바 '민족의 경계 획정'은 1민족 1언어 원칙에 입각하여 이러한 역사적 상황을 힘으로 부정한 사건이다. 지금의 중앙유라시아 투르크계 국가들의 언어적 투르크화 과정은 바로 이때 최종 단계에 들어섰다고 할 수 있다.

---

25) 킵차크 칸국이 붕괴한 후에 중앙아시아 초원에 있었던 투르크-몽골계 유목민 집단. 샤이바니 칸을 포함한 이에 대한 사항은 제4장에서 자세히 언급된다.

4. 몽골 제국과 티무르 제국

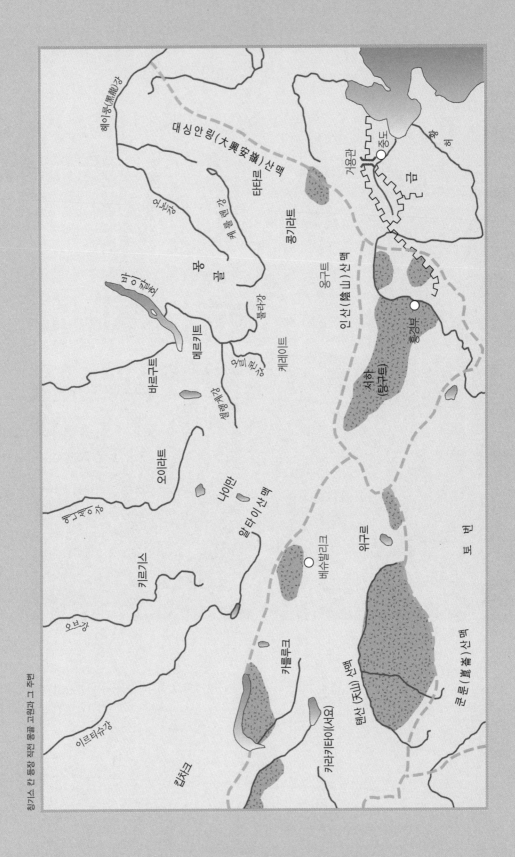

칭기스 칸 등장 직전 몽골 고원과 그 주변

헤이룽(黑龍)강

대싱안링(大興安嶺)산맥

타타르

어얼구나강

케룰렌 강

몽 골

옹기라트

헤 이 룽 강

진

궁

가운관

중도

타타르

콩기라트

몽 골

옹구트

인산(陰山)산맥

메르키트

바이갈(바이칼)호

케레이트

툴라강

나이만

오르혼 강

제르게네 강

옹구트

서하
(탕구트)

중경부

메르키트

바르구트

오이라트

케레이트

예니세이 강

키르기스

나이만

알타이산맥

베슈발리크

위구르

토 번

오브강

카를루크

탄구트

이르티슈강

카라키타이(서요)

킵차크

텐산(天山)산맥

쿤룬(崑崙)산맥

이 장에서 다루는 범위는 대체로 13세기에서 16세기에 이르는 시기의 역사이다. 이 시기는 중앙유라시아 사를 움직이는 두 가지 요소, 즉 유목민의 군사 · 정치력과 오아시스 정주민의 경제력이 가장 효과적으로 결합되어 중앙유라시아 세계의 에너지가 최대로 발휘된 시대이다. 특히 그 전반기는 중앙유라시아 세계 가 몽골 제국이라는 하나의 정권 아래서 통합되고, 그 힘이 다시 주변으로 확대되어 인류 역사상 최대의 제국이 건설된 시기이기도 하다. 유라시아 대륙은 그때까지 서로 밀접한 관계를 유지하면서도 사실상 각 지역의 역사가 개별적으로 전개되었다. 그러나 이들이 몽골에 의해 통합되면서 북아프리카를 포함한 유 라시아 전역의 역사가 한 방향으로 움직이게 되었다.

14세기 후반이 되면 각지의 몽골 정권은 쇠퇴의 길로 들어서고 통합력도 점점 허물어져간다. 바로 그러 한 시대에 티무르라는 걸출한 인물이 등장하여 붕괴한 몽골 제국을 재건하려고 했다. 비록 그 뜻은 실현 되지 못했지만, 그는 과거 몽골 제국 영토의 서부 영역을 자신의 지배 아래 넣었다. 또 티무르와 그 후계 자들의 시대에 그들의 지배 아래 있던 오아시스 도시에서는, 화려한 도시 문화와 궁정 문화가 꽃피고 이른바 투르크-이슬람 문화가 결실을 맺었다.

1. 몽골 제국의 성립

칭기스 칸의 등장

1206년 봄 몽골 유목민들은 몽골 고원 중부의 오논 강 발원지 부근 초원에 서 테무진을 몽골의 칸으로 추대하고, 그에게 칭기스라는 칭호를 부여했다. 이렇게 하여 대몽골국(예케 몽골 울루스)이 탄생하고, 바야흐로 중앙유라시아가 세계사의 중심을 차지하는 시대가 도래했다.

제1장에서 언급했듯이 몽골 고원은 예로부터 중앙유라시아 세계에서 이름 을 날린 유목 국가의 근거지였다. 그러나 840년경 위구르 유목 제국이 무너진 후 360여 년 동안 몽골 고원에는 통일 정권이 수립되지 못하고 권력의 공백이 이어졌다. 그 이유는 고비 사막 남쪽을 지배하고 있던 키타이(거란契丹)와 금金 나라가 몽골 땅에 강력한 정권이 출현하지 못하도록 교묘한 수법으로 방해했 기 때문이다.

12세기 후반 몽골 고원 각지에는 투르크-몽골계 유목 집단들이 여러 지역 으로 나뉘어 패자가 되기 위한 싸움을 벌이고 있었다. 한동안 몽골 고원 동부

칭기스 칸 탄생 800주년 기념비

칭기스 칸 탄생 800주년 (1962년)을 기념하여 몽골국 동북부 헨티 아이막(道) 다달 솜(郡)에 건립한 기념비로 도중에 건설이 중단되었으나, 주민들이 아음을 틈타 조금씩 공사를 진행하여 완성했다고 전해진다.

의 타타르부部가 세력을 떨치다가 금의 공격을 받고 약화된 후에는, 중부의 케레이트부와 알타이 산맥 부근의 나이만부가 새로이 유력한 세력으로 등장했다. 그 무렵 몽골 고원 동북부에 치우쳐 있던 몽골부는 상대적으로 작은 집단에 불과했다. 테무진은 몽골부의 유력 씨족인 키야트 뼈(yasun)의 보르지긴 씨족(obogh)[1]에 속하는 가문에서 태어났다. 아버지는 예수게이 바아투르, 어머니는 후엘룬이었다. 그의 출생 연대에 대해서는 1155년, 1161년, 1162년, 1167년 등 이설이 분분하다(몽골 학자들의 공식적인 견해는 1162년설이다). 아버지 예수게이 바아투르는 키야트의 유력자였는데, 일찍이 타타르 사람들에게 독살되었다. 그래서 테무진은 어머니 후엘룬, 그리고 어린 동생들과 함께 고난에 찬 청소년 시절을 보내야 했다.

권력자로 부상하기 전 테무진의 생애는 베일에 가려진 부분이 많다. 사실 그의 행적을 확실히 파악할 수 있는 시기는 테무진이 케레이트의 옹 칸(王汗)을 타도하고, 몽골 고원 동부의 패자가 되는 1203년 가을부터이다. 그 후 테무진은 1205년 봄까지 나이만부를 중심으로 하여 구성된 반反테무진 연합 세력을

---

1) 몽골인들의 표현법에 따라 번역한 것이다. 칭기스 칸(칭기즈 칸)과 그 선조들은 모두 몽골족의 먼 조상인 키야트(키얀의 복수형, 키얀은 '격류激流'라는 뜻)에 속하는데, 이 가운데서 예수게이 바아투르(칭기스 칸의 아버지)의 자식들을 '키야트-보르지긴'이라 한다.

격파하고, 단기간에 몽골 고원 거의 전지역을 통합했다. 이렇게 하여 테무진이 몽골의 칸으로 추대된 1206년은 중앙유라시아 역사에서 특기해야 할 해가 되었다.

유목 사회에서 나라(國)는 사람의 집합이었다. 몽골어 '울루스,' 투르크어 '일' 또는 '엘'을 비롯하여 나라를 나타내는 말은 원래 사람의 집합체를 의미한다. 나라를 만드는 데는 무엇보다도 사람을 장악하는 것이 중요했기 때문이다. 그런 이유로 칭기스 칸이 즉위한 후 가장 먼저 했던 일은 유목민 집단의 재편성이었다. 즉 그의 지배 아래 있는 유목민을 수백 명에서 1천 명의 전사를 차출할 수 있는 95개 집단, 즉 천호千戶[2]로 편성했다. 천호는 몽골 유목민의 군사, 정치, 행정, 사회의 기초가 되는 조직인데, 그 아래로 백호百戶, 십호十戶 등 십진법 체제로 조직되어 있었다. 국가의 요체인 천호장千戶長에는 몽골 초원을 통합할 때 협력한 공신들이 임명되었다. 십진법 제도는 흉노 이래 초원 국가의 전통이었고, 몽골 고원을 통합하기 이전 타타르, 메르키트, 케레이트, 나이만 을 비롯한 여러 세력 역시 십진법 체계로 백성을 조직했다.

이어 그는 천호의 일부를 일족一族에게 나누어주었다. 몽골 제국사 연구자인 스기야마 마사아키(杉山正明)에 의하면 칭기스 칸은 세 아들, 즉 조치, 차가타이, 우구데이(오고타이)에게 각각 4개의 천호를 분급했다. 몽골 고원 서부의 알타이 산맥 서쪽 기슭을 따라 북쪽에서부터 조치, 우구데이, 차가타이 순서로 각자의 유목지를 정해주었다. 한편 세 동생, 즉 조치 카사르, 카치운, 테무게 옷치긴에게는 각각 1, 3, 5개의 천호를 나누어주었다. 어머니 후엘룬에게도 3개의 천호를 분급했는데, 그 모두를 동생 테무게 옷치긴이 물려받았기 때문에 그 혼자만 8개의 천호를 소유하게 되었다. 동생들은 동방의 싱안링(興安嶺) 일대에 북쪽에서부터 조치 카사르, 테무게 옷치긴, 카치운 순서로 유목지를 분배받았다. 이와 같이 칭기스 칸은 몽골 고원 동서쪽 변방에 각각 12개의 천호를 거느린 일족 울루스를 배치했다.

---

2) 수백에서 천 명 정도의 전사를 공출할 수 있는 군사 단위이자 그 만큼의 유목민(성년 남자)이 속한 사회 단위를 말한다. 원래 원문에는 천인대千人隊라는 용어를 사용하고 있지만, 관행에 따라 이렇게 표기했다. 물론 십호나 백호도 마찬가지이다.

칭기스 칸 초상
타이완 국립고궁박물원에 소장되어 있는 초상화로 후대에 그려져 중국적인 색채가
가미되어 있다. 칭기스 칸 당시에 그를 만나본 사람들은 "가늘고 날카로운 눈매"와
"총명한 인상"을 가진 사람으로 묘사하고 있다.

자식과 동생들에게 분급한 24개 천호 이외
는 칭기스와 막내 아들 톨루이가 직접 다스렸
다. 이는 다시 좌익左翼과 우익右翼으로 나뉘
는데, 남쪽을 바라보는 형태로 오른쪽인 우익
은 몽골 중부의 항가이 산맥에서 알타이 산맥
에 이르는 몽골 고원 서부에, 그리고 좌익은
몽골 중부 항가이 산맥에서 싱안링 산맥에 이
르는 몽골 고원 동부에 배치되었다. 이를 우
익 만호萬戶와 좌익 만호라 부르고, 만호장에
는 각각 일등 공신인 보오르추와 무칼리를 임
명했다.

좌우익의 중앙에는 '케식'이라는 1만 명의
친위 군단을 배치했다. 케식의 구성원은 천호
장, 백호장, 십호장의 자제 가운데서 선발되었지만, 유능하다고 인정을 받으
면 누구라도 케식이 될 수 있었다. 그들은 각자의 신분에 따라 3~10명의 종
자從者를 거느렸기 때문에 정규군은 1만 명이지만, 실제 병력은 그 몇 배가 되
었다. 케식은 4개 반班으로 나뉘어 3일 교대로 칭기스 칸을 호위했다. 각 반의
수장에는 위에서 언급한 공신 보오르추와 무칼리 외에 보로쿨과 칠라운을 임
명하고, 그 직책을 일족과 자손들이 계승하도록 했다. 케식 제도는 칭기스에
게 절대적으로 충성하는 측근을 양성하고, 강력한 유대감을 통해 국가의 중추
를 담당하는 인재를 양성하는 데 목적이 있었다.

칭기스 개인의 재산은 몽골 고원 중앙부에 배치된 4개의 오르두(이동식 천막
군)에서 이를 관리하는 황후들에게 분할하여 관리하게 했다. 칭기스는 케식과
함께 이들 오르두를 거느리고 계절마다 본거지를 옮겨다녔다.

이와 같이 칭기스 칸은 십진법 제도에 의한 유목민의 편성과 좌우 양익제兩
翼制를 비롯한 중앙유라시아 세계의 전통을 계승하는 한편, 공신과 거란인 야
율아해耶律阿海를 비롯한 두뇌 집단을 측근으로 삼아 자기에게 권력이 집중되

는 국가 체제를 완성했다. 칭기스 칸은 테무진 시절부터 거란인과 여진인, 그리고 무슬림까지 막료로 거느렸다. 그 가운데 상당수는 테무진과 그가 이끈 몽골이 아직 어떻게 될지 모르는 상황에서 자신의 운명을 그에게 맡긴 것이다. 칭기스 칸의 참모 중 참모라 할 수 있는 거란인 야율아해耶律阿海와 야율독화耶律禿花 형제, 중앙아시아 출신의 자파르 호자는 모두 이러한 부류의 사람들이다.[3] 이들은 몽골 초원 통합 후, 그리고 칭기스 사후까지 대외 원정과 내정 또는 정복지 관리자로서 뛰어난 수완을 발휘했다.

대몽골 울루스의 확대

내부 정비를 끝마친 칭기스는 곧바로 대외 원정에 착수했다. 1207년에는 큰아들 조치를 시켜 '삼림森林의 민民'[4]을 토벌하여 북방을 안정시키고, 그 이듬해에는 쿠출룩을 비롯한 나이만의 잔당을 토벌했다. 앞서 언급한 대로 쿠출룩은 잔여 부대를 이끌고 카라 키타이로 도망가서, 그 나라 공주와 결혼한 뒤 장인을 배반하고 국권을 탈취했다. 칭기스는 또 1209년에 탕구트족이 세운 고비사막 남부의 서하를 공격하여 속국으로 만들었으며, 그러다 보니 인근에서 그의 명성을 듣고 자발적으로 복속해오는 경우도 있었다. 앞에서 언급한 텐산위구르 왕국의 군주 바르추크도 그 중 한 사람이다. 그는 카라 키타이에 공납을 바치면서 나름대로 독립할 수 있는 방도를 모색하다가, 뱀의 해인 1209년에 칭기스에게 사신을 보내 위구르인들의 주군이 되어줄 것을 청하고, 2년 후에는 직접 금·은·비단·진주를 지참하고 칭기스 칸을 알현했다.

제2장에서 언급했듯이 텐산위구르 왕국은 원래 유목민이었던 위구르족이 위구르 제국이 멸망한 후 텐산 동부의 오아시스로 이주하여 그곳 주민을 정복

---

3) 이에 관한 자세한 사항은 스기야마 마사아키 지음, 임대희·김장구·양영우 옮김, 『몽골 세계 제국』(신서원, 1999), 39~40쪽 참고.

4) 오이라트, 부랴트, 바야트, 코리 투메트를 비롯하여 13세기 이전 몽골 북방 타이가 숲에 거주하던 씨족·부족 집단의 총칭. 이들은 주로 바이칼 호 동·서쪽과 예니세이 강 유역, 이르티슈 강 주변에서 사냥과 유목 생활을 하며 살았는데, 몽골 제국이 설립된 후 대부분 몽골에 편입되었다.

하고 세운 나라이다. 그들은 넓은 지역에 걸쳐 통상 활동에 종사하고 국제 사정에도 밝았다. 칭기스는 이미 나이만을 정복할 때 위구르 문자로 쓰인 옥새玉璽를 손에 넣었다.[5] 위구르 문자는 몽골어를 표기하는 데 채용되었으며, 이는 읽고 쓰는 데 능숙한 위구르인들에게 활동 무대를 제공하는 결과를 낳았다. 그들은 이후 몽골 군사 국가의 이른바 '두뇌 집단'으로, 그리고 이란계 무슬림 집단에 비견되는 상인 집단으로 큰 역할을 했다. 칭기스는 복속한 위구르 왕에게 자신의 딸을 주고, 그를 다섯번째 아들이라 부르고 왕가의 일원으로 받아들였다. 1211년에는 톈산 서부의 투르크계 유목민 카를루크도 위구르의 전례에 따라 칭기스 칸에게 복속했다. 칭기스 칸은 카를루크 수령이 자발적으로 복속했다는 점을 고려하여 그에게도 딸을 주어 우대했다.

이와 같이 서방을 평정한 뒤 칭기스는 1211년 봄 전군을 동원하여 금나라 원정길에 나섰다. 먼저 키타이 출신 야율아해와 야율독화 형제의 안내로 내몽골 초원에 있던 키타이 기마 군단을 몽골 측으로 끌어들이고, 동시에 그곳에서 사육되고 있던 방대한 전투마를 접수했다. 이어 화북 각지를 약탈하고, 금의 수도인 중도中都(현재 베이징 시가의 서남부 일대)를 포위했다. 몽골군은 금에게 '성하城下의 맹盟'을 요구했고, 금은 어쩔 수 없이 그 요구에 응했다. 그리하여 금나라는 1214년 3월 기국공주岐國公主를 몽골에 시집보내고 해마다 은과 비단을 바치는 조건으로 몽골과 화의를 맺었다. 이에 칭기스는 군영軍營을 거두어 남몽골 초원으로 돌아갔다. 95개였던 몽골군 천호는 원정 후 키타이 군단을 더하여 129개로 늘어났다.

그러나 칭기스 군대가 돌아간 뒤 2개월이 지나 금의 선종宣宗은 황태자에게 중도의 방위를 맡기고, 돌연히 수도를 황허(黃河) 이남의 카이펑(開封, 금의 수도가 되어 변경汴京이라 칭해짐)으로 옮겼다. 이는 몽골에게 항전의 뜻으로 받아들여졌다. 칭기스는 금의 약속 위반을 비난하고, 곧바로 키타이 군단을 주력으로 하는 부대를 파견하여 중도를 함락시켰다. 그리고 1217년 좌익 만호장 무칼리에

---

5) 테무진이 1204년 나이만을 정복할 당시에 타타퉁가라는 위구르인이 나이만 군주 타얀 칸의 금인金印을 관리하고 있었다. 그 후 그는 몽골인의 포로가 되어 칭기스 칸을 위해 봉사했다.

게 국왕의 칭호를 부여하고 이 방면의 통치를 위임했다.

이듬해인 1218년에 칭기스가 호라즘 샤조(호라즘 샤 왕조)에 파견한 통상단이 호라즘의 동부 국경 도시 오트라르에 도착했을 때, 수비대장 이날추크가 그들을 몽골의 스파이로 몰아 모두 살해하고 물건을 몰수하는 사건이 발생했다. 이른바 오트라르 사건이다. 칭기스는 책임자를 인도할 것과 상품의 배상을 요구했다. 이 요구가 거부되자 그는 쿠릴타이(국가 대회의)를 개최하여 호라즘에 대한 군사 원정을 결정하고, 1219년에 총 15만 군대를 이끌고 호라즘을 향하여 출전했다.

호라즘 샤조는 1077년경 셀주크조의 투르크계 노예(맘루크) 출신 아누슈 테긴이 호라즘 총독에 임명된 데서 비롯된 왕조이다. 이 왕조는 12세기 전기에 카라 키타이의 종주권 아래 들어갔는데, 제6대 왕 테키슈 때 킵차크 초원의 투르

칭기스 칸이 이끄는 몽골군에 의하여 파괴된 오트라르 성터
카자흐스탄의 시르다리아 강 중류 유역의 한 작은 마을 부근에 있는 오트라르 성 유적. 한 때 이곳은 호라즘 샤조 지배 아래 동서 교역의 장, 중앙아시아로 들어가는 관문으로서 중요한 역할을 했지만, 칭기스 칸 군대에게 파괴되어 지금은 거대한 흙덩이만 남아 780여 년 전 치열했던 전투를 말해주고 있다.

크계 유목민인 캉글리족을 끌어들여 강력하게 되었다. 그 후 셀주크 군대를 격파하여 이란의 지배권을 장악하고, 제7대 왕 무함마드는 카라 키타이와 구르조를 격파하여 파미르 서쪽의 중앙아시아 전역과 현재의 아프가니스탄까지 판도에 넣었으며, 오트라르 사건이 일어날 무렵인 1217년부터 1218년 사이에는 바그다드 원정을 기도하는 등 동방 이슬람 세계 최대의 강대국으로 부상했다.

스기야마 마사아키에 의하면, 오트라르 사건은 단순한 구실에 지나지 않고, 칭기스는 처음부터 호라즘 샤조를 타도할 생각을 가지고 있었다고 한다. 또 가토 가즈히데(加藤和秀)는, 교역망의 안전과 확대를 원하고 있던 무슬림 상인들이 오트라르 사건을 일으킨 호라즘 샤조의 무함마드를 자기들의 적으로 간주하고 칭기스의 원정에 적극적으로 참여했다는 점을 지적하고 있다.

확실히 칭기스 칸의 마 와라 알 나흐르 정복은 미리 각본이 준비되어 있었던 것 같다. 작전은 실제로 매우 질서정연하게 전개되었다. 1219년 말 오트라르에 도착한 몽골군은 거기에서 군대를 4개로 나누었다. 맏아들 조치를 대장으로 하는 우익은 시르다리아 강 하류의 잔드(현재의 페로프스크)를 목표로 하고, 좌익은 강 상류의 호젠트로 향했다. 오트라르는 차가타이와 우구데이에게 맡기고, 칭기스와 막내 아들 톨루이의 중군中軍은 키질쿰 사막을 횡단하여 사마르칸트의 배후 도시 부하라로 진군했다.

몽골군을 맞아 싸운 호라즘군은 병력이 총 40만 명에 달했다. 호라즘 군주 무함마드는 넓은 벌판에서 적을 맞아 싸우지 않고 군사를 각 도시에 분산하여 배치하는 작전을 구사했다. 몽골군의 공격을 피하여 견고한 성벽에 의존한 채 그들이 지치기를 기다리는 작전이었다. 그는 자기에게 충성하지 않은 캉글리족의 반란을 염려하여 병력을 한곳에 집중시키지 못했다. 사실 호라즘 샤조가 급격하게 대두한 배경에는 아랄 해 방면에서 유목을 하고 있던 캉글리족의 군사력에 의존한 바가 컸다. 그러나 문제는 그들을 직접 통제할 수 있는 사람은 무함마드가 아닌 캉글리족 출신이면서 무함마드의 어머니인 투르칸 카둔이었다. 당시 호라즘 샤조에서는 무함마드와 투르칸 카둔이 서로 적대하고 있었다. 그 때문에 무함마드는 병력을 집중시키는 것을 두려워했는데, 이는 결국

호라즘 샤조에 치명적인 결과를 가져
왔다.

　부하라와 사마르칸트, 그리고 오트
라르의 함락 시기에 대해서는 사료마
다 약간씩 차이가 있다. 그러나 이 도
시들은 비교적 단기간에 몽골의 수중
에 떨어지고, 칭기스는 1220년 봄에
마 와라 알 나흐르의 주요 부분을 지
배 아래 넣었던 것으로 보인다.

카라호토(黑水城)의 폐허
1226년 칭기스 군대에 의하여 폐허화된 서하의 옛 성터. 1908
년 러시아의 코즐로프에 의하여 세상에 알려지게 되었다.

　호라즘 샤조의 군주 무함마드는 수도 사마르칸트를 버
리고 호라산 쪽으로 도망갔다. 칭기스는 백전노장 제베
와 수베에데이에게 2만 군대를 주어 그를 추격하게 했다. 무함마드는 이란 각
지를 도망쳐다니다가 그 해 12월 카스피 해의 작은 섬에서 병사했다. 한편 추
격군은 그의 소식을 알지 못한 채 카프카스 산맥을 넘어 흑해 북방의 칼카 강
변에서 루시(러시아) 연합군과 조우하고 이들을 격파했다(1223년). 이는 몽골이
유럽 기독교 세계에 준 최초의 충격적인 사건이었다.

　칭기스 본대는 무함마드의 후계자 잘랄 웃딘을 추격하여 아무다리아 강을
건너 아프가니스탄으로 들어갔다. 그러나 몽골군은 험난한 산악 지형 때문에
뚜렷한 전과를 올리지 못한 채 철수를 결의했다. 그리고 천천히 정복지로 돌
아와 1225년 봄 원정군은 몽골 본토로 귀환했다. 칭기스는 이렇게 최대의 적
인 호라즘 샤조를 타도함으로써 동쪽의 만주평원에서 서쪽의 호라산에 이르
는 광대한 영역을 지배하게 되었다.

　1226년 칭기스는 다시 서하 정벌에 나섰다. 보통 때라면 2년 정도 휴식을
취했지만, 호라즘 원정에서 돌아온 그 이듬해에 서하 정벌이 이루어졌다. 그
것도 칭기스 자신이 직접 앞장섰다. 명목은 서하가 호라즘 원정에 참가하기를
거부한 데 대한 응징이었다. 그는 서하의 각 도시를 함락시키고, 황허 강변에
있는 수도 흥경興慶을 포위했다. 그러나 그는 흥경 함락을 눈앞에 두고 1227년

음력 8월 15일 오늘날 링샤회족자치구(寧夏回族自治區) 칭수이 현(淸水縣) 리우반산(六盤山) 남쪽 기슭에 있는 칭수이 하(淸水河)에서 파란만장한 생을 마감했다. 그로부터 3일 후 흥경의 성문이 열리고, 서하 사람들에 대한 무시무시한 복수가 자행되었다. 그의 유해는 그가 태어난 몽골 본토로 옮겨졌다. 그리고 생전에 묻히기를 바랐던 한 나무 아래 매장되었다고 전해진다.

우구데이 카안의 치세

칭기스가 죽은 후 2년 동안 막내 아들 톨루이가 국정을 대행했다. 칭기스와 행동을 함께했던 톨루이는, 그가 남긴 천호 가운데서 일족에게 분급한 것을 제외한 나머지를 계승하고 유산의 태반을 물려받았다. 말하자면 그는 몽골 본토와 몽골 유목민 대부분을 장악하고 있었던 것이다. 따라서 실력만 놓고 보면 톨루이가 제위帝位에 오를 만한 가장 좋은 조건을 갖추고 있었다. 그러나 정작 1229년에 개최된 쿠릴타이에서 제위에 오른 사람은 둘째 아들 차가타이와 칭기스의 막내 동생 테무게 옷치긴의 지지를 받은 셋째 아들 우구데이(太宗)였다.

타이완 국립고궁박물원 소장의 우구데이 카안의 초상

우구데이는 즉위 후 곧바로 금나라 정벌에 착수했다. 이 원정에는 제국을 대표하는 네 명의 유력자가 모두 참가했다. 제국의 서방을 맡고 있던 차가타이는 몽골 본토를 지키는 유수留守에 임명되었다. 톨루이는 우익군, 우구데이는 중군, 제국의 동방을 대표하는 테무게 옷치긴은 좌익군을 지휘했다. 본격적인 작전은 1231년부터 시작되었다. 우익군을 이끌고 출전한 톨루이는 산시(陝西)의 거점 도시 경조京兆[현재의 시안(西安)]를 함락시킨 뒤 우회하여 금의 배후를 공격했다. 좌익의 테무게 옷치긴은 중

도에서 황허를 향하여 서서히 남하했는데, 좌익군의 움직임은 황허 북부에 살고 있던 주민들을 공포의 도가니로 몰아넣었다. 공포에 사로잡힌 주민들은 황급히 황허를 건너 수도 카이펑과 그 주변으로 도망쳤다. 북부의 이주민들 때문에 카이펑성(開封城) 안팎의 인구는 급격히 늘어나 금나라는 전쟁 시작 전에 유입 인구에 의한 식량 위기와 사회 불안에 직면했다.

1232년 1월에 카이펑 서남쪽 산평 산(三峰山)에서 톨루이 군대와 금의 주력 부대가 충돌했다. 때마침 찾아온 강한 눈보라 속에서 치른 이 격전으로 15만 명에 달하는 금의 주력 부대가 궤멸되었다.

우구데이는 톨루이군을 돕기 위하여 중군을 이끌고 황허를 건넜다. 그러나 승패는 이미 산평 산 전투에서 결정되었다. 늘어난 피난민의 인구 압박으로 카이펑이 무너지는 것은 이제 시간 문제였다. 그리하여 우구데이와 톨루이는 소수의 병력을 남겨 카이펑을 감시하게 하고 북으로 돌아갔다. 이듬해인 1233년에 카이펑이 함락되었다. 금나라 왕실은 요행히 성을 탈출했지만, 그 다음 해 1월에 남송南宋 국경 부근의 채주蔡州에서 몽골 – 남송 연합군에 의해 최후를 맞이했다.

톨루이는 형 우구데이와 함께 몽골로 귀환하던 도중에 갑자기 사망했다. 그는 병이 난 형 우구데이 대신 큰 술잔의 술을 단번에 마시는 바람에 정신이 혼미해져 죽었다고 한다. 이해하기 어려운 죽음이다. 그래서 그의 죽음은 지금까지도 많은 의문을 남기고 있는데, 일부 연구자들은 그의 죽음이 우구데이 등 다른 세 명의 유력자들과 불화한 데서 비롯된 것으로 보고 있다. 우구데이와 그를 지지해준 유력자들이 톨루이를 거추장스런 존재로 보았을 수도 있다는 점에서 수긍할 만한 주장이다.[6] 톨루이의 죽음으로 명실상부한 몽골의 카안(칸 중의 칸 또는 대칸)이 된 우구데이는 잇달아 새로운 정책을 시행했다. 카안은 유연柔然 이래 유목 군주의 칭호로 사용되었던 카간(可汗)에서 유래하는데, 우구데이 때 처음으로 카안이 황제의 칭호로 채용되었다.

우구데이는 1235년 몽골 고원 중앙부에 수도 카라코룸을 건설했다. 오르콘

6) 이에 관한 자세한 사항은 스기야마 마사아키, 앞의 책, 60~62쪽 참고.

카라코룸 성터에 세워진 에르데니 조 사원

몽골 제국 제2대 카안 우구데이에 의하여 건설된 국제 도시 카라코룸은 흔적도 없이 사라지고, 현재는 16세기 말 성터 한 부분에 세워진 티베트 불교 사원인 에르데니 조만 남아 있다. 사원의 외벽에 100기, 사원 내부에 8기 등 총 108기의 불탑이 있는데, 이들 불탑의 초석에는 몽골 시대에 만들어진 비석이 잠자고 있다.

강(오르혼 강) 상류에 위치한 이 땅은 몽골 고원의 정중앙으로 고원의 동서남북을 꿰뚫는 교통로가 교차하는 곳이다. 그래서 옛 흉노 시대부터 위구르 시대에 이르기까지 투르크 – 몽골계 제국의 수도 모두가 오르콘 강 상류의 이 지역에 자리잡았다. 물론 칭기스 시대에도 이곳이 사계절 이동하는 오르두(本營)가운데서 가장 중요한 거점이었다. 이러한 유목 국가의 전통에 따라 우구데이는 금나라를 정복한 후 새로운 제국의 위상에 맞는 도읍을 건설했다.[7]

이와 함께 우구데이는 제무와 행정을 비롯한 제국의 통치를 뒷받침할 각종 기구를 정비했다. 그 핵심 기관이 재무청 기능을 겸비한 서기국書記局이었다. 위구르인 친카이[8]가 서기국 수반으로 임명되고, 제국 서방의 재무와 행정은 호라즘 출신의 무슬림 마흐무드 얄라와치, 동방의 재무와 행정은 키타이족 출신 야율초재耶律楚材와 여진족 출신 점합중산粘合重山이 담당했다. 카안의 명령은 서기국에서 문서화되어 제국 각지로 보내졌다. 중앙에 대응하여 3대 속령

---

7) 이에 관한 자세한 사항은 스기야마 마사아키, 앞의 책, 63~65쪽 참고. 그리고 카라코룸에 관한 자세한 사항은 이개석, 「元代의 카라코룸, 그 흥기와 성쇠」, 『몽골학』 4(한국몽골학회, 1996)를 참고.
8) 친카이는 칭기스 칸 시대부터 우구데이, 그리고 구유크에 이르기까지 칭기스 일가와 운명을 함께 한 사람이다. 그는 제국의 고위 관리, 네스토리우스파 기독교도로서뿐 아니라 하사받은 포로를 시켜 오르콘 강 유역에 둔전(친카이성)을 개발한 사람으로도 유명하다.

屬領인 화북, 투르키스탄(중앙아시아), 이란에도 총독부가 설치되었다. 총독부의 주요 목적은 세금 징수 업무를 원활하게 처리하는 데 있었다. 또 카라코룸을 기점으로 하여 제국 각지에 역참驛站(잠치)이 정비되었는데, 이 역참망을 따라 중앙의 명령이 신속하게 지방으로 전달되고 지방의 정보 또한 신속하게 중앙으로 집중되었다.

몽골 제국 시대의 카라코룸 상상도

국제 도시 카라코룸에는 중국인, 서하인을 비롯한 제국 영내의 주민은 물론, 프랑스인, 독일인, 러시아인, 헝가리인, 그루지아인, 아르메니아인을 비롯한 서방 출신자들도 거주했다고 한다. 사진은 프랑스 은銀 세공사 기욤 부셰가 만들었다고 전해지는 은銀 분수로서, 분수대에서는 포도주, 마유주, 벌꿀주, 곡주가 흘러넘쳤다고 한다.

몽골 제국은 우구데이 치세기에 군사적 확장을 계속하는 한편, 통치 체제를 정비하여 정복지 경영에 착수했다. 먼저 동서 두 방면에 대한 원정이 이루어졌다. 하나는 우구데이의 셋째 아들 쿠추가 총사령관이 되어 수행한 남송 원정이었다. 그러나 이 원정은 개전 초기(1236년 3월)에 총사령관 쿠추가 급사急死하면서 원정군이 통제력을 잃고 완전히 실패로 끝났다. 서방 원정은 조치 가문의 영지로 예정되어 있었던 킵차크 초원(현재의 카자흐 초원~남러시아 초원)을 평정하는 것이 일차적인 목표였다. 서방 원정군 총사령관으로 조치의 둘째 아들이자 조치 울루스의 우두머리인 바투가 임명되었다. 킵차크 초원에 들어가본 경험이 있는 수베에데이가 바투를 보좌했다. 조치 가문은 물론, 차가타이, 우구데이, 톨루이 가문을 비롯하여 기타 여러 왕가의 왕자들도 모두 원정에 참가했다. 나중에 몽골 황제가 된 우구데이 가문의 구유크와 톨루이 가문의 뭉케 역시 원정군의 일원으로 참여했다.

서방 원정군은 먼저 '킵차크'라 통칭되는 투르크계 유목민 집단을 흡수하여 일거에 거대한 집단으로 성장했다. 이어 볼가 강 중류 유역의 불가르를 함락시키고, 이듬해 1237년에 루시의 여러 공국公國을 정복했다. 그리고 볼가 강 하류 유역에서 카프카스 방면으로 군대를 되돌려 아스족(고대의 알란족, 현대의 오세트인)

을 평정한 다음, 1240년에는 키예프를 함락시키고, 한 부대는 폴란드로 진격하여 1241년 4월에 레그니차(리그니츠)에서 실레지아공 헨리 2세가 이끄는 폴란드-독일 연합 기사단을 격파했다. 한편 바투 휘하의 본대는 헝가리로 진격하여 같은 해 4월 11일 사요 강 강변에서 국왕 벨라 4세가 지휘하는 헝가리군을 격파했다. 역사서에 '사요 강의 싸움' 또는 '모히 초원의 싸움'으로 기록된 전투를 말한다. 몽골군은 그 여세를 몰아 비엔나 교외까지 진격했다.

그러나 1242년 3월 바투의 장막에 우구데이의 사망 소식과 원정군의 귀환 명령이 하달되었다. 이 소식을 접한 원정군을 구성하고 있던 몽골 여러 왕가의 군대는 차례로 동방으로 회군했다. 그러나 바투 휘하의 조치 가문의 군대는 몽골 본토로 가지 않았다. 그는 자기의 본영本營인 볼가 강 하류 유역으로 돌아가 원정 과정에서 얻은 광대한 영역을 자기 것으로 만들었다.

톨루이 가문의 복권

우구데이의 죽음을 전후하여 그의 후원자 노릇을 했던 차가타이도 세상을 떠났다. 그때 우구데이의 유해遺骸를 지키고 오르두를 장악한 사람은 그의 여섯 번째 부인 투레게네였다. 그녀는 대칸 사후 5년 동안 국정을 쥐고 아들 구유크를 제위에 앉히기 위하여 뇌물, 협박, 눈물의 호소를 비롯하여 할 수 있는 모든 짓을 다하여 상대를 포섭했다. 결국 투레게네의 맹렬하고도 끈질긴 다수파多數派 공작이 성공하여 구유크는 1246년 여름에 개최된 쿠릴타이에서 새 황제(定宗)로 추대되었다. 그러나 그는 즉위한 지 2년 만인 1248년 갑자기 세상을 떠났다.

구유크가 사망하고 3년 뒤인 1251년 7월에 톨루이의 장남 뭉케가 당시 제국 최고의 실력자였던 바투의 지지를 얻어 대칸의 자리에 올랐다(憲宗). 즉위 후 뭉케는 자신의 즉위에 반대한 우구데이 가문과 차가타이 가문 구성원들을 무더기로 숙청했다. 그는 자파自派인 '카라 훌레구'라는 자를 차가타이 가문의 수령으로 지명하고, 그가 급사하자 미망인 오르가나를 그 자리에 앉혔다. 또 잘라이르부의 문케세르를 수반으로 하는 중앙 정부 진용을 정비하는 한편, 화북, 투르키스탄, 이란을 비롯한 점령지 총독부의 인사를 쇄신했다.

뭉케는 즉위한 후 곧바로 동생 쿠빌라이에게 중국을 중심으로 하는 동방 경략을 일임했다. 그는 이어 그 다음 동생인 훌레구에게 이란 서쪽 지역의 경략을 맡겼다. 훌레구의 원정군은 몽골 본토 유목민들로부터 10호당 2명의 젊은 전사를 공출하게 하는 방법으로 조직되었다. 훌레구는 원정을 위한 만반의 준비를 마친 다음 1253년 가을 목적지를 향하여 서서히 출발했다. 그의 당면 목표는 '이단자異端者'라 불리는 이슬람의 이스마일파(니자르파) 세력을 제거하는 일이었다.

무슬림 가운데서 다수를 점하는 정통 수니파에 대해 소수인 시아파는 무함마드(마호메트)의 사촌으로 그의 딸을 처로 삼은 4대 칼리프 알리를 진정한 무함마드의 후계자로 인정하고, 그 자손만이 무슬림의 지도자라고 주장했다. 그 시아파의 한 지파가 12이맘파이고, 또 다른 일파가 이스마일파이다. 이스마일파는 다른 종파들과 격렬하게 대립하면서 10세기 초기 이집트에 파티마조(왕조의 명칭은 무함마드의 딸 파티마의 이름에서 비롯되었다)를 건설했다. 그들은 선교 활동을 통해 시리아에서 이란에 걸쳐 크게 세력을 확대했는데, 11세기 말기에 등장한 이스마일파의 지도자 하사니 사바흐는 파티마조로부터 독립하여 독자적인 파벌(니자르파)을 형성했다. 그는 이란 북부 엘부르즈 산맥의 알라무트 산성山城을 근거지로 하여 이란 동부와 서남부, 시리아 각지에 산성을 건설하고, 수니파를 신봉하는 셀주크조와 격렬하게 대립했다. 시리아에서 그들과 접촉한 십자군은 '암살자(Assassin)'라는 이름과 함께 니자르파 교단의 이야기를 유럽에 퍼뜨렸다. 칭기스 칸이 호라즘을 원정할 때, 그 교단은 재빨리 그에게 복종하겠다며 사자를 보내왔다. 그러나 우구데이 시대 이후 몽골이 이란 통치에 의욕을 보이기 시작하면서 양자의 이해가 대립되고, 몽골의 부장部將이 교단의 자객에게 살해되는 사건이 발생했다. 그래서 구유크 시대에 이미 그 교단에 대한 공격을 명령해 놓은 상황이었다.

훌레구 군대는 천천히 진군하며 병사와 군량을 정비한 뒤 1256년 초에 겨우

암살자 교단의 근거지 알라무트 산

아무다리아 강을 건넜다. 그런데 그 전 해 말에 뜻하지 않은 사태가 발생했다. 1255년 12월 이스마일파의 수령 알라 웃딘 무함마드 3세가 돌연 그의 측근에 의해 살해되는 사건이 발생했던 것이다. 무함마드 3세는 특별한 저항 수단을 갖고 있었던 것은 아니지만, 어떻든 반反몽골적인 자세를 견지하고 있었다. 그러나 제8대 교주가 된 그의 아들 루큰 웃딘 쿠르샤는 아버지와 달리 몽골군에 항복하여 그의 종교 왕국을 지키려고 했다. 쿠르샤가 아버지를 살해했다고 얘기되는 이유도 이 때문이다.

  몽골군의 다음 목표는 바그다드였다. 750년에 수립된 압바스조는 제2대 칼리프 만수르 때 이곳에 새로운 수도를 건설했다. 그로부터 약 500년 동안 바그다드는 압바스조의 수도로서 전성기에는 인구 100만 명을 상회하는 세계 제일의 도시로 성장했다. 물론 10세기 이후 다이람계[9]와 투르크계 군인에게 정치의 실권을 빼앗겼지만, 칼리프는 '신도의 수장'으로서 여전히 무슬림의

---

9) 페르시아계 왕조인 부와이흐조(932~1055년)를 가리킨다. '다이람계'라는 말은 이 왕조를 세운 부와이흐 가문의 출신지가 카스피 해 남부의 '다이람'이라는 데서 유래한다.

정신적 지주로 남아 있었다.

1258년 2월 몽골의 교란 정책으로 내부 분란에 휩싸인 바그다드는 효과적인 대책을 강구하지 못한 채 항복하고 말았다. 압바스 가문 일족은 이집트로 도주하여 맘루크조의 보호 아래 카이로에서

프랑스 국립고문서보관소에 소장된 일 칸국 아르군 칸의 서신(부분)
프랑스 왕 필립 4세에게 보낸 서신으로 팔레스타인과 시리아에 대한 공동 작전을 제안하고 있다.

칼리프를 칭했지만, 그 권위는 완전히 실추되었다.

1260년 시리아로 진출한 훌레구 군대는 알레포와 다마스쿠스를 함락시키고, 곧 이집트로 진격하려 했다. 바로 이때 대칸 뭉케의 사망 소식이 전해졌다. 훌레구는 선봉 부대인 키트 부카에게 후사를 맡기고, 남은 군단을 거느리고 귀환 길에 올랐다. 그러나 그는 타브리즈 부근에서 형 쿠빌라이의 즉위 소식을 접하고, 귀환을 단념한 채 이란 · 이라크 지역에 정권을 수립하기로 결의했다. 이렇게 하여 역사적인 훌레구 울루스(일 칸국)가 성립되었다.

훌레구 울루스의 자립은 카프가스 방면의 지배를 둘러싸고 조치 울루스와의 대립을 불러왔다. 한편 키트 부카의 몽골군을 팔레스타인의 아인 잘루트에서 격파한 맘루크조는 시리아로부터 훌레구 세력을 일소하는 한편, 재빨리 킵차크 초원의 조치 울루스 쪽으로 접근했다. 사실 맘루크 군인은 대부분 킵차크 초원에서 데려온 이른바 투르크계 유목민 출신이었다. 이런 점에서 조치 울루스와 맘루크조는 형제국이라 할 수 있는 사람들로 구성되어 있었다. 이처럼 양쪽에서 협공당하는 형국에 처한 훌레구 울루스는 이 남북 동맹에 대항하기 위하여 유럽의 기독교 세계에 공동 작전을 제안했다.[10] 이렇게 하여 몽골이 절대적인 군사력으로 다른 나라를 복종시키는 시대는 종말을 고하고, 새로운 국제 관계가 전개되었다.

---

10) 일 칸국의 제4대 군주 아르군은 1285년부터 1290년까지 로마 교황청과 프랑스, 영국에 사절을 파견하여(총 4차) 맘루크에 대한 공동 작전을 제의했다. 물론 서방 세력들이 응하지 않아 이 제의들은 실현되지 않았지만, 몽골과 서구 세력의 접촉이라는 점에서 역사적 의의가 있다. 이에 관한 자세한 것은 르네 그루쎄, 앞의 책, 528~532쪽 참고.

2. 쿠빌라이 정권

쿠빌라이의 즉위

1251년 뭉케로부터 남송 정벌을 비롯한 동방 경략을 위임받은 쿠빌라이는, 몽골 고원 동남쪽 끝 금나라 수도 중도에서 가까운 금련천金蓮川 초원을 자신의 본거지로 정했다. 이때 잘라이르부의 무칼리 국왕 가문을 위시한 5투하五投下(5대 유목 집단, 즉 잘라이르, 콩기라트, 이키레스, 우루우트, 망구트)가 쿠빌라이 지배 아래 새롭게 조직되었다.

쿠빌라이는 우구데이 시대에 단행된 쿠추의 남송 원정이 실패한 것을 교훈 삼아 정면 공격에 의한 단기전을 피하는 책략을 구사했다. 그는 여러 가지 어려움 끝에 남송의 배후에 위치하는 전략 거점이자 금과 은을 비롯한 광산 자원이 풍부한 윈난(雲南)의 다리(大理)를 함락시켰다. 그리고 뒷일을 수베에데이의 아들 우량카다이에게 맡기고 1254년 말 금련천으로 귀환했다. 그는 여기에 개평부開平府라는 중국식 도성을 만들고 장기전에 대비했다. 이러한 쿠빌라이의 행동을 달갑지 않게 여긴 대칸 뭉케는 스스로 출전을 결의했다. 뭉케는 단기에 전쟁을 끝내기를 바랬던 것이다.

이 전쟁에서 쿠빌라이는 배제되었다. 뭉케는 쿠빌라이 대신 테무게 옷치긴 가문의 타가차르에게 기대했다. 작전은 몽골의 전통적인 전투 대형인 3군단 방식을 택했다. 타가차르가 좌익 군단, 뭉케 자신이 중앙 군단, 윈난에서 출전한 우량카다이가 우익 군단을 맡았다. 작전의 성패는 타가차르에게 달려 있었다. 그러나 타가차르 휘하의 좌익군은 1257년에 한수이(漢水)를 사이에 둔 두 도시(양양襄陽과 번성樊城)에 대해 공격을 시작한 지 겨우 1주일 만에 철수해버렸다. 당연히 뭉케는 격노하고 재차 쿠빌라이를 기용했다. 다시 기용된 쿠빌라이가 원정군을 편성하고 있는 사이 쓰촨(四川)으로 진군한 뭉케의 중앙 군단은 전방에서 전투를 벌였다. 그때 이름이 알려지지 않은 전염병이 쓰촨의 뭉케군을 급습했다. 그리고 1259년 8월 뭉케는 진중陣中에서 급사했다.

이때 루난(汝南)에 머물고 있던 쿠빌라이는 일반의 예상과 달리 북으로 돌아가지 않고, 계속 진군하여 양쯔강을 건너고 윈난에서 적진敵陣을 돌파하여 북상하는 우량카다이와의 회합 지점인 악주鄂州를 포위했다. 아군을 구출하고 스스로 원정군의 후미를 맡으려고 한 그의 행동은 중국 본토 각지에 남은 여러 부대로부터 큰 호응을 얻었다. 그리고 타가차르가 이끄는 칭기스 칸 동생들의 후손인 동방 3왕가王家 군대가 합류를 표명하고 우량카다이와도 연락이 되자, 쿠빌라이는 부장 바아투르에게 그를 구출하게 하고 곧바로 중도를 향하여 군대를 돌렸다.

뭉케를 이을 황제 후보로는 원정의 유수留守를 맡고 뭉케의 장례를 주관한 막내 동생 아리크 부케가 유리한 위치에 있었다. 그러나 쿠빌라이는 이듬해인 1260년 봄 개평부로 이동하여 자신의 지지자만으로 쿠릴타이를 개최하고 황제에 즉위했으니, 그가 원나라 세조世祖이다. 이에 질세라 카라코룸에 남아 있었던 아리크 부케도 이듬해 쿠릴타이를 개최하고 즉위했다. 이렇게 하여 제국에 두 명의 황제가 존립하는 심각한 사태가 발생했다.

이어 두 황제 사이에 제위 계승 전쟁이 벌어졌다. 전쟁은 무려 4년 동안이나 계속되었다. 정통성 측면에서 보면 확실히 뭉케 정권을 계승한 아리크 부케에게 명분이 있었다. 그러나 군사력과 보급면에서는 중국을 확보하고 동방 3왕가와 5투하의 군사력을 장악한 쿠빌라이가 우세했다. 아리크 부케는 차가타이 가문의 방계傍系인 알구에게 수령 지위를 약속하고, 차가타이령 오아시스(중앙아시아)에서 물자를 보급받으려 했다. 그러나 알구는 오르가나(카라 훌레구의 미망인)를 축출하고, 수령 자리에 앉자마자 쿠빌라이와 손을 잡고 아리크 부케에게 반기를 들었다. 아리크 부케는 그를 토벌하고, 차가타이령의 본거지인 일리 계곡을 점령했지만, 투항한 장수들을 모두 살해하는 실수를 범하여 인심을 잃었다. 그런데다가 1263년부터 일리 계곡에서는 심한 기근이 들어 죽은 자가 속출하는 참담한 상황이 전개되었다. 결국 아리크 부케는 군대를 해체하고 1264년 7월 쿠빌라이에게 투항했다.

실력으로 제위를 장악한 쿠빌라이는 수도를 카라코룸에서 자기의 본거지인 상도上都(옛 개평부)로 옮기고 아리크 부케의 지지자들을 처벌했다. 이어 그는 중앙아시아 서쪽의 실력자, 즉 조치 가문의 베르케, 이란에서 자립한 동생 훌레구, 차가타이 가문의 알구에게 호소하여 1266년 새로이 쿠릴타이를 개최하기로 결정했다. 그러나 우연하게도 위의 세 사람 모두 1년 사이에 차례로 세상을 떠남에 따라 제국은 다시 혼란에 빠졌다.

타이완 국립고궁박물원 소장의 쿠빌라이 카안의 초상

중앙아시아의 분쟁

쿠빌라이가 국가 사업을 추진하기 시작할 무렵 중앙아시아 형세는 다시 급박하게 돌아갔다. 위에서 언급했듯이 훌레구, 베르케, 알구가 차례로 세상을 떠났고, 그 가운데서도 차가타이 가문인 알구의 죽음은 쿠빌라이에게 특히 심한 타격을 주었다. 그의 죽음으로 일단 수습되어가던 중앙아시아가 다시 혼란에 휩싸였다. 제국의 동서를 잇는 중앙아시아의 불안은 당연히 쿠빌라이의 국가 구상에 커다란 장애가 되었다.

동맹자인 알구의 죽음이 몰고올 여파를 염려한 쿠빌라이는, 1266년 자신의 궁정에 있던 차가타이 가문의 방계인 바라크를 알구의 후계자로 임명하여 중앙아시아로 보냈다. 자신의 권위를 바탕으로 차가타이 가문과 중앙아시아를 더욱 확고하게 장악하기 위해서였다. 그러나 그의 계획은 뜻대로 이루어지지 않았다. 바라크는 쿠빌라이가 생각했던 것 이상으로 큰 야심을 갖고 있었다. 알구가 죽자 차가타이 가문은 사망한 카라 훌레구의 유복자 무바라크 샤를 새로운 수령으로 추대했다. 그러나 바라크는 쿠빌라이의 명령을 구실 삼아 이제

막 수령이 된 무바라크 샤를 권좌에서 끌어내리고 자신이 그 자리에 앉았다. 이렇게 쿠빌라이의 후원으로 권력을 장악한 바라크는 곧바로 차가타이 울루스의 자립을 제창하며 쿠빌라이에 반기를 들었다.

바라크는 중앙아시아에서 영역을 확대하기 위한 활동을 개시했다. 2년 정도 주변 세력에 대해 바라크가 도전하는 형태로 전투가 행해진 뒤, 1269년 여름에 톈산 북쪽 기슭의 요충지 탈라스 강변에서 서방의 몽골계 수령들이 회맹을 가졌다. 그곳에 모인 사람은 차가타이 가문의 바라크 외에 우구데이 가문의 서방령 중심 인물인 카이두, 그리고 베르케 사후 조치 가문의 새로운 우두머리로 선출된 뭉케 테무르의 대리인이었다. 이 회맹에서 세 사람은 제국의 속령인 마 와라 알 나흐르를 분할하기로 결정하고, 또 바라크의 제안에 따라 서방 영토를 개척하기로 했다. 중앙아시아 각지의 유목 세력 역시 바라크의 제안에 호응했다. 그리하여 바라크는 1270년 중앙아시아 유목 집단을 규합하여 훌레구 울루스를 점령하기 위해 아무다리아 강을 건너 서쪽으로 향했다. 탈라스 회맹 이듬해에 일어난 일이다.

훌레구 울루스의 지도부는 바라크가 아무다리아 강을 건너기 전부터 그의 동향에 관한 첩보를 입수하고 있었다. 당시 훌레구 울루스는 북쪽의 조치 울루스와 서쪽의 맘루크조 양쪽에 적을 두고 있었다. 그렇지 않아도 힘든 때 그는 중앙아시아의 강력한 기마 군단을 맞아 싸워야 했다. 어떻든 바라크의 출전으로 훌레구 울루스는 최대의 위기를 맞았다. 당시 부친의 뒤를 이어 일 칸이 된 아바가는 바라크 대군을 맞아 싸울 것을 선언하고 호라산으로 진격했다. 아바가는 헤라트에서 이틀 걸리는 카라수(투르크어로 '검은 물'이라는 뜻) 평원에서 바라크 군대를 분쇄했다. 이 전투에서 바라크군은 말 그대로 대패를 했다. 바라크는 단기單騎로 겨우 마 와라 알 나흐르로 돌아오기는 했지만, 그에게는 이제 아무런 힘도 없었다. 그 결과 바라크의 찬탈에 불만을 품고 있었던 차가타이 가문의 왕족과 장수들은 그로부터 이반하여 우구데이 가문의 카이두에게 몸을 의탁했다. 카이두는 이 기회를 놓치지 않고 바라크를 살해했다. 이렇게 바라크를 잃고, 후계자를 둘러싼 혼란에 휩싸인 차가타이 가문은 이제

카이두의 간섭을 받게 되었다.[11]

한편 쿠빌라이는 1271년 국호를 대원大元으로 바꿨다. 이렇게 하여 중국사에서 말하는 원조元朝(1271~1368년)가 성립되었다. 그리고 그때부터 약 1세기 동안 중국 역사는 중앙유라시아사의 일부로서 전개되었다. 그 해, 즉 1271년 쿠빌라이는 바라크 사후 혼란에 빠진 중앙아시아 정세를 해결하기 위하여 넷째 아들 노무칸이 이끄는 대군을 보냈다. 용맹성이 뛰어나 쿠빌라이의 적자 가운데 가장 큰 기대를 모았던 노무칸은, 최강의 몽골 병단을 이끌고 차가타이 울루스의 본거지인 일리 계곡의 알말리크에 주둔하면서, 복잡하게 뒤섞인 우구데이 가문과 차가타이 가문을 비롯한 여러 정파를 위압했다. 그는 당시 호라산에 주재하는 아바가 군대와 협력하여 우구데이와 차가타이 양가를 동서에서 협공하려 했다. 노무칸과 아바가는 사촌형제였으니 혈연적으로 보아도 두 사람은 가까운 사이였다. 말하자면 쿠빌라이 가문과 훌레구 가문이 협력하여 중앙아시아를 안정시키려 했던 것이다.

그러나 사태는 그리 간단하지 않았다. 뭉케 사후의 일련의 반동이 작용했던 것이다. 1276년 노무칸 군대에 속해 있던 선先황제 뭉케의 아들 시리기, 아리크 부케의 아들 요부쿠르와 멜릭 테무르가 진중陣中에서 반란을 일으킨 사건이 발생했다. 반란 자체는 재빨리 대응한 쿠빌라이에 의해 진압되었지만, 중앙아시아를 직접 장악하려 했던 그의 계획은 무산되었다. 반란을 일으킨 요부쿠르와 멜릭 테무르는 카이두에게 몸을 맡겼고, 알타이 방면에 펼쳐져 있던 아리크 부케 가문의 유목민도 그의 진영에 가담했다. 차가타이 가문에서는 카이두의 후견으로 바라크의 아들 두아가 수령이 되었다. 이렇게 하여 알타이에서 마 와라 알 나흐르에 이르는 광대한 지역에 카이두를 맹주로 하는, 이른바 '카이두의 나라'가 성립되었다.

쿠빌라이의 최대의 위기는 1287년에 찾아왔다. 동방 3왕가를 거느린 테무게 옷치긴 가문의 수령 나얀이 반란을 일으킨 것이다. 카이두 역시 이에 호응하여 군대를 동쪽으로 진군시켰다. 위기에 처한 쿠빌라이는 스스로 군대를 이

11) 바라크 군대의 서아시아 원정에 대한 자세한 사항은 스기야마 마사아키, 앞의 책, 224~226쪽 참고.

끌고 나얀의 본대를 기습하여 격파시켰다. 동진하고 있던 카이두도 1289년 쿠빌라이가 카라코룸으로 출병하자 퇴각하고 말았다.[12]

쿠빌라이가 세상을 떠나고(1294년) 테무르(成宗)가 즉위한 후 1300년부터 그 이듬해에 걸쳐 몽골 고원 서부와 알타이 일대에서 중앙아시아의 총력을 결집하여 진군한 카이두와 원나라 군대가 충돌했다. 카이두는 수 차례의 전투 후 패전하고 그때 입은 상처 때문에 사망했다. 차가타이 가문의 두아는 카이두의 아들 차파르와 함께 테무르에게 복종을 맹세했다. 이 화합은 훌레구 가문과 조치 가문으로부터도 환영을 받아 마침내 제국의 분쟁이 종식되었다(1305년).

대도의 건설과 남송 정벌

쿠빌라이 정권의 기반은 몽골 제국 전체에서 보면 동쪽에 치우쳐 있었다. 앞에서 언급했듯이 쿠빌라이는 뭉케로부터 동방 경략을 위임받고, 동방 3왕가를 중핵으로 하는 군사력을 기반으로 개평부에서 즉위했다. 즉위한 후 그는 수도를 자신의 권력 기반의 중심지로 옮기고 그곳에서 제국 전체에 눈을 돌렸다.

쿠빌라이 정권을 받쳐준 것은 물론 몽골 기마 군단의 군사력이었다. 이와 함께 그는 당시 세계에서 가장 인구 밀도가 높고 생산력이 풍부한 중국의 경제력과 행정 조직을 정권의 기반으로 삼았다. 쿠빌라이 정권은 무게 중심이 동쪽에 치우쳐 있었기 때문에 중국 전체를 손에 넣기에 유리했다. 이렇듯 쿠빌라이는 몽골의 초원 세계와 중국의 농경 세계 양쪽에 권력 기반을 갖고 있었고, 그래서 상도를 초원 지역(여름)의 수도로 정하는 한편, 농경 지역(겨울)의 수도로서 대도大都를 건설했다.

1266년 쿠빌라이는 금나라 수도인 중도 동북쪽 교외, 즉 현재의 베이징 땅에 제국의 수도를 건설하도록 명했다. 그리고 1271년에 국호를 대원大元이라고 칭

---

12) 나얀의 반란과 관련한 자세한 사항은 윤은숙, 「쿠빌라이칸의 중앙집권화에 대한 동도제왕들의 대응 - '나얀 반란'을 중심으로」, 『중앙아시아연구』 8(중앙아시아학회, 2003)을 참고.

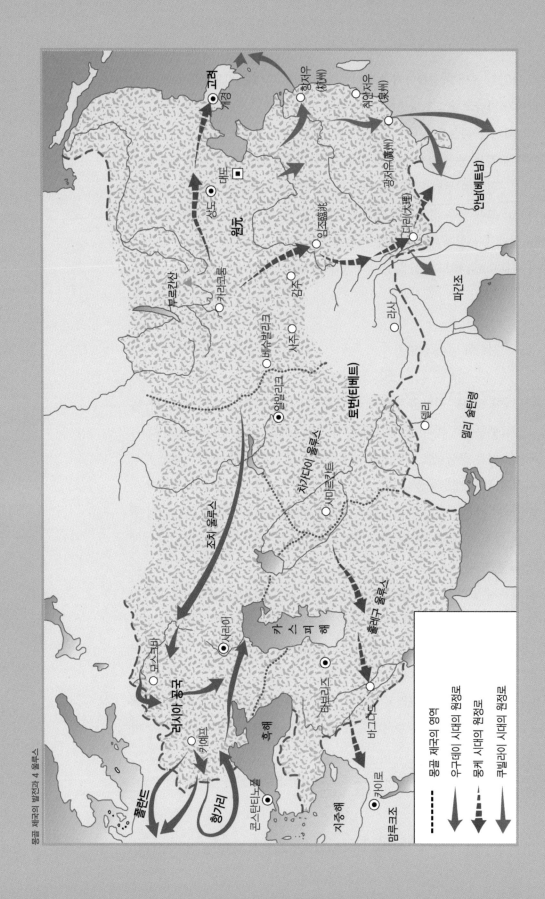

하고, 건설 중인 수도를 '대도大都'로 이름지었다. 대도는 투르크어로 '칸발리크(왕의 도시, 즉 제도帝都)'라고 칭해졌다. 이는 『주례周禮』에 기록된 고대 중국의 이상적인 도읍을 실현한 도시였다. 또 태액지太液池[13]를 중심으로 하는 광대한 목초지를 황제의 전용지로서 황성皇城 안에 배치하여 초원의 환경을 그대로 도시에 옮겨놓았다.

대도의 가장 큰 특징은 내륙 도시이면서 항구를 가지고 있다는 점이다. 황성 북쪽의 거대한 호수 적수담積水潭은 갑문식閘門式 운하인 통혜하通惠河를 통해 통주通州로 이어지고(거리 50km, 고도차 37m), 통주에서부터 백하白河를 따라 바다 쪽 항구인 직고直沽

공성전을 벌이는 몽골군
몽골군은 기마의 위력과 강력한 궁시弓矢에 의하여 원거리 공격에서 최대의 위력을 발휘했다. 그러다가 접근전이 벌어지면 긴 창이나 칼을 사용한다. 그림과 같이 성벽을 만나면 '만자니크'라는 공성 도구를 사용하여 공격한다. 라시드 웃딘의 『집사』의 삽화.

[현재의 톈진(天津)]로 연결되어 있었다. 육상 역참망이 상도를 기점으로 제국 전역으로 확대된 것처럼 통주는 수운水運의 기점 구실을 했다. 직고에서 항저우(杭州), 취안저우(泉州), 광저우(廣州)를 비롯한 남중국의 여러 도시와 연결되고, 나아가 동중국해, 남중국해에 이르는 해상 항로와도 연결되었다. 이렇게 하여 해운과 운하를 통해 강남江南의 물자를 대도로 효율적으로 운송할 수 있었다. 이처럼 대도는 계획 단계에서부터 경제력이 풍부한 강남(남송) 접수를 전제로 하여 건설되었다.

남송 공격은 1268년에 한수이(漢水) 중류의 양양과 번성에 대한 포위 작전에서 시작되었다. 포위군은 먼저 1271년 6월 범문호范文虎가 이끄는 남송 원군을

---

13) 대도의 황성 지구에는 이 태액지를 중심으로 동쪽으로 대大오르두, 서쪽으로 태자 오르두가 조영되었다. 오늘날 베이징 시민의 쉼터 구실을 하는 베이하이(北海) 공원이 바로 이 태액지의 유산이다. 대도에 대한 자세한 사항은 스기야마 마사아키, 앞의 책 201~208쪽 참고.

분쇄했다. 이어 1273년 1월부터는 훌레구 울루스에서 개발한 만자니크(回回砲)라는 투석기投石機로 성벽을 파괴했다. 수비군은 힘이 다한 나머지 결국 1273년 2월 전군이 투항했다. 몽골군 본대는 항장降將 여문환呂文煥의 선도에 따라 한수이에서 양쯔강으로 내려가, 1276년 정월 수도 린안(臨安)에 무혈입성했다. 린안을 탈출한 황제 일족도 3년 뒤인 1279년 2월 애산崖山 전투에서 절멸되었다. 이로써 남송 150년의 역사는 종말을 고한다.

쿠빌라이의 경제 정책

남송을 손에 넣은 쿠빌라이는 강남을 기점으로 하여 해상 무역로를 장악하려 했다. 이미 8~9세기부터 광저우(나중에는 취안저우)를 중심으로 하는 중국의 동남 해안 지대에는 페르시아 만의 여러 도시로부터 아랍 – 이란계 무슬림 상선이 빈번하게 내항하여 상업 활동을 벌이고 있었다. 당시 그곳에는 중국 당국에 의해 아랍과 이란 출신 무슬림들을 위한 자치 공동체가 설치되어 있었는데, 그들은 번방蕃坊이라 불리는 거주지에서 행정적 자치와 종교적 자유를 누렸다. 그 결과 9세기가 되면 아랍어로 쓰인 중국 사정에 관한 책자까지 출간된

14세기경 취안저우에 거주했던 무슬림의 묘비

다. 남송 시대에 취안저우에서 무역을 관리한 사람도 포수경蒲壽庚이라는 무슬림이었다. 그는 취안저우를 거점으로 하여 무려 30년에 걸쳐 무역과 선박 관리 업무를 관장한 사람이다. 몽골인들은 남송 멸망 이전부터 이미 포수경으로 대표되는 무슬림 상인 세력과 손을 잡았다. 그들의 고향이 훌레구 울루스 영내에 있었을 뿐 아니라 몽골의 정책이 무슬림 상인의 이해와 합치되었기 때문이다.

사실 몽골과 무슬림 상인의 협력 관계는 문헌상으로 칭기스 칸 시대까지 거슬러 올라간다. 칭기스 칸이 정권을 장악하기 이전, 즉 케레이트의 옹 칸과 싸워 패하고 발주나 호수로 도망갔을 때

(1203년), 아산(하산)이라는 이름을 가진 이란계 무슬림상인과 접촉했다. 또 잘 알려진 바와 같이 당시 몽골 고원에서 세력을 떨친 케레이트부, 나이만부, 옹구트부를 비롯한 유목민들 사이에는 네스토리우스파 기독교가 널리 퍼져 있었다. 어떻든 그 무렵 몽골 초원과 서방 세계의 접촉은 우리들이 상상하는 것 이상으로 긴밀했다.

앞서 언급했듯이 중앙유라시아에 유목 국가가 성립되기 위해서는 반드시 농경 지대와 그곳의 상업 자본을 장악해야 했다. 칭기스의 중앙아시아 원정도 무슬림 상인의 적극적인 협력을 받아 뛰어난 시나리오에 따라 정연하게 수행되었다. 비단 칭기스의 원정에 한정되지 않고, 이슬람 세계에서 행해진 몽골의 군사 활동에는 언제나 이 방면의 사정에 능통한 무슬림 상인이 그들의 능력과 조직을 다하여 협력했다. 작전 계획의 입안, 적정敵情 조사, 항복 권고, 외교 교섭, 군수 물자 조달과 운송을 비롯하여 그들이 담당한 일은 다방면에 걸쳐 있었다. 주둔군과 협력하여 정복지의 행정과 재무를 담당한 것도 무슬림 상인이었다. 중앙아시아에서는 호라즘의 대상인이었던 마흐무드 얄라와치에 이어 그의 아들 마스우드 벡이 그 임무를 담당했다. 그들은 오르타크(斡脫)라 불리는 공동의 사업 조직을 만들어 제국의 확대와 더불어 더욱 큰 사업망을 구축해나갔다.

쿠빌라이는 좀더 적극적으로 무슬림 상인을 국가 경영에 참여시켰다. 마찬가지로 오르타크를 이루어 폭넓은 상업 활동에 종사하고 있던 불교도인 위구르 상업 집단에게도 갖가지 특권을 부여하고 정권의 재무와 경제를 위임했다. 쿠빌라이의 재무장관으로 수완을 발휘한 아흐마드라는 사람은 시르다리아 강 중

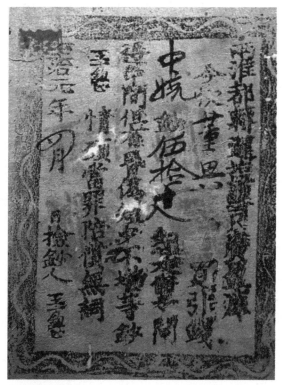

소금 교환권인 염인
주로 은으로 매입한 염인은 곧 고액 화폐로 사용되었다. 그림은 현재 내몽골 고고연구소에 소장되어 있는 염인이다.

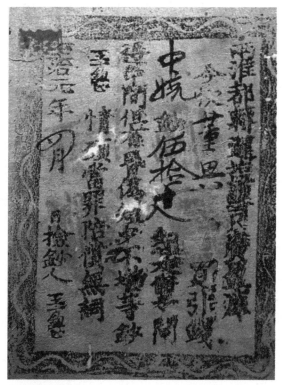

류의 바나카트 출신 무슬림이었고, 예언자 무함마드와 연결되는 가문 출신인 사이드 아잘은 윈난 개발에서 이름을 날렸다. 또 하남河南에서 몽골의 남송 정복 전쟁의 보급을 담당한 알리 벡이 위에서 언급한 마흐무드 얄라와치의 일족이라고 일컬어지듯이, 모두 거대한 자본을 가진 오르타크 조직을 배경으로 하고 있었다.

쿠빌라이 정권의 재원은 극단적으로 상업 이윤에 치우쳐 있었다. 농업 생산물에서 나오는 세수稅收는 지방에서 사용되고, 중앙 정부는 세입의 주요 부분을 소금의 전매와 상세商稅에 의존했다. 몽골의 기본 통화는 은이었는데, 정부는 은의 부족을 보충하기 위하여 염인鹽引이라 불리는 소금 교환권을 발행했다. 염인은 고액의 지폐로 유통되었고, 염인의 매상 대금이 정부 수입의 80%에 이를 정도로 많은 부분을 차지했다.

염인 다음의 수입은 세율이 대략 3.3%인 상세였다. 몽골 정권은 과거에 각 도시나 항만과 관문마다 과세하던 통행세를 폐지하고, 최종 매각지에서 한 번만 세금을 내도록 했다. 그 결과 원거리 교역이 활성화되고 물자가 급증하여 상세 수입도 증대되었다. 상세도 기본적으로 은으로 거둬들였기 때문에 쿠빌라이 주변에는 방대한 양의 은이 집중되었다. 그는 몽골 왕족들을 자기편에 묶어 두기 위하여 이 은을 대량으로 사여賜與했는데, 왕족들은 이를 단골 오르타크 상인에게 투자하여 재산을 불렸다. 이와 같이 하여 제국 전역에 걸쳐 물자와 은이 유통되고, 다시 거대한 재부財富가 쿠빌라이 궁전으로 집중되었다.

3. 몽골에 의한 평화

서방 3왕가

알타이 산맥 서쪽, 즉 현재의 카자흐 초원과 남러시아 초원, 중앙아시아, 이란·이라크에는 각각 조치 가문, 차가타이 가문, 훌레구 가문의 영지(울루스)가 있었다. 이들 3왕가의 몽골인들은 생활 관습이 비슷한 투르크계 사람들과 어울려 살면서 점점 투르크화하고 이슬람을 받아들였다. 그 때문에 중앙유라시아는 동쪽의 불교 문화 세계와 서쪽의 이슬람 세계로 뚜렷이 구별되게 된다.

앞에서 언급했듯이 칭기스에 의해 알타이 산맥을 따라 분봉되었던 조치 울루스는, 그의 아들 바투가 총사령관이 되어 출전한 서방 원정의 성과를 모조리 자기 것으로 만들어 영지를 킵차크 초원 전역으로 확대했다. 이를 흔히 '킵차크 칸국'이라 부른다. 바투는 제실帝室의 장로로서 제위 계승에도 커다란 영향력을 행사했고, 그를 계승한 동생 베르케 역시 조치 울루스를 무리 없이 이끌어 대칸 뭉케 사후(1259년)의 혼란한 시기를 슬기롭게 극복했다. 그는 이슬람으로 개종하고 훌레구 울루스와 대항하기 위하여 맘루크조와 손을 잡았다. 베르케의 뒤를 이은 뭉케 테무르 이후에는 왕통이 다시 바투의 후손에게 넘어갔다. 13세기 말에 조치 일문—門의 노가이가 군대를 장악하고 한때 권력을 휘두르지만, 그의 지원을 받아 즉위한 뭉케 테무르의 손자 톡타는 장인 살지다이(콩기라트족)를 중용하여 노가이에 대항했다. 양자의 싸움은 장기간 계속되었지만, 톡타가 마지막 승리를 거두었다.

톡타가 죽은 후 조카 우즈베크가 외사촌 쿠틀룩 테무르(콩기라트족)의 도움으로 정변을 일으켜 권력을 장악했다. 우즈베크는 톡타 자식들과의 권력 투쟁을 유리하게 이끌기 위하여 이슬람을 수용하고 무슬림이 되었다고 한다. 그는 성전聖戰을 내세워 정적을 타도하고 무슬림 군주로서 조치 울루스를 통치했다.

우즈베크가 사망한 후 그의 아들 자니 벡, 이어 손자 베르디 벡이 차례로 제위를 계승했다. 베르디 벡이 죽은(1359년) 후 바투 가문의 적통이 끊기고, 조치 울루스는 그 후 20년 동안 25명 이상이 칸 위에 오르는 혼란에 휩싸였다. 이러한 가운데 다음 절에서 언급할 티무르의 지원을 받아 조치 울루스의 동부(좌익)의 지배권을 장악한 토카 테무르(조치의 열세번째 아들)의 7대손인 톡타미슈가 수도 사라이에 진출하여 조치 울루스 전체를 다시 통합하는 데 성공했다.

그러나 톡타미슈가 티무르와 싸워 패배한(이에 대해서는 후술함) 후에는 조치 울루스에 더 이상 강력한 통일 정권이 출현하지 못했다. 그 후 15세기에 들어와 볼가 강 중류의 카잔, 하류의 아스트라한, 크림 반도에 토카 테무르 후손의 독립 정권이 차례로 탄생했다. 이들이 이른바 카잔 칸국, 아스트라한 칸국, 크림 칸국이다. 또 우랄 강 동쪽의 킵차크 초원에서는 조치의 다섯째 아들 샤이반을 조상으로 하는 샤이반 울루스가 아불 하이르에 의해 통일되었다. 그 가운데서 일단의 유목민이 그의 지배를 벗어나 모굴리스탄(톈산 산맥 서부의 북쪽 기슭) 변경으로 이동하는데, 이들이 카자흐(카자크)[14]라는 이름으로 불린 유목민들이다.

한편 이란과 이라크 지역의 몽골 정권인 훌레구 울루스는 훌레구가 죽은 뒤 제2대 아바가 칸이 킵차크 칸국의 베르케 군대를 격퇴하고, 나아가 차가타이 가문의 바라크 군대까지 분쇄하여 국가의 기반을 확고히 했다. 그러나 정권을 받쳐주는 군사력을 유지하기 위한 경제적 수단은 예속된 이란인에 의지하고 있었고, 역대 군주(일 칸)들은 확실한 재정 정책을 갖고 있지도 않았다. 게다가 칸 위 계승 다툼이나 유력 부족장들의 권력 투쟁은 국고를 고갈시켰으며, 급기야 나라의 근간인 유목 전사들을 빈곤층으로 전락하게 만들었다. 거듭되는 임시세의 징수와 지폐의 발행도 재무에 관여한 사람들의 배만 채울 뿐 국고를 회복하고 유목 전사들을 구제하는 데는 실효를 거두지 못했다.

개혁 군주 가잔이 24세의 나이로 제7대 일 칸에 즉위했을 때(1295년), 국가는 사실상 붕괴 일보 직전의 상황에 놓여 있었다. 그는 먼저 이슬람으로 개종하

14) '카자흐'라는 말은 '자유로운 사람, 구속받지 않는 사람 혹은 반도叛徒'를 의미한다. 이는 이들이 소속 집단에서 이탈하여 방랑하며 떠돌이 또는 도적 생활을 하고 지낸 데서 유래한다. 자세한 것은 제4장 4절 참고.

고, 『집사集史』[15]의 편찬자로 유명한 재상(와지르) 라시드 웃딘의 도움을 받아 반대파를 처형하고 개혁 정치를 단행했다. 또 징세 제도를 개혁하고, 유목 전사에게 이크타(封邑)를 수여하는 등 현안을 해결하기 위하여 노력하고, 모스크를 비롯한 종교 시설을 건설하여 몽골인이 무질서하게 수탈만 하는 이교도가 아니라 이란 땅을 지키는 무슬림 전사라는 것을 보여주려고 했다. 가잔이 창설한 국가 기구는 칸을 정점으로 하여 군사를 담당하는 유목 귀족(아랍어로 '아미르'인데, 몽골어의 노얀, 투르크어의 벡과 같다)과 국정을 담당하는 와지르가 이를 받쳐주는 형태였다. 와지르는 재무와 행정에 종사하는 이란인 관료 집단과 사회 질서의 안정을 꾀하는 이슬람의 종교 업무 관련자를 관할했다.

가잔의 치세는 9년을 채우지 못했다. 그의 뒤를 이은 동생 울제이투는 재상 라시드 웃딘과 함께 형의 정책을 실행에 옮겼다. 이윽고 울제이투의 아들 아부 사이드가 사망하고(1335년), 훌레구의 적통이 끊기면서 국가의 통합력은 급속히 이완되고 각지에서 지방 정권이 자립하기에 이르렀다.

차가타이 울루스의 자립

한편 중앙아시아에서는 1301년 원나라 군대와 싸워 패배한 카이두가 사망하면서 그를 맹주로 하여 형성된 연맹이 붕괴되었다. 그러던 중 항상 그를 보좌해온 차가타이 가문의 두아가 움직이기 시작했다. 그는 카이두의 장례를 주관하여 자신이 중앙아시아의 일인자임을 과시하는 한편, 카이두가 생전에 후계자로 지명한 오로스 대신 우둔한 차파르를 우구데이 가문의 수령으로 천거하여 일가의 분열을 책동했다. 두아는 이어 차파르와 오로스의 대립을 이용하고 원나라 군대와 협력하여 우구데이 가문의 세력을 하나씩 격파했다. 이렇게

---

15) 14세기 초기 일 칸국 가잔 칸의 명으로 재상 라시드 웃딘이 편찬한 역사서. 이 책은 몽골 제국의 역사뿐 아니라 중국, 인도, 아랍, 투르크, 유럽, 유대 등 동시대 주변 민족의 역사까지 집대성한 세계 최초의 세계사이자 『몽골비사』(유원수 역주; 사계절, 2003)와 함께 몽골 제국사 연구의 1급 사료로 평가받고 있다. 이 책에 대한 자세한 사항은 라시드 앗딘 지음, 김호동 역주, 『부족지』(사계절, 2002), 11~34쪽 참고.

하여 중앙아시아의 우구데이 울루스는 소멸되고, 두아를 중심으로 하는 차가타이 가문의 재배권이 확립되었다. 이른바 차가타이 칸국은 이렇게 하여 성립되었다(1306년).

같은 해 두아가 사망하고, 그의 아들 쿤첵까지 죽는 사태가 발생하자 일족의 장로였던 탈리쿠(날리쿠)가 정권을 장악했다. 여기에 위기 의식을 느낀 두아 가문은 두아의 어린 자식 케벡을 억지로 내세워 쿠데타를 일으키고 탈리쿠를 살해했다. 그리고 이 기회를 틈타 카이두 울루스의 부흥을 목표로 진격해온 차파르까지 격퇴시키고, 아프가니스탄에 파견되어 있었던 케벡의 형 에센 부카를 칸으로 추대했다(1310년). 에센 부카는 케벡의 공을 인정하고, 그에게 차가타이 울루스의 중심지인 마 와라 알 나흐르와 페르가나 통치를 위임했다. 그후 풍요로운 녹지대의 카슈카다리아 강 유역은 케벡의 근거지가 되었다.

잠시 소강 상태로 접어들었던 원나라 및 훌레구 울루스와의 대립이 에센 부카 치하에서 재연되었다. 또 울루스 내부에서 칸의 권위는 결코 절대적이지 못했다. 심지어 1316년에는 왕족인 야사우르가 자기를 추종하는 여러 왕과 아미르를 이끌고 훌레구 울루스로 망명하는 사태까지 발생했다.

에센 부카의 뒤를 이어 1320년경 즉위한 케벡은 원나라 및 훌레구 울루스와의 대립을 해소하기 위하여 노력했다. 즉 그는 1320년 호라산에 군대를 파견하여 훌레구 울루스 군대와 협력하여 야사우르를 타도하는 한편, 1321년부터는 해마다 원나라에 사절단을 보냈다. 그는 무슬림은 아니었으나 오아시스 정주 지대의 경제적 중요성을 잘 이해하고, 무질서한 수탈을 억제함으로써 이슬람 사회를 발전시키는 데 힘을 쏟았다. 케벡은 이전에 형 에센 부카로부터 위임받은 카슈카다리아 강변에 왕궁(카르시)을 조영하고, 이슬람 세계의 화폐 제도를 모방하여 디나르와 디르함 두 종류의 금화와 은화(1디나르는 6디르함)를 주조했다. 이 은화는 '케베키'라고 불렸는데, 품위와 신뢰성이 높아 오랫동안 중앙아시아의 기준 화폐로 통용되었다.

케벡의 뒤를 이은 그의 동생 타르마시린도 형처럼 카슈카다리아 강 유역에서 살았다. 그는 경건한 무슬림으로 투르크어를 사용했다고 하는데, 이를 통해 몽골 왕족의 투르크화, 무슬림화의 진행 과정을 볼 수 있다. 그러나 그의 정책은 차가타이 울루스의 본거지인 톈산 산맥 서부의 북쪽 기슭(세미레치에 지방)에 있었던 여러 아미르의 반발을 불러와 결국 그들에게 살해되고 말았다.

이와 같이 마 와라 알 나흐르를 중심으로 오아시스의 풍요로운 경제력을 바탕으로 정권을 운영하려고 하는 세력과 세미레치에를 중심으로 하여 전통적인 관습과 법에 의거하여 유목 정권을 유지하려고 하는 세력의 대립이 심화되었다. 전자는 스스로 '차가타이'라 칭하고, 정주민을 단지 수탈의 대상으로밖에 보지 않는 후자를 '자타(도적)'라 불렀다. 반면에 후자는 자신을 '모굴'이라 칭하고, 투르크화-무슬림화한 후자를 '카라우나스(혼혈아)'라 멸시했다. 1340년대가 되면 양자간의 반목으로 칸의 권위는 점점 약화되었다.

몽골의 이슬람 수용

칭기스 칸이 정권을 장악하기 이전부터 몽골인과 무슬림 상인간에는 긴밀한 협력 관계가 구축되어 있었고, 앞서 언급했듯이 무슬림 상인들은 몽골의 군사 원정 과정에 커다란 역할을 수행했다. 그리고 쿠빌라이 정권 아래에서 그들이 담당한 경제적 역할에 대해서도 짧게나마 언급했다. 한편 중앙아시아 서쪽 지역에 영지를 갖고 있던 몽골 왕족들도 곧이어 이슬람을 수용하고 지배 영역의 이슬람화를 촉진했다.

일족 가운데서 맨 먼저 이슬람으로 개종한 사람은 조치 가문의 베르케이다. 17세기 초기 중앙아시아의 히바 칸국에서 쓰인 역사서에는 그의 개종에 관한 사항이 기록되어 있는데, 그 책에 의하면 베르케는 카스피 해로 흘러드는 볼가 강 하구 부근에 건설된 사라이치크에서 대상隊商과 함께 부하라에서 온 두 사람의 현자에게서 교의教義를 듣고 개종했다고 한다. 또 이븐 할둔(1332~1406년)[16]은 그가 부하라의 사이프 웃딘 바하르지(1261년 사망)의 인도로 개종했다고 전하고 있다. 사이프 웃딘은 쿠브라비 교단(이슬람 신비주의 교단)을 창설한 나줌 웃딘 쿠브라의 제자이다.

그밖에도 쿠브라비 교단이 몽골 왕족을 개종시켰다는 이야기는 훌레구 울루스 가잔 칸의 사례를 들 수 있다. 그는 이미 이슬람으로 개종한 유목민들의 지지를 얻기 위하여 아미르 나우루즈의 조언에 따라 1295년에 개종했는데, 그때 그를 인도한 샤드르 웃딘 하마비의 아버지는 나줌 웃딘의 제자이다. 샤드르 웃딘은 수피이자 수니파 법학(샤피이파[17])을 받아들인 학자(울라마)였고, 동시에 시아파(12이맘파)의 교의를 가르칠 자격까지 갖추고 있었다고 한다.

몽골 왕족을 개종시키는 데 수피가 관여했다는 전승은 차가타이 울루스에서도 확인된다. 타르마시린은 무슬림이었는데, 1334년 반대파에 의해 암살되어 국가의 분열을 불러왔다. 차가타이 울루스는 곧이어 투글루크 티무르에 의해 재통일되고, 투글루크 티무르는 수피인 자말 웃딘과 한 약속에 따라 그의 아들 아르샤드 웃딘의 인도로 개종했다. 16세기 역사서는 아르샤드 웃딘이 모굴 전사를 손가락 하나 대지 않고 내던지는 기적을 연출함으로써 하루에 16만 명을 개종시켰다는 이야기를 전하고 있다.

수피가 일으킨 기적이 개종에 큰 영향을 미쳤던 사례는 16세기에 기록된 우즈베크 칸의 개종 설화에서도 보인다. 조치 울루스에서는 베르케의 개종에도 불구하고, 그의 사후에 반대 세력이 대두하여 이슬람화가 진전되지 못했다. 우즈베크를 인도한 수피 바바 튀클레스는 활활 타오르는 화덕 가운데에서 털끝 하나 타지 않는 기적을 연출하여 칸과 측근을 이슬람으로 개종시켰다고 한다. 우즈베크 시대에 조치 울루스 백성은 모두 무슬림으로 개종했다.

앞에서 언급했듯이 몽골 왕족의 개종에는 모두 수피가 관여했다고 볼 수 있다. 이러한 기적담을 빼고도 몽골인들이 이해한 이슬람 속에 수피적 요소가 포함되어 있었다는 것은 거의 틀림이 없다.

또한 칸이 개종함과 동시에 다수의 백성이 집단적으로 개종했다는 것도 특

---

16) 북아프리카 튀니스 태생의 이슬람 세계 최대의 역사가. 방대한 세계사인 『성찰의 서』의 서문에 해당하는 『역사서설』의 저자로 알려진 사람이다. 이븐 할둔에 대한 자세한 것은 이븐 할둔 지음, 김호동 옮김, 『역사서설』(까치, 2003), 549~569쪽 참고.
17) 이븐 이드리스 알 샤피이(767~820년)에 의해 창설된 수니파의 4대 법학파의 하나이다.

징적이다. 위에서 언급했듯이 투글루
크 티무르와 함께 16만 명의 모굴인
이 개종했고, 가잔이 개종한 날 몇만
명의 몽골인이 한꺼번에 개종했다고
도 전해진다. 이러한 집단 개종 이야
기는 10세기에 이슬람을 수용한 유목
투르크의 개종 설화에도 보이는 양식
이다. 투글루크 티무르와 가잔의 사
례, 그리고 조치 울루스의 베르케와
우즈베크의 설화를 통하여 이슬람 개
종이 그들에게 커다란 정치적 이익을

나즘 웃딘 쿠브라의 묘廟(옛 우르겐치)

가져다주었다는 것을 알 수 있다. 즉 그들은 전쟁, 외교, 통치를 비롯한 여러
방면에서 무슬림 군주라는 새로운 정통성을 부여받았던 것이다.

동서 문화의 교류

유라시아 대륙 동서에 걸친 대제국의 출현은 각 지역의 역사에 커다란 영향
을 미쳤다. 첫번째로 몽골 제국이 등장함에 따라 동서간에 대대적인 인적 교
류가 이루어졌다. 몽골 원정군에 참가한 전사들은 신천지에서 새로운 생활을
시작하고, 반면에 정복지의 유능한 인재와 장인들은 몽골 땅으로 강제 이주되
었다. 동아시아에서 중앙아시아의 오아시스와 초원 지대를 거쳐 서아시아, 그
리고 남러시아에 이르는 광대한 지역이 몽골이라는 통일 정권 아래에 통합되
면서 다양한 인간 집단들의 이동이 조직적으로 이루어진 것이다. 원나라의 쿠
빌라이는 킵차크 초원 출신의 킵차크, 아스, 캉글리 등 유목민을 새로운 군단
으로 조직하여 자신에게 직속하는 친위 군단으로 만들기도 하고, 윈난 지역을
개발하는 데도 중앙아시아의 무슬림이나 위구르인을 대거 참여시켰다. 그런

가 하면 유라시아 각지의 몽골 정권은 지배 체제를 유지하기 위하여 서로 인재를 주고받았다.

이러한 인간 집단의 이동은 단지 몽골 제국 영내에서 그치지 않고, 도미노 현상이 되어 주변 지역으로 파급되었다. 예컨대 투르크계 유목민들이 몽골 군대의 진격을 피하여 아나톨리아 반도로 이주하면서 11세기 이후 계속된 이 지역의 투르크화가 더욱 촉진되었다. 이미 12세기 후반부터 투르크계 무슬림의 북인도 침략이 본격화되었는데, 몽골의 침략을 피하여 중앙아시아나 이란, 아프가니스탄에서 많은 무슬림이 유입되어 이 지역 이슬람화의 진전에 크게 기여했다. 또 몽골 내부의 대립과 항쟁은 몽골인 자신의 이주를 불러왔다. 예를 들면 훌레구 울루스에서 맘루크조로 망명하여 이집트 나일 강 삼각주 서쪽의 오아시스 바흐리야 지방에 정착한 사람들과 시리아 북부로 이주하여 이슬람화한 군단도 있었다.

두번째로, 몽골 제국이 출현함으로써 동서 두 세계의 교류가 비약적으로 촉진되었다. 제국 각지를 연결하는 역참이 정비되고 교통로의 안전이 확보되면서, 여행자들은 유라시아 대륙 동과 서를 자유롭게 여행할 수 있게 되었다. 이와 함께 취안저우를 비롯한 중국 동남부의 항구 도시와 페르시아 만의 호르무즈를 중심으로 하는 서아시아 여러 항구를 연결하는 해상 루트가 활성화되었다. 몽골 제국사 연구자 혼다 미노부(本田實信)가 지적했듯이 몽골 제국의 출현으로 이른바 '아시아의 순환 교통로'가 완성되었던 것이다.

이러한 교통로를 이용하여 위구르 상인과 무슬림 상인들이 대규모 상업 활동을 전개했다. 몽골 제국을 축으로 하는 상업망은 훌레구 울루스와 우호 관계를 유지하고 있었던 제노바, 베네치아를 비롯한 이탈리아 상인과 비잔틴 상인의 참여로 지중해 세계까지 확대되었다. 사실 14세기부터 본격화된 이탈리아의 르네상스는 몽골 제국이 이룩한 세계적 규모의 경제 발전이 그 배경이 되었음을 상기할 필요가 있다. 이와 함께 맘루크조 치하의 카리미 상인[18]도 지

---

18) 이집트 홍해 연안을 거점으로 하여 예멘, 사우디, 인도를 상대로 무역을 하던 상인 집단. 처음에는 주로 향신료 무역에 종사했지만, 차츰 다른 품목으로 거래를 확대해 거대한 국제 상인 집단으로 성장했다. 특히 그들은 14세

장춘 진인과 제자들의 서역
여행(부분)

중해와 홍해, 인도양에 걸치는 해상 교역망을 통해 이 상권商圈에 참여했다.
특히 14세기 전기가 되면 쿠빌라이와 카이두가 연달아 사망하면서 몽골 제국
내의 분쟁이 종식되고, 이슬람을 수용한 훌레구 울루스가 맘루크조에 대해 유
화 정책을 취함에 따라 동서 교류에 더욱 유리한 환경이 조성되었다. 그 결과
한반도와 일본을 포함하는 유라시아 대륙과 북아프리카를 포함하는 대규모
경제권이 형성되고 사람과 물건, 문화와 정보가 활발하게 교류되었다.

또한 제국 각지로부터 서방 3왕가를 비롯하여 왕족이나 지방 군주의 사신단
이 대도로 몰려들었다. 그들은 사실상 최고급 특산품과 진기한 물건을 휴대한
공식적인 통상 사절단으로 때로는 규모가 수백 명에 이르렀다. 당연히 거기에
서 거래된 상품도 규모가 컸을 것이다. 어떻든 당시에 세계 각지에서 원나라
수도인 대도를 방문한 상인은 셀 수 없이 많았다.

종교인의 왕래도 매우 활발하게 이루어졌다. 중국 도교 교단(全眞教)의 장로
장춘 진인長春眞人은 호라즘을 원정 중이던 칭기스 칸의 부름을 받고 중앙아시

기 초기에는 이집트 맘루크조의 지원으로 전성기를 누렸는데, 맘루크조에서 유럽 상품 수입권을 비롯한 독점권을
인정받고, 대신 정부에 자본을 제공했던 것으로 알려지고 있다.

아 각지를 여행한 바가 있고,[19] 네스토리우스파 기독교의 사제 랍반 사우마[20]는 대도에서 훌레구 울루스로 순례 여행을 떠났으며, 그곳에서 다시 훌레구 울루스의 아르군 칸의 사신 자격으로 서유럽 각지를 여행했다. 또 로마 교황(인노켄티우스 4세)의 사절로 중앙아시아를 거쳐 카라코룸을 방문한(1245~1247년) 프란체스코파 수도사 플라노 카르피니, 프랑스 왕 루이 9세의 사절로 역시 몽골을 방문한(1253~1254년) 같은 교단의 수도사 루브루크, 대도에 카톨릭 교회를 연 몬테코르비노 신부, 그리고 수백 명이 훨씬 넘는 일본 유학승이 원나라를 방문했다. 모로코 태생의 이븐 바투타가 각지에 살고 있는 무슬림의 도움을 받아 중동에서 중앙아시아, 그리고 인도를 거쳐 중국을 방문할 수 있었던 것도 이러한 시대를 배경으로 하고 있다. 그는 스페인과 사하라 남쪽의 아프리카까지 여행을 하고서 『대여행기(이븐 바투타 여행기)』[21]를 집필했지만, 사람들로부터 큰 주목을 받지는 못했다. 이런 점에서 마르코 폴로가 쓴 『백만의 책(동방견문록)』이 유럽에서 유포되어 사람들에게 동방에 대한 관심을 불러일으켰던 것과는 매우 대조적이었다.

학술과 과학 분야의 교류도 두드러졌다. 예컨대 대도에 건설된 회회사천대回回司天臺에서는 자말 웃딘(札馬兒丁)의 주도로 천문을 관측하고 역서曆書를 편찬했다. 그곳의 관측 기기는 모두 이란에서 만든 것이고, 도서관에는 페르시아어로 된 서적이 갖추어져 있었다. 훌레구 울루스에서는 나시르 웃딘 투시가 설계한 천문대가 마라가(타브리즈 남쪽의 작은 마을)에 건설되었고, 1271년에는 중국인 학자들까지 참여한 천문 관측에 기초하여 작성된 '일 칸 천문표'가 봉정되었다. 같은 해에 건립된 대도의 회회사천대에서는 당대 최고의 과학자 곽수경郭守敬 등이 '수시력授時曆'을 편찬하여 1281년부터 사용하기 시작했다. 명나라 시대 대통력大統曆은 기본적으로 수시력과 큰 차이가 없는데, 이렇게 보면

---

19) 장춘은 위구리아·알말리크·탈라스·사마르칸트를 거쳐 1222년 힌두쿠시 산맥 남쪽에서 휴식을 취하고 있던 칭기스 칸을 만났다.

20) 대도 출신의 네스토리우스교 순회 사제의 아들로 태어난 랍반 사우마는 내몽골 옹구트족 출신의 마르코스(네스토리우스교 총주교 야흐발라하 3세)와 함께 순교자들과 교부들의 무덤을 참배하고 축복을 받기 위하여 서방 여행을 떠나는데, 그곳에서 마르코스는 네스토리우스교의 총주교(1281~1317년)가 되고, 사우마는 일 칸국 아르군 칸의 특사로 로마 교황청에 파견되어 서유럽 각지를 여행했다. 이에 관한 자세한 것은 김호동, 『동방 기독교와 동서문명』(까치, 2002), 249~261쪽 참고.

수시력은 중국 역사상 최장 기간인 350여 년에 걸쳐 사용되었다고 할 수 있다.

14세기 전반 중국의 징더전(景德鎭)에서 생산된 자기(靑花)도 동서 문화 교류가 낳은 물품 가운데 하나이다. 중국의 우수한 자기 기술과 이란의 도자기 겉그림 기법, 그리고 코발트 안료가 결합되어 청화가 만들어졌다. 청화는 특히 서아시아에서 인기를 얻어 고가高價의 국제 상품으로서 취안저우에서부터 선박으로 서방 세계에 수출되었다.

중국의 발전된 도자기 제작 기술은 이란에서 빼어난 도자기와 색타일 제조를 촉진시켰다. 또 같은 몽골 정권 하의 이란에서 발달한 세밀화細密畵 속에 중국 회화의 영향이 나타나고 있는 것도 동서 문화 교류를 보여주는 좋은 자료이다.

모란 문양이 그려진 청화 백자
톱카프 궁전 박물관(터키공화국 이스탄불)에 소장되어 있는 중국산 청화 백자. 이 박물관에는 몽골 제국 시대에 제작된 우수한 청화 백자를 비롯하여 중국 도자기 컬렉션이 있다.

이 시대에 동서 문화 교류는 또한 무서운 전염병의 유행을 불러왔다. 하라야마 아키라(原山煌)에 의하면 페스트가 확산된 것도 동서 교류의 확대와 관련이 있다고 한다. 이 병은 원래 야생 설치류[22]에 나타나는 동물들 사이에 전염되는 유행병이었는데, 몽골 제국 시대에 야생의 설치류 동물이 많이 서식하는 중앙유라시아 초원을 통한 교역이 확대되면서 페스트가 급속하게 확산되었던 것이다. 흑사병黑死病이라 불린 이 역병은 14세기 중엽 중동과 유럽 각지에서 맹위를 떨쳐 대략 2500만 명이 페스트로 목숨을 잃었다. 원나라 시대 중국에서 발생한 역병 역시 흑사병이었을 가능성을 제기하는 사람도 있다.

몽골 초원의 타르바가

21) 이 책에 관한 자세한 사항은 이븐 바투타 지음, 정수일 역주, 『이븐 바투타 여행기』 I (창작과 비평사, 2001), 3~14쪽.
22) 몽골을 비롯한 중앙아시아와 시베리아 초원에 서식하는 타르바가(Tarbaga)를 가리킨다. 타르바가에 기생하는 벼룩은 지금도 여름이면 몽골 초원에 '타할'이라는 페스트를 퍼뜨린다. 이에 관한 자세한 사항은 이평래·朝倉敏夫 옮김, 『몽골 유목문명』(경기도박물관, 1999), 104쪽 참고.

몽골 제국의 해체

쿠빌라이와 카이두라는 두 거목이 세상을 떠나고, 몽골 제국 전역에 평화가 찾아온 14세기 전기, 유라시아 대륙 동서를 오랫동안 뒤덮은 대재앙의 소용돌이 속에서 제국은 점점 해체의 길을 걷기 시작했다. 서방 3왕가의 상황은 이미 언급한 대로이고, 원나라에서는 쿠빌라이를 계승한 손자 테무르가 죽은 뒤 후계자를 둘러싼 권력 투쟁이 끊이지 않다가, 급기야 킵차크 초원 출신자로 편성된 친위 군단이 실권을 장악했다. 게다가 장기간에 걸친 궁정의 낭비와 방탕한 재정 운용으로 국고는 거의 소진되었다.

또 연이은 자연 재해와 역병으로 농민 반란이 빈번히 일어나고, 각지에서는 무장 세력이 할거했다. 강남에서 해운과 운하를 통해 북쪽의 대도 방면으로 수송되던 식량과 물자가 차단되고, 그 결과 제실帝室은 재정 파탄에 직면하게 되었다. 이러한 혼란 속에서 백련교도白蓮教徒들이 일으킨 홍건적紅巾敵의 반란 와중에서 입신한 주원장朱元璋이 1368년 난징(南京)에서 즉위하고 명나라를 창건했다. 자연 재해와 내분에 시달리던 원의 토곤 테무르(順帝)는 결국 대도를 떠나 몽골 초원으로 퇴각하고(1368년), 명나라 군대에 의해 점령된 이 도시는 잿더미로 변했다.

과거에는 이 시기를 기점으로 원나라가 멸망했다고 얘기했다. 그러나 원은 결코 이때 멸망하지 않았고, 단지 정치의 중심이 북쪽으로 옮겨간 데 지나지 않았다. 그 후 약 20년 동안 북쪽의 원나라(北元)와 남쪽의 명나라가 화북을 사이에 두고 대치하는 상황이 전개되었다. 한편 대도를 떠난 토곤 테무르는 1370년에 내몽골 응창應昌에서 엄청난 파국을 슬퍼하며 사망했다. 황태자 아유시리다라는 옛 수도 카라코룸에서 아버지의 부음을 받고 대칸의 자리에 앉았다. 그는 그때부터 1378년까지 그곳에 머물면서 언젠가 중국의 왕조를 되찾으려는 희망을 갖고 있었다. 1378년 아유시리다라가 죽자 그의 아들 투구스 테무르가 뒤를 이어 카라코룸에서 즉위했다.[23]

운명의 갈림길은 1387년 요동遼東 방면에서 일어났다. 이 해에 잘라이르부 무칼리 국왕의 자손인 나가추가 이끄는 20만 병력이, 오늘날 중국 동북 지방 북부에 진출해 있던 풍승馮勝이 지휘하는 명군明軍에 투항하는 사건이 발생했다. 투구스 테무르는 그때 나가추와 연합하여 명군에 대항해 진공을 벌이기 위하여 동몽골의 부이르 호수 부근에 와 있었다. 그러나 나가추의 투항은 모든 것을 뒤바꿨다. 1388년 남옥藍玉 휘하의 명나라 군대는 내·외몽골 경계에 있는 부이르 호수 회전에서 투구스 테무르와 그의 군대를 궤멸시켰다. 명나라 군대에 패배하고 서쪽으로 도망가던 투구스 테무르는, 몽골 중부를 흐르는 톨

---

23) 이에 관한 자세한 사항은, 르네 그루쎄, 앞의 책, 697~698쪽 참고.

부이르 호수

몽골국과 내몽골자치구 경계에 위치하는 부이르 호는 부영양화 때문인지 매년 여름 녹조 현상이 일어난다.

라 강(톨 강) 부근에서 아리크 부케의 후손 예수데르에게 피살되었다.[24] 이로써 쿠빌라이 직계의 왕통이 단절되었다. 따라서 원을 굳이 쿠빌라이 왕조라고 한다면, 원나라는 이때 멸망했다고 할 수 있다.

그러나 몽골 지배자들은 그 후로도 100여 년 동안이나 대원大元이라는 국호를 사용했다. 예수데르 이후 이러저러한 칭기스 칸 후손들이 칸 위에 올랐지만, 그들은 대부분 칭기스 가문이 아닌 실력자들에 의해 옹립되었다. 당시 몽골에서 힘을 갖고 있었던 아룩타이 타이시의 후원으로 1408년에 즉위한 푼야스리(本雅失里)는 정권 다툼에서 패하여 중앙아시아의 티무르에게 망명한 왕족이었다. 그 후 오이라트의 수령 토곤이 아룩타이를 타도하고 몽골 전역을 장악하는데, 그의 아들 에센은 칭기스 가문과 혼인을 통해 권력을 더욱 강화함과 동시에 동서 양 방향으로 세력을 확대했다. 즉 그는 동쪽으로 싱안링을 넘어 여진女眞(여직女直)을 복속시키고, 서쪽으로 차가타이 울루스의 동부인 모굴리스탄을 제압했다. 또 그는 무슬림 상인을 활용하여 경제 기반을 안정시키고, 명나라와도 통상 활동을 활발하게 전개했다. 그러나 1448년에 사절을 지나치게 많이 파견했다는 것이 빌미가 되어 명조와 대립하게 되고, 이 듬해에 그는 토목의 변(土木之變)[25]을 일으켰다. 에센은 1452년에 스스로 칸 위에 오르지만, 2년 후인 1454년 쿠데타 세력에게 살해되었다.

에센이 죽은 뒤 정치적 공백기를 지나 칭기스 가문의 복권을 완수한 사람이 다얀(大元) 칸(1487~1524년 재위)이다. 그는 몽골 전역을 자신이 직접 지배하는 차하르, 할하, 우량칸으로 이루어진 좌익左翼(좌익 3투멘[26])과 오르도스, 투메트, 융

---

24) 이에 관한 자세한 사항은 스기야마 마사아키, 앞의 책, 361~362쪽 참고.
25) 허베이 성 서북부 쉬안화(宣化) 부근에 있는 토목에서 명나라 영종英宗이 이끄는 10만 대군이 에센군에게 궤멸되고 황제가 포로로 잡힌 사건을 말한다.

시예부로 이루어진 우익右翼(우익 3투멘)으로 재편하여 정권의 안정을 도모했다.

그러나 칸 위를 계승한 차하르 왕가의 권위는 그 후 투메트를 상속한 다얀의 손자 알탄 칸(阿勒坦汗)의 등장으로 크게 손상되었다. 알탄은 명나라를 압박하여 통공通貢을 요구하며 수시로 변경을 침략하는 한편, 서몽골과 칭하이에 이르는 광대한 영역을 지배 아래 넣었다. 그 결과 알탄이 건설한 후흐호트[현재의 내몽골자치구 성도省都 후허하오터(呼和浩特)]는 알탄 왕국의 정치적 중심지가 되었을 뿐 아니라 경제 · 문화 중심지로 변모했다. 특히 이곳은 알탄 시대에 번성한 티베트 불교(라마교)의 중심지이기도 했다.

1604년 차하르 왕가에서 릭단이 대칸으로 즉위했다. 그는 몽골을 통일하기 위하여 온힘을 쏟았지만, 후금後金(후대의 청조淸朝)을 세운 누르하치가 이를 가로막았다. 릭단은 1634년 칭하이 원정 도중에 사망하고, 그의 아들 에제이는 대대로 전해오던 원 황제의 옥새를 누르하치의 아들 태종太宗 홍타이지에게 헌상했다. 이로써 원나라는 명실상부하게 멸망했다.

---

26) '투멘'은 원래 1만 명의 군사를 공출할 수 있는 유목 집단을 가리키는 명칭이었지만, 이 무렵에는 부족을 통합한 단위로 사용되었다.

4. 티무르 제국의 성립

티무르의 대두

14세기 초 하나로 통합되었던 차가타이 울루스는 1340년대에 동과 서로 분열되었다. 앞에서 언급했듯이 나라를 떠받치던 유목 전사들은 자신들을 각각 '모굴' 또는 '차가타이'라 칭하는 한편, 상대방을 '카라우나스(혼혈아)' 또는 '자타(도적)'라고 부르며 적대시했다. 전자는 세미레치에 지역을 중심으로 전통적인 관습과 법에 의거하여 유목 정권을 유지하려 한 세력이고, 후자는 마 와라 알 나흐르를 중심으로 오아시스의 풍요로운 경제력을 바탕으로 정권을 운영하려 한 세력이다. 마 와라 알 나흐르를 중심으로 한 서부 지역에서는 1346년에 유명한 아미르인 카자간이 카잔 칸을 살해하고 실권을 장악했다. 러시아의 동양학 연구자 바르톨드는 그 이후 시기를 '아미르국 시대'라고 명명하고, 그 특징으로 칸의 권력이 쇠퇴하고 여러 유목 세력이 대두한 것을 지적하고 있다.

권력을 장악한 카자간은 헤라트와 인도 방면에 대한 원정을 기도했지만, 1358년 수렵 도중 암살당하고 만다. 카자간의 죽음은 이 지역을 다시 무정부 상태로 몰아넣었다. 그의 아들 미르자 압둘라는 사마르칸트 남부 케슈의 영주였던 티무르의 숙부 핫지 바를라스와 또 다른 토착 투르크 귀족인 바얀 술두스에게 쫓겨났다. 그러나 이 두 사람은 마 와라 알 나흐르의 투르크 귀족들을 통제할 만큼 정치적 역량을 충분히 갖추고 있지 못했다. 더구나 아미르 카자간의 손자인 아미르 후세인이 카불·발흐·쿤두스 등 아프가니스탄의 중요한 거점을 장악하고 있었기 때문에, 이 지역은 봉건적인 할거 상태에 놓이게 되었다.[27]

동부의 모굴리스탄에서도 한때 두글라트부部의 아미르가 세력을 떨쳤지만, 투글루크 티무르가 칸으로 즉위하면서 칸의 권력이 확고하게 되었다. 투글루

---

27) 이에 관한 자세한 사항은 르네 그루쎄, 앞의 책, 577~578쪽 참고.

크 티무르는 이슬람을 수용하고, 카자간의 암살로 인하여 혼란에 빠진 마 와라 알 나흐르에 군대를 두 번이나 진군시켜(1360, 1361년), 오랜만에 차가타이 울루스를 재통일했다. 바로 이때 시대의 영웅 티무르[28]가 역사 무대에 등장했다.

티무르는 1336년 사마르칸트 남쪽에 있는 케슈 근교의 작은 마을에서 태어났다. 아버지 타라가이는 칭기스 칸이 차가타이에게 부여한 4개 천호의 하나인 바를라스부의 명문名門에 속했지만, 이미 유력자로서의 지위를 상실하고 약간의 종자從者를 거느린 미미한 존재에 불과했다. 티무르는 청년 시절에 천부의 지휘관으로 재능

티무르의 초상
현재 우즈베키스탄에서 민족의 영웅으로 칭송되는 티무르는 혼란스런 중앙아시아를 통일하고 광대한 제국을 건설했을 뿐 아니라 찬란한 도시 문화와 궁정 문화를 꽃피웠다.

을 발휘하여 점점 부하의 수를 늘여간 듯하지만, 이때의 사정에 대한 상세한 사항은 알 수 없다. 1360년 모굴리스탄의 투글루크 티무르가 마 와라 알 나흐르에 군대를 파견하자 티무르는 재빨리 그에게 충성을 맹세하고, 조상 대대로 살아온 케슈 주변 땅의 영유권을 인정받았다. 이듬해 티무르는 스스로 군대를 이끌고 온 투글루크 티무르에게서 바를라스부의 지휘권을 위임받았다. 그러나 얼마 지나지 않아 그는 모굴의 지배를 벗어나기 위한 활동을 개시했다.

당시 마 와라 알 나흐르에는 차가타이 칸을 따라 중앙아시아로 이주한 바를라스, 술두스, 잘라이르 부족 외에도, 몽골 제국 시대부터 존재한 유목 집단과

---

28) 그의 이름은 역사에서 티무리 랑, 즉 '절름발이 티무르'로 알려져 있고, 그것이 유럽인들에게 '타멀레인'으로 불리게 된 것이다. 티무르는 투르크어 '테무르'의 이란어 변형이다.

그 후에 새로이 형성된 여러 집단이 군사·정치적 세력을 이루고 있었다. 이러한 가운데 티무르는 아미르 카자간의 손자로서 카라우나스부를 거느리고 있던 아미르 후세인과 행동을 같이 하게 된다. 그러나 그들은 1365년 모굴군과의 전투에서 대패하고 아무다리아 강 남쪽으로 도망갔다. 모굴군은 계속하여 사마르칸트까지 진격했지만, 여기서 전세가 역전되기 시작했다. 사마르칸트 주민들은 무슬림 성직자들의 독려 속에 거세게 항전했고 포위군 사이에서 역병이 돌기 시작했다. 결국 1365년에 모굴군은 마 와라 알 나흐르에서 퇴각하여 일리의 본거지로 돌아갔다.

이때 모굴의 내습來襲에 대항하여 도시의 방위를 담당한 자치 조직을 '사르베다르' 라 한다. 이 조직은 도시 상공업자들이 주류를 이루고, 지식인과 장인의 우두머리들이 지도자로 기록되어 있다. 사마르칸트의 사르베다르 운동이 -훌레구 울루스 붕괴 후 호라산의 사브제와르에 성립되었던 사르베다르조에서 볼 수 있듯이-시아파 수피 교단의 영향을 받았는지 어떤지는 분명하지 않다. 이러한 도시 주민의 자치 조직은 패권을 노리는 후세인이나 티무르 입장에서 보면 인정하기 어려운 존재였다. 그리하여 그들은 사르베다르의 자치를 인정한다고 속여 지도자들을 꾀어낸 다음 일망타진하여 살해해버렸다. 다만 지도자의 한 사람으로 울라마(이슬람 율법 학자)인 마울라나 자다는 티무르의 도움으로 구제되었다.

사마르칸트를 중심으로 하여 지배권을 확립한 두 사람은 얼마 지나지 않아 대립하기 시작했다. 둘 사이에 전투가 벌어지고, 그 결과 티무르는 호라산으로 철수하지 않을 수 없었다. 그 후 수년 동안 티무르는 호라산과 타슈켄트 사이를 오가며 모험에 가득찬 협객 같은 생활을 했다. 그러던 중 티무르는 숙적이나 마찬가지인 일리의 모굴인들을 부추겨 다시 마 와라 알 나흐르를 침공하도록 했다. 이처럼 그는 모굴군으로 하여금 마 와라 알 나흐르를 깨끗이 정리하게 한 다음, 그들의 군대를 앞세워 후세인에게 빼앗긴 지배권을 되찾았다. 후세인은 자신의 경쟁자가 불러들인 모굴의 침략으로 위협받게 되자 도망칠 수밖에 없었고, 티무르에게 서로 연대해 모굴군이 마 와라 알 나흐르를 약탈하는 것을 막자고 제의했다. 티무르는 이슬람의 이름으로 그의 제의를 흔쾌히 받아들였다. 화해가 성립된 후 정치적인 음모의 정확한 성격은 알 수가 없다. 기록에는 오직 정쟁의 승리자인 티무르의 행동만 정당화하고 있기 때문이다. 그러나 한 가지 분명한 것은 이를 계기로 티무르는 마 와라 알 나흐르의 통치권을 확실하게 장악했다는 사실이다.[29]

경쟁자에게서 마 와라 알 나흐르를 빼앗을 수 없다고 판단한 후세인은 자신의 영역을 아프가니스탄에 국한시키고, 서둘러 발흐의 성채를 요새화하기 시작했다. 그의 이러한 행동은 "티무르를 불쾌하게 했다"고 한다. 또 여러 유목 집단들도 후세인에게 반발하고 모두 티무르를 지지하는 쪽으로 돌아섰다. 티무르는 케슈에서 출정하여 발흐를 향하여 진군했다. 도중에 그는 테르메스 부근에서 메카와 메디나의 기진재산寄進 財産(와크프)[30]을 늘리기 위하여 깨끗한 재산을 모

군주 티무르
1370년 권력 장악에 즈음하여 예속민들의 알현을 받고 있는 티무르. 샤라프 웃 딘의 「자파르 나마」의 삽화.

으고 있던 사이드 바라카를 만나 많은 재물을 기진하고 면세 특권을 부여했다. 그는 바라카에게서 고귀한 사람만이 소유할 수 있는 큰북과 깃발을 하사받았다. 테르메스 부근에서 아무다리아 강을 건넌 티무르는 우구데이의 후손인 소유르가트미슈를 칸으로 옹립하고 발흐를 포위했다. 후세인은 기습적으로 발흐에 나타난 티무르에게 포위되었고, 결국 이 불행한 경쟁자는 항복할 수밖에 없었다. 후세인은 사면되어 메카로 순례 여행을 떠났지만, 티무르의

---

29) 이에 관한 자세한 사항은 르네 그루쎄, 앞의 책, 581~584쪽 참고.
30) 이슬람 법학 용어로 소유자가 어떤 물건(재산)의 소유권을 보유하면서 사용권을 방기하고, 나아가 그 물건(재산)이 애초에 설정한 목적에 맞게 사용되고 있는 한 그 처분권도 포기하는 것을 의미한다. 구체적으로 정부가 몰수한 토지를 국유지로 하는 경우와 개인이 모스크나 마드라사, 병원, 자선 시설에 토지를 기증하는 경우가 있다.

오이라트

일리

카슈가르

카슈미르

델리

모굴리스탄

제미레지에

인더스강

호수 호수

오트라르

타슈켄트

사마르칸트

케슈

기르

칸다하르

시르다리야강

부하라

발흐

헤라트

호라즘

메르브

우르겐치

아무다리야강

조치 울루스

이스파한

시라즈

티무르 제국

카잔

이스트라한

카스피해

모스크바

사라이

트빌리시

타브리즈

다마간

볼가강

흑해

아스트라한

오스만 제국

다마스쿠스

앙카라

콘스탄티노플

카이로

도나우강

스미르나

지중해

나일강

맘루크조

→ 티무르의 원정로

부하에 의해 살해되었다. 발흐의 성채는 파괴되고, 주민들은 후세인에게 협조했다는 이유로 무자비하게 죽임을 당했다.

1370년 4월 10일 티무르는 발흐 정복을 마치고, 유목 집단의 우두머리(아미르)와 지방 영주, 종교적 권위가 있는 사이드(예언자 무함마드의 자손에 대한 존칭), 칭기스 후손 왕자들의 지지를 받아 마 와라 알 나흐르의 군주임과 동시에 칭기스 칸과 차가타이의 후예이자 계승자임을 선언했다. 비록 그는 마 와라 알 나흐르의 절대 군주로서는 의문의 여지가 없었지만, 몽골 지배층의 후예라고 주장할 수는 없었다. 칭기스 가문의 정통 후예가 아니라는 문제가 항상 그의 마음을 무겁게 누르고 있었다. 그리하여 티무르는 후세인의 처 가운데서 카잔 칸의 딸인 사라이 물크 하눔을 아내로 취하고, 칭기스 가문의 사위(귀레겐) 지위를 얻었다. 또 티무르의 통치 기간 중 여러 명의 꼭두각시 군주들을 임명했으니, 그들의 유일한 자격은 비록 멀더라도 칭기스 가문의 정통 후예라는 점이었고, 티무르는 그들의 이름으로 자기의 행위를 정당화했다.

더욱이 그는 칸이라는 칭호를 전혀 사용하지 않았다. 1388년에 가서야 술탄이라는 이슬람식 칭호를 사용하기 시작했고, 그가 임명한 몽골 군주들의 가시적인 우위는 계속 지켜졌다. 마 와라 알 나흐르의 귀족들에게서 복종심을 확보하기 위해서는 정당한 법적 원칙을 내세우고, 그 뒤에서 실권을 행사하는 것이 더 났다는 사실을 그는 잘 알고 있었다. 그래서 그와 후세인이 즉위시킨 카불 샤가 공공연히 후세인 편을 들었음에도 불구하고, 티무르는 허수아비 군주를 폐위시키지 못하고, 실권을 장악한 뒤에야 겨우 그의 죽음을 유도한 뒤 자기에게 충실한 소유르가트미슈를 칸으로 세웠던 것이다. 그가 1370년부터 1388년까지 칸으로 재위하다 사망하자, 그의 아들 마흐무드 칸에게 그의 뒤를 잇게 했다. 물론 그들은 완전히 티무르에 복속되어 있었고, 아무도 그들의 존재에 대해 생각하지도 관심을 갖지도 않는 허수아비 군주들이었다.[31]

---

31) 이에 관한 자세한 사항은 르네 그루쎄, 앞의 책, 585~586쪽 참고. 특히 당시 중앙아시아에서 통용되던 칭기스 왕실의 권위에 대해서는 이주엽, 「16세기 중앙아시아 지배계층의 몽골제국 계승성 연구」, 『중앙아시아연구』 9(중앙아시아학회, 2004), 89~90쪽 참고.

티무르 정권의 확립

티무르는 처음부터 절대 권력을 갖고 있었던 것은 아니었다. 틈만 나면 그의 지위를 뺏으려 하는 세력이 여전히 건재했다. 발흐에서 돌아온 티무르는 자신의 근거지인 케슈에서 측근에 대한 논공행상을 실시했다. 그 대상은 주로 누이의 남편인 다우드 두글라트를 위시하여 자신과 가깝고 고락을 같이 해온 믿을 만한 심복들이었다. 바로 그들이 티무르 정권을 지탱하는 핵심을 이루었다. 그들 새로운 지배층을 어떻게 육성하고, 전통적인 부족 기반을 갖고 있는 세력의 힘을 어떻게 일소할 것인가 하는 문제가 당시 티무르에게 지워진 과제이자 정권을 강화하는 과정이기도 했다.

정권을 수립한 이듬해(1371년)부터 티무르는 모굴리스탄과 호라즘 원정을 재개했다. 또 티무르에 의지하고 있는 조치 울루스의 왕자 톡타미슈를 지원하고, 그를 돕기 위하여 스스로 출전하기도 했다. 모굴리스탄은 과거 차가타이 울루스의 동부인데, 지배자인 칸은 티무르 가문의 직계였다. 티무르는 인접한 모굴리스탄의 정치 상황이 자신의 뜻에 따르는 통치자의 지배 아래서 안정되는 것이 대외적으로 자신의 정권이 흔들리지 않게 하는 첫걸음으로 생각했던 것이다.

호라즘은 몽골 제국 시대에 북부는 조치 울루스, 남부는 차가타이 울루스의 지배 아래 있었다. 1360년 직후에 콩기라트 부족의 투르크계 수령인 후세인 수피라는 사람이 킵차크 칸국에서 벌어진 혼란을 틈타 독립적인 왕조를 건설하고(수피조) 호라즘 전역을 지배 아래 넣었다. 티무르는 후세인에게 과거 차가타이 울루스 영토인 남부를 반환해줄 것을 요구하며 출병했다(1371년). 후세인 수피가 이를 거부하자, 티무르는 카트를 점령하고 우르겐치를 포위했다. 포위된 상황에서 후세인 수피는 사망하고, 그의 동생 유수프 수피는 화평和平을 청하며 티무르의 요구를 들어주기로 했다. 그러나 유수프 수피는 곧 자기의 결정을 후회하고 카트 지방을 약탈했다. 티무르 역시 적대 관계로 돌아섰다가 유수프의 딸인 한자데를 장남 자한기르의 아내로 맞아들이고 호라즘 전역을 세력 아래 두었다. 그러다가 1375년에 다시 전쟁이 발발했지만, 티무르는 사마르칸트에서 부하 두 사람이 반란을 일으키자 철군했다.

한편 조치 울루스에서는 14세기 중엽 종가宗家인 바투의 후손이 끊어진 이후 권력 투쟁이 격화되었다. 톡타미슈는 조치 울루스 좌익의 지배권을 놓고 오로스 칸과 싸워 패하고, 티무르에게 도움을 청했다. 티무르는 두 번에 걸쳐 그를 돕기 위하여 시르다리아 강 중류 지역으로 군대를 보냈지만 모두 실패했다. 그래서 그는 직접 출전하여 1377년 오로스를 격파하고, 톡타미슈를 조치 울루스 좌익을 총괄하는 칸으로 즉위시켰다. 톡타미슈는 다시 오로스의 아들에게 왕위를 빼앗겼으나 티무르의 도움으로 다시 왕위에 복귀하고, 1378년 봄에는 수도 사라이를 손에 넣어 조치 울루스의 지배권을 탈취했다. 이렇게 하여 티무르의 위세가 조치 울루스 전역에 미치게 되었다.

이처럼 티무르가 북방 전쟁에 여념이 없는 사이, 유수프 수피는 마 와라 알 나흐르 깊숙이 들어와 사마르칸트 부근까지 약탈했다. 티무르는 유수프의 도발에 대응하여 1379년 수피조의 수도 우르겐치 성문 앞으로 진격했다. 그 후 우르겐치 성의 포위는 3개월 동안 이어졌다. 궁지에 몰린 유수프가 절망 속에 숨을 거두자 도시는 마침내 함락되었으며, 흔히 그러했듯이 살육이 뒤따랐다. 이렇게 하여 티무르는 즉위 후 10년 동안 마 와라 알 나흐르와 호라즘을 직접 지배 아래 두고, 인접한 모굴리스탄과 조치 울루스를 자신의 영향권 아래에 넣어 그 위협을 제거하고, 이어지는 서방 원정의 거점을 견고하게 다졌다.

티무르 입장에서 보면 1370년대의 원정은 자신의 권력 기반을 강화한다는 측면에서도 중요한 의미가 있었다. 쉼 없이 계속되는 원정으로 부족 집단을 거느린 과거의 지배층은 정치적 책동을 기도할 여유를 빼앗겨버렸다. 반면에 티무르를 떠받치는 새로운 지배층은 원정에서 공을 세워 많은 전리품을 받고 승진할 수 있는 길이 열렸다. 그들은 또 티무르 일족과의 통혼通婚을 통해 사회적 지위를 높이기도 했다. 이러한 상황에 불만을 품고 있던 구세력 가운데 술두스와 잘라이르 부족이 반란을 일으켰지만, 곧바로 진압되고 1376년에 잇달아 부족이 해체되는 비운을 맞이했다. 티무르의 출신 부족인 바를라스와 함께 차가타이 칸 시대부터 명문으로 군림해온 두 부족의 해체가 상징하듯이, 티무르는 이전 지배층의 정치적 영향력을 배제하고 자신을 중심으로 하는 새로운 지배 질서를 확립하는 데 성공했다.

티무르 제국의 건설

티무르의 다음 목표는 과거 훌레구 울루스 영토였다. 1335년 훌레구 울루스는 제9대 아부 사이드 칸(제8대 울제이투의 아들)이 궁정에서 황후에게 살해되는 의문의 죽음을 맞이했다. 그가 아들을 남기지 않고 사망함에 따라 훌레구의 적통이 끊어지고, 그 후 훌레구 울루스의 구심점은 급속하게 약화되었다. 그리하여 각지에서 몽골–투르크계 및 이란계 유력 집단이 자립하여 훌레구 울루스는 분열 상태에 빠졌다. 즉 이란 서북부에서부터 이라크에 걸쳐 있었던 몽골의 유력 부족인 잘라이르 정권과 이란 남부 파르스 지방의 아랍–페르시아계의 무자파르조가 대립하고, 이란 동북부 헤라트를 중심으로 하는 아프간인들의 케르트조와 사브제와르 지방에 있었던 페르시아계의 사르베다르조가 서로 항쟁하는 상황에서 여러 군소 세력들이 난립했다.

먼저 훌레구 울루스의 동부 지역에 대한 공격이 시작되었다. 1381년 헤라트에 대한 진군을 기점으로 제1차 침공이 개시되었다. 당시 헤라트는 기야스 웃딘 2세 피르 알리가 영도하는 케르트조의 지배 아래 있었다. 티무르가 침공하기 직전에 기야스 웃딘은 동부 이란의 또 다른 왕조인 사르베다르조의 영역인 니샤푸르를 점령하고 있었다. 티무르의 침공에 대항하려는 기야스 웃딘의 계획은 수포로 돌아갔으니, 그의 군사들이 티무르 측에 항복하고 헤라트 주민들 역시 방어 전투에 임하기를 거부했기 때문이다. 결국 기야스 웃딘은 항복해야 했고 사마르칸트로 보내졌으며 성채는 파괴되었다. 1년 후 그 도시에서 반란이 발생했는데, 반란은 티무르의 셋째 아들 미란 샤에 의해 잔혹하게 진압되었다. 처형된 주민들의 해골로 탑을 쌓았고, 기야스 웃딘과 그의 가족도 처형

되었다. 헤라트 정복이 끝나자 티무르는 호라산과 마잔다
란을 침공하고, 그 사이에 아프가니스탄으로 들어가 칸다
하르를 손에 넣었으며(1383년), 그리하여 1384년경에는 동
부 페르시아 전역을 장악했다.[32]

이어 잘라이르조에 대한 침공이 시작되었다. 몽골계 왕
조인 잘라이르조는 당시에 이라키 아잠, 아제르바이잔,
바그다드를 지배하며 술탄 아흐마드가 통치하고 있었다.
티무르는 먼저 잘라이르조의 수도 술타니야를 제압하고
(1385년) 그곳에 군영을 설치했다. 아흐마드 잘라이르가
타브리즈로 도주했지만, 티무르는 그를 추격하지 않고 사
마르칸트로 돌아갔다. 서부 이란에 대한 침공은 1386년
부터 본격화되어 2년 동안 지속되었다. 그 과정에서 기독
교국인 아르메니아와 그루지아까지 진격하고, 거기에서
다시 아나톨리아 동부로 진군했다. 그리고 이스파한과 하

타무르와 톡타미슈의 싸움
샤라프 웃딘의 『자파르 나마』의 삽화.

마단을 폐허로 만들고, 시라즈(이란 남부 파르스 지방의 중심 도시)에 입성하여 무자
파르조를 복속시켰다. 이때 조치 울루스의 톡타미슈 칸이 마 와라 알 나흐르
를 침공했다는 소식이 전해져 티무르는 사마르칸트로 돌아가지 않을 수 없었
다. 1388년 사마르칸트로 돌아온 티무르는 한동안 북방 초원에 대한 원정에
나선다.

세 차례에 걸친 킵차크 초원에 대한 원정 끝에 톡타미슈를 제압한 티무르는,
1392년부터 이른바 5년 전쟁에 출정했다. 먼저 1393년 4월 시라즈를 함락시
켜 무자파르조를 멸망시킨 뒤 파르스 지방의 지배권을 둘째 아들 우마르 샤이
흐에게 맡기고 바그다드로 향했다. 즉 티무르는 그 해 6월에 시라즈를 떠나 이
스파한과 하마단을 거쳐 바그다드로 진출하여, 그 해 10월에 바그다드 성문에
도달했다. 잘라이르조의 술탄 아흐마드는 티무르에 대항하지 않고 이집트의
맘루크조로 도망쳤고, 거기에서 맘루크조의 술탄 바르쿠크의 영접을 받았다.

32) 이에 관한 자세한 사항은 르네 그루쎄, 앞의 책, 600~604쪽 참고.

그리하여 티무르는 전쟁을 치르지 않고 바그다드에 입성했던 것이다.

3개월 동안 바그다드에서 휴식을 취한 티무르는 북쪽으로 전선을 옮겨 아르메니아, 그루지아, 남러시아 초원을 침공했다(1394~1395년). 즉 티무르는 데르벤트를 넘어 테레크 강변에서 톡타미슈를 격파한 후 그의 숨통을 끊기 위하여 추격하는 한편, 볼가 강에서 돈 강을 따라 북상하여 루시의 여러 나라를 침략한 다음 방향을 바꾸어 흑해 연안의 아조프에 이르렀다. 그는 다시 아스트라한에서 볼가 강을 거슬러 올라가 수도 사라이를 파괴한 다음 그곳에서 겨울을 보내고, 이듬해 봄 데르벤트를 넘어 남하하여 이란을 거쳐 사마르칸트로 귀환했다.

한편 맘루크조의 바르쿠크는 술탄 아흐마드를 인도하라는 티무르의 요구를 거절하고 오히려 시리아로 군대를 진격시켰다. 그는 티무르가 이라크에서 북상하는 틈을 이용하여 술탄 아흐마드에게 바그다드를 탈환시켜주고 카이로로 돌아갔다(1394년).[33]

대체로 1396년까지 티무르는 서방 원정을 거의 달성했다고 볼 수 있다. 맘루크조의 후원을 받은 아흐마드가 여전히 바그다드에 거주하고 있기는 해도 옛 훌레구 울루스의 절반 이상을 수중에 넣고 난적 톡타미슈를 분쇄하여 조치 울루스의 힘을 꺾어버린 티무르는 이제 새로운 목표를 향해 나아갔다.

명나라 원정 계획

1397년 티무르는 사마르칸트 교외에 '기쁨의 정원'이라는 새로운 궁전을 축조하도록 명했다. 이 궁전은 모굴리스탄의 지배자 히즈르 호자 칸의 딸을 아내로 맞이하기 위한 것이었다. 시르다리아 강까지 출영한 티무르는 유목민이 숭배하고 있던 성자 아흐마드 야사비의 묘廟를 대대적으로 개수하고, 그 해 11월 강가에서 이슬람법에 따라 결혼식을 올렸다. 그리고 명나라 사신을 접견

33) 티무르는 1401년에 다시 바그다드를 함락시키는데, 이때는 이전과 달리 수많은 주민이 무참히 도륙 당했다고 한다.

투르키스탄 시에 있는 아흐마드 야사비의 묘

하고 귀국시킨 다음, 모굴리스탄 변경에 요새를 구축하고 경작지를 늘여 식량 증산에 힘쓰도록 명했다.

이 무렵 티무르는 명나라 원정을 생각하고 있었다. 몽골 제국의 종가宗家를 북방으로 축출하고 중원을 지배한 명나라는 제국의 부활을 노리는 그의 입장에서 보면 반드시 타도해야 할 숙적이었다. 우선 4만의 선발대를 보내고, 자신은 본대를 준비하고 조직을 편성하기 위하여 사마르칸트로 귀환했다. 그러나 명나라 원정은 끝내 실현되지 못했다.

1398년 봄 티무르는 전해 말 인도로 원정을 보낸 손자 피르 무함마드가 물탄에서 고전하고 있다는 전갈을 듣고 예정을 바꾸어 급히 인도로 출발했다. 티무르 군대는 카불에서 펀자브 지방을 지나 그 해 말 델리 술탄조[34]의 지배 아래 있었던 델리를 점령했다. 티무르는 그곳에서 무거운 세금을 징수하고, 병사들은 여기저기서 약탈을 자행하고 많은 주민을 포로로 붙잡았으며, 시가전에서 저항한 주민을 학살했다. 그리고 이듬해 정월에 티무르 군대는 많은 전리품을 갖고 델리를 출발하여 사마르칸트로 귀환했다.

티무르는 처음부터 인도 원정을 계획하지는 않았다. 이 원정은 델리를 비롯한 각지에서 약탈이 자행된, 파괴적 측면이 짙은 돌발적인 사건이었다. 티무르는 이때 강제로 이주시킨 석공石工을 비롯한 장인들을 시켜 사마르칸트의 중앙 모스크를 건설하게 했다.

1400년 티무르는 관심을 다시 서쪽으로 돌렸다. 그 해 아제르바이잔 방면을 통치하는 셋째 아들 미란 샤가 정신이 이상해졌다는 소식을 접하고 곧바로 출병한 티무르는 미란 샤의 측근을 처형하고 그루지아를 습격한 다음, 이어 아나톨리아 동부에서 시리아로 진격하여 알레포·하마·홈스를 탈취하고, 이듬해에는 다마스쿠스에 입성했다. 다마스쿠스에 체제하고 있던 이븐 할둔은 이때 티무르와 회견하고 그에 관한 기록을 남겼다. 이븐 할둔은 티무르를 지혜

---

34) 북인도 델리를 수도로 하여 건설된 이슬람 왕조. 13세기 초기 아프가니스탄의 구르조(1186~1215년)가 분열하자 무장武將 아이바크가 델리를 중심으로 북인도의 이슬람 군주가 된 이후 힐지조(1290~1320년), 투글루크조(1320~1413년), 사이드조(1414~1451년), 로디조(1451~1526년) 등 단명에 그친 이슬람 정권이 이어졌다.

티무르의 중앙모스크(비비 하눔)
티무르 스스로 건축을 지휘했다고 전해지는 비비 하눔 모스크의 돔으로 최근 개수 공사가 이루어
졌다. 아름다운 청색 타일로 덮혀 있는 돔 부분이 당시 건축 예술의 수준을 보여준다.

롭고 매우 명민한 인물로 평가하고
있다.

티무르는 그곳에서 모술을 통과하
여 다시 한 번 바그다드를 함락시키
고(1401년), 이듬해인 1402년에는 아
나톨리아 동부로 세력을 확대하는 오
스만조의 술탄 바야지드 군대를 오늘
날 앙카라 부근에서 분쇄하고 군주를
죽게 했다. 이어 그는 오스만조의 조
종祖宗의 땅인 부르사로 군대를 파견
하고, 자신은 이즈미르(당시 명칭은 스미

르나)까지 진격하여 성聖 요하네스 기사단의 요새를 공략했다. 그러나 티무르는
아나톨리아를 직접 지배할 뜻을 갖고 있지는 않았다. 오스만조는 한때 군주가
없는 시대를 맞이했고, 아시아 쪽의 영토는 오스만조에게 영지를 빼앗긴 이전
의 영주에게 위임되었다. 그런 다음 티무르는 1404년 7월에서 8월 사이에 사
마르칸트로 귀환했다.

그 사이 티무르는 앙카라 전투가 끝난 직후에 손자 할릴 술탄(티무르의 셋째 아
들인 미란 샤의 넷째 아들)을 명나라 원정 준비를 위하여 귀환시키고, 1403년에는
아제르바이잔 북방의 카라바흐에서 자신이 완성한 중앙아시아와 아프가니스
탄에서부터 이란, 이라크에 이르는 제국의 여러 지역을 일족에게 분봉했다.
물론 이때 맘루크조가 명목적으로는 존속했지만, 티무르에게 복속하고 있었
다. 따라서 티무르의 종주권을 인정하는 세력까지 포함시키면, 그의 지배 영
역은 과거 몽골 제국 서방 3왕가의 범위를 넘어 서쪽은 이집트와 소아시아 반
도 서쪽 끝까지 이르렀다.

1404년 11월 티무르는 중국을 원정하기 위하여 20만 대군을 이끌고 사마르
칸트를 출발했다. 이때 티무르는 몽골에서 망명해 온 칭기스 가문의 왕자를
대동했다. 몽골 제국을 재건하여 그를 제위에 앉히고서 제국 전역을 호령하려

티무르의 묘
소련 해체와 함께 과거 역사
에 대한 재평가 작업이 시작
되면서 과거 '인민의 억압자'
로 폄하되었던 티무르는 현
재 우즈베크인의 민족 영웅
으로 숭앙을 받고 있다.

는 목적이었던 것으로 추측된다. 그러나 티무르는 원정군이 키질쿰을 횡단하
여 오트라르에 이르렀을 즈음 발병하여, 1405년 2월 세상을 떠났다. 앞에서
언급한 것처럼 그때 동행한 몽골 왕자는 티무르가 죽은 후 몽골 고원으로 돌
아가 '푼야스리'라는 이름으로 즉위했다.

티무르 정권의 성격

　티무르가 당대에 대제국을 건설할 수 있었던 것은 무엇보다 강력한 군사력
을 갖추고 있었기 때문이다. 그는 원래 마 와라 알 나흐르의 오아시스 지대에
서 성장했지만, 자신과 그의 군대는 교외의 정원이나 초원에서 천막 생활을
하면서 결코 정주 사회에 동화되지 않았다. 티무르는 타고난 지도력을 발휘하
여 기마 전술에 뛰어난 강력한 군단을 지휘하여 전쟁마다 승리로 이끌었다.
　앞에서 언급했듯이 티무르는 지배 초기에 부족 조직을 권력 기반으로 했던
옛 지배층의 영향력을 누르고, 부족의 배경이 없는 새로운 지배층을 발탁하여
자신에게 충성하는 군단을 만들었다. 정복 전쟁은 그들에게 막대한 전리품을

약속했고, 티무르는 오직 자신에게 충성하는 심복과 일족의 왕자들을 위하여 새로운 영토와 직무를 창출했다. 이렇게 하여 권력 기반을 점점 확고하게 다진 티무르는 권력을 자기에게 집중시키는 동시에 권력의 분산을 미연에 막는 치밀한 대책을 강구했다.

티무르는 자기 아들이나 손자를 군단과 함께 정복지로 파견하면서 언제나 유력한 부하를 후견인으로 임명하여 왕자들의 행동을 감시하고 통제하도록 했다. 이와 함께 그는 그들의 통치에 개입하기도 하고, 지배 영역을 교체함으로써 왕자들이 자립하여 자기의 대항 세력으로 성장하는 것을 원천적으로 차단했다.

그는 물론 심복들에 대해서도 항상 경계를 늦추지 않았다. 그들의 지위와 직책은 자손들에게 약속되고 사회적 우위도 보증되어 있었다. 그렇지만 극소수 예외를 제외하고 그들에게 영토와 군대를 동시에 주지는 않았다. 국가의 주요 직책을 임명하는 데도, 군대나 토지 같은 권력 양성의 기반이 될 수 있는 것은 함께 주지 않았다.

티무르가 성공한 두번째 요인은 오아시스와 도시의 경제적 중요성을 깨닫고 도시의 번영을 위하여 노력했다는 점이다. 앞에서 언급했듯이 오아시스 정주 지역은 언제나 유목 정권의 경제적 기반을 이루고 그들의 수탈 대상이 되었다. 이 점은 중앙유라시아 역사 전 과정을 통해 확인되는 현상인데, 도시 근교에서 성장한 티무르는 그러한 가치를 누구보다도 잘 알고 있었다. 그는 수도 사마르칸트와 고향 케슈에 궁전과 모스크, 정원을 비롯한 많은 건축물을 짓는 한편, 바자르(시장)를 건설하고 도로를 정비하여 상업을 진작시키려고 노력했다. 그러나 무엇보다도 정복 활동으로 지배 영역이 확대됨에 따라 상인들의 활동 범위가 넓어지고 통상 활동이 활성화되었던 점이 지적되어야 할 것이다. 티무르는 도시를 정복할 경우 저항하지 않으면 생명 보증금만 징수하고, 약탈도 파괴도 하지 않았다. 이와 함께 그는 각지에서 관개 시설을 정비하는 일에도 힘을 쏟았다.

티무르 시대 그의 지배 아래 있었던 주민은 대부분 무슬림이었다. 그 자신도 무슬림이긴 했지만 결코 경건한 신도는 아니었고, 이슬람은 그에게 정치의 한 수단이었다. 그러면서도 그는 정복 활동을 성전聖戰으로 자리 매김하고, 이슬람 확대를 기치로 내걸면서 자기의 행위를 정당화시켰다. 일례로 그는 사실상 약탈이 목적이었던 델리 술탄국 원정에, 이슬람 지도층이 힌두교도에 대해 관대하다는 모호한 이유를 내세우기도 했다.

티무르가 건설한 국가는 모두 티무르 개인을 중심으로 하여 구성되었다. 인생의 대부분을 원정으로 보낸 티무르는 필요한 일을 부하에게 자유롭게 할당하여 처리하게 할 뿐 결코 빈틈없는 행정 체계를 구축하려 하지 않았다. 그 때문에 티무르가 죽자 제국은 순식간에 분열 위기를 맞이하고, 각지의 왕족이 후계자 자리를 놓고 치열한 싸움을 벌이게 되었다.

5. 티무르의 계승자들

샤 루흐 정권의 성립

앞서 언급했듯이 티무르는 정복지 통치를 왕자들에게 위임했다. 이는 정복지를 일족의 공유 재산으로 간주하는 투르크-몽골계 유목민의 전통에 기초한 것이었다. 그리고 일족 가운데서 가장 실력이 뛰어난 사람이 왕족과 유력자들의 지지를 받아 군주 자리에 앉는 것도 유목민 전통을 따랐다. 이러한 전통 때문에 티무르가 죽자 각지에 분봉된 왕족들이 일제히 군주가 되겠다고 나섰다. 따라서 이 과정에서 정치적 분란이 발생하는 것은 불가피한 일이었다.

티무르는 유언에서 자식과 손자들에게 식읍食邑을 나누어주었지만, 동시에 장자 상속 원칙을 지키려 했다. 그러나 그의 큰아들 자한기르가 1375년경 그보다 먼저 세상을 떠났기 때문에, 정복자는 자한기르의 큰아들 피르 무함마드

티무르조의 계통도

맨 위 티무르를 위시하여 후손들의 계통이 그려져 있다. 이스탄불 톱가프 궁전 고문서 보관소.

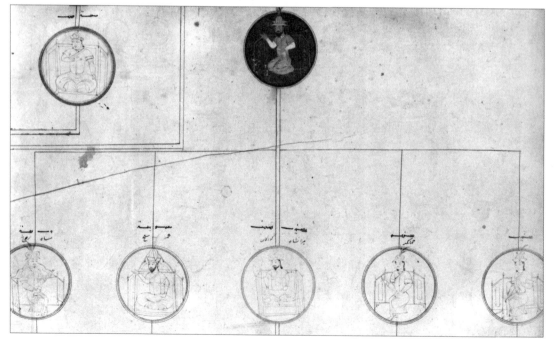

를 자신의 후계자로 선택하고 죽었다. 물론 그의 유언은 실현되지 않았다. 티무르가 죽은 바로 그 다음날부터 분쟁과 반란이 시작되었다. 우선 티무르가 사망할 당시 대군과 함께 타슈켄트에 주둔하고 있었던 손자 할릴 술탄(티무르의 셋째 아들인 미란샤의 넷째 아들)이 사마르칸트에 입성하여 권력을 장악했다. 권좌에 오른 할릴은 황실 재산을 무절제하게 낭비하고, 권력을 자신이 총애하는 샤드 울 물크의 변덕을 달래는 데 사용했다. 티무르와 그의 시대 정치사를 연구하는 만츠(B. F. Manz)에 의하면, 그의 군대는 티무르가 정복한 여러 지역에서 마 와라 알 나흐르로 이주시킨 혼성 부대로 충성심이 결여되어 있었고, 그렇기 때문에 할릴은 그들의 환심을 사려고 사마르칸트의 재부를 탕진했다고 한다.

그의 이러한 행동에 불만을 품은 아미르들은 그를 대신해 티무르의 넷째 아들로 이미 호라산의 지배자로 군림하고 있던 샤 루흐(1409~1447년 재위)를 마 와라 알 나흐르의 신임 군주로 추대했다. 티무르 사망 당시 그가 통치하던 호라산에서는 그의 심복과 지방 영주의 반란이 계속되었다. 샤 루흐는 이들을 진압하는 한편, 휘하의 아미르들에게 영지를 사여하여(소유르갈)[35] 그에게 충성하게 만들었다.

1409년 사마르칸트를 점령한 샤 루흐는 그곳의 통치를 맏아들 울룩 벡에게 위임하고, 티무르의 총신 샤 말리크를 후견인으로 임명한 뒤 자신은 헤라트로 돌아왔다. 자신의 본거지 헤라트를 수도로 삼았던 샤 루흐는 티무르 제국의 재통일을 목표로 세 형제의 가계에서 실권을 빼앗아 자기 일족에게 권력을 집중시켰다. 그는 티무르 정권을 지탱해온 유력자들을 대신하여 총비寵妃 가우하르 샤드의 친정인 타르칸부 출신자를 비롯한 인척과 자신이 발탁한 신하를 기용하여 정권의 기반을 공고히 했다.

또한 그는 대외적으로 명나라와 외교 관계를 복원하여 사절을 교환하고, 상업과 농업을 진작시켰다. 그리고 문학과 예술을 보호한 결과 그의 궁정에서는 빛나는 문화 발전이 이룩되었다. 한마디로 40년에 가까운 샤 루흐 치세는 티

---

35) 이슬람 세계의 '이크타'의 일종. 봉급적 성격을 갖는 '티율'에 대해 면세 특권을 갖는 세습되는 식읍食邑을 말한다.

울룩 벡의 마드라사
사마르칸트의 중앙 광장인 레기스탄 서쪽에 16.5미터에 달하는 아치가 우뚝 솟아 있다.

무르 일족에 의한 지배기 전체를 통해 가장 안정된 시기였다. 그 덕분에 1407년에서 1447년에 이르는 그의 긴 치세는 '티무르조의 르네상스'라 불릴 만큼 페르시아 문학과 예술의 황금기를 맞이했다. 그가 수도로 삼았던 헤라트와 그의 아들 울룩 벡의 거처가 있었던 사마르칸트는 이 르네상스의 가장 화려한 중심지였다.

그러나 이란 서북부에서 이라크에 걸친 지역에서는 투르크멘[36]의 활동이 활발해지고, 그 가운데서 카라 유수프가 이끄는 흑양부黑羊部(카라 코윤루)[37] 세력이 점점 강력하게 되었다. 이렇게 하여 샤 루흐가 세 차례나 원정했음에도 불구하고, 아제르바이잔을 비롯한 서부 페르시아는 영원히 티무르 후예들의 손에서 벗어나 투르크멘의 소유로 남았다.

1447년 샤 루흐의 죽음을 계기로 각지에서 일족 왕자들이 독립했다. 그리고 북방에서는 유목민 우즈베크와 투르크멘의 활동이 더욱 활발해졌다. 사마르칸트를 통치하고 있었던 샤 루흐의 아들 울룩 벡은 그 이듬해 헤라트에 입성하여 왕위를 계승했지만, 우즈베크가 중앙아시아를 침입했다는 소식을 듣고 부친의 유해를 모시고 본거지 사마르칸트로 돌아왔다. 그러나 그는 1449년 발흐에서 반란을 일으킨 아들 압둘 라티프에게 살해되고 말았다. 이렇게 하여 제국의 재통일은 샤 루흐 가문이 아닌 다른 가계에 맡겨지게 되었다.

---

36) 중앙아시아 투르크계 집단으로 현재 투르크메니스탄의 주요 인구를 구성한다. 카스피 해 동쪽 연안에서 이란의 북쪽 경계 지대와 아프가니스탄 북쪽 경계 지대 서반부에 이르는 지역에 분포한다. 동쪽으로 우즈베크인, 북쪽으로 카자흐인 거주지와 접경하고, 일부는 아프가니스탄과 이란 북부에 거주한다. 투르크멘의 기원에 대해서는, 고대 투르크족의 하나인 오구즈의 후예라는 전승이 있지만, 언어적으로 보면 오스만이나 아제르바이잔과 가깝고, 인류학적으로도 자카스피야형으로 투르크족 지배 이전 토착민과 혼혈 집단이라는 설이 유력하다.
37) 흑양부라는 이름은 이 집단이 검은 양을 상징으로 삼은 데서 붙여진 명칭이다.

티무르 제국의 분열

울룩 벡이 죽은 뒤 다시 티무르 일족 사이에 내전이 시작되었다. 그의 조카인 압둘라는 1450~1451년에 사마르칸트와 마 와라 알 나흐르의 군주가 되었고, 또 다른 조카인 바부르 미르자는 헤라트와 호라산에서 군림했다. 그러나 압둘라는 티무르의 또 다른 후예인 아부 사이드(미란 샤의 손자)에게 살해되었다. 울룩 벡 사후의 혼란을 수습한 사람이 바로 아부 사이드이다. 그는 투르크멘 아르군 부족의 군사력을 배경으로 등장하여, 우즈베크의 아불 하이르 칸의 도움을 받아 1451년 사마르칸트를 탈취했다. 그리고 타슈켄트에서 낙슈반디 교단[38]의 지도자 호자 아흐라르를 초빙하여 그의 종교적 권위에 의지하여 마 와라 알 나흐르를 장악하는 데 성공했다.

1457년 티무르의 후예로 호라산의 군주였던 바부르 미르자가 사망한 뒤, 아부 사이드는 그 지방을 점령하고 그 해 7월 19일 헤라트에 입성했다. 이듬해 흑양부 투르크멘 유목 집단의 수령 자한 샤가 호라산으로 진격하여 헤라트를 접수했는데, 아제르바이잔에서 발생한 반란 때문에 점령지를 아부 사이드에게 넘겨주고 본국으로 돌아갔다. 그 후 아부 사이드는 호라산 외에 이란 동부 지역까지 지배하여 샤 루흐 이래 계속된 제국의 재통일을 완수했다.

아부 사이드는 흑양부와 우호 관계를 유지했지만, 제국 동북방에서는 우즈베크와 모굴인들의 침입, 그리고 울룩 벡의 손자 무함마드 주키의 반란에 시달렸다. 이에 그는 제국 영내에 살고 있던 모굴의 유누스를 모굴리스탄의 칸으로 내세워 그곳으로 보내 동방의 안정을 꾀하고자 했다. 유누스 칸은 1429년 동생인 에센 부카 칸에 의해 모굴에서 추방되어 사마르칸트의 울룩 벡에게 망명했던 사람이다. 티무르 제국의 부흥에 착수한 아부 사이드는 제국 동방을 안정시키기 위하여 에센 부카의 경쟁자인 유누스를 모굴의 정통 칸으로 인정하여 그곳으로 보냈던 것이다.

---

38) 부하라 출신의 바하 웃딘 낙슈반드(1317~1389년)가 창시한 유명한 수피 교단. 침묵이 마음을 가다듬는 가장 좋은 방법이라 여기는 이 교단은 특히 카프카스와 중앙아시아 지역에 널리 퍼졌다.

이와 함께 아부 사이드는 1467년에 백양부白羊部(아크 코윤루)가 흑양부의 수령 자한 샤를 타도하고 큰 세력으로 대두하자, 옛 영토를 탈환하기 위해 백양부 수령 우준 하산에게 전쟁을 선포했다. 두 투르크멘 집단 사이의 갈등을 이용하여 서부 페르시아를 회복하려고 생각했던 아부 사이드로서는 한쪽으로 힘이 기우는 것이 반가울 리 없었다. 그리하여 아부 사이드는 우준 하산의 본거지였던 카라바흐로 진격했지만, 오히려 보급로가 차단되어 1469년 2월 11일 투르크멘에게 붙잡혀 6일 뒤 처형되었다.

아부 사이드는 티무르조를 복원시키려 했던 마지막 군주였다. 외부의 적이 아니라 친족 내부의 끊임없는 반란에 기인한 그의 실패는 티무르의 업적에 확실한 종지부를 찍었다. 아부 사이드 사후에 큰아들 아흐마드가 그의 뒤를 계승했다. 그러나 그의 통치 영역은 오직 사마르칸트를 수도로 하는 마 와라 알 나흐르에 한정되고(1469~1494년), 그나마도 거듭되는 내우외환에 시달렸다. 그의 한 형제가 페르가나의 영주로 있었고, 호라산은 우마르 샤이흐 가문(티무르의 둘째 아들)의 술탄 후세인이 헤라트에서 통치했다.

그런가 하면 사마르칸트에서는 아부 사이드 때부터 큰 영향력을 갖고 있던 호자 아흐라르가 정치·종교적으로 절대 권력을 휘둘렀다. 그는 많은 와크프를 소유하고 있었을 뿐 아니라 중앙아시아 각지에 막대한 부동산과 상업 자본을 보유하여 경제적으로도 마 와라 알 나흐르 제일의 실력자로 군림했다. 술탄 아흐마드의 25년에 걸친 치세 기간에는 호자 아흐라

술탄 후세인의 궁정에서 개최된 주연
티무르 제국의 왕후·귀족들이 술잔에 포도주를 가득 채우고 음악과 시 낭송을 즐기고 있는 모습이 생생하게 묘사되어 있다. 1488년경 비흐자드의 세밀화.

르 덕택으로 모든 사안이 법에 따라 공정하게 해결되었으며, 사마르칸트 사람들은 참으로 "평안하고 한가로운" 나날을 보냈다고 한다.

1494년 아흐마드가 세상을 떠나고 동생 마흐무드가 그의 뒤를 이었지만, 새 군주는 권좌에 오른지 반년도 못 되어 죽었다. 그 후 햇수로 6년 사이에 세 명의 왕자가 다섯 차례나 왕위에 오르는 내분이 발생했다. 여기에서 전개된 항쟁은 결코 티무르 가문 왕자들만의 싸움이 아니었다. 권력 투쟁은 나라의 군사와 행정을 떠받치고 있었던 유력한 아미르 집단, 즉 명문 바를라스와 아부 사이드 시대에 권력을 잡은 신흥 세력 아르군 부족의 대립에서 비롯된 측면이 크다. 이와 함께 호자 아흐라르의 두 자식도 서로 반대파에게 휘둘려서 항쟁에 가담했는데, 이러한 내부 갈등은 결국 침입자들을 불러들였다. 칭기스 칸의 큰아들 조치의 후예이자 우즈베크 집단의 수령인 무함마드 샤이바니는, 이미 눈길을 마 와라 알 나흐르로 돌려 시르다리아 강 하류에 자리잡은 채 강을 건널 기회만 엿보고 있었다. 티무르의 후예들이 벌인 어리석은 분쟁이 그에게 기회를 제공했다. 그는 1500년 드디어 부하라와 사마르칸트로 진격하여 티무르조의 군주를 처형하고 사마르칸트의 권좌에 올랐다.

한편 1470년 티무르 가문의 또 다른 후예인 술탄 후세인에 의해 헤라트 정권이 세워졌다. 술탄 후세인은 사마르칸트의 군주였던 아부 사이드의 사촌으로 원래부터 호라산에 남아 있었는데, 1461년에 아부 사이드에게 밀려나 망명 생활을 하다가 그가 죽은 후 헤라트를 탈환했다. 후세인은 40년 가까이 호라산을 지배하면서 아무다리아 강을 사이에 두고 북쪽의 사마르칸트 정권, 그리고 서쪽의 백양부와 우호 관계를 유지했다. 이 평화의 시대에 훌륭한 교양인이었던 후세인과 재상 미르 알리 시르 나바이의 문예 보호 운동에 힘입어 헤라트 궁정을 중심으로 티무르 제국 시대 제일의 문화가 꽃피었다. 페르시아어와 투르크

헤라트에서 제작된 것으로 추정되는 「코란」의 표지 그림 (1425 ~1450년)

어를 능숙하게 구사했던 미르 알리 시르 나바이는 차가타이-투르크어 문학사에 기록된 위대한 시인 가운데 한 사람이었다. 그는 투르크어가 문학 언어로서 페르시아어에 필적할 뿐 아니라 더 우월할 수 있다는 것을 입증하려고 했다.

그러나 장기간 지속된 평화로 인하여 왕족도 신하도 모두 전쟁을 망각해버렸다. 그 결과 후세인 사후(1506년) 헤라트 정권은 아무런 군사 행동도 취하지 못한 채 1500년 사마르칸트를 정복한 우즈베크의 샤이바니 칸이 이끄는 군대에 항복하고 말았다. 부하라나 사마르칸트와 마찬가지로 호라산도 이렇게 하여 샤이바니 가문의 우즈베크 칸의 수중에 떨어졌다.

티무르 제국의 행정 기구

티무르는 일생을 통해 확고한 행정 체계를 구축하지 않았다. 또 그의 후계자들의 시대에도 이 문제에 관해 분명하지 않은 점이 많다. 최근 구보 가즈유키(久保一之)가 제시한 술탄 후세인 정부의 행정 기구 모델을 통해 티무르 제국의 행정 기구를 살펴보도록 하겠다.

먼저 군주의 측근에서 칙령 발행을 담당한 사람이 파르와나치이다. 그는 옥새를 관리하고 날인을 담당하는 무흐르다르, 그리고 칙령 작성의 실무를 맡은 문시와 함께, 이어 언급할 군무청軍務廳·재무청財務廳에서 수행하는 문서 행정의 중추를 이루었다. 그 밖의 측근 가운데는 군주의 경호를 담당하는 친위대장, 식사와 주연, 매 사냥과 막영幕營 관련 관직이 포함되어 있었다.

국정의 중추인 군무청과 재무청은 각각 여러 명의 아미르가 통괄했다. 아미르의 우두머리는 아미르 알 우마라(아미르 중의 아미르)였다. 티무르 제국 시기 아미르는 유목 귀족의 신분을 나타내는 칭호일 뿐만 아니라 관직과 지위를 나타내기도 했다. 군무청은 군대의 소집과 감독을 위시한 군무를 담당하고, 투르크-몽골의 관습법 규범에 따라 생활하는 군인을 관할했다. 그리고 서기(바흐시)와 군무감독관(투와치)이 군무청의 실무를 담당했다.

재무청은 징세와 재무를 취급하고, 도시와 농촌의 발전을 꾀하며, 납세자인 주민을 보호하는 일을 담당했다. 실무는 타지크(이란)계 와지르가 담당했다. 그들은 중하위직 관리의 임용권을 갖고 있었고 사실상 재무청을 운영했다. 그들의 최고 책임자는 디완 감독관으로 와지르들을 총괄했다. 군무청과 재무청은 각각 투르크-몽골계 유목 사회와 타지크계 정주 사회에 맞추어 설치한 기관이라 할 수 있다.

두 관청과는 별개로 이슬람 사회에서 종교 장관의 역할을 수행한 '사드르'라는 직책이 있었다. 사드르는 사이드(예언자 무함마드의 자손에 대한 존칭)와 울라마들을 총괄하고, 와크프 운영을 감독했다. 또 사드르는 카디(법관)와 무흐타십(위법 행위 취체관, 시장 감독관)을 비롯한 샤리아(이슬람법)에 관한 여러 관직자의 인사권을 장악하고, 사이드, 울라마, 와크프 관계자에 대해 절대적 영향력을 행사했다. 티무르 제국은 사드르를 정권 내부 행정관으로 자리매김하여 지배 아래 있던 무슬림, 즉 타지크계 정주민 사회를 장악하고자 했다.

이상에서 살펴본 것처럼 티무르 제국의 행정 기구는 투르크계 군인과 타지크계 정주민을 겨냥한 이원 체제를 이루고 있었다. 구보 가즈유키에 의하면 술탄 후세인 정권에서 외형상으로는 투르크계 군인이 상위를 점하고 있었지만, 행정 실권은 국가의 재정을 안정시키기 위하여 타지크계 재무 관료와 측근에 집중되어 있었다. 그리고 그들의 진출은 이 시대의 '번영'과 밀접한 관련이 있다고 한다. 즉 그들이 갖고 있던 풍부한 부가 자선 사업과 건설 사업, 문인·예술가의 보호 활동에 쓰이면서 도시 문화와 궁정 문화가 꽃피게 되었던 것이다.

우즈베크 유목 정권과 카자흐

15세기 전반 조치 울루스 동부에서 '우즈베크'라 불리는 유목민 집단의 활동이 활발해졌다. 그들을 통솔한 사람은 조치의 다섯째 아들 샤이반의 후손인 아불 하이르 칸(1428~1468년 재위)이었다. 그는 몽골 시대부터 이름이 알려진 부르쿠트부部의 지원을 받아 즉위한 후 샤이반 가문의 경쟁자를 타도하고 종가宗家인 사라이 정권(킵차크 칸국)으로부터 독립을 선언했다.[39] 또 그는 1430년부터 1431년 사이에 티무르 제국의 영역인 호라즘을 원정하여 많은 전리품을 획득하고, 그를 추종하는 유목민들을 만족시켜 정권을 강화하는 데 주력했다. 그리고 그 여세를 몰아 1446년 킵차크 초원의 동부 지역을 통일하는 데 성공했다.

같은 해 아불 하이르는 시르다리아 강 중류의 오아시스 도시인 시그나크, 사우란, 우즈겐드를 점령하여 이곳을 정치 · 군사 거점으로 삼고, 이와 함께 경제적 기반을 공고히 했다. 시르다리아 강 중류 유역은 몽골 시대부터 북쪽의 조치 울루스와 남쪽의 차가타이 울루스 경계에 위치하여 남북 세력 모두에게 중요한 전략 거점이었다. 그리고 여기에 흩어져 있는 오아시스 도시는 유목민과 정주민이 일상적으로 교류하는 터전으로, 특히 유목 세력 입장에서 보면 경제적으로 중요한 의미를 갖고 있었다. 그때까지 시르다리아 강 중류 유역을 근거지로 하고 있던 일단의 유목민들은 아불 하이르의 압박으로 케레이(기레이) 칸과 자니 벡 칸(두 사람 모두 조치 가문의 일원이었다)을 따라 모굴리스탄 변경으로 이주했다. 그들은 우즈베크-카자흐 또는 그냥 카자흐라 불리는데, 오늘날 카자흐족의 기원이 되었다.[40]

한편 아불 하이르는 1451년 아부 사이드의 요청으로 샤 루흐 사후에 발생한 티무르조의 내분에 개입하여 그가 사마르칸트의 권좌를 차지하도록 도와주었다. 이때 아부 사이드는 아불 하이르를 두려워하여 그를 성 밖에 머물게 하고, 막대한 선물과 울룩 벡의 딸 라비아 술탄 베김을 주어 사마르칸트에서 철수하도록 했다.

1456년 아불 하이르는 중앙아시아 초원에 진출한 칼미크(오이라트)와 싸워 패

---

39) 아불 하이르는 1428년 열일곱 살의 나이로 오늘날 시베리아의 토볼스크 서쪽에 위치한 투라 강변에서 자기 유목 집단의 칸으로 즉위했다고 한다. 이에 관한 자세한 사항은 르네 그루쎄, 앞의 책, 665~666쪽 참고.
40) 이하 우즈베크, 카자흐의 기원 등에 관한 사항은 김호동, 「15-16세기 중앙아시아 유목집단들의 동향」, 『러시아연구』 3(서울대학교 러시아 연구소, 1993)을 참고.

하고, 그 권위가 크게 실추되었다. 케레이와 자니 벡이 이끄는 우즈베크 집단의 이탈은 칼미크의 침략으로 그의 권위가 실추된 이 사건과 밀접한 관련이 있다. 그런 가운데서도 그는 군주 자리를 둘러싸고 싸우는 티무르 가문의 왕자들로부터 자주 지원군 요청을 받았다.

예컨대 앞서 언급한 술탄 후세인도 아불 하이르에게 도움을 요청하기 위하여 1468년에 그를 방문한 바가 있는데, 1주일 동안 벌어진 주연酒宴에서 술에 취하지 않음으로써 그로부터 원조 약속을 받아냈다고 한다. 그러나 아불 하이르가 그 해 사망함에 따라 그 약속은 실현되지 못했다. 그는 우즈베크 칸국에서 독립한 카자흐를 징벌하기 위하여 그들과 벌인 전투에서 패배한 후 사망했다.

아불 하이르가 죽자 우즈베크 울루스는 곧바로 분열 상태에 빠졌다. 울루스를 구성하고 있던 많은 유목민들은 먼저 모굴리스탄 변경으로 본거지를 옮겨 간 케레이 칸과 자니 벡 칸을 군주로 떠받들었는데, 그 수가 20만 명에 달했다고 한다. 그 후 우즈베크인들이 마 와라 알 나흐르로 이주하자 카자흐 집단은 킵차크 초원의 유목민을 휘하로 받아들여, 자니 벡의 아들인 카심 칸(1511~1518년 재위) 시대에는 강력한 유목 국가로 성장했다. 그들은 시르다리아 강 중류 유역과 세미레치에 지방의 오아시스 도시를 지배 아래에 넣고, 수시로 동투르키스탄과 서투르키스탄을 공격하여 주위의 여러 세력을 위협했다. 이들은 적어도 18세기 전반기까지 시르다리아 강 중류 유역을 거점으로 하여 세미레치에 지방의 대大쥐즈(Ulu juz), 오늘날 카자흐 초원 중부의 중中쥐즈(Orta juz), 서부의 소小쥐즈(Kishi juz)[41] 등 몇 개의 부족 연합체를 이루고 있었다.

아불 하이르의 아들 샤 부다크도 아버지와 같은 해 사망했다. 그리하여 샤 부다크의 아들로 당시 열일곱 살이었던 무함마드 샤이바니가 흩어진 유목민

---

41) 이들이 이른바 '대 · 중 · 소 오르다'라는 카자흐인들의 부족 연합체를 가리킨다. 한 가지 흥미로운 것은 이러한 구분이 오늘날까지도 유지되고 있고, 따라서 정치인들의 출신 배경을 비롯한 현재 카자흐의 정치와 사회 실태를 파악하는 데도 이러한 구분이 매우 유효하다는 점이다. 예를 들면 옛 소련의 카자흐 공산당은 대부분 대쥐즈 출신자들로 구성되어 있었고, 독립 후에도 대쥐즈 출신인 나자르바예프가 대통령이 되고, 기타 중쥐즈, 소쥐즈를 대표하는 정치 집단이 존재한다.

을 통합하여 우즈베크의 부흥을 실현했다. 샤이바니는 할아버지가 죽은 후 방랑하는 전사로서 그의 인생을 시작했다. 그는 여러 지역에서 망명 생활을 보낸 뒤 티무르 일족의 내부 항쟁을 틈타 시르다리아 강 중류 유역에 거점을 구축하고, 1496년 말에서 1497년 초에 비록 아불 하이르 시대보다 수는 적지만 우즈베크의 유목 집단을 다시 결집시키는 데 성공했다.

샤이바니조의 지배

1500년 여름에 무함마드 샤이바니가 내분으로 어떠한 저항도 할 수 없었던 부하라에 입성했다. 곧이어 그는 사마르칸트까지 정복하고 마 와라 알 나흐르의 지배권을 탈취했다. 그 결과 일시적으로 중단된 경우를 빼고는, 이때부터 1599년까지 아불 하이르의 자손이 이 지역에서 군림하는 상황이 전개되었다. 학자들은 보통 이 왕조를 '샤이바니조'라고 부른다.

샤이바니는 한때 티무르조의 후예이자 장차 인도의 제왕이 될 바부르에게 사마르칸트를 빼앗긴 적도 있지만, 3개월여 만에 다시 탈환했다. 이어 그는 1503년에는 아무다리아 강 상류 유역의 쿤두스에서 페르가나 분지와 타슈켄트를, 1505년에는 호라즘을 각각 점령했다. 그리고 1507년에는 헤라트를 점령하여 티무르 제국을 멸망시키고 지배 영역을 호라산 지역까지 확대했다.

그러나 1508년부터 1509년 사이에 전개된 카자흐 원정에서 성공을 거두지 못하고, 아프가니스탄의 하자라족[42]에 대한 공격도 실패했으며, 왕족에 대한 분봉 정책의 실패로 인하여 그들의 지지를 잃었다. 때마침 이란에 성립된 사파비조의 샤 이스마일이 호라산으로 진군을 개시했는데, 샤이바니는 원군을 얻지 못한 채 1510년 메르브 교외에서 벌어진 그들과의 전투에서 패하여 살해되었다.

----

42) 13~14세기 몽골 제국의 팽창 과정에서 이주한 몽골족의 후예로 추정되는 집단이다. 아프가니스탄 외에도 이란 동부와 파키스탄에도 살고 있으며, 인구는 80~100만 정도로 이슬람 시아파를 신봉한다.

바부르는 이 기회를 틈타 샤 이스마일의 도움을 받아 이듬해인 1511년 사마르칸트를 되찾았다. 그러나 바부르의 권력 기반은 대단히 취약했다. 4만 또는 5만으로 추정되는 바부르 군대 가운데 가장 큰 세력은 샤 이스마일이 보낸 투르크멘 유목 부대(키질바시)[43]였다. 나머지는 모굴과 차가타이의 혼성 부대이고, 바부르 자신이 거느리는 휘하의 부대는 오히려 소수에 불과했다. 그런데다 그가 도움을 청했고, 또 종주권을 인정한 페르시아인들은 시아파였다. 건실한 수니파 이슬람교도였던 부하라와 사마르칸트 주민들은, 그가 이단자들과 어울리는 것을 비난하며 그와의 관계를 단절했

샤이바니 칸의 초상

다.[44] 바부르는 또 군비를 염출하기 위하여 동전을 개주改鑄하여 경제적 혼란을 초래함으로써 주민의 지지를 잃었다.

이와 같은 종교·사회적 혼란에 고무되어 우즈베크가 다시 나타났다. 그리고 1512년 수적으로 열세한 우즈베크군이 바부르군에 승리를 거두었다. 바부르는 결국 중앙아시아 지배를 포기하고 카불의 자기 왕국으로 돌아갔다. 그는 카불을 중심으로 소왕국을 유지하다가, 그로부터 7년 뒤 신천지를 찾아 인도 원정에 나섰다. 그 후 바부르는 1526년 파니파트(델리 북방 약 137km)에서 로디 조[45]의 군대를 격파하고 델리와 아그라를 점령하여 인도 땅에서 티무르 왕조를 재건했다. 학자들은 이 왕조를 무갈조라고 부르는데, 무갈은 몽골의 변형이다.

---

43) 이스마일이 사파비조를 건설할 때 그에게 도움을 준 투르크멘의 일곱 부족. 투르크어로 '붉은 머리(赤頭)'라는 뜻인데, 이 말은 그들이 붉은 터번을 착용한 데서 유래한다. 그들은 사파비조의 친위 군대로서 정치·군사적으로 중요한 역할을 수행하는 한편, 한때 정권 자체를 좌지우지했다. 한편 동투르키스탄에서는 일반적으로 사파비계의 시아파를 가리키는 말로 쓰였는데, 중국 사료에 등장하는 적모회赤帽回가 바로 이들이다.

44) 당시 사파비조 이란은 시아파이고, 마 와라 알 나흐르 주민들은 독실한 수니파 무슬림이었다.

45) 1451년부터 1526년까지 존속한 인도의 이슬람 왕조. 델리에 수도를 둔 술탄 정권(델리 술탄조) 시대의 마지막(다섯번째) 왕조인데, '로디'라는 명칭은 아프간의 한 부족인 로디족이 이 왕조를 세운 데서 유래한다.

이렇게 하여 부하라와 사마르칸트를 비롯한 마 와라 알 나흐르 전역이 다시 우즈베크인에게 돌아갔다. 샤이바니 일가는 바부르 군대를 몰아내고 왕족 공신 회의를 개최했다. 이 회의에서 일족 가운데서 가장 나이가 많은 퀴츠퀸지가 샤이바니조의 새로운 칸으로 추대되었다. 각 왕족에게는 영지로서 정복지가 할당되었는데, 퀴츠퀸지는 국가 통합의 중심지로 수도 사마르칸트와 그 주변을 확보했다. 퀴츠퀸지의 조카 우베이둘라가 국가의 군사와 외교를 담당했는데, 그는 바부르와의 전투를 지휘했으며 부하라를 영지로 분급받았다. 퀴츠퀸지의 아들 아부 사이드가 칸 위를 계승하고, 이어 실력자인 우베이둘라가 칸이 되었다. 그는 즉위 후에도 부하라를 떠나지 않았기 때문에 사마르칸트와 나란히 이 도시의 중요성이 증대되었다.

우베이둘라 사후(1540년) 그때까지 강력한 적이었던 사파비조를 눈앞에 두고 통일을 유지하고 있었던 샤이바니조는 강력한 군주의 부재로 인하여 분열의 시대를 맞이했다. 압둘라 1세의 짧은 통치 후에 동생 압둘 라티프가 즉위하자, 부하라에서는 우베이둘라의 아들 압둘아지즈가 스스로 칸이 되었다. 두 사람의 싸움은 10여 년 동안 계속되었다. 그러다가 1552년 일족인 바라크 칸(나우르즈 아흐마드 칸)이 자신의 영지였던 타슈켄트에서 출병하여 사마르칸트를 점령하고 나라를 다시 통일했다.

바라크 칸에 이어 압둘라 2세가 권력을 장악했다. 그는 1556년 바라크가 사망하자 일족 가운데서 최연장자인 큰아버지 피르 무함마드를 칸으로 추대했다. 그로부터 5년 후인 1561년 피르가 사망하자 압둘라는 아버지 이스칸다르를 칸 위에 앉히고, 자신이 실질적인 권력을 행사했다. 압둘라가 칸으로 즉위한 것은 아버지가 죽은 후인 1583년이지만, 그때까지 그는 왕족들에게 분배된 영지를 회수하여 착실히 중앙 집권화를 추진했다. 즉 1557년에 부하라, 1578년에 사마르칸트, 1578년에 타슈켄트를 회수했는데, 부하라는 회수 직후부터 국정의 중심지가 되었다.

압둘라는 공식적으로 칸 위에 오른 후 내정을 충실화하는 데 온힘을 기울였다. 우선 그는 새로운 화폐를 주조하여 각 지방의 왕족이 발행하고 있던 화폐를 정리했다. 그렇게 함으로써 그때까지 도시마다 다르게 사용되고 있던 화폐를 일원화시켜 상거래를 원활하게 하려고 했다. 그는 수도 부하라를 건설하는 일에도 힘을 기울였다. 즉 도시 서쪽에 성벽을 쌓아 시역市域을 확대하고, 마드라사(고등 교육 기관)와 그 운영 자금을 제공하는 공중 목욕탕을 건

압둘라 칸 시대에 건설된 부하라의 상점가와 시장

설했으며, 그 밖에 도시 중심부에 상점가와 시장을 건설하는 등 상업 시설을 정비하고 확충하는 데 진력했다. 그는 또 새로운 관개 시설을 건설하여 농업 생산의 향상을 도모하는 것을 비롯하여 경제력을 강화시키기 위해서도 노력했다.

이러한 일련의 시책에 의해 부하라를 중심으로 하여 경제 활동이 활발하게 이루어지고, 국가 재정이 호전되어 정권의 경제적 기반이 안정되었다.

압둘라는 1584년 아무다리아 강 상류 유역 바다흐샨 지방(타지키스탄 동남부)의 점령을 시작으로 대외 원정에 착수했다. 그는 1588년에 헤라트를 점령하고 호라산 전역을 지배 아래 넣었다. 이어 1593~1594년에는 히바 칸국이 지배하고 있던 호라즘을 정복하여 샤이바니조는 중앙아시아에서 아프가니스탄 북부, 그리고 이란 동북부에 이르는 광대한 영역을 지배하는 절정기를 맞이했다.

1598년 압둘라가 세상을 떠났다. 그의 뒤를 이은 아들 압둘 무민은 인망人望을 얻지 못하여 즉위한 지 6개월 만에 피살되었다. 이 혼란기에 피르 무함마드 2세라는 사람이 북방에서 침입한 카자흐와의 싸움을 지휘했다. 그는 자니 무함마드 일족의 도움으로 카자흐 군대를 패배시켰다. 자니는 조치의 아들 토카 테무르의 후손으로 아버지 야르 무함마드 때 러시아군에게 쫓겨 아스트라한에서 이주해 온 사람이다. 그들은 샤이바니조의 왕가와 통혼했는데, 자니의 처 역시 압둘라 2세의 누이이다.

1599년 피르 무함마드의 죽음으로 샤이바니조의 남계男系가 단절되었다. 이 때 칸으로 추대된 자니는 샤이바니조의 혈통을 잇는 왕족을 즉위시킬 것을 주

장했다. 그 때문에 압둘라 2세의 조카인 자기 아들 바키 무함마드(자니와 압둘라 2세의 누이 사이에 태어남)가 즉위하여 새로운 왕조인 잔조를 개창했다.

샤이바니조의 국가 체제

샤이바니조는 중앙유라시아 유목 세계의 전통을 계승한 국가였다. 우선 군주가 칭기스 칸의 혈통을 이어받은 일족 왕자 가운데서 선출되었다. 그리고 군주를 지탱해준 군단도 유목 집단을 단위로 하여 편성되어 있었다. 그 가운데는 몽골 제국 시대 또는 그 이전부터 활동하고 있었던 집단의 이름도 눈에 띈다. 또 왕가와 군대에 관한 여러 문제들은 유목 세계 전래의 관습법(야사 또는 퇴레)에 의하여 해결되었다. 나아가 정복지는 일족의 공유 재산으로 간주되어 각 왕가의 영지로 분배되었다. 사이바니조에서는 각 왕가의 독립성이 강했는데, 특히 왕조 창설자인 아불 하이르의 네 아들을 조상으로 하는 가계가 유력 집단으로 군림했다.

한편 샤이바니조의 지배자들은 물론, 우즈베크 유목민과 영내의 주민도 대부분 무슬림이었다. 따라서 실행에 옮겨진 여러 가지 시책은 이슬람법에 의거하여 기획되었다. 그러나 위정자 입장에서는 이슬람법을 존중하는 것은 어디까지나 통치를 위한 수단일 뿐이었다.

샤이바니 칸과 당대 최고의 법학자 이븐 루즈비한의 대화를 연구한 이소가이 겐이치(磯貝建一)에 의하면, 군주들이 자신의 행위를 정당화하기 위하여 이슬람을 이용했다고 결론지었다. 그러나 샤이바니가 이슬람법 논리를 이용하여 '야사' 규정을 억지로 합법화하려고 하면, 이븐 루즈비한이 논박하여 이를 철회시켰다고 한다. 이는 헤라트를 정복할 때 기진喬進 재산을 몰수하는 등 이슬람의 사회 질서에 어긋나게 행동했던 샤이바니조차도, 법학자의 견해를 무시하고 정책을 시행할 수 없었음을 보여주는 사례이다.

샤이바니의 조카인 우베이둘라에 관한 한 사서史書에 의하면, 그는 공정하고 후덕하고 경건하고 금욕적인 군주로서 국가·군사·종교·신민에 관한 모든 사안을 이슬람법 규정에 의거하여 처리했다고 한다. 또 그는 서예, 시, 음악에도 능통하고 많은 문화인을 보호했다. 그래서 그가 다스린 부하라는 술탄 후세인 시대의 헤라트를 연상시킬 정도로 문화가 꽃피었다고 전해진다. 국사國事와 군사 문제까지 모두 이슬람법을 따랐다는 기술을 어디까지 믿어야 할지 의문을 가질 수도 있지만, 샤이바니조의 군주와 우즈베크 고관들이 건설 사업과 상업 진흥책을 시행하여 도시를 발전시키고, 문화인을 보호하여 티무르 제국 시대의 문화를 섭취하기 위하여 노력한 것만은 사실이다. 그들은 이슬람 사회를 통치하면서 이슬람 사회의 발전에 기여한 이상적인 군주로 평가받으려고 노력했던 것이다.

유목 정권과 교단

앞서 언급했듯이 15세기 후반 사마르칸트에서는 수피 교단의 일파인 낙슈반디 교단의 호자 아흐라르가 정치 무대에서도 큰 영향력을 행사했다. 수피즘은 압바스조(750~1258년) 시기 이슬람법이 체계화된 8세기 말부터 9세기 사이에 신앙의 형식화에 대한 위기감에서 행위의 내면성을 중시하는 운동으로 시작되었다. 수피들은 사변적이고 형식적인 교리 해석이나 법규의 준수를 통해서가 아니라, 고행과 금욕적인 수행을 통해 오직 신만 생각하면서 무아 상태에서 신과의 신비적 합일을 추구했다.

그 후 12세기 무렵부터 수피의 길을 탐구하고 성자로 추앙된 인물을 교조로 하는 교단 조직이 형성되고 활발한 활동이 이루어졌다. 최후 심판의 날에 확실히 낙원으로 갈 수 있는 성자가 묻힌 장소는 신과 가장 가까운 장소로 여겨졌고, 사람들은 자기들도 그곳에 묻히기를 희망했다. 또 기적을 행하는 능력자로 신봉되는 성자에게 신과의 주선을 청하고 현세의 이익을 갈망했다. 교조의 법통法統을 계승한 수피, 특히 교단의 지도자인 샤이흐(導師)에게 많은 사람들이 귀의하고 재산을 헌납했다. 교단은 사재私財를 바친 사람에 대한 보호를 약속했으며, 이러한 여러 과정을 통해 사회에서 교단의 영향력이 증대되었다.

교조의 무덤에는 근사한 성묘聖廟가 축조되고 모스크가 건설되어 이곳을 중심으로 교단 활동이 이루어졌다. 교단의 전속 수피들은 전도사 자격으로 각지에 교단 지부를 개설하고, 그들이 다시 세포분열하여 교단의 독자적인 연결망을 이루었다. 이러한 연결망이 국경을 넘어 확대되면서 상인들에게 좋은 상업 거점을 제공하기도 했다.

15~16세기 중앙아시아에서 사회적으로 큰 영향력을 행사한 교단으로는 낙슈반디 교단, 쿠브라비 교단, 야사비 교단을 들 수 있다. 베르케 칸과 가잔 칸을 비롯하여 몽골 왕족이 개종하는 데는 쿠브라비 교단의 도사가 큰 역할을 했다. 쿠브라비 교단은 이 시기 호라산에서 중앙아시아로 진출하여 사마르칸트를 중심으로 활동을 전개했다. 앞에서 언급한 대로 티무르는 야사비 교단의 교조 야사비의 묘廟를 개수했다. 또 아불 하이르 칸도 이 교단에 귀의했으며, 샤이바니조의 왕족 가운데서도 많은 신자가 나왔다. 이처럼 야사비 교단은 16세기까지도 큰 영향력을 행사했다.

그러나 중앙아시아 정치와 사회에 가장 심대한 영향을 미친 교단은 역시 낙슈반디 교단이었다. 낙슈반디 교단은 전신인 호자간의 법통을 계승한 바하 웃딘 낙슈반드를 교조로 하여 성립된 교단이다.

원래 수피가 목표로 하는 '신에 이르는 길'은 모든 세속사에서 탈피하는 것, 특히 정치와 결별할 것을 전제로 한다. 호자간에서도 그랬지만, 낙슈반디 교단에서는 이윽고 수피의 도사는 군주가 샤리아를 준수하도록 감독할 필요성을 역설하게 된다. 호자 아흐라르는 술탄 아부 사이드의 귀의를 받고 샤리아에 맞추어 국가 질서를 강화하려 했다. 또 그는 아부 사이드에게 탐가세(商稅)의 폐지를 촉구한 것을 비롯하여 야사(관습법)에 기초한 제반 정책을 폐지하는 데 진력하고 무슬림 민중을 보호하려고 했다. 도사들은 민중의 존경을 받으면서 그들 사이에 맺어진 보호 관계의 연결망을 통해 이슬람 사회에 커다란 영향력을 행사하고 있었다. 따라서 위정자들은 어떠한 형태로든 정권에 교단을 끌어들이지 않고서는 원활하게 통치하기 어려웠다.

16세기에 들어와 낙슈반디 교단의 정치 이론은 마흐두미 아잠에 의해 정비되었다. 그는 도사라는 존재는 민중뿐 아니라 군주와 그 주변 인물까지 인도해야 한다고 하여 정치에 적극적으로 참여할 것을 역설했다. 이렇게 하여 낙슈반디 교단은 우즈베크 여러 왕조는 물론이고 동투르키스탄과 인도, 오스만 제국에서도 큰 영향력을 행사하는 기틀을 마련했다.

샤이바니조의 역대 군주는 호자 아흐라르의 아들 야흐야를 살해하고 재산을 빼앗은 샤이바니를 빼고는 낙슈반디 교단과 공존을 도모했다. 그 가운데서 부하라 서부에 본거지를 둔 주이바리 가문의 호자 이슬람과 사아드 부자父子는 교단의 도사로서 압둘라 2세를 귀의시키고, 부하라의 도시 건설에도 적극 참여했다. 그들은 기진과 구매를 통해 기진 재산과 사유지를 늘려 경제력을 쌓았다. 또 모스크와 마드라사, 공중 목욕탕과 대상의 숙소를 비롯하여 많은 종교 시설과 상업 시설을 건설했을 뿐 아니라 모스크바에 대표를 파견하여 무역을 했다. 이처럼 15~16세기에 도시가 번영한 데는 도사를 위시한 이슬람 교단이 큰 역할을 담당했다.

15~16세기의 문화

티무르와 그의 후계자들 시대에는 화려한 도시 문화와 궁정 문화가 꽃핀 시기이다. 역대 군주들은 자신의 위세를 떨치고 이슬람 문화의 보호 정책을 민중에게 직접 보여줄 수 있는 건축 사업에 몰두했다. 그리하여 그들은 장려한 모스크와 마드라사, 영묘靈廟와 궁정이 딸린 정원, 공공 숙박 시설과 공중 목욕탕을 건설하는 데 열을 올렸다. 예를 들면 티무르는 정복지에서 강제로 끌고 온 장인들을 사역시켜 수도 사마르칸트의 중앙 모스크(비비 하눔)를 비롯한 많은 건축물을 축조했다. 특히 몽골 지배기에 높은 기술 수준에 달한 이란으로부터 건축뿐 아니라 예술과 학술 분야의 많은 것들이 중앙아시아에 이식되었

부하라의 경관

다. 우리는 지금도 샤 루흐와 술탄 후세인 시대의 수도인 헤라트, 샤이바니조의 수도인 부하라와 그 밖의 도시에서 당시에 축조된 화려한 건축물을 볼 수 있다.

티무르조의 궁정에는 당대 일류의 예술가들이 모여 있었다. 특히 필사본 삽화로서 발달하고 몽골 지배 시대에 이란에서 새로운 발전을 이룩한 세밀화는 헤라트에서 높은 예술 수준에 이르렀다. 세밀화가로는 후세인 시대의 화가 비흐자드가 유명하다. 필사본 제작에 빠뜨릴 수 없는 서예도 발달했다. 그 유려한 필적은 필사본 외에 건물과 묘석墓石에 남은 명문銘文이나 『코란』의 필사본을 통해서 확인할 수 있다.

학문 분야에서 유명한 사람은 울룩 벡이다. 우수한 학자였던 그는 수학, 천문학, 의학을 비롯한 자연과학에 깊은 관심을 보이고, 사마르칸트 교외 동북쪽에 천문대를 건설하여 천체를 관측하기도 했다. 이를 토대로 새로이 작성한 천문표天文表는 아랍어와 오스만어로 번역되어 이슬람 세계에서 널리 이용되고 유럽에 전해져 라틴어로도 번역되었다. 당시 사마르칸트에는 카디자다 루미를 비롯한 많은 학자와 유학생이 몰려와 연구에 종사했다. 여기에서 수학한 알리 쿠슈치는 뒤에 이스탄불에 초청되어 천문대 건설에 관여했다.

당시 주요 학술어는 페르시아어였다. 물론 이슬람 분야에서는 주로 아랍어가 사용되었다. 그러나 15세기 후반 이후에 투르크어가 문학 언어로 뛰어나다고 주장한 알리 시르 나바이, 무갈조의 개창자이자 회상록 『바부르 나마(바부르의 서書)』의 저자인 바부르의 등장으로 차가타이 – 투르크어가 문학 언어로 독립적인 지위를 얻었다. 샤이바니조 이후에 중앙아시아에서는 투르크어로 쓴 작품이 증가하고 점점 문어文語의 투르크화가 진행되었다.

티무르에 의해 각지에서 사마르칸트에 이식되어 꽃핀 도시 문화와 궁정 문화는 술탄 후세인 시대 헤라트에서 절정기를 맞이했다. 헤라트 정권이 붕괴될 때, 그들에게 보호를 받던 예술가와 문화인 일부는 마 와라 알 나흐르와 인도로 이주하여 그곳에 수준 높은 문화를 전파했다. 샤이바니조의 우베이둘라 치하의 부하라가 후세인 시대의 헤라트에 비유되는 것이 그 하나의 증거이다. 그리고 인도 무갈조의 문화와 헤라트를 지배한 사파비조의 문화도 이러한 맥락에서 이해할 수 있다.

15세기 초(1400~1425년) 중앙아시아에서 제작된 것으로 추정되는 「코란」 필사본(45장 13~19절)

중앙유라시아 세계의 쇠퇴

과거에는 티무르 제국의 영광을 끝으로 중앙유라시아 세계가 황혼을 맞이한 것으로 이야기했다. 학자들은 그 이유를 실크로드 교역의 쇠퇴에서 찾고 있다. 즉 티무르 제국이 멸망한 후 이란에 시아파를 신봉하는 사파비조가 세워지고, 중앙아시아에 수니파를 신봉하는 샤이바니조가 성립되어 서로 항쟁함에 따라 동서 교역로(실크로드)를 통한 무역이 방해를 받고, 대항해大航海 시대가 도래하여 육상 교통로의 중요성이 약화됨에 따라 실크로드 교역이 쇠퇴했다고 설명했다. 또 16세기 이후 중앙아시아는 이란의 사파비조와 대립한 결과, 이란 문화나 이슬람 세계 중심지와 교류가 단절되어 과거와 같이 문화적 에너지를 받아들이지 못하게 되면서 사회가 정체되었다고 설명했다.

확실히 사파비조와 샤이바니조의 대립으로 양자의 교류가 단절된 것은 틀림없고, 이 때문에 상업 활동이 어느 정도 타격을 받은 것도 사실이다. 그러나 이 말이 곧 상인들의 왕래가 완전히 두절되었음을 의미하지는 않는다. 예를 들면 당시 중앙아시아에서는 카스피 해 북방, 볼가 강 하구의 아스트라한에서부터 흑해 북쪽 연안으로 나와 선박으로 이스탄불로 가는 루트가 활발하게 이용되었고, 지중해 세계나 이슬람 세계 중심지와 상인, 순례, 사절의 왕래도 계속되었다.

16세기 후반부터 볼가 강을 따라 남하한 러시아는 1556년 아스트라한을 점령하여 중앙아시아와 직접 상거래할 수 있는 길을 열었고, 또 시베리아에 진출하여 중앙유라시아 각지와 상거래를 했다. 그런가 하면 샤이바니조와 무갈조는 정식 사절을 교환하는 등 긴밀한 관계를 유지했다. 즉 사마르칸트에서 고리대금업을 하는 힌두교도의 존재가 확인되고, 상인의 왕래 또한 매우 활발하게 이루어졌다. 이와 함께 포르투갈인들이 인도에 내왕함으로써 중앙아시아와 인도 간 무역도 자극을 받았다. 이와 같이 러시아의 참여와 미국산 은의 유입에 의한 세계적 호경기로 인하여 중앙아시아를 둘러싼 국제 무역은 오히려 활성화되었다. 샤이바니조의 압둘라 2세 시대에 부하라에서 도시 건설이 활성화되고 상업 시설이 확충된 것은, 상업이 번창하고 도시가 활성화되었음을 말해주는 근거이다.

물론 사파비조와 샤이바니조의 정치·군사적 대립이 종교 전쟁의 측면을 갖고 있었던 점은 부정할 수 없다. 1588년에 압둘라 2세에 의해 마슈하드가 입은 파괴가 이를 말해준다.[46] 그러나 이 말이 곧 양자 사이에 인적 교류와 문화 교류가 완전히 단절되었음을 의미하지는 않는다. 사실 종파宗派의 장벽은 흔히 알려진 것만큼 견고한 것은 아니었다. 그리고 17세기에 양자간에 문화 교류가 이루어졌다는 구체적인 사례도 보고되고 있다.

또 앞에서 서술한 바와 같이 샤이바니조는 이슬람 세계의 중심지를 모두 자기의 지배 아래 두고, 그 맹주 노릇을 한 오스만 제국과 아스트라한을 경유하는 루트를 통해 활발하게 교류했다. 따라서 이란 문화와 이슬람 문화의 유입이 끊겨 중앙아시아가 쇠퇴하게 되었다는 견해도 받아들이기 어렵다.

그렇다면 16세기 이후에 서서히 진행된 중앙유라시아 쇠퇴의 가장 큰 원인은 무엇일까. 그것은 마노 에이지(間野英二)가 올바르게 지적했듯이 중앙유라시아 유목민이 갖고 있었던 군사적 우월성이 상실되었기 때문이다. 중앙유라시

---

46) 마슈하드는 사파비조의 샤 이스마일이 1510년 샤이바니에게서 빼앗은 호라산의 도시이다. 압둘라 2세는 말년에 이 도시를 탈환했는데, 당시 우즈베크인들은 수니파 신도답게 마슈하드를 의도적으로 약탈하고 주민을 학살했다고 한다.

아가 유사 이래 다른 지역을 능가했던 것은 최고의 기동력을 제공하는 말을
타고 활과 화살로 무장한 기마 군단을 갖고 있기 때문이었다. 1453년 거포巨砲
의 위력으로 콘스탄티노플을 정복한 오스만 제국은 화기火器의 시대가 도래했
음을 만방에 선포했다. 그리고 재빨리 이를 배운 유럽이 곧이어 세계를 제패
했다. 그러나 주변의 여러 지역이 화기로 무장한 보병 군단을 도입하는 와중
에서도 중앙유라시아에서는 기마 군단에 의한 군대 편성이 본질적인 변화를
겪지 않았다. 그 결과 군사력이 주변의 여러 나라에 비하여 상대적으로 저하
되고, 군사적 우위를 전제로 해서 성립된 과거의 영광을 잃어버리게 되었던
것이다. 이렇게 하여 중앙유라시아는 러시아와 청조라는 두 강대국이 진출하
는 과정에서 서서히 주변부로 전락했다.

5. 티베트 불교
세계의 형성과 전개

불교는 천여 년에 걸쳐 대체로 세 가지 길을 통해 세계 각지로 전파되었다. 하나는 갠지스 강 유역에서 발생하여 실론(현재의 스리랑카)을 경유하여 동남아시아에 전해진 초기 불교이고, 두번째는 인도 북부에서 발생하여 실크로드의 오아시스 루트(사막의 길)와 스텝 루트(초원의 길)를 지나 중국에 이르고 나아가 한반도와 일본에 전해진 대승 불교大乘佛敎이며, 세번째는 티베트에서 발생하여 몽골과 만주 지역에 전파된 티베트 불교이다.

과거에는 티베트 불교를 보통 라마교라고 불렀다. 그러나 라마교라는 용어는 그 안에 우상 숭배 같은 멸시적인 뜻이 담겨 있고 불교라는 말도 포함되어 있지 않다는 이유로 지금은 거의 사용되지 않는다. 물론 티베트 불교라는 말도 이 불교가 티베트 고원은 물론, 중앙아시아, 칭하이(靑海) 고원, 몽골 고원, 만주 평야 등 여러 지역에 걸쳐 전파되었던 역사적 사실을 나타내고 있다고 보기는 어렵다. 그러나 용어를 어떻게 쓰든 13세기 이후 중앙유라시아사 전개 과정에 가장 큰 영향을 미친 것은 이 최후의 물결, 즉 티베트 불교인 것만은 분명하다.

불경에서 부처가 왕에 비유되고 있는 데서 알 수 있듯이 불교와 왕권은 깊은 관련이 있다. 그 때문에 불교가 전파된 지역에서는 예외 없이 불교 사상의 영향을 강하게 받은 왕권이 탄생했다. 고대 티베트 왕조(토번), 몽골인이 세운 원조元朝, 만주인이 세운 청조淸朝는 모두 티베트 불교 사상의 영향 아래서 성립된 왕조이다.

티베트 불교가 전파된 지역과 대승 불교가 전파된 지역을 비교해 보면, 정치·문화적으로 긴밀한 일체성을 이루고 있음을 확인할 수 있다. 예를 들면 티베트의 고승이 몽골과 만주에서도 똑같이 숭배되고, 과거 유명한 티베트 군주의 사적事績이 몽골이나 만주 왕공王公들의 모델이 되었으며, 티베트 대장경大藏經이 그대로 몽골어와 만주어로 번역되었다. 말하자면 이 세 지역에는 티베트 불교 문화로 연결된 '티베트 불교 세계'라고 부를 만한 하나의 터전이 존재하고 있었다.

티베트 불교도였던 티베트와 몽골, 만주 왕공들의 사적을 제대로 이해하기 위해서는 티베트 불교의 기본 사상에 대한 이해가 필수적이다. 그래서 이 장에서는 먼저 티베트 불교의 왕권 사상에 대해 서술하고, 이 왕권 사상이 티베트, 몽골, 만주 왕공들 사이에서 어떻게 구현되었는지를 차례로 살펴볼 것이다.

1. 티베트 불교와 왕권

티베트 불교의 왕권 사상

조물주가 세계와 인간을 창조하고 그의 계획에 의해 종말이 온다는 것이 기독교 세계관이다. 이와 대조적으로 불교 사상은 조물주에 대해 아무런 언급이 없다. 세계와 그 세계에서 살아가는 '생명이 있는 것(有情)'은 '시작이 없는 과거(無始)'로부터 각자의 '행위의 결과(業)'에 따라 죽음과 다시 태어남(轉生)을 반복하는 것으로 본다. 전생轉生은 지옥地獄, 축생畜生, 아귀餓鬼, 천天, 인人, 아수라阿修羅라는 '여섯 가지 생존 영역(六道輪廻)' 가운데서 실현된다. 즉 악한 행위(惡業)를 하면(쌓으면) 지옥, 축생, 아귀의 악한 곳(惡趣)에 떨어지고, 선한 행위(善業)을 하면(쌓으면) 천, 인, 아수라의 선한 곳(善趣)에서 삶을 누릴 수 있다. 또한 시작이 없는 과거로부터 반복해온 윤회는 일체의 '생명이 있는 것'을 아버지, 어머니, 자식으로 연결시키기 때문에 불교도는 일체의 '생명이 있는 것'에 대해 자비심을 가져야 한다.

육도윤회 가운데서 천이나 인의 좋은 삶을 받았다고 해도 늙고 죽는 고통을 피하기는 어렵다. 따라서 진정한 행복은 이 육도윤회에서 벗어남(解脫)으로써 얻어진다. 윤회에서 벗어나기 위해서는 악업을 형성하는 원인, 즉 번뇌를 끊지 않으면 안 된다. 그러므로 사람은 무릇 계율을 지키고 부

육도윤회도六道輪廻圖

지옥, 축생, 아귀, 천, 인, 아수라 등 중생이 선악의 업에 따라 윤회를 거듭하는 세계를 표현한 그림. 불교에서는 신도에게 인과응보의 교리를 가르치고 윤회의 고통을 깨닫게 하기 위하여 육도윤회도를 사원 문 앞에 걸도록 규정했다. 동아시아 불교권에서는 이 전통이 엄격히 지켜지지 않지만, 티베트 불교 사원에서는 항상 육도윤회도를 볼 수 있다.

지런히 명상하고 수행해야 한다. 이처럼 수행을 완수하고 윤회에서 벗어나 '부처의 경지(菩提)'에 이른 사람을 '깨달은 자(부처)'라 한다.

부처는 불교의 이상적인 인간상이다. 그러나 출가하여 수행을 완수하고 부처가 될 수 있는 사람은 축복받은 소수 엘리트에 불과하다. 여전히 윤회라는 고통의 바다(苦海)를 헤매는 일체의 생명이 있는 것(衆生)을 위하여 대승 불교 운동이 일어나고, 거기에서 보살菩薩이라는 새로운 인간상이 생겨났다. 보살은 수행을 완수하여 완전히 부처가 될 자질을 갖추고 있지만, 일체의 생명이 있

는 것에 대한 자비심으로 인하여 육도윤회의 세계에 남아 일체의 생명이 있는 것을 '부처의 경지'로 인도할 때까지 스스로 열반涅槃에 들지 않겠다고 서원誓願한 존재를 말한다.

이 보살 사상이 왕권과 결부되어 생겨난 것이 바로 보살왕 사상이다. 티베트를 비롯하여 몽골, 만주에서 여러 차례 번역되고, 가장 자주 읽힌 대승경전大乘經典의 하나인 『반야경般若經』은 보살왕 사상을 아래와 같이 설명하고 있다.

수부티(수보리須菩提: 석가모니의 10대 제자의 하나)여! 나아가 위대한 용기를 갖고 있는 보살은 계율 수행(계바라밀戒波羅密)을 건실하게 하고, 목적을 갖고 일체의 삶을 붙들고, 전륜성왕轉輪聖王의 일족으로 태어나고, 전륜성왕의 초상력超常力(自在)으로 일체의 생명이 있는 것을 십선업도十善業道로 인도한다.

십선업도는 초기 대승 불교도의 계율이다. 구체적으로 신체와 관련이 있는 세 가지 악행(殺生, 偸盜, 邪淫), 언어에 관한 네 가지 악행(妄語, 兩舌, 惡口, 綺語), 마음에 관한 세 가지 악행(貪慾, 瞋恚, 邪見)을 삼가는 것이다. 또 전륜성왕은 인도 사상에서 말하는 이상적인 제왕이다. 초기 불교의 대표적인 이론서인 『아비달마구사론阿毘達磨俱舍論』은 전륜성왕이 탄생하자 하늘에서 바퀴(日輪)가 내려오고, 그 바퀴가 왕국의 4문四門에서 굴러나가 사방四方의 나라를 항복시킨다는 내용, 그리고 그의 치세기에는 여의보주如意寶珠, 명비名妃, 명마名馬, 명상名象, 명신名臣, 명장名將과 이 바퀴를 보태어 7개의 보물(轉輪七寶)이 출현한다는 내용이 기록되어 있다. 즉 전륜성왕은 군대(車輪)로 사방을 정복하고, 태양(日輪)이 만물을 기르듯 국토를 풍요롭게 양육하는 이상적인 왕을 의미한다. 이 전륜성왕 사상이 불교에 수용되면서 불교(法輪)와 태양(日輪)의 유사성으로 인하여 전륜성왕에게 불교를 융성시켜 국토를 편안히 보호하고 육성하는 왕이라는 의미가 부가되었다.

따라서 위에서 언급한 『반야경』의 가르침은 부처가 될 자격을 갖추고 있으면서, 자비심 때문에 육도윤회에 남게 된 보살이 불교를 통해 사람들을 선행으로 인도하는 이상적인 왕으로 나타난다고 해석할 수 있다.

보살은 수행을 통해 부처 경지에 이른 자를 가리키므로 이론상 여러 보살이 동시에 출현할 수 있다. 따라서 티베트 불교 사상은 여러 보살왕이 각자의 왕국에 군림하면서 전체로는 하나로 통일되어 있는 다원적多元的 세계관을 만들어낸다. 이는 유교 세계가 천명天命을 받은 한 사람의 황제를 인정하고 그 황제를 피라미드형 사회의 정점에 두는 일원적一元的 세계관을 갖고 있는 것과 대조적이다.

이 보살왕 사상은 티베트 불교 세계에 수용되어 역사적으로 여러 명의 보살왕을 배출했다. 구체적으로 고대 티베트의 송첸 감보 왕과 티송 데첸 왕, 몽골의 쿠빌라이 카안과 알탄 칸, 청조의 강희제康熙帝와 건륭제乾隆帝는 모두 유명한 보살왕이다. 이들 여러 왕의 행적을 더듬어가면서 티베트 불교 세계의 관점에서 중앙유라시아 역사를 새롭게 살펴보도록 하자.

고대 티베트의 전륜성왕 송첸 감보

7세기에 티베트 고원에서 군림한 송첸 감보는, 그때까지 수많은 소국小國으로 나뉘어 있던 티베트를 하나로 통합하고 불교를 국시國是로 하는 고대 왕조를 창건했다. 중국 사료에 토번吐蕃으로 기록되어 있는 이 고대 왕조는, 당시 중앙유라시아에서 가장 강력한 국가로 성장하여, 763년 당나라에서 일어난 안록산安祿山과 사사명史思明의 난(일명 안사의 난) 때 수도 장안長安을 점령할 정도로 위세를 떨쳤다. 제2장에서 언급했듯이 불교 미술과 고문서의 출토지로 유명한 하서회랑의 둔황은 8세기 후기부터 9세기 전기까지 이 토번 왕조의 지배를 받았다. 그래서 이른바 둔황 출토 문서 가운데는 한문 다음으로 티베트어로 쓰인

송첸 감보의 상
830년경에 제작된 높이 155센티미터의 스투코상으로 포탈라궁에 소장되어 있다. 사진은 최근 복색複色 이전에 촬영한 것으로 뚜렷한 얼굴 윤곽과 긴 콧수염이 돋보인다.

송첸 감보 왕과 그의 두 부인의 상

송첸 감보의 전기를 구성하는 여러 가지 요소, 즉 불교 도입, 사원 건립, 불경 번역, 십선법 제정은 후대 티베트, 몽골, 만주에서도 그대로 반복된다.

문서가 다수를 차지한다.

송첸 감보 왕의 업적은 일찍부터 전설화하여 수많은 사서에 기록되어 후세에 큰 영향을 미쳤다. 그 가운데 가장 널리 읽힌 송첸 감보 전기의 하나인 『마니칸붐』에 의거하여 그의 모습을 그려보도록 하자. 『마니칸붐』은 송첸 감보 시대에 기록되었다는 간기刊記가 있지만, 실제로는 13세기 이후에 성립된 것으로 알려지고 있다. 전기는 다음과 같은 사실을 전해준다.

관음보살觀音菩薩은 암흑의 티베트 땅을 교화하려고 광명光明을 발했다. 그 빛은 남리 송첸 왕(송첸 감보의 아버지)의 부인 태반으로 들어가고, 이렇게 하여 태어난 왕자에게 송첸 감보라는 이름을 주었다. 송첸 감보 왕은 어려서 즉위하자 곧바로 불교를 도입하고, 티베트 문자를 창제했으며, 네팔에서 티춘, 당나라에서 문성공주文成公主를 왕비로 맞이했다. 두 왕비는 각각 라사에 대소사大昭寺(투르낭)와 소소사小昭寺(라모체)를 건립하고, 인도와 중국의 불교 문화를 티베트에 도입했다. 송첸 감보 왕은 전륜성왕이 되어 티베트 전역을 순회하며 십선법十善法을 장려하고, 역경 사업에 힘쓰고, 티베트 백성들을 안락하게 만들었다. 그리고 그는 모든 과업을 끝낸 후 두 부인과 함께 투르낭의 관음보살과 푸른 타라 보살(綠多羅菩薩), 흰 타라 보살(白多羅菩薩)이 되어 세상에서 자취를 감추었다.

'관음보살이 티베트 왕가에서 태어나 전륜성왕이 되어 불교를 전파하고 평화롭게 했다'는 줄거리는, '보살이 전륜 왕가에서 태어나 생명이 있는 것을 십선업도로 인도한다'는 『반야경』의 보살 사상을 그대로 이야기로 만들었음을 한눈에 알 수 있다.

2. 티베트 불교와 몽골

몽골 제국의 전륜성왕 쿠빌라이 카안

송첸 감보가 세운 티베트의 고대 왕조가 멸망한 후, 불교 교단은 불교를 보호할 시주처施主處를 왕실로부터 각 씨족으로 옮기고, 후대에는 몽골과 만주를 비롯한 이민족 왕공들로 옮겨 더욱 큰 발전을 이룩했다.

티베트 불교를 국가적 차원에서 도입한 최초의 몽골 군주는 원조元朝를 창시한 쿠빌라이 카안(원 세조)이다. 제4장에서 살펴보았듯이 쿠빌라이는 칭기스 칸의 손자로 중국에 원나라를 창건하고 수도 대도大都를 건설한 주인공이다. 마르코 폴로의 『동방견문록』에 기록된 대도의 번영에 자극을 받아 콜럼부스가 대서양 항해에 나섰다는 일화는 너무나 유명한 이야기이다. 당시 세계 제일의 번영을 자랑하던 대도는 티베트 승려 팍바에 의해 보살왕의 도읍으로 구상되고 설계되었다.

쿠빌라이는 1260년 즉위와 함께 티베트의 고승 팍바를 국사國師로 임명하고 제국의 공용어로 새로운 문자(팍바 문자, 즉 몽골 문자의 하나인 네모 문자)를 창제하도록 했다. 또 그를 제국의 종교 업무를 담당하는 선정원宣政院의 책임자로 임명하고, 티베트의 지배 또한 그에게 위임했다. 팍바 전기는 그 경위에 대해 팍바가 쿠빌라이에게 헤바즈라 탄트라(大悲空智金剛大敎王儀軌經)의 관정灌頂[1]을 수여할 때, 쿠빌라이가 그에 대한 답례로 첫번째 관정에

쿠빌라이(왼쪽)와 팍바(오른쪽)

---

1) 본존本尊의 힘을 제자에게 수여하는 의식으로 일정한 자격을 인정하여 정수리에 물을 붓는 형식으로 행해진다.

5. 티베트 불교 세계의 형성과 전개

283

서는 티베트 13만 호(중앙 티베트)를 헌상하고, 두번째 관정에서는 티베트 삼구 三區(티베트 전체)[2]를 헌상하고, 세번째 관정에서는 중국 땅을 헌납했다는 상징적 인 일화를 소개하고 있다.

쿠빌라이가 건설한 왕도王都에는 그를 보살왕으로 그리는 여러 가지 상징이 존재했다. 우선 대도 건설을 착공한 해는 티베트 불교력佛敎曆의 첫 해로 12간 지로 비유하면 정묘년丁卯年이다. 팍바의 권유로 대도의 정문에 해당하는 숭천 문崇天門에 내건 금륜金輪은 분명히 최고 전륜성왕인 금륜왕金輪王을 나타내고, 이는 쿠빌라이를 금륜왕에 비유하는 상징물이다. 역시 팍바의 권유로 쿠빌라 이의 옥좌 위에 건 흰 천개天蓋는 중앙유라시아에서 유행하던 『불정대백산개 다라니佛頂大白傘蓋多羅尼』에서 말하는 백산개白傘蓋(흰 우산)[3]를 상징하는데, 이는 밀교密敎의 힘이 쿠빌라이의 옥좌를 보호한다는 것을 나타낸다.

또 백산개를 수레에 싣고 성 안의 사방을 순회하면서 도시의 사악한 기운을 제거하는 백산개 불사佛事는 대도 최대의 제전祭典이었다. 이 제전 역시 경전 내용을 충실하게 따라 거행되었다. 그 밖에도 1326년 차가타이 왕가의 후손이 하서회랑의 문수사文殊寺에 건립한 비문도, 칭기스에서 쿠빌라이에 이르는 황 제의 위位를 금륜보위金輪寶位, 즉 최고 전륜성왕으로 기록하고 있다. 이러한 사실을 통해 대도의 쿠빌라이 왕권의 모습이, 팍바의 지휘 아래 보살이 화신化 身한 전륜성왕으로 그려졌음을 분명히 알 수 있다.

즉 쿠빌라이 왕권도 송첸 감보 전기와 똑같이 『반야경』에 설파된 보살왕 사 상을 받아들였다. 쿠빌라이 카안과 팍바의 시주와 공덕功德을 베푸는 관계는 전술한 송첸 감보 전기에 비견되고, 그 후 16세기 후기 알탄 칸과 제3대 달라 이 라마, 그리고 청나라 역대 황제와 달라이 라마나 판첸 라마 관계의 모델이 되었다.

---

2) 티베트인들은 전통적으로 티베트 전역을 중앙의 우, 서부의 창, 동부의 캄, 동북부의 암도라는 4개 구역으로 나눈 다. 이 가운데 캄의 동부는 쓰촨(四川) 성으로 편입되고, 암도는 현재 칭하이 성으로 되어 있다. 그러나 이는 어디까 지나 편의상 구분이고, 티베트의 지역 구분은 역사 과정과 맞물려 매우 다양하게 쓰였다. 이에 관한 자세한 사항은 김한규, 『티베트와 중국의 역사적 관계』(혜안, 2003), 188~190쪽 참고.

3) 밀교密敎에서 부처님이 지극한 자비로 중생을 재액에서 구해주는 것이 마치 흰 우산이 뜨거운 태양으로부터 사람 을 보호하는 것과 유사하다는 것을 상징하는 말이다.

전륜성왕 알탄 칸에 의한 티베트 불교의 부흥

앞 장에서 살펴보았듯이 쿠빌라이 카안이 창시한 원나라는 제11대 토곤 테무르 시대에 이르러 멸망하고, 몽골인들은 대도를 버리고 몽골 고원으로 철수하여 다시 초원의 유목 생활로 돌아갔다.

몽골 고원으로 돌아온 토곤 테무르 자손들은 예로부터 칭기스 가문의 혼인 집단이었던 오이라트와 싸움을 반복하면서 점점 쇠퇴했는데, 15세기에 칭기스 칸의 직계를 칭하는 다얀 칸이 등장하면서 상황이 일변했다. 다얀 칸은 동몽골[4]을 통일하고 오이라트를 토벌하여 칭기스 칸 일족의 권위를 부흥시켰다. 그는 전통적인 방식에 따라 동몽골의 여러 부족을 동부의 좌익과 서부의 우익으로 재편했다. 좌익은 대칸이 직접 통치하고, 우익은 대칸의 자식들 가운데서 뽑은 부왕副王인 지농(濟農)이 다스렸다. 좌익은 차하르, 할하, 우량칸의 3투멘으로, 우익은 오르도스, 투메트, 융시예부의 3투멘으로 이루어졌다. 이때 나타난 부족 집단의 틀이 현재까지 몽골족을 구성하는 여러 집단의 원형이 되었다. 이런 점에서 다얀 칸 등장이 갖는 역사적 의의는 대단히 크다고 할 수 있다.

다얀 칸이 죽은 후 여러 자식들이 소속 집단을 나누어 상속함에 따라 세력이 급속하게 약화되었다. 이때 몽골족의 위세를 다시 떨친 사람이 알탄 칸이다. 알탄은 다얀 칸의 셋째 아들인 바르스 볼로드의 아들인데, 우익 3투멘을 지휘하여 중원의 명나라 및 오이라트와 싸워 칭기스 일족의 오랜 전통을 부활시켰다. 이 알탄 칸이 바로 티베트에서 제3대 달라이 라마를 초청하여 쇠퇴해 가던 티베트 불교를 다시 한 번 몽골 땅에서 부흥시킨 주인공이다.

한편 그 무렵 티베트 사회도 커다란 변화를 맞고 있었다. 원래 티베트 불교 교단은 특정 씨족을 시주로 받들었는데, 그 때문에 교단이 항상 특정 씨족의 강한 영향 아래 있었다. 예컨대 팍바가 좌주座主로 있었던 사캬파(티베트 불교 4대

---

4) 몽골인들은 전통적으로 알타이 산맥을 기준으로 하여 그 서쪽을 서몽골(오이라트), 동쪽을 동몽골이라 불렀다. 동몽골을 다시 고비 사막을 중심으로 하여 그 북쪽을 북몽골, 남쪽을 남몽골이라 했다. 흔히 알려진 내몽골과 외몽골이라는 용어는 17세기에 몽골족을 지배한 만주족(청조)이 붙인 것으로, 전자는 대체로 남몽골, 후자는 북몽골과 일치한다.

총카파의 초상

중앙에 총카파, 옆에 제자 다르마린첸과 케둡제의 사제삼존師弟三尊을 묘사하고, 위쪽에 미륵정토도彌勒淨土圖를, 아래쪽에 공물을 바치고 있는 케둡제와 외성취법왕外成就法王을 배치한 것으로 총카파 초상의 가장 전형적인 구성을 보여주고 있다.

종파의 하나)는 쾬씨 일족이 시주를 맡고, 역대 사캬파의 좌주 역시 이들이 담당했다. 그러나 13세기경부터 카르마-카규파[5]에서는 전임자의 전생자轉生者에게 사원 재산을 상속시키는 방식이 생겨나고, 이 제도가 티베트 전역으로 확산됨에 따라 씨족의 교단 지배 전통이 깨지기 시작했다. 이러한 전생 상속제는 초월적 가치관에 기초하여 상속이 이루어지기 때문에 그 후 씨족(세속)은 교단(초超세속)보다 열세에 놓이게 되었다.

14세기 후반 칭하이 출신의 승려 총카파는 불교 사상에 포함된 여러 가지 견해를 체계화하여 다른 종파의 가르침을 포괄하고 규합할 수 있는 새로운 사상을 제창했다. 그리고 그의 사상을 받든 제자들은 겔룩파[6]라는 새로운 종파를 창시했다. 이 교파는 포괄적인 교학敎學을 무기로 하여 다른 교파를 적극적으로 수용하여 교단 세력이 날로 확대되었다. 겔룩파는 또 전생 상속제를 받아들여 수많은 화신化身 라마승을 배출했다. 그 가운데서도 가장 유명한 화신化身 라마승 계보가 총카파의 제자 겐둔 둡을 제1대로 하는 역대 달라이 라마

5) 티베트 불교 4대 종파의 하나인 카규파의 한 지파로 보통 카르마파라고 한다. 이 종파는 '전생 활불제轉生活佛制'라는 독특한 제도를 창안하여 티베트 불교의 발전에 크게 기여했다. 흑모파黑帽派와 홍모파紅帽派라는 두 분파가 있다.
6) 총카파가 기존 종파들의 계율적 타락을 개혁하고자 창시한 개혁 종파. 황색 옷과 모자를 착용한다고 하여 황교黃敎 또는 황모파黃帽派(그 이전 종파를 일괄하여 비개혁 종파 또는 홍교紅敎 또는 홍모파라 한다)라고 불리며, 밀교가 아닌 대승적인 현교顯敎에 속하는 종파이다. 겔룩파는 법왕제法王制(달라이 라마 제도)라는 특이한 제도를 통해 티베트를 오랫동안 지배했고, 밀교 일변도의 티베트 불교를 현밀 양종兩宗의 형평성을 유지하도록 만들었다는 데 큰 의의가 있다.

이다. 이 계보는 후대 티베트 불교계에서 가장 큰 영향력을 발휘했다.

위에서 언급한 몽골의 알탄 칸은 1572년경 칭하이 원정 과정에서 티베트 승려 한 사람을 만났다. '아싱 라마'라는 이름을 가진 이 승려는 그에게 윤회 사상과 만트라(眞言)의 효용을 설파했는데, 이때 알탄 칸은 라마의 설법을 듣고 큰 감명을 받았다고 한다. 그리하여 알탄 칸은 쿠빌라이가 팍바를 초청한 전례에 따라 티베트에서 겔룩파의 화신化身 라마승인 소남 갸초라는 승려를 몽골로 초청했다. 소남 갸초는 제1대인 겐둔 둡에서 헤아려 3대째 전생자로 당시 겔룩파의 대찰大刹인 데풍사의 좌주를 맡고 있었

제3대 달라이 라마 소남갸초의 초상
가운데에 학승모學僧帽를 쓴 라마를 묘사하고, 위쪽에는 석가, 사비관음四臂觀音, 파드마삼바바 등을, 아래쪽에는 호법존護法尊을 배치했다. 대좌臺座 아래의 명문에서 '일체지자一切智者 화신化身 소남갸초'라는 이름을 확인할 수 있어 이것이 유명한 제3대 달라이 라마 소남 갸초의 초상임을 알 수 있다.

다. 알탄 칸의 초청에 의해 그는 1578년 5월 15일 칭하이 호반의 차브치알[현재의 칭하이 성 궁허 현(共和縣)]에서 알탄 칸과 그 부인을 만났다. 그때 소남 갸초는 알탄 칸에게 '범천梵天으로 힘의 바퀴를 굴리는 왕'이라는 전륜성왕 칭호를 수여하고, 알탄 칸은 소남 갸초에게 '지금강자持金剛者 달라이 라마'라는 칭호를 헌상했다. 달라이 라마는 소남 갸초의 이름 중 '갸초(바다)'를 몽골어로 번역한 '달라이'와 스승을 뜻하는 티베트어의 '라마'를 합한 칭호이다. 이와 같이 달라이 라마 칭호는 소남 갸초에서 시작되었다. 그렇지만 그 앞의 두 분의 전세자前世者(스승)에게도 달라이 라마 칭호를 추존했기 때문에 편의상 소남 갸초를 제3대 달라이 라마라고 한다.

알탄 칸은 쿠빌라이의 전례에 따라 달라이 라마에게서 '헤바즈라 탄트라'의

제 3대 달라이 라마(가운데)와 알탄 칸(오른쪽 아래)

관정을 받고, 신하들에게 무익한 살생의 금지를 명하는 등 불교도로서 지켜야 할 율법을 서약하도록 했다. 또 그는 송첸 감보의 중국 부인(문성공주)이 티베트에 가지고 온 석가모니상을 모델로 하여 불상을 주조하고, 내몽골 인산(陰山) 남쪽에 티베트의 대소사를 모델로 하는 사원을 건립했다. 알탄 칸이 죽은 후에도 그의 후손들은 『반야경』을 비롯한 여러 경전을 몽골어로 번역하는 일을 계속하고, 마침내 티베트어 대장경을 몽골어로 번역하여 몽골 간주르(經部)를 탄생시켰다. 이상과 같은 알탄 칸의 업적은 티베트에 처음으로 불교를 도입한 송첸 감보와 몽골에 최초로 불교를 대대적으로 도입한 쿠빌라이 카안의 업적을 충실하게 따른 것이다.

알탄 칸과 제3대 달라이 라마의 만남은 몽골 사회에 엄청난 가치관의 변화를 가져왔다. 그 가운데 하나인 전생轉生 사상이 몽골 사회에 끼친 영향을 보도록 하자.

『알탄 칸전』을 비롯한 여러 몽골 연대기年代記에는 알탄 칸이 달라이 라마와 만날 때 그가 전세前世의 기억을 되살려 스스로 쿠빌라이의 전생轉生이라는 것을 자각했다는 취지의 내용이 기록되어 있다. 아래에서 설명하는 바와 같이 이 기사는 매우 중요한 의미를 담고 있다.

몽골 제국이 분열한 후에도 칭기스 칸의 혈통을 이어받은 가계는 여전히 존중되었다. 그리하여 알탄 칸 시대에도 칭기스 칸의 직계임을 칭하는 이른바 차하르 왕가가 존속했다. 그러나 몽골 제국 시대로부터 많은 세월이 흘러 옛날의 위세를 짐작할 만한 흔적도 없었던 당시에, 차하르 왕가의 권위가 칭기스 칸과 쿠빌라이 카안에 비하여 미미했을 거라는 것은 재론의 여지가 없을

것이다. 현실 세계에서는 조상과 자손이 동시에 존재하는
것은 있을 수 없지만, 불교에서 말하는 윤회 사상은 그것
을 가능하게 했다. 따라서 알탄 칸을 쿠빌라이의 전생자
로 인식하는 사람들에게, 그의 권위가 차하르 왕가의 권
위를 능가했으리라는 것은 상상하기 어렵지 않다. 사실
현존하는 몽골 연대기는 차하르 왕가에 대해서는 계보와
간략한 전기만 기록하고 있는 반면, 알탄 칸이 몽골 불교
를 흥륭시킨 업적에 대해서는 많은 지면을 할애하고 있
다. 이는 연대기 작자가 칭기스 칸의 핏줄보다는 쿠빌라
이의 전생자인 알탄 칸의 업적을 더 높이 평가하고 있었
음을 보여주고 있다고 할 수 있다.

알탄 칸의 추정도.

　말하자면 전생 사상이 유입됨에 따라 칭기스 칸과 핏줄이 멀고 가까움에 따
라 권위의 고하가 결정되던 사회에서 전세의 고귀함에 따라 권위의 고하가 결
정되는 사회로 변화한 것이다.

　전생 사상이 가져온 가치관의 변화는 달라이 라마가 알탄 칸에게 부여한 칭
호에도 여실히 나타나 있다. 앞에서 언급했듯이 제3대 달라이 라마는 알탄 칸
에게 전륜(차크라바르틴) 왕(칸)의 칭호를 부여했다. 여기서 칸은 본래 칭기스 칸
의 핏줄을 잇는다고 믿어졌던 가계, 그리고 한정된 사람만이 가질 수 있는 칭
호였다. 그러나 제3대 달라이 라마가 전륜성왕이라는 말의 일부로서 칸의 칭
호를 부여하기 시작하면서 칭기스 칸 혈통의 전생자 혹은 전륜성왕으로서 모
든 사람이 칸을 칭할 수 있게 되었다.

　더욱이 전생 사상은 가계의 품격品格뿐 아니라 민족의 차이까지 없애버렸다.
제3대 달라이 라마가 내몽골에서 객사客死하고, 알탄 칸의 증손이 그의 전생으
로 제4대 달라이 라마가 된 것은 그 구체적인 사례이다. 제4대 달라이 라마는
14세 때 티베트로 가서 정식으로 승려가 되었다. 이러한 일련의 사건을 목격
한 몽골인들이 전생 사상에 감화되어 티베트와 일체감을 느꼈으리라는 것은
쉽게 짐작할 수 있을 것이다.

몽골의 기도문에 나오는 제1
대 젭춘담바 쿠툭투의 초상
(독일 하이델베르크 포르테임
기금)

또 하나의 전형적인 사례는 티베트 불교의 한 교파
인 조낭파의 고승 타라나타가 1635년 동몽골의 투시예
투 칸 왕가에서 전생한 사건이다. 아명兒名은 자나바자
르, 나중에 '젭춘담바 쿠툭투'[7]라는 이름으로 알려진
사람이다. 이 사람 역시 열네 살 때 티베트로 가서 유
학하고, 귀국 후에 티베트에서 데리고 온 장인들의 도
움으로 라사의 간덴사를 모델로 하여 몽골에 똑같은
이름의 사찰을 지었다. 이 사찰은 후대에 외몽골 티베
트 불교의 본산이 되었으며, 젭춘담바 역시 그곳의 최
고 라마승으로 군림했다. 이처럼 티베트의 고승이 몽
골 왕가에서 전생하는 형식이 도처에서 반복되어 티베
트와 몽골 사회는 급속히 일체화되었다.[8]

몽골에 전생 사상이 보급됨에 따라 몽골 사회도 티베트와 똑같이 변하기 시
작했다. 즉 세속이 종교에 종속되고, 세속의 특정 세력은 종교적 권위를 지지
하든가 아니면 그것과 하나가 되어야 권력을 장악할 수 있는 사회로 변질되었
던 것이다.

이와 함께 몽골 사회에서 교단 세력이 날로 확대되어 몽골 문화는 철학, 의
학, 천문학, 역사, 그리고 마침내 인명 표기[9]에 이르기까지 티베트 불교 문화
의 세례를 받게 되었다.[10] 이러한 티베트 문화는 몽골인을 통해 만주인에게도
전해졌고, 그 결과 17세기에 들어서면 티베트 불교 세계를 구성하는 민족은

---

7) 청조 지배 시기 할하(외몽골) 지역의 라마교 수장. 역대 젭춘담바 쿠툭투는 청조의 절대적인 보호를 받으며 할하
지역에서 정교政教 최고 권위자로 군림했는데, 특히 20세기 초기 이른바 자치 시대(1911~1921년)에는 제8대 젭춘
담바 쿠툭투가 몽골 국가 수반으로 추대되기도 했다. 제1대부터 제8대까지 존속했고, 1924년 5월 제8대 젭춘담바
쿠툭투의 사망으로 신정 정치가 막을 내렸다. 한편 청조는 처음에 젭춘담바를 적극적으로 이용하여 몽골을 통치했
지만, 시간이 가면서 젭춘담바가 몽골 유목민의 구심점으로 떠오르자 제3대부터 제8대까지의 젭춘담바를 몽골인
이 아닌 티베트인 가운데서 선발하게 했다.
8) 젭춘담바의 등장과 17세기 할하의 정치에 대해서는 김성수, 「1세 제브준담바 호톡토와 17세기 할하 몽골」, 『동양
사학연구』 83(동양사학회, 2003) 참고.
9) 티베트어에서 차용한 말을 이름으로 사용하는 것은 오늘날 몽골인들의 이름에서도 쉽게 찾아볼 수 있다. 이에 관한
자세한 사항은 유원수, 「몽골 사람들의 이름」, 『한국민족학연구』 3(단국대학교 한국민족학연구소, 1995) 참고.
10) 이하 몽골의 티베트 불교 전파와 그 영향에 관한 자세한 사항은 발터 하이시히 지음, 이평래 옮김, 『몽골의 종교』
(소나무, 2003), 55~74쪽 참고.

티베트, 몽골, 만주 등 3개로 늘어났다.

티베트 불교 세계를 지배한 제5대 달라이 라마의 권위

17세기 티베트 불교 세계의 하나였던 몽골은 여러 세력으로 나뉘어 있었다. 즉 내몽골에는 차하르 왕가를 비롯한 여러 집단, 외몽골에는 칭기스 칸의 후예인 할하 3집단(투시예투 칸, 자삭투 칸, 세첸 칸), 그리고 서몽골에는 이들과 대립하는 강력한 오이라트 3집단(호쇼트, 준가르, 토르구트)이 할거했다. 한편 이 시기에는 유라시아 대륙 동북부에 거주하고 있던 만주인들이 점점 세력을 확대해 갔는데, 그들은 1637년 차하르 왕가를 멸망시켜 내몽골을 병합하고, 이어 1643년에는 명조明朝를 멸망시켜 중국을 지배 아래 넣었다.

이와 비슷한 시기에 오랫동안 분열 상태에 놓여 있었던 티베트에서도 집권적인 정권이 탄생했다. 그 무렵 개혁 종파인 겔룩파는 심각한 어려움에 처해 있었는데, 중앙 티베트의 주도권을 장악하기 위하여 비개혁파인 카르마-카규파와 첨예하게 대립하고 있었기 때문이다. 그때 카르마-카규파는 창 지방(서티베트)을 통치하던 데시(大臣), 즉 '데시 창파'의 강력한 지원을 받고 있었다. 이에 1642년 제5대 달라이 라마는 오이라트의 하나인 호쇼트부의 구시 칸[11]에게서 군사적 도움을 받아 정적이었던 카르마-카규파를 제압하고 중앙 티베트의 패권을 장악했다. 그 후 제5대 달라이 라마의 권위는 티베트는 물론, 몽골과 만주 왕공들에게 큰 영향을 미치게 되었다. 1645년부터 1696년까지 50여 년에 걸쳐 지어진 달라이 라마의 거처인 포탈라궁은 당시 달라이 라마의 위세를 상징하는 건축물이다.

11) 17세기 초 할하인들이 오이라트인들을 서쪽으로 밀어낸 결과, 바이바가스 바아투르가 이끄는 호쇼트부는 서쪽의 자이산 호수와 이르티슈 강 유역으로 거주지를 옮겼다. 바이바가스의 두 아들이 아버지의 뒤를 이었는데, 오치르투 세첸 칸이 자이산 지역을, 아블라이 타이시가 이르티슈 강 유역(세미팔라틴스크)을 각각 지배했다. 구시 칸은 바이바가스의 형제로서 1636년에 부중部衆을 이끌고 칭하이 부근으로 이주하여 이 호수와 차이담(柴達木) 지역에 자신의 영역을 확보했다. 이것이 '칭하이 호쇼트부'의 기원이다. 그 후 구시 칸은 티베트 문제에 개입하여 사실상 '티베트의 왕'으로 군림했고, 호쇼트부 수령의 이러한 지위는 그의 자손에 의해 차례로 계승되었다.

제5대 달라이 라마는 보살왕 사상의 가장 충실한 구현자였다. 포탈라궁에 소장되어 있는 제5대 달라이 라마의 초상에는 그가 송첸 감보와 똑같이 손에 연꽃과 법륜을 들고 있는 모습이 그려져 있다. 도상학圖像學적으로 연꽃은 관음보살, 법륜은 전륜성왕을 나타낸다. 따라서 이 초상은 달라이 라마를 관음보살의 화신인 전륜성왕으로 묘사한 것이라 할 수 있다. 달라이 라마를 티베트의 수호존守護尊인 관음보살의 화신이자 고대 통일 왕조의 시조 송첸 감보의 전생轉生으로 보는 신앙은, 달라이 라마의 티베트 지배를 뒷받침하는 큰 힘이 되었다. 달라이 라마는 이 신앙에 따라 먼 옛날 송첸 감보가 여름 궁전을 지은 자리에 자신의 궁전을 건축하고 불경에서 말하는 관음보살의 성지인 보타락가산補陀洛伽山의 이름을 따서 포탈라궁이라 했다.

이와 같이 달라이 라마는 이념상 티베트의 수호존이자 왕이었지만, 현실 정치는 대부분 달라이 라마의 뜻을 받들어 정무를 처리하는 섭정攝政이 대행하고, 몽골의 구시 칸 일족이 이를 군사력으로 뒷받침했다. 이런 이유로 티베트 귀족과 몽골 왕공 또는 청나라 황제가 달라이 라마가 사망한 후 전생이 성인이 될 때까지 권력 공백기에 실권을 장악한 경우도 있었다. 그러나 이때도 티베트의 이념적 지배자는 어디까지나 달라이 라마였다. 이 점은 권력의 찬탈자들이 반드시 달라이 라마에게 복종한다는 뜻을 말과 행동으로 나타내 보인 데서도 확인된다.

제5대 달라이 라마는 몽골 내에서 일어나는 문제에 초월적 입장에서 개입했다. 즉 그는 몽골인들 사이에서 일어난 분쟁을 조정하기도 하고, 분쟁에서 발생한 난민을 처리하는가 하면, 할하(외몽골) 왕공들이 청조에 조공을 바치러 갈 때 증명서를 발부하기도 했다. 달라이 라마가 몽골에 대해 우월적 입장에 있었다는 것은 양측이 주고받은 서신을 보아도 쉽게 알 수 있다. 당시 티베트 불교 세계에서 주고받은 서신은 그 형식을 통해 발신인과 수취인의 신분 차이를 가늠할 수 있다. 즉 달라이 라마가 몽골 왕공에게 보낸 서신은 지배자가 신하에 대한 형식에 따라 명령투로 쓰여 있는 반면, 그가 청 황제에게 보낸 서신은 대등한 사람에게 발송하는 형식을 따르고 있다. 그리고 뒤에서 자세히 언급할 오이라트 왕공 갈단이 달라이 라마에게 보낸 서신은 윗사람에게 보내는 형식으로 쓰여 있으며, 그가 청 황제에게 보낸 서신은 명령 형식을 취하고 있다. 따라서 이러한 사실을 통해 달라이 라마는 청 황제를 대등한 사람으로 취급하는 한편, 몽골 왕공들을 손아래로 취급하고 있다는 점, 이와는 반대로 오이라트의 갈단은 달라이 라마에게는 신종臣從했지만 청 황제에게는 신종하지 않았다는 점, 그리고 달라이 라마가 몽골에 대해 전체적으로 우월한 지위를 유지하고 있었음을 알 수 있다.

달라이 라마의 수여授與 의례를 보면 의식의 구성이 중국의 조공朝貢 의례와 흡사하다는 것도 흥미롭다. 중국의 조공 의례에서는 외국 사신에게 하사품과 함께 칭호를 새긴 인장을 수여했는데, 달라이 라마 역시 비단천, 수정, 불상을 비롯한 종교적이고 주술적인 하사품과 함께 칭호를 새긴 인장을 몽골 왕공에게 수여했다. 마치 중국 황제가 칭호와 인장 수여라는 형식을 통해 자신을 중화적 세계 질서의 중심에 둔 것처럼, 달라이 라마 역시 칭호와 인장을 수여하는 행위를 통해 자신을 티베트 불교 세계의 중심에 놓으려 했다.

달라이 라마에게서 칸의 칭호를 받은 몽골 왕공의 경우 중국 사료도 이 칭호를 덧붙여 기록하고 있는데, 이는 달라이 라마가 수여한 칭호는 청조도 추인할 정도로 권위를 가지고 있었다는 것을 말해준다. 달라이 라마가 부여한 칭호가 단지 형식적인 것이 아니라 세속적·정치적 효력을 갖고 있었음은, 청조가 티베트 불교 세계의 주도권을 장악하는 과정에서 달라이 라마가 몽골 왕공에게 칭호를 수여하는 일에 개입하기도 하고, 달라이 라마가 수여하는 칭호를 자칭한 몽골 왕공을 반란자로 간주하여 처벌하기도 한 사실을 통해서도 확연히 드러난다.

그렇다면 달라이 라마가 몽골 왕공에게 수여한 칭호는 어떤 의미를 가지고 있는가. 제5대 달라이 라마는 1637년에 구시 칸(텐진 최키 겔포), 1658년에 텐진 다얀 칸, 1671년에 텐진 달라이 칸, 1703년에 라장 칸, 1666년에 오치르투 세첸 칸, 1674년에 투시예투 칸, 1678년에 갈단 텐진 보숙투 칸(持敎受命王), 1697년에 다이칭 아유키 칸 등 몽골 왕공들에게 차례로 최고위 칸의 칭호를 수여했다. 이 가운데서 구시 칸과 그의 칸 위를 계승한 다얀 칸, 달라이 칸, 라장 칸은 앞에서 언급했듯이 달라이 라마 정권의 수립을 돕고, 그 후에도 군사적으로 지원한 호쇼트부 사람들이다. 오치르투 세첸 칸은 호쇼트의 수령 바이바가스 바아투르의 아들이다. 투시예투 칸은 할하 3부의 수장 가운데 한 사람인데, 달라이 라마에게서 칭호를 받은 사람 가운데 유일하게 처음부터 칸의 칭호를 갖고 있었다. 갈단은 오이라트 4부의 하나인 준가르부 수령이고, 아유키 칸도 오이라트 4부의 하나인 토르구트의 수령이다.[12]

이들 몽골 왕공 가운데 구시 칸 일족 출신인 처음 세 사람과 갈단의 칭호에는 '호교護敎'를 뜻하는 티베트어 '텐진'이라는 말이 들어가 있다. 그리고 이들 호교의 칸(호교왕, 즉 불법을 수호하는 왕)들은 확실히 그 명칭에 어울리는 업적을 남겼다. 예를 들면 구시 칸은 제5대 달라이 라마의 정적인 티베트의 카르마-카규파 정권을 타도하고 달라이 라마 정권의 성립을 도운 일등 공신이다. 또 그의 아들 다얀 칸은 콩포 지방(중앙 티베트의 남부 지방)을, 다얀의 아들 달라이 칸은 바르캄[13]을 제압하여 달라이 라마 정권의 교권敎圈 확대에 크게 이바지했다. 그런가 하면 이들 구시 칸의 자손들은 중앙 티베트에 공납을 바치기도

---

12) 1609년경 할하의 숄로이 우바시 홍타이지는 오이라트인들을 본거지인 몽골 서부 지역에서 더 멀리 밀어냈다. 그때 토르구트의 수령 코 우를루크는 본거지를 떠나(1616년) 카자흐 초원을 거쳐 아랄 해와 카스피 해 북방을 향한 서진의 길에 나서 볼가 강 유역의 아스트라한 부근에 정착했다. 코 우를루크의 증손자인 아유키 칸은 거기에서 러시아의 차르에게 신속하고 독실한 불교의 보호자로 군립했다.

13) 현재의 중국 쓰촨 성 '아바장족강족자치주(阿巴藏族羌族自治州)'의 주도 마얼캉(馬爾康)을 가리킨다.

했다.

갈단 텐진 보속투 칸은 1644년에 준가르의 군주 바아투르 홍타이지의 넷째 아들로 태어났다. 그는 라사에 있는 달라이 라마에게 가서 화신 라마승으로서 티베트에서 어린 시절을 보냈다. 그러던 중 아버지가 죽고 아버지 뒤를 이어 군주가 된 형 생게가 또 다른 형제인 세첸 칸과 초트바 바아투르에 의해 살해되는 사건이 발생했다. 이에 갈단은 달라이 라마의 허락을 받고 고향으로 돌아와 형제인 세첸 칸을 죽이고 준가르 군주가 되었다. 귀국 후 그는 중앙아시아 오아시스 도시인 야르칸드를 제압하고, 1678년에 그곳에서 달라이 라마에게 공물을 보냈다. 그리고 1679년에는 구시 칸 일족과 함께 티베트 서부의 라다크를 제압하는 데도 참여했다. 갈단은 또 1686년에 할하의 제1대 젭춘담바가 달라이 라마에 대해 불경스럽다는 명분[14]으로 할하를 습격하여 결과적으로 할하 왕공들이 청조로 도망가 보호를 요청하게 만들었다. 이어 그는 청조와 전쟁을 하게 되는데, 청의 세 차례에 걸친 공격을 받고 1697년에 스스로 목숨을 끊었다. 갈단의 일생은 문자 그래도 달라이 라마에게 바쳐진 삶이었다. 이와 같이 '호교의 칸' 칭호를 가진 사람은 예외 없이 달라이 라마 정권을 위한 투쟁적인 삶을 살았다.

다음에는 '호교의 칸'이라는 칭호 이외의 칸의 성격에 대해 고찰하도록 하자. 달라이 라마에게서 호교의 칸 이외의 칸의 칭호를 받은 사람은 오치르투 세첸 칸과 아유키 칸이다. 두 사람 모두 오이라트의 유력자들이다. 이 두 사람과 갈단 텐진 보속투 칸이 이른바 오이라트의 3대 부장部長이다. 그런데 이들

제5대 달라이 라마와 구시 칸(오른쪽 아래)

5.
티베트 불교 세계의 형성과 전개

14) 사건은 할하 좌·우익 사이의 분쟁을 해결하기 위하여 1686년 겨울에 쿠렝 벨체르(庫倫勒齊爾)에서 개최된 회맹에서 벌어졌다. 이 회맹에는 할하 좌우익 지도자뿐 아니라 젭춘담바 쿠툭투(제1대), 갈단 보속투 칸의 대리인, 청 황제의 대리인(阿爾尼), 달라이 라마의 대리인(갈단 시레트 라마)이 참석했다. 분쟁은 회맹 참석자들의 좌석 배치에서 비롯되었다. 즉 당시 젭춘담바 쿠툭투와 갈단 시레트 라마의 좌석이 같은 줄에 배치되었는데, 갈단 보속투 칸은 이를 젭춘담바 쿠툭투가 달라이 라마에 대한 존경심이 부족하기 때문으로 받아들이고, 이를 그에 대한 무력 침공의 명분으로 삼았다.

갈단 보숙투 칸의 초상(추정도)

사회주의 시절 갈단은 할하(외몽골)를 침공하여 결과적으로 할하 왕공들이 청나라에 의존하도록 만들었다는 이유로 분열주의자로 폄하되었지만, 1990년대 이후 몽골 민족주의의 상징으로 새롭게 평가받고 있다.

세 사람의 사망 연대와 칸 칭호 수여 연대를 보면 이상한 상관 관계를 발견할 수 있다. 즉 1678년에 갈단이 호쇼트의 오치르투 세첸 칸을 공격하여 패배시키고 살해하자, 달라이 라마는 바로 그 해에 갈단에게 칸 칭호를 수여했고, 1697년에 갈단이 청나라 군대에게 패배하여 사망하자, 달라이 라마는 또 바로 그 해에 아유키 칸에게 칸 칭호를 주었다. 마치 칸이라는 하나의 칭호가 호쇼트의 오치르투 세첸 칸에서 준가르의 갈단 텐진 보숙투 칸을 거쳐 토르구트의 아유키 칸에게 인계된 것처럼 보인다.

이렇게 보면 달라이 라마는 위의 세 사람에게 전체 오이라트의 칸이라는 의미로 칸의 칭호를 수여했다는 추론이 가능하다. 물론 이러한 추론은 달라이 라마에게서 칸의 칭호를 받은 위의 세 사람이 자신의 부족뿐 아니고 전체 오이라트 칸으로 승인되었음이 증명되지 않는 한 단정적으로 말하기는 어렵다. 그러나 만약에 이러한 추론이 옳다면, 달라이 라마는 오이라트의 수령에게 확실한 보증을 수여하는 권위도 갖고 있었다고 할 수 있다.

요컨대 제5대 달라이 라마가 몽골 왕공에게 부여한 칭호는 텐진 칸(호교왕)의 칭호이든, 오이라트 칸의 칭호이든 몽골인들 사이에서 통용되고 있던 그의 강력한 권위를 증명하는 것이다.

이와 같이 제5대 달라이 라마가 몽골에까지 미치는 권위를 가질 수 있었던 이유는, 보살왕이라는 세속을 초월하는 가치에 의해 권위가 부여되었기 때문이다. 역으로 그의 권위는 세속을 초월하고 이념적이었기 때문에 지역이나 민족이라는 특수 상황을 초월한 공간에서 발휘되었다고 할 수 있다.

3. 티베트 불교와 청조

강희제의 티베트 불교 세계에 대한 군사적 통합

티베트 불교 세계를 동적動的인 시각에서 바라보면, 세 민족(티베트, 몽골, 만주)이 공유하는 사상의 해석을 둘러싸고 싸움을 벌인 역사를 쉽게 이해할 수 있다. 이러한 관점에서 17세기 티베트 불교 세계의 역사를 간략히 살펴보도록 하겠다.

불경에서 문수보살文殊菩薩은 동방을 담당하는 부처로 되어 있다. 그래서 인도 동쪽에 해당하는 중국은 예로부터 문수의 가호를 받는 땅으로 인식되었다. 산시 성(山西省)에 있는 우타이 산(五臺山)은 특히 유명한 문수의 성지인데, 만리장성에서 가깝기 때문에 한인뿐 아니라 몽골과 만주 왕공들이 자주 순례하던 곳이다. 만주인은 자신의 민족 명칭을 '문수'에서 취했다고 전해질 정도로 원래 열렬한 불교도였다.[15] 그래서 중원을 정복하고 청조를 세운 후에도 역대 황제들은 우타이 산 순행을 거르지 않았다. 청 황제는 당연히 티베트 불교 세계에서 문수보살 황제로 알려졌다.

제5대 달라이 라마와 같은 시대에 청나라를 다스린 강희제는 달라이 라마의 몽골에 대한 권위를 존중하고, 몽골 문제에 대해서는 가능한 한 달라이 라마와 협력하여 해결하려는 자세를 견지했다. 한편 달라이 라마도 청 황제를 문수보살의 화신이자 불교를 번창하게 한 사람이라 일컫고 예를 갖추어 대우했다. 그러나 삼번三藩의 난이 거의 진압된 1678년에 달라이 라마 정권이 반란의 주모자인 오삼계吳三桂와 통교한 서신이 밝혀지면서 달라이 라마 정권과 청의 관계는 급속하게 냉각되었다.

1682년 제5대 달라이 라마가 타계하자, 섭정 상게 갸초는 이를 숨기고 그의 권위를 빌어 계속 정권을 담당했다. 앞서 언급했듯이 이와 비슷한 시기인

---

15) 만주 구룬(만주국)의 '만주'는 만주어로 문수文殊, '구룬'은 국國을 뜻하므로, 만주국은 의미상 '문수국'이 된다.

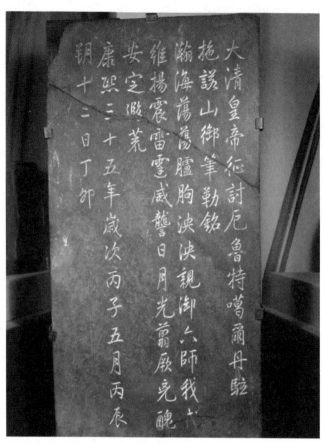

청나라 강희제의 갈단 토벌 기념 비문

1696년 강희제가 갈단을 토벌하기 위하여 할하(외몽골)에 출병하여 패주시킨 뒤 이를 기념하기 위하여 오늘날 몽골국 헨티 아이막(道) 델게르한 솜(郡) 토노 올(山)에 세운 비문. "대청 황제가 오이라트(危魯特) 갈단(葛爾丹)을 정토하고 토노 산(拖諾山)에 머물러 글을 쓰고 (돌에) 새겼다"라는 첫 문장과 "강희 35년 음력 5월 12일"이라는 마지막 문장이 선명하다. 현재 이 비문은 몽골 역사박물관에 소장되어 있다.

1686년 오이라트의 갈단은, 할하의 젭춘담바가 달라이 라마에 대해 불경하다는 이유를 들어 할하를 침공하고, 할하 왕공들이 예속민을 거느리고 청나라로 도망간 사건이 발생했다. 갈단은 청조에 대해 할하의 투시예투 칸과 제1대 젭춘담바의 신병을 요구하고 청의 영역까지 침공했다. 이에 강희제는 세 차례에 걸친 친정親征을 감행하여 1697년 갈단을 괴멸시켰다.

그에 앞서 1년 전 섭정 상게 갸초는 제5대 달라이 라마가 이미 15년 전에 타계하고, 그의 전생轉生인 제6대 달라이 라마가 성년에 달했다는 사실을 공식적으로 발표했다. 청 황제는 지금까지 갈단의 행위를 모두 상게 갸초의 선동에 의한 것으로 보고, 그 밑에서 수업한 제6대 달라이 라마를 인정하지 않고, 당시 티베트 국왕이었던 칭하이 호쇼트의 라장 칸에게 그를 베이징으로 소환하게 했다. 라장 칸은 제6대 달라이 라마를 체포하여 베이징으로 송환하려 했지만, 폭도로 변한 티베트인들이 그를 납치하여 데풍사에 모셨다. 그러나 곧 호쇼트군이 데풍사를 포위하자, 많은 사상자가 날 것을 우려한 6대 달라이 라마는 스스로 소환길에 올랐는데, 그는 베이징으로 끌려가던 도중 칭하이 호 부근에서 사망했다.

한편 칭하이 호쇼트부의 티베트 왕위王位는 구시 칸이 사망한 뒤 다얀 칸이 계승하고, 이어 달라이 칸과 라장 칸이 차례로 왕위를 이어갔다. 라장 칸 이전까지 티베트 왕들은 모두 칭하이에 거주하면서 티베트 내정에는 일체 간섭하지 않았다. 그러나 라장 칸은 달라이 라마 정권으로부터 실권을 되찾으려고 했다. 섭정 상게 갸초가 숙적인 갈단을 편들어 제5대 달라이 라마의 죽음을 숨긴 것을 불쾌하게 여긴 청조는 라장 칸을 지지했다. 이처럼 양측의 이해가 맞아떨어져 청 조정은 앞서 언급했듯이 라장 칸에게 6대 달라이 라마의 소환을 명하고 그와 협력하여 새로운 달라이 라마를 옹립했다. 그러나 새로이 추대된 제6대 달라이 라마는 세상 사람들로부터 전혀 지지를 받지 못했다. 심지어 티베트 왕의 방계(傍系)인 칭하이의 호쇼트부 내에서도 사망한 제6대 달라이 라마의 전생인 제7대 달라이 라마를 별도로 옹립하고 중앙 티베트 본가와 대립할 정도였다.

1717년 갈단에 이어 준가르부의 수장이 된 체왕 랍탄은 갑자기 티베트에 군대를 파견하여 라사를 점령했다.[16] 준가르 군대는 당시 티베트 왕인 라장 칸을 무찌르고, 청조가 내세운 제6대 달라이 라마를 폐위시켰다. 그리고 칭하이 호쇼트인들에 의해 제6대 달라이 라마의 전생으로 뽑힌 아이를 제7대 달라이 라마로 즉위시키려 했다. 그러나 사태는 준가르군의 뜻대로 되지 않았다. 라장 칸은 칭하이 호쇼트인들이 새로운 달라이 라마를 선발했다는 말을 듣고, 즉시 군대를 보내 그 아이를 없애려 했다. 이에 위협을 느낀 칭하이 호쇼트인들은 강희제에게 서신을 보내 그를 적법한 전생으로 인정해달라고 요청했다. 이 서신을 접한 강희제는 훗날 필요성을 고려하여 어린 달라이 라마를 칭하이 성시닝(西寧) 부근에 있는 쿰붐 대사원으로 데려오게 하고 청나라 군대로 하여금 그를 보호하게 했다.

오랫동안 준가르와 대립했던 청조는 이번에도 재빨리 태도를 바꿨다. 청조는 스스로 옹립한 제6대 달라이 라마를 팽개치고 칭하이 호쇼트인들에게 자기들에게 협력할 것을 촉구했다. 이에 칭하이 호쇼트부는 마지못해 청에 협력하기로 하고, 자신들이 내세운 제7대 달라이 라마를 옹립하고 청나라 군대와 함께 티베트를 침공했다. 이에 스스로 정통성을 보증하는 제7대 달라이 라마를 추대하지 못한 채 라사에서 고립되어 있던 준가르군은, 제7대 달라이 라마를

---

16) 제6대 달라이 라마 사건으로 티베트인들은 라장 칸에게 등을 돌리고, 그와 대립 관계에 있던 준가르의 체왕 랍탄에게 도움을 청했다. 이 요청에 응하여 체왕 랍탄은 티베트에서 자신의 지위를 확고히 할 기회로 여기고 티베트를 침공했다.

옹위한 청과 칭하이 호쇼트 연합군의 침공 앞에 싸우지도 못하고 귀국하고 말았다. 이 사건이 세상에서 이르는 1720년 청조의 티베트 평정이다.

준가르군이 물러난 뒤 티베트를 점령한 청조, 칭하이 호쇼트, 몽골 연합군과 티베트 귀족들은 제7대 달라이 라마를 정식으로 즉위시키고 서로 협력하여 옛 질서를 회복시켰다. 청은 즉시 칭하이 호쇼트부에 티베트 왕을 선출하도록 요청했다. 그러나 준가르를 배신하고 청조를 편들기까지 일련의 과정 속에서 불화가 극에 달에 있던 칭하이 호쇼트 왕공들은 일치단결하여 한 사람의 티베트 왕을 선출하지 못했다. 이렇게 하여 대대로 구시 칸의 자손들이 담당한 티베트 왕위는 계속 공석으로 남게 되었다.

그 후 1723년 칭하이 호쇼트의 장로長老 롭장 단진은 동족인 '에르데니 에르케 톡토네'를 습격하여 살해한 다음, 청 황제가 수여한 만주 귀족 칭호를 버리고 달라이 라마가 수여하는 칭호를 사용했다. 청은 이 사건을 반란으로 간주하고, 칭하이에 대군을 파견하여 칭하이 호쇼트를 제압했다. 그때부터 칭하이는 청조에 병합되었고, 호쇼트인들은 영구히 티베트 왕 자리를 상실했다.

이상이 17세기 후기부터 18세기 초기까지 티베트 불교 세계에서 발생한 주요한 군사적 충돌 과정이다. 이 사건들을 하나하나 살펴보면 모든 전쟁에 티베트 불교 세계의 논리가 강하게 영향을 미쳤음을 확인할 수 있다.

먼저 갈단이 할하를 침공한 공식적인 이유는 제1대 젭춘담바가 제5대 달라이 라마의 사신을 불손하게 대했다는 것이다. 앞에서 언급했듯이 갈단의 침략을 받은 할하인들은 청조로 도망하고 강희제는 이들을 보호해주었다. 그러자 갈단은 강희제에 대해 "달라이 라마를 업신여긴 젭춘담바를 보호해준 것은 불교에 기초한 정치를 포기한 것이다"고 비난했다. 이에 강희제도 "달라이 라마는 갈단의 행위를 달갑게 여기지 않는다. 갈단이야말로 불교에 입각한 정치를 파괴하는 자이다"고 반박했다. 여기에서 알 수 있듯이 강희제와 갈단은 모두 달라이 라마를 존경하는 것을 공통의 가치 기준으로 삼았다. 다만 두 사람은 그것을 서로 다른 이해관계로 대립했다고 할 수 있다.

위에서 언급했듯이 1717년 준가르 군대가 "가짜 달라이 라마를 폐하고 정통 달라이 라마를 즉위시킨다"고 선전하며 라사로 진격해 들어가자, 주민들은 자발적으로 성문을 열고 그들을 맞이했다. 이는 준가르가 티베트를 침공한 목적은 정통 달라이 라마를 즉위시키는 데 있었고, 동시에 티베트 왕인 라장 칸이 패배한 원인은 세상 사람들이 지지하지 않는 달라이 라마를 옹립한 데 있었음을 보여준다.

또 청조가 칭하이 호쇼트와 제7대 달라이 라마의 참여를 기다리면서까지 티베트 침공을 연기하고, 사건이 종결된 후에도 칭하이 호쇼트로 하여금 티베트 왕을 선출하게 한 것은, 청조의 티베트 침공이 달라이 라마와 그의 후원자인 구시 칸 일족의 역사적 권위를 빌리지 않으면 불가능했음을 보여준다. 그리고 청조가 티베트를 침공할 때 "문수보살 황제의 군대가 준가르 군대에 짓밟힌 티베트인들을 구하고 정통 달라이 라마를 즉위시키기 위한 것이다"고 선전한 것도 청나라 군대가 티베트 불교 사상의 논리에 따라 행동했음을 보여주는 하나의 증거이다.

끝으로 1723년 칭하이 호쇼트가 청조에 제압되는 계기가 되었던 롭장 단진의 봉기는, 청에게 티베트의 왕위를 빼앗기지 않을까 하는 걱정에서 비롯되었다. 따라서 이러한 사실을 통해 1686년부터 1723년에 걸쳐 중앙유라시아에서 벌어진 전쟁은 모두 티베트 또는 달라이 라마 문제가 발단이 되었음을 알 수 있다.

과장한다면 만주와 몽골은 같은 종교를 공유했기 때문에 서로 대립하고 충돌했다고 할 수 있다. 준가르가 만약 티베트 불교를 신봉하지 않았다면 그들은 티베트를 침공하지 않았을 것이고, 또 청 황제가 티베트 불교도가 아니었다면 준가르에 대항하여 티베트에 군대를 파견하지도 않았을 것이다. 이를테면 준가르와 청 황제 양쪽은 달라이 라마를 존경한다는 인식을 공유하고 있었던 탓에 전쟁을 했다고 할 수 있다.

이는 바꿔 말하면 '1686년부터 1723년 사이에 티베트를 둘러싼 몽골군과 청나라 군대의 움직임은, 달라이 라마 자리에 영향을 미칠 수 있는 위치를 만주인과 몽골인(준가르, 칭하이 호쇼트)이 서로 뺏고 빼앗기는 사건'이었다고 할 수도 있을 것이다.

건륭제의 정복 활동을 통해 본 전륜성왕 사상

보살왕으로 알려진 역대 청 황제 가운데서도 건륭제는 특히 열렬한 티베트 불교도였다. 건륭제는 일생 동안 빈번히 우타이 산을 순행하고, 쿠빌라이 카안의 전례에 따라 칭하이의 고승 제2대 창캬 쿠툭투[17]로부터 '승락勝樂 탄트라'의 관정을 받았다. 창캬 쿠툭투는 또 열하熱河[현재 허베이 성(河北省) 동부부에 있는 청더(承德)]와 베이징에 티베트의 유명 사찰을 본떠 수많은 사원을 건립하고, 건륭제의 명으로 티베트 대장경(간주르) 주석집인 단주르의 몽골어 번역 작업을 떠맡았다(1741~1742년). 원대元代의 번역본까지 참조한 몽골어 판 단주르는 1724년부터 1749년 사이에 모두 226권으로 간행되었다. 건륭제는 또 그에게 만주어 대장경 편찬을 위임했다. 한역 대장경을 대본으로 한 만주어 번역본은 창캬 쿠툭투가 죽은 후 1790년에 완성되었다. 이처럼 독실한 불교도였던 건륭제의 초상화에는 법륜(전륜성왕의 상징)과 검(문수의 상징)을 손에 들고 있는 승려의 모습이 많다.

건륭제는 같은 문수보살의 화신이자 전륜성왕으로 알려진 쿠빌라이 카안과 티베트의 티송 데첸 왕을 자신의 전세자前世者로 인식했다. 건륭제가 1750년에 건립한 고궁의 최대 티베트 사찰인 우화각雨華閣과 1755년에 이화원頤和園에 건립한 향암종인지각香嚴宗印之閣은 모두 티베트의 티송 데첸이 건립한 삼예사를 모델로 한 것이다. 이와 함께 1745년 창캬 쿠툭투에게서 받은 '승락勝樂 탄트라의' 관정은 쿠빌라이가 팍바에게서 받은 '헤바즈라 탄트라'의 관정 고사故事를 본받은 것이다.

이와 함께 건륭제 치세는 1749년 대금천大金川[현재 쓰촨 성 간즈장족자치주(甘孜藏族自治州)의 단바 현(丹巴縣) 지방] 정복, 1755년 준가르 제압, 1759년 신장 정복, 1771년 토르구트 귀환,[18] 1792년 구르카 전쟁[19]으로 일컬어지는 수많은 전공에 빛나는 시기였다. 이들 정복지에는 현대적 의미의 지배는 시행되지 않았지만,

---

17) 청 지배기 내몽골 지역 라마교 수장. 대대로 칭하이 지역에서 선발된 창캬 쿠툭투는 청 조정으로부터 최고의 대우를 받으면서 사실상 전체 몽골 불교도 위에 군림했다. 그 가운데서도 제2대 창캬 쿠툭투 롤페 도르제는 청조의 대對몽골 종교 정책에서 핵심적인 역할을 수행한 인물이다.

분쟁이 발생할 경우 신속히 청군을 파견하는 등 청조와 밀접한 관계가 유지되었다. 이후 중화인민공화국은 이러한 청조의 판도를 거의 그대로 계승했는데, 이런 점에서 강희제와 건륭제의 군사 활동은 현대 중국에 실로 지대한 영향을 미쳤다고 할 수 있다.

이러한 건륭제의 정복 활동과 티베트 불교 사상은 깊은 관계를 갖고 있다. 이를 상징적으로 보여주는 것이 열하에 건립된 많은 티베트 불교 사원이다.

열하는 과거에 청 황제의 피서산장避暑山莊이 있었던 곳이다. 황제는 여름이 되면 이곳에 천막을 치고 머물면서 몽골, 만주 왕공들과 주연을 베풀고 사냥을 즐겼다. 열하는 청 황제가 유교에 속박된 베이징을 벗어나 만주인으로서 다시금 정체성을 확인하는 장소였다는 것은 널리 알려진 사실이다.

문수보살의 화신으로 묘사된 건륭제

이 피서산장 주변에는 세칭 8대 라마묘喇嘛廟라 불리는 8개의 티베트 불교 사원이 있다. 이들 사원은 건륭제가 국가의 경사를 기념하기 위하여 건립한 것으로 사원 경내에 세워진 비문에 그 경위를 전하고 있다. 예컨대 보녕사普寧寺는 1755년 준가르부를 평정한 사건을 기념하여 지은 사찰이고, 보락사普樂寺는 1766년 두르베트와 하사크(카자흐, 哈薩克)의 귀환을 기념하기 위하여 건립했다. 또 보타종승지묘普陀宗乘之廟는 건륭제의 환력還曆과 황태후의 팔순을 기념하여 1770년에 착공되었는데, 이듬해 토르구트인들이 귀환해 옴에 따라 그 취지를 축하하는 의미까지 포함시켰다. 건륭제는 또 1780년 자기의 칠순 축하연에 판첸 라마를 초청하고 수미복수묘須彌福壽廟와 대소사大昭寺를 건립했다. 이

18) 17세기 초에 고향을 떠나 볼가 강 유역에 정착하여 유목하던 토르구트인들이 본거지인 일리 계곡으로 돌아온 사건. 토르구트인들은 부장部長 우바시의 지휘 아래 1771년 1월 5일 거주지를 떠나 카자흐 초원과 발하슈 호를 거쳐 같은 해 7월 8일에 일리의 옛 고향에 도착했다. 자료에 의하면 출발할 당시에 3만 3000 장막(약 17만 명)이었는데, 그 가운데 절반 정도만 본거지로 돌아왔다고 한다.

19) 네팔의 수도 카트만두 서쪽 약 100km 지점에 있는 지역 명칭이자, 그 지방에 거주하는 부족 이름. 구르카군이 티베트를 침략한 것을 계기로 청나라 군대는 티베트의 혼란을 수습하고, 구르카를 원정하여 카투만두를 함락한 다음 조공을 약속받고 귀환했다.

보타종승지묘에 있는 토르구트전부귀순기비(土爾扈特全部歸順記碑)

사원들은 대부분 티베트의 유명 사찰을 모델로 한 것이다. 예를 들면 보녕사는 고대 티베트의 티송 데첸이 건립한 삼예사를 모방한 것이고, 보락사는 '승락 탄트라'의 입체 만다라이며, 보타종승지묘는 포탈라궁을 모델로 한 것이고, 수미복수묘는 티베트의 타시룬포사를, 그리고 대소사는 물론 라사의 대소사를 모방한 사원이다.

건륭제는 무슨 이유로 영토 확장을 축하하여 티베트 불교 사원을 조영했을까. 그 해답은 전륜성왕 사상에서 찾을 수 있다. 앞에서 언급했듯이 건륭제는 티베트 불교 세계에서 문수보살이 화신한 전륜성왕으로 알려져 있었다. 전륜성왕은 불교(법륜)를 가지고 사방을 정복하고 태양(일륜)처럼 신하를 양육하는 제왕이다. 즉 건륭제는 열하에 사원을 건립함으로써 전륜성왕으로서 덕이 온 세상을 자기의 지배 아래 놓이게 했다는 세계관을 보여주려 했던 것이다.

토르구트의 귀환과 보타종승지묘의 건립 관계도 마찬가지로 설명할 수 있다. 토르구트는 준가르의 압박으로 멀리 볼가 강 하류 유역으로 이주하여, 1628년에 러시아의 지배 아래 들어갔다. 그들은 그 후로도 계속 티베트 불교를 신봉했는데, 앞에서 언급했듯이 토르구트의 수령 아유키 칸은 1697년에 제5대 달라이 라마에게서 칸의 칭호를 받았다. 또한 아유키를 계승한 그의 아들 체링 돈둡도 달라이 라마에게 칸의 칭호를 요청하는 사신을 보내는 등 토르쿠트인들은 예전처럼 티베트 불교와 밀접한 관계를 유지하고 있었다. 러시아 고문서에 의하면 제5대 달라이 라마는 아유키 칸에게 러시아 지배를 벗어나 같은 종교를 신봉하는 준가르 칸의 휘하로 들어가고, 준가르의 칸도 토르구트를 파멸시키지 말라는 명령을 내렸다고 한다. 이는 관음보살의 화신이자 전륜성왕인 달라이 라마가 불교의 힘으로 토르구트의 정치적 귀속처를 바꾸려 했음을 보여주는 사례이다.

그 후 청조가 티베트와 준가르를 잇달아 제압하자 토르구트는 청조에 투항할 것을 고려하기 시작했다. 그리하여 앞서 얘기했듯이 그들은 1771년에 대거 청에 투항했는데, 건륭제는 이처럼 군대를 하나도 움직이지 않고 오이라트의 큰 부족을 수중에 넣었다. 그 경위를 기록한 비문에는 토르구트가 종교가 다른 러시아를 버리고 같은 종교를 신봉하는 청조에 귀환했다는 취지를 담고 있다. 이러한 과정에서 건륭제는 티베트 불교의 통합력을 실감하고 티베트 불교를 현창顯彰하기 위해 사원을 건립했다. 토르구트 귀환에 즈음하여 건립된 보타종승지묘를 달라이 라마가 거주하는 포탈라궁을 본떠 건립한 데는 토르구트의 귀환을 호소한 달라이 라마의 공적을 나타내 보이려는 뜻이 담겨 있었다.

이렇게 하여 청조의 영토가 확대됨에 따라 건륭제의 불교에 대한 열정도 점점 높아졌다. 이는 1780년 자신의 생일에 판첸 라마를 초청한 시기를 즈음하여 정점에 달했다. 판첸 라마는 티베트에서 달라이 라마 다음으로 권위를 가진 화신 라마승인데, 달라이 라마가 관음보살의 화신인 것처럼 그는 아미타불阿彌陀佛의 화신으로 신봉되었다.

과거에는 1780년 건륭제가 판첸 라마를 초청한 목적을 책봉冊封 때문이라고 해석했다. 그러나 만약 책봉을 목적으로 판첸 라마를 초청했다면, 건륭제는 그에게 신례臣禮를 갖추게 하고 운집한 여러 외국 사절과 나란히 줄을 서게 했을 것이다. 그런데 판첸 라마는 외국 사절 앞에서 황제와 같은 높이에 앉고, 황제와 똑같은 금기와를 덮은 궁전에 체류하고, 황제의 가마를 타고, 황제의 신하들로부터 머리를 조아리는 인사를 받았다. 말하자면 건륭제는 주위 사람들에게 판첸 라마를 자기와 동등한 사람으로 나타내 보이려 했던 것이다. 그뿐 아니라 건륭제는 자진하여 티베트 불교 세계의 원리에 동화되었다. 그는 판첸 라마를 맞이할 즈음 열하에 판첸 라마가 주석駐錫하던 타시룬포사를 모델로 한 수미복수묘를 축조하고, 베이징 교외의 샹 산(香山)에도 라사의 대소사를 모델로 한 사원을 건립했다. 또한 그는 예불드릴 때 티베트 풍속에 따라 카타[20]를

---

20) 티베트 불교 문화권에서 의례 때 사용하는 긴 비단 천으로 몽골어로는 '하닥' 이라 한다.

사용하고, 때로 승려의 모습을 하기도 하고, 티베트어로 일상 회화까지 구사했다고 한다. 생일 당일에 건륭제는 문수보살의 화신인 전륜성왕으로서 장수불長壽佛인 아미타불의 화신 판첸 라마의 축복을 받았다.

1780년에 이뤄진 건륭제와 판첸 라마의 만남은 모두 티베트 불교 세계의 맥락에서 이루어졌고, 두 사람 사이에 유교 원리에 기초한 책봉 의례는 전혀 존재하지 않았다. 따라서 1780년 판첸 라마를 초청한 것은 건륭제가 티베트 불교 세계의 구조에 충실했다는 것을 공개적으로 드러내 보인 사건으로 기억되어야 할 것이다.

그 후 판첸 라마는 베이징에서 객사했다. 건륭제는 막대한 보시와 함께 그의 유해를 티베트로 송환해주었다. 당시 카르마-카규파(홍모파)의 화신 라마승이었던 판첸 라마의 동생은 형의 유산 분배라는 형태로 청조에서 보낸 이 보시를 자기에게 줄 것을 요구했다. 타시룬포사의 승려가 이를 거부하자, 그는 분노하여 네팔로 도망가 구르카 군대를 선동하여 타시룬포사를 습격하게 했다. 이 사건이 세상에서 말하는 이른바 '구르카 전쟁' 이다. 청조는 이 전쟁에 막대한 군비를 지출했는데, 그 때문에 구르카 전쟁을 기점으로 하여 건륭제의 불교 신앙은 급속히 냉각되었다.

건륭제는 전쟁의 발단이 되었던 화신 라마승들의 부패의 근원을 단절하고, 특정인의 의지가 전생자 선정을 좌우하지 못하도록 추첨으로 화신 라마승을 뽑는 새로운 제도를 도입했다. 이것이 현재 중국이 티베트를 지배했다는 증거로 삼고 있는 이른바 금병金瓶 제도[21]이다. 그러나 그 후 서구 열강의 침략으로 국력이 급속하게 약화된 청나라가 티베트 내정을 간섭할 능력을 상실함에 따라 이 제도는 실제로 제대로 실시되지 못했다. 한편 청나라 황제라는 최고의 보호자를 잃어버린 티베트 불교 세계도 그 후 급속히 쇠퇴의 길로 나아갔다.

---

21) 청조는 달라이 라마, 판첸 라마, 그리고 몽골의 젭춘담바 쿠툭투를 비롯한 화신 라마승들의 중생에 대한 영향력을 고려하여 전통적인 활불活佛 선발 제도를 폐지하고, 후보자 이름을 적은 종이를 금병金瓶 속에 넣어 이를 추첨하는 형태로 개정했다. 이는 물론 청조에 순종하는 사람을 불교 지도자로 뽑으려는 의도에서 비롯된 제도이다.

티베트 불교 세계의 역사적 의의

지금까지 우리는 중앙유라시아가 청 황제의 지배 아래 재편되어 가는 과정에서 티베트 불교가 어떤 역할을 했는지 살펴보았다. 만약 강희제가 티베트 불교를 신봉하지 않았다면, 티베트를 정복하지 않았을 것이고, 그렇다면 티베트는 현재도 독립 국가로 남았을지도 모른다. 또 건륭제가 티베트 불교를 신봉하지 않았다면, 토르구트는 지금까지 러시아 지배 아래 있었을지도 모를 일이다. 그리고 신장을 지배했던 준가르가 만약 티베트 불교를 믿지 않았다면, 그 지역은 중국에 편입되지 않고 오늘날까지 이슬람 국가로서 독립적인 정치 단위를 이루고 있을지도 모를 일이다. 이처럼 중국 영토의 태반을 구성하는 자치구들이 모두 티베트 불교를 통해 중국에 통합되었다고 할 수 있는데, 이러한 역사 과정을 놓고 보면 티베트 불교 세계의 중요성과 그 연구의 필요성이 제기된다.

현재 중앙유라시아 지역을 구성하는 기본 요소, 즉 민족 분포, 국경선 위치, 수도 소재지의 큰 틀은 티베트 불교 문화에서 커다란 영향을 받았다. 이는 과거 보살왕이 군림했던 도시가 현재의 수도나 자치구 중심지로 발전하고 있는 현상을 보아도 알 수 있다.

예컨대 7세기 송첸 감보 왕이 건립한 대소사를 중심으로 하여 발전한 도시 라사는 현재 티베트자치구의 성도省都이다. 그리고 16세기에 알탄 칸이 티베트의 대소사를 본떠 건립한 사원을 중심으로 하여 발전한 도시 후흐호트는 현재 내몽골자치구의 성도이다. 이와 함께 17세기에 제1대 젭춘담바 쿠툭투가 티베트의 간덴사를 모델로 하여 세운 사찰을 중심으로 하여 발전한 도시 후레(庫倫, 현재의 울란바토르)는 오늘날 몽골국(외몽골) 수도 울란바토르이다. 13세기에 쿠빌라이와 팍바가 설계하여 건설한 대도는 명조와 청조 시대의 수도 베이징으로 발전했는데, 건륭제는 여기에 대소사를 모델로 한 사찰을 건립했다. 그리고 베이징은 지금도 중화인민공화국 수도이다. 이들 대도시는 물론이고, 지방 도시도 크든 작든 티베트 불교 사원을 중심으로 하여 성립된 경우가 허다

하다.

그런가 하면 티베트 불교의 영향으로 유목민인 몽골인과 수렵 농경민인 만주인이 약체화되었다는 부정적인 평가를 내릴 수도 있다. 그렇지만 신식 무기가 등장한 이후 세계사의 전개 과정에서 유목민과 수렵민의 군사력이 상대적으로 저하되고, 정착 생활을 하지 않는 유목민과 수렵민은 열강에 합병되어 소멸할 가능성이 상존했다. 따라서 이런 사실을 놓고 보면, 티베트 불교가 갖는 통합력이 오히려 이들 여러 민족의 분열과 붕괴를 막았다고 평가할 수도 있다.

6. 중앙유라시아의 주변화

1. 몽골과 티베트

청조의 발흥과 중앙유라시아 세계의 해체

오늘날 중국 동북東北 지방이라 불리는 랴오허(遼河) 동부에서 헤이룽 강(黑龍
江) 서부에 이르는 지역에는 예로부터 퉁구스계 사람들이 살고 있었다. 그들은
때로 정치적 통합을 이루어 나라를 세우기도 했는데, 주르친(女眞) 또는 주르치
(女直)가 세운 금金나라가 그 대표적 사례이다. 원조가 붕괴한 직후, 명조 초기
에 여진은 명의 종주권을 인정하면서 일종의 민족 자치를 이루고 있었다. 이
때 여진족은 야인野人·해서海西·건주建州의 3대 부족으로 나뉘어 있었으며,
그 후 점차 남하하여 16세기에는 쑹화 강(松花江) 유역에서 랴오허 지류인 훈 강
(渾江) 유역까지 진출했다. 이 가운데서 가장 남쪽에 거주하고 있었던 집단이
건주 여진이고, 여기에서 '누르하치'라는 걸출한 인물이 나타나 전체 여진족
을 아우르기 시작했다.[1]

누르하치는 여진족을 통합하여 1616년에 새로운 왕조를 세우고 나라 이름
을 후금後金이라 칭했다. 후금의 군사·경제적 기반은 여진 사회 구조의 기초
인 팔기八旗 제도[2]였다. 그 후 후금은 랴오둥(遼東) 평야로 진출하는 한편, 싱안
링(興安嶺) 동쪽에 거주하는 몽골계 집단까지 지배 아래 넣고 대세력으로 성장
했다. 1626년 누르하치가 죽고 그의 아들 홍타이지(청나라 태종)가 부친의 과업
을 이었다. 이 무렵 원 황실의 직계인 차하르부의 릭단 칸이 동몽골 전체의 대
칸 칭호를 갖고 몽골을 재통합하려 했다. 그러나 릭단 칸은 1632년 홍타이지
에게 패하고 티베트를 원정하기 위하여 칭하이로 향하던 도중 1634년 시라 탈

---

1) 이에 관한 자세한 사항은 이근명 편역, 『중국 역사(하권)』(신서원, 1997), 285~286쪽 참고.
2) 투르크-몽골 계통의 제도에서 기원하는 청조의 사회·군사·행정 조직. 팔기 제도의 기초 단위는 '니루'이다. 1
니루는 장정壯丁 300명이고, 5니루가 1잘란(장정 1500명)이 되며, 다시 5잘란이 1구사(장정 7500명)가 된다. 바로
이 '구사'가 기旗에 해당된다. 청조는 처음 만주족에 대해서만 8개의 기를 통해 지배하고, 한족을 비롯한 예하 다
른 집단을 대상으로 한 행정 조직과 별개로 관리했지만, 시간이 가면서 몽골인과 한인 일부를 팔기에 편입시켰다
(몽골 팔기, 한인 팔기). 만주족을 포함하여 팔기에 속한 사람을 기인旗人이라 했다.

라[현재의 간쑤 성(甘肅省) 우웨이(武威) 부근]에서 병사했다.[3]

그의 어린 아들 에제이는 어머니·수타이와 함께 후금 군대에 항복하고, 1635년 선양(瀋陽)에 있는 홍타이지 본거지로 연행되었는데, 홍타이지는 이때 릭단 칸 시대까지 전해 내려온 대원전국새大元傳國璽, 즉 원조 역대 황제의 국새(制誥之寶)를 손에 넣었다고 전해진다. 이 일화는 몽골 제국의 황제권(중국과 중앙유라시아 세계에 대한 지배권)이 몽골족인 칭기스 칸 후손에서 만주족인 홍타이지에게 위임되었음을 보여주는 상징적인 의미를 갖고 있다. 이어 1636년 홍타이지는 휘하의 만주족, 몽골족, 한족에 의해 황제로 추대되고, 나라 이름을 대청大淸이라 개칭했다. 이런 점에서 대청 제국은 이들 세 민족의 연합 정권의 성격을 띠고 있었다. 이상이 청조의 건국 과정인데, 건국할 때의 이러한 사정은 1911년 왕조가 멸망할 때까지 약 270년 동안 계속된 청조의 성격을 결정했다.

그 후 청나라 군대는 군사 공세를 더욱 강화하여 먼저 한반도를 자신의 세력 아래 넣고(1636년), 이어 중국 본토를 향하여 진격을 시작했다(1641년). 1643년 태종 홍타이지가 사망하고 순치제順治帝가 즉위하여 부친의 뒤를 이었는데, 이 듬해 이자성李自成의 반란으로 인한 혼란을 틈타 청나라는 중국 전역을 지배하고 수도를 성경盛京(선양)에서 베이징으로 옮겼다. 순치제를 이은 강희제의 치세는 무려 61년 동안이나 계속되었다(1661~1722년). 강희제康熙帝는 국내의 유력한 한인漢人 군벌인 삼번三藩의 반란을 진압하고 타이완(臺灣)을 병합하여 청조의 지배를 확고히 하는 한편, 내부적으로 정권의 지배 체제를 안정시켰다. 이와 함께 그는 삼번의 반란에 호응하여 일어난 몽골의 명문名門인 차하르부의 부르니 친왕親王의 반란을 평정하고 이들을 팔기八旗에 편입시켰다.

이처럼 국내의 불안 요인을 모두 제거한 청조는 그 힘을 외부로 분출시켰다. 그 무렵 러시아는 헤이룽 강 유역으로 진출하여 만주족의 본거지인 동북 지방

---

3) 릭단 칸은 당시 겔룩파와 대립하고 있었던 카르마-카규파를 지지했다. 그리고 그들의 요청을 받고 칭하이 원정에 나섰다. 릭단 칸 외에도 당시 할하의 촉투 홍타이지 역시 카르마-카규파를 지지하여 칭하이를 원정했다. 앞 장에서 언급한 구시 칸이 칭하이를 원정하고, 그곳에 자리잡게 된 이유도 겔룩파의 요청에 따라 이들 침입자들을 막기 위해서였다. 이러한 일련의 과정은 몽골 고원의 대립 관계가 칭하이로 옮겨진 경우이고, 그 배경에는 티베트 불교의 교파간 대립이 자리하고 있었다.

캬흐타

몽골과 러시아 양국에 걸쳐 있는 국경 도시. 17세기 이후 20세기
초기까지 청나라와 러시아 교섭 창구 역할을 한 유서 깊은 도시
이다. 과거 중국인들이 마이마청(賣買城)이라 부르던 곳이다.

을 노리고 있었는데, 강희제는 1689년 러시아와 네르친
스크 조약을 체결하여 러시아의 진출을 저지했다. 이와
함께 그는 대체로 이 시기를 전후하여 외몽골 왕공들 사
이에 일어난 분쟁에 개입했다. 앞서 언급했듯이 이때 오이라트 연맹의 하나인
준가르의 갈단이 할하(외몽골)를 침공한 사건이 발생했다. 이에 강희제는 세 차
례에 걸친 친정[4]을 통해 갈단을 패주시키고(1697년), 이를 계기로 외몽골을 청
나라 영역으로 편입시켰다. 또 갈단이 죽은 뒤 준가르 부장이 된 체왕 랍탄(갈
단의 조카)이 티베트를 침공한 것을 계기로 티베트까지 평정했다(1720년).

강희제를 이은 옹정제雍正帝는 황제권을 확립하고 정치 기구의 개혁을 시도
했다. 그 결과 관료의 통치 기구에 의해 지탱되는 황제 전제 체제라는 거대한
지배 장치가 갖추어졌다. 내부 체제 정비를 마친 옹정제는 칭하이와 티베트

---

4) 1차 원정은 1696년 4월 1일(음력 2월 30일)부터 98일간에 걸쳐 이루어졌고, 2차 원정은 같은 해 가을부터 겨울에
걸쳐, 그리고 3차 원정은 1697년 봄부터 여름에 걸쳐 진행되었다.

지역으로 지배를 확대하는 한편, 중국 서남부의 비非한족 지역에 대한 지배권을 강화했다. 또한 그는 1727년에 러시아와 캬흐타 조약을 체결하여 몽골을 둘러싼 국경 문제를 매듭지었다. 그리고 옹정제를 이은 건륭제乾隆帝 시대에 청나라의 영역이 완성되어 전무후무한 거대 제국이 출현했다. 건륭제는 18세기 중엽 그때까지 청조의 최대 대항 세력이었던 북방의 준가르부部를 완전히 괴멸시키고, 동투르키스탄의 톈산 남로(天山南路)를 따라 형성된 오아시스 지대를 지배 아래 넣었으며, 동남아시아, 네팔, 그리고 중앙유라시아 여러 나라에까지 영향력을 확대했다.

17~18세기는 유라시아 대륙 각지에 이른바 '지역적 세계 제국'이 차례로 흥기한 시기이다. 서아시아의 오스만조, 인도의 무갈조, 러시아의 로마노프조, 오스트리아의 합스부르크조가 여기에 해당된다. 또 이 시기에 영국에서는 중상주의重商主義 정책에 따라 동인도 회사가 아시아 진출을 꾀했다. 따라서 동아시아의 대제국 청나라의 출현도 이러한 세계 규모의 큰 움직임의 하나로 볼 수 있다.

그러면 이러한 상황이 중앙유라시아 지역에 어떤 영향을 미쳤을까. 그 전까지 중앙유라시아 지역은 동양과 서양을 연결하는 간선幹線에 해당되었다. 그 간선 위에 오아시스 도시들이 건설되고, 그 배후에는 거대한 유목 지대가 펼쳐져 있었다. 그리고 이 간선을 통해 이른바 동서간의 교류와 교역이 이루어졌다. 13~14세기에 몽골 세계 제국은 중앙유라시아 지역을 무대로 하여 발흥했는데, 몽골의 출현은 이 간선로를 일원적 지배 아래서 관리하고자 한 시대적 요구의 산물이었다. 몽골인들이 세계 제국을 수립할 수 있었던 것은 무엇보다도 유목 기마 군단의 탁월한 군사력 때문이었다. 반면에 16세기 말기부터 역사 무대에 등장하는 만주족은 중앙유라시아 동쪽 끝에서 흥기한 집단으로, 지역적으로나 역사적으로 과연 중앙유라시아 주민이라고 할 수 있는지에 대해서도 의견이 나뉘어 있다. 그들의 세력 확대 과정을 보면, 몽골족의 기마 군단을 흡수하고 비로소 지역적 세계 제국으로 발돋움했다. 이와 관련하여 한 가지만 덧붙이면, 청조보다 거의 한 세기 전 인도에서 무갈조를 창건한 사람들 역시 중앙아시아 출신이다.

청조는 지역적 세계 제국으로 발전하는 과정에서 몽골, 티베트, 동투르키스탄을 차례로 지배했지만, 과거 칭기스 칸 일족이 실현한 중앙유라시아의 통합에 목표를 두지 않고 결과적으로 동아시아 세계에서 군림하는 제국을 지향했다. 따라서 이 지역들이 청조의 영역에 편입됨에 따라 중앙유라시아 동부의 거의 절반은 사실상 동아시아 세계 제국의 주변부로 전락되었다. 조금 전 언급했듯이 청나라는 북쪽의 신흥 제국인 러시아와 네르친스크 조약 및 캬흐타 조약을 차례로 체결하여 국경을 확정했다. 이 사건은 중앙유라시아가 지역적 세계 제국 사이의 주변부라는 것을 여실히 보여주며, 이윽고 19세기가 되면 그러한 상황이 더욱 극명하게 나타난다. 과거에는 중앙유라시아 지역의 강력한 유목 기마 군단이 언제나 현상 타파와 혁신 세력으로 출현했다. 그러나 후금 시대에도 만주군은 명군과의 전투에서 이미 포르투갈제 대포를 사용하고 준가르와의 싸움에서도 화기火器를 사용했다. 이는 곧 군사력으로서 기마 군단이 더 이상 쓸모없게 되었음을 말해준다.

청조의 몽골 · 티베트 지배의 이념과 기구 · 제도

청 제국은 만주인 황제가 다스린 최후의 중화 제국이었다. 청의 지배 구조는 전통적인 중국 왕조의 지배 체제를 계승하면서, 광대한 영역을 일원적으로 지배하지 않고 각자의 상황에 맞추어 다원적으로 지배했다. 청조의 논리에 따르면, 청 황제의 권력은 지상의 모든 곳까지 미치기 때문에 청나라의 판도를 벗어난 국가나 지역과의 관계에 대해서도 근대적 의미의 외교나 국제 관계 이념은 처음부터 존재하지 않았다.

청조를 중심으로 하여 청나라 직할지인 중국 본토와 만주족의 발상지인 동북 지방을 둘러싼 형태로 이질적인 문화권으로 이루어진 동아시아의 지역 세계가 구성되어 있었는데, 동남쪽에는 유교-농업 문화권의 조선, 류쿠(琉球),

베트남의 조공국朝貢國이 펼쳐지고, 서북쪽에는 이들 여러 나라에 비하여 청나라의 직접적인 지배를 받는 몽골, 동투르키스탄, 티베트의 비非유교－유목 문화권이 존재했다. 유교 문화를 공유하는 조공국들과 청의 관계는 중화 세계의 황제와 각 나라 국왕의 도식을 통해 그 질서가 나타나고, 티베트 불교 문화권인 몽골과 티베트에 대해 청나라 황제는 문수보살의 화신으로 군림했다. 특히 티베트와 청 황제의 관계는 불교 교단과 시주 관계에 비견되었으며, 몽골과의 관계는 몽골 왕공들과 칭기스 칸에서 유래하는 황제권을 계승한 만주 황제와의 주종 관계로 맺어져 있었다. 말하자면 청은 각 문화를 교묘하게 이용하여 지배의 정통성을 보증하는 허구를 만들어냈다.

청나라가 지배하던 시기 몽골 사회 구조의 기본 단위는 호쇼(旗)였다. 자삭(札薩克)이라 불리는 일종의 봉건 영주가 이를 지배했는데, 각 호쇼는 사실상 독립적인 소왕국이나 마찬가지였다. 호쇼 위에 촐간(盟)이 있고, 청 황제는 특정 '촐간'에 속한 자삭 가운데서 촐간의 선임자인 잔진(盟長)을 임명했다. 호쇼의 범위를 뛰어넘는 안건은 3년에 한 번씩 열리는 자삭들의 집회인 회맹會盟을 통해 처리되었다. 호쇼는 그 하부 단위인 솜(蘇木)으로 구성되고, 1개 솜은 대개 150호戶로 이루어졌다. 호쇼의 편성 과정을 보면, 내몽골의 경우 몽골족의 재통합을 우려하여 상당히 엄격하게 시행된 반면, 갈단의 침입을 계기로 청에 복속된 외몽골의 경우 처음에는 상당히 관대한 조치가 취해졌다. 그러나 시간이 지나면서 청나라는 호쇼의 경계, 즉 유목지의 범위를 설정하고 호쇼의 군인 수를 제한하는가 하면, 몽골 왕공들에 대한 인사권을 장악하여 자신의 권력을 확실하게 몽골 내부로 침투시켰다. 예로부터 유목민들은 유목지의 설정과 군단 편제를 통해 정치 권력을 행사하고, 사

청 지배 시기의 고문 현장
1910년에 촬영된 것으로 몽골 역사박물관에 소장되어 있다.

전생을 선발하는 데 사용된 금병

청조는 달라이 라마, 판첸 라마를 비롯한 고위 승려의 전생轉生을 결정하는 데도 감독권을 행사했다. 예를 들면 주장대신駐藏大臣은 건륭제가 하사한 금병金甁에 들어 있는 후보자의 이름 가운데서 제비뽑기를 하여 전생을 결정했다. 중국 정부는 1995년 제11대 판첸 라마를 선발할 때도 이 금병을 사용했다고 전해진다.

회 내부의 경쟁을 통해 세력 교체를 이루었다. 그러나 청나라는 몽골 사회를 개별 호쇼로 쪼개고 구성원들을 소속 호쇼에 고정시킴으로써 내부로부터 변혁이 일어날 가능성을 원천적으로 차단했다.

청조는 중앙의 이번원理藩院을 통해 몽골과 티베트 등 변방 지역 업무를 처리했지만, 외몽골 요충지에는 정변좌부장군定邊左副將軍(울리아수타이), 참찬대신參贊大臣(호브드), 판사대신辦事大臣(후레)을 비롯하여 중앙에서 파견한 만주인 또는 몽골 팔기 출신의 관료가 주재하여 몽골 각 호쇼를 감독하게 했다. 법제 방면을 보면 원래 중앙유라시아 유목 사회에는 고유의 법 체계가 존재했는데, 청나라는 내몽골을 병합하고 얼마 지나지 않은 1643년에 몽골 관습법에 기초하여 『몽고율서蒙古律書』를 편찬하고, 이어 중국 본토를 대상으로 『대청율례大淸律例』를 제정했으며, 몽골을 대상으로 한 특별법을 정리하여 『몽고율례蒙古律例』를 편찬했다.

한편 외몽골에서도 관습법을 법제화하여 『할하 지룸』이라는 법전을 편찬했는데, 곧이어 1816년에는 『이번원칙례理藩院則例』를 반포하여 선행 법령을 흡수하는 한편, 청의 주도 아래 몽골 고유법을 제도화했다. 앞서 언급했듯이 몽골 왕공들과 청 황제는 주종 관계로 맺어져 있었다. 이들 가운데 유력 왕공들은 청 종실宗室 출신 여자를 아내로 맞이했다. 또 몽골 왕공들은 정기적으로 베이징을 방문(年班制度)했는데, 그들은 이러한 경로를 통해 베이징의 궁정 문화와 정보를 흡수했다.

티베트에 대한 청나라의 지배가 확립되는 것은 18세기 중엽이다. 청나라는 그때까지 티베트 정국에 개입하고 있던 준가르와 칭하이의 몽골 세력(호쇼트부)을 완전히 제압하고, 제7대 달라이 라마를 정점으로 하는 티베트 현지 정권을 재건했다. 그 정권은 세 명의 속인과 한 명의 승려(三俗一僧)으로 이루어진 4명

의 티베트인 대신大臣(카론)으로 구성되었는데, 청 조정에서 파견한 주장대신駐藏大臣이 이들을 감독했다. 이런 견지에서 보면 달라이 라마 정권은 청나라에 의해 만들어진 정권이라 할 수 있다. 그러나 몽골과 비교하면 티베트에 대한 지배와 감독권 행사는 훨씬 느슨했다. 이른바 달라이 라마 정권에 의한 고도의 자치가 이루어졌던 것이다. 이렇게 하여 청나라는 그때까지 티베트의 정치를 혼란에 빠뜨린 준가르를 위시한 몽골 세력을 배제하고, 티베트와 몽골의 정치적 연대를 완전히 차단하는 데 성공했다. 따라서 청조 입장에서 보면 티베트 자체의 존립은 이미 정치적으로나 군사적으로 아무런 위협이 될 수 없었다. 청나라는 오히려 최고의 시주로서 티베트 불교를 보호하는 것이 가장 효과적인 지배 방법이라 판단했다.

청나라의 몽골 지배와 몽골 사회의 변화

청조는 원래 몽골 고유의 유목 사회와 한인漢人 사회의 접촉을 차단시켜 몽골인들을 유사시에 만주 황제의 동맹 세력으로 활용하려고 했다. 그러나 몽골 유목 사회와 한인 농경 사회가 모두 청나라 통치 아래 들어감에 따라 두 사회는 과거의 대립과 긴장 관계를 벗어나 통합으로 나아가고, 결국 청조의 의도와 달리 한인들이 몽골 고원으로 진출하는 상황이 전개되었다. 몽골 유목 사회는 한인 농경 사회에 비하여 부富의 축적, 즉 재생산을 위한 잉여물의 축적이라는 점에서 결정적으로 결함이 있었다. 더구나 몽골 사회 내부에는 '상업'이라는 업종 자체가 거의 존재하지 않았다. 청조 정부는 초기에 한인 상인들의 몽골 고원 진출을 여러 가지 규정을 만들어 엄격히 규제하려 했지만, 시간이 가면서 한인 상인들은 점점 몽골 사회 내부로 세력을 침투시켰다. 한인 상인이라는 외부 세력에 의해 처음으로 몽골 사회에 상업망이 형성되었는데, 몽골의 생산품은 이들의 상업망을 통해 상품이 되어 외부 세계로 수출되고, 또 많은 소비재가 이들의 손을 거쳐 몽골로 유입되었다. 이러한 과정 속에서 한

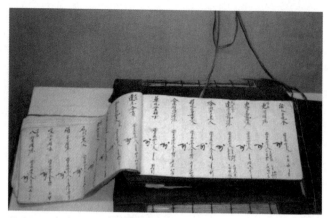
청 지배 시기 상인들이 회계 장부, 몽골 역사박물관

인 상인은 몽골 경제를 장악하게 되고, 그 결과 왕공에서 일반 유목민에 이르기까지 모든 몽골인이 그들의 수탈에 허덕이는 상황이 전개되었다.

몽골에서 활동한 한인 상인은 베이징에 본거지를 둔 경방京幇과 산시(山西) 상인을 중심으로 하는 서방西幇으로 대별되었다. 그들은 몽골 초원에 고정 가옥을 짓기도 하고 행상行商으로 초원을 돌아다니면서 상행위(旅蒙商)를 했다. 조금 전 언급했듯이 청나라는 몽골의 요충에 관료와 군대를 주둔시켰는데, 그러한 지점은 필연적으로 물자의 집산지로 발전하여 시장과 부락이 형성되었다. 나아가 불교 교단은 청 조정의 보호 아래에서 세력을 확대하고, 다른 한편으로 승려의 증가는 생산에 종사하는 인구를 저하시켰다. 또 거대한 불교 사원은 그 자체가 커다란 소비지였다. 즉 사원은 참배자들이 모여들어 시장이 형성됨에 따라 교역과 인적 교류의 장이 되었다. 이와 같이 하여 몽골 고원에 관청이나 사원을 중심으로 한 도시가 출현했는데, 이들은 모두 교통의 요충지에 위치하여 사람과 정보와 물자 이동의 중심지로 발전했다.

그 가운데서도 고비 사막 남쪽, 즉 내몽골 만리장성 부근의 한인 농경 지대와 인접한 지역에서는 더욱 심각한 사태가 진행되었다. 본래부터 내몽골 일부 지역에서는 농경이 행해졌는데, 청나라 지배 체제가 안정되면서 중국 본토의 인구가 급속하게 증가하자 잉여 인구가 만리장성을 넘어 내몽골로 들어가 몽골 땅에 정착했다. 처음에는 몽골 왕공들이 한인 농민을 초청하는 형태로 이른바 '몽지 개방蒙地開放'이 시작되었는데, 토양이 척박한 몽골의 목초지 개간은 곧바로 토지의 황폐화로 이어졌다. 그럼에도 한인의 이주는 끊이질 않고, 토지는 점점 황폐화되어 목초지가 줄어드는 사태가 발생했다. 더구나 중국 본토에서 가까운 내몽골 일부 지역에서는 호쇼 인구의 다수가 한인으로 채워지

면서, 그들을 지배하기 위하여 주州·부府·현縣의 중국식
행정 기구가 설치되고, 급기야 이들 행정 기구들이 주동
이 되어 한인 농민을 불러들였다.

이러한 지역의 몽골 왕공들은 이미 봉건 지주로 변하
고, 유목민들은 한인 농민에게 포위되어 좋든 싫든 익숙
하지 않은 농업 노동에 종사하면서 한인 상인들의 무거운
부채에 시달렸다. 이러한 상황에서 몽골인과 한인 사이에
민족 대립 감정이 생겨났다. 특히 청조 말기 내몽골 각지
에서 발생한 몽골인들의 반한 봉기反漢蜂起는 한인 농민을
불러들인 몽골 왕공에 대한 저항과 함께 한인 농민과 상
인에 대한 습격이 동반되었다. 이렇게 하여 과거 기마 유
목민의 활동 무대였던 몽골 고원은 청조 지배가 지속되면
서 제도적으로 내부적 변화의 가능성이 억제되고, 한인

청 지배기 몽골 왕공
준가르 초로스부의 다와치 친왕親王의 초상. 그는 청군의 포로
가 되어 베이징으로 연행되었다. 슈투트가르트 린덴박물관 소
장.

세력의 진출로 인하여 사회 상황이 변화하고 점점 퇴보의 길로 나갔다.

러청 관계와 몽골

청 제국 서북부에 자리한 몽골의 지리적 위치는 러청 관계의 새로운 변수로
등장하여 몽골족의 운명에 적지 않은 영향을 미쳤다. 즉 러시아가 본격적으로
시베리아 개발을 추진하고 동아시아 진출을 모색하면서 두 제국 사이의 세력
관계의 추이는 몽골족의 운명에 지대한 영향을 미쳤다. 러시아는 주로 시베리
아 하천로河川路를 따라 동방으로 진출했는데, 17세기 중엽에 이미 헤이룽 강
유역에 이르렀다. 이 과정에서 청조와 국경 분쟁이 발생하고, 결국 1689년에
두 나라 사이에 네르친스크 조약이 체결되었다. 이 조약으로 헤이룽 강 유역
을 둘러싼 국경이 확정되고 베이징에서 양국간 무역이 개시되었다. 이어 1728
년에 비준된 캬흐타 조약으로 외몽골과 시베리아 지역의 국경이 결정되었는

데, 이들 두 조약 체결 후 러청 관계가 안정되었다. 당시 청조의 국력은 절정에 달해 있었고, 그런 이유로 사실상 청나라 주도 아래 두 나라 사이의 관계가 결정되었다고 할 수 있다. 이와 함께 러청간 국경 무역도 몽러 국경 도시 캬흐타에서 행해져, 18세기 말기부터 19세기 전기까지 순조롭게 진행되었다.

이와 대조적으로 이 무렵 국제 정세는 확실하게 변화하고 있었다. 세계 제국으로 발전하고 있던 영국은 인도를 거점으로 동아시아 쪽으로 세력 확대를 기도했는데, 영국의 이러한 야망은 필연적으로 청조가 내세우는 '조공 체제'에 대한 도전으로 나타났다. 아편 전쟁鴉片戰爭(제1차 중영 전쟁)을 승리로 이끈 영국은 1842년 청나라와 난징(南京) 조약을 체결했다. 그 결과 청나라의 대외 정책은 '조공 체제'와 '조약 체제'가 병존하게 되었지만, 러시아는 적어도 그때까지는 네르친스크 조약과 캬흐타 조약에서 확인된 러청 관계의 원칙을 개정할 뜻을 갖고 있지 않았다. 그러나 러시아는 곧이어 1851년의 일리(伊犁) 통상 조약에 의거하여 일리와 타르바가타이(塔城)를 개방시키는 등 동투르키스탄과 몽골 지역으로 세력을 확대하기 시작했다.

이어서 크림 전쟁이 발발하면서 러영간 대립이 동아시아로 파급되고, 중국 본토에서는 애로우 호 사건(1856년)이 일어나 영국과 청조 사이에 또다시 전쟁이 발발했다(제2차 중영 전쟁). 그 와중에서 러시아는 1858년에 아이훈(愛琿) 조약과 톈진(天津) 조약, 1860년에 베이징 조약을 차례로 체결하여 청으로부터 동북 변경의 광대한 영토를 할양받았다. 이제 러시아와 청의 관계는 완전히 러시아 측의 우위로 바뀌고, 양국 사이에는 원칙적으로 평등한 주권 국가 관계에 기초한 근대적 외교 관계가 시작되었다. 이 시기 영국과 프랑스를 비롯한 서유럽 열강은 해상을 통해 청조에 공세를 가한 반면, 러시아는 육상, 즉 동투르키스탄과 몽골을 무대로 하여 적극적으로 제국주의 침략을 개시했다. 이렇게 하여 중앙유라시아 주민은 이미 자신의 의지와 관계없이 국제 관계의 거대한 소용돌이에 휘말렸다.

세계적인 규모로 전개된 영국과 러시아 두 제국의 패권 전쟁과 이미 약체화한 청 제국, 이러한 구도 속에서 야쿱 벡의 반란과 러시아군의 일리 점령, 그리고 청의 반격과 1884년 신장 성(新疆省) 성립을 위시한 일련의 역사적 사건이 일어났다. 이미 동치 중흥同治中興과 양무 운동洋務運動을 거치면서 청 조정 내부에서는 한인 관료가 두각을 나타내고, 그들이 정치의 주도권을 장악하기에 이르렀다. 한인 관료들은 모든 문제를 중화 제국 청조의 '변강 방위邊疆防衛'라는 관점에서 바라보았다. 예컨대 일리 사건 같은 경우도 청 조정이 만약 타협적인 태도를 취한다면, 러시아의 다음 목표는 몽골이 될 것이라고 우려했다. 실제로 19세기 후반부터 몽골 내 러시아인의 경제 활동은 날이 갈수록 증대되었고, 한인 상인과 러시아 회사 사이의 경쟁도 격화되었다.

그러나 청 관리들의 걱정과 달리 러시아와 청조 사이의 분쟁은 몽골이 아니라 청의 발상지인 오늘날 중국 동북 지방(만주)에서 일어났다. 여기에는 근대의 상징물인 철도 부설 문제가 관련되어 있었다. 러시아는 1891년에 시베리아 횡단 철도를 부설하기 시작했는데, 시베리아 철도 본선本線에서 블라디보스토크까지 신속하게 이동하기 위하여 중국 동북 지방을 횡단하는 철도(中東鐵道)를 부설하기로 하고 청조로부터 중동 철도 부설권을 얻어냈다. 이러한 러시아의 공세는 메이지 유신(明治維新)을 거쳐 근대 국가 건설에 매진하는 한편, 한반도에 대한 세력 확대를 꾀하고 있던 일본을 자극하여 두 나라 사이의 긴장을 고조시켰다. 결과적으로 러시아의 극동 시베리아와 일본을 양극으로 하고, 그 사이에 낀 중국 동북 지방과 한반도를 완충 지대로 하는 동북아시아 국제 관계의 추이가 새로운 분쟁을 야기하는 상황이 전개되었다.

한편 일본은 1894~1895년 청일 전쟁에서 승리하고 조선과 청의 종속 관계를 해소시키는 데 성공했지만, 이번에는 청조를 대신하여 러시아가 한반도로 세력을 확대하려 했다. 청일 전쟁에서 패배한 후 청 정부는 1901년에 동삼성東三省 제도5)를 시행하고 통치 강화책을 적극적으로 추진했는데, 이때부터 '동

---

5) 만주인들이 산하이관(山海關)을 넘어 베이징에 도읍을 정하고 중국 지배에 힘쓰게 되면서, 조상의 땅인 만주(동북 지방)에는 군정을 실시하고 펑톈(奉天)·지린(吉林)·헤이룽 강(黑龍江)에 각각 장군將軍을 두어 통할하도록 했다. 이를 일반적으로 '동삼성'이라 부르지만, 처음에는 중국 본토의 성에서 볼 수 있는 총독總督이나 순무巡撫는 두지 않았다. 그러나 청나라 말기 열강의 진출에 대응하여 만주의 주권을 보호하기 위하여 행정 조직을 개정하여 군정을 폐하고, 동삼성의 총독 아래 펑톈·지린·헤이룽장의 3순무를 두기로 하고, 1907년에 초대 총독으로 쉬스창(徐世昌)을 임명했다.

북'이라는 행정 구역이 공식화되었다. 이 행정 구역 내에는 몽골인들의 생활 공간도 상당히 포함되어 있었다. 또 동삼성의 철도망이 정비됨에 따라 중국 내지에서 더 많은 이주자가 동북 지방으로 유입되었다. 러시아의 강력한 세력 확대, 특히 의화단義和團 사건에 즈음하여 보여준 러시아의 만주 점령은 일본의 위기감을 불러일으켜, 결국 1904년 러일 전쟁으로 비화되었다. 전쟁 자체는 일본의 제한적인 승리로 끝났지만, 그 후 러시아와 일본은 대결에서 화해, 즉 동북아 지역에서 서로 제국주의적 이익을 인정하고 세력 범위를 설정하는 방향으로 나아갔다. 그 첫 걸음이 1907년 성립된 제1차 러일 협정[6]인데, 이 협정에 의해 외몽골이 러시아의 세력 범위라는 점을 일본, 그리고 이어서 다른 열강들이 차례로 승인했다.

영국과 티베트

청조는 18세기 중기까지 중앙유라시아 세계에서 가장 큰 세력의 하나로 군림했다. 그들은 몽골계의 준가르를 멸망시키고 티베트를 자신의 영역으로 편입시키는 데 성공했다. 티베트와 청의 관계는 조공국인 조선이나 베트남 경우와는 전혀 다르고, 또 몽골이나 동투르키스탄과도 분명히 차이가 있었다. 티베트 사회 내부에서는 달라이 라마를 정점으로 하는 고유의 종교적 지배 체제가 유지되고, 비록 라사에 주재하는 청나라 관리의 감독을 받았지만 그들은 고도의 자치를 향유하고 있었다. 그러나 19세기에 등극했던 네 명의 달라이 라마(제9대에서 제12대 달라이 라마)가 모두 성년에 이르기 전에 세상을 떠났다는 사실을 통해 알 수 있듯이 중세적 궁정 정치의 암흑이 달라이 라마 정권을 뒤덮고 있었다. 티베트 입장에서 보면 북쪽의 위협은 청조의 보호 아래에서 안정되었지만, 그 대신 히말라야 건너편에 위치하는 네팔, 그리고 인도의 동향

---

6) 이 조약으로 러시아와 일본 두 나라는 동북아 지역에서 열강의 새로운 세력 관계를 반영하여 만주, 몽골, 조선에서 두 나라의 세력 범위를 어떻게 설정할 것인지 확정했다. 이 조약 내용은 그 후에도 두 차례(1910, 1912년)에 걸쳐 보완되고 개정되었다.

이 커다란 불안 요인으로 떠올랐다.

한편 1768년에는 네팔에 구르카 왕조가 성립되어 인근 지역에 대해 팽창 정책을 추진했다. 그들은 티베트와 인도 사이의 무역을 네팔을 경유하도록 하고, 네팔에 유리한 조건으로 네팔 화폐를 티베트가 떠맡도록 하는 등 무리한 요구를 했다. 이것이 발단이 되어 구르카군이 두 차례나 티베트를 침공했다. 그러나 1791년에서 1792년에 걸쳐 청군이 개입하여 구르카군을 격퇴시키고 네팔을 조공국으로 만들었다. 이러한 상황에서 1814년 영국과 네팔 사이에 국경 분쟁으로 인한 이른바 구르카 전쟁이 일어나 네팔이 패배하여 네팔에 영국의 주재관이 상주하게 되고, 이어 1817년에는 티베트 불교권에 속하는 시킴(인도 동부의 주州로 주도는 강토크이다)이 영국의 보호령이 되었다. 이처럼 영국의 영향력이 점점 히말라야 주변으로 침투했다. 구르카 왕조 자체도 복잡한 내부 사정을 안고 있었다. 그들은 청조와 제휴 또는 청조를 이용하여 영국의 인도 정청政廳에 대항하려는 움직임까지 보였다. 게다가 라다크(인도 카슈미르 동부 지방)를 둘러싼 분쟁까지 발생했는데, 청나라는 어느 경우에도 현상을 제대로 인식하지 못하고 어떤 조치도 취하지 못했다. 그 후 1857년 인도에서 대반란이 발생하자 구르카 왕조는 영국에 협조하여 자신의 독립을 지키려 했다.

한편 영국은 시킴에서 발생한 영국인 체포 사건을 구실로 군사 작전을 감행하여 1861년에 이른바 시킴 조약을 체결했다. 그 결과 시킴은 영국의 지배를 받게 되고, 영국은 티베트 진출을 위한 교두보를 마련했다. 이와 같이 청조는 19세기 중반경까지 히말라야 주변 지역에 대한 영향력을 모두 상실했다. 반면에 영국은 청 제국에 대해서도 매우 적극적인 공세를 취했는데, 그들이 진출한 거점은 주로 광둥(廣東), 홍콩, 상하이(上海)를 비롯한 연해 도시에 집중되었다. 사실 이 무렵 티베트는 경제적 측면에서 시장으로서 가치는 물론, 전략적으로도 거의 무시되었다. 그런데 19세기 말이 가까워지면서 유라시아 대륙 전체를 무대로 대영 제국과 러시아간에 세력 확대를 둘러싸고 긴장이 고조되었다. 티베트는 그때까지만 해도 두 제국의 영향력이 미치지 않는 이른바 변경의 공백 지대로 남아 있었다. 그러나 영국 입장에서 보면 인도와 히말라야 주

아그반 도르지예프
부랴트 출신 몽골족으로 19세기 말기부터 러시아와 티베트 사이에서 가교 역할을 했다. 그는 청조가 무너진 후 독립을 선언한 몽골과 티베트 사이에서 상호 승인 조약을 체결하는 데 진력하고, 러시아 혁명 후 내전기에는 부랴트에서 활동한 특이한 인물이다.

변 지역의 안보라는 관점에서 이곳에 러시아의 영향력이 미치는 것을 결코 간과할 수 없었다. 바로 이 즈음 러시아 신민臣民이자 부랴트 몽골족 출신인 아그반 도르지예프라는 승려가 등장한다.

도르지예프는 1885년경부터 티베트에서 활동했다고 알려지고 있다. 그는 1895년에 실권을 장악한 제13대 달라이 라마의 신임을 받아 러시아와 티베트 사이에서 가교 역할을 하게 된다. 인도의 영국 정청은 이러한 도르지예프와 그의 배후로 지목한 러시아의 행동에 대해 경계를 늦추지 않았다. 도르지예프 자신은 티베트 불교를 기반으로 하는 일종의 범汎불교주의를 구상하고, 그 운동을 펼치기 위하여 러시아에서 지원을 받으려 했다. 반면에 러시아 측은 티베트에서 영향력을 확대하기 위하여 도르지예프를 이용하려 했던 것으로 보인다. 도르지예프라는 특이한 인물은 상트 페테르부르크에 불교 사원을 건립하고, 러시아 제실帝室에서도 일정한 영향력을 갖고 있었으며, 1917년 러시아 혁명에 이은 내전기에는 부랴트에서 활동한 특이한 인물이다.

그 당시 인도 총독이었던 커즌(G. N. Carzon)은 러시아의 행동을 저지하기 위하여 영허즈번드(F. E. Younghusband)가 지휘하는 대표단을 티베트에 파견했다. 그들은 1904년에 라사에 도착했는데, 이때 제13대 달라이 라마는 도르지예프와 함께 외몽골로 피신했다. 이에 영허즈번드는 정부 수반인 달라이 라마가 없는 사이에 티베트 정권과 이른바 라사 조약을 체결하고 티베트에서 영국의 우월적 지위를 승인받았다.

같은 해 동북아시아에서는 러시아와 일본의 이해가 상충되어 동삼성을 전쟁터로 한 러일 전쟁이 발발했다. 이때 영국은 일본과 동맹을 체결하고 일본을 지원했다. 이러한 영국의 행동은 대항 세력인 제정 러시아의 팽창을 저지하려는 일관된 외교 정책에 기초하고 있었고, 결코 청 제국을 붕괴시키려는 의도는 갖고 있지 않았다. 영국 또한 티베트를 자국의 보호국이나 식민지로 만들 생각은 없었다. 그들은 티베트의 현실적인 가치를 거의 인정하지 않고, 단지 식민지 인도 경영을 위한 안보적 차원에서 접근했다. 영국은 이러한 입장에서 1906년 티베트 정권과 체결한 조약의 주지主旨를 확인하고 보완하기 위하여 청 정부와 협정을 체결했다. 이 협정으로 영국은 티베트에 대한 청의 '종주권(suzerainty)'을 확인하게 되는데, 이는 티베트의 장래와 관련하여 매우 중대한 의미를 갖는다. 원래 청과 티베트 관계는 국제법에서 말하는 종주권이라는 매우 특이한 원리에 의해 지탱되고 있었다. 그러나 유럽 열강의 침략으로 청조의 국제 관계는 좋든 싫든 조약 체제로 이행하지 않을 수 없었고, 이 과정에서 티베트에 대한 청 제국의 법적 권리가 종주권이라는 점이 오히려 명확하게 되었다.

청나라 말기의 몽골과 티베트 정세

20세기에 들어와 청조는 밖으로 열강의 침략과 안으로 한인 세력의 대두로 인하여 쇠퇴의 추세가 더욱 분명하게 드러났다. 다만 열강과 정권 내부에서 실권을 장악한 한인 관료는 청이라는 체제를 붕괴시키지 않은 채 각각 자기의 이익을 지키려 했다는 점에서 의견이 일치했다. 당시 몽골 상황은 청나라가 초기에 내세운 지배 이념에서 상당히 일탈해 있었다. 1906년부터 시작된 청나라 정부의 관제 개혁(新政)은 청나라의 생존을 건 커다란 정치 · 행정 개혁이었는데, 그 일환으로 지금까지의 몽골 정책도 근본적인 변화를 시도했다. 그 과정에서 행정 기구와 제도 개혁, 신제도 도입, 특히 신식 군대의 양성, 학교와 보건 위생 시설 설치를 비롯한 다방면에 걸친 정책이 계획되었다. 여기서 주목해야 할 것은 이러한 신정책을 검토하는 과정에서 청조 측의 책임자였던 숙친왕肅親王 산치(善耆)가 내몽골 유력 왕공들을 직접 만나 그들의 의견을 청취했는데, 그때 대다수 왕공들이 청 조정의 계획에 지지를 표명했다고 하는 점이

체렌치메드
젭춘담바 쿠툭투 측근의 고위 승려로 세속주의적 경향을 갖고 몽골 독립에 온 힘을 바쳤다. 복드 칸 정부에서 내무 장관을 지냈지만, 몽골의 진로를 놓고 세속 관료, 제정 러시아와 충돌하여 권좌에서 밀려나 의문의 죽음을 당했다.

다. 이는 한인의 식민植民이 진행된 내몽골 지역에서는, 몽골 왕공들이 이미 봉건 영주로 바뀌어 그들의 존재도 청조의 운명과 일체화되어 있었음을 보여주고 있다.

반면에 외몽골 상황은 내몽골과 전혀 다르게 나타났다. 외몽골 할하 지역에서는 지도층인 왕공과 불교계를 중심으로 하여 청나라의 신정책에 대해 강하게 반발하는 운동이 일어났다. 그들은 신정책이 시행되면 몽골이 결국 중국 본토의 성으로 전락하여 그 존재 자체가 없어지게 될 것이며, 내몽골 일부에서 이미 이러한 위험 징후가 나타나고 있는 것으로 파악했다. 그리고 이러한 정책이 추진된 것은 기본적으로 청 정권이 한인 관료들에 의해 장악된 결과로 파악하고, 따라서 이들 한인 관료들이 추진하고 있는 신정책에 대해 불안해하고 있었다. 그들은 몽골의 전통적 사회 구조와 생활 환경을 보호하기 위해 힘을 모으려 하고, 청조 자체에 대한 불신도 점점 증가하고 있었다. 이럴 즈음 청조에 신설된 자정원資政院(의회) 의원으로 선출된 할하 왕공들이 청 정부로 하여금 신정책을 취소시키기 위한 교섭을 시도했지만, 청은 신정책 실시 방침을 철회하지 않았다. 그리하여 새로이 후레의 판사대신辦事大臣에 임명된 산도(三多)는 몽골 측의 반발을 억누르고 신정책 추진을 강행했다.

산도는 부임 이후 잇달아 신정책 프로그램에 따라 각종 시책을 추진했는데, 그럴수록 그를 정점으로 한 베이징에서 파견된 청 관리들과 할하 현지 왕공 및 불교계와의 대립이 증폭되었다. 몽골 측은 사태를 타개하기 위한 어떠한 방안도 찾지 못하고 있다가, 결국 1911년 여름 후레에서 열린 법회法會를 이용하여 승려와 왕공들이 회합을 갖고 러시아에 밀사를 파견하여 원조를 구하기로 결정했다. 한드도르지, 체렌치메드, 하이산이 러시아 밀사로 선발되었다. 한드도르지는 당시 몽골의 가장 유력한 왕공의 한 사람이었고, 체렌치메드는 후레의 활불活佛로 할하뿐 아니라 널리 몽골 전역에서 존경을 받았던 제8대 젭춘담바 쿠툭투 측근의 고위 승려였으며, 하이산은 내몽골 출신의 민족주의 운동가였다. 이들은 모두 투철한 반청反淸주의자이자 몽골 독립을 갈망하는 인물이었다. 대표단은 젭춘담바 쿠툭투와 할하 4부部의 칸들이 연명하여 러시아 황제에게 보낸 밀서를 휴대했다.[7] 중요한 것은 그때 몽골 측이 러시아에 무엇을 요구했는가 하는 점이다.

근년에 대대적으로 공개된 제정 러시아 외무부 문서에 의하면, 당시의 상황을 대략 다음과 같이 정리할 수 있다. 사실 러시아 황제에게 보낸 밀서의 내용은 신정책에 의해 야기된 문제점을 열거하고 러시아의 개입을 추상적으로 요구하는 정도였다. 이는 대표단을 파견한 몽골 측 내부에서 러시아를 개입시켜 어떻게든 신정책을 중지시키려 했다는 점에서는 의견

제8대 젭춘담바 쿠툭투
제7대 젭춘담바 쿠툭투의 전생으로 뽑혀 어려서 몽골로 이주한 티베트인이지만, 청나라 지배 아래서 분열되어 있던 몽골 왕공들을 결집시켜 1911년 몽골 독립을 이룩한 몽골 현대사에서 가장 중요한 인물의 한 사람이다.

이 일치했지만, 그것을 넘어 몽골의 미래에 대해서는 아직 합의가 이루어지지 않았음을 의미한다. 그러나 이 밀서를 휴대하고 러시아로 간 대표단은 모두 몽골의 독립을 간절히 염원했고, 국금國禁을 어김은 물론 목숨을 걸고 출국했으며, 상트 페테르부르크에서는 몽골 독립에 대한 러시아의 원조를 요청했다. 반면에 후레 주재 러시아 영사는 대표단 파견의 의도를 정확하게 이해하지 못

7) 이에 관한 자세한 사항은 이평래, 「20세기 초기 Ar(북)몽골 왕공들의 정국인식과 독립구상」, 『한국민족학연구』 3(단국대학교 한국민족학연구소, 1995); 「20세기 초기 아르 몽골 왕공들의 신정에 대한 인식」, 『김문경 교수 정년 퇴임기념 동아시아사 연구논총』(혜안, 1996)을 참고.

했고, 그가 본국 외무부에 타전打電한 사항도 앞뒤가 맞지 않은 측면이 많다. 이러한 사실들은 최근 공개된 러시아 외무부 문서를 통해 분명하게 확인할 수 있다.

이와 관련하여 한 가지 흥미로운 것은 오랫동안 청나라의 지배를 받은 몽골 사회는 분명히 변하고 있었지만, 외몽골 할하 지역에서는 어느 정도 지역적 통합 내지는 유대가 존재하고 있었고, 민족적 위기에 대한 통일적인 의식이 러시아에 밀사를 파견하게 만들었다는 점이다. 대표단에 내몽골인이 참가한 것은 내몽골에도 자기들의 뜻에 공감한 사람들이 있다는 것을 보여주기 위한 것이었다. 몽골 대표단은 러시아 정부를 곤혹스럽게 만들었음이 분명하다. 그러나 러시아는 오히려 청조가 몽골에서 진행하고 있는 신정책에 의해 러청 국경에서 힘의 균형이 깨지는 것을 경계하고 있었다. 그래서 결국 러시아는 몽골 대표단에게는 독립이 불가능하다는 것을 설득하고, 청 정부에 대해서는 베이징 주재 러시아 공사를 통해 몽골에서 신정책 실시를 중지할 것을 요구하기로 결정했다. 그 결과 청나라는 1911년 9월 러시아의 외교적 압력으로 신정책 추진을 중단한다고 발표했다. 그러나 곧이어 10월 10일에 이른바 우창(武昌) 봉기가 발발하여 청 제국이 무너지고, 몽골은 러시아에서 귀국한 대표단들을 중심으로 독립의 길로 나아갔다.

한편 청조 말기 티베트 쪽으로 눈을 돌리면, 러시아는 1904년 영국군의 침공을 피하여 외몽골로 피신한 달라이 라마를 도와주지 않았다. 그래서 그는 1908년에 결국 베이징으로 돌아갔다. 그 무렵 러일 전쟁이 끝난 후 동아시아를 둘러싼 국제 관계도 급격하게 변화하고 있었다. 즉 러일 협상과 러영 협상이 잇달아 체결되어 주요 열강들 사이에 타협이 이루어지고, 그들은 서로간에 세력 범위를 유지하고 협력할 것을 확인했다. 따라서 이전에 영국이 걱정했듯이 티베트를 둘러싼 영국과 러시아의 대립과 같은 상황은 말 그대로 가상이었다. 이런 와중에서 영국에 의해 티베트에 대한 종주권을 확인받은 청 정부는 역으로 티베트에 대해서는 공세적으로 나갔다. 이때 청의 중심 인물은 자오얼펑(趙爾豊)이라는 사람이었다. 그는 먼저 티베트 동부의 쓰촨 성과 인접한 캄 지방을 공략하여 거점을 구축하고, 이어 1910년에 쓰촨 군대를 라사로 진격시켰다. 앞서 구르카군의 티베트 침공 때에도 쓰촨은 청나라 군대의 출격 기지 역할을 했다. 그러나 과거의 청군은 팔기군을 주체로 했지만, 이번에 동원된 군대는 청나라 말기에 조직된 신식 군대가 그 일을 수행했다. 그런 의미에서 쓰촨 군대의 진주進駐를 목격한 티베트인들은 이를 청군이 아닌 중국군의 침공으로 이해했음이 틀림없다. 그리하여 지난 연말 라사로 돌아온 달라이 라마는 이번에는 인도로 피신하고, 얼마 지나지 않아 피난지에서 청조의 붕괴 소식을 들었다.

청 말기에 청조 통치하의 외몽골, 그리고 영국까지 청 제국의 종주권을 인정한 티베트는 느슨한 형태로나마 각각 러시아와 영국의 세력권에 있다는 것이 강대국 사이에서 인식되기에 이르렀다. 그러나 청 정부는 변경의 재편 또는 지배의 재구축이라는 목적에서 두 지역에 대해 강경한 정책을 추진했다. 이를 추진한 청 정부는 이미 한인 관리의 대두에 의해 변질되어 결코 예전의 모습은 아니었다. 이러한 청 정부의 행동은 이후 큰 파란을 몰고 오지만, 바로 그때 청 제국 자체가 붕괴되었다.

2. 동투르키스탄

모굴리스탄 칸국

앞 장에서 언급한 것처럼 차가타이 울루스는 1340년대에 동과 서로 분열되었다. 이때 투글루크 티무르는 그 동부의 칸으로 즉위했다(1347~1348년). 투글루크 티무르에 의해 재건된 차가타이 울루스를 흔히 모굴 울루스 또는 모굴리스탄 칸국이라 부른다. 투글루크 티무르 칸의 개종(이슬람교)과 그 후 활동에 대해서는 이미 제4장에서 언급했다. 15세기 중엽 모굴리스탄 칸국의 영역은, 동서로 타슈켄트와 투르키스탄(야시)을 포함하는 시르다리아 강 우안右岸에서부터 페르가나를 지나 톈산 동부(복드 산) 북쪽 기슭의 바르쿨(巴里坤)에, 남북으로 이르티슈 강에서부터 호탄에 이르렀다고 전해지고, 그 중심지는 예로부터 유목민의 가장 중요한 근거지의 하나인 일리 강 계곡이었다.

그러나 15세기 후기에는 중앙유라시아에 새로운 유목 세력이 대두하면서 모굴리스탄은 점점 쇠퇴하기 시작했다. 즉 타슈켄트 방면은 킵차크 초원에서 남하한 우즈베크 집단의 지배 아래 들어가고, 우즈베크에서 이탈한 카자흐는 초원 지대를 따라 동쪽으로 이동하여 이르티슈 강에 이르렀으며, 모굴리스탄 칸국의 유력한 부족인 두글라트부의 일부가 카자흐에 합류했다. 이러한 상황 아래서 모굴리스탄 칸국은 톈산 남쪽의 오아시스 지대로 중심지를 옮겨 동방 진출을 꾀하는 한편, 이슬람교 쪽으로 더욱 기울어졌다.

투글루크 티무르 칸 시대에 투르판 분지에는 톈산위구르 왕국의 군주 칭호인 이디쿠트를 칭하고 칸의 권위에 복종하는 토착 지배자가 있었다. 이 인물이 1283년경 간쑤의 영창永昌으로 이주한 톈산위구르 왕국 본가와 어떠한 관계가 있는지는 분명하지 않다. 제3장에서 언급했듯이 1420년에는 이 지역에 불교 사원이 있었다. 그러나 그 후 술탄 아흐마드 칸(1485년경 즉위)과 그의 아들 만수르 칸(1502~1503년 즉위)이 투르판을 근거지로 하여 군림하면서, 이 지방은 완전히 이슬람화 되었다.

이 과정에서 중요한 역할을 한 사람이 '호
자 타즈 웃딘'이라는 인물이다. 그는 앞에서
언급한 투글루크 티무르 칸을 개종시킨 성자
아르샤드 웃딘의 자손인데, 어릴 때 마 와라
알 나흐르로 가서 낙슈반디 교단을 중흥시킨
호자 아흐라르로부터 가르침을 받고, 스승의
명을 받아 술탄 아흐마드 칸에게 파견된 후
50년 동안 그와 그의 아들 만수르 부자의 정
신적 지도자로 활동했다.

일리 강 북안 알말리크 고성故城 부근에 있는 투글루크 티무르 칸의 성묘

만수르 칸의 투르판 세력이 하미를 점령하고 명조가 내세운 하미 국왕을 납
치하는 사건이 발생하자, 하미의 불교도들은 1513년 명나라가 지배하는 숙주
肅州로 망명하여 그곳에 자리잡았다. 이들 불교도 부락은 적어도 1687년(강희
26년)까지는 존속했다. 이는 위구르어로 쓰인 『금강명경金剛明經』이 그 해 숙주
의 동관東關(성벽 동쪽에 증축된 부분)에 있는 사원에서 계속 필사되고 있었던 사실
에 의해 확인된다.

명조가 하미 왕의 송환을 요구하며 투르판과의 통공通貢을 금지하자 만수르
는 간쑤 지방으로 군사를 진격시켰다. 모굴리스탄 사료는 이 침략을 이교도인
'히타이'에 대한 이슬람의 지하드(성전)로 기록하고 있다. 히타이는 거란(키타이)
에서 유래하는 명칭으로 중국 본토와 그 주민을 가리키는 말이다. 1524년 만
수르 칸은 2만 군대를 이끌고 숙주를 포위했는데, 이 전투에서 고령인 호자 타
지 웃딘이 전사했다. 그러나 투르판 세력의 군사 공세는 계속되었고, 명조는
결국 1529년에 이르러 하미 왕가의 재건을 단념하고 만수르의 통공 요구를 받
아들였다. 명나라 입장에서 보면 통공은 오랑캐에게 베푸는 일종의 국은國恩에
지나지 않았다. 그러나 만수르 측에서 보면 이는 이른바 무력을 사용하지 않
은 가즈와(이교도에 대한 약탈을 목적으로 한 원정)이고, 상황에 따라서는 군사 행동,
즉 성전으로 전환될 수 있는 것이었다.

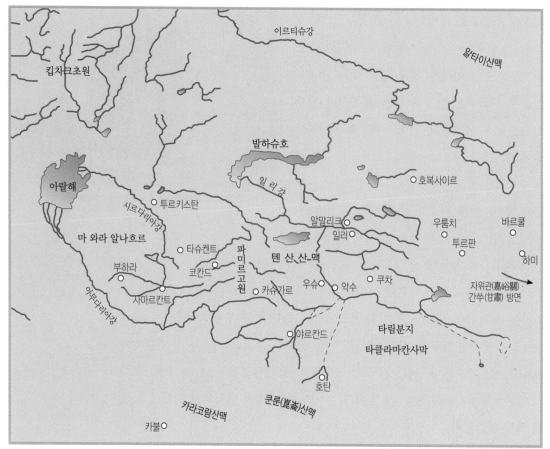

동서투르키스탄 지형도

만수르가 동쪽에서 명조에 대해 성전을 벌이고 있을 때, 그의 동생 술탄 사이드는 사촌동생이자 훗날 무갈 제국을 건설하는 바부르의 비호 아래 카불에서 3년을 보낸 뒤, 동투르키스탄으로 돌아와 그 서부를 지배하고 있던 두글라트 부족의 미르자 아바 바크르를 추방하고 1514년 칸에 즉위했다. 만수르와 사이드는 처음엔 서로의 권위를 인정하지 않고 싸웠지만, 곧이어 두 사람 사이에 화해가 이루어지고 동서에 칸이 병립했다. 사이드는 아들인 압둘 라시드 술탄(1537~1538년경 칸에 즉위)과 함께 초원 지대를 확보하려 했지만, 우즈베크와 카자흐의 공세에 직면하여 카슈가르와 야르칸드를 중심으로 하는 타림 분지 서부 오아시스 지대를 지배하는 데 만족해야 했다. 일부 학자들이 사이드와 그 자손의 왕조를 카슈가르 칸국 또는 야르칸드 칸국이라 부르는 것도 이 때문이다.

모굴리스탄 칸국은 본래 유목 국가였기 때문에 그 구성 요소인 유목 부족을 좌우익으로 조직하고 있었다. 이 체제는 적어도 16세기 말경까지 유지되었던 것으로 보이지만, 그 후로는 점점 애매해졌다. 그 이유는 두 가지로 설명할 수 있다. 먼저 술탄 칭호를 갖고 있는 칸 가문의 왕자들이 타림 분지 오아시스에 할거하여 통일적인 군사 행동을 할 수 없게 되고, 근본적으로 전사인 유목 모굴인들이 정주 생활을 하게 됨으로써 무력 장치인 부족 기능이 저하되었기 때문이다. 가축 떼, 특히 말 떼를 유지하는 것은 무력 집단으로서 유목 부족에게 불가결한 사항이지만, 율두스 계곡을 제외하면 타림 분지 주변에는 광대한 목초지가 없었다. 부족의 군사력 저하는 그들이 초원을 버리고 정주화한 필연적인 결과였다.

모굴리스탄 칸국은 군사력의 약체화를 보완하기 위하여 새로운 유목 집단을 칸국에 편입시켰다. 이미 사이드 칸 시대에 오이라트의 압력을 받고 알타이 방면에서 남하한 키르기스가 모굴 칸의 권위에 복속했다. 그 결과 압둘라 칸(1638~1639년 즉위) 시대에는 궁정과 지방 요직 대부분을 키르기스가 장악하는 사태가 발생했다. 그리고 17세기 중엽 무렵에는 '카라얀추크'라 불리는 오이라트 집단이 이른바 용병으로서 모굴리스탄 칸국에 복속했다는 사실이 사료에 기록되어 있다. 무력이 우세한 신흥 세력이 실권을 장악하는 것은 당연한 수순인데, 이렇게 하여 모굴족의 쇠퇴는 점점 가속화되었다.

수피즘의 영향

앞에서 언급한 바와 같이 술탄 아흐마드 칸과 만수르 칸 부자는 2대에 걸쳐 낙슈반디 교단의 호자 아흐라르가 파견한 호자 타지 웃딘을 스승으로 받들고 가르침을 받았다. 사이드 칸 치세 이후 수피들이 마 와라 알 나흐르에서 잇달아 동투르키스탄으로 와서 수행하고 교리를 전파했는데, 1524~1525년 카슈가르에 모습을 나타낸 시합 웃딘 마흐무드('마흐두미 누라'라는 별칭으로 알려져 있다)는 그 가운데서 가장 이른 시기의 사례이다. 그는 호자 아흐라르의 손자로 이전에 페르시아, 아나톨리아, 이집트 등지를 편력한 경험이 있는 사람이다. 사이드 칸은 그의 제자가 되어 '그의 발 밑에 머리를 대고 회개하고' 오랜 악습인 술을 끊었다고 전해진다. 그의 아들 압둘 라시드 칸은 '호자 무함마드 샤리프'라는 수피에게 귀의했는데, 칸은 군사를 일으킬 때 호자의 도움에 의지하고, 그를 통해 죽은 성자의 혼령에게 가호를 빌었다고 전해진다. 칸의 둘째 아들이자 아버지를 계승한 압둘 카림 칸(1559~1560년 즉위)과 그의 재상 또한 무함마드 샤리프의 후계자인 무함마드 왈리 수피의 제자가 되었다.

정확한 연대는 알 수 없지만, 압둘 카림 칸의 치세 때에 '호자 이스하크'라는 수피가 사마르칸트로부터 카슈가르로 갔다. 이 인물은 호자 아흐라르로부터 2대 후의 낙슈반디 교단 지도자이자 '마흐두미 아잠(위대한 스승)'이라는 칭호로 알려진 아흐마드 카사니의 아들이다. 그는 칸의 귀의를 받지 못하고 호탄, 악수, 쿠차에 체재하며 칸의 동생인 무함마드에게 도통道統을 전한 후, 사마르칸트로 돌아가 1599년에 사망했다. 그의 계통은 카슈가르 호자[8] 가문의 이스하키야(후대의 카라 타글리크, 즉 흑산당黑山黨)로 알려지고 있다.

1591년 압둘 카림 칸이 사망하고 동생 무함마드가 즉위했다. 그는 군주임과 동시에 수피이고 이스하크의 수제자이기도 했다. 이스하크의 아들 호자 무함마드 야흐야(별명 호자 샤디)는 카슈가르로 가서 칸을 통해서 아버지의 도통을 계승했다. 그는 무함마드 칸을 포함하여 일곱 칸의 지도자로서 칸 위 계승 문제에도 관여하다가 1645~1646년에 사망했다.

호자 야흐야의 사촌동생인 무함마드 유수프도 카슈가르로 갔지만, 야흐야와 반목하고 숙주, 시닝(西寧)의 살라르족[9] 거주지로 가서 포교를 했다. 그의 아들

---

8) '호자'는 이슬람 사회에서 신분을 나타내는 칭호의 하나이다. 원래는 사만조 시대의 관직명으로 귀족을 의미했지만, 현대 이란어에서는 신분이 높은 사람 또는 부유한 상인을 의미하고, 오스만에서는 단지 경칭으로 쓰이고, 중앙아시아에서는 특별한 신분 또는 단체 구성원의 호칭으로 사용되었다. 호자 칭호는 동투르키스탄까지 전파되었다. 즉 이슬람 신비주의 교단의 하나인 낙슈반디 교단에 속하는 '마흐두미 아잠'의 여러 자식들이, 17세기 초기 카슈가르에 세력을 굳히고 지방민과 차가타이 가문으로부터 존경과 신임을 얻어 종교 귀족으로서 성속聖俗 양면에서 커다란 영향력을 행사했는데, 이들이 이른바 카슈가르 호자 가문이다. 그 후 자손들은 이어 언급할 이스하키야(흑산당)와 아파키야(백산당) 두 파로 나뉘어 싸우게 된다.

은 '호자 아파크'로 알려진 '히다야트 알라'이다. 마흐두미 아잠의 이 계통의 자손은 아파키야 혹은 이샤니야, 또는 아크 타글리크(白山黨)라 불린다. 아파크 역시 '이스하키야'와의 항쟁에서 패배하고, 그들의 지지자였던 이스마일 칸에 의해 동투르키스탄에서 추방되어 1671~1672년 시닝으로 떠났다. 그곳에서 그는 포교에 성공하고 수많은 중국 무슬림 제자를 길러냈다. 문환門宦[10]이라 불리는 중국 서북부 신비주의 교단 가운데는 그의 도통을 계승한 경우도 있다.

아파크에 적대적인 이스하키야의 한 문헌에는 그가 카슈미르에서 티베트로 가서 달라이 라마의 친서를 받아 준가르의 갈단에게 원조를 요청했다는 기록이 있지만, 그 진위는 다른 사료에서 확인되지 않고 있다. 그 사실이야 어떻든 갈단은 1678년 하미와 투르판, 그리고 2년 후에는 카슈가르와 야르칸드를 점령하고 이스마일을 퇴위시켜 일리로 압송했으며, 대신 방계인 압둘 라시드를 허수아비 칸으로 세웠다. 그는 곧 일리로 연행되었으나 1696년 갈단이 강희제에게 패배하자 청나라 군대에 항복했다. 압둘 라시드를 이어 그의 형제들이 연이어 칸이 되지만 모두 아파키야에게 살해되었다. 그리하여 베이징에 존속한 라시드의 자손을 제외하면, 모굴리스탄 칸 가문은 소멸하고 어머니 쪽에서 칸 가문의 피를 이어받은 아파크의 손자 아흐마드가 칸을 칭했다.

갈단이 사망한 후 준가르의 홍타이지 자리에 오른 체왕 랍탄은 아흐마드와 이스하키야의 호자 다니얄을 함께 일리에 유폐했다. 이어 1720년에 다니얄만 귀환시키고, 갈단이 아파크에게 부과한 것과 똑같이 10만 텡게(명목 화폐로서 1텡게는 '풀'이라는 동전 50매에 해당된다)의 공납을 부과했다. 이러한 상황은 청조가 동투르키스탄을 정복할 때까지 계속되었다.

6.
중앙유라시아의 주변화

---

9) 중국 소수 민족의 하나. 대부분 칭하이 성 순화살라르자치현(循化撒拉自治縣)에 거주하고, 일부는 칭하이 성 화롱회족자치현(化隆回族自治縣)과 간쑤 성 린샤 현(臨夏縣)에 거주한다.
10) 당시 중국의 이슬람교는 카딤파, 이흐와니파, 한학파漢學派의 3대 교파와 후피파, 카디리파, 자흐리파, 쿠브라비파의 4대 문환으로 나뉘어 있었다. 교파는 말 그대로 교파이고, 문환은 수피즘의 분파를 말한다.

청나라의 동투르키스탄 정복

1745년 체왕 랍탄의 뒤를 이어 준가르 부장이 된 그의 아들 갈단 체링의 사망으로 준가르는 곧바로 내분에 휩싸였다. 예로부터 유목 제국에서 유능한 군주가 죽은 후 하루아침에 와해되는 것은 군주 자식들간의 계승 분쟁이 원인이었는데, 준가르부도 예외가 아니었다. 청조의 건륭제는 이때를 놓치지 않고 1755년에 할아버지와 아버지 이래 3대 70년에 걸쳐 내려온 숙적을 공격하여 마지막 승리를 거두었다. 그때 일리에 구금되어 있었던 아흐마드의 두 자식 부르한 웃딘과 호자 자한이 석방되었다. 부르한 웃딘은 청나라 군대와 함께 타림 분지로 가서 그 지역을 다스리고, 호자 자한은 일리에서 무슬림 주민을 관리하라는 명을 받았다. 두 사람은 처음 이 명령을 따랐지만, 얼마 안 있어 청조에 적대적으로 돌아섰다. 그리하여 청나라 군대는 1758년에 타림 분지를 침공하고 이듬해 분지 전역을 장악했다.

이에 앞서 1636년 후금後金의 홍타이지는 만주인, 몽골인, 한인의 추대를 받아 대청大淸 황제에 즉위했는데, 이때 몽골 왕공들은 그에게 '복드 세첸 칸'이라는 칭호를 헌상했다. 그 후 청조의 국가 제도는 청 황제가 동등하게 이들 세 민족 위에 군림한다는 모양새를 갖추었다. 청 황제가 몽골인들에 의해 추대되었기 때문에 원나라의 신복臣僕이었던 준가르의 복속을 요구하는 것은 청조의 당연한 권리였다. 또 그 준가르에 의해 정복될 때까지 차가타이 칸 계보와 연결되는 칸 가문의 영역이었던 타림 분지를 병합하는 것도 똑같이 청조의 권리이자 의무로 여겨졌다. 그리하여 1759년에 동투르키스탄은 '새로운 강역'이라는 뜻의 '신장新疆'이라 칭해지고 청 제국의 영역으로 편입되었다.

청조의 동투르키스탄 통치는 많은 점에서 준가르의 정책을 답습했다. 즉 지배 중심지를 일리 강 계곡에 정한 점, 남로南路 또는 회부回部라 불리는 톈산 남쪽의 오아시스 지대에 비교적 소규모의 군대만 주둔시키고 현지 유력자를 관리로 임명하여 민정民政과 징세를 담당하게 한 점, 오아시스 농민을 일리 강 계곡으로 이주시켜 주둔군을 위하여 농사를 짓게 한 점(그들은 타란치라 불렸다)을 들 수 있다. 청조의 통치 체제는 군사적으로 우세한 톈산 이북의 유목 세력이 남쪽 농경 지대를 통제하는, 유사 이래 이 지역의 특성을 그대로 계승했다고 할 수 있다. 청조는 또 정복당시 준가르의 강역을 넘어 그 이상 영역을 확대하려고 하지 않고, 카자흐 · 키르기스 등 유목 집단과 인근의 코칸드 · 타슈켄트 · 부하라 · 바다흐샨 · 아프가니스탄을 번속藩屬으로 간주하여 그들의 조공을 승인하는 정책을 폈다.

일리의 시장 거리
지금의 일리 시장 모습으로 흙먼지 속에서도 위구인들의 삶이 분주하다. 멀리 보이는 것이 유명한 혜원성의 종루鐘樓인데, 치소治所가 있었던 곳은 현재 인민해방군 군부대가 주둔하고 있다.

신장의 최고 권력자는 총통이려등처장군總統伊犁等處將軍(이려 장군伊犁將軍, 즉 일리 장군이라 약칭함)이었다. 청조는 종실宗室을 포함한 만주족 유력자를 이 직책에 임명했는데, 일리 장군은 일리 강변의 혜원성惠遠城에 주재했다. 일리 장군 휘하에는 참찬대신參贊大臣이 세 명 있었다. 그들은 각각 일리와 타르바가타이, 카슈가르(한때 우슈로 이주했다가 1831년 이후에는 야르칸드로 이주)에 주둔했다. 남로팔성南路八城이라 불린 타림 분지 주요 오아시스에는 영대領隊 · 판사辦事 등 대신大臣이 주재하고 있었는데, 그들도 예외 없이 기인旗人이었다.

주둔 기지는 원래의 오아시스 도시 밖에 설치되고 현지인과 접촉하는 것은 원칙적으로 금지되었다. 또 동로東路라 불린 우룸치 동쪽 지역은 일리 장군의 지휘를 받는 우룸치 도통都統의 통제를 받았다.

청조의 군사 조직은 본래 만영滿營(팔기군)과 녹영綠營(한인 부대)으로 확연히 구분되어 명령 계통도 독립되어 있었다. 그러나 신장의 경우 산시(陝西)와 간쑤 등지에서 윤번제로 주둔하는 녹영은 위에서 언급한 대신들의 지휘 아래 속해 있었다. 만영과 녹영 외에도 일리 장군 휘하에는 솔론족(索倫族), 시베족(錫伯族), 다구르족(達呼爾族), 장자커우(張家口)에서 이주시킨 차하르(察哈爾), 청조에 항복하고 열하 지역으로 이주되었다가 귀환한 준가르[청나라 때 한문 사료에는 오로트(額魯特, 厄魯特)라 기록되어 있다]를 비롯한 여러 집단이 있었다. 솔론족, 시베족, 다구르족은 만주인과 같은 퉁구스계로 '신만주新滿洲' 라 칭해졌는데, 멀리 펑톈(奉天)과 헤이룽 강(黑龍江) 등지에서 이주되었다. 신장에 주둔한 병력은 대략 2만 6000명에서 2만 7000명 정도였다.

민정과 현지 지배층

청조는 세 가지 제도를 통해 신장을 통치했다. 즉 이미 내지內地에서 한인의 이주가 시작된 '동로' 에는 내지와 같은 주현州縣을 설치하여 섬감총독陝甘總督으로 하여금 이를 관할하도록 했다. 또 원래 몽골 귀족을 통제하기 위하여 실시되었던 자삭 제도를 신장의 일부 지역에도 적용했다. 예컨대 뒤에 서술할 하미와 투르판의 지배층, 1771년에 볼가 강 하류 지역에서 신장의 옛 거주지로 돌아온 토르구트 네 집단의 수령, 그리고 톈산에 유목지를 받은 호쇼트 수령에게 각각 이 칭호를 부여했다. 자삭들은 자신의 왕부王府를 통해 예속민을 지배했다. 마지막으로 남로 오아시스에서는 신장의 독자적인 제도인 이른바 '벡 제도' 를 시행했다. 이는 청조 주둔군이 민정民政에 직접 관여하지 않고 현지 유력자에게 통치를 위임하는 제도인데, 각 오아시스의 최고위 민정관은 하킴 벡이고 그 아래에 차석次席인 이식아가 벡을 포함한 조세·수리 등을 담당하는 직책을 두었다.[11]

민정을 위임받은 현지 지배층은 청조에 정복되기 이전부터 이미 각지의 유

---

11) 한 연구자에 따르면 이때 설치된 벡 칭호는 무슬림 사무를 총괄하는 하킴 벡, 그를 보좌하는 이식아가 벡, 재고財庫를 관리하는 하자나치 벡, 수리水利를 담당하는 마랍 벡, 이슬람 율법에 따라 재판을 처리하는 카디 벡을 비롯하여 직능에 따른 서른다섯 가지 칭호가 있었다고 한다. 이에 관한 자세한 사항은 김호동, 『근대 중앙아시아의 혁명과 좌절』(사계절, 1999), 41~45쪽 참고.

력자로서 청나라 군대에 협력한 사람들과 그 후손들로 구성되어 있었다. 그러나 이들이 모굴인들의 계보와 관련이 있는지 어떤지는 분명하지 않다. 1697년 최초로 청조에 복속한 하미의 우베이둘라도 출신이 분명하지 않다. 1732년 준가르의 침략을 피하여 청조에 보호를 요청하고 과주瓜州로 이주한 아민 호자는, 앞에서 언급한 호자 무함마드 샤리프 교단과 모종의 관계를 맺고 있었던 것으로 보인다. 나아가 준가르의 마지막 칸인 다와치를 포박하여 청나라 군대에 인도한 우슈(烏什)의 호자시 벡의 자손은, 그들의 계보가 투글루크 티무르 칸을 개종시킨 성자까지 거슬러 올라가는 것으로 일컬어졌다. 그러나 자신의 계보가 모굴족과 관련이 있다고 주장하는 사람은 찾을 수 없다.

그 이유는 확실하지 않다. 즉 그 이유가 준가르 점령기에 동투르키스탄 지배층의 실질적인 변화 때문인지, 아니면 지배층이 권력의 원천을 종교적 권위에서 찾으려고 한 결과인지 어느 쪽도 단정적으로 말하기는 어렵다. 그들 유력자들은 각자의 공훈에 따라 군왕郡王, 베일(貝勒), 베이세(貝子), 공公[12] 등 종실과 다름없는 작위를 받고 자손들로 하여금 이를 계승하게 했다. 앞에서 언급했듯이 그들은 각 오아시스의 하킴 벡에 임명되었는데, 이때 출신지를 피하는 회피제回避制가 준수되었다.

현지 징세 수입으로 신장 주둔군을 유지하는 것은 전혀 불가능했다. 그래서 평상시를 기준으로 연간 대략 300만 냥이 황실 경비 (내폐금內幣金)에서 지출되었다. 주둔 경비는 현지어로 얌부(한어 원보元寶의 차용어)라 불리는 마제은馬蹄銀(청대 대량 거래를 할 때 통화처럼 사용한 말굽 모양의 은덩이)과 현지산 동銅으로 주조한 '풀(pul)'의 유통을 통해 신장 경제를 윤택하게 했다. 그 결과 18세기부터 19세기 사이에 농업 생산이 대폭 확대되고 인구가 크게 증가하는 등 신장은 전 시대에 볼 수 없을 정도로 안정되었다.

각 오아시스의 하킴 벡은 작은 궁정을 건립하고 술탄,

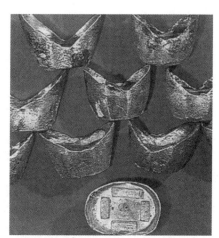

신장에서 '얌부'라고 불리던 마제은

형태가 같은 대·중·소 세 종류의 마제은馬蹄銀이 있었다.

---

12) 청조 황족의 관칭. 이는 만주족뿐 아니라 외번外藩의 몽골과 회부回部 지배층에게도 똑같이 적용되었다.

파디샤(군주를 뜻함) 또는 원래 칼리프의 칭호였던 신도의 우두머리(아미르 알 무미닌)을 자칭하는 한편, 특권으로 인식된 변발을 하고(내지와 달리 신장에서는 일반인의 변발이 금지되었다), 청조의 관복을 착용하고, 주둔군 사령司令인 기인旗人 대신들에 복속되어 있었다. 그들은 모스크나 성묘를 수리하거나 마드라사를 건설하고, 그것들을 유지하기 위하여 와크프(기진재산)를 설정하고, 때로는 도로에 나무를 심고 관개 수로를 정비하는가 하면, 문화 활동의 후원자 역할까지 했다. 동투르키스탄에서는 17세기 초기부터 차가타이어(중앙아시아의 투르크 문어)가 페르시아어를 대신하여 공식 문서에 사용되었고, 18세기에는 하킴 벡들의 지시나 원조로 페르시아어로 된 많은 작품이 차가타이어로 번역되었으며, 동시에 이 언어를 사용하는 궁정 시인도 배출되었다.

호자들의 성전과 코칸드

이러한 신장 지역의 안정은 1820년대부터 흔들리기 시작했다. 그 근본적인 원인은 청조의 국력이 쇠퇴한 결과지만, 사건의 발단은 먼저 코칸드 칸국과의 관계에서 비롯되었다.

청조의 신장 정복에 즈음하여 아파키야의 부르한 웃딘과 호자 자한이 살해되고 그 일족이 대부분 체포되었는데, 당시 유아였던 부르한 웃딘의 아들 삼사크는 화를 면하고 각지를 유랑하며 동투르키스탄의 귀의자歸依者들과 연락을 유지하고 있었다. 그 후 삼사크의 아들인 자한기르는 1814년 이래 페르가나 방면에서 무력 침략을 되풀이했으며, 1826년에 이르러 코칸드의 무함마드 알리 칸의 지원으로 카슈가르를 점령하고 타림 분지 서부에서 청나라 군대를 일소했다. 청조는 증원 부대를 파견하여 1828년 자한기르를 체포하여 베이징에서 처형했지만, 재정이

자한기르의 초상

베이징으로 압송되던 도중에 그려진 것으로 추정되는 것으로 도쿄 동양문고에 소장되어 있다.

부족하여 코칸드 징벌에 나서지 못했다. 그래서 삼사크의 자손들은 1860년대에 이르기까지 신장에 대해 산발적으로 침략을 되풀이했다.

코칸드 칸 가문은 우즈베크족의 한 지파인 밍 부족 출신이다. 무슬림 사료들은 코칸드 칸국을 건설하기 시작한 사람을 16세기 중반경 밍 부족의 알툰 비시크(황금 요람을 뜻함)에서 찾고 있지만, 다른 사료에서는 그의 존재가 확인되지 않는다. 어떻든 그의 후손들은 그 후 2세기 동안 페르가나 계곡에 자리 잡은 밍 부족의 수령으로 비이(벡)[13]라는 칭호를 갖고 군림했다. 이들은 1740년 페르시아의 나디르 샤가 마 와라 알 나흐르를 침공(이에 대해서는 뒤에 서술)한 것을 계기로 정치적 독립을 도모했다. 즉 샤 나디르의 침공으로 부하라 칸국과 히바 칸국이 그에게 복속되어 정치적 권위를 상실하게 되면서, 여태까지 부하라 칸국에 복속하고 있었던 밍 부족 수령들은 정치적 독립을 실현할 수 있는 기회를 얻었다. 그리하여 압둘 카림 비이(1733/34~1750/51년 재위)는 부하라가 함락되던 1740년에 구성舊城(Eski Qurghan)이라는 곳에 새로운 성채를 쌓고 점점 세력을 확대했다.

그 후 이르다나(에르데니) 비이(1751~1770년 재위) 치세기에 중국의 조공국이 되고, 18세기 말기에 그의 조카 나르부타 비이(1770~1798/99년 재위)가 나망간, 안디잔을 비롯하여 페르가나 전역을 자신의 지배 아래 두면서 정치·경제적으로 큰 발전을 이루었다. 그리고 나르부타를 계승하고 처음으로 칸을 칭한 알림 칸(1798/99~1809년 재위)과 우마르 칸(1809~1822년 재위) 치세기에 코칸드 칸국은 급속한 팽창과 번영을 누렸다. 즉 서남쪽으로 우라테페를 장악하고, 서북쪽으로 타슈켄트와 투르키스탄을 편입시켜 칸국의 영역을 크게 확대했다. 코칸드가 융성하게 된 원인의 하나는 신장을 경유하여 이루어진 청조와의 교역 때문이었다. 코칸드인들은 유리한 교역 조건을 요구하고, 때로는 청조의 요구를 받아들여 호자들을 구류하는가 하면, 반대로 그들을 사주하여 카슈가르를 침략하게 하는 등 사실상 청조를 농락했다.

---

13) '비이'는 '벡'과 어원이 같고 모두 수령을 뜻한다. 현대 터키어에서 'Mr.'의 뜻으로 사용되는 'Bey'도 동일한 어원에서 나왔다고 한다. 코칸드 칸국에 관한 자세한 사항은 김호동, 앞의 책(1999), 49~57쪽 참고.

자한기르의 침략 후 청조가 금수禁輸라는 강경 조치를 취하자 코칸드는 1830년 일시적으로 카슈가르를 점령했다. 그렇지만 청나라 군대는 이번에도 그들을 징벌하지 못하고, 오히려 금수를 완화하는 조치를 취했다. 1832년 무함마드 알리 칸은 일리 장군에게 친서를 보내 자한기르 편에 가담하여 도주한 카슈가르 주민의 사면과 귀환, 몰수한 재산의 반환, 신장에 들어오는 외국인에 대한 코칸드 칸의 지배권 승인, 신장의 코칸드 상인에 대한 징세권 승인을 요구했다. 이러한 요구를 전해들은 도광제道光帝는 몹시 격노했던 것으로 전해지지만 어떻든 그 요구는 결국 수용되고, 위의 내용을 포함한 조약이 1835년 베이징에서 체결되었다. 일부 학자들은 이를 중국 최초의 불평등 조약으로 보고 있으나 조약의 존재는 확인되지 않는다. 따라서 오히려 구두상의 양해라고 생각하는 쪽이 사리에 맞을 듯하다.

그 후 코칸드는 신장에 체류하는 자국 상인뿐 아니라 전체 무슬림의 보호자처럼 행동했다. 이러한 사실은 베이징의 당안관當案館에 소장되어 있는 코칸드에서 보내온 외교 문서를 통해 확인된다. 그 가운데는 1846년에 청조 관리가 신장과 코칸드를 왕래하는 상인들에게서 아편을 몰수하여 소각한 데 대해 강경하게 항의하고 배상을 청구하는 서한이 남아 있다. 이로 미루어 신장에서도 아편의 금령이 시행되고 있었음을 알 수 있다.

무슬림 반란

아편 전쟁(1840~1842년) 결과 청조의 국력은 점점 쇠퇴했다. 그 동안 내폐금으로 충당되던 신장의 주둔 경비는 내지 각 성의 세수稅收에서 보낸 협향協餉[14]에 의해 지탱되었다. 그러나 1850년대에는 그것마저 완전히 끊어져 의복을 마련하지 못한 병사들이 훈련조차 받기 어려운 상황이 되었다. 주둔군의 이러한

---

14) 청대淸代 국비로 쓰기 위하여 지방에서 호부로 보내는 모든 세수(銀兩)를 경향京餉 또는 향은餉銀이라 하고, 지방 경비를 위하여 그 지방에 보관된 것을 유지留支, 그리고 다른 성의 경비를 보조하기 위하여 보내는 것을 협향協餉 또는 협해協解라 한다.

비참한 보고에 대해 청 조정은 현지에서 어떻게든 조치해보라는 답장밖에 보내지 못했다. 그리하여 현지 주민과 코칸드 상인에 대해 임시세와 인두세人頭稅를 부과하고 기부금을 강제로 할당하는가 하면 화폐를 개주改鑄하기도 했는데, 결국 이러한 조치에 대해 저항하는 봉기가 산발하기 시작했다. 바로 그때 내지의 무슬림 반란의 영향이 신장으로 파급되었다. 우룸치 동쪽 지역에는 이미 다수의 회민回民[15]이 살고 있었다. 회민은 남로 방면으로 이주하는 것이 금지되었지만, 그 금령이 제대로 지켜지지 않았으며, 녹영 병사 가운데도 다수의 회민이 포함되어 있었다.

1862년 봄 쓰촨에서 산시(陝西)로 진격하려는 태평천국군太平天國軍에 대비하기 위하여 동원된 회민 단련團練(청대의 민간 무장 조직)과 한인 단련이 충돌한 사건을 계기로 웨이수이(渭水) 분지 전역은 한인과 회민간의 살육에 휘말렸다. 평온을 유지하고 있던 회민에 대해 '세회洗回'라는 학살 사건이 여기저기서 발생하고, 반대로 회민 측에서는 학살이 자행될 것이라는 소문을 퍼뜨려 먼저 봉기하는 경우도 있었다. 회민 반란은 이듬해 간쑤, 그리고 그 다음해는 신장까지 파급되었다. 신장에서도 회민에 대한 학살 소문이 퍼졌고, 회민들은 이를 청 황제의 명령에 의한 것으로 믿었다.

1864년 6월 초 쿠차의 회민이 일부 현지 무슬림과 합세하여 관서官署를 습격한 사건을 계기로 반란은 단시일 내에 신장 전역으로 확산되었다. 일리의 혜원성과 카슈가르의 만성滿城은 그런대로 오래 버텼지만, 각지의 주둔군은 수개월을 넘기지 못하고 모두 괴멸되었다. 쿠차의 봉기자들은 투글루크 티무르 칸을 개종시킨 성자의 자손이라고 여겨지는 라시딘 호자를 칸으로 추대했다. 사람들은 그가 선조 성자들의 영혼과 교류하는 영적 능력을 갖고 있다고 믿었으며, 그의 제자 가운데는 현지의 투르크계 무슬림뿐 아니라 회민도 있었다. 그는 영적 능력을 선전하고 교단 조직을 동원하여 사람과 물자를 모아 다른 오아시스에 대한 원정군을 조직했다. 그의 세력은 한때 동쪽은 하미, 서쪽은

---

15) 중국 간쑤 성과 신장위구르자치구(특히 톈산 북로) 등지에 거주하는 이슬람을 신봉하는 한인을 말한다. 흔히 둥간(통간)으로 불리고, 청대·민국民國 시기 문헌에는 둥간東干으로 옮겨졌으며 한회漢回 또한 같은 의미로 사용되었다.

야쿱 벡
영국 사절단에 속한 사람이 촬영한 것으로 전해진다.

야르칸드까지 미쳤지만 이 지방들을 완전히 장악하지는 못했다.

우룸치에서는 녹영의 회민 장교가 반란을 지도하고, 내지에서 온 타득린妥得璘(타명妥明)이라는 수피가 청진왕清眞王이라 칭하고 종교 지도자 노릇을 했다. 야르칸드에서도 한 수피가 유력자로 등장하지만 반란 세력을 통합하지는 못했다. 호탄의 반란 지도자 하비브 알라는 수피이자 무프티(종교적 유권 해석을 내리는 권위자)였다. 일리에서는 처음 압둘 라술 벡이 봉기를 지도했지만, 최후에는 알라 칸이 권력을 장악했다. 그리고 북쪽 타르바가타이에서도 봉기가 발생했는데, 카자흐족을 중심으로 하는 이 반란 집단은 알타이 산맥을 넘어 몽골 고원의 호브드까지 침입했다. 반란 지도자들은 대부분 수피였고, 그들은 불신자不信者인 청조에 대한 지하드를 고취하고 민중에 대해서는 이슬람법의 준수를 요구했다.

한편 카슈가르의 반란군은 상황을 장악하지 못하고, 코칸드의 실력자 알림 쿨리에게 카슈가르 호자 가문에서 한 사람을 보내도록 요청했다. 알림 쿨리는 이 요청에 응하여 자한기르의 아들인 부주르그 칸을 카슈가르로 보냈다. 그는 코칸드의 군인 야쿱 벡을 부주르그의 부관副官으로 동행시켰다. 부주르그 칸 일행은 1865년 초에 카슈가르에 도착했다.

야쿱 벡 정권

카슈가르에 도착한 야쿱 벡은 곧 부주르그로부터 실권을 탈취하고 그 여세를 몰아 야르칸드·호탄·쿠차·우룸치를 차례로 정복하여 1870년에는 톈산 이남 거의 전역을 지배하게 되었다. 이를 지켜보고 있던 러시아는 이듬해인

1871년에 일리를 침략하여 그 지역을 점령하고 알라 칸을 러시아령으로 납치했다.

이에 앞서 1865년 5월 러시아군은 타슈켄트를 점령했는데, 이때 알림 쿨리가 전사하고 그를 추종하던 무장 세력 상당 부분이 동투르키스탄으로 유입되었다. 야쿱 벡 정권의 중추를 담당한 자들은 주로 이들 코칸드 출신자들이고, 각 오아시스의 하킴 벡 직책도 대부분 이들이 장악했다. 야쿱 벡은 민중들에게 이슬람법의 준수를 요구하고, 종교 시설을 새로 건설하거나 수리하고, 도로를 정비하는 등 이슬람 군주에 어울리는 시책을 폈다. 그러나 야쿱 벡 정권의 존재 자체가 중국 내지와의 교역을 단절시키는 원인이 되었기 때문에 이전의 코칸드처럼 무역을 통한 이익을 기대하기 어려운 상황에서 오로지 주민들의 수탈에 의존했다.

야쿱 벡의 처조카인 사이드 야쿱 칸(그는 러시아의 타슈켄트 점령에 앞서 원조를 요청하기 위해 알림 쿨리의 명으로 오스만 제국에 파견된 사람이다)이 1870년 카슈가르에 모습을 나타냈다. 그의 주선으로 야쿱 벡은 오스만 제국의 종주권을 인정하고 군사 원조를 받았다. 오스만 제국은 두 차례에 걸쳐 대포, 소총을 비롯한 원조 물자를 보내고 군사 고문단을 파견했는데, 그들은 야쿱 벡 군대에 프랑스식 군사 훈련을 실시했다. 한편 영국과 러시아도 모두 사절단을 파견하여 야쿱 벡의 카슈가르 정권과 통상 조약을 체결하고 이 정권을 자기들의 영향권 아래 두려 했다.

청조의 재정복과 성 제도의 시행

1870년대에 들어와 청조 정부 내부에서는 변강 방위를 둘러싸고 이홍장李鴻章을 중심으로 하는 해방파海防派와 좌종당左宗棠이 이끄는 새방파塞防派 사이에 치열한 논쟁이 벌어졌다. 전자는 해군력 건설을 우선시하고, 그 목적을 위해서는 야쿱 벡이 청조의 종주권을 인정한다면 그의 자립을 승인할 수밖에 없다고 주장했다. 이에 대해 좌종당은 신장을 잃으면 몽골이 위험하고 몽골을 잃으면 베이징이 위험하다고 반박하면서, 서북 변방 방위를 중시했다. 그는 1875년에 신장 원정군 총사령관에 임명되었다.[16]

청나라 군대는 먼저 우룸치를 점령하고, 이어 1877년 4월 우룸치에서 남로로 가는 관문에 해당되는 다반친(達板城)에서 적군에게 결정적인 타격을 입혔다. 그로부터 약 1개월 후 야쿱 벡은 코를라(庫爾勒)에서 급사하고 그의 국가는 맥없이 무너졌다. 야쿱 벡의 장자 '벡 쿨리 벡'은 아버지의 시신을 모시고 카슈가르로 향하던 동생 '하크 쿨리 벡'을 급살急殺하고 시신을 탈취했다. 그는 청나라 군대가 추격해오자 아버지 시신을 아파크 호자의 영묘靈廟에 묻고 코칸드로 도망쳤다. 산시(陝西) 봉기 이래 백언호白彦虎의 지휘 아래 청나라 군대와 전투를 계속하면서 야쿱 벡 휘하로 도주해 온 회민 부대도 러시아령으로 달아났다. 현재 카자흐스탄과 키르기스스탄 일부 지역에 거주하는 소수 민족 둥간은 바로 그들의 후손이다.[17] 이렇게 하여 청나라 군대는 러시아가 점령하고 있었던 일리 계곡을 제외하고 1878년 말까지 신장 전역을 수복했다. 러시아와 청조는 1881년에 일리 조약을 체결했는데, 이 조약에 따라 청조는 러시아에 900만 루블을 배상하고 그 대신 러시아는 점령지를 반환했다. 그때 원래 청조 통치 아래서 농업에 종사하고 있던 타란치들이 대거 러시아로 이주했다.

신장에 다시 수립된 청조의 통치는 기인旗人 군정관이 아닌 한인 관리가 담당했다. 청 조정은 1884년 신장에 성省 제도를 도입했는데, 1886년에 재정복 후 신장 전역에서 실시한 검지檢地를 완료하고 이에 기초하여 세액稅額을 정했다. 이제 일리 장군은 명목적인 존재로 전락하고, 우룸치에 주재하는 신장순무新疆巡撫가 최고 권력자로 부상했다. 새로운 체제는 원칙적으로 직접 통치를 지향하고 '벡 관인제'를 폐지했지만, 현지 유력자의 도움을 받지 않고는 지배가 사실상 불가능했다. 청조는 이와 함께 현지인 자제들에게 중국어 학습을

---

16) 이에 관한 자세한 사항은 김호동, 「좌종당의 신강 원정과 이슬람 정권의 붕괴」, 『동아문화』 29(서울대학교 동아문화연구소, 1991) 참고.
17) 둥간이라고도 한다. 이들 둥간 또는 퉁간은 자칭이 아니고 18, 19세기에 동투르키스탄에 거주하던 투르크계 무슬림과 러시아인, 유럽인들이 붙여준 타칭이다.

강요하는 동화 정책을 추진했는데, 이 정책은 역으로 주민들 사이에 민족주의를 각성시키는 계기가 되었다.

일리 조약의 체결로 러시아 신민臣民은 신장에서 면세 특권을 부여받았다. 그 결과 신장과 러시아간 무역이 급속히 늘고, 20세기 초기에 신장에 체류하는 러시아 국적 인구가 1만 명을 넘어섰다. 그들은 대부분 타타르인과 우즈베크인으로 주로 일리를 위시한 북로北路에 거주했다. 또 그들은 러시아와 오스만 제국 무슬림의 새로운 민족주의 사상과 정치 운동에 관한 정보를 가져왔는데, 그 영향으로 신장 출신 젊은이들이 러시아, 그리고 범투르크주의와 범이슬람주의의 중심지 이스탄불로 유학을 떠났다. 유학생들은 대부분 러청 무역을 통해 대두한 상업 자본가의 자제들이었다. 이들이 신장 근대 지식인 제1세대에 해당된다.

3. 서투르키스탄

타타르인의 정복

1552년 10월 12일 모스크바 대공大公 이반 4세(1533~1584년 재위)는 볼가 강 중류 유역의 요충지 카잔을 공략하고, 조치 울루스(킵차크 칸국)의 후예가 건설한 카잔 칸국을 멸망시켰다. 이는 장기에 걸친 몽골 지배를 경험한 러시아 입장에서 보면 획기적인 사건이었다. 또 이슬람 세계의 대국인 오스만 제국이 같은 계통인 크림 칸국을 통해 이 지역에 영향력을 미치는 것을 미연에 방지한다는 측면에서도 큰 의미가 있었다. 따라서 이반 4세가 이 승리를 기념하여 현재까지 모스크바의 붉은 광장을 장식하고 있는 화려한 바실리 대성당을 건립한 것도 이해할 만하다. 13~15세기 동안 '타타르의 멍에(Tatarskoe igo)'[18]를 맛보았던 러시아가 비로소 타타르인을 복속시켜 볼가 강의 통상로를 확보하여 동방 진출의 발판을 마련했기 때문이다. 그로부터 4년 후인 1556년에는 역시 조치 울루스의 후예인 볼가 강 하류 유역의 아스트라한 칸국도 러시아 군대에게 항복했다.

카잔의 함락은 투르크계 무슬림 입장에서도 대단히 중대한 사건이었다. 이를 계기로 러시아의 중앙유라시아 정복이 시작되었기 때문이다. 이 사건의 기억을 가장 선명하게 전해주는 작품으로 영웅서사시 『초라 바티르』가 있다. 『초라 바티르』는 카잔을 구하려고 급히 달려온 영웅의 활동과 죽음을 묘사한 극적인 서사시인데, 서쪽의 크림 반도에서부터 동쪽의 카자흐 초원에 이르는 광대한 지역에서 널리 구전되었다. 서사시는 물론 역사적 사실을 충실하게 반영하고 있지는 않다. 또 이야기의 전개도 전승 지역에 따라 다르게 나타난다. 그러나 러시아와의 전쟁을 연상시키는 서사시가 널리 계승되었던 것은 분명

---

18) 몽골의 지배를 경험한 후세 러시아인들이 그 지배의 잔악성을 '소의 멍에'에 비유하여 이르는 말로, 아시아 야만인의 압제 아래서 러시아인들이 고통을 받았음을 뜻하는 상징적인 표현이다.

한 사실이고, 바로 이러한 이유로 이 서사시는 뒷날 소련 시절 민족 대립을 부추기는 작품으로 낙인찍혀 박해의 대상되었다.

러시아인들은 카잔 칸국의 유민遺民을 타타르라고 부르고, 그 후에 정복한 투르크계 무슬림 집단도 오랫동안 이 이름으로 통칭했다. 타타르라는 명칭은 옛날 몽골인들의 침략에 질린 중세 유럽 지식인들이, 그들의 전설에 나오는 타르타루스(그리스어로 지옥에서 온 사람)와 몽골족을 구성하는 유명한 부족인 타타르를 동일시하여 몽골족 전체에 부여한 이름인데, 러시아인도 이를 답습하여 타타르라는 이름을 사용했다. 이렇게 하여 볼가-우랄 지역의 투르크계 무슬림들은 그 후에도 계속 타타르라고 불리게 되었는데, 이 말에는 항상 러시아를 괴롭힌 '야만인'이라는 이미지가 붙어다녔다.

이반 4세
이반 3세의 손자로 아버지 바실리 3세의 뒤를 이어 모스크바와 전全 루시의 대공이 되고, 1547년부터 '차르(황제)'를 칭했다. 뇌제雷帝라는 별명을 가질 정도로 폭정을 실시했으며, 1552년 카잔 칸국 정복을 비롯하여 대외 팽창에도 힘을 기울였다.

러시아 통치를 받기 시작한 후 처음 2세기 동안 일부 타타르 귀족은 이슬람교를 신봉하면서 러시아 관직에도 나아가고, '차르'는 투르크계 유목 국가의 이념에 따라 '위대한 백 차간 칸(白王)'으로 간주되었다. 그렇지만 전체적으로 보면 타타르 무슬림들은 가혹한 압제 아래 놓여 있었다. 러시아 당국은 그들의 거주지와 직업을 도시나 교통 요충지로 제한하고, 볼가 강 유역의 비옥한 토지는 러시아 귀족과 수도원 또는 중앙러시아에서 도망온 농민들에게 나누어주었다. 이 과정에서 타타르인들은 이주 러시아인들 때문에 자기 고향에서 소수자의 지위로 전락했다. 그 결과 현재의 타타르스탄에 해당하는 지역은 이미 18세기 말기에 러시아인이 인구의 52%를 차지하고 타타르인은 40%에 불과한 상황으로 인구가 역전되었다. 이렇게 하여 타타르인은 사회·경제적 자유를 박탈당하고, 10세기 볼가-불가르 이래 발전을 거듭해온 이슬람 문화도 그 발전을 멈추었다.

한편 신앙이 없는 백성을 정교화正敎化시키는 것을 국가 이념으로 삼았던 러시아는 타타르를 정복한 직후부터 러시아 정교를 포교하기 시작했다. 이반 4세 때부터 특권을 부여받고 카잔에 부임한 대주교 '구리'는 수천 명의 개종자(크랴셴)를 얻었다고 전해지는데, 그때 개종한 사람들의 후손을 '옛 개종자(스타로크랴셴)'라고 불렀다. 무슬림의 개종이 지지부진하여 큰 진전이 없자 18세기에는 개종자에게 면세 특권을 주거나 죄를 사면시켜 주는 방법으로 개종을 유도했다. 그런데 개종자가 면제받은 세금과 부역이 다른 무슬림에게 전가됨에 따라 소수의 개종자가 거주하는 촌락에서는 설령 무슬림이 다수파라고 해도 모스크를 유지할 수가 없었다.

실제로 반反무슬림 정책이 강화된 18세기 중엽에는 카잔 부근에 있었던 536개 모스크 가운데 418개가 파괴되었다. 이 시기에 개종한 사람들은 '새 개종자(노보크랴셴)'라 불렸는데, 정교회의 지도와 감독이 철저하지 못하여 신·구 모든 개종자들은 신앙이 견실하지 못하고 기회가 생기면 무슬림으로 돌아가는 경우가 끊이지 않았다. 그리하여 19세기 중엽이 되면 새 개종자는 대부분 광신적인 무슬림으로 변하고, 옛 개종자들은 기독교와 이슬람교 사이를 오가는 어정쩡한 상태에 머물러 있었다.

이러한 억압과 동화 정책은 타타르 무슬림의 불만과 반감을 불러일으켰다. 스테판 라진이 지휘한 농민-코사크[19] 반란(1670~1671년)[20]과 푸가초프 반란(1773~1775년)[21]에 타타르인을 비롯하여 다수의 이민족(중앙아시아와 시베리아의 비슬라브계 민족)이 참가한 사실은 그 구체적인 사례이다.

한편 타타르인 사이에서는 러시아 땅이 되어버린 불가-우랄 지역을 떠나

---

19) 제정 러시아 시대 러시아 여러 지방에서 차르에 봉사한 농민병. 15~16세기경 러시아 동남부 변경 지대로 도망간 러시아 부랑민들이 킵차크 칸국이 붕괴한 후 남러시아의 투르크계 종족과 접촉하여 생겨난 특이한 집단이다. 코사크의 어원은 '카자크'인데, 이는 '자신의 국가나 부족에서 이탈하여 모험자의 생활을 영위하게 된 사람'을 뜻하고, 이것이 '코자크'로 변하고 다시 '코사크'로 바뀌었다.

20) 차르 알렉세이(1645~1676년 재위) 시대 카스피 해와 볼가 강 연안 지방에서 일어난 반란. 전형적인 민중 봉기 성격을 띤 이 반란은 비슬라브계 이민족뿐 아니라 러시아 민중까지 참여한 대규모 반란으로 기록되고 있다.

21) 예카테리나 2세 시대 '푸가초프'라는 탈영병(돈-코사크 출신)이 우랄-코사크인들의 불만을 이용하여 일으킨 반란. 처음 우랄의 지역적 봉기로 시작된 반란은 농노, 우랄 지역의 광산과 공장 노동자, 타타르인, 그리고 몇몇 소수 민족들이 참여하는 대규모 민중 봉기로 발전했다.

신천지를 찾아 투르크계 무슬림이 거주하는 카자흐 초원과 투르키스탄으로 이주하는 사람이 나타났다. 이는 머지않아 중앙유라시아 거의 전지역으로 퍼지는 '타타르인의 이산離散'의 시발점이 되었다.

타타르 상인의 대두

18세기 말 러시아의 이슬람 정책은 커다란 전기를 맞이했다. 여황제 예카테리나 2세(1762~1796년 재위)는 러시아 영내 무슬림들의 지위에 큰 관심을 갖고 있던 오스만 제국을 배려하는 한편, 동방 영토를 안정시키고 무역을 진흥시키기 위하여 무슬림에 대한 억압 정책을 완화하는 일련의 개혁에 착수했다. 그녀는 반反이슬람 정책은 푸가초프 반란 같은 소요를 확대시킬 뿐 아무런 실익이 없다고 판단하고, 오히려 유능한 타타르 상인에게 활동의 자유를 부여하여 러시아의 동방 무역을 확대시킬 수 있을 것으로 기대했다. 나아가 이슬람교를 '우수한 종교'로 평가한 계몽주의 사상가 볼테르에게서 감화를 받은 이 전제 군주는 타타르 무슬림을 통해 동방의 미개한 유목민을 이슬람화하고 문명화시켜 변경을 안정시키려고 했다.

그리하여 예카테리나 2세 치세에 러시아 영내 무슬림들은 신앙의 자유를 인정받았으며, 1788년에 우랄 산맥의 우파(현재 러시아연방 바슈키르공화국 수도)에 설립된 '오렌부르크 무슬림 성직자 협의회'(1782년 오렌부르크에 설립되었다가 후에 '우파'로 옮겨졌다)는 이맘을 비롯한 무슬림 성직자의 자격 심사와 감독, 그리고 이슬람 법에 의한 재판 업무를 개시했다. 이렇게 하여 러시아 영내 무슬림 공동체는 처음으로 합법적인 조직을 갖게 되었다. 이슬람에 대한 여황제의 포용 정책은 어디까지나 실용주의의 소산이었다. 두 차례에 걸친 러터 전쟁(1768년~1774년, 1787~1792년)을 통해 오스만 제국의 종주권 아래 있던 크림 칸국을 병합하고, 오스만 제국을 심각한 위기에 처하게 만든 사람도 바로 예카테리나 2세였다.

(단위 : 루블 은화)

	중앙아시아 → 러시아	러시아 → 중앙아시아
1758~1760년	250,000	288,000
1768~1772년	275,000	245,000
1792년	1,400,000	1,130,000
1830년대	2,500,000	2,000,000
19세기 중기	4,000,000	3,000,000

중앙유라시아 쪽으로 눈을 돌리면 예카테리나 2세의 개혁은 러시아의 동방 무역을 비약적으로 확대시키는 결과를 가져왔다. 그리고 이를 담당한 사람들은 사회·경제적 제약에서 해방된 타타르인이었다. 타타르 상인들은 동방의 이웃 사람들과의 언어·문화적 친근성을 무기로 하여 러시아 상인이 들어가기 어려운 카자흐 초원과 투르키스탄에 상권을 확대했다. 그 가운데는 초원을 돌아다니는 잡화상에서부터 대규모 대상隊商 무역을 행하는 거상巨商에 이르기까지 다양한 상인이 포함되어 있었다. 그들은 동방에서 양모·피혁·면사를 가져오고, 러시아에서 직물·금화·금속 제품을 가져와서 다른 지역에 수출함으로써 러시아와 중앙유라시아를 연결하는 상업망을 구축했다.

위의 표에서 알 수 있듯이 중앙아시아와 러시아간 무역은 1770년대에서 1790년대, 즉 예카테리나 2세의 개혁이 시행된 시기에 급증하고 있다. 카자흐 초원 서북쪽에 위치하는 오렌부르크는 이러한 통상 거점으로 발전한 전형적인 도시이다. 19세기 말이 되면 타타르 상인 가운데는 이곳을 거점으로 하여 모스크바·니주니노브고로드·베를린에 지점을 두고 400만 루블의 거대 자본을 축적한 후세이노프 형제 같은 거상도 출현했다.

타타르-무슬림의 부흥

동방 무역을 통해 재산을 모은 타타르 상인들은 재산의 일부를 와크프 형식으로 고향에 모스크와 마드라사를 건설하거나 유지하는 비용에 충당하는 등 무슬림 사회에 재산을 환원했다. 그리고 18세기 말 이후에 동방으로 진출한 타타르 상인들처럼 볼가-우랄 지역의 젊은 타타르인들은 투르키스탄, 특히 이슬람 교학敎學의 중심지인 부하라로 유학을 떠났다. 그들의 목적은 정통 학문을 수련하여 두 세기 넘게 지속된 러시아 통치 아래서 쇠퇴한 이슬람 문화를 부흥시키는 데 있었다. 고향으로 돌아온 젊은 타타르인들은 신흥 타타르 상인들이 정비한 마드라사와 모스크에서 타타르-무슬림 문화의 부흥을 책임질 신세대를 양성했다.

부하라에서 배운 학문은 확실히 타타르의 이슬람을 부흥시키는 데 큰 공헌을 했다. 그러나 19세기 초기에 타타르 유학생 쿠르사위가 간파한 것처럼 부하라의 이슬람 교학은 이미 전통의 권위에 의존한 형식주의에 매몰되어 있었고, 또 개종자의 집단 재개종에 직면한 러시아 당국이 채택한 새로운 개종과 동화 정책(이민족의 모국어를 사용하는 학교 교육을 통한 교화 정책)[22]에 대항할 만한 힘이 없었다.[23] 그리하여 그들은 러시아 문명의 도전에 대항하여 이슬람 사회의 발전을 이루기 위해서는 구태의연한 이슬람 해석에 안주해서는 안 된다는 것을 깨달았다.

이러한 과제에 몰두한 지도적인 울라마가 메르자니였다. 그는 코란과 순나 등 원전으로 돌아가 이슬람법을 유연하게 해석할 것을 제창하고, 무슬림도 근대 과학과 러시아어를 적극적으로 배워야 한다고 주장했다. 그는 또 처음으로 타타르 민족사를 집필한 역사가이기도 한데, 타타르인의 조상은 몽골이 아니고 볼가-불가르라고 주장한 그의 학설은 근대 타타르의 정체성 확립에 크게

---

22) 러시아 당국은 초기의 강제적이고 억압적인 방법을 지양하고, 공식적인 제도를 통해 중앙아시아 거주민들을 러시아화(정교회)하고, 그들 사이에 러시아 문화의 영향력을 확대시키는 방향으로 정책을 전환했는데, 일종의 문화 정책이라 할 수 있는 교화 정책은 후대 이슬람 개혁 운동과 밀접한 관련이 있다.
23) 이 정책은 『바부르 나마』의 교정자로도 유명한 러시아의 동양학자 일민스키에 의해 고안되었다고 한다.

기여했다.

19세기 이후 카잔과 오렌부르크는 러시아인의 도시임과 동시에 부흥과 각성을 이룬 타타르인의 경제·문화의 중심지이기도 했다. 그들의 출판 문화는 동시대 이슬람 세계에서 가장 선진적이었다. 여기에서 발생한 개혁 조류는 신흥 타타르 부르주아의 지지를 받아 투르크계 무슬림 세계 전역으로 퍼져나간 타타르인을 통해 큰 영향을 미쳤다. 이런 점에서 타타르인은 러시아가 동방으로 진출하는 데 첨병 역할을 수행하는 한편, 이슬람 부흥의 기수로도 활약했다고 할 수 있다.

카자흐 초원의 병합

러시아는 카잔 칸국을 정복한 후 우랄 산맥을 넘어 시베리아로 진출하여, 16세기 말기에는 조치 후예의 무슬림을 군주로 추대한 시비르 칸국[24]을 멸망시키고 그 영토를 제국에 편입시켰다. 그리고 18세기 초기부터는 광대한 카자흐 초원 북쪽에서부터 코사크 요새선要塞線을 건설하기 시작했는데, 점점이 늘어선 요새는 러시아의 변경 방위와 통상 거점인 동시에 카자흐 유목민에게 제국의 국경선을 과시하고 있었다. 코사크는 카자흐 초원에 러시아의 패권을 수립하는 데 첨병 역할을 했다. 그 어원은 카자흐와 똑같이 '모험자', '독립적이고 얽매이지 않는 백성'을 뜻하는 투르크어이다. 러시아인은 양자의 혼동을 피하기 위하여 카자흐인에게 '키르기스'라는 이름을 부여했다. 이들이 이른바

---

24) 16세기 중반경 서西시베리아의 이르티슈 강 중류에 면한 토볼스크 남쪽 이스케르(시비르)를 중심으로 하여 건설된 투르크-몽골계 칸국. 라시드 웃딘의 『집사』에 보이는 이비르 시비르, 『원사』의 적필아실필아赤必兒失必兒는 모두 이 '시비르'의 원명이다. 13세기 이래 투르크-몽골계 부족(이른바 시베리아 타타르)이 이곳에 웅거하고 있었지만, 1556년경 샤이바니조의 일족인 퀴춤 칸(1556~1598년)이 수령 야디가르 칸을 격파하고 시비르 칸국을 건설했다. 퀴춤은 이어 주변의 오스탸크족 등을 복속하고 러시아 식민지를 공격하는 한편, 시베리아에 이슬람교를 전파했다. 이에 대해 러시아의 이반 뇌제雷帝(엄밀히는 상인 기업가 집안의 스트로가노프 가문)는 코사크 두목(아타반) 예르마크를 파견하여 시비르에서 퀴춤을 쫓아냈다. 그러나 시비르에서 쫓겨난 퀴춤은 예르마크를 역습하여 죽게 만들고 다시 시비르에 웅거했다. 그 후 러시아는 튜멘, 토볼스크에 군사 식민지를 건설하면서 점진적으로 퀴춤을 공격했다. 퀴춤은 1598년 8월 오브 강 전투에서 패한 후 1600년에 살해되었다. 이렇게 하여 시베리아의 몽골계 국가인 시비르 칸국은 완전히 멸망했다. 현재의 '시베리아'라는 말은 이 '시비르'에서 유래한다.

키르기스-카자흐인데, 카자흐인은 러시아 혁명 후 1925년까지 이 이름으로 불렸다. 그러나 이 명칭은 카자흐와 본래 키르기스 사이에 혼동을 일으키는 또 다른 문제를 낳았다.

러시아 세력이 카자흐 초원 북변에 다다를 무렵 유목 카자흐는 이미 정치적 통합성을 상실하고, 서쪽에서부터 차례대로 소쥐즈(오르다)·중쥐즈·대쥐즈라고 불리는 3개의 부족 연합체로 나뉘어 있었다. 당시 카자흐의 최대 위협은 티베트 불교를 신봉하는 동방의 몽골계 유목민 준가르의 거듭되는 침략과 약탈이었다. 특히 1723년 이후 준가르 침략은 후대까지 엄청난 재앙(악타반 슈비린디)으로 전해질 정도로 큰 타격을 입혔다. 당시에 카자흐인들은 기아와 피로로 땅에 쓰러지고, 시르다리아 강을 건너가서 몸을 의지했다고 전해진다. 준가르는 또한 타슈켄트, 투르키스탄, 사이람 등 카자흐인의 거점 도시들을 차례로 겁략劫略했는데, 이때 발생한 대규모 난민은 사마르칸트, 부하라, 페르가나를 비롯한 여러 도시를 공황 상태에 빠뜨렸다.

1730년 소쥐즈의 아불 하이르 칸(1716~1748년 재위)은 러시아에 사신을 보내 복속을 청원하고, 이를 계기로 다른 쥐즈의 칸들도 그의 전례를 따랐다. 이는 준가르의 파괴적인 공격으로부터 몸을 지키기 위한 외교 전략이었다. 러시아와 카자흐의 공식적인 외교 관계는 이렇게 시작되었지만, 카자흐인들이 받아들인 신속臣屬 관계는 러시아인들이 생각하는 것만큼 엄격하지 않았다. 중쥐즈의 수령 아불라이 칸이 러시아뿐 아니라 1757년 준가르가 완전히 멸망한 직후 청 조정에도 신속을 맹세한 데서 알 수 있듯이, 카자흐 칸들의 귀순은 안보와 통상을 확대하기 위한 하나의 방편이었다. 후대 러시아 학자들은 이처럼 칸들이 러시아로 귀순한 것을 근거로 러시아의 카자흐 병합을 카자흐인의 '자발적 귀순'으로 해석하지만, 이러한 해석에는 '민족 우호'를 강조한 정치 이데올로기가 짙게 배어 있다.

러시아는 1820년대에 들어서면서 카자흐 초원의 안정을 도모하기 위하여 이미 권위를 상실한 소쥐즈와 중쥐즈의 칸을 대신하여 이 지역을 직접 통치하기 시작했다. 그리고 이 무렵에 초원 동남부에 퍼져 있던 대쥐즈의 수령들도 속속 러시아 통치를 받아들였다. 그들이 러시아 통치를 받아들인 데는 1809년에 타슈켄트, 1814년에 투르키스탄을 점령하고 남쪽 오아시스 지역에서 카자흐 초원을 노리고 있던 신흥 코칸드 칸국의 위협도 한몫을 했다. 러시아 당국은 이렇게 차례로 러시아 통치 아래 편입된 카자흐 초원을 악몰린스크 · 세미팔라틴스크 · 세미레치에 · 우랄스크 · 투르가이 · 시르다리아의 여섯 개 주로 나누고, 그 동부를 1891년에 옴스크에 소재한 '초원 총독부' 관할 아래 두었다.

그러나 그 동안 러시아인의 토지 수탈, 유목민의 계절 이동로 단절, 그리고 코사크의 위협적인 군사 정찰은 카자흐인들의 불만과 반감을 불러왔다. 이미 많은 카자흐인들이 푸가초프의 반란에 참가했고, 그 후에도 러시아 통치에 대한 카자흐의 반란은 계속되었다. 그 가운데서도 아불라이 칸의 피를 이은 케네사르와 사투크 부자는 무려 40년(1837~1877년) 동안이나 용감한 투쟁을 전개했다. 북쪽의 러시아와 남쪽의 코칸드 칸국의 공세에 대항하여 카자흐의 통일을 목표로 한 그들의 투쟁은, 비록 미완으로 끝났지만 영웅을 칭송하는 서사시나 시가詩歌 형태로 민중의 뇌리에 깊게 새겨졌다.

한편 러시아는 케네사르의 반란을 계기로 카자흐인에 대한 병역 부과를 중단했다. 제국에 대한 충성심이 의심스러운 '이민족'에게 군사 지식과 기술을 가르치는 것은 오히려 유해하다고 판단했기 때문이다. 이 원칙은 나중에 투르키스탄에도 적용되었는데, 당국은 이를 무슬림 백성에 대한 은혜로 설명하려 했다. 이러한 정책은 러시아 혁명기에 일어난 중앙아시아 무슬림 민족 운동이 군사력의 열세로 인하여 볼셰비키에게 패배하는 한 원인이 되었다.

카자흐 초원의 변화

러시아와 관계가 깊어지면서 카자흐 초원의 유목 사회에는 몇 가지 뚜렷한 변화가 나타났다. 그 첫번째 변화는 이슬람화의 진전이다. 그때까지 이슬람은 거의 카자흐 지배층 사이에서만 신봉되고, 유목민들은 여전히 고래의 샤머니즘이나 조상 숭배 전통을 지키고 있었다. 그러나 러시아의 후원을 받은 타타르인이 초원으로 들어가 모스크나 마드라사를 건설하고, 남쪽의 투르키스탄 지역으로부터는 이샨(수피의 도사)이나 무슬림 상인들이 카자흐인들 사이에서 이슬람을 확산시켰다. 그 결과 19세기 동안 카자흐인의 이슬람화가 급속하게 진전되고 심화되었는데, 이러한 점에서 중앙유라시아에서는 19세기까지도 여전히 이슬람화가 진행되었다고 할 수 있다.

그러나 이러한 타타르인이나 사르트(일반적으로 투르키스탄의 정주민을 가리키는 호칭)의 포교와 상업 활동은 카자흐 유목민들의 정주민에 대한 전통적인 우월감을 손상시켰다. 그 결과 값싼 러시아산 잡화와 교환하여 모피나 가축을 대량으로 가져가는 타타르 상인과 매년 가축이 살찔 무렵 초원을 방문하여 무리드[25]에게 과도한 기부를 요구하는 이샨의 모습이 카자흐 민담이나 속담에 자주 등장한다.

한편 러시아 당국은 타타르인에 의한 카자흐인의 이슬람화가 광신도를 길러내고 배타적인 경향을 부추기는 역효과를 가져올 위험성에 대해 우려하기 시작했다. 그리하여 당국은 1860년대부터 오랫동안 초원의 행정에 관여한 타타르의 행정관과 통역관 수를 대폭 줄이고, 카자흐 문어文語를 육성하는 것을 비롯하여 카자흐인의 문화적 자립을 고무하는 정책으로 방향을 전환했다.

두번째 변화는 19세기 후반에 세속적인 카자흐 지식인 제1세대가 탄생하고, 후대 카자흐 민족주의자와 연결되는 조류가 탄생했다는 점이다. 그들은 카자흐 문화의 독자성을 인정하면서도 전통적인 생활 양식과 관습의 악폐를 비판하고 정주화의 길을 역설하는 한편, 러시아와 서구 문명을 받아들여 카자흐인의 자립과 발전을 실현하려 했다. 이러한 지식 엘리트를 대표하는 사람이 어린 시절부터 러시아식 교육을 받아 육군 특무 장교가 되고, 그 뒤 동양학 연구자로서 명성을 얻은 발리하노프이다. 그는 카자흐 문화를 이슬람 문명의 영향에서 지켜내고 러시아와 서구 문명을 수용하여 카자흐를 문명화시키려 했다.

---

25) '정신적 깨달음을 열망하는 자'를 뜻하는 말로 수피 교단의 제자나 문하생을 가리킨다.

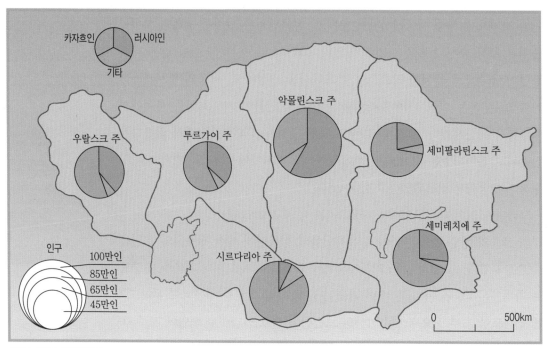

카자흐인　러시아인

기타

악몰린스크 주

세미팔라틴스크 주

우랄스크 주

투르가이 주

세미레치에 주

인구

100만인
85만인
65만인
45만인

시르다리아 주

0　　　　　500km

1916년 카자흐 초원의 민족
별 인구비(시르다리아 주와
세미레치에 주는 투르키스탄
총독부 관할)

또 알툰사린은 카자흐 문어의 확립에 공헌하고, 아바이 쿠난바예프는 많은 저
작을 통해 카자흐인을 계몽시키려 한 사람으로 알려지고 있다. 그들은 러시아
통치가 선사한 카자흐 초원의 재통일이라는 조건을 적극 활용하여 카자흐인
의 민족 통합을 구상했는데, 개별 쥐즈와 부족에 대한 강한 귀속 의식은 카자
흐의 정체성을 확립하는 데 커다란 장애가 되었다.

초원에 나타난 세번째 변화는 1890년대 이후 러시아와 우크라이나 농민이
본격적으로 초원에 들어와 살기 시작하면서 초원의 민족 구성이 변화했다는
점이다. 농노 해방 후의 농민 대책과 대규모 기근 발생, 제국 변경의 러시아화
촉진 등 여러 가지 이유로 러시아 혁명 전에 이미 수많은 농민들이 유럽쪽 러
시아에서 시베리아와 중앙아시아 지역으로 이주했다. 이때 이주한 사람은 대
략 650만 명을 헤아리고, 그 가운데 거의 3분의 1이 카자흐 초원으로 이주한
것으로 추정되고 있다. 우야마 도모히코(宇山智彦)가 산출한 바에 의하면, 이 미
증유의 대이동 결과 1911년에 슬라브계 이주민이 초원 인구의 약 40%를 차지
하고, 주요 도시는 모두 러시아인이 과반수를 차지했다고 한다. 이러한 급격

한 민족 구성 변화는 초원 각지에 사회·경제적 긴장을 만들어내고, 신세대 카자흐 민족주의자에게 무거운 과제를 지우는 결과를 가져왔다.

투르키스탄의 세 칸국

제4장에서 언급했듯이 1599년에 샤이바니조가 멸망한 후 마 와라 알 나흐르의 정권은 조치 후예인 잔조(아스트라한조라고도 한다)의 손으로 넘어갔다. 이 왕조는 전대의 샤이바니조와 마찬가지로 부하라에 수도를 두었는데, 역시 그곳을 거점으로 한 후대 우즈베크 정권의 망기트조와 함께 부하라 칸국으로 통칭되었다. 17세기 사마르칸트의 레기스탄 광장을 둘러싼 장려한 시르 도르 마드라사와 틸라 카리 마드라사가 말해주듯이 이 시대 문화는 여전히 이전의 활력을 유지했다. 그러나 왕족에 의한 영토의 분봉, 그리고 실력이 앞선 우즈베크 부족들의 대두와 할거로 인하여 정권은 점점 약체화되고 영광스런 칭기스 후손의 권위도 이름만 남게 되었다.

이러한 현상은 히바 칸국에서도 똑같이 나타났다. 히바 칸국은 16세기 초기 (1512년)에 샤이반의 후예인 일바르스가 아무다리아 강 하류의 호라즘(히바 지방)에 세운 왕조이다. 그 후 히바 칸국은 1920년 소비에트 정권에 복속될 때까지 호라즘을 지배했다. 히바의 칸 가운데서 가장 유명한 인물은 아불가지 바하두르(1644~1663년 재위)이다. 그는 차가타이-투르크어로 『투르크의 계보』와 『투르크멘의 계보』를 저술한 위대한 역사가이기도 하다. 전자는 칭기스 칸과 칭기스 일족, 특히 그가 속했던 조치 가문의 역사를 다룬 매우 값진 역사서이다. 그러나 칸국의 실제 역사는 외부 세력(칼미크인)의 잦은 침입과 우즈베크 부족 간의 대립, 우즈베크와 투르크멘의 격렬한 항쟁으로 점철되었다.

18세기에 들어와 이곳 투르키스탄에서는 꼭두각시 칸을 내세운 우즈베크 부족들의 항쟁에 더하여, 준가르의 침략과 사파비조가 붕괴한 후 페르시아에서 통일 정권을 세운 나디르 샤의 침공이 이어지고, 정치 질서가 해체되어 사회·경제적 황폐화가 가속화되었다. 한 예로 히바의 칸 일바르스 2세는 페르시아의 사신을 살해하여 나디르 샤의 분노를 샀는데, 그래서 나디르 샤는 1740년 호라즘을 공격하여 일바르스를 항복시키고 히바를 점령했다. 이때 사마르칸트에는 약 1000세대가 거주하는 성새를 제외하고 주민이 하나도 없었다고 한다. 어떻든 나디르 샤의 침공으로 일바르스는 처형되고, 히바는 그가 사망한 1747년까지 페르시아에 철저히 종속되었다.

그러나 18세기 후반이 되면 투르키스탄 각지에 새로운 정권이 성립되기 시작한다. 우선 부하라에서는 페르시아의 나디르 샤에게 복속되어 있었던 망기트 부족[26]이 두각을 나타낸다. 망기트 수령인 무함마드 라힘은 다른 우즈베크 부족을 억압하는 한편, 명목뿐이었던 잔조의 칸을 폐하고 1756년 망기트조를 개창했다.[27] 초기 군주들은 때로 칸을 칭하는 것을 주저했지만, 18세기 말기의 군주 샤 무라드는 굳이 칸을 칭하지 않고 역대 칼리프의 칭호인 '아미르 알 무미닌(신도의 우두머리)'이라는 의미로 아미르를 칭했다. 이는 분명히 이슬람 국가의 이념을 내세운 것인데, 후속 군주들 역시 모두 아미르를 칭했다. 따라서 이 시기 이후의 망기트조는 '부하라 아미르국'으로 부르는 것이 이치에 맞는다.

한편 히바에서는 우즈베크와 투르크멘 부족의 오랜 유혈 투쟁 끝에, 1804년에 쿵그라트 부족의 엘튀제르(1804~1806년 재위)가 칸을 선언하고 새로운 왕조를 개창했다. 히바의 칸은 카스피 해 동쪽에 퍼져 있는 투르크멘 부족을 적절히 조종하면서 권력을 유지하려 했지만, 예하의 투르크멘이 이란 동북부의 호라산 지방을 약탈함에 따라 종종 카자르조(1796~1925년, 이란의 한 왕조)와 긴장 관계를 유지하고, 인접한 부하라와의 싸움도 그치지 않았다. 그럼에도 19세기 히바의 경제와 문화적 활력은 지금 남아 있는 역사 도시 히바의 경관을 통해 그려볼 수 있다.

---

26) 볼가 강과 우랄 강 사이에서 유목하던 우즈베크 집단(몽골계)의 한 부족 이름. 16세기 초기 무함마드 샤이바니(샤이바니조의 개창자)가 이끄는 우즈베크 집단이 남하할 때 동참하여 부하라 부근의 카르시에 봉토를 받고 점차 강대해졌다. 1740년에 페르시아의 나디르 샤가 침공하자 부하라가 그의 종주권을 인정했기 때문에 그 부근에 봉토를 갖고 있었던 망기트족 역시 그에게 복속했다고 볼 수 있다.

27) 그러나 잔조는 그 후에도 계속 유지되었던 것으로 보인다. 잔조를 폐하고 망기트인들이 완전히 권력을 장악한 때는 18세기 말기, 즉 잔조의 마지막 군주인 아불가지(1758~1785년 재위) 치세기이다. 이때 망기트 수령 샤 무라드가 아불 가지의 딸과 결혼하여 실권을 장악하고 이어 스스로 군주가 된다.

히바의 경관

또한 투르키스탄 동부의 타슈켄트와 페르가나 지방에서는 17세기 말기부터 우즈베크와 카자흐 집단의 항쟁을 틈타 존귀한 출신을 자랑하는 '호자'들이 실권을 장악했다. 그들은 때때로 예언자의 자손임을 칭했지만, 실제로는 낙슈반디 교단의 유력한 도사導師의 일족이었다. 18세기 후기에 타슈켄트에서는 이 호자들이 상인과 수공업자의 지지를 얻어 사실상 자치를 행했다. 그렇지만 페르가나에서는 18세기 초기 우즈베크의 한 지파인 밍 부족이 호자 권력을 타도하고 독립적인 우즈베크 정권을 수립하는 데 성공했다. 그 부족 수령인 나르부타 비이(1770~1798/99년 재위)가 페르가나 지방을 통일하고 그의 아들 알림(1798/99~1810년 재위)이 처음으로 칸을 칭했는데, 이른바 코칸드 칸국은 이렇게 하여 성립되었다. 코칸드 칸국은, 동쪽은 파미르를 너머 청조, 그리고 서쪽은 타슈켄트를 통해 카자흐 초원이나 러시아와 통상을 하면서 발전했다.

19세기 초기에 투르키스탄에는 이와 같이 개별 우즈베크 부족이 권력을 장악한 부하라 칸국, 히바 칸국, 그리고 신흥 코칸드 칸국 등 이른바 세 칸국이 정립했다. 세 나라는 자라프샨 강·아무다리아 강·시르다리아 강의 수자원에 의존하는 풍부한 농업 생산과 러시아, 카자흐 초원, 인도, 동투르키스탄을 연결하는 활발한 국제 교역을 기반으로 하여 성립되었다. 18세기 말기부터 페르가나 지방과 호라즘 지방에서는 관개 수로가 건설되거나 복구되어 농업 생산이 크게 증진되었다. 또 18~19세기에는 우즈베크 부족들의 정주화도 급속하게 진행되는데, 이는 이 지역 투르크화의 마지막 단계라고 할 수 있다. 또 하나의 뚜렷한 변화는 국제 상업의 발전과 함께 도시 인구가 증가하고 코칸드, 나망간, 침켄트를 비롯한 신흥 도시가 급속하게 성장한 점이다. 코칸드와 히바의 궁정에서 차가타이 문학의 전성기를 장식하는 작품들이 쓰인 것도 바로 이 시대이다. 반면에 부하라에서는 망기트조가 멸망할 때까지 페르시아어가 행정과 문학에서 수위를 점하고 있었다.

세 칸국은 상인과 수공업자의 지지를 받아 국가 체제를 중앙 집권적으로 재편했다. 망기트, 쿵그라트, 밍 어느 부족도 이미 칭기스 칸의 혈통을 과시할 수는 없었기 때문에 그들은 대신 이슬람의 권위를 이용했다. 카자흐 초원을

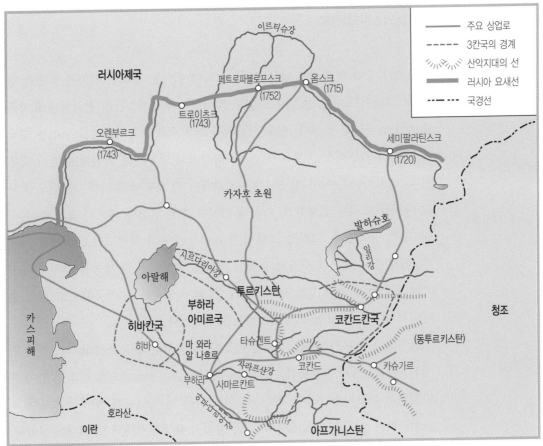

19세기 초기의 중앙아시아

넘어 러시아의 영향력이 강해짐에 따라 세 나라 군주들은 이슬람 세계의 맹주인 오스만 제국의 술탄과 우호 관계를 체결하는 데 진력하고, 술탄에게 부국강병을 위하여 지원해달라고 요구했다. 그러나 그들은 모두 국내에 할거한 우즈베크, 투르크멘, 키르기스 유목민의 저항을 근절시키지 못했으며, 그런데다세 나라 사이의 항쟁은 투르키스탄의 정치·사회적 안정을 끊임없이 방해했다. 러시아군의 침공에 직면해서도 이러한 상황은 변하지 않았다. 1839년 겨울 러시아군은 카자흐의 반란을 지원하고, 많은 러시아 노예를 보유하고 있는 히바 칸국에 대한 원정을 감행했다. 이 원정은 추운 날씨 때문에 실패로 끝났지만, 이는 뒷날 시작될 대규모 공세의 서막에 불과했다.

투르키스탄의 정복

　19세기 중엽 발칸 반도에서 중앙아시아에 이르는 광대한 지역을 무대로 영국과 '그레이트 게임'을 벌이고 있던 러시아는 투르키스탄의 전략적 중요성을 충분히 인식하고 있었다. 인도 식민지를 거점으로 중앙아시아를 노리는 영국에 대항하기 위해서는 투르키스탄에 러시아의 영향력을 확립해야 했기 때문이다. 러시아군은 이미 1853년에 시르다리아 강 하류에 위치하는 코칸드령 아크 메시트 요새를 점령하고, 이듬해 카자흐 초원 남단에 베르니 요새(현재의 알마아타)를 구축했다. 그리고 크림 전쟁(1853~1856년)과 북카프카스 전쟁을 치른 후, 러시아는 1864년 코칸드 칸국에 대한 본격적인 군사 행동을 개시하여 시르다리아 강 연안의 코칸드 측 거점을 잇달아 공략하고, 이듬해 1865년에 중앙아시아 유수의 상업 도시 타슈켄트를 점령했다.

　러시아가 투르키스탄을 정복한 이유는 이 지역의 전략적 중요성과 함께 경제적 동기가 크게 작용했다. 미국의 남북전쟁(1861~1865년)으로 면화 수입이 중단되면서 투르키스탄산 면화의 중요성이 더욱 커진 데다가, 인구가 조밀한 투르키스탄은 발전 단계에 있던 러시아 공업의 유망한 시장으로 기대를 모았다. 그 후에도 계속된 일련의 정복은 노예 매매 금지를 위시한 '문명화의 사명'이라는 대의명분 아래 정당화되었다.

　오스만 제국과 영국에 대한 지원 요청이 허사로 돌아가고, 러시아군의 공세에 이은 부하라군의 수도 코칸드 공격, 그리고 영내 키르기스 유목민이 일으킨 반란에 의해 1876년 코칸드 칸국은 멸망하고, 비옥한 페르가나 지방이 러시아령으로 편입되었다.

　러시아군은 계속해서 부하라와 히바를 침략했다. 그들은 압도적인 군사력으로 사마르칸트(1868년)와 히바(1873년)를 차례로 점령하고, 두 나라를 보호국 형태로 제국에 편입시켰다. 러시아는 군사적으로 우세했지만 두 나라에 대해 내정의 자치를 인정했다. 이는 직접 통치를 실현할 경우 필요한 방대한 경비가 준비되어 있지 않았기 때문이다. 그 후 쿠로파트킨 장군이 지휘하는 근대

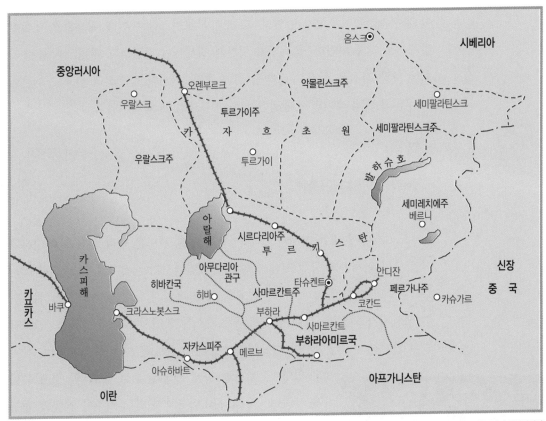

장비를 갖춘 러시아 원정군은, 1881년에 괴크테페 전투에서 완강하게 버티던 테케족(투르크멘의 한 씨족)의 저항을 분쇄하고, 이어 1883년부터 1884년 사이에는 메르브 지방에 거주하던 투르크멘 부족들을 평정하여 전체 투르크멘을 복속시켰다. 이러한 일련의 과정을 거쳐 광대한 러시아령 투르키스탄이 완성되었는데, 이때 페르시아, 아프가니스탄, 그리고 청조와의 사이에 확정된 국경선이 거의 그대로 후대 소련으로 계승되었다.

러시아는 식민지를 통치하기 위하여 1867년 타슈켄트에 투르키스탄 총독부를 설치하고, 초대 총독인 카우프만 장군 이래 러시아 육군성 장관들이 총독에 취임하고, 그 지휘 아래 육군 장교가 군사와 행정을 총괄하는 군정을 실시했다. 19세기 말 러시아령 투르키스탄은 세미레치에 · 시르다리아 · 페르가나 · 사마르칸트 · 자카스피의 5개 주와 아무다리아 강 하류 동쪽의 아무다리아 관구管區로 이루어져 있었다. 그리고 투르키스탄은 이때 처음으로 명확한 경계선을 갖게 되었다. 총독부가 치안과 징세에만 전념하고 대체로 무슬림 사회에 대해 간섭을 삼가는 정책을 취한 결과, 러시아 정교회의 선교도 이루어지지 않고 변경의 식민지 행정은 심하게 부패한 채 방치되었다.

투르키스탄의 식민지화

투르키스탄에 대한 러시아 경제 정책의 기본 전략은 면화 생산을 확대하고 이를 중앙 러시아의 공업 지대와 확실하게 연결시키는 것이었다. 1915년 당시 투르키스탄은 이미 러시아에서 필요로 하는 목면 원료의 68%를 공급하는 면화 생산지가 되었다. 그런 점에서 투르키스탄과 러시아 내지, 그리고 카프카스를 연결하는 중앙아시아 철도의 건설(1881~1906년)은 매우 중요한 의미를 갖고 있었다. 이러한 경제 개발은 투르키스탄의 경제 통합과 부하라-유대인을 비롯한 현지 부르주아 계급의 성장을 촉진시켰지만, 다른 한편으로 면화 재배를 무질서하게 확대함으로써 이 지역의 식량 자급도를 저하시켜 수시로 기근을 불러왔다. 경제 개발의 진전에 따라 중앙 러시아와 카프카스에서 러시아인이나 아르메니아의 기업가·상인·기술자·노동자들이 투르키스탄의 여러 도시로 이주했다. 이들은 기존의 무슬림 도시 인근에 건설된 유럽식 신시가지에 거주했는데, 신시가지와 옛 시가지는 두 개의 색다른 문명을 상징했다.

카자흐 초원에 비하면 무슬림 인구가 조밀한 투르키스탄 지역으로 이주한 슬라브계 농민 수는 훨씬 적었다. 그

투르키스탄의 영웅 비명
사마르칸트와 타슈켄트 사이에 있는 산자르 고개에는 티무르조의 울룩 벡, 샤이바니조의 압둘라 2세, 이곳에 철도 부설을 명한 니콜라이 2세의 비명이 있다.

러나 카자흐 초원과 연결된 비옥한 세미레치에 지방과 키르기스 지역은 농업 이민이 증가하여 민족간 긴장과 대립이 조성되었다. 1916년 당시 투르키스탄의 러시아인 인구는 54만 명으로 아직 전체 인구의 7.5%에 불과했지만, 이들은 다가오는 혁명에서 결정적인 역할을 수행하게 된다.

안디잔 봉기 참가자들

러시아 통치는 확실히 칸국 시대의 상호 투쟁에 종지부를 찍고 투르키스탄의 정치와 사회를 안정시켰다. 러시아의 인식도 마찬가지였다. 예를 들면 1904년에 투르키스탄 러시아 군정관이자 지역 연구자였던 리코신은 「러시아인과 원주민의 접촉 결과들」이라는 제목의 논문을 발표했는데, 이 논문에서 그는 러시아 통치가 가져온 경제 발전이나 생활 문화와 복지의 향상을 실례로 열거하고, 원주민의 러시아에 대한 인식의 변화, 즉 평등한 법과 주민의 신앙이나 관습에 간섭하지 않는 통치에 대한 믿음이 커졌음을 지적했다. 그리고 맺음말에서 러시아 통치의 "다가오는 반세기가 원주민 사회에 더욱 많은 변화를 초래할 것"임은 의심의 여지가 없고, 편견이 없는 원주민은 "틀림없이 러시아 통치의 초기 반세기를 우호적으로 회고할 것"으로 예견했다.

그러나 러시아의 식민 통치는 다른 한편에서 심각한 모순을 낳아 무슬림의 반란을 불러일으키는 원인이 되었다. 1898년 5월 18일 새벽 안디잔에 주둔하고 있던 러시아군 병영을 둑치 이샨이 지휘하는 약 2000명의 무슬림이 습격한 사건은 그 대표적인 사례이다. 그는 페르가나 지역의 정주민과 산악 키르기스 유목민 사이에서 대략 2만 명의 무리드를 거느린 낙슈반디 교단의 도사였는데, 이름 높은 이샨이 무슬림 사회를 정화하고 농업 이민을 구축한다는 목표를 내걸고 성전의 깃발을 올리자 휘하의 무리드가 일어섰다. 전날 밤 그들은 돌궐 이래 투르크계 유목민이 칸의 즉위식에서 행하던 관습대로 이샨을 흰 펠트에 앉혀 추커세우고 자기들의 칸으로 추대했다(제1장 5절 돌궐 즉위식 참고).

안디잔 봉기는 물론 즉시 진압되었다. 그러나 면화 재배의 선진 지역에서 일어난 예기치 못한 반란은 식민 통치에 자신하던 러시아 당국에 큰 충격을 주었다. 당시 총독이었던 두호프스키 대장은 무슬림 원주민이 러시아에 대해 종교적·민족적 적개심을 갖고 있음을 인정하고, 니콜라이 2세에게 '매우 완강하고 무조건 적대적인' 무슬림을 방치하지 말고 제국 규모의 체계적인 이슬람 정책을 시급히 마련할 것을 건의했다. 그러나 20세기 초기 제정 러시아는 그런 정책을 펼 만한 여유가 없었다. 그리하여 이 정책은 결국 러시아 혁명 이후에 실현되었다.

이슬람 개혁 운동의 전개

앞에서 언급한 메르자니를 비롯한 타타르인 울라마들이 개척한 이슬람 개혁주의 조류는, 1880년대부터 교육 개혁이라는 구체적인 형식을 갖추고 러시아 영내의 무슬림 지역으로 파급되었다. 이 운동의 창시자는 크림 타타르인 가스프린스키(가스피랄리)였다. 모스크바·파리·이스탄불에서 유학하고 견문을 넓힌 그는, 1881년 『러시아의 무슬림』이라는 제목의 소책자를 러시아어로 집필하고 다음과 같이 제언했다.

러시아는 중앙아시아를 병합하여 거대한 무슬림 인구를 포괄한 나라가 되었건만, 현실적으로 러시아인과 무슬림은 무지와 불신 때문에 서로 단절되어 있다. 러시아인은 그 이유를 이슬람에 내재하는 다른 종교에 대한 적대성으로 돌리고 있지만, 사실 이슬람에는 아무런 문제가 없다. 강제적인 동화 정책은 무슬림 사회의 반발을 초래할 뿐이므로 민족 평등과 자립 원칙에 입각한 협동 체계를 통해 문제를 해결해야 한다. 그러기 위해서는 무슬림에게 모국어로 보통 교육을 시켜 현재의 무지와 편견에서 벗어나게 하고 그들을 지적으로 각성시켜야 한다. 그리고 러시아는 이를 허용하고 지원해야 한다.

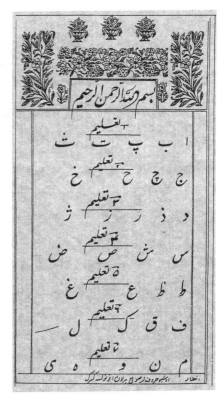

'새로운 방식 학교'의 교과서

이러한 가스프린스키의 제언은 지나치게 낙관적인 면이 있다. 그러나 그는 무슬림을 문화적으로 부흥시키고 발전시킬 수 있는 요체는 교육 개혁에 있다고 확신하고, 1884년에 구어체 교육의 채용과 러시아어를 포함하는 세속 교과목의 도입을 특징으로 하는 근대적 초등 학교를 창립했다. '새로운 방식(우술리 자디드)'이라 불린 이 사립 학교는 예전의 마크탑[28]에 비하여 뚜렷한 교육 효과를 발휘했다. 그리하여 20세기 초기에는 이를 지지하는 타타르 부르주아 계급의 상업망을 통해 투르키스탄의 여러 도시, 그리고 카슈가르와 쿨자(固爾札)를 비롯한 동투르키스탄 도시까지 보급되었다. 그런가 하면 처음에는 타타르인이 개설하고 운영한 '새로운 방식의 학교'도 이윽고 현지 무슬림들이 수용하여 그 수가 더욱 늘었다. 투르키스탄에서는 타슈켄트의 개혁주의자 무나바르 카리가 1905년 투르키스탄인의 자제들을 위한 최초의 '새로운 방식의 학교'를 개설했다. 이들은 러시아 당국이 설립한 '러시아 원주민 학교'를 질과 양에서 능가했다.

'새로운 방식의 학교'의 또 다른 특징은 러시아 영내의 무슬림들 사이에 공통의 모국어를 보급시키려 한 점이다. 이는 차가타이어도 페르시아어도 아닌 오스만 투르크어를 더욱 간단하게 만든 공통 투르크어였다. "카슈가르의 낙타꾼에서 보스포루스의 뱃머리까지" 모든 투르크계 주민들이 이해할 수 있는 공통 투르크어는, 앞에서 언급한 가스프린스키가 창간한 신문《타르주만(번역자)》에서도 사용되었다. 이는 러시아 영내의 무슬림에게 새로운 문어 규범을 제공함과 동시에 투르크인의 의식을 각성시키는 데도 크나큰 공헌을 했다. 그러나 이

28) 초등 교육을 위한 학교를 의미하는 아랍어로 굳이 말하면 우리의 서당과 유사하다.

중앙아시아인이 그린 신식 교육과 구식 교육(1922)

시대에는 이미 타타르어와 카자흐어를 비롯하여 각 지역의 구어에 입각한 새로운 문어가 성숙하고 있었기 때문에 새로운 문어 문제는 민족 정체성의 존재 방식과 얽혀 가끔 논란의 씨앗이 되기도 했다.

'새로운 방식의 학교' 주변의 개혁주의자들은 일반적으로 '우술리 자디드'라는 이름 때문에 '자디드'라고 불렸다. 그들의 목표는 계몽된 무슬림 신세대를 창출하여 무지와 인습에 얽매인 이슬람 사회를 개혁하고, 러시아 영내에서 무슬림의 지위를 향상시켜 권리를 획득하는 데 있었다. 그들은 러시아 문화에서 감화를 받는 한편, 오스만 제국이나 페르시아의 개혁과 입헌 운동에서도 지대한 영향을 받았다.[29] 그리하여 젊은 투르키스탄인 가운데는 오렌부르크 · 카잔 · 이스탄불로 유학을 가는 사람도 나타났다. 이는 과거 부하라로 향하던 유학의 흐름이 역전되었음을 말해준다.

그러나 자디드 개혁 운동은 끊임없는 억압과 방해 공작에 시달렸다. 먼저 러시아 당국의 입장에서 보면, 자디드 활동은 제국의 통합과 안전을 위협하는 위험한 범이슬람주의 또는 범투르크주의에 불과했다. 그래서 '새로운 방식의

---

29) 예컨대 부하라의 젊은 자디드들은 무스타파 케말의 개혁으로 서구화와 근대화를 추구한 터키를 모델로 하는 개혁을 지향했다. 이런 점에서 자디드 운동은 범투르크주의와도 일맥 상통한다.

학교'를 개설하고 출판 허가를 받는 것도 쉽지 않았다. 한편 보수적인 울라마들은 교육 개혁의 진전으로 지금까지 교육을 독점해온 자기들의 지위와 권위가 위협받을 것을 우려하여, '새로운 방식의 학교'를 이슬람법에서 일탈한 것으로 단정하고 여기에 대항했다. 그리고 제국 내에 혁명의 조짐이 나타나면서 자디드를 적대시하는 관헌官憲과 이슬람 보수파의 연대가 강화되었다.

그럼에도 불구하고 무슬림 보수파의 아성이었던 부하라에서도 '청년 부하라인'을 칭하는 개혁파 조직이 형성된 데서 알 수 있듯이, 자디드 운동은 1910년대에 걸쳐 확실한 발전을 이루었다. 다가올 러시아 혁명 이후에 중앙아시아의 정치와 문화 부문에서 활동할 무슬림 활동가들은 대부분 여기에서 성장했다.

7. 혁명과 민족

1. 몽골과 티베트

몽골의 독립 선언과 국제 관계

몽골사에서 근대적 의미의 민족주의 태동기를 어느 시기로 잡을 것인가 하는 문제는 상당히 어려운 과제이다. 청나라가 지배하던 시기 청조는 교묘하게 몽골족의 재통합을 억압했다. 아편전쟁(중영 전쟁) 이후 구미 열강의 대륙 침략과 청조 지배 체제의 변화, 그리고 한인 세력의 몽골 초원 진출의 확대와 몽골 유목 사회의 몰락이 겹치면서 몽골인들 사이에서는 몽골 고유의 문화, 나아가 민족의 장래에 대한 위기 의식이 싹트고, 전통적인 가치 체계를 지키기 위한 반청反淸·반한反漢 운동이 일어났다. 그러나 200여 년에 걸쳐 청의 지배를 받은 결과 몽골인들은 심하게 분열되어 있었고, 그래서 과연 무엇을 기반으로 지역적 범위를 어떻게 설정하여 몽골을 통합시키고, 또 몽골족의 내용을 어떻게 설정하여 독립적인 정치 체제를 수립할 것인가 하는 문제가 근대 몽골 민족주의의 중요한 명제로 떠올랐다.

청 말기 할하 지역(외몽골)에서 고양된 반청 운동은, 신해혁명辛亥革命의 발발로 청조의 지배 체제가 동요하면서 일순간에 독립을 향해 나가기 시작했다. 그 결과 몽골인들은 할하의 중심지이자 청의 몽골 지배를 위한 거점인 후레(현재의 울란바토르)에서 청 관리를 추방하고 1911년 12월 1일 독립을 선포했다. 이 운동을 추진한 사람들은 할하의 고위 왕공들과 라마승들이었다. 그들은 새로운 정권(복드 칸 정권)을 수립하고 후레의 활불活佛인 제8대 젭춘담바 쿠툭투를 국가 수반으로 추대했다.[1] 복드 칸 정권의 목표는 과거에 청의 지배 아래 있던 몽골

---

1) 청조는 라마교를 적극 활용하여 몽골을 통치하면서도 라마승이 정치적 권한을 갖는 것을 철저하게 제한하고 세속 정치인과 라마승이 연대하지 못하도록 통제했다. 이러한 목적으로 청조는 제2대 젭춘담바 쿠툭투(1735~1757년)가 세상을 떠난 뒤 제3대부터 마지막 제8대 젭춘담바 쿠툭투를 몽골인이 아닌 티베트인 가운데서 선발하도록 했다. 청조의 이러한 정책에도 불구하고 역대 젭춘담바 쿠툭투는 할하 몽골의 구심점 역할을 했는데, 그런 이유로 제8대 젭춘담바 쿠툭투를 새로운 국가의 수반으로 추대했다. 이에 관한 자세한 사항은 이평래, 앞의 논문(1995), 119~125쪽 참고.

인을 통합하여 독립 국가를 수립하는 데 있었다. 따라서 러시아 영내에 살고 있었던 부랴트인은 처음부터 통합 대상에서 제외되었다.

몽골이 독립을 선언하게 된 논리적 근거는 청조의 멸망으로 청 황제와 몽골 왕공, 넓게 보면 청 황제와 몽골인 사이의 주종主從 관계가 소멸되어 몽골인들이 정치적으로 독립성을 회복하게 되었다는 점이다. 즉 몽골인들의 인식 속에는 청 정권 내부에서 비록 한화漢化가 진행되었어도 청조는 만주인 황제를 정점으로 하는 체제일 뿐, 이를 중화 왕조로 간주하는 관점이나 '중국' 이라는 관념은 존재하지 않았다. 이는 역으로 청조를 대신하여 중국 본토에 새로이 성립된 중화민국中華民國은 단지 한인 정권에 불과하며 몽골과 무관하다는 인식으로 귀결되고, 따라서 몽골인 입장에서는 중화민국이 청나라의 몽골에 대한 통치권을 계승한다는 주장을 받아들이기 어려웠다.

복드 칸 정권의 초대 외무부 장관 한드도르지
1911년 몽골 독립의 일등공신인 한드도르지는 독립 전 원조를 요청하기 위하여 러시아에 밀사로 파견된 대표단의 일원이었다.

한편 티베트 출신인 제8대 젭춘담바 쿠툭투가 신몽골 황제로 취임한 것도 흥미로운 일이다. 언뜻 보면 그가 독립 몽골의 황제로 어울리지 않을 것처럼 보이기 때문이다. 그러나 티베트 불교가 몽골 사회 내부까지 깊숙이 뿌리내린 당시 상황에서 대중들로부터 가장 폭넓은 존경과 지지를 받은 사람이 바로 젭춘담바였다. 이러한 점에서 그는 독립할 당시 칭기스 칸의 혈통을 계승한 어떤 몽골 귀족보다 몽골족 통합의 상징으로 인식되었다.

복드 칸 정권은 내무부·외무부·재무부·법무부·국방부의 5부와 불교계를 총괄하는 종교부, 이어 총리부와 상·하 양원兩院을 설치하여 정부의 진용을 갖추었다. 초기에 정권의 주도권을 장악한 사람은 독립 선언에 앞서 밀사로 러시아에 갔던 내무부 장관 체렌치메드였다. 이와 함께 내몽골 각지에서 내몽골을 포함하는 대몽골국 건설을 염원하는 수많은 몽골인들이 후레로 와서 복드 칸 정권에 참여했다. 복드 칸 정권은 1912년까지 할하를 비롯해 호브드·올리아수타이 지구[2]를 비롯한 청조 지배 시기 외몽골 전역을 지배 아래 넣고, 다시 내몽골 방면으로 세력을 확대하려 했다.

복드 칸 정권은 청조의 붕괴라는 미처 예상치 못한 사태가 발생하자 혼란 속에서 탄생한 정권이다. 따라서 정권의 존립 기반이 매우 취약하여 위정자들은 외부 세력, 구체적으로 제정 러시아에 많은 도움을 기대했다. 그리하여 최근까지도 유럽이나 미국에서 출간된 연구서는 1911년 몽골 독립 선언을 러시아의 사주에 의한 것으로 다루어왔으며, 중국과 타이완 연구자들은 현재도 여전히 이 견해를 그대로 고수하고 있다. 물론 이러한 해석은 역사적 사실과 큰 차이가 있다.[3] 사실 러시아는 애초부터 몽골이 독립하는 것을 바라지 않았다. 단지 사태가 러시아의 예상을 뛰어넘어 그렇게 전개되었을 뿐이다. 러시아는 처음 자기들이 중재하여 복드 칸 정권과 위안스카이(袁世凱)의 베이징 정권(北京政權) 사이의 교섭을 유도하여 몽골 문제를 해결하려 했고, 따라서 청나라가 지배하고 있는 외몽골 영역에 대해 '중국의 주권'을 승인할 여지도 있었다. 그러나 복드 칸 정권이 실질적인 지배를 확대해나가고 착실하게 체제를 정비해감에 따라, 종전의 방침을 재검토하게 되었던 것이다.

한편 일본은 몽골에서 진행되는 일련의 사태를 주의 깊게 바라보고 있었다. 당시 그들은 남만주를 세력 범위에 넣고, 다시 내몽골 동부 지역으로 세력을 확대하려던 참이었다. 일본은 이미 러시아와 맺은 두 차례의 협약(1907년과 1910년)을 통해 외몽골을 러시아의 세력 범위로 인정하고 있었다. 그러나 내몽골의 경우 러일 사이에 특별히 결정된 사항도 없었기 때문에 일본은 러시아가 복드 칸 정권을 통해 내몽골에 영향력을 확대하는 것을 경계했다. 반면에 러시아는 러일 전쟁 후 동아시아에서의 세력 확대 정책을 포기하고 다른 제국주의 열강, 특히 일본과 협조를 바라고 있었다. 그런가 하면 미국은 청조가 붕괴하는 과정에서 일본과 러시아가 영토적 야심을 갖고 있음을 견제하고 '중국 영토의

---

2) 울리아수타이에는 정변좌부장군이, 호브드에는 참찬대신이 주재했는데, 제6장에서 언급했듯이 그 직책에는 만주인과 몽골 기인 등 주로 청조에 충성심이 강한 사람이 임명되었다.

3) 이 문제에 관한 자세한 사항은 이평래, 「1911년 외몽골 독립에 대한 중국 연구자들의 시각」, 『북방사논총』 3(고구려연구재단, 2005)을 참고.

보전'⁴⁾을 이해 당사국에 강하게 호소했다.

이런 상황에서 러시아는 복드 칸 정권이 표방한 내몽골을 포함하는 전체 몽골족의 독립을 지지할 수 없었다. 그리하여 러시아는 1912년 5월 관계 실무자 회의를 열어 몽골에 대한 중화민국의 종주권을 인정하는 한편, 외몽골에 한정하여 복드 칸 정권에 의한 고도의 자치 실현을 문제 해결의 목표로 정했다. 이와 동시에 러시아는 외몽골에서 자신의 경제적 권익을 확대한다는 것도 함께 결정했다. 러시아는 이를 위하여 먼저 일본과 제3차 러일 협정을 체결하고, 이 협정에 의거하여 내몽골에서 양

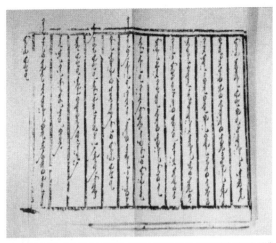

복드 칸 정부의 내각 총리 남난수렌 명의로 러시아 주재 일본대사관 앞으로 보낸 서신(1913년 12월 21일자)

복드 칸 정권은 러시아 뿐 아니라 일본을 비롯한 열강과 외교 관계를 맺으려고 노력했다. 일본 외무성 외교 사료관에 보관되어 있는 이 서신에는 1913년 러중 '북경 선언'에 대한 복드 칸 정부의 입장이 표명되어 있다.

국의 세력 범위를 확정했다.⁵⁾ 그 다음 단계로 러시아는 몽골 문제에 대한 베이징 정권의 자세가 여전히 강경하다고 판단하고, 1912년 11월 복드 칸 정권과 먼저 러몽 협정을 체결했다. 러시아는 이 협정에서 복드 칸 정권의 자치를 승인함과 동시에 몽골 측으로 하여금 몽골 지역에서 러시아의 광범위한 경제적 권익을 승인하게 했다. 이처럼 러몽 협정이 체결되자, 베이징 정권도 러시아와 협상할 수밖에 없는 상황으로 내몰렸다. 그리하여 러시아와 중국은 1913년 11월 5일 베이징에서 외몽골 자치에 관한 '러중 선언'에 서명했다. 여기에서 러시아는 외몽골에 대한 중화민국의 종주권을 승인하고, 베이징 정부는 대신 러시아에 복드 칸 정권의 자치를 보증했다.

---

4) 1900년 7월 미 국무성 존 헤이 장관은 회람장 형식으로 이해 당사국에 발송한 각서에서 "중국에 영구적 안정과 평화를 가져오고, 중국의 영토적·행정적 실체를 보존하며, 조약과 국제법상으로 우호국들에게 보장된 모든 권리들을 보호하고, 세계를 위하여 청조의 모든 지역에 걸쳐 동등하고 공평한 무역의 원칙을 보호할 해결책"을 희망한다는 뜻을 전했다. 이에 관한 자세한 사항은 존 K. 페어뱅크 外 지음, 김한규 外 옮김, 『동양문화사(하)』(을유문화사, 1992), 259~261쪽 참고.

5) 앞에서 언급했듯이 러일 전쟁 후 러시아와 일본은 만주·몽골·한반도에서 각자의 세력 범위를 확정했다. 그러나 1911년 몽골이 독립을 선언하고 내몽골과 외몽골을 통합하려는 움직임이 일어나자 일본과 러시아는 이전의 협의 내용을 재확인하는 한편, 만주와 몽골 지역에서 다시 세력 범위를 확정했다. 이 협약에 따라 두 나라는 내몽골을 베이징(동경 116도 27분)을 기준으로 동과 서로 나누고, 동쪽은 일본의 세력 범위로 서쪽은 러시아의 세력 범위로 정했다.

이 문제를 최종적으로 해결하기 위하여 러시아, 복드 칸 정권, 베이징 정권이 참여하는 3자 회의가 몽러 국경 도시 캬흐타에서 개최되었다. 이 회의는 1914년 9월부터 이듬해 7월까지 계속되었다. 이렇게 하여 몽골 독립 문제는 러시아가 주도한 사전 교섭에 따라 결말지어졌는데, 복드 칸 정권 입장에서 보면 전체 몽골족의 통합과 독립이라는 애초의 목표를 달성하지 못했지만, 러시아가 설정한 방침 말고 달리 선택할 여지가 없었다.[6] 한편 베이징 정권 입장에서 보면 종주권이라는 다분히 명목적인 권리를 승인받았을 뿐 외몽골은 실질적으로 정치적 통제가 미치지 않는 지역이 되었다. 그렇지만 그들 역시 최악의 사태, 즉 몽골의 독립을 막은 것으로 만족하지 않을 수 없었다.

이러한 과정을 거쳐 청조가 멸망한 후 몽골을 둘러싼 지역 질서가 재편되었다. 캬흐타 협정에서 승인된 복드 칸 정권의 영역은 정확히 말하면 청조 지배 시기 외몽골과 다리강가 지방[7]으로 되어 있었는데, 이는 대체로 오늘날 몽골국 영토와 일치한다. 내몽골이 복드 칸 정권의 자치 정부에서 제외된 것은 반드시 러시아의 정책과 국제 관계 때문만은 아니었다. 후레에서 독립이 선언된 직후부터 많은 내몽골인들이 복드 칸 정권에 참여했다. 또 그 당시 내몽골의 49호쇼(旗) 가운데 39호쇼가 신정부에 합류하기를 희망한 것으로 알려지고 있다. 그렇지만 당시 내몽골과 외몽골 사이에는 객관적인 조건과 상황이 많이 달랐다.

할하 지역의 경우 오랜 기간에 걸쳐 청조 지배를 받았지만, 일정한 지역적 연대와 통합이 유지되고 있었다. 그 때문에 청조가 멸망한 후 현지 몽골인 정치 지도자들은 단기간에 젭춘담바 쿠툭투를 정점으로 새로운 정치 체제를 수립할 수 있었다. 그러나 내몽골은 거의 분열 상태에 있었고, 게다가 상당수 호쇼에서는 많은 한인 이민자가 살고 있었으며, 목초지의 농경지화도 상당히 진행된 상황이었다. 어떻든 당시 내몽골 지역은 전통적인 유목 질서가 고스란히

---

6) 이에 관한 자세한 사항은 손현숙, 「외몽 3국 협상에 대하여」, 『부산여대사학』 2 (부산여대역사교육과, 1984)를 참고.

7) 청조가 지배하던 시기 황실 목마장(牧馬場)이 있던 지역. 오늘날 몽골국 수흐바타르 아이막(道) 다리강가 솜(郡), 옹곤 솜, 나란 솜, 바얀델게르 솜, 할잔 솜, 자삭트 솜 일대가 여기에 해당된다.

남아 있던 외몽골과 객관적인 조건에서 많은 차이가 있었다. 따라서 내몽골 측은 통일적인 행동을 취하지 못한 채 각 호쇼는 각자의 처한 상황과 정세 변화에 따라 대응하다가 결국 베이징 정부의 압력에 굴복했다. 그러므로 이러한 내몽골의 분열 상태를 어떻게 극복하고, 어느 범위에서 다시 '내몽골'이라는 영역을 재구성할 것인가 하는 문제가 20세기 내몽골인들이 해결해야 할 주요 과제로 부각된다.

내몽골에서도 특히 적극적으로 복드 칸 정권에 합류하려 했던 곳은 바르가(巴爾虎) 지방[훌룬 부이르(呼倫貝爾)]이다. 그러나 이 지역은 중동철도中東鐵道[8]가 통과하는 점 등 여러 가지 이유로 러시아의 외교적 고려에 따라 복드 칸 정권의 영역에서 제외되고, 대신 러시아와 베이징 정권이 별도의 '구역 자치區域自治'를 보장하는 협정을 체결했다.[9] 이렇게 하여 성립된 바르가 구역 자치는 중국 군벌軍閥에 의해 외몽골 자치가 끝나는 1919년까지 지속되었다.

티베트의 독립

제13대 달라이 라마는 망명지 인도에서 청조의 붕괴 소식을 들었다. 청말 티베트의 정치 상황은 몽골보다 훨씬 유리한 처지에 놓여 있었다. 어찌되었든 티베트에는 당시 달라이 라마를 정점으로 하는 정권이 존재했다. 또 영국도

---

8) 중국의 동북 지방(만주)을 가로질러 블라디보스토크까지 연결되는 철도. 러시아는 1891년 건설을 시작한 시베리아 철도를 단축시킬 목적으로 동북 지방을 관통하는 철도 부설을 구상하고, 1896년 청조와 중아밀약中俄密約(중아어적상호밀약中俄親敵相好密約)을 체결하여 이 철도 부설권을 얻었다. 공사는 2년 후인 1898년에 시작되어 1903년에 완공되었다. 중동 철도와 관련하여 한 가지 흥미로운 사실은, 당시 동북 지방에 거주하던 한인韓人 이주민들이 철도 건설 노동자로 투입되고, 이를 계기로 한인들이 대거 내몽골 지역으로 진출하게 되었다는 점이다. 이에 관한 자세한 사항은 한시준, 「내몽고 지역의 한국 독립운동」, 『한국근현대사연구』 제 23집(한국근현대사학회, 2002), 58~61쪽 참고.
9) 바르가 지역 몽골인들은 외몽골과 거의 동시에 청조에서 독립하는 방안을 논의했다. 그 과정에서 1911년 9월 10일 올드(額魯特)의 총관總管 성푸(勝福) 등 바르가 귀족들은 청조에서 독립할 것을 결의하고 청조 관리와 군대의 철군을 요구했다. 그러다가 외몽골이 독립을 선언한 직후인 1912년 1월 15일 하일라르(海拉爾)를 해방시키고, 23일에는 만저우리(滿州里)를 해방시켜 실질적인 독립을 선언했다. 또 같은 해 5월에는 담딘수렌을 외몽골에 파견하여 복드 칸 정권에 귀부하고 중앙 정부에 공납을 바쳤다. 그 후 이 지역에 이해 관계를 갖고 있던 러시아가 바르가 문제에 개입하고, 베이징 정부를 다그쳐 '중아호륜조약中俄呼倫條約'(1915년 11월 6일)을 체결하고, 이 지역을 중화민국 중앙 정부 직할지의 특별 구역으로 확정했다. 이것이 역사에서 말하는 이른바 '바르가의 구역 자치'이다.

제13대 달라이 라마
인도 망명중인 1910~1912년
에 찍은 사진이다.

이미 고도의 자치를 전제로, 티베트에 대한 청조의 '종주권'을 승인하고 있었다. 말하자면 티베트는 1915년 캬흐타 3국 협정으로 몽골인이 가까스로 손에 넣은 권리를 이미 갖고 있었던 것이다. 그런 점에서 청조 말기에도 티베트는 몽골에 훨씬 앞서는 고도의 자치를 향유하고 있었다. 그런데 티베트와 몽골의 지위를 규제 또는 규정하고 있던 청조라는 정치 체제가 갑자기 무너진 후 두 나라가 처한 객관적 상황은 비슷했지만, 그 결과는 양자의 운명을 판이하게 갈라놓았다.

1913년 1월까지 티베트에 주둔하고 있었던 청조 군대가 물러가고, 달라이 라마가 라사로 돌아오면서 티베트인들은 독립을 이룩하기 위한 행동을 개시했다. 그러나 몽골과 비교하면 티베트의 독립은 매우 애매한 상황에서 진행되었다. 같은 해 3월 달라이 라마는 이른바 '5개조 선언'을 발표하고, 달라이 라마 칭호를 부활하는 등 청조와 티베트 관계를 계승하려는 베이징 정권을 견제했는데, 이것이 사실상 티베트의 독립 선언으로 간주되고 있다. 티베트는 본래부터 고도의 자치 조직을 갖추고 있었기 때문에 새로이 정부 기구를 구성하지 않고도 실질적인 독립이 이루어졌다. 또 같은 해 1월에는 몽골의 복드 칸 정권과 달라이 라마 정권 사이에 상대방을 승인하는 이른바 '티베트—몽골 조약'이 체결되었다.

몽골 문제를 처리하는 데 러시아와 똑같은 역할을 한 나라가 티베트 문제에서는 영국이다. 영국은 본래 티베트에 대한 청조의 종주권을 인정하고 있었다. 문제는 티베트의 범위에 관한 것이고, 이 문제는 당사자간에 합의가 필요한 사안이었다. 그리하여 1913년 10월부터 심라[10]에서 달라이 라마 정권, 베이징 정권, 영국령 인도 정청政廳 사이에 티베트 문제에 관한 회의(심라 회의)가 개

---

10) 인도 펀자브 주의 북부 히말라야 산록의 도시. 1814~1816년 네팔 전쟁 결과 영국령이 되었다. 피서지로 유명한 심라는 영국령 시절에 여름이면 영국의 인도 정청과 펀자브 주 정부가 이곳으로 옮겨졌기 때문에 여름 수도로 알려진 곳이다.

최되었다. 중화민국의 종주권 아래서 고도의 자치를 확인한다는 점에서 영국의 티베트 문제 해결 방침은 러시아의 몽골 문제 해결 방식과 같았다. 그러나 심라 회의는 이듬해(1914년) 초 조약 초안까지 마련되었지만, 막판에 중국 대표가 조인을 거부하는 바람에 실패로 끝나고 말았다.

어떻든 청조가 무너진 뒤 지역 질서의 재구축이라는 점에서 캬흐타 회의(몽골 문제)는 합의를 도출하는 데 성

심라 회의에 참석한 티베트, 영국, 중국 대표들
1913년 10월 13일부터 이듬해 7월 3일까지 계속된 심라 회의는 중국 측의 서명 거부로 실패로 종결되었다. 이 회의는 티베트가 중국에서 독립할 수 있는 사실상 마지막 기회였다고 할 수 있을 정도로 티베트 현대사의 분수령을 이루는 중요한 역사적 사건이다.

공한 반면, 심라 회의(티베트 문제)는 끝내 합의를 이루지 못했다. 그 이유는 아마도 두 회의의 조정 역할을 맡은 러시아와 영국의 외교적 교섭 능력의 차이 때문이었을 것이다. 러시아는 정세를 신중하게 분석한 결과 일괄 타결이 불가능하다고 판단하고, 먼저 몽골과 합의를 도출하고 이어 그 성과를 지렛대 삼아 중국을 협상의 장으로 끌어내 양자간 합의를 이루고, 최종적으로 세 나라가 조정하는 3단계 해결책을 구사했다. 반면에 영국은 처음부터 일괄 타결 방침을 정하고 사전 교섭도 없이 회담에 임한 결과, 마지막에 중국 대표의 이탈을 불러왔다.

나아가 몽골과 티베트는 국제 정세의 인식에서도 큰 차이를 보였다. 몽골은 비록 독립의 획득이라는 최종 목표를 달성하지 못했지만, 몽골 대표는 캬흐타 회의에서 자신이 손에 넣은 법적 권리의 내용을 반복하여 캐묻고, 러시아 대표의 통제를 벗어나 상당히 자주적인 자세를 견지했다. 그리고 독립이라는 행위에 대한 이해에서도 양자 사이에는 큰 차이가 있었다.

장기적 관점에서 보면, 이때 티베트를 둘러싼 지역 질서에 대한 합의를 이루지 못한 것은 티베트로서 커다란 실책이었다. 결과적으로 회의가 개최된 1910년대 전반은 합의를 도출할 수 있는 마지막 기회였다. '5·4 운동'으로

상징되듯이, 1910년대 후반 중국에서는 반제反帝 민족주의가 고양되었다. 티베트 측에 어떠한 사정이 있다고 해도 영국이 그 문제에 개입하게 되면 중국 민중은 제국주의 열강의 간섭이라고 생각했을 것이고, 중국 측으로서는 어떤 정권이라도 타협의 여지가 없었을 것이다. 실제로 1910년대 후반 티베트와 중국의 지방군 사이에서 충돌이 일어나고, 정전 후 협의가 이루어지지만 중국 측의 거절로 중단되었다. 이처럼 티베트의 지위는 애매한 상태로 시간만 흘러갔다.

몽골의 인민혁명

복드 칸 정권은 러시아가 주도하고 중국이 동의한 러중 합의에 의해 보장되었음에도 불구하고, 현실적인 기반은 매우 취약했다. 그러다가 1917년 러시아 혁명으로 제정 러시아가 붕괴되자 그 혼란이 몽골까지 파급되어 복드 칸 정권도 위기를 맞게 되었다.

이때 유럽 열강들은 1914년 제1차 세계 대전의 발발로 전쟁에 휘말림으로써 동아시아 문제에 개입할 수가 없었고, 오직 일본만이 이 지역에 영향력을 확대했다. 일본은 당시 명칭으로 남만주와 '동부 내몽고(東蒙古)'를 세력 범위로 설정하고 구미 열강으로부터 이에 대한 승인을 받았다. 당시 일본인들 사이에서는 일본이 특수한 이해 관계를 갖고 있는 곳으로서 '만몽滿蒙'이라는 지역 개념이 형성되어 있었다. 그런데다가 그때까지 일본의 최대 대항 세력인 제정 러시아가 혁명에 의해 소멸됨에 따라 일본은 '북만주' 방면으로도 세력을 확대했다. 또 러시아 내전이 시베리아로 확산되면서 일본은 구미 열강과 제휴하여 반反볼셰비키파를 지원하기 위한, 이른바 시베리아 간섭 전쟁(1918~1922년)을 일으켰다.

그 무렵 중국에서는 지방 군벌 사이의 항쟁이 격화되고 있었

최초로 만들어진 몽골 인민당의 도장

중앙에는 제1대 젭춘담바 쿠툭투(1635~1712년)가 창제한 소욤보 문자(현재의 몽골 국가 문장)가 있고, 그 양쪽으로 몽골 비칙(전통 몽골 문자)으로 '몽골 인민당의 도장'이라는 글자가 새겨져 있다.

다. 그 가운데서 베이징 정권을 장악하고 있었던 파벌이 안푸 파(安福派)라 불리는 군벌이다. 일본의 데라우치 마사타케(寺內正毅) 내각은 안푸 파를 지원하여 중일 군사 협정을 체결하고, 북만주를 일본군의 활동 범위로, 외몽골을 중국군의 활동 범위로 설정했다. 러시아 혁명 직후부터 외몽골에서 러시아의 영향력은 급속히 저하되고 있었는데, 중국은 이 기회를 틈타 몽골에서 세력을 회복하는 한편, 캬흐타 협정에서 합의된 외몽골 자치를 철폐시키려고 했다. 그리하여 안푸 파의 중심 인물인 쉬수정(徐樹錚)이 후레를 점령하고 복드 칸을 압박했다. 중국의 강력한 압력으로 고립무원의 상황에 처한 복드 칸 정권은, 1919년 11월 17일 부득이 외몽골의 자치를 철회할 수밖에 없었다. 그러나 바로 이때 시베리아에서 새로운 사태가 전개되었다.

러시아 혁명 후 내전의 혼란이 계속되던 시베리아에서는 예전의 억압이 소멸되면서 다양한 정치 세력이 활동을 개시했다. 그 가운데서 특이한 행동을 보인 사람들이 바이칼 호 주변의 부랴트 몽골인들이다. 그들은 대大몽골주의를 내걸고 전체 몽골족의 대동단결을 호소했다. 복드 칸 정권 초창기에 나타난 대몽골주의는 청조 영내의 몽골족을 통합하는 것을 목표로 했던 데 반하여, 이번의 움직임에는 제정 러시아 영내의 부랴트 몽골인, 그리고 바르가를 비롯한 내몽골의 몽골족까지 가세했다. 이 운동을 지원한 사람이 반反볼셰비키파인 세묘노프[11]라는 사람이었다. 그는 코사크 출신으로 어머니가 부랴트 몽골인이었으며, 일본 육군의 지원을 받고 있었다.

그 무렵 시베리아의 정치 상황은 혼돈에 빠져 있었고, 간섭 전쟁에 참여한 열강의 지원은 점점 옴스크의 콜차크(1873~1920년)[12] 정권에 집중되었다. 그 와중에서 세묘노프는 대몽골주의를 이용하여 자기의 존재를 과시하려 했는데,

---

11) 1918년부터 1920년 사이에 시베리아를 침략한 일본군 지원 아래 자바이칼(바이칼 동남부) 지방에서 반反혁명 활동을 수행한 사람. 몽골계의 부랴트인 어머니를 둔 그는 부랴트인 부대를 백군白軍(반혁명파)의 핵심 세력으로 만들었다.

12) 러시아 해군 제독으로 1917년 2월 혁명 당시 흑해 함대 사령관으로 재직하다, 임시 정부에 의해 미국에 파견되어 귀국 길에 일본에서 10월 혁명 소식을 접했다. 그는 독일과 강화를 체결한 레닌 정권과 대결하기 위하여 연합국, 특히 영국의 지원을 받아 시베리아에 진출하고, 1918년 11월 전러시아 정부 육해군성 장관, 이어 최고 집정관에 취임하여 우랄 동쪽 거의 전지역에 독재 체제를 수립했다(이른바 콜차크 정권). 그 이듬해 말 적군赤軍에 패배하여 이르쿠츠크에서 처형되었다.

1919년 봄에는 그의 주도로 다우리야에서 전몽골 임시 정부[13]가 성립되었다. 그러나 이 임시 정부는 명확한 실체가 있었던 것도 아니었고, 내부 항쟁으로 말미암아 얼마 안 있어 소멸하고 말았다. 그 후 시베리아 전황은 점점 볼셰비키파의 우위로 기울고, 콜차크 정권이 붕괴하면서 곧이어 세묘노프도 실각했다. 그런 와중에 세묘노프 군대를 이어받은 사람이 그의 부하이자 '발트 해의 미치광이 남작男爵'으로 불리는 운게른 스테른베르그[14]이다.

한편 몽골에서는 중국 군벌의 강압으로 자치가 취소되는 시기를 전후하여 몽골의 정치적 주권 회복을 목표로 내건 몇 개의 단체가 활동을 시작했다. 1919년 후레에는 독립적인 두 개의 정치 그룹이 조직·결성되었는데, 하나는 1919년 말 수도의 중심부인 '준 후레'에서 탄생한 후레파이고, 또 하나는 수도의 동쪽 끝 러시아 영사관 언덕에서 성립된 영사관파이다.[15] 이들이 연대해 1920년 6월경 몽골인민당을 결성했다. 인민당은 처음에는 소규모의 비밀 조직으로 출발했다. 당시 몽골 입장에서 보면 중국 군벌의 억압을 배제하고 자치를 회복하기 위하여 외부 세계에서 원조를 받으려고 할 때 현실적으로 어느 정도 가능성이 있었던 것은 볼셰비키 정부뿐이었다.

그 무렵 소비에트 측도 이미 몽골 문제를 담당하는 분과를 이르쿠츠크에 신설했다. 이 분과는 한때 대몽골주의 운동에 관여한 적이 있는 부랴트 몽골인 엘베크 도르지 린치노[16]의 노력에 의해 이루어졌다. 몽골인민당은 '단잔'을 비롯한 대표단을 극동공화국極東共和國[17] 수도 베르흐네 우딘스크(현재 부랴트공화국

---

13) 일본이 지원하고 세묘노프가 주도한, 이른바 '나르마이 몽골 울루스(범몽골국)'이다.

14) 바론 운게른, 즉 운게른 남작으로 불린다. 발트 해 연안의 독일계 귀족 가문에서 태어나 시베리아에서 세묘노프의 맹우로서 반혁명 활동을 했다. 열렬한 반혁명 분자로 몽골을 반혁명 기지로 만들기 위하여 1920년 10월 몽골을 침공하여 이듬해 2월 후레를 점령하고, 중국 군벌이 무너뜨린 자치 정부를 수복하여 복드 칸 정권을 부흥시켰다. 곧이어 몽골 인민군과 소비에트 군대에 패배하여 1921년 9월 처형되었다. 참고로 당시 후레에서 의사로 활동하고 있었던 한인 애국 지사 이태준(1883~1921년)도 운게른 군대에 의해 살해되었다. 이에 관한 자세한 사항은 반병률, 「의사 이태준(1883-1921)의 독립운동과 몽골」, 『한국근현대사연구』 제13집(한국근현대사학회, 2000), 170~172쪽 참고.

15) 당시 몽골 수도 후레는 크게 네 부분, 즉 간단사, 준 후레, 영사관구領事館丘, 나이마 호트(寶買城, 東營子)로 이루어져 있었다. 준 후레는 현재의 울란바토르 중심부에 위치한 가장 큰 구역이다.

16) 부랴트 몽골의 혁명가로 1920~1925년 몽골사에서 가장 중요한 역할을 담당한 사람 가운데 하나이다. 그는 1920년 가을부터 러시아 공산당 시베리아국(시베리아 뷰로) 동방 민족부에서 활동하고, 그 해 단잔을 비롯한 몽골 혁명파들과 함께 모스크바를 방문했으며, 1921년 4월부터 1925년 5월까지 코민테른 극동서기국 몽골-티베트부 책임자로서 초기 몽골 혁명에 크게 기여했다. 1925년 소련으로 가서, 1937년 숙청되었다. 한편 린치노의 아내는 20세기 초기에 부랴트를 무대로 활동한 한인韓人 활동가 남만춘의 여동생 남마류사이다.

수도 울란 우데)로 보냈는데, 이들은 이르쿠츠크에서 모종의 협의를 한 후 모스크바로 떠났다. 그리고 같은 해 10월 러시아 공산당 정치국은 몽골 인민의 투쟁을 지원하기로 하고, 칼미크인과 부랴트인을 비롯한 제정 러시아 영내의 다른 몽골계 민족에게도 자치를 승인하기로 결의했다.

이 시기, 즉 1920년 7월에 러시아 공산당 강령이 몽골어로 번역되고 러시아 공산당원과 몽골인 활동가들 사이에 접촉이 이루어졌지만, 몽골에 공산주의 사상은 거의 보급되지 않았다. 그렇다면 무엇 때문에 소비에트 측은 10월이라는 시점에 몽골을 지원하기로 결정했을까. 전반적인 정세를 보면 일본군이 러시아에서 철수하기로 결정하고, 이미 같은 해 5월 완충국인 극동공화국까지 성립되었다. 그런데 세묘노프 군대를 이어받은 운게른이 몽골을 반反볼셰비키파의 활동 거점으로 만들려는 목적으로 같은 해 10월 외몽골을 침입하는 사건이 발생했다. 운게른 군대는 이듬해 1921년 2월 후레에 입성하여 복드 칸 정권을 복구시켰다. 어떻든 중국 군벌에 의해 무너진 복드 칸 정권이 운게른에 의해 재건되었지만, 운게른과 그 군대의 잔악한 행위 때문에 몽골 국내는 큰 혼

---

17) 러시아 혁명에 대한 연합국의 간섭 전쟁(시베리아 간섭 전쟁) 시기에 일본군과 직접적인 대결을 피하기 위하여 러시아 공산당 중앙의 결정에 따라 바이칼 호 동쪽 지역에 건설된 완충국. 1920년부터 1922년 사이에 존속했고, 일본군 철수 후 소비에트 러시아에 합병되었다.

란에 빠졌다. 그리하여 소비에트 측은 일본과 중국의 반응을 보아가며 신중하게 정세를 분석하면서 운게른 군대의 침략을 계기로 서서히 몽골에 대한 군사 개입을 준비하기 시작했다.

먼저 1921년 1월 이르쿠츠크에 코민테른 극동서기국이 설립되었는데, 그 산하의 티베트-몽골부가 그 후 몽골에 대한 정치 지도를 담당하도록 했다. 이어 같은 해 3월 초 몽골 인민당 제1차 당 대회가 몽러 국경 도시인 데드 시베[18]에서 개최되고 임시 인민 정부가 수립되었다. 제1차 당 대회 문서를 보면 장기적으로 전체 몽골족의 통합과 독립을 전망하고 있지만, 당면의 과제로 자치의 부흥을 목표로 설정했다.

임시 인민 정부가 모집한 군대는 곧이어 캬흐타를 공격하고, 그곳에 주둔하고 있던 중국군을 몰아냈다(1920년 3월 18일). 몽골군은 이어 소비에트군, 그리고 극동공화국 군대와 함께 후레를 공격하여 운게른 군대를 격파하고, 1921년 7월 11일 공식적으로 몽골 인민 정부를 수립했다. 이상이 몽골 인민 혁명의 진행 과정이다. 이 과정에서 결정적인 역할을 한 것은 소비에트와 극동공화국의 군사 개입이고, 그들의 활동은 캬흐타 협정에서 승인된 복드 칸 정권의 강역疆域에 한정되었다. 그 후 1921년 11월 몽골 인민 정권과 소비에트 사이에 우호 조약을 체결하여 양국은 상대방을 독립 국가로 승인했다.

초기 몽골의 인민 정권과 중소 관계

몽골에서는 인민 혁명에 의해 인민 정권이 수립되었지만, 젭춘담바 쿠툭투가 여전히 국가 원수로 군림했다. 또 정권을 담당한 사람들도 혁명가라기보다는 오히려 민족주의자들이었다. 코민테른에서 파견한 요원들이 이들을 지도했는데, 초창기에는 부랴트 몽골인 린치노가 큰 영향력을 행사했다. 혁명 초

---

18) 몽러 국경 도시인 캬흐타에서 북쪽으로 2km 정도 떨어진 지점에 있는 트로이츠코사프스크를 가리킨다. 1934년에 캬흐타에 편입되어 그 일부가 되었다.

기에는 과거 특권층에 대한 제재 조치를 비롯한 사회 개혁이 매우 완만한 속도로 진행되었다. 그러다가 1924년 국가 원수인 젭춘담바가 사망하자 같은 해 11월 국호를 몽골인민공화국으로 바꾸고, 인민당도 몽골인민혁명당으로 개칭한 후 사회주의 국가 건설에 박차를 가했다. 바로 이러한 이유로 1924년은 몽골 현대 정치사에서 매우 중요한 의미를 갖는다.

원래 레닌의 세계 혁명 전략에서는 혁명이 달성된 지역은 모두 종래의 국가 유형과 다른 연방으로 통합되도록 되어 있었다. 실제로 1922년부터 1924년 사이에 진행된 소비에트 연방 결성에 중앙아시아 여러 지역이 참가했다는 것은 잘 알려진 사실이다. 그런 의미에서 몽골도 소련에 가입할 가능성이 있었지만, 결과적으로 그렇게 되지 않았다. 중앙아시아의 경우 어떻든 과거 제정 러시아의 속령屬領이었던 데 반하여, 제정 러시아도 외몽골에 대한 중화민국의 종주권을 인정하고 있었다. 따라서 소비에트 정권이 몽골에 군사 개입을 하면서 가장 경계한 것이 중국과 일본의 반응이었다. 그들이 우려한 대로 몽골 문제는 중국과의 국교 교섭에서 최대 현안으로 떠올랐다. 국가 대 국가의 교섭은 베이징 정권을 상대로 하여 이루어졌다. 영국 · 이탈리아 · 프랑스를 위시한 서구 열강들이 소련을 승인한 해인 1924년 5월 31일 소련과 중국의 외교 대표단 사이에 외교 관계를 수립하기 위한 각서가 교환되고, 동시에 소

사유재산을 몰수하는 혁명 청년당원들(1929)

련과 중화민국 사이의 여러 문제를 해결하기 위한 일반 원칙에 관한 협정(中蘇大綱協定)이 조인되었다. 여기서 소련은 외몽골에 대한 중화민국의 종주권을 승인했다.

한편 1920년대가 되면서 레닌이 기대한, 러시아 혁명에 이은 유럽 혁명의 가능성이 완전히 사라졌다. 그래서 소비에트 측이 기대한 것은 아시아 지역, 특히 혁명적 기운이 고조되고 있던 중국이었다. 게다가 당시 중국 혁명파들은 제국주의와 봉건 세력을 제외한 민족주의자들과 광범한 연합 전선을 구축하는 방안을 모색하고 있었다. 이 노선을 제기한 것이 코민테른이었는데, 1924년 1월 중국 국민당 일전대회—全大會 이후 국민당과 중국 공산당 사이에 국공합작國共合作이 이루어졌다.

1924년경에 일어난 사건을 순서대로 정리하면 다음과 같다. 먼저 중국 본토에서 국공 합작이 시작되고 다수의 코민테른 요원이 여기에 참가한다. 이어 중소 사이에 국교가 회복되고, 소련은 중국의 외몽골에 대한 종주권을 승인한다. 반면에 몽골에서는 코민테른 지도 아래 인민공화국이 성립된다.

이처럼 소련과 코민테른의 대對중국, 대몽골 정책은 서로 상충되고 이해하기 어려운 측면이 있었다. 여기서 문제가 되는 것은 소련이 과연 대중국 정책과 관련하여 당시 몽골의 상태를 어떻게 파악하고 있었는가 하는 점이다. 여러 가지 정황으로 미루어 소련과 코민테른은 몽골 상황을 과도기로 파악하고 확실한 미래상을 그리지 않았던 것으로 보인다. 당시 중국에서 국공 합작이 성공하고 중화연방中華聯邦 같은 정치 체제가 성립된다면, 몽골인민공화국이 거기에 가맹할 가능성이 전혀 없는 것도 아니었다. 실제로 당시 몽골 지도자의 한 사람이었던 담바도르지[19]는 이와 비슷한 발언을 했다. 그 이유는 이제 막 사회 개혁이 시작되었을 뿐 사회주의가 확산되지 못한 당시 몽골의 사회

---

19) 1921~1928년 몽골의 최고위 정치가 가운데 한 사람. 특히 1924~1928년은 담바도르지의 시대라고 할 만큼 그는 몽골 혁명 과정에서 큰 영향력을 행사했다. 1920~1921년 캬흐타에서 전신電信 일을 하면서 몽골 혁명가들의 연락 업무를 담당했다. 1921년에는 서몽골에서 벌어진 백군 소탕 작전에 참가했으며, 1921~1927년 사이에 당 중앙위 부위원장과 위원장을 역임하고, 몽골 대표로 제4차 및 제5차 코민테른 대회에 참석했다. 1928년 제7차 당 대회에서 우파右派로 비판을 받고 정계에서 퇴장했다. 그 후 1929~1934년에 소련 주재 몽골 대사를 역임했다. 그는 저널리스트로서 신문과 잡지에 많은 논설을 발표하고, '톨보 호수' 등 유명한 기록 문학을 남기기도 했다.

상황 때문이었다. 소비에트 정부는 1921년 몽골을 독립적인 주권 국가로 승인하면서, 1924년에는 중국의 종주권을 인정하는 등 외교적으로 명백히 모순된 행동을 취했다. 그러나 몽골의 위치나 동아시아 정세 자체를 과도기적 상황으로 파악하고 있었다면, 소련과 코민테른 당국자는 자신들의 행동을 모순으로 생각하지 않았을 것이다.

이러한 중소 관계와 몽골의 미묘한 관계는 당연히 내몽골에서도 나타났다. 내몽골에서는 1911년 외몽골인들이 독립을 선언하자, 복드 칸 정권에 참가하려는 움직임이 있었다. 그러나 결국 캬흐타 협정에 의해 내몽골은 신정부에 합류할 수 없게 되고, 이 지역이 곧이어 특별 구역으로 분할 · 재편되면서 중국 측으로부터 많은 압력을 받았다. 앞에서 언급했듯이 내몽골의 바르가 지역은 몽골 민족주의가 강한 지방이었다. 메르세(郭道甫)를 비롯한 청년층은 몽골인민공화국이나 코민테른과 연락을 취하고, 세링 돈룹(白雲梯) 등 국민당 계열의 몽골인까지 끌어들여 1925년 장자커우(張家口)에서 내몽골인민혁명당을 결성했다. 이 당이 적극적인 활동을 전개한 데는 국공 합작을 지지하고 있었던 서북 군벌 수령 펑위샹(馮玉祥)이 큰 역할을 했다. 또 당시 몽골인민공화국 수뇌부가 대몽골주의 경향, 즉 내몽골과 외몽골의 통합에 열의를 갖고 있었음을 보여주기도 한다.

내 · 외몽골의 통합은 복드 칸 정권의 꿈이었을 뿐 아니라 인민당의 최초 강령에도 장기적 전망으로 언급되고 있다. 특히 정치가 과도기적 성격을 띠고 있는 상황에서 몽골의 범위를 가능한 넓게 잡아두는 것이 장래를 위해서도 유리했다. 이 때문에 내몽골에서 진행된 국공 합작은 중국 본토처럼 국민당과 공산당의 협력이 아니고, 국민당 그리고 몽골인민혁명당과 연계된 내몽골인민혁명당 사이의 협조라는 특이한 형태를 띠고 있었다.

그러나 1927년에 장제스(蔣介石)가 일으킨 반공反共 쿠데타는 국공 합작을 붕괴시키고, 내몽골인민혁명당까지 분열 · 소멸시키는 결과를 가져왔다. 메르세는 코민테른의 지령으로 무장 봉기를 일으켰으나 실패했고, 세링 돈룹은 내몽골인민혁명당과 완전히 결별을 선언했다. 이와 같이 하여 지금까지 유지되어

체렌도르지
청나라 지배 시기에는 후레 판사대신辨事大臣 아문衙門의 서기를 거쳐 복드 칸 정부의 외무부 수뇌로서 외교 교섭을 담당하고, 몽골인민공화국 초대 총리가 되었다. 그의 화려한 경력에서 유능한 실무가였음을 알 수 있다.

온 코민테른의 지도 방침은 파탄에 이르고, 몽골인민공화국에서도 극좌 노선이 채택되어 담바도르지를 비롯한 민족주의 성향의 지도부가 모스크바 유학생 출신의 젊은이들로 교체되기 시작했다. 이처럼 중국 혁명에 대한 전망이 없어지자, 그 후 코민테른은 몽골인민공화국을 외몽골로 제한된 범위에서 중국 정세와 분리하여 처리하기 시작했다. 이와 함께 그들은 몽골을 중국에 통합시키지 않고, 명확히 개별 국가로 유지시키기 위하여 사회주의 개조를 급격히 강행했다.

이어 몽골 국내에서 숙청이 자행되고, 왕공 세력과 불교계에 대한 재산 몰수와 유목민의 집단화가 시작되었다. 이와 함께 그때까지 어느 정도 활동이 허용되었던 외국 회사와 중국 상인도 국외로 추방되었다. 그러나 급격한 집단화는 유목민의 반발을 불러와 각지에서 반란이 발생했다. 그리하여 1932년에 이르러 일단 집단화를 중지하고 완화 정책으로 전환하여 간신히 내부 동요를 진정시켰다.

이윽고 몽골에 대한 정치 지도 역할도 코민테른에서 소련 공산당으로 이전되었다. 이 과정에서 초창기부터 혁명에 참가하고 내무부와 군부에 기반을 갖고 있었던 초이발산이 점점 독재자로 지위를 굳혀갔다. 그는 몽골의 스탈린으로 불렸다.

1930년대 초기 소련 정책을 모방한 집단화는 허무하게 실패했지만, 이 시기와 관련하여 오히려 주목해야 할 것은 한인漢人 상인이 몽골 시장에서 완전히 추방되었다는 점이다. 한인 상인은 청대 이후에 활동을 급속하게 확대해 중국 본토에서부터 몽골, 러시아 극동, 동투르키스탄, 그리고 동남아시아까지 활동 폭을 넓혔다. 동남아에서는 현재도 화교華僑가 경제의 실권을 장악하고 있는데, 이들은 종종 해당 국가의 국민 경제의 건전한 발전을 저해하는 존재로 지적되기도 한다. 몽골 정부는 1920년대 말까지 한인 상인을 상업망에서 강제로 배제하고, 그 대신 소련을 모델로 하는 유통 체계와 계획 경제에 기초한 물자의 조달 체계를 도입했다. 그런 의미에서 경제적인 측면에서 국민 통합에 성공했다고 말할 수도 있을 것이다. 그러나 이런 체제 아래에서는 몽골 상품의 수출이 소련으로 한정되고, 상대적으로 소련만이 몽골에 소비와 생산 물자를 공급하게 됨으로써 소련에 대한 경제적 종속이 심화되었다.

이러한 과정을 거쳐 소련은 몽골을 제정 러시아 시대의 세력권에서 자신의 지배권으로 바꾸고, 뒤에 서술하는 바와 같이 위성국衛星國으로 만들었다. 1990년대 이후 몽골에서는 민주화 바람을 타고 역사에 대한 재검토 작업이 진행되고 있는데, 그 과정에서 몽골인 사이에서는 과거 소비에트 정책에 대한 격렬한 비판이 제기

숙청을 독려하는 1930년대 몽골 포스터

되고 있다. 심지어 소련이 몽골인들의 자유로운 사고 의지까지도 없애려 했다는 극단적인 의견까지 제기되었다. 그러나 소비에트는 하나의 민족으로서 붕괴 직전의 몽골에 손을 내밀었고, 그리고 앞날을 걱정하는 몽골 민족주의자들의 필사적인 노력으로 소비에트가 몽골 문제에 개입하면서, 소비에트는 결과적이든 의도적이든 몽골의 독립 과정에 연루되었다. 어떻든 1920년대 이후에 관한 본격적인 연구는 이제 막 시작되었다고 할 수 있다. 몽골인 연구자에 의해 역사의 실상이 좀더 명확하게 밝혀지기를 기대한다.

동아시아의 정치적 긴장과 몽골인

　장제스는 공산당과 소련 세력을 배제하면서 북벌北伐을 강행하여 동북 지방과 티베트를 제외한 중국 거의 전역에 국민당 지배를 확대하고, 특이한 '종족론宗族論'에 의하여 중화민국의 통합 이념을 설명하려 했다. 그러나 몽골인과 티베트인 입장에서 보면 장제스의 정책은 그들 독자의 문화나 전통에 대한 이해가 완전히 결여되어 있었다. 그 결과 국민당에 대한 반감이 날로 더해가고 자치 확대의 기운 또한 고조되었다.

　한편 중국 동북 지방을 중심으로 하여 제국주의적 권익을 유지하려 한 일본은 중국 민족주의와 전면적으로 대결하게 된다. 즉 일본 관동군關東軍은 1931년에 이른바 만주사변滿洲事變을 일으키고, 이듬해에는 만주국滿洲國을 수립했다. 그리하여 일본은 국제적으로 고립되고, 결국 군국주의로 나아가게 되는데, 만주국은 본질적으로 일본의 괴뢰 국가였지만, 다민족 국가의 성격도 갖고 있었다. 관동군은 영내 몽골계 거주민의 존재를 고려하여 싱안 성(興安省)이라는 새로운 성을 신설하고 제한적인 자치를 허용했다.

　또 내몽골 서부의 몽골 왕공들은 만주국 성립과 중화민국 정권의 약체화를 목격하고 난징(南京) 정부에 대해 고도의 자치를 요구하기 시작했다. 이러한 움직임의 중심에 서 있었던 인물이 수니트(蘇尼特) 호쇼(旗)의 뎀축 동릅(德穆楚克棟魯普, 덕왕德王)인데, 관동군關東軍은 화북 지방 진출을 노리고 그의 존재에 주목했다. 뎀축 동릅을 비롯한 몽골인들의 자치 운동은 처음에는 큰 성과를 거두지 못했지만, 중일 전쟁이 시작되자 진격해온 관동군의 지원 아래 1937년 쑤이위안[綏遠(현재의 후흐호트)]에 몽골연맹자치정부(蒙古聯盟自治政府)를 수립했다 (1937년 9월 1일).

　그리고 1939년 9월 1일에는 또 다른 일본 괴뢰 정권인 찰남자치정부察南自治政府[20]와 진북자치정부晉北自治府,[21] 그리고 위의 몽골연맹자치정부는 일본의

---

20) 내몽골 차하르 성(察哈爾省) 남부 10개 현을 범위로 하여 1937년 9월 4일 장자커우(張家口)에서 성립된 일본의 괴뢰 정부.
21) 산시 성(山西省) 북부 지역을 범위로 하여 1937년 10월 15일 산시 성 다퉁(大同)에서 성립된 일본의 괴뢰 정부.

뜻에 따라 '몽골연합자치정부[蒙古聯合自治政府, 통칭 몽강정부 蒙疆政府라고 한다]' 라는 이름으로 통합되었다. 뎀축 동룹 등은 앞으로 내몽골의 통합과 고도의 자치를 겨냥하고 자치 정부 명칭을 몽고연합자치정부라 했다. 그러나 자치 정부는 진북자치정부의 가담으로 한족이 인구 구성에서 압도적 다수를 점하게 되고, 또 만주국에 편입되어 있던 내몽골 동부 지역의 합병이 일본군에 의해 거부되는 등 일본인이 실권을 장악한, 그리고 일본의 대중對中 군사 전략 아래에서 만들어진 괴뢰 정권에 불과했다.

수니드 왕부王府에서 라디오를 청취하는 뎀축 동룹
라디오, 신문 등 새로운 미디어는 몽골 오지까지 정보를 전했다. 변발을 하고 있는 점이 주목되는데, 뎀축 동룹은 몽골이 독립할 때까지 변발하기로 서약하고, 1946년 중화민국이 몽골인민공화국의 독립을 승인할 때 머리를 잘랐다고 전해진다.

몽골인민공화국과 소련은 이러한 일본의 침략 공세에 대해 위기감을 느끼기 시작했다. 소비에트 군대는 인민 혁명 후 일단 몽골에서 철수했으나, 1936년 몽소 상호원조의정서에 따라 다시 몽골에 주둔했다. 당시 몽골인민공화국 국경은 캬흐타 협정에서 승인된 자치 외몽골 영역으로 되어 있을 뿐, 세부 사항은 아직 확정되지 않았다. 더구나 1920년대 내내 중국 정부는 몽골인민공화국의 실체를 인정하지 않았기 때문에 몽골과 중국 사이에 적어도 국경 문제는 일어나지 않았다.

그런데 만주국이 성립되고(1932년 3월) 소련은 만주국을, 일본은 몽골인민공화국을 암묵적으로 승인한 결과 몽골과 만주국 사이에 국경 문제가 발생하게 되었다. 관동군은 국경 분쟁에 관하여 강경한 대처 방안을 고수하고 있었고, 소련 역시 일본의 도발 행위에 즉시 대응할 태세를 갖추었다. 이러한 상황에서 만주국과 외몽골 국경인 할하 강 주변에서 소련과 일본 사이에 무력 충돌이 발생했는데, 전투는 근대 장비를 갖춘 소련군의 일방적 승리로 끝났다. 이것이 일본 측에서 말하는 노몬한 사건이고, 소련과 몽골에서 이르는 할힌 골 전투(할하 강의 전투, 1939년 5월~1939년 9월)[22]이다. 이어 1940년에 개최된 몽골인

---

22) 1931년 만주사변과 만주국 성립으로 일본의 지배 영역이 소련과 직접 맞부딪치면서 양측의 긴장이 고조되었다. 당시(1931년) 일본 육군의 '국제 정세 판단'은 일본 제국의 세력 범위를 '만주와 동부 내몽골, 나아가 극동 소련령'으로 확대한다는 방침을 명시하고 있었다. 이와 함께 관동군의 병력도 비약적으로 증강되었는데, 이러한 상황에서 소련과 국경 분쟁이 빈발했다. 그 대표적인 사례가 1938년 장구평(張鼓峰) 사건(한·중·소 국경 교차점에 있는 장구평에서 벌어진 일본과 소련의 국경 분쟁)과 할힌 골 사건이다.

민혁명당 당 대회와 의회는 몽골인민공화국이 혁명 단계를 지나 사회주의 건설 단계로 이행했음을 공식적으로 확인했다.

제2차 세계 대전의 종결과 몽골인의 운명

1945년 8월 제2차 세계 대전의 종결과 일본의 패망은 몽골족의 운명에도 새로운 활로를 열어주었다. 전후 국제 관계의 주도권을 장악한 나라는 초강대국으로 등장한 미국과 소련으로, 두 나라는 제2차 대전이 끝나기 전 이미 얄타에서 회담을 열어 전후 국제 정치의 큰 틀을 결정했다. 그 가운데 하나가 소련이 대일전對日戰에 참전하는 조건으로 몽골인민공화국에 대해서 '현상(status quo)'을 유지하기로 합의했다. 제2차 세계 대전 이전에 몽골인민공화국을 승인한 나라는 소련뿐이었고, 중화민국은 아예 몽골 독립 자체를 부정하고 있었다. 소련은 1920년대 후반 이후 일관되게 몽골인민공화국을 소련과 별개의 독립국으로, 그리고 어떤 상황이 되어도 중국과 재결합이 불가능한 형태의 사회주의 국가로 만들려고 했다. 이와 같이 초강대국으로서 동아시아의 국제 정치에서 발언권이 강화된 소련의 후원이 있는 한 중국도 몽골인민공화국의 현상을 인정하지 않을 수 없었다.

제2차 세계 대전 말기 몽골군은 소련과 함께 일본에 대해 선전 포고를 하고 군대를 내몽골로 진격시켰는데,[23] 내몽골의 몽골인들은 이때를 숙원인 내·외몽골 통합의 절호의 기회로 여기고 다양한 정치 운동을 전개했다. 이에 앞서 일본이 패망할 무렵 만주국 대사관 직원으로 일본 도쿄(東京)에 주재하고 있던 몽골인 하풍가(哈豐阿)는, 도쿄에 유학하는 몽골 학생들을 모아놓고 전쟁에서 일본이 패배하고 소련의 원조 아래 독립 '대몽골'이 출현할 것이라고 전망하

---

23) 소련은 1945년 8월 8일, 몽골은 이틀 후인 8월 10일 일본에 대해 공식적으로 선전 포고를 하고 대일전에 참여했다. 당시 몽골은 소련 극동군 산하 남바이칼 전선군에 배속되었고, 구체적으로는 남바이칼 전선군 예하 남부 진공 부대, 즉 몽소 기마·기계화 부대 일원으로 주로 내몽골과 만주 서부 지역을 담당했다. 이에 관한 자세한 사항은 이평래, 「제2차 대전 후 몽골로 끌려간 일본 포로」, 『한국근현대사연구』 제25집(한국근현대사학회, 2003), 126~127쪽 참고.

면서 청년들에게 그때까지 자중자애하도록 당부했다. 그러나 소련의 전후 구상은 하풍가를 비롯한 많은 몽골인의 기대를 일거에 무너뜨렸다. 즉 몽골인민공화국의 '현상'을 유지한다는 것은 독립 국가로 몽골을 승인한 것이지만, 그 영역도 말 그대로 현상에 그치는 것이었다. 공식적인 절차로서 몽골인민공화국에서는 1945년 10월 중국에서 독립할 것인지를 묻는 국민 투표가 실시되고, 반대표 없이 독립에 대한 의지가 확인되었다. 중화민국도 이 결과를 인정하고 일단 몽골인민공화국을 승인하지만, 곧이어 발생한 국경 분쟁으로 그 승인을 철회하는 기이한 상황이 발생했다.

한편 하풍가를 위시한 내몽골 활동가들은 울란바토르로 가서 내·외몽골 통합에 대한 원조를 호소하지만, 이 제의는 당시 외몽골의 실권자인 초이발산에 의해 거절되었다. 이윽고 중국에서는 국민당과 공산당 사이에 내전이 발발하고, 내몽골까지 중국 공산당의 영향력이 미치기 시작했다. 그리하여 몽골족 출신 중국 공산당원인 울란푸(烏蘭夫)를 중심으로 하여 하풍가까지 참여하는 내몽골 자치 운동이 통합되고, 드디어 1947년 내몽골자치정부가 수립되었다.[24] 이렇게 하여 성립된 내몽골자치정부는 신중국의 '민족 구역 자치民族區域自治'의 모델이 되었다. 내몽골자치정부 성립은 중국 공산당 지도 아래 내몽골인들의 숙원인 내몽골 지역의 재통합이 실현되었다는 데 일차적인 의의가 있다.

티베트의 불안정한 지위

제2차 세계 대전 후 국제 정치 구조의 변화는 티베트 정국에도 적지 않은 영향을 미쳤다. 1920~1930년대 중국 본토에는 정치 투쟁과 전란이 계속되었지만, 한편으로 중앙 정권의 구심력이 약화되어 티베트에는 그 여파가 거의 미치지 않았다. 다만 난징 정부는 오랫동안 분쟁 지역으로 남아 있었던 캄(喀木) 지

24) 이에 관한 자세한 사항은 김선호, 「4 · 3회의와 내몽고자치정부 성립과정」, 『중앙아시아연구』 1(중앙아시아학회, 1996), 78~79쪽 참고.

방[25]을 1939년에 시캉 성西康省으로 개편했는데, 처음 계획했던 것처럼 이 지역을 실제로 지배하지 못하고 정부의 힘이 미치는 곳은 동부에 한정되었다. 한편 영국 입장에서 티베트는 식민지 인도의 배후지로서 전략적인 의미는 있었지만, 그 이상 어떤 적극적인 의의를 부여하지는 않았다. 그리하여 티베트에서는 표면상 정치적 안정이 유지되었다. 그러한 와중에서 1933년 문자 그대로 제국주의 시대 티베트의 변화를 상징하는 인물인 제13대 달라이 라마가 입적入寂했다. 달라이 라마 자신은 개혁을 시도했다고 알려져 있지만, 그는 티베트의 보수적인 종교계에 둘러싸여 아무런 성과를 거두지 못하고 생을 마쳤다.

이 무렵 중국 공산당은 국민당과의 내전에서 승리하고 중국 전역으로 지배를 확대했다. 내몽골에서는 옛 지도층들과의 관계, 그리고 정치 이데올로기의 확산이라는 관점에서 보면 비교적 순조롭게 사회주의 건설이 진행되었다. 이 과정에서 울란푸로 대표되는 민족 간부들이 중요한 역할을 담당했다. 그러나 중국 공산당과 달라이 라마 정권 사이에는 아무런 접점接點도 존재하지 않았고, 양측이 의거하고 있는 국가관과 사상 역시 동떨어져 있었다.

당시 티베트인들은 역사적으로 보아도 독자적인 사회 구조와 문화와 전통을 갖고 있는 데다가, 국제 사회의 공식적인 승인을 받은 것은 아니지만 어떻든 독립국에 가까운 자치를 향유하고 있다고 자부했다. 반면 중국 공산당은 티베트 사회 체제 그 자체가 구사회의 잔재이고, 따라서 신중국의 국가 건설에 티베트도 당연히 참여해야 한다고 주장했다. 이렇게 하여 양측의 충돌이 불가피해졌다.

중화인민공화국이 성립된 이듬해인 1950년 중국군은 티베트에 대한 전면적인 공격을 개시했다. 이때 어린 제14대 달라이 라마는 인도 국경으로 피난갔다. 그 사이 1951년 티베트와 중국 사이에 '티베트 평화 해방에 관한 17개조 협의'[26]가 이루어져 잠시 정치적 소강 상태로 접어들고, 달라이 라마도 그 해

---

25) 위, 창, 암도와 함께 티베트의 4대 지방 가운데 하나. 쓰촨 성과 경계하고 있는 티베트 고원 동남부 지방으로, 티베트에서 땅이 가장 비옥하고 인구가 밀집해 있다. 청조는 옹정 4년(1726년) 닝징 산(寧靜山)을 경계로 하여 캄을 이분하여 그 동쪽을 쓰촨에 병합시킨 바가 있는데, 민국 시기에 들어와(민국 28년, 1939년) 캄 전체 지역을 티베트에서 분리하여 서강성을 설립했다. 신중국 성립 후인 1955년에는 서강성을 폐하고, 그 동쪽을 쓰촨 성 간체자치주(甘孜自治州)로, 그 서쪽을 참도 지구(昌都地區)로 설정하여 현재에 이르고 있다.

8월 라사로 귀환했다. 이 '17개조 협의'에 의해 중국은 티베트 고유의 정치와 사회 제도, 그리고 달라이 라마의 지위를 보장하는 한편, 티베트도 티베트가 중국의 일부이며 따라서 외교와 군사권을 갖고 있지 않다는 것을 받아들였다.

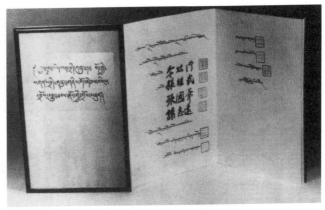

이른바 '티베트 평화해방에 관한 17개조 협의'의 티베트어 조인서

그때까지 적극적이지는 않지만 티베트 문제에 영향력을 행사한 나라는 영국이었다. 그러나 1947년 인도가 영국의 지배에서 벗어나 독립을 쟁취함에 따라 영국은 인도에서 철수했다. 그리하여 인도는 옛 영국령 인도 정청政廳이 갖고 있던 티베트에 대한 발언권을 계승하면서 중국과 함께 아시아 신생국의 대표적 존재로 부상했다. 그러나 인도 입장에서 보면 옛 종주국이 제국주의 시대에 획득한 영향력을 계승하는 것은 오히려 마이너스 유산을 상속하는 것이나 마찬가지였다. 결국 인도는 중국과 우호·평화 공존을 희망하고, 티베트 문제에 관해서는 가능한 중국과 충돌을 피하려 했다. 국제 사회에서 자국의 법적 지위를 명확히 하기 위한 노력을 소홀히 한 티베트의 책임도 있지만, 어떻든 티베트는 이렇게 하여 점점 고립되었다.

한편 중국은 1950년 이후부터 지배 체제를 강화하기 위한 시책을 차근차근 펴나가, 1956년에는 티베트자치구 발족준비위원회를 출범시켰다. 이윽고 중국 전 지역에서 반우파 투쟁反右派鬪爭이 시작되어 사회주의 개혁이 추진되고, 티베트에서도 중국군의 증강과 개혁이 강행되면서 티베트 각지에서 반란이 발생했다. 이때 마오쩌둥(毛澤東)은 베이징의 중국 공산당 중앙에서 티베트 문

26) 1951년 5월 23일 티베트 대표단과 중국 정부 사이에 체결된 이른바 '티베트 평화 해방 방법에 관한 중앙 인민정부와 티베트 지방 정부의 협의'이다. 인민해방군의 티베트 진주는 바로 이 협약을 근거로 하여 이루어졌고, 또 인민해방군의 진주로 인하여 오늘날 티베트 상황이 결정되었기 때문에 이 17개조 협의는 티베트 현대사에서 매우 중요한 사건으로 기록되고 있다. 바로 이런 이유로 티베트 정부는 협의가 체결된 5월 23일로부터 5개월이 지난 10월 24일에야 본 협의를 수용한다는 것을 공식적으로 통보했다. 이에 관한 자세한 사항은 김한규, 앞의 책, 37~53쪽 참고. 어떻든 이 협의는 중국 측의 강압과 인장 위조 논란까지 일어날 정도로 비정상적인 환경에서 체결되었던 것으로 전해지고, 그 합법성 여부를 놓고 현재까지도 논란이 계속되고 있다.

마오쩌둥 등 중국 지도자들과 환담 중인 제14대 달라이 라마

1954년 제1회 전국인민대표대회(전인대)에 참석 차 베이징에 온 제14대 달라이 라마가 중국 지도자들과 환담하고 있다. 마오쩌둥(중앙)과 달라이 라마(중앙 오른쪽) 외에도 제10대 판첸 라마(중앙 왼쪽), 그리고 양쪽에 덩샤오핑(鄧小平)과 저우언라이(周恩來)가 배석했다.

제를 직접 지휘했다고 전해진다. 그는 군사력을 발동해서라도 단숨에 달라이 라마 정권을 타도하여 사회주의 개혁을 수행하고 티베트를 완전히 중국에 통합시키려고 했다.

이러한 상황에서 달라이 라마 주변에 점점 위기감이 높아지고, 라사에서는 긴장이 고조되었다. 마침내 달라이 라마는 1959년 3월 17일 인도로 망명하고, 이어 다람살라에 망명 정부를 수립했다. 중국군은 달라이 라마의 인도 탈출에 이은 티베트인의 저항을 무력으로 분쇄하고 봉기를 진압했다. 이 전란 중에 10만 명 이상의 난민이 발생했다. 결과적으로 1949년 이후 티베트와 중국 사이에 진정한 의미의 대화는 한 번도 이루어지지 않았고, 중국이 티베트에 대한 통합과 개혁을 강행하려 했다고 할 수 있다. 이러한 움직임에 티베트인들이 강하게 반발했지만, 중국은 티베트인들의 저항을 군사력으로 억압했다.

동서 및 중소 대립과 몽골

과거 동서가 첨예하게 대립하던 시절 소련의 위성국이라 불리는 국가들이 있었다. 위성국이라는 말은 냉전 구조가 종식된 오늘날에는 역사적 개념이 되었지만, 원래부터 가치 중립적인 개념이었다고 보기는 어렵다. 그 기원은 미국의 아시아 연구자인 라티모어(Owen Lattimore)가 몽골을 염두에 두고 고안한 것으로 전해진다. 위성국의 정의는 명확하지는 않다. 굳이 말하자면 위성국은 독립 주권 국가 형태를 갖고 있지만 가까이에 주도국(소련)이 있고, 주도국의 정치·군사적 개입에 의해 위성국의 정치 체제가 성립되며, 국가의 존립도 주도국에 의존하는 형태라고 할 수 있다. 외형상 주도국과 위성국 관계는 독립국 사이의 조약 형식으로 규정되어 있다. 그러나 안보를 비롯한 모든 사항이 주도국의 의도에 따라 좌우되고 위성국의 독자적인 행동을 구속한다. 따라서 국제 무대에서 위성국은 주도국의 지도를 받고 항상 주도국과 공동 보조를 취할 수밖에 없다. 또 위성국의 정치 엘리트는 대부분 주도국에서 교육을 받기 때문에 그들은 항상 주도국 지휘부와 가치 체계 및 이해를 공유하고, 국내의 정치·사회 체제와 조직도 주도국을 모방하게 된다. 그러므로 주도국의 정치·사회적 변화는 언제나 위성국에 곧바로 반영된다. 위성국은 대개 이와 같이 정의할 수 있다.

앞에서 언급했듯이 몽골은 제국주의 시대에 제정 러시아의 세력권에 있었다. 그 후 소비에트의 군사 개입으로 인민 혁명이 일어나고, 특히 1920년대 이후에는 소련을 모델로 하는 사회주의가 건설됨으로써 몽골의 위상이 소련의 '지배권' 안에 있는 위성국이 되었다. 실제로 1930년대 이후 몽골의 주요 정책 방향은 몽골인민혁명당 정치국이 아닌 소련 공산당 중앙위원회에서 결정되었다.

그러나 제2차 세계 대전을 전후하여 몽골을 둘러싼 국제 환경이 일변했다. 그 이전에는 몽골이 소련의 유일한 위성국으로서 국제적으로 고립되어 있었지만, 전후에 몇 개의 유사한 위성국들이 출현했다. 이때부터 몽골은 처음에는 동유럽의 소련식 사회주의 국가들, 다음에는 아시아·아프리카 여러 나라와 외교 관계를 수립하는 등 서서히 국제 사회에 진출하고, 소련과 동유럽 여러 나라 원조를 받아 새로운 국가 건설을 진행하기 시작했다. 수도 울란바토르의 시설을 보아도 본격적인 건설은 제2차 세계 대전 이후에 시작되었음을 알 수 있다. 즉 울란바토르는 중국 동북 지방에서 끌려온 일본 포로(관동군과 민간인)의 강제 노역에 의해 주요 시설이 건설되고, 이어 소련과 동유럽 국가, 그

1930년대 초기 울란바토르 시가

현재의 울란바토르 시 서쪽 오르트 차간에서 바라본 광경으로 멀리 간단사의 관음당이 보인다.

리고 중국의 원조에 의해 점점 근대 도시 모습을 갖추었다.[27]

　사회주의 체제의 몽골에서 사회주의 경제 실현의 지표가 되었던 것은 목축업의 집단화였다. 앞서 언급했듯이 강제적으로 집단화를 실현하려 했던 첫번째 시도는 일단 실패했는데, 1930년대 후반부터 다시 완만한 속도로 집단화를 진행했다. 그 결과 1959년에 이르면 유목민의 99.6%가 농·목축업 협동조합(네그델)에 가입하여 지표상으로 집단화가 완료되었다. 세계의 많은 사회주의 국가들이 이 해를 목표로 하여 앞다투어 집단화를 실시하는데, 몽골도 이들과 보조를 맞추어 집단화를 이루었다. 이와 동시에 몽골 정부는 헌법을 개정하여 몽골인민공화국이 사회주의 국가임을 공식적으로 선언했다.[28] 몽골인들은 다음 단계로 '농목―공업국가'에서 '공업―농목국가'로 전환한다는 목표를 설정했다. 그렇지만 여기에서 주의해야 할 것은 집단화의 실태이다. 농업 생산을 중심으로 하는 소련에서는 생산과 경영 형태 두 측면에서 모두 집단화가 이루어졌지만, 농업 노동자들의 노동 의욕을 높일 수 있는 방법을 찾지 못하여 불가피하게 사유 재산을 남겼다. 널리 알려진 바와 같이 농업 생

---

27) 제2차 세계 대전 후 몽골로 끌려간 만주 주둔 일본군과 민간인(1만 2318명으로 추정)은 울란바토르 건설 현장과 농장, 공장에서 강제 노역에 시달렸다. 이 가운데서 1618명이 현지에서 사망하고 나머지는 1947년 말 일본으로 돌아갔다. 이들 일본 포로들은 울란바토르가 현대적 도시 모습을 갖추는 데 절대적인 역할을 했다. 한편 억류 일본인들의 회고록에는 몽골에 억류된 일본 포로 가운데 한인韓人이 있었음이 기록되어 있다. 이에 관한 자세한 사항은 이평래, 앞의 논문(2003), 128~146쪽 참고.

28) 1960년 7월 6일 개최된 몽골인민공화국 제4차 인민 대회 제1회 정례 회의에서 몽골인민공화국의 신헌법이 승인되었다.

산의 부진은 소련 경제의 약점으로
작용했다.

몽골국립도서관 전경
제2차 세계 대전 후인 1946~1950년 사이에 건설되었는데, 이때 일본 포로들이 동원되었다고 한다.

몽골 목축업의 경우 본래 말단의
기초 단위에서는 소규모 가족 단위로
유목을 행했는데, 그것이 몽골의 풍
토에 가장 적합한 목초지 이용 방법
이었다. 다만 과거에는 일종의 친족
공동체라 할 수 있는 '호트 아일'이
여러 종류의 가축을 공동으로 관리했지만, 네그델이 성립되고 나서는 '소리'
라고 불리는 소규모 가족을 기반으로 하는 집단이 형성되고, 그들이 특정 종
류와 특정 나이의 가축을 사육하는 일을 담당했다. 따라서 몽골 목축업의 집
단화는 최말단에서 가족 단위를 기반으로 하는 유목이라는 생산(사육) 형태는
변하지 않은 채 그것을 통합한 네그델 조직이 만들어지고 가축의 소유가 네그
델로 이전된, 네그델에 의한 경영 형태를 의미했다.

네그델은 기능면에서 소련의 콜호스를 모델로 하고 있었지만 그 자체가 지
방 행정의 최소 단위이기도 했다. 이런 점에서 네그델은 중국의 인민공사人民
公社와 유사하다고 할 수 있다. 이것이 몽골 집단화의 특징으로서, 가축 총수의
증대와 관계없이 일정 수의 개인 소유를 인정하여 생산 의욕을 자극하지 않을
수 없었다. 어떻든 이러한 형태로 집단화를 이루었기 때문에 1990년대 민주화
와 함께 네그델이 해체될 때, 목축 부문에서는 큰 혼란 없이 '호트 아일'을 부
흥시킬 수 있었다.

한편 1950년대 이후에는 공업화가 시작되었다. 처음에는 식품업, 1970년대
에는 광업으로 특화되었다. 개발 자본과 기술은 소련과 동유럽 국가, 그리고
중국에 의존했다. 1950년대 중소 우호 시대에는 중국과의 관계도 안정되어 있
었기 때문에 중국도 몽골에 대해 경제적으로 많은 원조를 했다. 그렇지만 중
국과 소련 사이에 이데올로기 대립이 발생하자 몽골은 일관되게 소련을 지지
했고, 중국과 소련의 대립이 격화되어 무력 충돌 위기로 치달으면서 다수의

소련 군대가 몽골에 주둔하게 되었다. 그리하여 몽골은 소련의 대對중국 전략의 전진 기지로 변하고, 몽골과 중국의 국교는 사실상 단절되었다. 경제면에서는 1962년에 코메콘(소련·동유럽 경제상호원조회의)에 가입하고 소련을 중심으로 하는 경제권에 들어갔다. 그 결과 몽골은 사회주의 분업의 한 축으로 편입되고, 소련·동유럽 국가들과 경제적 통합이 강화되었다. 이처럼 소련은 1980년대까지 몽골인민공화국에 대해 정치·경제·문화를 비롯한 모든 부문에서 절대적인 영향력을 행사했다.

2. 동투르키스탄

신해혁명과 신장

　성省 제도가 시행됨으로써 신장에는 새로운 관직이 생겨났지만, 좌종당左宗棠 휘하의 상군湘軍[29] 관계자, 즉 후난 성(湖南省) 출신자들이 이를 독차지했다. 그들은 대부분 신장을 치부致富의 장소로 여겼다. 청조는 전란으로 인한 인구 감소 문제를 해결하기 위하여 식민植民을 장려하고, 이전에는 금지했던 톈산 남로 오아시스 지대에 대한 농업 이민도 허용했으나 큰 효과를 거두지 못했다. 또 톈진(天津) 상인과 산시(山西) 상인이 신장과 내지 사이의 통상은 장악하고 있었지만, 러시아와 영국령 인도와의 교역은 러시아나 영국 국적을 가진 무슬림 상인과 현지 상업 자본가들이 장악하고 있었다. 이러한 상황 아래서 한인의 인구 증가는 비교적 완만하게 진행되었다.

　20세기에 들어와 내지에서 혁명 운동이 활발해지면서 그 영향이 신장까지 미쳤다. 신식 군대에도 혁명파가 잠입했는데, 그들은 이미 신장에서 큰 세력을 구축하고 있었던 가로회哥老會(청조 말기 반청복명反淸復明을 목표로 내걸고 활동한 비밀 결사)를 우군으로 끌어들이는 데 성공했다. 가로회는 상군 장병들로서 신장에 들어온 이후 모든 계층의 한인, 특히 군대에 널리 퍼져 있었다. 1912년 1월에 일리에서 혁명파가 봉기하여, 몽골 기인旗人인 전前일리 장군 광푸(廣福)를 임시 도독都督으로 추대하고 정부를 수립했다. 정부 구성원에는 회민回民이 한 명 포함되어 있을 뿐 현지 무슬림은 한 사람도 없었다. 이러한 사실은 신장의 신해혁명이 한족 사이의 권력 투쟁이었음을 여실히 보여주는 것이다.

　선통제宣統帝의 퇴위가 전해지자 우룸치 성 정부 수뇌부는 사실상 정권을 방

---

29) 태평천국太平天國 시기에 후난(湖南) 출신의 고관 증국번(曾國藩, 1811~1873)이 고향의 신사층紳士層을 중핵으로 하고 농민을 모집하여 편성한 의용군. 상군은 청조의 정규군을 대신하여 태평천국군을 진압하는 데 결정적인 공을 세움으로써 여러 지도자들이 지방관으로 진출하게 되는데, 좌종당 역시 증국번의 막료로 활동하다가 1862년 저장(浙江) 순무巡撫로 임명되어 출세의 발판을 마련했다.

양쩡신
살해되기 수개월 전 스웨덴의 저명한 실크로드 탐험가 스벤 헤딘에 의하여 촬영되었다고 전해지는 사진이다.

기했다. 이때 우룸치 지구의 지사知事였던 양쩡신(楊增新)은 교묘하게 경쟁자를 배제하고, 신장 성장省長 겸 독군督軍[30]이 되어 정권과 병권을 한손에 장악했다. 윈난 성 출신의 과거관료(進士)인 양쩡신은 청조의 지배 체제를 바꾸지 않은 채 신장을 자기의 독립 왕국으로 만들려고 했다. 그는 위안스카이 정부의 명의로 청대에 작위를 갖고 있지 않던 카자흐 부족장들에게 군왕郡王 이하 베이세, 타이지 등의 칭호를 부여했는데, 이는 전대前代의 체제를 그대로 계승하려는 그의 생각이 반영된 전형적인 시책이다. 양쩡신은 신장을 외부 세계와 차단시키는 데도 세심한 주의를 기울였다. 그는 제1차 세계 대전이 발발하기 전 오스만 제국 사절단의 신장 방문을 단호히 거절한 적이 있다. 또 대전 중에는 카슈가르 주재 영국 영사관 직원이 오스만 제국에서 독립을 선언한 메카의 샤리프가 공포한 선언서 사본을 대량으로 가져와서 오스만 제국의 범투르크주의와 범이슬람주의에 대한 반대 선전을 하려 할 때도, 동투르키스탄 주민들 사이에 독립 운동을 부채질할 우려가 있다고 선전 문건을 전량 몰수하는 조치를 취했다.

그러나 신장을 외부와 완전히 차단하는 것은 사실상 불가능했다. 오스만 제국은 압둘하미드 2세[31]나 청년 투르크 혁명[32]에 의해 집권한 '통일진보위원회' 정권도 모두 중앙유라시아 전역에 범투르크주의를 확산시키려 했다. 일례로 통일진보위원회 정부의 한 사람인 탈라트 파샤는 1913년 말 이스탄불을 방문한 카슈가르의 순례자들에게 오스만 제국에서 카슈가르에 터키인 교사를 파견하겠다고 제안했다. 그리하여 아흐메트 케말이라는 젊은 터키인이 당시 이

---

30) 한 성省의 군사 장관. 신해혁명 후 도독都督이 성의 민정과 군정을 장악했지만, 1914년에 민정은 순안사巡按使, 군정은 장군將軍이 맡았고, 1916년에 순안사를 성장으로 장군을 독군으로 각각 개칭했다.

31) 1876~1909년에 재위한 오스만 제국의 제34대 술탄. 압둘하미드는 이전의 군주들과 달리 서구식 개혁 정치를 청산하고 이슬람 이념에 바탕을 둔 보수 정치로 회귀했다. 또 그는 30여 년에 걸친 집권 기간 내내 강력한 반反유럽적 전제 체제와 범이슬람주의를 고수했다. 이에 관한 자세한 사항은 이희수, 앞의 책, 397~400쪽 참고.

32) 1908년 젊은 투르크 장교들(The Young Turks)이 주축이 되어 압둘하미드 정권을 무너뜨린 터키의 근대 혁명.

스탄불에 유학하고 있던 카슈가르 출신 청년과 함께 러시아령 중앙아시아를 거쳐 신장에 도착했다. 그는 카슈가르 동북부 알투슈에 현지 유력자의 지원을 받아 사범 학교를 세웠다.

이 학교는 카슈가르 지역 민족주의 교육 운동의 중심이 되었다. 그러나 제1차 세계 대전 중 오스만 제국이 독일 편에 가담하자, 아흐메트 케말은 더 이상 활동을 못하게 되고 우룸치에 연금되었다. 그럼에도 카슈가르와 우룸치에서 아흐메트 케말과 관계를 맺고 있었던 사람들은 그 후로도 다양한 조류의 민족주의 활동에 참가했다. 뒷날 위구르인으로 신장 성 주석이 된 마스우드 샤브리와 신장 개방 당시 주석이었던 부르한도 아흐메트 케말과 친교가 있던 사람들이다. 제1차 세계 대전 때 오스만 제국의 범투르크주의·범이슬람주의가 동투르키스탄에서 어느 정도 반향을 일으켰는가는, 이 지역의 무프티(종교적 유권 해석을 내리는 권위자)가 "오스만조의 칼리프를 따라 참전하는 것을 동투르키스탄 무슬림의 의무이다"라는 파트와(교지敎旨)를 발한 사건을 통해서도 어느 정도 추측이 가능하다.

동투르키스탄 이슬람공화국

양쩡신은 특유의 권모술수를 써서 무려 17년 동안이나 신장을 안정적으로 지배했다. 이는 앞에서 언급했듯이 가능하면 신장을 외부와 격리시켜 청조 시대와 똑같은 통치를 시행한 결과 얻어진 안정이었는데, 근년에는 그의 정치 수완을 새롭게 평가하는 연구도 이루어지고 있다.

양쩡신의 보수적인 정책에 불만을 품은 일부 진보파들이 1928년 7월 7일 그를 암살했지만, 쿠데타는 그 날 밤으로 진압되고 그의 심복인 진수런(金樹仁)이 성 주석 겸 군사령관이 되어 권력을 장악했다. 진수런은 전임자에 비해 훨씬 평범했고, 양쩡신이 신중하게 대응한 무슬림 주민의 종교와 관습에 대해서도 배려하지 않았다. 그는 취임 초에 희생(犧牲)으로 가축을 도살하는 행위가 무슬림의 의무라는 것을 무시한 채 도축세屠畜稅를 신설하고, 신장의 재화 유출을 억제한다는 명목으로 메카 순례를 금지하는 등 무슬림 주민들의 반감을 샀다. 결국 1931년 하미의 회토귀류回土歸流('군왕제를 폐지하고 그 봉토를 박탈한다'는 뜻) 문제가 발생한 것은 진수런이 현지 주민을 제대로 이해하지 못한 데서 비롯되었다.

제6장에서 언급했듯이 하미의 군왕 가문은 동투르키스탄 토착 지배자로는 처음으로 강희제에 복속하고 '자삭'에 임명된 우베이둘라를 시조로 하여, 그 후 하미에서 소왕국을 유지하고 있었다. 그러나 진수런은 군왕인 샤 막수드의 죽음을 계기로 이 소왕국을 없애기로 했다. 때마침 하미 북쪽 작은 촌락에서 현지 소녀를 무리하게 취하려던 한족漢族 장교와 그 부하가 결혼 당일 밤 살해되는 사건이 발생하고, 회토귀류 문제로 긴장 상태에 있던 하미에서 대규모 무장 반란이 일어났다. 반란군은 한족 거주 구역인 하미의 구성舊城을 포위했는데, 성 정부군의 증강을 앞두고 간쑤의 무슬림 군벌인 마중잉(馬仲英)에게 원조를 요청했다. 마중잉 군대는 하미의 신성新城과 구성을 포위하고 톈산 동부의 북쪽 기슭에 위치하는 바르쿨까지 진출했지만, 일리 방면에서 신장 성 정부군이 접근하자 간쑤로 퇴각했다. 한편 농민과 유목민을 위주로 하는 하미의 반란군은 북쪽 산지로 철수했다.

마중잉 군대의 침입을 계기로 1932년 말 투르판에서도 반란이 일어났다. 1910년대 이래 혁신적 교육 운동을 벌여온 지식 계급의 비밀 결사 멤버들이 반란을 지도했다. 그들은 정치와 사회 개혁을 목표로 내걸었다. 그와 동시에 일부 종교 지도자들도 행동을 같이했는데, 그 가운데에는 반란에 참가하는 것이 지역 무슬림의 절대적 의무라는 포고를 발하는 자도 있었다. 반란군은 한때 투르판 시 전역을 장악했지만, 신장에 들어와 있던 러시아 백군(이들은 귀화군歸化軍으로 칭해졌다) 잔당을 포함한 성스차이(盛世才) 휘하의 성 정부군에 쫓겨 서방으로 퇴각하고 전투에서 많은 지도자를 잃었다. 성스차이는 3월 중순 병력을 철수시켰다. 그 후 투르판은 마중잉 군대에 의해 점령되고 반란은 더 이상 전개되지 않았다.

한편 간쑤 회군回軍의 침략의 영향이 미치지 않았던 타림 분지 남변 호탄에서도 봉기가 발생했다. 이곳에서는 1933년 2월 마드라사 교사인 무함마드 아민 부그라가, 그 전해부터 비밀리에 조직한 혁명 그룹을 동원하여 봉기를 일으키고 한인 관리를 축출하여 신정부를 수립했다. 이 정부는 호탄의 종교 지도자를 왕으로 추대하고 일리 출신으로 소련과 터키, 그리고 인도에서 체류한 경험이 있는 사비트 다물라를 샤이흐 알 이슬람(이슬람의 수장을 의미함), 무함마드 아민 부그라를 아미르 알 이슬람(이슬람의 장군을 의미함)으로 추대했다. 정부의 이러한 인적 구성에서 보듯이 신정부는 이슬람 색채가 짙은 정권으로 이슬람법에 따른 통치를 지향했다. 호탄의 반란군은 야르칸드와 카슈가르 방면으로 진격하고, 샤비트 다물라는 1910년대 이후 카슈가르에서 근대화 운동을 주도해온 사람들과 투르판 봉기 지도자로서 카슈가르에 와 있던 사람들을 규합하여 1933년 11월 동투르키스탄이슬람공화국의 성립을 선언했다. 그는 하미의 반란 지도자로 명성이 자자한 호자 니야즈(당시에 그는 카슈가르에 없었다)를 공화국 총통으로 추대하고 자신은 수상으로 취임했다. 공화국은 내부적으로 약간의 교육·사회 개혁을 포함한 엄격한 이슬람주의를 채택하고, 대외적으로 영국과 터키로부터 공식 승인을 받으려 했다.

이에 앞서 우룸치로 마중잉 휘하의 회군이 닥쳐올 기세를 보이자, 그곳에서는 4월 12일 쿠데타가 발생하고 얼마 안 있어 성스차이가 실권을 장악했다. 그는 상황을 일시에 타개하기 위하여 소련군의 개입을 요청했다. 소련 정규군은 이를 수용하는 형태로 이듬해인 1934년 1월 신장으로 진군하여 마중잉 군대를 패주시켰다. 마중잉은 이번에는 간쑤로 퇴각하지 않고 서쪽으로 가서 '동투르키스탄공화국'을 붕괴시킨 뒤, 소련과 교섭하여 소련으로 망명했다. 이때 공화국 총통 호자 니야즈는 소련의 사자使者와 접촉하여 성 부주석으로 취임하기로 하고, 사실상 공화국 최고 책임자인 사비트 다물라를 붙잡아 성 정부에 인도했다. 이렇게 하여 1931년부터 1934년에 걸쳐 고양된 반란과 독립 운동은 통일적인 지도부를 성립시키지 못한 채 중도에서 좌절되었다.

반란 참가자의 정치적 주장은 자치권 획득에서부터 분리 독립에 이르기까지 각양각색이었고, 어떤 통일적인 강령 같은 것도 존재하지 않았다. 그러나 한족의 지배를 제한하거나 일소하여 이슬람법이 통용되는 이슬람 사회를 건설하려 했다는 점에서는 사상적 기반을 공유했다. 다만 같은 종교를 갖고 있지만 한어漢語를 구사하는 회족回族은, 대체로 한족과 함께 배제의 대상으로 여겨졌다. 그들이 추구하는 이슬람 사회의 구성원은 투르크계 언어를 사용하는 동투르키스탄 원주민에 한정되었다.

원래 타림 분지 오아시스 정주민은 고유의 민족 명칭을 갖고 있지 않았다. 그들은 단지 이교도에 대해서는 자신을 무슬림이라 부르고, 이방인에 대해서는 에를리크(토착민)라 자칭하고, 때로는 호탄·카슈가르 등 오아시스 이름을 호칭의 일부로 사용하기도 했다. 이 지역 거주민들의 민족 명칭은 엉뚱하게도 소련에서 전해졌다. 소련으로 이주한 동투르키스탄 출신자들[33]은 1921년 알마아타에서 개최된 회의에서 러시아의 투르크학 연구자 세르게이 말로프(Sergei Malov)의 제언에 따라 고대 위구르라는 명칭을 민족명으로 사용하기로 결정했다. 이 명칭은 그 후 신장에까지 알려지게 되고, 1935년에는 '민족 평등'을 표방한 성스차이 정권에 의해 공식적으로 수용되었다. 그때 처음으로 '웨이우얼(維吾爾)'이라는 한자식 표기도 정해졌다. 이 위구르라는 민족 명칭은 타림 분지 오아시스 거주민들의 민족 의식 형성에 핵심 역할을 했다.

성스차이의 독재

성스차이는 중국 동북 지방 출신으로 일본 주오 대학(中央大學)과 메이지 대학(明治大學)에서 전후 세 차례 유학하고 국민 혁명 총사령부 참모로 일한 적이 있었다. 그는 1930년에 우룸치 성 정부에서 근무하고 있었는데, 앞에서 언급한 과정을 거쳐 실권을 장악하고 민족 평등, 반제反帝, 친소親蘇 등 진보적 정책을 표방했다. 민족 평등 정책은 호자 니야즈를 성 정부 부주석으로 임명한 것

33) 이들은 대부분 1881년 일리가 러시아에서 청조에 반환될 때 이주한 사람과 그 자손들이다.

을 비롯하여, 일부 위구르 및 카자흐 유력자를 성 정부와 지방 행정 기관의 요직에 배치하는 데서 구체화되었다.

성스차이는 또 일본 제국주의 침략으로부터 신장을 지킨다는 명목으로 신장 출입자에게 비자를 요구했다. 그는 국민당 정부의 영향에서 벗어나려 하는 한편, 소련으로부터 고문과 코민테른 요원(중국인)을 받아들였다. 이 과정에서 그들이 정부 기관과 비밀 경찰을 직접 장악함으로써 신장은 소련의 위성국 또는 식민지 상태로 전락했다. 그러나 성스차이는 정세를 자기에게 유리하게 전개시키기 위하여 1937년 트로츠키주의자라는 명목으로 코민테른 요원을 체포하여 추방하고, 그 후임으로 옌안(延安)에서 초빙한 중국 공산당원을 임명했다. 그러면서도 그는 모스크바를 직접 방문하여 스탈린에게 소련 공산당 입당 원서를 내는 등 소련과 관계를 교묘하게 유지했다.

성스차이는 1940년에 두번째로 숙청을 개시하여 소수 민족 출신의 고위 간부를 잇달아 체포하거나 구금하고, 독일과 소련 사이에 전쟁이 발발하여 독일이 우위를 보이자 돌연 반공反共으로 돌아섰다. 즉 그는 1942년 동생 성스치(盛世騏) 암살 사건(이 사건은 성스차이가 계획한 것으로 알려지고 있다)을 구실로 다시 국민당 정부의 권위를 인정하고, 신장에 주재하던 소련인 고문과 적군赤軍을 돌려보냈으며, 마오쩌둥의 동생 마오쩌민(毛澤民)을 포함한 다수의 중국 공산당원을 체포 또는 살해했다.

그러나 제2차 세계 대전에서 소련의 우위가 확실하게 되자 성스차이는 다시 친소 정책을 주창하고 자신의 지위를 유지하려 했지만, 1944년 9월 국민당 정부에 의해 해임되어 충칭(重慶)으로 돌아갔다. 그 후임으로 신해혁명에 참가한 이후 국민당원으로서 오랫동안 변경 지대의 통치에 관여해온 우중신(吳忠信)이 임명되었다.

3구 혁명과 동투르키스탄공화국

알타이 지구의 카자흐 유목민들은 성스차이가 재임하던 시절부터 이미 성 정부에 저항하여 봉기를 반복했다. 그 가운데 케레이 부족 출신의 오스만은 1941년 겨울부터 게릴라 부대를 조직하고, 몽골인민공화국과 소련의 도움으로 소련에서 훈련받은 카자흐족 달릴 칸 그룹과 연대해 1944년 10월 '알타이 민족혁명임시정부'를 수립했다. 그런가 하면 일리 지구에서는 이미 민족 해방을 목표로 내건 비밀 조직이 성립되어 있었다. 이들은 1944년 10월과 11월 일리 계곡의 닐카(尼勒克)와 쿨자 시내에서 봉기하여, 같은 해 11월 12일 '동투르키스탄공화국'을 성립시켰다. 최근의 연구는 이 봉기들이 소련 적군의 관여 하에 진행되었음을 밝혀주고 있다. 이듬해에는 위에서 언급한 알타이의 카자흐족, 그리고 마찬가지로 소련의 영향 아래서 조직된 타르바가타이의 게릴라 부대도 일리 세력에 합류했다. 현재 중국에서는 분리주의를 연상시키는 동투르키스탄공화국이라는 호칭을 사용하지 않고, 이 사건을 일리 · 알타이 · 타르바가타이의 3구 혁명三區革命이라 부른다.

아흐마드잔 카심

공화국 임시 주석에는 우즈베크인 종교학자 알리칸 토라가 취임하고, 정권 내부에서는 최초 봉기를 지도한 친소파 위구르 지식인 압둘 카림 압바소프가 유력자로 군림했다. 공화국은 총병력 1만 5000명으로 구성된 민족군을 편성하여 타르바가타이, 알타이 지구의 혁명 세력과 연대하고, 일부는 톈산 남부 지역으로 진출하여 1945년 9월에는 우룸치 서쪽 마나스(瑪納斯) 강에서 성 정부군과 대치했다.

충칭 정부에 의해 파견된 장즈중(張治中)이 우룸치에서 소련의 총영사와 면담하고 중재를 요청함에 따라 그 다음 달부터 양측의 평화 교섭이 시작되었다. 애초에 동투르키스탄공화국은 이 평화 교섭을 국가간 교섭이라 주장했지만, 소련의 중재로 '신장 민중 대표'라는 자격에 만족해야 했다. 교섭은 끊어졌다 이어졌다 하면서 계속되었는데, 1946년 6월 소련이 공화국 주석인 알리칸 토라를 소련으로 납치하고 공화국은 자주적 해산을 결의했다. 이듬해 7월에는 신장성 연합 정부가 발족하고, 공화국 실력자인 아흐마드잔 카심이 부주석, 압바소프가 부비서장에 취임했다.

마스우드 샤브리가 성 주석이었을 당시 성 정부 요인들
가운데 줄 세 번째 검은색 옷을 입고 있는 사람이 부르한, 그 오른편이 마스우드 샤브리, 그 오른쪽이 무함마드 아민 부그라이다.

그러나 약 1년 후 연합 정부는 사실상 붕괴되고 옛 공화국 측은 모두 일리로 퇴각하는 한편, 실력으로 본래의 영역을 계속 유지했다. 장즈중은 성 주석 자리를 일리 출신이자 국민당 극우 그룹인 CC단(국민당 극우파 정치 결사)과 관계가 있던 마스우드 샤브리에게 물려주었다. 그러나 얼마 안 있어 그가 일리 측과 교섭하는 데 장애가 된다는 것을 깨닫고 대신 부르한을 주석 자리에 앉혔다. 부르한은 현재의 타타르공화국 카잔 근교 출신이지만, 중국에서는 위구르인으로 통한다.

1949년 중국 인민해방군이 양쯔강을 건너고 국공 내전國共內戰이 끝나감에 따라, 마오쩌둥은 류사오치(劉少奇)를 단장으로 하는 대표단을 소련에 파견하여 스탈린과 양국의 여러 문제를 정리하도록 했다. 아마도 이 회담에서 일리 문제에 대한 중소 합의가 이루어졌던 것으로 보인다. 류사오치와 동행한 덩리췬(鄧力群)은 모스크바에서 곧바로 일리로 가서 아흐마드잔과 교섭했다.

마오쩌둥은 그 해 8월 일리의 수뇌들에게 편지를 보내 베이징에서 개최되는 정치 협상 회의에 참석하도록 촉구했다. 아울러 그는 "여러분들의 수년에 걸친 투쟁은 우리 전체 중국 인민의 민주주의 운동의 한 부분입니다"고 언급함으로써, 동투르키스탄공화국과 3구 혁명을 중국의 혁명 운동 가운데 포함시켰다. 아흐마드잔, 압바소프, 달릴칸을 비롯한 지도부는 정치 협상 회의에 참석하기 위하여 소련의 시베리아를 경유하여 베이징으로 향했는데, 그들이 탑승한 비

행기가 8월 27일 바이칼 호 주변에 추락함으로써 동투르키스탄공화국의 유력
자 대부분이 물리적으로 사라졌다(이 사고는 3개월이 지나 공식적으로 보도되었다). 옛
공화국 수뇌부 가운데 난을 피한 샤이프 웃딘 아지즈는 서둘러 정치 협상 회의
대표 자격으로 베이징으로 가서, 중국 공산당의 지도에 따르겠다는 입장을 표
명했다.

신장 해방과 신장위구르자치구 성립

공화국 수뇌부가 사망한 후 덩리쥔은 다시 우룸치를 방문하여 성 주석 부르
한 및 국민군 사령관 타오즈웨(陶峙岳)와 회담을 갖고 신장의 평화적 해방을 수
용하도록 촉구했다. 이때 1930년대 반란 지도자의 한 사람이었던 무함마드 아
민 부그라는 중국 공산당 지배를 거부하고, 동조자들과 함께 우룸치를 떠나
파키스탄으로 갔다가 이어 터키로 망명했다. 앞서 그는 아프가니스탄에서 망
명 생활을 하고 충칭에서도 활동한 바가 있으며, 1946년부터는 연합 정부의
일원이 되어 활동했다.

중화인민공화국 성립 직전인 1949년 9월 26일 신장 성 정부는 마오쩌둥 앞
으로 전보를 보내 국민당 정부와 관계를 끊고 중앙의 인민 정부가 내리는 명
령에 따르겠다는 뜻을 밝혔다. 이미 란저우(蘭州), 시닝(西寧)까지 진군한 인민해
방군은 즉시 우룸치로 향하여 같은 해 12월 일리에 진주했다. 인민해방군이
진주한 뒤에도, 3구 혁명에서 일익을 담당했지만 후에 동투르키스탄공화국과
결별한 카자흐족의 오스만이나 국민당과 깊은 관계를 유지하고 있었던 하미
의 욜바르스 등은 무력 항쟁을 계속했다. 그러나 욜바르스가 1950~1951년 겨
울 티베트를 거쳐 타이완(臺灣)으로 망명하고, 오스만도 1951년 4월 체포되어
처형됨에 따라 무력 항쟁은 막을 내렸다. 또 전임 성 주석 마스우드 샤브리는
체포되어 구금 중 사망했다.

1952년 가을 중화인민공화국의 가장 중요한 정책 가운데 하나인 토지 개혁

이 시작되었다. 봉건적 토지 소유제가 폐지되고, 모스크와 성묘聖廟가 보유하고 있던 와크프가 몰수되었다. 또 국민당이 지배하던 시대에 부분적으로 인정되어 경범죄와 민사 사건 따위를 취급한 이슬람 법정을 비롯한 전근대적 제도가 폐기되고, 새로운 통치 체제가 도입되었다. 신체제가 어느 정도 확립된 1955년 10월 신장위구르자치구(新疆維吾爾自治區)가 성립되었다.

현재 신장위구르자치구에는 공식적으로 한족을 제외한 13개 소수 민족이 살고 있다. 그러나 이는 중국 공산당이 신장을 해방할 때 공식적으로 승인한 소수 민족이 13개라는 것을 말할 뿐, 신장에 거주하는 소수 민족을 모두 망라한 것은 아니다. 신장에는 알타이 지구의 투바인처럼 소수 민족으로 취급받지 못한 민족도 있다. 어떻든 공식적인 승인 절차를 거쳐 자치구가 성립되기 전부터 이들 소수 민족의 자치주自治州 · 자치현自治縣 · 자치향自治鄉이 설정되었다. 이들 주와 현은 신장위구르자치구라는 명칭처럼 지명에다가 민족명을 더한 구조를 갖고 있고, 지리적으로도 매우 복잡한 사정을 드러내고 있다.

예컨대 신장위구르자치구의 몽골족은 2개의 자치주, 즉 '보로탈라몽골자치주(博爾塔拉蒙古自治州)'와 '바얀골몽골자치주(巴音郭楞蒙古自治州)'를 갖고 있지만, 바얀골자치주는 '옌치회족자치현(焉耆回族自治縣)'을 포함하고 있다. 그나마 처음에는 자치주 정부가 회족 자치현에 설치되었다[현재 자치주 정부의 소재지는 코를라(庫爾勒)이다]. 마찬가지로 '일리카자흐자치주(伊犁哈薩克自治州)'는 '차브치알시베자치현(察布查爾錫伯自治縣)'과 '호복사이르몽골자치현(和布克賽爾蒙古自治縣)'을 포괄하고 있다. 또 특정 민족 명칭이 부기된 자치단위라 해도 해당 민족의 인구가 소수인 경우도 있다. 다만 자치 단위의 장長만큼은 통상적으로 자치 단위에 부기된 민족적民族籍을 가진 사람이 임명된다. 그러나 각 단위의 공산당 서기직은 예외 없이 한족이 맡고, 인민해방군 역시 한족이 압도적 우위를 점하고 있다. 이런 점에서 인민해방군과 함께 당과 군이 신장 지배의 근간을 이루고

신장위구르자치구 바얀 불락의 몽골족 소녀

있다고 할 수 있다.

한족 인구 증대와 문화 대혁명

자치구가 성립할 당시 한족 인구 수는 30만 명에 지나지 않았다. 그 후 한족 인구는 꾸준히 증가하여 1980년대에는 500만 명을 돌파했다. 이렇게 놀라울 정도로 인구가 증가한 원인의 하나는, 주로 퇴역 군인으로 조직된 신장군구생산건설병단(新疆軍區生産建設兵團)[34] 때문이다. 건설병단은 톈산 산맥 북쪽 기슭의 복류수를 이용하여 황무지를 개척하여 1989년 현재 인구 50만 명을 돌파한 스허쯔 시(石河子市)를 건설하고, 또 각지에서 대규모 개척 사업을 추진했다. 그 때문에 제1급 국가문물 보호단위로 지정되어 있었던 일리 강 북안北岸의 알말리크 고성故城은 흔적도 없이 사라졌다. 그리고 '방황하는 호수'로 알려진 롭 노르 호수가 말라버린 이유도 호수로 유입되는 콘체다리야 강물이 모두 농업 용수로 이용되었기 때문이다.

지하 자원 탐사와 개발도 적극적으로 이루어졌다. 특히 1955년에 준가르 분지의 사막에서 석유가 발견되자 매장 지역에 카라마이 시(克拉瑪依市, 카라마이는 검은 기름, 즉 석유를 뜻한다)라는 성 정부 직할의 석유 정제 설비를 갖춘 산업 도시를 건설했다.

중국 정부는 대외적으로 민족 자결과 민족 독립의 슬로건을 내걸고, 1955년 인도네시아 반둥에서 개최된 아시아─아프리카 회의에서 저우언라이(周恩來)는

---

34) 1949년 12월 이래 신장에 주둔하기 시작한 인민해방군의 식량 문제를 해결하기 위하여 조직된 생산 및 건설 부대. 1949년 12월 5일 중앙 인민정부 군사 위원회의 명으로 이 계획이 시달된 후 1950년부터 일부 군 부대가 생산 활동에 종사하고, 1954년 8월에는 '신장군구생산건설병단'이라는 명칭을 갖고 공식적으로 출범했다. 그 후 문화혁명 시기의 개폐 기간을 거쳐 1981년 공식적으로 부활되었으며, 총인구는 1996년 말 현재 234만 3308명에 달하고 있다. '건설병단'은 한대漢代 이래 역대 왕조들이 서역西域에 두었던 둔전屯田 전통을 계승한 것으로, 신장 각지에 한족 중심의 조직을 인위적으로 배치하여 농업 생산의 제고는 물론 신장 사회 전체를 개편하려는 의도 아래 추진되었다. 그 결과 1996년 말 현재 '건설병단'의 총인구 가운데 한족이 90% 이상을 점하고, 행정 구역상으로도 신장위구르자치구와 별개의 독자적인 행정·경제·문화 교육·사회 복지 시스템을 갖추고 있는 또 하나의 신장을 이루고 있다. 이에 관한 자세한 사항은 민병훈, 「서역 둔전과 신강생산건설병단」, 『중앙사론』 12·13(중앙대학교 사학과, 1999)를 참고.

인도의 네루, 이집트의 나세르와 함께 주도적 역할을 했다. 그러나 중국이 말하는 민족 자결과 민족 독립은 제국주의 국가의 식민지 지배로부터 독립과 해방을 가리키는 것이다. 따라서 제국주의 지배에서 벗어나 사회주의 길을 가고 있는 중국에서 자결과 자립을 주창하는 것은, 제국주의를 이롭게 하는 반동적인 행위로 간주되었다.

이른바 "수많은 꽃이 함께 피도록 하고, 수많은 학파가 서로 경쟁하게 한다(百花齊放, 百家爭鳴)"는 구호로 잘 알려진 백화제방 운동[35]의 영향이 신장에 미치면서, 소수 민족 간부들은 신장이라는 이름 대신 동투르키스탄 또는 위구리스탄이라는 용어를 사용할 것을 요구하면서 좀더 확실한 분리·독립을 주장했다. 이때부터 신장에서 본격적인 반우파反右派 투쟁이 전개되고, 소수 민족 간부들이 지방 민족주의자라는 명목으로 대거 숙청되었다. 숙청이 끝난 뒤 1958년 이후 한족의 이주는 더욱 활발하게 전개되었는데, 카자흐 유목민을 정주화시켜 그들의 유목지를 새로운 이주자를 위하여 농장으로 바꾸는 정책도 이때 강행되었다.

중국 공산당이 의욕적으로 추진한 '대약진 운동大躍進運動'의 실패가 명확하게 드러난 1959년부터 신장의 카자흐족이 집단적으로 소련으로 넘어가는 사태가 발생했다. 중국은 이를 소련 비밀 공작원의 책동이라고 주장하지만, 내지에서 굶주린 한족이 대대적으로 신장으로 들어올 것이라는 유언비어가 이러한 사태를 불러온 하나의 원인이 되었다. 그 후 1962년 4~5월에도 카자흐족 약 6만 명이 국경을 넘었고, 일설에 의하면 1950년대 말부터 1970년까지 20만 명 이상의 투르크계 소수 민족이 소련으로 이주했다고 한다.

한편 1966년 문화 대혁명이 개시되자 그 해 8월 베이징의 홍위병紅衛兵들이 우룸치로 들어갔다. 그들은 네 가지 옛 것(四舊, 즉 옛 사상·문화·풍속·관습)을 타

---

35) 1956~1957년에 전개된 지식인들의 공산당 비판 운동. 중국 공산당은 1956년 5월부터 지식인들에게 그들 위에 군림하고 있던 당원에 대해 비판하도록 권유했다. 당시 공산당은 지식인들의 비판이 건설적이고 공산 체제에 대해 완전히 충성을 바치는 맥락 속에서 진행될 것으로 기대했다. 그러나 그들의 비판은 당국자의 기대와 달리 매우 격렬하게 진행되었고, 공산당 정권의 모든 부문이 비판의 대상이 되었다. 이에 당황한 공산당은 지식인들이 본격적으로 비판의 목소리를 내기 시작한 몇 주 만에 이 운동을 종결시켰는데, 지식인들은 1957년 6월부터 시작된 이른바 반우파 투쟁의 공격 대상이 되었다.

파하자는 기치 아래 모스크 등 종교 시설을 파괴하고 코란을 소각하는가 하면, 종교 지도자를 구속하여 끌고 다녔다. 신장 공산당 제1서기 왕언마오(王恩茂)는 소련과 국경을 접하는 이 지역에서 소수 민족이 문혁에 휩쓸리는 위험성을 인식하고, 신장 당 위원회의 지령에 따르는 독자적인 홍위병을 조직했는데, 이 조직과 베이징에서 온 그룹의 대립이 곧이어 수많은 사상자를 낸 무력 충돌로 비화되었다.

홍위병과는 별개의 신장의 농촌, 특히 생산건설병단에 하방下放된 도시 출신 청년들의 생활 조건은 극도로 열악하여 상하이(上海)와 같은 내지로 도망가거나 폭동을 일으키기도 했다. 1967년 초 스허쯔에서는 주로 상하이 출신 하방 청년 10만 명이 참가한 대규모 폭동이 일어났다. 폭동은 인민해방군에 의해 곧 진압되었지만, 이 과정에서 10명이 사망하고 500여 명의 행방 불명자가 발생했다. 또 같은 해 7월에는 보수파들이 카자흐 유목민들을 선동하여 무장 투쟁을 일으킴으로써 조반파造反派[36] 수천 명이 사망하거나 부상당했다. 이 사건을 계기로 당 중앙과 국무원國務院은 소수 민족을 무장 투쟁에 휘말리게 하는 행위를 엄격히 금지했다. 요컨대 신장을 인민공화국 영토로 보전하는 것이 최우선 과제로 대두되었던 것이다. 문혁 기간에 소수 민족이 받은 피해와 그에 대한 그들의 반응에 대해서는 여전히 분명하지 않은 점이 많다. 그러나 그들이 당한 타격이 적지 않았을 것이라는 점은 문화 대혁명이 끝난 후 중앙 정부가 어느 정도 화해 정책을 채택하지 않을 수 없었던 사실을 통해서도 충분히 짐작할 수 있다.

---

36) 문화 대혁명이 한창이던 1968년 8월 7월 마오쩌둥은 홍위병을 해산시키고 인민해방군에게 모든 성에서 혁명위원회의 역할을 완수하도록 명했는데, 이른바 조반파는 이때 홍위병을 대신한 활동가들을 말한다.

3. 중앙아시아

1905년 혁명과 무슬림 민족 운동

러일 전쟁에 이어 발생한 1905년 러시아 혁명이 제정 러시아를 크게 동요시키면서 러시아 영내의 무슬림 민족 운동은 첫번째 고양기를 맞이했다. "10월 17일 이후 사람들은 모두 정치에 관여하느라 다른 것을 잊어버릴 정도였다." 타타르의 한 자디드 지식인은 입헌제를 도입하고 정치적 자유를 부여한다는 10월 조서[37]가 발표되었을 당시 무슬림의 정치적 각성을 이와 같이 기록하고 있다.

이 혁명은 무슬림 입장에서 보면 갑자기 찾아온 사건이었고 정치 참여에 대한 준비도 거의 이루어지지 않은 상태였다. 그러나 일시적이나마 언론과 출판의 자유가 주어짐에 따라 무슬림의 정치 · 사회 운동이 활성화되는 계기가 되었다. 이는 가스프린스키의 《타르주만》을 포함해 몇 개에 지나지 않았던 무슬림의 신문과 잡지가 1905년 이후에 바쿠 · 카잔 · 오렌부르크 · 타슈켄트 등 무슬림의 경제 · 문화 중심 도시에서 속속 창간된 사실을 통해서도 확인할 수 있다. 그 가운데서도 타타르의 부유한 광산가인 라미예프 형제의 출자로 오렌부르크에서 창간된 신문 《바크트(시간)》와 잡지 《슈로(평의회)》는, 러시아 영내는 물론이고 신장까지 유포되어 무슬림의 정치적 각성에 크게 공헌했다.

이 시기에 무슬림 정치 운동을 지도한 사람들은 러시아와 오스만 제국의 정치 동향에 밝은 악추라 · 이브라힘 · 가스프린스키를 비롯한 타타르 지식인들이었다. 이 운동이 가져온 최대 성과는 세 차례에 걸친 러시아 무슬림 대회의 개최이다. 제1회 대회(1905년 8월)는 해마다 많은 무슬림 상인이 참가하는 정기시定期市로 유명한 볼가 강 유역의 니주니노브고로드에서 개최되었는데, 이 대회는 상인 · 사업가 · 일반 방문객을 비롯해 러시아 영내에 거주하는 150여 명

---

37) 1905년 혁명의 정점을 이룬 10월 총파업이 한창일 때, 이에 굴복하여 차르가 발표한 조서를 말한다.

제1회 러시아 무슬림 대회(1905년 8월 15일)
이 대회는 니주니노브고로드의 오카 강에 떠 있는 선상船上에서 비합법 집회로 개최되었다.

의 투르크족 대표들이 참여하는 거대한 행사로 치러졌다. 대표의 반수 이상은 타타르인이 차지했다. 부르주아 · 지주 · 울라마 · 저널리스트 등 각계 각층의 사람들이 자주적으로 모인 대회는 마치 무슬림 명사들의 집회 같았고, 무슬림들이 전체 러시아 규모에서 종교 · 문화적 자치 문제를 토의한 것은 이때가 처음이었다. 페테르부르크에서 개최된 제2회 대회(1906년 1월)에서는 '러시아 무슬림 연맹'을 결성하기로 하고, 800명이 참가한 제3회 대회(1906년 8월 니주니노브고로드)는 러시아 입헌민주당과 비슷한 72개조의 연맹 강령을 채택했다. 무슬림 연맹의 성립은 1907년 제2두마(러시아 의회)에서 무슬림 그룹이 결성되는 계기가 되었다. 타타르 지식인 가운데는 카자흐 초원, 투르키스탄, 카프카스의 무슬림을 상정한 영토적 자치를 구상하거나 러시아 내지의 소수 민족인 타타르인과 바슈키르인을 상정한 문화적 자치를 구상하는 사람도 나타났다.

그러나 무슬림 연맹은 역사와 문화적 배경과 생활 양식이 다른 러시아 영내의 모든 무슬림을 통합시키지 못했다. 실제로 이슬람 문명보다 유럽(러시아) 문명을 수용하려 한 카자흐 민족주의자들은 무슬림 연맹에 가담하지 않은 채 독자적 민족 운동을 펼쳐나갔다. 즉 카자흐 지식인과 부족 장로들은 1905년 카자흐 초원에 대한 식민植民의 제한과 사법 · 행정 부문에서 카자흐어의 사용을 허가할 것을 청원하고, 제2두마에 선출된 카자흐 의원은 카자흐 유목민의 생존을 위협하고 있는 식민 정책의 중단과 빼앗긴 토지의 반환을 요구하기도 했다.[38] 무슬림 연맹과 러시아 자유주의 정당들은 카자흐인들의 이러한 요구를 지지했지만, 정부는 문제를 검토하는 것조차 거부했다. 러시아 정부는 곡물을

---

38) 러시아 정부는 1906~1912년 사이에 제국 내 농촌 문제를 해결하기 위하여 약 45만 명에 달하는 러시아인들을 악몰린스크 · 투르가이 · 세미레치에 등지로 이주시켰다. 그리고 대대로 카자흐인들이 경작하던 농경지를 이들 이주민에게 분배했다.

확보하고 농촌의 과밀한 인구 문제를 해결하기 위해서 카자흐 지역에 대한 식민이 불가피하다고 판단했다. 여기에서 두각을 나타낸 신세대 민족주의자들은 이윽고 오렌부르크에서 발행되는 신문 《카자크》(1913~1918년) 주변에 결집했고, 2월 혁명 후에는 민족 정당인 알라슈 당을 결성했다.

투르키스탄에서는 '새로운 방식의 학교'와 신문이나 잡지를 중심으로 자디드 지식인의 완만한 결사가 이루어지고, 소수이기는 하지만 투르키스탄에서 선출된 의원이 제2두마에 참여하기도 했다. 투르키스탄의 무슬림 지식인들은 정치 활동 경험이 많은 타타르인에게서 일방적으로 지도를 받았지만, 1910년대에 들어와 민족 명칭을 둘러싸고 러시아인이나 타타르인들과 논쟁을 벌이기도 했다. 러시아인은 투르키스탄을 정복한 이래 관습에 따라 그 땅의 투르크계 정주민을 '사르트'라 불렀다. 러시아 동양학 연구자 바르톨트(V. V. Barthold)가 언급했듯이 이는 분명히 역사적 명칭이다. 그럼에도 이는 결코 자각적인 민족 명칭은 아니었다. 특히 카자흐를 비롯한 유목민이 이 말을 사용

할 때는 정주민을 모욕하는 어조를 포함하고 있었다. 투르키스탄 지식인들은 러시아인과 타타르인이 이 말을 사용할 때도 모욕의 뉘앙스를 느끼고 이 용어의 명확하지 않는 점을 지적하는 한편, 그 대신 투르키스탄인 또는 투르크 – 우즈베크인이라고 부르도록 요구했다. 《슈로》와 사마르칸트의 자디드 지식인 베흐부디가 창간한 잡지 《오이나(거울)》에서 전개된 논쟁은 당국의 압력에 의해 중단되었지만, 이 논쟁은 그때까지 사마르칸트인 또는 타슈켄트인이라는 오아시스 도시를 중심으로 한 귀속 의식 대신, 투르키스탄인이라는 새로운 정체성의 성장을 보여주었다.

한편 제정 러시아의 보호국인 부하라와 히바에서도, 러시아 혁명에 이어 일어난 이란과 오스만 제국의 입헌 혁명이 도시 지식인들을 정치적으로 각성시켜 청년 부하라

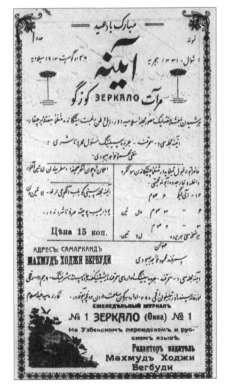

인이나 청년 히바인을 자칭하는 젊은 자디드 지식인 결사가 조직되었다. 그들은 제정帝政의 보호 아래서 예전의 전제적인 통치 체제가 온존되고 있는 부하라 아미르국과 히바 칸국의 개혁, 그리고 그 전제로서 교육 개혁을 목표로 내걸었다. 일례로 부하라인 피트라트는 1911년 유학지인 이스탄불에서 『논쟁』이라는 페르시아어 문학 작품을 발표했다. 이 책은 부하라의 보수적인 무다리스(마드라사의 교수)와 유럽인 여행가가 나눈 대화를 통해 '새로운 방식의 학교'의 정당성과 효용성을 명쾌하게 보여준, 자디드 문학의 걸작으로서 줄거리 전체에 이슬람 부흥의 의욕과 열렬한 조국애가 관통하고 있다. 이 작품은 그 후 우즈베크어로 번역되어 투르키스탄에서도 폭넓게 읽혔다.

그러나 1907년에 시작된 제정의 반동은 무슬림 민족 운동의 발전을 크게 약화시키는 한편, 이로 인하여 악추라와 이브라힘을 비롯한 많은 지도자들이 외국으로 망명하는 사태가 발생했다. 이때 이브라힘은 카잔에서 시베리아·일본·조선·중국·동남아·인도를 거쳐 메카와 메디나를 순례하고 이스탄불에 이르기까지 유라시아 전역을 일주하는 여행을 했다. 그가 이처럼 유라시아를 일주한 목적의 하나는 러일 전쟁에 승리한 일본의 활력을 이슬람 세계의 해방과 발전에 유용하게 사용할 전략을 고안하기 위해서였다. 러시아의 국내 상황은 점점 악화되어갔지만, 무슬림 개혁 운동은 온건한 대중 매체와 새로운 방식의 학교, 연극을 통한 계몽 운동 또는 비밀 결사를 통해 점점 영역을 넓혀갔다. 또 여러 신문이나 잡지가 대부분 단명에 끝났음에도 불구하고, 새로운 문어文語에 대한 관심이 민족을 각성시키는 데 길을 연 점은 매우 중요하다.

1916년 반란

1914년 8월 제1차 세계 대전이 시작되고 여기에 러시아가 참전하면서 전쟁은 곧바로 중앙아시아 무슬림에게 영향을 미쳤다. 즉 투르키스탄에서는 무슬림들이 병역 의무 대신에 전시세戰時稅를 부담하고 기타 식료품과 가축을 징발

당하는 한편, 강제로 의연금을 납부했다. 게다가 투르키스탄 총독부에서부터 지방 행정 말단을 담당하는 무슬림 관리에 이르기까지 부패한 행정 기구에 의한 착복으로 인하여 민중의 부담은 더욱 가중되었다.

한편 러시아와 오스만 제국의 전쟁은 영내 무슬림들을 여러 가지로 어렵게 만들었다. 전쟁이 발발한 후 러시아 당국은 자디드 지식인의 범이슬람주의와 범투르크주의에 대한 경계를 강화했고, 오스만 제국의 터키인에게 친근감을 갖고 있었던 자디드 지식인들은 같은 종교와 같은 뿌리를 가진 사람들을 적대하는 전쟁에 대해 당혹감을 감추지 못했다. 예컨대 베흐부디 같은 사람은 이를 어디까지나 국가 사이의 전쟁으로 받아들이고 러시아에 대한 충성을 표명하는 한편, 투르키스탄인들에게는 자중할 것을 호소했다. 반면에 카자흐 지식인 사이에서는 오히려 병역 부담 등 전쟁에 적극 협력하여 이민족의 차별적 신분에서 벗어나고자 하는 논의도 나타났다.

이런 과정에서 1916년 6월 25일 니콜라이 2세는 전시의 부족한 노동력을 보충하기 위하여 중앙아시아 이민족, 즉 투르키스탄에서 성인 남자(19~43세) 25만 명과 카자흐 초원의 여러 주에서 14만 명을 후방의 노동력으로 동원한다는 칙령을 반포했다. 그러나 충분한 호구 조사나 사전 준비를 하지 않은 채 갑자기 발표한 칙령은, 식민지 통치를 받으며 축적된 민중의 불만에 불을 붙이는 꼴이 되었다. 마침 면화 수확기와 라마단(단식월斷食月)을 맞이하고 있던 무슬림 민중은, 갖가지 유언비어와 억측이 수반된 동원령 소식을 접하고 예전에 볼 수 없었던 대규모 항쟁을 전개했다. 사마르칸트·세미레치에·투르가이를 비롯한 여러 주에서는 유혈 사태를 동반한 민중 봉기로 발전하고, 때로는 칸을 선출하여 자립적인 정권을 수립하려는 움직임까지 나타났다. 민중들은 지방 관리와 농업 이민자들을 습격하고, 통신 시설과 철로를 파괴하면서 러시아 진압 부대와 충돌했다. 특히 세미레치에 주처럼 농업 이민이 많이 살고 있던 지방에서는, 이주자와 원주민의 대립이 격화되어 러시아인 2000여 명이 살해되기도 했다.

이에 대해 러시아 당국은 계엄령을 발포함과 동시에, 강력한 부대를 파견하

1916년 반란으로 중국령 쿨자로 피난한 카자흐인과 키르기스인들

여 반란 진압과 처벌을 맡도록 했다. 그 결과 투르키스탄에 보병 14개 대대, 기병 33개 대대, 대포 42문, 중기관총 69문의 군사력을 투입하여 대대적인 살육과 파괴, 약탈을 자행하고 토지를 몰수했다. 이에 사마르칸트 주의 무슬림들이 부하라 영내로 도망가고, 세미레치에 주의 카자흐-키르기스 유목민들은 대거 중국령 동투르키스탄으로 피신하는 사태가 발생했다. 일설에 의하면 이때 세미레치에 주를 떠난 난민이 10만 호에 달했다고 한다. 혁명 후 투르키스탄 각지를 시찰한 한 공산당원은, 당시의 참상을 "진압당한 여러 지역에 파괴된 벽壁이 지금도 전제專制의 살아 있는 기념물로 남아 있다. 1916년 반란은 지금도 무슬림 빈민의 기억 속에 생생히 살아 있다"고 기록했다.

조직력도 없고 무기도 부족한 반란은 1916년 말까지 차례로 격파되었다. 그러나 이 반란으로 러시아 정부가 동원할 수 있었던 이민족은 예상 인원의 반에도 미치지 못했고, 나아가 이러한 식민지의 동요는 전시戰時 제정 러시아의 정치·사회적 불안을 증폭시켰다. 이런 점에서 중앙아시아의 반란은 이듬해 일어난 러시아 혁명의 길을 열었다고 할 수 있다. 동원된 무슬림 사이에서는 "폭군을 응징하여 타도하고 옥좌에서 끌어내릴 때까지 우리는 돌아가지 않으리, 투르키스탄으로"와 같은 노래까지 만들어졌다. 또 이 반란에 가담하여 체포되거나 유형流刑에 처해진 사람들 가운데는 혁명 후 고향으로 돌아와 혁명파 또는 반反혁명파 투사로 활동한 사람도 적지 않았다. 어떻든 이 반란은 무슬림이 정치적으로 각성하는 계기가 되었던 것만은 분명하다.

이듬해 러시아의 2월 혁명으로 제정이 붕괴되자, 동투르키스탄으로 피난 간 유목민들이 다시 고향으로 돌아오기 시작했다. 그러나 1917년 5월 모스크바에서 개최된 전체 러시아 무슬림 대회 석상에서 세미레치에 주 대표는 현지 실태를 다음과 같이 보고하고 있다.

러시아 혁명이 발발하고 자유가 선포됨에 따라 많은 키르기스인과 카자흐인이 이제 억압이 끝나고 해방의 때가 온 것으로 여기고 고향으로 돌아오기 시작했다. 그들은 자유의 태양에 크나큰 기대를 걸고 옛날의 평화가 도래할 것으로 생각했다. 그러나 그들의 기대는 완전히 빗나갔다. 그들을 맞이한 것은 (무장한 러시아 이주민의) 소총과 활이었다.

이 보고는 청중의 비분을 불러일으켜 임시 정부와 페트로그라드(현재의 상트페테르부르크) 노동자 – 병사 대표 소비에트를 비롯한 집행 기관에 항의하고 도움을 요청하는 전보를 보냈다. 그러나 이와 같은 무슬림들의 호소에도 불구하고 이전의 식민 체제는 전혀 바뀌지 않았다. 중앙아시아는 이렇게 하여 1916년 반란이 초래한 민족 사이의 심각한 불신과 대립을 간직한 채 혁명과 내전에 휘말리게 된다. 이는 또 중앙아시아 혁명이 식민지 구조의 변혁과 민족 관계의 재편성이라는 중요한 과제를 떠맡고 있었음을 의미한다.

2월 혁명과 자치 운동의 전개

1917년 2월 그 동안 중앙유라시아에서 군림해온 제정 러시아는 빵과 평화를 갈망하는 민중을 등에 업고 궐기한 노동자와 병사들 앞에서 붕괴되었다. 2월 혁명은 제국 내 무슬림들에게 커다란 기대를 갖게 했고 그들의 정치 · 사회 운동은 다시 활력을 되찾았다. 바쿠, 카잔, 타슈켄트, 오렌부르크를 비롯한 여러 도시에서 잇달아 신문과 잡지가 창간되고 각지에서 무슬림 정치 조직이 생겨났다. 이러한 가운데서 같은 해 5월 러시아 내지, 아제르바이잔, 볼가(우랄 지방), 카자흐 초원을 비롯한 각지에서 온 약 800명의 무슬림 대표(여성 포함)가 모스크바에 모여 전체 러시아 무슬림 대회를 개최하고, 그들이 직면하고 있던

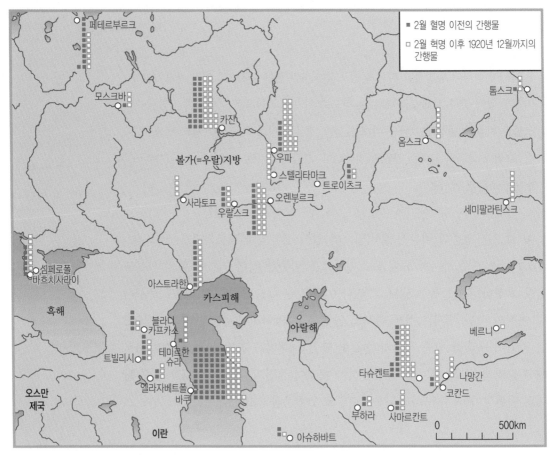

페테르부르크
모스크바
카잔
톰스크
옴스크
우파
스텔리타마크
트로이츠크
볼가(=우랄)지방
사라토프
오렌부르크
세미팔라틴스크
우랄스크
심페로폴
바흐치사라이
아스트라한
흑해
카스피해
블라디 카프카스
아랄해
베르니
트빌리시
테미르한 슈라
타슈켄트
나망간
엘라자베트폴
바쿠
코칸드
오스만 제국
부하라
사마르칸트
이란
아슈하바트

■ 2월 혁명 이전의 간행물
□ 2월 혁명 이후 1920년 12월까지의
   간행물

0   500km

러시아 혁명기에 간행된 무슬림 신문과 잡지의 분포도

여러 문제를 자유롭게 토의했다.

대회는 처음 350년에 걸친 제정의 압제에서 벗어났다는 해방감으로 충만해 있었다. 그러나 논의가 진행됨에 따라 무슬림 공동체 내의 다양성으로 인하여 갈등이 나타나기 시작했다. 대회에서 사용할 적절한 공통어를 찾지 못한 채 대표들은 자주 러시아어로 발언했다. 격론이 이루어진 것은 장래 러시아 국가의 정치 체제에 관한 문제였다. 이때 러시아에서 분리·독립하자는 주장을 편 사람이 없었다는 점은 주목할 만하다. 다만 이른바 중앙 집권을 주장하는 그룹과 연방제를 주창하는 그룹이 대립했다.

중앙 집권파는 하나의 민주적 러시아공화국을 상정하고, 그 안에서 국민은

종교와 민족의 구별 없이 평등한 권리를 부여받고, 교육과 종교, 언어를 비롯한 민족 문화 분야에서 자치를 향유하면 된다고 주장했다. 그들은 영토적 자치가 아니라 이른바 문화적 자치를 지향하고, 러시아 영내 투르크계 무슬림 집단의 일체성을 강조했다. 타타르인들이 주로 이러한 주장을 했는데, 그들은 러시아 영내에 널리 퍼져 살면서 자기들이 다수를 차지하는 민족 영역을 갖고 있지 않았다. 이와 함께 그들은 러시아의 민주적인 정치 제도와 공통의 법률이 당연히 투르키스탄의 보수적인 무슬림 사회를 변화시키는 데도 기여할 것이라고 주장했다.

이에 대해 연방파는 지역적 자치에 기초한 완만한 연방제를 상정하고 중앙 정부의 역할을 최대한 제한하려 했다. 아직까지 자기들이 다수를 차지하는 민족 영역을 갖고 있었던 아제르바이잔과 투르키스탄, 카자흐 대표들이 주로 이러한 주장을 폈다. 단일 무슬림 민족의 존재를 부정한 연방파의 주장은, 러시아의 통치 아래서 성장한 민족과 지역적 정체성에 기초를 두고 있지만, 여기에는 타타르인의 경제·문화적 헤게모니에 대한 경계심이나 반감도 자리잡고

러시아 2월 혁명 후 해방을 축하하는 '슈로이 이슬라미야' 멤버들

있었다. 표결은 446 대 271로 연방파가 승리했지만, 이는 결코 타타르인들의 문화적 자치 구상을 부정한 것은 아니고, 결과적으로 보면 영역적 자치와 문화적 자치 모두를 수용한 것이었다.

대회에 참가한 대표들은 민족주의와 함께 사회 변혁에 대한 의지도 명확히 보여주었다. 특히 젊은 무슬림 사회주의자들이 예리하게 문제를 제기했다. 즉 토지 개혁과 농민에 대한 토지 분배, 남녀의 정치적 평등, 일부다처제와 16세 이하 소녀의 혼인 금지, 8시간 노동제에 대한 결의는 동시대 이슬람 세계에서 획기적 사건이었고, 여성의 참정권 문제는 미국보다 앞서는 개혁이었다. 그러나 타타르인과 아제르바이잔인 등 경제·문화적 선진 지역 대표들은 이러한 결의를 지지한 반면, 보수적인 투르키스탄 대표들은 이슬람 율법에 비추어 신중하게 논의해야 한다는 구실로 의결에 참가하지 않았다.

전체 러시아 무슬림 대회를 전후하여 중앙아시아 각지에 무슬림의 정치 조직이 생겨났다. 예컨대 투르키스탄의 타슈켄트에서는 혁명 직후인 1917년 3월 무나바르 카리와 변호사 우베이둘라 호자예프를 비롯한 자디드 지식인들의 주도로 '슈로이 이슬라미야(이슬람 평의회)'가 조직되었다. 이 조직은 러시아인의 노동자-병사 소비에트를 모방하여 만든 무슬림 대표 조직으로 4월부터는 투르키스탄 외 여러 도시에도 지부를 개설하고, 미래에 건설될 러시아연방공화국에서 투르키스탄의 자치를 실현하기 위한 선전과 조직 활동을 전개했다. 그러나 그들의 자치 활동 앞에는 여러 가지 장애물이 놓여 있었다. 즉 무슬림에 대한 불신을 숨기지 않는 러시아 이주자들의 정치 세력이 그들의 활동을 가로막았고, 같은 무슬림 사이에서도 자디드와 울라마 협의회를 중심으로 모여 있던 무슬림 보수파와 대립이 격화되어 운동의 발전을 방해했다. 그럼에도 불구하고 같은 해 8월 투르키스탄의 자치를 목표로 하는 첫번째 무슬림 정당인 '투르크연방주의자당'이 결성되어 자치 운동을 조직화하는 데 공헌했다.

이 정당은 아제르바이잔의 무슬림 정당인 무사와('평등'이라는 뜻)의 강령을 수용했다.

한편 카자흐 초원에서도 부케이하노프·바이투르수노프·둘라토프를 비롯하여 신문 《카자크》 주변에 모여 있던 지식인들이 주도하여 정당을 만들었다. 그들은 그 해 4월부터 각지에서 카자흐인 정치 집회를 열고, 7월에 개최한 카자흐인 대회의 의결에 따라 자치를 목표로 하는 알라슈당을 결성했다. 이 정당은 1917년 겨울에 실시한 러시아 제헌 의회 선거에서 카자흐인들의 압도적 지지를 받았을 뿐 아니라 현지 러시아인들로부터도 적지 않은 지지를 얻어 그 존재를 내외에 과시했다.

2월 혁명은 제국의 보호국인 부하라와 히바에도 동요를 몰고 왔다. 아미르와 칸의 전제 정치가 이제 제정帝政이라는 강력한 후원자를 잃어버린 결과였다. 이 동요를 뚫고 청년 히바인은 의회 개설을 요구했고, 피트라트와 파이줄라 호자예프가 이끄는 청년 부하라인은 러시아 임시 정부에 지원을 요청하는 한편 아미르에게도 정치적 개혁을 요구했다. 이처럼 중앙아시아 무슬림들은 2월 혁명 이후에 자치와 개혁을 향해 활발하게 정치 운동을 전개했다. 그러나 아직 대중적인 기반이 결여되어 있었고, 러시아 임시 정부도 중앙아시아의 변혁에 관심을 돌릴 여유가 없었다. 그리고 무엇보다도 러시아 정치 상황이 매우 급속하게 전개되고 있었다. 그들의 예상을 뒤엎고 갑자기 10월 혁명이 발생했다.

10월 혁명과 내전－투르키스탄의 사례

10월 혁명으로 수도의 권력을 장악한 직후인 11월 20일 볼셰비키 정부인 인민위원회는 레닌과 스탈린이 서명한, 러시아와 동방의 전체 무슬림 노동자들을 향한 역사적인 호소문을 발표했다.

러시아의 무슬림, 볼가 연안과 크림의 타타르인, 시베리아와 투르키스탄의 키르기스인과 사르트인, 자카프카스[39]의 체첸인과 산악 민족들, 모스크가 파괴되고 신앙과 관습마저 러시아의 차르와 압제자에 의해 짓밟힌 모든 무슬림 여러분! 이제 여러분의 신앙과 관습, 민족, 문화 제도는 자유롭고 침범할 수 없음을 선언합니다. 스스로 민족 생활을 자유롭고 거리낌없이 영위하십시오. 여러분은 이러한 권리를 갖고 있습니다. 여러분의 권리는 러시아 모든 민족의 권리와 똑같고, 혁명과 그 기관, 즉 노동자·병사·농민 대표 소비에트에 의해 보호되고 있다는 것을 알아주십시오. 그러니 혁명과 그 주권 정부를 지지해 주십시오.

혁명 정권은 과거 제국 내의 무슬림을 아군으로 끌어들이려고 했다. 그러나 바쿠와 카잔처럼 일찍부터 무슬림 노동자 조직이 활동을 전개하고 있던 대도시를 제외하면, 사회민주당(볼셰비키)은 무슬림 사이에서 지지 기반을 거의 갖고 있지 않았다. 따라서 제국 각지에 성립된 노동자와 병사들의 소비에트 정권은 사실상 러시아인 정권이었다. 2월 혁명 이래 무슬림 자치 운동은 소비에트 정권의 출현을 앞두고 그 정권과 어떤 관계를 유지할 것인가를 놓고 큰 결단을 내려야 했다. 그리고 1918년 1월 소비에트 정권은 이제 막 소집된 헌법 제정 회의를 해산시켜 부르주아 공화국의 길을 차단하고 사회주의 소비에트 공화국을 선포했다. 또 그 해 여름부터 국내에서 반反혁명파인 백군과 적군 사이에 치열한 내전이 시작되고, 식료품 및 물자의 생산과 수송 체계가 해체되어 러시아 전역이 큰 혼란에 휩싸였다. 이러한 상황에서 군사력이 취약한 무슬림 자치 운동이 살아남기는 실로 어려운 일이었다. 일례로 투르키스탄의 경우를 보기로 하자.

1917년 11월 타슈켄트를 비롯한 투르키스탄 여러 도시에서 잇달아 소비에트 권력이 수립되어 임시 정부의 통치 기능을 대신했다. 그러나 이 식민지에 성립된 초기 소비에트 정권(1918년 4월 '투르키스탄자치소비에트공화국'을 선포하고 러시

---

39) 카프카스의 저쪽이라는 뜻으로 카프카스 산맥 남쪽에 있는 지역, 즉 아제르바이잔, 그루지아, 아르메니아를 가리킨다. 외外카프카스 또는 남南카프카스라고도 한다.

아연방에 가맹)의 구성원은 기본적으로 러시아인을 비롯한 이주민들로서 무슬림 입장에서 보면 식민지 체제에 큰 변화가 없었다. 이렇게 하여 인구의 92% 이상을 차지하고 있으나 노동자와 병사가 거의 없었던 토착 무슬림은 정권에서 완전히 소외되어 있었다. 그런가 하면 10월 혁명 당시 무슬림 사회 자체도 정치적으로 분열되어 있었다. 도시의 자디드들이 혁명을 무슬림 사회를 변혁시킬 수 있는 호기로 생각했던 데 반하여, 민중들 사이에서 큰 영향력을 행사하고 있었던 보수적인 울라마들은 자디드의 정치 운동에 냉담했을 뿐 아니라 적대적이기까지 했다. 이와 더불어 각지에서 표출된 부족주의와 지역주의도 투르키스탄인의 연대를 저해하는 데 한몫했다.

그럼에도 투르키스탄의 자디드들은 보수파와 절묘하게 타협함으로써 11월 27일에 코칸드에서 열린 제4회 투르키스탄 무슬림 대회에서 투르키스탄의 자치를 선언하는 데 성공했다. 이 대회에는 러시아인과 유대인 대표도 참가하고, 향후 의회에서 의석의 3분의 1을 유럽계 주민에게 할애하기로 결정했다. 이 자치 정부는 타슈켄트의 소비에트 정권에 대해 정당성을 주장할 수는 있었지만, 군사력은 물론 조직과 재정 기반이 취약했다. 그리하여 자치 정부는 이듬해 1918년 2월 고립무원의 상태에서 붉은 군대와 아르메니아 군대의 공격을 받고 괴멸되었다. 소비에트 정권에서 보면 이 자치 정부는 계급적 기반이 없는 부르주아 민족주의 정부에 지나지 않았던 것이다.

이렇게 하여 무슬림 자치 정부는 소멸되었지만, 무슬림의 정치·문화 운동은 그 후 다음 세 가지 방향에서 새롭게 발전했다. 그 첫번째는 바스마치 운동이다.[40] 수많은 무슬림 주민을 희생시킨 코칸드 참극은 정치·사회적 불안을 확산시켜 페르가나 일대에 바스마치로 알려진 반反소비에트 저항 운동을 불러일으켰다. 이러한 저항 운동은 내전에 의해 극도로 악화된 식량 사정과 지역 실정을 고려하지 않은 소비에트 정권의 시책, 그리고 지역 소비에트 정권에

40) 러시아 혁명기에 제정 러시아의 옛 식민지 투르키스탄의 현지 무슬림들이 소비에트 정권에 대항하여 벌인 반反 혁명 운동. 바스마치는 비적·침입자(이는 소비에트 측이 붙여준 이름이고, 자칭은 사령관·지도자를 뜻하는 '쿠르바슈'이다)를 뜻한다. 이 운동은 처음 우즈베키스탄의 페르가나를 중심으로 시작하여 여러 지역으로 확대되었는데, 민족주의자뿐 아니라 옛 지배층·농민·유목민·수피 등 다양한 집단이 참여했다. 1918~1924년의 절정기를 거쳐 지역에 따라서 1930년대까지 지속되어 소비에트 정권을 위협했다.

코칸드의 바스마치에 대한 재판 장면
페르가나 지역 박물관 소장되어 있는 사진으로 앞 두 줄은 피고석, 그 뒤에 소비에트 군인

복속된 무슬림 무뢰배들의 불법 행위로 인하여 급속하게 확대되었는데, 1919년 2월에는 무슬림 무장 세력의 수가 2만 명에 이를 정도로 소비에트 정권을 위협했다. 이 운동에는 도시 지식인에서 산악 부족에 이르기까지 매우 다양한 사회 집단이 참가했다. 그들은 비록 정치·군사적 통합을 실현하지는 못했지만, 1924년 4월 이 운동에 관계가 있는 여러 세력의 대표들이 사마르칸트에서 비합법적인 무슬림 대회를 개최하고, '투르키스탄투르크독립이슬람공화국'을 수립하기로 결의했다. 이는 분명히 이전의 투르키스탄 자치 정부를 뛰어넘은 혁신적인 구상이었다.

두번째는 자디드 지식인들이 소비에트 정권 아래서 전개한 교육과 문화 운동이다. 그들은 '억눌린 동방'의 해방을 표방하는 소비에트 정권의 결함과 모순을 잘 알고 있었다. 그러면서도 그들은 소비에트공화국 테두리 안에서 점진적으로 투르키스탄인에 의한 자치의 기초를 닦고 내실을 다지려고 했다. 자디드 입장에서 보면 소비에트 정권과 제휴하는 것은 무슬림 보수파의 반동적 행위와 간섭에 맞서 무슬림 사회를 변혁시킬 수 있는 유효한 전략이기도 했다.

예를 들면 1919년 초 피트라트가 타슈켄트에서 설립한 문학 동아리 '차가타이 간담회'는 아랍 문자 표기의 개혁, 젊은 작가와 시인의 양성, 구비 문학의 수집을 비롯한 다양한 활동을 전개함과 동시에, 투르키스탄인을 위한 새로운 문어를 창출하는 데도 많은 노력을 기울였다. 20세기 초기 이래 투르키스탄에서는 사르트어(총독부가 채용한 이른바 관제官制 문어), 타타르어, 오스만어, 공통 투르크어를 비롯한 여러 문어들이 혼재했다. 피트라트는 이러한 문어의 혼란상을 극복하기 위하여 차가타이어 전통에 의거하여 아랍어·페르시아어·러시

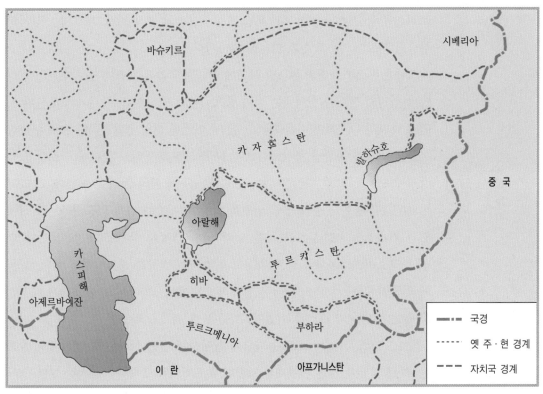

러시아 혁명기 자치 이슬람
제국諸國 연맹의 구상

아어 요소를 제거한 새로운 문어를 창안하려고 했다. 이들이 차가타이어와 차
가타이 문학을 높이 평가한 것은 투르키스탄의 문화적 부흥을 기도한 의욕의
발로였다. 그들은 독자적인 문어를 통해 투르키스탄공화국의 국민을 창출하
려 했던 것이다.

　세번째로 소비에트 정권에 의한 현지 요원의 적극적인 등용, 이른바 콜로니
자치아(현지민화) 정책 아래서 투르키스탄 공산당에서 점점 두각을 나타내기 시
작한 무슬림 공산당원의 활동이다. 초기 소비에트 정권은 과거 식민자였던 러
시아인 정권이라는 성격을 강하게 갖고 있었고, 대大러시아주의와 가혹한 징
발을 수반한 전시 공산주의, 노골적인 반反이슬람 정책은 무슬림 민중의 반감
을 사서 바스마치 세력의 확대를 불러왔다. 투르키스탄 내전이 격화되는 것을
우려한 레닌을 비롯한 공산당 지도부는, 투르키스탄 무슬림 주민과 소비에트
정권의 틈새를 메우기 위하여 콜로니자치아 정책을 추진했다. 1919년 3월 투

르키스탄 공산당 내에 창설된 무슬림 공산당원의 공식 조직 '투르키스탄 지역 무슬림 뷰로(局)' 는 그 성과 가운데 하나이다.

그들은 투르키스탄의 무슬림 사회에 익숙하지 않은 계급 투쟁보다는 민족 해방과 식민지 잔재를 털어내는 것이 중요하다고 인식하고, 아시아에 확산된 식민지 혁명의 독자적인 길을 가려고 했다. 이러한 혁명 전략을 처음으로 구상한 사람은 러시아 공산당 중앙에서 무슬림 조직을 총괄하고 있던 타타르인 술탄 갈리예프인데, 그의 구상은 많은 무슬림 공산당원의 지지를 받았다. 그리고 1920년 1월 공화국 중앙 집행 위원회 의장 겸 무슬림 뷰로 의장이라는 요직에 있던 카자흐인 리스쿨로프 등은 당과 국가 명칭을 '투르크제민족공산당' 과 '투르크소비에트공화국' 으로 바꾸고 독자적인 전략을 명시하려고 했다. 그들에 의하면 '투르키스탄공화국은 민족적 소비에트공화국이고, 거기에서 자결권을 갖는 집단은 투르크족' 이었다. 그들은 옛 체제가 타도된 후 부하라와 히바 (호라즘), 그리고 바슈키르도 공화국에 참여하는 것을 상정했다. 여기에서 말하는 '투르크' 라는 것은 이란계를 포함한 투르키스탄 토착민을 총칭한 개념이다.

그러나 이러한 무슬림 공산당원의 행동은 즉시 공산당 중앙의 개입을 불러왔다. 개별 민족의 독립적 당 조직은 공산당이라는 단일 조직 원리에 반할 뿐 아니라, 이 주장은 새롭게 치장한 범투르크주의 또는 범이슬람주의로 간주되었다. 이에 대해 당 중앙의 대안은 향후 투르키스탄을 3개의 민족 구역(민족 공화국), 즉 우즈베키스탄 · 카자흐스탄 · 투르크메니스탄으로 분할하는 것이었다. 이것이 1924년 '중앙아시아 민족 경계 획정' 의 시발점이 되었다. 그리고 스탈린의 민족 정책을 비판한 술탄 갈리예프가 1923년 5월 '반당反黨 · 반反소비에트 분자' 로 체포되어 제명된 후 자립적인 무슬림 공산주의자에 대한 당 중앙의 통제가 한층 강화되었다.

러시아 혁명의 충격은 부하라와 히바 두 보호국에도 큰 영향을 미쳤다. 그리하여 1918년 3월 청년 부하라인 조직은 소비에트 정권과 협력하여 아미르 정권에 대한 무장 쿠데타를 기도했다. 쿠데타는 실패로 끝나고 부하라와 히바는 내전기 중앙아시아에서 사실상 독립을 유지했다. 그러나 1920년 투르키스탄

적군赤軍이 개입한 소비에트 혁명에
의해 옛 체제가 타도되고, 부하라와
호라즘에서도 소비에트공화국이 탄
생했다. 청년 부하라인과 청년 히바
인은 신생 공화국의 지도를 담당했지
만, 소비에트 정권의 압력 아래 점점
자립성을 잃어갔다.

청년 부하라 멤버들
앞 줄 가운데 앉아 있는 사람
이 청년 부하라인의 지도자
인 파이줄라 호자예프이다.

    외부에서 가져온 혁명에 대한 반발
은 부하라와 히바에서도 바스마치 운
동을 격화시켰고, 그것은 또 다양한 민족 집단 사이의 대립과 항쟁을 증폭시
켜 공화국의 통합을 위협했다. 투르크멘의 주나이드 칸이 지휘한 히바의 바스
마치 세력과 바슈키르의 민족 운동 지도자 토간, 오스만 제국의 육군 장관 출
신인 엔베르 파샤[41]가 가담한 부하라의 바스마치 세력은 적군과 격렬한 전투
를 벌인 끝에 패배했는데, 이때 내전과 기아에 허덕이던 많은 무슬림들이 난
민 또는 망명객 신세가 되어 중국, 아프가니스탄 북부, 중동 여러 나라로 빠져
나갔다. 부하라와 히바 혁명을 전후하여 카자흐인의 자치 정부인 알라슈 당도
백군과 적군의 틈새에서 고투하다 결국 해체되고 말았다.

중앙아시아의 민족 경계 획정

    주요한 바스마치 세력이 제압된 후인 1924년 중앙아시아에서는 러시아 공
산당 중앙 위원회 주도 아래 '민족 경계 획정' 작업이 추진되었다. 이는 혁명
후에도 제정 러시아 시대의 행정 구분에 기초하고 있었던 투르키스탄자치소비

---

41) 오스만 제국의 군인이자 정치가. 1914년 육군 장관이 되어 제1차 세계 대전 때는 독일 측에 가담했다. 1919년 오
스만 제국이 붕괴되고 정적 케말 파샤가 지도자로 등장하자 실각하여 소련으로 망명했다. 그러나 1921년 3월 소
련이 케말 정부와 우호 조약을 체결한 후에는 조국에 대한 희망을 버리고, 범투르크주의에 입각한 중앙아시아 이
슬람 국가의 건설을 꿈꾸고 1921년 여름 부하라로 가서 바스마치 운동을 지도했다. 1922년 6월 적군에게 패배하
여 전사했다.

에트공화국과 부하라소비에트공화국, 호라즘소비에트공화국을 모두 해체하고, 여기에 중앙아시아 역사상 처음으로 1민족 1국가의 국민 국가를 수립하기 위한 획기적인 작업이었다. 같은 해 10월 성립된 우즈베크와 투르크멘의 두 소비에트사회주의공화국을 필두로 하여 현 공화국 시스템의 원형이 모두 이때 만들어졌다. 투르키스탄 북부(시르다리아 주와 세미레치에 주)의 카자흐인 거주 지역이 키르기스스탄자치공화국에 편입되어 카자흐인의 통합이 실현되고, 나중에 카자흐스탄이 된 카자크자치공화국이 성립(1925년)된 것도 이 시기이다.

중앙아시아 지역을 개별 민족 국가로 분할한 이 정책은 무슬림 공산주의자와 자디드 지식인들의 범투르크주의를 막고, 혁명과 내전 과정에서 증폭된 민족 사이의 적대 관계를 제거하여 여러 민족의 발전을 보장하려는 의도에서 출발했다. 개별 민족 공화국(그 가운데는 자치공화국과 자치주가 포함되어 있다)의 건설은 소비에트 연방의 구성 원리에도 들어맞았다. 그러나 민족의 실체가 아직 확실하지 않고 다양한 집단이 뒤섞여 있었던 중앙아시아 상황에서 이를 실현한다는 것은 그렇게 쉬운 일이 아니었다. 독자적인 계보 의식과 부족 전통을 유지하고 있었던 카자흐 · 키르기스 · 투르크멘 등 유목계 집단을 개개 민족으로 편성하는 일은 비교적 간단하지만, 정주민인 우즈베크와 타지크의 경우에는 그 구별이 다분히 자의적일 수밖에 없었다.

이때 생겨난 우즈베크인이라는 민족은 유목 우즈베크의 여러 부족을 비롯한 부족 조직 전통을 유지하고 있었던 유목 또는 반유목 투르크계 집단과 그들이 이동해 오기 훨씬 이전부터 마 와라 알 나흐르와 페르가나 분지에서 살고 있던 투르크계 정주민(이른바 사르트)으로 구성되었다. 그러나 후자는 사회 · 문화적으로 볼 때 전자보다 오히려 이란계 언어를 쓰는 타지크인에 가까웠다.

페르가나 분지를 비롯한 다양한 민족 집단이 뒤섞여 살고 있는 지역에서 국경선을 긋는 일 자체가 용이하지 않았고, 따라서 정도의 차이는 있을지라도 모든 공화국이 다민족 국가가 되지 않을 수 없었다. 그러나 일단 민족별 공화국이 수립되자 소수 민족에 대한 동화同化의 힘이 미치기 시작했다. 예를 들면 우즈베크령의 부하라와 사마르칸트에 거주하는 타지크어 사용 주민이 대부분

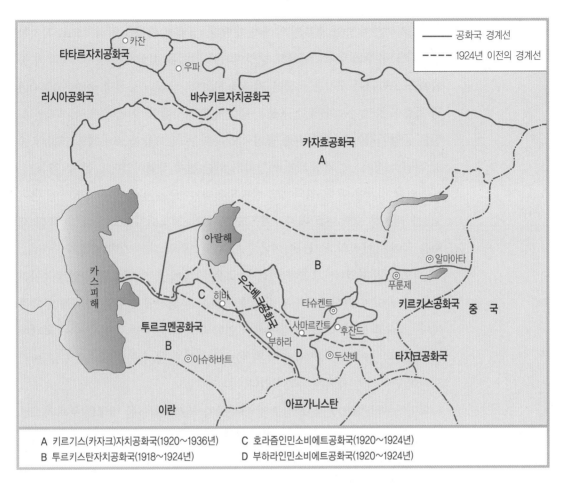

—— 공화국 경계선	
- - - - 1924년 이전의 경계선	

타타르자치공화국
○카잔
○우파
러시아공화국
바슈키르자치공화국
카자흐공화국
A
아랄해
카스피해
B
○알마아타
우즈베크공화국
푸룬제
C
히바
타슈켄트
키르키스공화국
중 국
사마르칸트
후잔드
투르크멘공화국
부하라
B
D
○아슈하바트
○두샨베
타지크공화국
이란
아프가니스탄

A 키르기스(카자크)자치공화국(1920~1936년)　　C 호라즘인민소비에트공화국(1920~1924년)
B 투르키스탄자치공화국(1918~1924년)　　　　D 부하라인민소비에트공화국(1920~1924년)

중앙아시아 민족-국가의 경계 획정

타지크공화국은 1929년까지 우즈베크공화국에 속하는 자치공화국, 키르기스공화국은 처음 러시아연방공화국에 속하는 카라키르기스자치주로 발족하여, 1926년에 키르기스자치공화국으로 승격한 후, 1936년에 소련을 구성하는 공화국의 하나가 되었다.

우즈베크인이 된 것은 나중에 심각한 민족 문제를 불러왔다. 또 국경선을 그을 때 해당 지역의 사회·문화적 통합 정도와 언어의 공통성 가운데 어느 쪽을 먼저 고려해야 하는가도 어려운 문제로 대두되었고, 특히 중앙아시아의 중심 도시인 타슈켄트의 귀속 문제를 둘러싸고 카자흐와 우즈베크 사이에서 격론이 벌어졌다.

실제로 이 경계 획정 문제는 갖가지 논란을 불러일으켰다. 예컨대 경계 획정 토론에 참가한 한 카자흐(키르기스스탄자치공화국) 대표는 "중앙아시아는 지역·경제·민족학을 비롯한 모든 면에서 단일체이다. 그래서 경계 획정은 마치 하나의 생명체를 절단하여 머리와 손발과 몸통을 따로 살아가게 하려는 것과 같다"고 지적하며 중앙 정부의 안에 반대했다. 경계선 획정을 원칙적으로 지지한 무슬림 공산주의자 사이에서도 중앙아시아 연방을 결성하여 정치·경제적 통합을 도모한다는 구상은 폭넓은 지지를 모았다. 그러나 공산당 중앙은 1920년과 똑같이 중앙아시아 통합 구상을 냉담하게 거부했다. 이런 점에서 경계선 획정은 중앙아시아를 개별 민족 공화국으로 나누고, 그들을 소비에트 연방의 중앙 집권적 정치·경제 체계에 통합하기 위한 전제 작업이었다고 할 수 있다.

이러한 정책은 문화 영역에도 반영되었다. 새로운 공화국은 개별적인 문어文語를 제정하고 역사를 편찬하여 국민 통합을 진척시키려고 했다. 각국의 새로운 국어는 예전의 차가타이어나 공통 투르크어와 다른 개별 민족의 구어口語에 기초한 문어였다. 그러나 이들 새로운 민족어의 지위는 결코 안정적이지 못했다. 곧이어 러시아어가 연방 공통어로서 우월적인 지위를 차지했기 때문이다. 그리고 일시적으로 중앙아시아 언어의 아랍 문자를 라틴 문자로 표기하기도 했지만, 이 역시 1940년 이후에는 모두 키릴 문자로 전환되고 수많은 러시아어 단어가 민족어에 유입되었다.

혁명기부터 1920년대 초에 걸쳐 티무르와 차가타이어를 내세워 투르키스탄의 역사·문화적 일체성을 주장한 피트라트 같은 사람들은 범투르크주의자 또는 민족주의자로 단죄되어 활동의 자유를 박탈당했다. 1925년 5월 스탈린이 제시한 "형식에서 민족적, 내용에서 프롤레타리아적"이라는 소비에트 문화의 기본 원칙을 정착시키기 위해서는 내용에서도 민족적이기를 희망한 무슬림 지식인에 대한 공격이 필요했다. '투르키스탄'이라는 단어도 소연방의 실용 어휘에서 자취를 감추고, 그 대신 '중앙아시아와 카자흐스탄'이라는 새로운 지역 명칭이 정착되었다.

사회주의 건설

소비에트 정권의 다음 과제는 사회주의를 실현하여 중앙아시아의 봉건적 사회와 낙후된 경제를 발전시키는 데 있었다. 그리하여 1920년대 후반에는 중앙아시아 남부 농업 지대에서 토지·수리 개혁이 실시되었다. 와크프를 포함한 지주와 부농층의 토지나 수리권, 그리고 생산 수단을 국유화하고 이를 빈농에게 분배했다. 이러한 조치에 이어 전면적인 집단화를 단행함에 따라 자립적인 개별 경영은 거의 사라지게 되었다. 집단화에 대한 반발은 다시 바스마치 운동을 불러왔지만, 그것은 이미 소비에트 정권에 큰 위협이 되지 못했다. 그리고 농업 경영을 콜호스로 전환함과 동시에, 면화의 단작單作 재배 체제를 확립했다. 그 후 이 지역은 소련 경제에서 '하얀 황금'이라고 명명된 저렴한 면화 원료 공급지 역할을 했다. 농업 혁명은 확실히 농촌 사회에서 빈부 격차를 해소했지만, 지역적 부족주의를 타파하는 데까지 이르지 못하고 오히려 콜호스라는 이름 아래 이를 온존시키는 경우가 적지 않았다. 또 면화 지상주의는 저임금이나 아동 노동, 노동력 확보를 위한 강제 이주, 수자원과 농약의 남용으로 환경 파괴 등 후대에 커다란 사회 문제를 야기했다.

카자흐스탄에서도 농업의 집단화가 이루어졌다. 1930년대 초기에 급격하게, 그리고 강제적으로 추진된 유목민의 정주화와 목축의 집단화는 카자흐 유목민의 저항과 경영의 혼란, 그리고 심각한 기근을 불러왔다. 그때 카자흐인들은 인구의 42%에 해당하는 175만 명이 목숨을 잃는 비극을 겪었다. 나아가 제2차 세계 대전 후에는 카자흐스탄 북부의 농지 개간(처녀지 개발 계획)과 공업화를 촉진하기 위하여 슬라브계 소련인들이 대거 이주해 옴에 따라, 카자흐인들은 오랫동안 자신의 공화국에서 인구 제2위의 지위를 감수해야 했다.

이와 더불어 스탈린 시대에 행해진 적성敵性 민족의 강제 이주로 인하여 중앙아시아의 민족 구성은 더욱 복잡하게 되었다. 게다가 제2차 세계 대전 기간에는 크림-타타르인, 볼가-독일인, 칼미크인, 체첸인, 메스헤트-투르크인,[42] 한인韓人 등 수백만 명의 소수 민족이 강제 이주되어 중앙아시아는 마치 민족

---

42) 현재의 그루지아와 아제르바이잔 남부 카프카스 고원 지대에서 스탈린에 의해 중앙아시아로 강제 이주된(1945년 11월 4~5일) 투르크계 집단. 일찍이 오스만 제국 시기에 투르크화·이슬람화가 이루어졌는데, 제2차 대전 당시 독일-터키의 연대를 우려한 스탈린이 이들을 중앙아시아로 이주시켰다. 1989년 6월 10~12일에 우즈베키스탄의 페르가나에서 우즈베크 민족주의자들에 의해 아이들을 비롯한 많은 사람들이 살해당했다.

스탈린 얼굴이 들어 있는 장
식용 접시(중앙아시아, 1936)

유형지 같은 모습을 띠게 되었다. 특히 중앙아시아 각지에서
는 제2차 세계 대전 후에 만주 지역에서 소련군의 포로로
강제연행된 일본 병사의 모습도 눈에 띄었다.[43]

소련은 제2차 세계 대전 시기에 유럽 쪽의 공장 시설과
노동자를 중앙아시아로 대거 소개疏開했는데, 이를 계기로
중앙아시아 지역의 공업화가 이루어졌다. 그러나 면화와 지
하 자원은 대부분 현지에서 가공되지 않았고, 그 후에도 중앙아
시아는 거의 모든 공산품을 북부 공화국에 의존했다. 공업 부문의 기
술자와 노동자는 태반이 러시아인 이주민들이었고, 중앙아시아 토착민들은
대부분 전통적인 농업 부문에 종사했다. 그 결과 뚜렷한 인구 증가와 더불어
만족할 만한 직업을 얻지 못한 다수의 젊은 실업자가 양산되었다. 1970년대
중앙아시아 대도시에는 어디서나 중앙아시아계 사람들보다 슬라브계 사람들
이 많았다.

어떻든 중앙아시아 경제는 농업이 중심이었고, 이러한 경제 체제는 소연방
내 남북 격차를 더욱 넓혔다. 그리하여 중앙아시아 국가들은 소연방 내에서
국민 소득이 항상 최하위에 머물렀고, 연방 정부는 이를 언제나 보조금으로
해결했다. 일례로 1991년 타지키스탄에 지급된 연방 보조금은 전체 세입의
46.6%를 차지할 정도였다. 이러한 형태로 중앙아시아 경제는 연방 경제에 크
게 의존하고 있었다.

---

43) 제2차 세계 대전이 끝난 후 만주를 포함한 극동 주둔 일본군과 민간인들은 소련군 관할 아래 억류되고, 그 가운
데 60만 명 정도가 1945년 9월부터 이듬해 봄에 걸쳐 소련 각지로 연행되었다. 이때 우즈베키스탄, 카자흐스탄
을 비롯한 중앙아시아 지역에도 포로들이 연행되어 강제 노동에 시달렸는데, 이 가운데는 한인도 적지 않게 포함
되어 있었다. 이에 관한 자세한 사항은 이평래, 「제2차 대전 후 중앙아시아와 시베리아로 끌려간 한인 포로의 증
언」, 『중앙아시아연구』 9(중앙아시아 학회, 2004)를 참고.

민족과 이슬람

한편 새로운 공화국의 성립과 함께 소비에트 정권이 해야 할 시급한 과제의 하나는 현지 민족 구성원 가운데서 공산당원과 정부 관리와 각종 전문가를 양성하는 일이었다. 새로 설립된 소비에트 학교가 이 일을 담당했는데, 이 학교는 어떤 점에서 과거 자디드의 이상을 훌륭하게 실현했다고 할 수 있다. 나아가 소비에트 정권이 1927년부터 시작한 무슬림 여성 해방 운동(후줌)은 억눌린 무슬림 여성을 무슬림 사회의 잠재적인 프롤레타리아로 인식하고, 그들 여성 가운데서 소비에트 정권에 충성하는 요원을 발굴하려는 목적에서 시작되었다. 이 운동은 확실히 무슬림 여성의 베일을 제거하고 여성들의 사회 진출 길을 열었지만, 무슬림 사회의 전통을 일소하는 데까지 이르지 못했다.

스탈린 시대인 1930년대 후반에 시작된 대숙청은 중앙아시아에서도 맹위를 떨쳤다. 대숙청은 혁명 후 중앙아시아의 정치와 사회, 문화를 비롯한 제반 영역에서 지도적인 역할을 담당한 자디드 지식인과 옛 알라슈 당 지식인, 그리고 무슬림 공산주의자 등 민족 엘리트들을 겨냥했다. 소비에트 정권은 그들을 반反혁명 활동가 또는 민족주의자로 몰아 말살시킴으로써 그 후 중앙아시아 발전에 심대한 타격을 주었다. 민족 엘리트들은 스탈린 시대 이후에야 당과 정부 기관의 요직에 다시 등용되었다. 예컨대 우즈베키스탄공화국의 경우 1950년대에는 러시아인을 비롯한 비非우즈베크인이 정부 요직의 4분의 3을 차지했는데, 1966년에 들어와 그 비율이 역전되었다.

그들 새로운 민족 엘리트들은 물론 소비에트 체제의 부산물이었다. 그러나 그들은 대부분 강고한 토착성을 견지하고 체제 이데올로기를 지지하면서도 이슬람이나 민족 문화와의 유대를 결코 단절하지 않았다. 이때 등장한 대표적인 민족 엘리트는 카자흐의 코나예프와 우즈베크의 라시도프처럼, 1960년대부터 20여 년에 걸쳐 각 공화국의 공산당 제1서기장으로 군림한 지도자들이다. 이들은 면화 생산 등 연방에 대한 중앙아시아의 의무를 성실하게 수행하는 한편, 국내에서는 권위주의 정치를 실현하는 자유를 누렸다. 그들은 특권을 행사하여 출신 지방과 부족, 그리고 쥐즈에 의거한 강력한 권력 네트워크를 구축했다. 소련 시대에 만들어진 이러한 정치 전통은 현대 중앙아시아에서도 그대로 계승되고 있다. 그 동안 정치 참여의 길이 막히고 체제의 혜택을 받지 못한 민중들 또한 상부상조의 전통을 유지하고 있는 지연 또는 혈연 조직에 의존하지 않을 수 없었다. 따라서 중앙아시아의 봉건제 근절을 강조한 소비에트 체제는 오히려 옛 사회 제도를 재편하고 강화시켰다고 할 수 있다.

앞에서 언급했듯이 러시아의 10월 혁명 직후 레닌과 스탈린은 무슬림 민족들을 향하여 그들의 종교와 문화의 자유를 보장한다는 호소문을 보냈지만, 이 호소문에 담긴 내용은 끝내 실현되지 않았다. 철저한 세속주의와 무신론을 실현하려 했던 소비에트 정권은 1920년대 후반부터 이슬람에 대한 정면 공격을 개시했다. 이슬람 성직자로 낙인 찍힌 사람들을 공직에서 추방하고, 이슬람법과 카디 재판소를 일소하고, 그 대신 중앙아시아 전역에서 소비에트 법제法制를 실현했다. 모스크와 마드라사, 그리고 기타 종교와 교육 시설을 폐쇄하는 한편, 전통 아랍 문자의 사용까지 금지했다. 공권력의 비호 아래 반反종교 선전과 무신론 교육이 강력하게 추진된 중앙아시아의 경험은, 터키의 세속주의 정책과는 비교도 되지 않았다.

이렇게 하여 중앙아시아의 이슬람은 제도적인 지주支柱를 잃어버렸다. 타슈켄트에서는 중앙아시아 무슬림까지 대거 동원된 대조국 전쟁大祖國戰爭(제2차 세계 대전) 시기인 1943년에 '중앙아시아 – 카자흐스탄 무슬림 종교국'이 창설되었다. 그러나 이 기구는 중앙아시아의 무슬림을 통제·관리하고 소연방의 중동 정책에 협력하는 정부 기관에 지나지 않았다. 그럼에도 불구하고 할례割禮·혼례·장례를 비롯한 통과 의례와 마자르(성묘) 참배처럼 이미 민족 전통이 되어버린 관습이나 윤리까지 근절하지는 못했다. 이슬람 전통은 면면히 이어져 후대 '진정한 이슬람'으로 회귀하는 계기가 되었다.

이상과 같이 1924년 이후 성립된 중앙아시아 국가들은 모든 점에서 중앙 집권적인 연방 체제에 통합되어가는 한편, 과거 이 지역이 소속된 이슬람 세계에서 완전히 격리되었다. 말하자면 이슬람 문명의 전통은 진보적인 소비에트 문명으로의 발전을 저해하는 것으로 간주되어 공격과 파괴의 대상이 되었다. 이러한 파괴와 병행하여 사회주의 건설 사업이 추진되었다. 면화를 비롯한 농업 생산은 현저하게 증대되고, 제2차 세계 대전 이후 공업화도 괄목할 정도로 진전되었다. 나아가 교육의 보급과 과학 기술의 발전, 여성의 사회 참여, 보건 위생과 물질 문화의 향상, 도시와 관개·도로망의 정비 등 소비에트 문명이 중앙아시아 지역에 준 선물은 결코 적지 않았다. 이와 함께 사회주의가 중앙아시아에 가져다준 부정적인 요소도 적지 않았다. 그 결과 페레스트로이카 시기에 연방 체제의 구조적인 모순이 표면화되자 중앙아시아 국가들은 곧바로 연방에서 이탈하기 시작했다.

8. 현대의 선택

1. 몽골

소련·동구권의 민주화와 몽골

1980년대에 들어와 소련 공산당 서기장 브레주네프가 사망할 무렵 소련과 동구권 여러 나라는 사회·경제적으로 극도로 정체되어 있었다. 브레주네프가 사망한 후 안드로포프와 체르넨코가 집권했지만 모두 단명에 끝나고, 그 뒤를 이어 고르바초프가 소련 공산당 서기장에 취임했다. 고르바초프는 사회주의를 온존시킨 채 과감한 개혁을 통해 소련 사회를 활성화시키려고 했다. 그는 먼저 국제 관계 분야에서 브레주네프 시대에 확대된 미국과의 군비 경쟁을 끝내고 상호 존중과 신뢰를 조성하는 한편, 중국과의 관계도 개선하려고 했다. 경제 부문에서는 자본주의 원리를 수용하여 경쟁 원리를 도입하고 비효율적인 국영 기업을 개혁하고자 했으며, 정보를 공개하고 개혁을 방해하는 보수 기구로 변질된 공산당과 관료 조직의 폐해를 타파하고자 했다.

그러나 고르바초프에 의해 추진된 페레스트로이카 정책은 본인의 의도와 전혀 다른 방향으로 발전하여 결과적으로 소련과 동구권東歐圈, 그리고 몽골의 민주화를 촉발시키고, 마침내 소련 자체의 붕괴를 가져왔다. 1980년대 말 동유럽에서 시작된 민주화 운동은 아시아 지역 사회주의 국가에도 크고 작은 영향을 미쳤다. 그러나 그 가운데 유일하게 몽골인민공화국이 사회주의를 포기하고 정치 민주화와 함께 시장 경제를 도입하려고 했다. 몽골은 지리적으로 아시아에 속해 있었지만, 정치·경제·군사적으로 소련 및 동구권과 긴밀한 관계를 유지하고 있었다. 따라서 몽골은 주도국인 소련의 변화에 직접적인 영향을 받아 좋든 싫든 자신의 살길을 모색하지 않으면 안 되었다.

고르바초프의 페레스트로이카 노선은 동맹국에 대한 경제 원조 삭감과 함께 자력 갱생을 요구했다. 그때까지 몽골은 개발 자본과 기술 모두를 코메콘에서 지원받고, 무역 수지 적자 역시 경제 원조 명목으로 처리되었다. 그렇지만 1987년부터는 몽골 정부도 몽골판 페레스트로이카라 할 수 있는 개혁(신칠렐) 정책을 시행하고, 서방 나라들과 관계를 개선하려고 했다. 고르바초프는 또 중국과의 관계 개선을 위하여 몽골 주둔 소련군의 단계적 철수를 결정했는데, 이러한 상황에서 몽골은 자국의 안보를 위하여 중국, 나아가 국제 관계를 전반적으로 재검토하지 않으면 안 되었다.

한편 동유럽에서 시작된 민주화 운동은 1989년 12월에 몽골까지 파급되어 이른바 민주연맹이 결성되고, 이듬해인 1990년 1월이 되자 운동은 한층 가속화되어 인민혁명당(공산당) 일당 독재 폐기, 시장 경제 도입, 자유 선거 실시를 비롯한 국가 체제를 근본적으로 바꾸려는 움직임으로 이어졌다. 그 후 몽골 정부는 1992년 2월 국호를 몽골인민공화국에서 몽골국으로 바꾸고 헌법을 개정했다.

민주화를 외치는 단식 농성
1990년 3월 7일 몽골 혁명의 아버지 수흐바타르 동상 앞에서 사회주의 철폐와 자유선거를 비롯한 민주화를 요구하고 단식 농성을 하고 있는 젊은이들. "우리는 임시 인민 회의 소집을 요구한다"는 문구가 선명하다.

그러면 동구와 비교하여 몽골 민주화 운동의 특색을 어디에서 찾을 수 있을까. 원래 몽골에는 체코 · 폴란드 · 헝가리를 비롯한 동구권처럼 공산당 일당독재에 반대하는 잠재적인 대항 세력이 존재하지 않았다. 즉 광대한 국토에 비하여 인구가 극도로 적은 몽골 사회 말단에 이르기까지 인민혁명당의 조직과 통제가 미쳤을 뿐 아니라 정치 엘리트들은 모두 인민혁명당 내에서 성장했다. 따라서 몽골의 민주화 과정은 이 인민혁명당에 뿌리를 둔 정치 엘리트층이 분해되면서 민주화 운동이 가속화되고, 마침내 인민혁명당이 스스로 일당 독재를 포기하는 과정을 밟았다고 할 수 있다.

이 점은 지금까지의 정치 과정을 살펴보아도 잘 알 수 있다. 1990년대 민주화 운동을 주도한 민주 그룹과 마르크스 – 레닌주의를 포기한 인민혁명당 사이의 투쟁은, 노선을 둘러싼 대립이라기보다는 인맥에 의한 대항 관계가 주조를 이루었다. 인민혁명당은 소련 공산당처럼 불법화되지도 않았고, 그래서 민주화 운동과 다당제 수용, 시장 경제 도입이라는 격변을 거치면서도 예전 조

몽골 수도 울란바토르 원경
울란바토르 남쪽 복드 산 옆 자이산 톨고이에서 찍은 사진으로 바로 앞에 유명한 톨라 강(톨 강)이 보이고, 그 너머로 길쭉하게 시가지가 펼쳐져 있다.

직을 어느 정도 유지할 수 있었다. 1990년대에 들어와 국회의원 선거에 이어 대통령 선거가 실시되고, 이른바 민주 그룹은 1996년 국회의원 선거에 승리하여 수평적 정권 교체를 이루었다. 그러나 체제가 변화하는 전환기에 사람들 사이에서 경제 개혁에 대한 실망이 확산되면서 2000년에 실시된 국회의원 선거에서는 인민혁명당이 다시 다수당이 되는 정권 교체가 반복되었다.[1]

몽골 민주화 운동의 두번째 특징은 운동의 원동력이 도시 주민이라는 점이다. 몽골에서는 1960년대 이후 산업 구조가 바뀌어 전체 인구의 약 40% 정도가 울란바토르를 중심으로 하는 도시 지역에 집중되어 있었다. 일반적으로 몽골을 목축 또는 유목 국가로 생각하기 쉽지만 실상은 그렇지 않다. 총 노동 인

---

1) 1992년 2월 12일 신헌법이 반포된 후 지금까지 실시된 선거 결과를 보면 민주화에 대한 열망과 이에 대한 실망이 투영된 몽골인의 정치 의식을 살필 수 있다. 즉 1992년 6월 28일 실시된 첫번째 총선에서는 사회주의 시절 집권당이었던 인민혁명당이 압도적 승리를 거두고(사회주의 포기에 대한 국민의 지지와 대체 세력 부재에 따른 반사 이익), 이듬해 실시된 대통령 선거에서는 민주 세력이 추대한 후보(폰살마긴 오치르바트)가 승리했다. 이어 1996년 6월 30일 실시된 두번째 총선에서는 민주연합이 승리하여 70년 동안 계속된 인민혁명당 정권에 종지부를 찍었지만, 그 이듬해 실시된 대선에서 다시 인민혁명당 후보(나차긴 바가반디)가 당선되었다.

구 가운데 목축업 종사자는 절반 이하이고, 국민 총생산에서도 목축업은 2위에 불과하다. 1989~1990년의 민주화 운동에 참가한 사람도 도시 주민이고, 그들의 불만이 사회주의 체제를 전복시키는 촉매 역할을 했다. 경제 상황의 악화, 도시 팽창, 생활 환경 문제, 그리고 자유에 대한 갈망이 도시민들 사이에 자리잡고 있었던 것이다. 도시민과 유목민 사이에는 정치 의식 면에서 많은 차이가 있는데, 민주 그룹은 도시민의 지지를 받아 대통령 선거에서 한 차례 승리하고, 의회에서 다수 의석을 확보하여 집권까지 했다(1996년). 그러나 시장 경제로 이행하는 과정에서 나타나는 혼란의 피해를 가장 많이 받은 사람들 역시 도시민으로, 바로 이들이 등을 돌림에 따라 민주 연합은 곧이어 정권을 잃었다(2000년).

몽골 민주화 운동의 또 하나의 특징은 일련의 개혁을 거치면서 국내의 거의 모든 조직에서 세대 교체가 대대적으로 일어난 점이다. 민주화 운동의 리더들은 대부분 소련과 동구에서 유학하고 돌아온 젊은이들이다. 많은 직장에서 고참 당원이 물러나는 대신 젊은 사람이 임명되고, 어떤 경우에는 선거를 통해 세대 교체를 이루기도 했다. 따라서 전체적으로 본다면 민주화 운동은 어떤 면에서는 세대간 투쟁의 성격을 띠고 있었다. 이와 함께 정부와 국영 기관, 그리고 학교와 연구 기관의 전문 인력이 다른 업종으로 유출되는 현상이 나타났다. 70여 년에 걸친 사회주의 체제가 가장 자랑할 만한 성과의 하나는 교육의 보급이지만, 몽골은 인구가 적어 전문 지식을 갖춘 인재를 각 업종에 골고루 배치하지 못했다. 그런데 시장 경제에 수반된 혼란 속에서 주로 생계 또는 투기적 이익을 추구하여 많은 전문 인력이 다른 업종으로 빠져나간 결과, 그렇지 않아도 적은 인재 활용에 문제가 생겼다.

민주화 실현의 제도적 측면으로는 헌법 개정, 직접 선거 제도 도입, 정부 조직 개편, 민법·상법의 정비가 이루어지고, 시장 경제로 이행하기 위한 구체적 조치로는 국영 기업 민영화, 네그델 폐지, 은행과 주식 시장 개설을 들 수 있다. 국영 기업 민영화는 바우처(주식) 방식이 채택되었다. 구체적으로 국유 재산의 3분의 2를 증권화하여 국민에게 균등하게 분배했다.[2] 그러나 대다수

국영 기업이 적자 경영으로 퇴출됨에 따라 바우처 가치는 하락하고, 그 때문에 바우처 방식은 국가 자본의 공정 분배라는 점에서 보면 의의가 있지만 민간 자본 형성으로 이어지지는 못했다.

한편 네그델 해체도 똑같이 바우처 방식에 따라 이루어졌는데, 그대로 주식회사로 이행하는 네그델이 있는가 하면, 조합원들이 가축을 분할하여 사유화하는 경우도 있었다. 이와 함께 국가 조달 제도를 폐지하고, 축산물 가격을 자유화하고, 배급 제도를 폐지하는 것을 비롯하여 다방면에 걸쳐 시장 메커니즘을 작동시키려고 노력했다.

그러나 시장 경제 도입은 심각한 혼란과 실업자를 발생시켰다. 한국·일본·미국·독일을 비롯한 여러 나라와 세계 은행 등 국제 기구 지원으로 당면한 경제 위기를 막고 있는 실정이다. 민주화가 실현되고 시장 경제로 이행함에 따라 과거 사회 체제가 대부분 붕괴되었지만, 아직 구체제를 대신할 새로운 체제가 충분히 형성되지 못했다. 정확하게 말하면 몽골은 현재 외국 원조를 통해 급한 불을 끄고 있다고 할 수 있다. 그런데다가 새로운 산업의 창출도 거의 이루어지지 않고 있다. 장기간에 걸친 사회주의 체제 아래서 몽골은 코메콘 내부에서 한정적인 자원 수출국 역할을 담당했을 뿐, 사회 기반 시설이 거의 정비되지 않았고 인적 자원(인구)도 극히 부족하다. 따라서 외국에서 투자 내지 개발 자본을 도입하려고 해도 단기적으로는 큰 성과를 기대하기 어려운 실정이다. 이런 점에서 몽골 역시 사회 기반 시설을 비롯한 개발도상국에 나타나는 공통적인 문제를 안고 있다고 할 수 있다.

---

2) 1991년 5월에 민영화법이 성립되고, 같은 해 7월에는 이 법에 의거하여 국유 재산의 민영화에 사용될 바우처가 배포되기 시작했는데, 절차상 문제로 지연되어 지방 거주자에게는 그 해 10월부터 배포가 이루어졌다. 바우처 배포 대상자는 1991년 5월 31일까지 태어난 전국민이고, 한 사람에게 액면 가격 1만 투그릭(몽골 화폐 단위) 상당의 바우처를 배포했다. 그 내역은 1000투그릭짜리 적색 바우처(소규모 국유 재산 민영화에 사용) 3장과 7000투그릭짜리 청색 바우처(대규모 국유 재산 민영화에 사용) 1장이었다. 이에 관한 자세한 사항은, 이효선 역, 『몽골 경제 입문』(한민족, 1997), 55~57쪽 참고.

몽골 국민 의식의 형성

민주화 이후 몽골인의 정치 의식, 그리고 국가와 민족에 대한 사고 방식도 많은 변화를 겪고 있다. 과거 사회주의 시절에는 자본주의를 거치지 않고 봉건 사회에서 곧바로 사회주의로 이행하는, 비非자본주의적 발전이야말로 몽골 근대화의 특징이라고 강조했다. 1911년 독립 선언으로 몽골인 사이에서 민족주의가 고양된 것은 사실이지만, 복드 칸 정권 시기에는 아직 '국민' 의식 같은 것은 형성되지 않았다. 그 후 1921년 인민혁명에 이어 몽골인민공화국이 성립되고 몽골인들은 자기 나라를 갖게 되었다. 그러나 소비에트와 코민테른이 유도하려 했던 것은 '국민'이 아니고 계급 의식을 자각한 '인민'을 만들어 내는 것이었다. 그 때문에 민족의 틀을 초월한 인민의 연대를 강조하고, 소비에트 인민과 몽골 인민의 공동 사업으로 사회주의 건설을 지향하고 민족주의를 반동 사상으로 경계했다.

그런데 1990년 이후 민주화를 경험함에 따라 몽골인들 사이에서 공식적으로 민족주의와 '국민' 의식이 정착되고 있다. 또 사회주의 시절에 부정적으로 평가되었던 칭기스 칸은 민족의 영웅으로 자리잡고, 과거에 민족주의자로 폄하되었던 복드 칸 정권 또는 초기 인민 정권에서 활동한 인물에 대한 재평가 작업도 활발하게 진행되고 있다. 이와 더불어 티베트 불교(라마교)의 부흥, 위구르식 몽골 문자(전통 몽골 문자) 부활 움직임[3]을 비롯한 전통을 복원하려는 현상도 눈에 띈다. 전체적으로 말하면 과거의 정치적 속박에서 해방된 몽골 국민들 사이에서 새삼스럽게 몽골인은 누구이고, 앞으로 어떤 방향으로 나가야 하고, 그리고 전통 문화를 어떻게 복원하고, 또 유지할 것인가

몽골국의 문장
가운데 위쪽에 불꽃이 보이고 그 아래로 해와 달이, 그리고 정 중앙에는 태극 문양처럼 보이는 두 마리 물고기가 있다.

---

3) 몽골에서는 1930년대 초기에 라틴 문자의 실험적 사용을 거쳐 1946부터 공식적으로 전통 문자를 폐기하고 러시아 문자(키릴 문자)를 도입했다. 그러다가 민주화 운동이 본격화되는 1990년대 초기에 다시 전통 문자를 복원하기 위한 운동이 전개되었다. 기대와 우려가 교차하는 가운데 진행된 전통 문자 부활 논쟁은, 과도기의 정치적 혼란과 경제적 어려움 때문에 전면 실시가 유보된 채 학교 교육에 반영한다는 것으로 결말이 났다.

하는 문제가 폭넓게 논의되고 있다.

현재 몽골국이 목표로 삼고 있는 국가 모습은 과거 몽골인민공화국 영역 내에서 몽골족 국민 국가를 수립하는 것이다. 여기에서 국민이라는 개념이 중요성을 갖는다. 그러나 넓은 의미에서 몽골족의 거주 공간은 몽골국뿐 아니라 러시아연방(부랴트공화국, 칼미크공화국)과 중국(내몽골자치구)까지 확대된다. 그리고 이들 몽골족들은 문화적 유대 의식을 공유하고, 실제로 민주화 이후 몽골국에서도 '대몽골주의' 경향이 나타나고 있다. 그렇지만 몽골인들은 이러한 경향에 정치적 색채가 강화되면 중국이나 러시아와 알력을 빚을 수도 있다는 사실을 잘 알고 있다. 몽골국은 중국과 러시아라는 거대한 국가 사이에 끼어 있는 존재이다. 따라서 어떻게 강대국 사이에서 독립을 지키고, 몽골의 문화와 전통을 유지 발전시키면서 국제 사회에서 자기 존재를 주장할 것인가 하는 문제가 몽골인들에게 남겨진 영원한 과제이다.

2. 중국 변방

(1) 내몽골

내몽골의 형성과 문화 대혁명 시기 내몽골

앞에서 언급했듯이 1947년 중국 공산당의 지도 아래 내몽골자치정부가 수립되고, 내몽골 몽골인들의 오랜 숙원인 내몽골 통합이 실현되었다. 그러나 자치 정부가 출범할 때, 그 통치 아래 들어온 지역은 그 당시 호칭으로 차하르 맹(察哈爾盟), 실린 골 맹(錫林郭勒盟), 싱안 맹興安盟을 비롯한 5개 맹과 30개 기旗, 그리고 1개 현縣과 30개 시市뿐이었다. 그 밖에 지렘 맹(哲里木盟)은 랴오베이 성(遼北省), 조스트 맹(卓索圖盟)과 조 오드 맹(昭烏達盟)은 러허 성熱河省, 울란차부 맹(烏蘭察布盟)은 수몽정부綏蒙政府[4] 관할 아래 있었고, 이흐 조 맹(伊克昭盟)과 알라샨 기(阿拉善旗), 에치나 기(額濟納旗)는 중공중앙서북국中共中央西北局이 정치 공작을 담당했다. 제2차 세계 대전이 끝나고 일본의 패배와 소련-몽골군의 내몽골 진주, 만주국과 몽골연합자치정부의 소멸이라는 혼란 속에서 몽골인들은 다양한 정치 운동을 전개했다. 이때 몽골족 출신 중국 공산당원인 울란푸는 탁월한 지도력을 발휘하여 이러한 여러 세력을 통합하여 내몽골자치정부를 성립시켰다(1947년 5월 1일).

중국 공산당은 중국의 테두리 안에서 몽골족의 구역 자치를 인정하는 대신, 자결권과 중국으로부터의 분리는 명확히 부정했다. 우여곡절 끝에 출범한 내몽골자치정부는 그 후 중화인민공화국의 민족 구역 자치의 원형이 되었다. 자치 정부 주석에는 울란푸, 부주석에는 내몽골인민혁명당 창설자인 메르세(郭道甫)의 제자로 만주국 관리를 지낸 바 있고, 한때 내·외몽골 통합에 힘을 기울인 하풍가(哈豊阿)가 취임했다. 자치 정부 성립 초기의 구성과 영역을 보면 몽골

---

4) 1945년 7월 울란푸(烏蘭夫)를 주석, 양즈린(楊植霖)을 부주석으로 하여 출범한 정부. 이 정부는 내몽골 중국 공산당 지원 아래 내몽골 지역에 대한 전면적인 공산화 공작을 전개할 목적으로 성립되었다.

인 자치 정부의 색채가 짙었지만, 곧이어 중국 공산당 세력이 확대되면서 1949년 5월에는 조 오드 맹과 지렘 맹이 자치 정부에 편입되고, 명칭 또한 내몽골자치구 인민 정부로 개칭되었다. 이어 1950년 8월 차하르 성의 3개 현이 자치구로 이관되고, 1953년 11월 쑤이위안 성(綏遠省) 인민 정부와 내몽골자치구 인민 정부가 합병되었으며, 1956년 4월에 이르러 내몽골자치구 영역이 거의 완성되었다.

이러한 과정을 거쳐 내몽골자치구가 성립되었지만, 자치구의 주민 다수는 한족으로 몽골족은 소수에 지나지 않았다. 구역 획정과 더불어 민족의 확정, 이른바 '민족 식별 공작民族識別工作'이 추진되었다. 그 결과 1964년에 몽골 계통의 다구르족은 몽골족과 별개의 민족으로 확정되었다.

내몽골의 사회주의 개조는 비교적 순조롭게 진행되었다. 그 이유는 내몽골 동부, 즉 만주국에 편입되어 있던 지역에서는 이미 만주국 시대에 '몽지 봉상 蒙地奉上'[5]이라는 형태로 토지 자체가 이미 왕공들의 손을 떠나 있었고, 내몽골 자치구가 성립되는 과정에서 옛 세력이 흡수되거나 완전히 제거되었기 때문이다. 더욱이 민족 구역 자치를 실현할 민족 간부 양성도 다른 소수 민족과 비교하면 훨씬 진전되어 있었다. 신장위구르자치구나 티베트와는 달리 몽골족은 상당히 이른 시기부터 한족漢族과 접촉하며 공생했고, 그런 만큼 몽골 고유의 사회는 더 빨리 해체되었다. 게다가 몽골족의 경우 일본인, 러시아인, 몽골 인민공화국의 몽골인과 교류하고, 정치 의식과 국제 인식, 그리고 교육 수준도 상당히 높은 편에 속했다.

어떻든 중국이라는 큰 틀을 수용하고, 그 안에서 구역 자치를 승인받은 내몽골은 순조롭게 사회주의를 건설해 나갔다. 1960년대 초까지만 해도 몽골인민 공화국과의 왕래가 이루어지고, 목축업의 개혁, 그리고 몽골어에 의한 출판 사업, 몽골사와 몽골 문화에 대한 연구도 장려되었다. 그러나 반反우파 투쟁이 시작되면서 먼저 몽골인 지식층 일부가 실각하고, 이어 문화 대혁명의 발

5) 일제는 1938년에 몽골 왕공들의 자발적인 봉상 혹은 지적地籍 정리를 비롯한 여러 가지 명분으로 만주국 관할 아래 몽골 왕공들의 땅을 만주국 정부의 소유로 이전시켰다.

내몽골 성도 후흐호트
'푸른 도시'라는 뜻을 가진 후흐호트는 16세기 말 알탄 칸의 근거지이자 티베트 불교 중심지로 출발하여 현재는 내몽골자치구의 정치·경제·문화의 중심지로 발전했다.

발과 함께 몽골족·한족을 불문하고 과거 지도층과 지식인들은 대부분 문혁파의 공격을 받았다.

이와 함께 문화 대혁명의 혼란 속에서 내몽골, 좀더 정확히 말하면 중국 전체, 특히 소수 민족 거주 지구에서는 전통 문화 또는 민족 고유 문화가 소멸될 위기를 맞이했다. 몽골어 교육은 중단되고, 수많은 문화재가 파괴되었으며, 중소 대립이 심화되면서 군사적 고려에 따라 한때 내몽골자치구 영역이 대폭 축소되고 몽골인민공화국과 교류도 완전히 단절되었다. 그런가 하면 1960년대부터는 한인들이 대대적으로 자치구로 이주해 왔다. 그 후 1970년대 후반에 이르기까지 내몽골자치구의 상황은 거의 외부에 알려지지 않았다.

개혁·개방과 내몽골

1970년대 말부터 중국 정부는 대외적으로 개혁·개방을 표방하고 민족 정책 역시 유연한 자세를 취했다. 이러한 변화 속에서 내몽골에서도 당과 정부 조직이 급속하게 재건되고, 1980년대에 들어서는 외국과의 교류도 재개되었다. 그 후 사회 기반 시설이 정비되고, 풍부한 자원을 배경으로 하여 목축업과 임업이 활성화되는 한편, 광산 개발에도 힘을 기울이고 있다. 그 결과 이 지역은 중국의 에너지, 중화학 공업, 양모 방직 공업의 유력한 거점이 되었다.

또 민족 자치구라는 이유로 경제 발전과 대외 개방에서도 어느 정도 혜택을 받고 있다. 1980년대에 들어와 외국과 본격적으로 경제·문화 교류를 재개하게 되는데, 처음에는 주로 일본·미국·서유럽과 교류했다. 반면 몽골인민공화국과의 교류는 1980년대 후반부터 본격화되었다. 중국에서 이른바 민주화 운동이 일어난 시기는 몽골인민공화국의 민주화 시기와 겹친다. 이때 내몽골 일부에서 대몽골주의 경향도 나타났다. 그러나 내몽골자치구라는 현재의 체제가 성립된 것 자체가 몽골인들이 중국 내 민족 자치를 받아들인 것을 의미하며, 국경 너머 몽골인에 대한 심정적 또는 문화적 공통 의식을 갖고 있지만, 그것이 정치 운동으로 발전할 경우 어떤 결과를 초래할 것인가를 사람들은 잘 알고 있다. 이 점은 앞에서 언급했듯이 현재 몽골국의 몽골인도 똑같은 처지에 있다. 오히려 내몽골자치구에 한정하지 않고 중국 내 몽골인의 최대 문제는 몽골족이라는 정체성은 갖고 있지만, 그 실체가 매우 모호하다는 점이다.

현재 중국 전체에서 호적에 기재된 몽골족 인구는 500만 명 정도로 추정되고 있다. 1990년 인구 통계에 의하면 그 가운데 내몽골자치구에 338만 명 정도가 살고 있다. 반면에 이 지역의 한족 인구는 1729만 명에 이른다.[6] 그런데 이들 몽골인 가운데 몽골어를 아는 사람은 극소수에 불과하고, 생활 방식도 한족과 큰 차이를 발견하기 어렵다. 특히 도시민의 경우가 그렇다고 할 수 있

칭기스 칸 사당

내몽골자치구 이흐 조 맹 에젠 호로에 있는 이곳에서 1년에 한 번씩 칭기스 칸에 대한 제사가 거행되는데, 이를 통해 내몽골의 몽골인들은 자신이 몽골 사람이라는 정체성을 확인한다.

는데, 그런 사람들은 스스로 몽골인이라고 의식하면서도, 아울러 중국인이라는 의식도 갖고 있는 경우가 많다. 그들은 마음 어딘가에 몽골인이라는 정체성은 있지만, 몽골국의 몽골인, 아니 예전처럼 몽골식 생활 방식을 유지하며 살아가는 초원의 내몽골인들과도 서로 이야기할 공통의 문화가 없을 정도로 이질화되었다.

부랴트공화국[옮긴이 보론]

몽골국(외몽골) 북쪽 바이칼 호 동남쪽에는 러시아 연방의 일원인 부랴트공화국이 있다. 총인구는 약 105만(1994년 통계)정도이고, 이 가운데서 몽골계 부랴트인이 약 35만 정도를 차지한다.

부랴트는 칭기스 칸 시대 몽골 제국으로 편입되어 러시아인들이 시베리아로 진출할 때까지 몽골인 거주지로 남아 있었지만, 1727년 러시아와 청조 사이에 체결된 캬흐타 조약에 의해 러시아령이 되었다. 러시아 혁명 직후 이곳은 혁명군(赤軍)과 반反혁명군 (白軍), 그리고 시베리아 간섭 전쟁에 참여한 외세가 각축을 벌인 싸움터가 되었다. 소비에트 정부는 혁

부랴트인의 젖줄 바이칼 호
바로 앞에 북아시아 샤먼의
성소聖所인 올혼 섬의 샤먼
바위가 보인다.

명 초창기 상황을 고려하여 외세와 직접적인 충돌을 피할 목적으로 이곳에 극동공화국極東共和國(수도는 울란 우데)을 수립했는데, 그 후 시베리아 상황이 안정되자 극동공화국은 소비에트 러시아로 흡수되어(1922년 1월) 부랴트몽골자치사회주의공화국이 되었다.

제정 러시아 시기 또는 러시아 혁명기에 많은 부랴트인들이 시베리아와 몽골, 그리고 중앙아시아를 무대로 다양한 역할을 수행했다. 제정 러시아와 티베트 사이에서 중개자 역할을 했던 아그반 도르지예프(제7장), 일본군 지원 아

---

6) 내몽골 가운데서 유일하게 목초지가 잘 보존되어 있다고 하는 최북단 홀룬 부이르 맹(呼倫貝爾盟)에서도 2000년 현재 한족 인구가 85%를 차지할 정도로 자치구 전체가 완전히 한화漢化되었다.

래 반反혁명 운동과 범汎몽골 운동을 전개한 세묘노프(부랴트인 어머니와 코사크 아버지 사이에서 출생)도 그러한 부류의 인물들이고, 제7장에서 언급한 엘베크 도르지 린치노처럼 외몽골 혁명과 국가 건설 과정에 깊숙이 개입한 지식인들도 적지 않았다.

외몽골과 마찬가지로 이곳 부랴트에서도 1937~1938년에 걸쳐 스탈린 시대 피의 숙청이 몰아쳤다. 숙청의 화살은 주로 티베트 불교 승려들과 민족주의자들을 겨냥했는데, 이 때 많은 사원이 파괴되고 다수의 부랴트 지식인이 민족주의자로 몰려 처형되었다. 이와 함께 부랴트 몽골어가 폐기되고, 대신 러시아어가 도입되었으며, 소련 정부는 부랴트인과 다른 지역 몽골인들의 통합 움직임을 차단하기 위하여 1958년에 모든 공식 명칭, 즉 자치공화국 명칭, 민족 명칭, 언어 명칭, 그리고 지역 명칭에서 '몽골'이라는 말을 삭제하게 했다. 이렇게 하여 부랴트공화국은 몽골과 아무런 관련이 없는 소련의 한 자치공화국이 되고, 그 후 지금까지도 '부랴트몽골'이나 '부랴트몽골공화국' 대신 그냥 '부랴트'나 '부랴트공화국'으로 불리고 있다.

페레스트로이카 시기인 1980년대 후반부터 이곳에도 개혁과 개방 바람이 불어왔다. 전통 종교(티베트 불교)가 부활되고, 불교 사원이 개축되는가 하면 학

부랴트공화국 수도 울란 우데
한 때 극동공화국의 수도이기도 했던 시베리아 중심 도시의 하나로 일제 시대에는 러시아로 이주한 한민족 운동가들이 활동한 곳이기도 하다.

교에서 부랴트 몽골어 교육이 공식적으로 채택되었다. 그러나 전통 문화가 완전히 파괴되고, 도시 지역 사람들 대부분이 몽골어를 모르는 상황은 중국의 몽골인과 크게 다르지 않다.

칼미크공화국[옮긴이 보론]

카스피 해로 흘러드는 볼가 강 하류에는 러시아 연방의 일원인 칼미크공화국이 있다. 전체 인구는 약 33만 정도(1994년 통계)이고, 이 가운데서 몽골계가 45%, 러시아인이 38%를 차지하고, 나머지는 체첸인과 카자흐인이다. 칼미크공화국의 기원은 제5장에서 언급한 오이라트 4부의 하나인 토르구트인들의 서천西遷에서 비롯되었다. 볼가 강 유역에 새로운 터전을 마련한 이주민들은 준가르 제국이 붕괴된 후 1771년에 대부분 고향인 일리 지방으로 귀환했지만[현재 신장위구르자치구 북단 호복사이르몽골자치현(和布克賽爾蒙古自治縣)에 살고 있는 몽골인들이 이들의 후손이다], 그 해 겨울 볼가 강이 얼지 않아 많은 사람들이 강을 건너지 못하고 뒤쳐지게 되었는데, 현재의 칼미크인들은 바로 이들의 후손이다. 그 후 잔류자들은 아스트라한 지방의 관할 아래서 사실상 농노農奴 생활을 하고, 때로는 차르의 정복 전쟁에 기병으로 동원되기도 했다. 러시아 혁명 후(1920년) 칼미크인들의 거주지는 소비에트 정부의 한 자치주(수도는 처음에 아스트라한, 1927년에 지금의 수도인 엘리스타로 옮김)가 되었다가, 1935년에 자치공화국으로 승격되었다.

제2차 세계 대전은 칼미크인들을 거친 시련 속으로 몰아넣었다. 당시 소련 정부는 칼미크인들이 독일군과 결탁했다는 죄명罪名으로 민족을 통째로 중앙아시아와 시베리아 지역으로 강제 이주시키고, 1943년에는 아예 자치공화국 자체를 폐지해버렸다. 그 후 1957년에 강제 이주자들이 복권되어 고향으로 귀환했지만, 전체 이주자 가운데 3분의 1이 사망했을 정도로 칼미크인들은 깊은 민족적 상처를 입었다. 그로부터 1년 후인 1958년에 자치공화국이 부활되고, 다시 1991년 소련 해체와 함께 1992년에 러시아연방의 한 공화국이 되어 현재에 이르고 있다.

근년에 자유가 확대되면서 칼미크인들은 전통 종교인 티베트 불교를 부활하고, 달라이 라마를 초빙하고, 동쪽의 몽골족과 역사·문화적 관련성을 주장하고, 그들과 교류를 확대하는 등 전통 문화 복원에 힘쓰고 있다. 그렇지만 이곳 역시 전통의 단절과 언어 및 의식주 생활의 '러시아화'라는 다수자 속의 소수자의 길을 답습하고 있다.

(2) 티베트

1912년 중화민국이 성립되자 제13대 달라이 라마는 티베트와 중국이 별개의 나라임을 공식적으로 표명하기 위하여 중국인을 국경 밖으로 추방하고, 이듬해에는 티베트 독립을 선언했다. 그 후 40년 동안 티베트는 국제적인 승인을 얻지는 못했지만 사실상 독립국으로 행세했다. 그러나 1949년 중화인민공화국이 성립되면서 중국군이 동부 티베트를 침략하고, 1951년에는 라사까지 밀고 들어왔다. 중국군의 라사 주둔은 그렇지 않아도 가난한 티베트 경제를 더욱 압박하는 결과를 가져왔다. 이로 인하여 중국군과 티베트 민중 사이에 대립이 심화되고, 이어 1959년에 이른바 '티베트 사태'가 발발하여 제14대 달라이 라마가 인도로 망명하고 티베트는 중국에 편입되었다. 그 후 중국은 티베트의 사회주의화를 급속하게 추진하고 사원을 파괴하는가 하면 한족의 이주를 적극 장려했다. 그리하여 중국식 개혁을 혐오하는 많은 티베트인들이 달라이 라마를 따라 히말라야를 넘어 망명길에 올랐다.

한편 인도로 망명한 달라이 라마는 1960년에 북인도 히마찰 프라데시 주의 다람살라에 망명 정부를 수립하고, 불교 문화의 보존을 첫번째 목표로 내세웠다. 승려들은 북인도 국경 부근에 있는 북사두아르의 난민 캠프에 모이고, 거기에서 늙은 승려들이 정열적으로 어린 승려들에게 불법佛法을 전수했다. 당시 인쇄물은 판목版木 대신 캠프 주위에서 입수할 수 있는 돌을 사용하여 출판되었다. 그때 인쇄된 읽기 어려운 글자는 망명 초기 티베트 불교의 고난을 말해

주고 있다. 그 후 인도의 카르나타카 주와 서방으로 이주
한 일반 티베트인들이 자금을 지원하여 인도 각지에 티베
트의 주요 사원이 재건되었다.

히말라야를 넘어 인도로 망명하는 제14대 달라이 라마
1959년 3월 17일 밤 티베트인들은 달라이 라마와 그의 가족들
을 옹위하고 라사를 빠져나와 험준한 히말라야를 넘어 인도로
망명했다.

　예전에 티베트는 히말라야라는 자연 장애물에 막혀 외
부인이 그 실태를 살펴볼 기회가 적었다. 그러나 인도에
티베트인 망명 사회가 건설됨에 따라 외부 세계와 접촉하
기 쉬워지고, 티베트 문화가 세계에 널리 알려지게 되었
다. 또 젊은 티베트 승려들이 서양으로 건너가 불법을 설
파하고, 반대로 서양의 젊은이들이 티베트 불교를 공부하
기 위하여 재건된 사원을 찾게 되었다.

　그러다가 1970년대에 들어서면 세계의 주요 도시에 티베트 불교 주요 종파
의 거점을 확립하고 그들을 통괄하는 국제적인 조직까지 생겨났다. 예컨대
1974년에 겔룩파의 툽텐 예셰가 설립한 '대승불교전통유지재단,' 1970년에
카규파의 최키 걈둥파가 설립한 '바즈라 다투(金剛界) 인터내셔널' 등이 있다.

　이와 같이 서구 사회에서 티베트 불교 사상에 대한 이해가 심화됨에 따라 티
베트 독립에 대한 관심도 높아졌다. 1985년 미국에서 설립된, 티베트 독립을
지원하는 조직인 '티베트 하우스'는 각계 명사들이 회원으로 모여 티베트의
독립 운동을 지원하고 있다. 1990년대에 할리우드에서 티베트 독립 상실과 티
베트 문화를 주제로 하는 영화가 개봉된 것도 이러한 조직의 활동 덕분이다.

　한편 문화 대혁명 시기에 중국 공산당 치하의 티베트 본토에서는 정도의 차
이는 있지만 대다수 사원이 피해를 입었으며, 승려 수 제한을 비롯한 갖가지
제재 조치 때문에 티베트 불교가 사실상 괴멸 상태에 이르렀다.

　망명 정부에 의하면 중국에서 망명해 온 티베트인은 중국 정부의 승려에 대
한 고문, 티베트 여성에 대한 강제 불임 시술을 증언하고 있다고 한다. 이에 대
해 망명 정부는 중국 정부가 티베트인을 멸종시키는 방법으로 티베트 문제를
해결하려 한다고 비난했다. 중국 정부는 이러한 주장에 대해 1979년부터
1980년까지 세 차례에 걸쳐 달라이 라마 시찰단에게 티베트 본토 방문을 허락

했다. 그러나 달라이 라마의 친족을 포함한 시찰단이 티베트인들에게서 열렬한 환영을 받는 등 달라이 라마에 대한 티베트인들의 신앙이 건재하다는 사실이 확인되자, 중국 정부는 망명 정부와 대화를 단절했다. 그 후 중국 정부는 외화를 벌어들이기 위하여 1987년부터 외국 관광객에게 티베트를 개방하기 시작했다. 그리하여 티베트 상황이 외국에 전해지고, 반대로 달라이 라마의 활동이 티베트에 전해짐에 따라 티베트 본토의 민족 의식이 더욱 고양되었다.

1989년 1월 제10대 판첸 라마가 시가체의 타시룬포 사원에서 심장병으로 급사했다. 판첸 라마는 달라이 라마가 망명한 후 티베트인들의 신앙적 지주 역할을 해왔기 때문에 이 화신 라마승의 갑작스런 사망은 티베트 사회를 크게 동요시켰다. 게다가 개방 정책으로 경제 상황이 악화되어 티베트인들의 불만이 증폭되면서, 1989년 3월에는 대소사大昭寺 앞에서 승려들의 대규모 시위가 발생했다. 중국 당국은 라사에 계엄령을 발포하고 시위에 관여한 승려들을 일제히 체포하여 투옥시켰다. 라사 폭동과 같은 해 6월에 일어난 이른바 천안문天安門 사건은 중국 정부가 인권을 경시하고 있다는 인상을 국제 사회에 강하게 남겼다. 그 해 10월 달라이 라마에게 노벨 평화상을 수여한 것은 국제 사회가 무력으로 시위를 진압한 중국 정부를 비난하고, 비폭력 자세를 일관되게 견지한 제14대 달라이 라마를 높이 평가한다는 메시지가 담겨 있었다.

노벨상을 수상한 후 제14대 달라이 라마의 국제적 지위가 높아진 반면, 중국 정부의 달라이 라마에 대한 자세는 더욱 강경해졌다. 양측은 공식적인 대화를 하지는 않지만, 유구한 역사를 가진 화신 라마승의 승인을 둘러싸고 수면 아래에서 활발한 흥정을 벌였다. 먼저 1981년 망명지 미국에서 사망한 카르마-카규파의 주재자인 제16대 겔바 카르마파의 전생轉生 승인을 둘러싸고 문제가 발생했다. 당시 카르마파의 화신 라마승들은 모두 망명지에 있었다. 그런데 제16대 카르마파의 유서遺書를 갖고 있다는 카르마파의 라마승 시퇴가 티베트 본토에 살고 있는 틴레 도르제를 제16대의 전생자라고 주장했다. 그리고 그는 1992년 제17대 카르마파로 추르푸 사寺에서 즉위했다. 중국 정부 입장에서 보면 이는 판첸 라마가 사망한 후 급속하게 달라이 라마 쪽으로 기울고 있는 티베트 사회에서 새로운 구심점을 얻었다는 점에서, 그리고 달라이 라마와 다른 종파의 주재자를 지지함으로써 그의 권위를 약화시킬 수 있다는 점에서 반가운 일이었다.

중국 정부는 이듬해인 1993년 국고에서 자금을 지출하여 판첸 라마의 유체遺體를 봉안하는 불탑을 건립했다. 불탑 건립에 즈음하여 중국 정부는 오곡, 약, 진귀한 보물을 채운 보병寶瓶을 매장하는 착공 의례에서부터 유체를 탑에 봉납하는 의례에 이르기까지 모든 사항을 전통에 따라 충실하게 거행하는 등 티베트 불교 문화를 존중하고 있다는 것을 내외에 과시했다.

한편 제14대 달라이 라마는 1995년 5월 '겐둔 최키 니마'라는 여섯 살 난 소년을 제10대 판첸 라마의 전생으로 발표했는데, 그 후 이 소년은 곧바로 누군가에게 납치되고 그를 전생으로 뽑는 데 관여한 승려들도 모두 처형되었다. 이어 중국 정부는 1995년 11월 겐둔 최키 니마를 제외한 복수의 후보자를 라사에 모아놓고 금병 의례를 거행하여, 이 결과에 따라 겔첸 노르부라는 소년을 제11대 판첸 라마로 결정했다. 그 뒤 새로운 판첸 라마는 같은 날 오후 거행된 즉위식에서 국무원國務院에서 보내온 금인금책金印金冊을 받았다. 이는 역대 중국 황제가 내외의 가신家臣에게 책봉을 통해 상징적인 상하 관계를 구축해온 중국의 외교 의례를 재현한 것이다. 이처럼 중국 정부는 왕조 시대의 의례를 동원해서까지 중국의 티베트 지배에 담긴 역사성을 내외에 보여주려 했다.

그러나 전근대 왕조에 의해 고안된 상징적인 상하 관계(冊封體制)를, 중국 정부가 1959년 이후에 시행하고 있는 실질적인 티베트 지배와 똑같이 논하는 데는 무리가 있다. 더욱이 종교를 아편이라고 규정하는 공산주의 정권이, 과거 의례까지 꺼내어 전생 상속제라는 티베트 고유 문화를 유지시키기 위하여 힘쓰고 있는 모습은, 중국의 티베트 지배가 잘못되었다는 것을 말해주는 단적인 사례이다.

역사적으로 보아도 청조 황제와 몽골 왕공 같은 외부 세력이 선정한 화신 라마승이 정통으로 남은 사례는 거의 찾아볼 수 없다. 또 문수보살의 화신이라

**인도로 망명한 제17대 겔바
카르마파 틴레 도르제**

1999년 12월 틴레 도르제는
측근을 대동하고 히말라야를
넘어 임시 정부가 있는 인도
의 다람살라에 도착하여 망
명을 요청했는데, 중국 정부
는 망명을 저지하기 위하여
외교부 대변인 논평을 통해
강력히 항의했다.

불렸던 청 황제마저도 금병 의례를 자기 뜻대로 활용하지 못했다. 따라서 이러한 점들을 놓고 보면 사람들이 금병 의례에 의해 선출한 이 소년을 계속해서 정통의 판첸 라마로 받아들일 가능성은 거의 희박하다. 제14대 달라이 라마에 의해 공인된 후 행방이 묘연한 겐둔 최키 니마는 현재 세계 최연소 정치범으로 그의 행방이 우려되는 상황이고, 판첸 라마 문제는 현재(2000년)까지도 매듭지어지지 않았다.

중국의 티베트 정책이 실패했음을 보여주는 사건은 1999년 12월에도 발생했다. 그때 14세였던 제17대 겔바 카르마파는 의례용 흑모黑帽를 구하러 간다는 구실로 히말라야를 넘어 인도로 망명했다. 검은 모자는 카르마파의 주재자에게 대대로 전해지는, 말하자면 카르마파의 전통을 상징하는 법구法具인데, 이것을 얻으러간다는 것은 결국 종파의 교학敎學을 배우기 위하여 망명한 것을 의미한다. 즉 이 망명 사건은 아무리 중국 정부가 티베트 불교 문화를 유지하고 흥성시키고 있다고 주장해도, 가장 중요한 전통을 담당하는 고승들이 모두 외국에 있는 상황에서 그 내용이 유명무실하게 될 수밖에 없음을 드러낸 사건이라고 할 수 있다.

중국 입장에서 보면 티베트 독립은 국내의 행정 구역 가운데 두번째로 큰 면적의 광대한 영토를 상실한다는 것, 그리고 다른 소수 민족의 독립 운동을 연쇄적으로 자극한다는 것을 의미한다. 따라서 티베트 독립은 국가 위신을 걸고 결코 양보할 수 없는 문제라고 할 수 있다. 그러나 현실적으로 국제 사회의 평가도 전혀 무시할 수 없기 때문에 중국 정부는 티베트인을 경제·문화적으로 우대함으로써 각국의 이해를 구하려 하고 있다. 중앙 정부는 티베트자치구의 주요한 사원을 재건하는 데 많은 예산을 지원하고, 1991년에는 티베트 '평화 해방' 40주년을 기념하여 베이징에 티베트학 연구 센터(藏學研究中心)와 티베트 의원(藏醫院)을 설립하는 등 티베트 문화를 보호한다는 뜻을 대외적으로 선전하고 있다. 또 티베트어 서적 출판도 다른 소수 민족에 비하여 압도적으로 많다. 이러한 우대 정책의 혜택을 받은 티베트인 가운데서 독립을 바라지 않는 계층이 생겨나고 있는 것도 사실이다. 따라서 중국 정부의 회유책이 효과를 거두어 티베트인이 현재의 지위에 만족할 것인가, 아니면 독립을 지원하는 사람들의 목소리에 힘입어 티베트가 독립을 이룰 것인가는 오직 다민족 국가인 중국이 향후 정책을 어떻게 운영할 것인가에 달려 있다고 할 수 있다.

(3) 신장위구르자치구

1980년대 상황

저우언라이, 주더朱德, 마오쩌둥이 잇달아 사망한 1976년 이후 그 동안 외국인의 접근이 금지되었던 신장이 서서히 개방되었다. 이때부터 일부 외국인 작가와 문화 관련 인사들이 신장을 방문하고 단편적이지만 직접 목격한 상황을 외부 세계에 전했다. 그 후 1982년 4월 중앙 정부는 국가민족위원회 확대 회의를 개최하고 종교 문제와 민족주의 문제를 집중적으로 논의했다. 중국 정부는 이어 그 해 9월에 개최된 중국 공산당 제12기 전국대표대회에서 후야오방(胡耀邦)을 당 총서기, 덩샤오핑(鄧小平)을 당 중앙군사위원회 주석으로 선출하고 개방 정책을 공식적으로 채택했다. 소수 민족은 중앙 정부의 이러한 조치를 민족 문화의 다양성을 주장하는 것이 국가에 대한 충성과 모순되지 않음을 당과 정부가 승인한 신호로 받아들였다.

그 결과 각종 종교 활동이 전면적으로 부활되고 문화 혁명 기간에 파괴된 모스크와 티베트 불교 사원도 재건되었는데, 때로는 이러한 사업이 당과 지방 정부의 공식적인 지원으로 이루어졌다. 또 투르크계 언어인 위구르어·카자흐어·키르기스어를 비롯하여 이 지역에서 사용되는 언어를 표기하기 위하여 한때 로마자 알파벳을 도입하기도 했는데, 이는 그 후 아랍 문자에 약간의 손질을 가한 각 민족 언어 고유의 문자 체계로 전환되었다.

그러나 이러한 화해 정책에도 불구하고 신장 각지에서 동투르키스탄의 독립과 이를 위한 지하드(성전)를 외치는 봉기와 폭동이 산발하고 있다. 예컨대 1989년 천안문 사건이 일어날 무렵 이슬람교와 무슬림을 비방한 출판물에 대

오늘날의 카슈가르

한 항의가 발단이 되어 수천 명의 위구르족과 회족 시위대가 우룸치의 정부 기관과 당 기관을 습격하는 사건이 발생했다. 또 같은 해 일리에서도 대규모 충돌 사건이 일어

났고, 우룸치와 카슈가르에서는 때때로 도시 게릴라식 폭탄 테러가 발생하고 있다.

이러한 가운데 개방 정책은 한층 가속화되어 우룸치 시에는 '홀리데이 인'을 비롯한 외국 자본으로 설립된 호텔이 들어서고, 1989년 이후 발견된 세계 최대 매장량을 가진 타림 분지 유전을 개발하는 데도 외자를 유치할 계획을 세우고 있다.

현재의 신장 – 정치 권력, 한족, 소수 민족

중국 정부의 소수 민족 정책은 기본적으로 문화 보호와 경제적 우대, 분리 운동의 감시와 철저한 탄압이라는 두 부분으로 이루어져 있다. 최근 신장위구르자치구 사례를 보면, 자치구 정부는 마흐무드 알 카슈가리와 유수프 하스 하집을 비롯한 위구르족 문화 영웅의 묘를 개수하고 민족의 고전 문학 출판을 지원하고 있다. 이와 함께 중앙에서 분배하는 투자와 융자를 우선적으로 실행하고, 엄격한 한 자녀 정책을 소수 민족에게 적용하지 않고, 민족 학원을 비롯한 고등 교육 기관의 진학률을 어느 정도 보장하고, 지방 정부에서 소수 민족 간부를 등용하는 등 각종 우대 정책을 취하고 있다.

물론 무장 봉기와 폭동이 일어나면 철저하게 탄압된다. 분리주의에 대해서도 일상적으로 감시가 행해지지만, 그것이 어떻게 이루어지는가는 분명하지 않다. 어떻든 동투르키스탄이라는 명칭을 공식적으로 사용하지 못하게 하는 데서 알 수 있듯이 당국은 분리주의를 신경질적일 정도로 경계한다. 최근에 실시된 탐사에 의해 신장에 많은 지하 자원이 매장되었다는 사실이 밝혀짐에 따라(신장의 석유 매장량은 중국 전체 매장량의 4분의 1, 천연가스와 석탄은 각각 3분의 1이다), 에너지 문제를 안고 있는 중국 입장에서 보면 이 지역의 중요성이 점점 증대되고 있다고 할 수 있다. 당국이 분리주의에 대해 강경하게 대처하는 것도 이 때문일 것이다.

분리주의를 말살하는 최선의 정책은 신장의 한족 인구를 증가시키는 일이다. 이런 점에서 중화인민공화국은 한당漢唐 두 제국이 시도하고 청조도 실현하지 못한 동투르키스탄의 내지화內地化를 어느 정도 달성했다고 할 수 있다. 극단적인 사례이지만 일리의 신위안 현(新源縣)의 경우 1950년대 말에 200명도 채 되지 않았던 한족이 1990년대 초에는 5만 명을 훨씬 웃돌고 있다. 현재 공식적인 인구 통계를 보면 위구르족이 한족보다 많지만, 생산건설병단의 인구 가운데는 숨겨진 부분이 있기 때문에 실제 한족 인구는 이미 위구르족을 추월했다고 보는 전문가도 있다.

그 밖에 '맹류盲流'라 불리는 거대한 비합법적인 이동 인구는 우룸치 시 북쪽에 인구 30만 명의 신도시를 출현시켰다고 전해진다. 이러한 대규모 인구 유입은 소수 민족의 위기 의식을 자극할 뿐 아니라, '라오신장런(老新疆人)'이라 불리는 예전에 이주한 한족들 사이에서도 대규모 이주로 인하여 자기들의 권익이 침해되지 않을까 하는 우려가 생겨나고 있다.

신장의 한족 인구와 관련한 또 하나의 문제는 젊고 우수한 인재들이 변방으로 이주하는 것을 원하지 않는다는 점이다. 국가에서 대학 졸업자의 직장을 배당하던 시절부터 대학생들 사이에서 "뉴질랜드는 가고 싶지 않다"는 농담이 유행했다. 뉴질랜드는 중국어로 '신시란(新西蘭)'인데, 이 말은 곧 '신장(新疆), 시짱(西藏, 티베트), 란저우(蘭州)'를 기피한다는 의미를 담고 있다. 신장 남부 오아시스의 경우 위구르족의 비율이 압도적으로 높은 반면, 한족 인구는 소수이고 새로이 이주를 희망하는 사람도 많지 않다. 그러므로 이 지역에 등록되어 있는 한족은, 예컨대 우룸치 등지로 전출을 희망한다고 해도 실현될 가능성은 그리 높지 않다.

위에서 언급했듯이 1980년대 이후에도 지하드를 표방하는 봉기와 폭동이 산발하고 있지만, 그 실체와 배후 조직은 분명하지 않다. 현재 터키공화국에는 신장 출신 위구르족과 카자흐족 망명자, 그리고 그들의 2세 또는 3세가 수만 명 살고 있고 신장 해방을 목표로 하는 조직도 존재한다. 그러나 이들이 외부에서 신장의 봉기를 지원하고 있다는 증거는 없다. 또 이미 1960년대부터 당시 소련의 카자흐공화국에는 동투르키스탄 해방위원회와 해방군이 있었고, 그들이 신장에 대한 선전 활동을 전개했다. 이에 대해 장쩌민(江澤民)은 1998년 카자흐스탄 대통령 나자르바예프와 회담을 갖고 분리주의자를 보호하지 않겠다는 약속을 받아냈다.

한족 인구의 증대와 그들에 의해 진행되는 자원 개발이 소수 민족의 눈에 불쾌하게 비치는 것은 당연하지만, 그렇다고 모든 소수 민족이 분리주의자는 아니다. 오히려 대다수 사람들은 현재의 체제를 인정하고 그 아래서 살아가기를 선택한 것으로 보인다. 사회적 지위를 향상시키기 위해서는 중국어가 필수적이기 때문에 자녀들을 민족어 학교보다 중국어 학교로 보내는 사람도 많다. 그리하여 중국어를 능숙하게 구사하지만 민족어를 자유롭게 사용하지 못하는 엘리트가 배출되고 있다. 그들은 민족어 학교 출신자에 대해 일종의 우월감을 갖고 있는 한편, 내부적으로 일종의 문화적 상처를 안고 있다. 이러한 상황은 투르크계 소수 민족 사회에 균열과 분화를 낳고 있고, 1980년대부터 확실하게 그 모습을 드러낸 이슬람 원리주의 운동도, 특히 위구르족의 내부 대립을 낳는 원인이 되고 있다.

제7장에서 언급했듯이 신장이 해방될 당시 13개 소수 민족이 국가에 의해 민족으로 인정받고, 그 민족 이름이 붙은 자치 구역이 정해졌지만, 이는 현재까지도 여러 가지 문제를 야기하고 있다.

역사적으로 보면 민족 집단의 형성과 융합, 변화와 소멸은 매우 흔한 일이다. 타림 분지 오아시스는 이른바 민족 융합의 용광로인데, 이슬람교는 이러한 융합을 촉진하는 촉매제 역할을 했다. 제6장에서 언급했듯이 모굴 유목민들은 이슬람을 수용하고 오아시스 사회에 융합되었다. 현재도 그 융합 과정을 부분적으로 관찰할 수 있는데, 예컨대 신장 각지에는 언어와 관습이 위구르화한 키르기스, 똑같이 위구르화한 몽골, 집안에서도 카자흐어를 사용하는 몽골족이 존재한다. 개인 차원에서 보면 소수 민족 여자와 결혼하고 처가 사회에 소속된 한족도 드물지 않다.

그러나 정치 권력이 개인에 대해 특정 민족의 적籍을 부여함에 따라 동족同族이건 타민족이든, 한 개인이 자기 민족에 충성해야 한다고 기대하는

민족 융합의 현장
톈산 계곡을 가다가 만난 사람들. 이들은 민족에 관계없이 위구르어와 카자흐어를 동시에 구사한다.

결과를 낳고, 근대 국가 이전에 자연적으로 진행되던 민족의 융합과 변화 과정은 민족적民族籍이라는 근대 제도에 떠밀려 멈춰버렸다. 이른바 신장위구르자치구에는 13개(한족을 합하면 14개) 민족주의가 존재할 잠재적인 가능성이 있다. 따라서 '좀더 작은' 소수 민족 입장에서 보면 한족 민족주의는 물론, 위구르족 민족주의도 모두 자기 민족을 억누르는 족쇄로 보일 수 있다.

겨우 1세기 전만 해도 사람들은 '민족'이 좀더 보편적인 '인류' 안에서 소멸될 것으로 예상했다. 그러나 20세기 말기가 되면서 민족은 전에 없을 정도로 복잡하고 심각한 문제로 대두되었다. 그리고 신장위구르자치구는 이 문제를 깊이 통찰하기 위한 중요한 사례를 제시하고 있다고 할 수 있다.

3. 중앙아시아

페레스트로이카와 중앙아시아

고르바초프 정권이 시작한 페레스트로이카는 여러 해에 걸친 정치·경제적 정체를 타파하여 소련 사회에 활력을 불어넣기 위한 시도였다. 실제로 '정체의 시대'로 표현되는 브레주네프 시대부터 경제 분야의 정체는 점점 심각한 지경에 이르고, 1979년 12월에 시작된 아프가니스탄 침공은 소련 경제에 무거운 부담을 안겨주었다. 특히 이슬람 세계와 접경하는 중앙아시아 지역에서는 아프가니스탄의 무자헤딘이 일으킨 성전聖戰과 1979년 2월에 일어난 이란의 이슬람 혁명이 남긴 충격이 파급되어 과격한 이슬람 원리주의가 생겨나지 않을까 우려되는 상황이었다. 이와 함께 중앙 정부 입장에서 보면 중앙아시아 여러 나라의 지도부에 만연된 정체와 부패를 마냥 보고 있을 수도 없었다.

그리하여 소련 공산당 중앙은 1986년 12월 25년 동안 카자흐 공산당 제1서기장을 역임한 코나예프를 해임하고 러시아인을 그 후임으로 앉혔다. 이에 대해 수도 알마아타에서는 카자흐인들의 주도로 갑작스런 서기장 해임에 항의하는 시위가 벌어졌다(같은 해 12월 17일). 이러한 대중적인 항의는 중앙아시아에서는 매우 이례적인 것으로, 이는 그만큼 당과 정부의 실정에 대한 불만이 누적되고 사람들의 정치 의식이 높아졌음을 의미한다. 이 사건은 또 연방 중앙의 지령이라는 행정 체제에 대한 중앙아시아인 최초의 항의라고 할 수 있다. 그러나 치안 당국은 시위를 무력으로 해산시킴으로써 양측이 충돌하여 1700여 명의 사상자를 내는 결과를 가져왔다. 당국은 이 사건을 코나예프 주변의 부패 분자들이 선동한 민족주의 폭동이라고 질책함으로써 카자흐인의 감정에 깊은 상처를 남겼다.

같은 해 우즈베크공화국에서는 브레주네프 시대로 거슬러 올라가는 면화 관련 부패 사건이 최종 단계로 치닫고 있었다. 이 사건은 1978년부터 1983년 사이에 생산되지도 않은 가공의 면화에 대해 10억 루블이라는 거액의 국고를 지출하고 중앙 정부까지 휘말린 구조적인 부패 사건이었다. 그로 인하여 우즈베크 공산당 중앙 위원 90%가 경질되고, 면화 생산에 관여한 실무자가 다수 체포되었다. 이는 소비에트 체제의 부패를 명확히 보여주는 하나의 사건에 불과하지만, '우즈베크 사건'이라는 형태로 고발 운동이 전개됨으로써 이 사건 역시 우즈베크인의 감정에 깊은 상처를 입히고, 오히려 중앙에 반발하는 우즈베크 민족주의의 대두를 촉진시켰다.

또 연방 지도부는 중앙아시아의 높은 인구 증가율을 억제하기 위해 산아 제한을 하고 중앙아시아의 풍부한 잉여 노동력을 연방 각지로 송출하라는 지시를 내리고, 나아가 고르바초프는 1986년 11월 타슈켄트에서 이슬람에 대한 비타협적인 투쟁을 지시했다. 그러나 중앙아시아 현지민들은 이 지령을 모두 냉담하게 받아들였다. 말하자면 연방 중앙과 중앙아시아 사이에서 뚜렷한 틈이 벌어지고 있었던 것이다. 연방 정부는 중앙아시아 개발을 위한 예산 지출을 삭감하고, 오히려 중앙아시아 나라들이 연방에 대해 더 많이 공헌할 것을 요구했다.

페레스트로이카 후기에 접어들면서 중앙아시아 각지에서 잇달아 유혈 사태를 수반한 민족 분규가 발생했다. 투르크메니스탄의 아슈하바트(1989년 5월, 아르메니아인의 상점과 공장에 대한 습격), 우즈베키스탄의 페르가나(같은 해 6월, 우즈베크인과 메스헤트-투르크인의 충돌), 카자흐스탄의 노비 우제니(같은 해 6월, 카자흐인과 북카프카스 출신자의 충돌), 타지키스탄의 두샨베(1990년 2월, 도시 소요), 키르기스스탄 오슈(같은 해 6월, 키르기스인과 우즈베크인의 충돌)에서 일어난 소요로 350명이 사망하고 약 2000명이 부상했다고 전해진다. 특히 페르가나에서는 집단 학살이 발생한 결과 메스헤트-투르크인 1만 7000명이 난민이 되어 연방 각지로 흩어졌다. 이들 소요의 진상은 아직까지 분명하게 밝혀지지 않고 있지만, 중앙아시아 각지에 팽배한 사회·경제적 불만이 그 배경이 된 것만은 의문의 여지가 없다. 이는 민족 관계에 심각한 긴장을 초래함과 동시에 현지 당국의 무능함을 여실히 보여주었고 공산당 지배 체제를 사실상 뿌리째 흔들었다.

지식인의 민족주의

아랄 해의 위기
마구잡이 면화 증산 때문에 아무다리아 강과 시르다리아 강의 수량이 급감하여 아랄 해가 죽어가고, 축적된 농약의 유독 화학 물질과 주변 지역의 건조화도 환경을 파괴하고 있다.

이러한 혼란 과정에서 페레스트로이카와 글라스노스치(정보 공개) 정책이 진전됨에 따라 중앙아시아인이 보기에도 소비에트 체제의 심각한 병폐가 분명하게 드러났다. 그리고 경제적 정체와 극도의 빈곤으로 상징되는 저개발 실태, 공화국에 대한 연방의 경제적 착취(값싼 면화 제공과 금·우라늄을 비롯한 광산 자원 공출), 대량의 실업자, 마구잡이 면화 재배가 초래한 아랄 해 소멸 위기,[7] 세미팔라틴스크의 핵 실험장[8]으로 대표되는 대규모 환경 파괴, 당과 정부 관리들의 부패, 아프가니스탄 간섭 전쟁의 비극, 소련군 내부의 민족 차별 문제가 공공연하게 논의되었다. 그 과정에서 정치적으로 보수적이었던 중앙아시아인들도 연방 중앙의 지령이라는 행정 체계에 대해 이의를 제기하기 시작했다.

이러한 운동을 담당한 사람들은 주로 작가와 연구자를 비롯한 지식인 그룹이었다. 그들은 우즈베키스탄의 비를리크(통일)[9]와 타지키스탄의 라스타히즈(소생, 부활)를 비롯한 인민 전선 운동을 조직하는 한편, 공산당 일당 독재와 연방 내 남북 격차를 비판하고, 공화국의 완전한 주권 쟁취와 독립, 민족어의 회복, 키릴 문자에서 라틴 문자로 전환, 그리고 경우에 따라서는 아랍 문자로 전환과 복귀를 요구하고, 이슬람교를 비롯한 민족 문화의 회복과 환경 파괴 방지를 요구하며 자주적인 정치·사회 운동을 전개했다.

---

7) 원래 아랄 해는 아무다리아 강과 시르다리아 강의 강물이 유입되어 수량이 유지되었다. 그러나 소련 시절 면화 증산을 위하여 두 강의 수자원을 무리하게 사용한 결과, 아랄 해로 유입되는 수량이 격감하여 수위가 13미터나 낮아졌다. 이와 함께 호수의 염분 농도가 높아져 고기잡이가 불가능해지고, 주변 지역에서는 사막화가 급격히 진행되고 있다. 일부 전문가들은 이러한 추세가 지속된다면, 21세기 전반기에는 아랄 해 자체가 없어질 것으로 내다보고 있다.

8) 카자흐 초원의 한 구역인 이곳에서는 소련 시절에 거의 50년 동안 200회 이상 핵 실험이 행해졌다고 한다.

9) 러시아 영향의 탈피, 터키 같은 투르크계 국가와의 연대, 민족주의, 우즈베크 전통 문화의 회복을 주창하며 소련이 붕괴하기 전에 창설된 우즈베키스탄 최대의 민족주의 성향의 정치 단체. 한때 수백만 명의 당원을 확보할 정도로 위세를 떨쳤지만, 현 집권 세력에 의해 불법 단체로 규정되어 큰 힘을 발휘하지 못하고 있다.

또 그들은 제정 러시아의 중앙아시아 합병을 정당화하
고 러시아 혁명의 승리를 칭송해온 소련의 역사학 방법과
해석에 대해서도 신랄한 비판을 가하기 시작했다. 이러한
역사 재평가 과정에서 그때까지 '잔인한 침략자' 또는
'인민의 착취자'로 낙인 찍힌 티무르를 비롯한 역사적 인
물들이 민족의 위인 또는 영웅으로 추앙되고, 각 민족의
유구한 역사와 문화가 강조되었다. 그리고 이들 역사적
인물들은 독립 후 국민 통합의 상징으로 자리잡았다. 이
와 함께 1930년대에 '민족주의자' 또는 '인민의 적'으로
숙청된 지식인에 대한 명예 회복도 급속하게 진행되었다.

우즈베키스탄의 시인 출판의 흉상(안디잔)
스탈린 시대에 숙청된 출판은 독립 후 우즈베키스탄의 민족 시
인으로 복권되었다.

전체적으로 중앙아시아 지식인들의 이러한 주장의 근저에는 각 공화국의 민
족주의가 자리하고 있었다. 일례로 1989년 3월 타지키스탄의 지식인 그룹이
고르바초프에게 우즈베크령 부하라와 사마르칸트를 타지키스탄으로 편입하
도록 요구한 것도 이러한 배경에서 나온 것이다.

그러나 이 운동을 주창한 사람들 자신이 작가 동맹과 과학아카데미 산하 연
구소를 비롯한 소비에트 체제에 속한 특정 조직의 구성원인데다가, 러시아 혁
명 후 정치·사회 운동이 억압된 중앙아시아의 특수한 환경 때문에 그들이 주
도한 운동은 발트 삼국의 민주화 운동처럼 널리 확산되지는 못했다. 그럼에도
불구하고 그들의 운동이 공산당에 대한 비판 세력으로서 후에 독립의 기초를
닦았다는 것은 매우 중요하다. 사실 이 시기(페레스트로이카 후반기)에 중앙아시아
지식인들은 그 후보다도 훨씬 높은 정치적 자유를 누렸다.

이슬람의 부흥

고르바초프 정권은 페레스트로이카 후기에 와서 겨우 이슬람과 화해를 시
도했다. 1989년 3월 제4회 '중앙아시아─카자흐스탄 무슬림 대회'(타슈켄트)에

참석한 소연방 대표는 앞에서 인용한 레닌과 스탈린의 무슬림 민족에 대한 70여 년 전의 호소문을 낭독하고, 소련과 이슬람의 새로운 협력 관계를 약속했다. 이는 역사적인 호소가 종이 위의 약속이었다는 것을 보여줌과 동시에 소비에트 정권의 반反이슬람 정책의 종말을 알리는 것이었다. 바로 이 무렵에 '제3대 칼리프 오스만의 코란'으로 알려진 경전의 고사본古寫本이 무슬림 조직에 반환되었다.

이러한 이슬람 정책의 전환을 전후하여 '중앙아시아 – 카자흐스탄 무슬림 종교국'도 자립성을 강화했다. 그리하여 1989년 2월에는 무함마드 사디크 무함마드 유수프가 처음으로 정부가 아닌 무슬림에 의해 새로운 무프티(종교국장)로 선출되었는데, 이어 그는 소련의 인민대의원에 피선되었다. 이처럼 울라마가 정치 무대에 등장하는 것은 혁명 후 한 번도 없었던 일이다. 대중 매체를 통해 전달되는 울라마의 지도적 발언은 연방 말기 혼란에 흔들리는 중앙아시아의 정치와 사회에 일정한 영향력을 발휘했다. 그러나 중앙아시아 나라들의 독립과 함께 무슬림 종교국은 각 국가별 종교국으로 나뉘고, 모두 공화국 정부의 강한 통제 아래 놓이게 되었다.

한편 일반인들 사이에서도 이슬람으로 복귀하는 현상이 눈에 띄게 나타났다. 예컨대 자국 정부와 다른 이슬람 국가들의 지원이나 일반인들의 발의 및 기부에 의한 모스크·마드라사의 복구와 건설, 마자르(성묘)의 복구, 어린이를 위한 코란 학교 개설, 메카 순례자의 급증, 초보적인 이슬람 소개 책자를 비롯한 종교 문헌 유포 등을 들 수 있다. 그 배경에는 공산주의 이념과 소비에트 문명에 대한 실망과 위화감 외에도 고유 문화를 회복하고자 하는 폭넓은 조류가 자리잡고 있었다.

이와 같은 이슬람 부흥과 함께 우즈베키스탄이나 타지키스탄을 비롯한 과거 이슬람 문명의 중심지였던 마 와라 알 나흐르와 그 주변 지역에서는 점차 이슬람의 정치화가 이루어졌다. 이미 1970년대 말부터 이곳 중앙아시아 남부 지역에서는 풀뿌리 이슬람 부흥 운동이 시작되었다.

체제에 순응한 하나피파의 가르침과 관행화된 이슬람 현상을 비판하고 순수한 이슬람으로 돌아갈 것을 주장하는 젊은 울라마들이 이 운동을 주도했다. 코란과 순나에 의거하여 국가 사회를 재건하자고 역설한 그들은, 정권에 의한 탄압은 물론이고 무슬림 종교국과도 첨예하게 대립했다. 그들은 18세기 아라비아 반도에서 태어난 엄격한 이슬람 복고주의자 와합의 이름과 관련하여 와하비라고 불렸다.

코란 학교의 어린이들
소련 붕괴 직전인 1991년 7월, 우즈베키스탄 안디잔.

이윽고 와하비는 중앙아시아 이슬람 과격파 또는 이슬람 원리주의자의 별칭이 되었다.

페레스트로이카 후기에 각지에서 결성하려고 한 이슬람 부흥당이 이 계보와 연결된 것으로 보인다. 그들의 시도는 이슬람의 정치화를 경계하는 공화국 정부에 의해 억압되었는데, 유일하게 타지키스탄에서 1990년 10월 이슬람부흥당이 결성되었다. 이어 우즈베키스탄의 페르가나 지방에서는 1991년 여름부터 이슬람법에 반하는 행위를 적발하는 부흥주의 단체인 '아돌라트'가 활동하기 시작했다. 그러나 이러한 이슬람 자치 조직의 성장은 세속주의를 표방하는 정권에 커다란 위협으로 비춰져 이듬해 아돌라트에 대한 탄압이 이루어졌다.

같은 사례가 중앙아시아 나라들이 독립한 후에도 반복되고, 정권과 이슬람 부흥주의 세력의 대립은 악화되는 사회·경제 조건 아래서 점차 격화되어갔다. 1999년 2월 16일 우즈베키스탄 수도 타슈켄트 공항에서는 이슬람 카리모프 대통령을 겨냥한 폭탄 테러 사건이 발생했는데, 당국은 이를 과격파 조직인 '우즈베키스탄 이슬람 운동'의 소행으로 단정지었다. 부흥하고 있는 이슬람을 어떻게 대할 것인가, 이 문제는 현재 중앙아시아 국가들이 선택해야 하는 가장 중요한 사안의 하나이다.[10]

---

10) 그러나 이러한 전망과 달리 현재 중앙아시아 국가에서 원리주의를 포함하여 이슬람 세력은 큰 영향력을 발휘하지 못하고 있는 것으로 알려지고 있다. 그 이유는 무엇보다도 이 지역 무슬림들이 이슬람을 자유로운 믿음의

독립 후 중앙아시아 국가들

이런 와중에서 페레스트로이카와 1980년대 말 내내 계속된 민족 분규로 인하여 권위가 실추된 중앙아시아 각국의 공산당 엘리트, 특히 젊은 세대는 점차 공화국 단위의 민족주의로 기울었다. 그리하여 1990년 중앙아시아 각국은 잇달아 자주권을 선언했는데, 어찌 보면 주권 선언 외에는 권력을 유지하면서 사태를 극복할 수 있는 다른 방법은 없었을 것이다. 그리고 이들의 새로운 방침은 1991년 8월에 발생한 소련 보수파의 쿠데타를 계기로 소련으로부터 독립 선언을 통해 표출되었다. 러시아 통치가 시작된 이후의 역사를 회고하면, 독립 선언은 분명히 중앙아시아 역사에서 획기적인 의의를 갖는 사건이었다. 중앙아시아 국가들은 소련에서 마이너스 유산을 계승했지만, 자신의 진로를 자신의 의지에 따라 결정하게 되고, 신생 독립국으로서 국제 사회의 일원이 되었기 때문이다. 그러나 중앙아시아 국가들은 인민의 노력으로 독립을 이룬 것이 아니고, 더구나 충분하게 준비한 후 연방에서 자립을 실현한 것도 아니다. 독립은 사실 소련이 스스로 붕괴한 결과물이었다.

키르기스스탄의 아카예프를 제외한 각국 초대 대통령이 옛 공화국에서 공산당 제1서기를 지낸 사람이라는 데서 알 수 있듯이 독립 후 정치를 담당한 집단은 사실상 공산당 세력이었다. 공산당 이념이 끝장났음에도 불구하고, 독립 초기 정치와 경제 실무를 담당한 엘리트는 모두 공산당이었다. 독립 후 공산당은 해체되고(타지키스탄에서는 독립 후에도 얼마간 공산당이 존속했다) 형식상 다당제 多黨制가 출현했지만, 신생 정권은 정도의 차이에도 불구하고 모두 개발 독재형 통치를 시작했다. 사회주의 경제에서 시장 경제로 이행하는 거대한 변화를 실현하고 저개발에서 벗어나기 위해서는 강력한 지도력이 필요했고, 또 국제 기구와 외국의 지원과 투자를 끌어내기 위해서는 국내 질서와 안정을 유지하는 것이 불가피하다는 논리에 따라 대통령에게 강력한 권한이 부여되었다. 따

대상으로 여길 뿐 정치 세력화하는 것을 바라지 않고 있는데, 이는 각국에서 실시된 여론조사 결과를 통해서도 확인되고 있다. 이에 관한 자세한 사항은 성동기, 『대탈레반 전쟁 이후 중앙아시아의 정세변화와 연구 과제』, 『중앙아시아연구』 8(중앙아시아학회, 2003), 89~92쪽 참고.

라서 독립이 결코 민주화를 가져다주지는 않았고, 여전히 반대파에 대한 탄압과 언론 통제, 인권 침해가 용인되는 상황이 계속되고 있다. 이러한 점에서 개발과 민주화의 균형을 어떻게 유지할 것인가 하는 문제 역시 향후 중앙아시아 국가들이 해결해야 할 중요한 사안이다.

새로운 정권이 해결해야 할 주요 과제의 하나는 국민 통합이다. 모두가 '소련 사람'이라는 정체성을 잃어버린 이상 공화국의 통합과 질서를 유지하기 위해서는 새로운 국민 의식이 필요하다. 그러나 민족 구성이 복잡한 중앙아시아 국가에서 통일된 국민 의식을 창출하는 것은 말처럼 쉬운 일이 아니다. 주요 집단의 민족주의를 환기시키는 것만으로 소수 집단을 통합할 수 없는 상황이다. 카자흐스탄 북부의 러시아인과 키르기스스탄 남부의 우즈베크인처럼 소수 집단의 배후에는 거대한 동족 집단이 버티고 있기 때문이다.

예컨대 국내에 다수의 러시아계 주민(카자흐인 46%에 대해 러시아인은 35%)을 포함하고 있고, 러시아와 긴 국경선을 맞대고 있는 카자흐스탄 정부는 러시아인을 배려하지 않을 수 없는 상황인데도, 일부 러시아인 사이에서는 분리주의 운동이 뿌리 깊게 이어지고 있다. 한 가지 더 부연하면 카자흐스탄은 1997년 남부의 알마아타에서 북부의 아스타나(과거의 악몰린스크)로 수도를 옮겼는데, 수도를 옮긴 주요한 이유 중의 하나는 북부의 러시아계 주민을 통합하기 위한 것이다. 단지 러시아계 주민에 한정되지 않고 어떻게 안정적인 민족 관계를 구축할 것인가 하는 문제는 중앙아시아 국가들이 안고 있는 공통의 과제이다.

독립 후 중앙아시아에서 일어난 커다란 변화의 하나는 러시아계 주민이 대거 러시아로 돌아간 사건이다. 계속되는 민족 분규와 타지키스탄 내전의 위협, 점점 힘을 얻어가고 있는 민족주의와 이슬람에 대한 불안, 그리고 러시아어의 지위 하락으로 인한 불만이 겹치면서 1989년부터 1997년 사이에 중앙아시아 각국에서 러시아로 이주한 인구는 대략 350만 명에 이른다. 그들은 대부분 러시아인이지만, 그 가운데는 타타르인이나 우크라이나인도 적지 않다. 러시아로 이주하여 직업을 얻지 못하고 중앙아시아로 돌아오는 사람도 끊이지 않지만, 러시아계 전문가와 기술자, 숙련 노동자의 대량 유출은 중앙아시아

현재의 중앙아시아 지역

국가들의 생산과 관리 부문에서 심각한 인재난을 불러왔다.

　이런 점에서 대변혁의 시대를 맞이한 중앙아시아 국가들은 새로운 인재 양성이라는 시급한 과제를 안고 있다. 과거에는 오직 소련권 안에서 이루어지던 유학이 이제 유럽·미국·터키·한국·일본 등지로 확대되고, 국내외에서 지원을 받는 유학생 수는 매년 증가하고 있다. 이러한 현상은 과거 혁명 전후에 자디드 지식인들의 이상을 실현하고 있는 것처럼 보인다. 어떻든 중앙아시아 사회의 근본적인 변화는 이러한 신세대의 성자엥 의해 루어질 수 있을 것이다.

국명	카자흐스탄	키르기스스탄	타지키스탄	투르크메니스탄	우즈베키스탄
면적	2,717,300㎢	198,500㎢	143,100㎢	488,100㎢	447,400㎢
인구	16,733,227	4,685,230	6,440,732	4,518,268	24,755,519
인구증가율	−0.05	1.43%	2.12%	1.87%	1.6%
민족 구성	카자흐인 48% 러시아인 34.7% 우크라이나인 4.9% 독일인 3.1% 우즈베크인 2.3% 타타르인 1.9%	키르기스인 52.4% 러시아인 18% 우즈베크인 12.9% 우크라이나인 2.5% 독일인 2.4%	타지크인 64.9% 우즈베크인 25% 러시아인 3.5% (이주로 격감)	투르크멘인 77% 우즈베크인 9.2% 러시아인 6.7% 카자흐인 2%	우즈베크인 80% 러시아인 5.5% 타지크인 5% 카자흐인 3% 카라칼파크인 2.5% 타타르인 1.5%

현대 중앙아시아 국가들

인구는 2000년 7월 통계,
민족 구성은 1995~1996년 통계.

타지키스탄의 내전

독립 후 중앙아시아를 덮친 최대의 비극은 타지키스탄 내전이다. 타지키스탄은 페레스트로이카 말기부터 보수적인 공산당 세력과 이에 대항하는 라스타히즈 등 민족주의 조직, 민주당, 이슬람 부흥당을 비롯한 정치 세력(반대파 연합) 사이의 대립이 격화되었다. 이 대립은 독립 후에도 계속되었는데, 양자의 항쟁은 결국 1992년 6월에 이르러 타지키스탄을 내전으로 몰아넣었다. 이 내전은 한편으로 이념에 기초한 싸움이었지만, 그 배경에는 공화국 내의 정치·경제적 격차로 인해 축적된 불만이 크게 작용했다.

타지키스탄 역시 1924년에 '중앙아시아 민족의 경계 획정' 작업에 의해 그 원형이 만들어졌는데, 여기에 영토가 몇 개의 산맥으로 나뉘는 지리적 조건이 겹쳐 국내에 일련의 지방 파벌이 형성되어 있었다. 즉 북부의 후잔드 주와 남부의 쿨랍 주 파벌이 오랫동안 공산당과 정부를 지배하여 특권을 향유했는데,

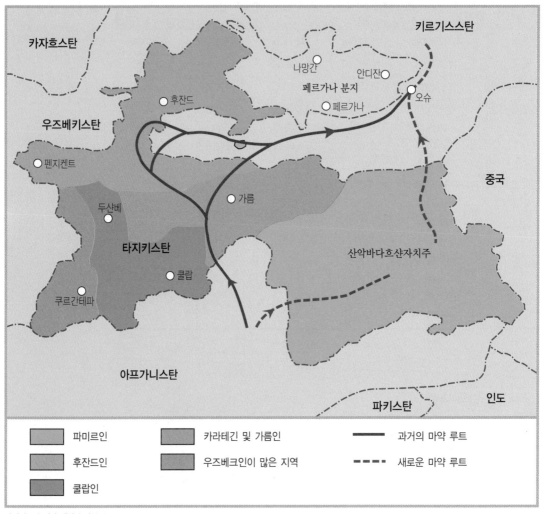

지도 내 지명 및 범례:

카자흐스탄

키르기스스탄

우즈베키스탄

후잔드

나망간 안디잔
페르가나 분지
페르가나 오슈

펜지켄트

중국

두샨베

타지키스탄

가름

쿨랍

산악바다흐샨자치주

쿠르간테파

아프가니스탄

파키스탄 인도

범례:
- 파미르인
- 후잔드인
- 쿨랍인
- 카라테긴 및 가름인
- 우즈베크인이 많은 지역
- ──── 과거의 마약 루트
- ---- 새로운 마약 루트

타지키스탄 지방 세력과 마약 루트

이에 대해 중부의 가름 주와 1950~1960년대 가름 주에서 강제 이주된 사람들이 많은 남서부의 쿠르간테파 파벌의 불만이 점점 증대되고, 종교적·민족적 독자성을 갖고 있는 바다흐샨 파벌은 권력을 확대할 기회를 노리는 구조가 형성되었다.

내전은 독립 후 경제 붕괴를 배경으로 하고, 지방 파벌의 권력 투쟁을 축으로 해서 전개되었는데, 1993년 3월 러시아와 우즈베키스탄의 지원을 받은 공산당 세력이 반대파를 제압함으로써 거의 종식되었다. 그러나 그 동안에 5만여 명이 사망하고, 50만여 명에 달하는 국내 난민이 발생했으며, 여기에 더하여 7만여 명의 난민이 똑같이 내전 상태에 있는 아프가니스탄으로 피난 갔다. 타지키스탄 내전은 1924년 이래 소비에트 정권이 지향한 '하나의 사회주의 민족'으로서 타지크인이 아직 형성되지 않았음을 증명하는 한편, 소련 내에서도 가장 가난한 나라였던 공화국에 커다란 타격을 안겨주었다.

내전은 신생 독립국인 타지키스탄을 피폐하게 만들었을 뿐 아니라 중앙아시아의 지역 안보에도 중대한 위협을 불러왔다. 반대파의 중심 역할을 했던 이슬람 부흥당 세력이 1993년 내전에 패배하여 아프가니스탄 북부(아프간 투르키스탄) 지역으로 본거지를 옮겨, 아프가니스탄 무장 세력과 제휴한 이후, 아프가니스탄 내전이 타지키스탄으로 파급될 위험이 증대되고 있기 때문이다. 더욱이 아프가니스탄에서는 이슬람 원리주의 세력으로 알려진 탈레반이 내전에서 승리하고, 1996년 9월에는 수도 카불을 점령한 후 북부를 향해 세력을 확대하는 새로운 사태가 발생했다(알려진 대로 이른바 9·11 사건 후 미국의 아프간 침공으로 탈레반 정권이 무너졌다).

타지키스탄의 평화는 주변 나라들과 국제연합의 중대한 관심사가 되었다. 공산당 계열의 라흐마노프 정권과 반대파 연합은 이들의 중재를 받아들여 1994년 4월 모스크바 회담 후 3여 년에 걸친 화해 교섭을 갖고, 1997년 6월에 국민화해협정을 체결했다. 이에 따라 반대파 연합과 난민은 국내로 돌아오고 새로이 국민화해정부를 결성했다. 그러나 질서를 잃어버린 국내에서는 여전히 많은 무장 세력이 활동하고 있다.

1999년 11월 타지키스탄에서는 공인된 이슬람 부흥당까지 참여한 대통령 선거가 실시되었다. 결과는 라흐마노프 대통령의 압승으로 끝났는데, 선거에 참패한 이슬람 부흥당은 분열된 뒤 온건한 현실주의를 지향하고 있다고 전해진다. 그러나 타지키스탄의 사회·경제적 어려움은 극복되지 않고 있고 안정은 여전히 예측하기 어려운 상황이다. 더구나 1990년대 말부터 타지키스탄을 포함한 중앙아시아 남부에서 이슬람주의를 표방하는 무장 세력의 활동이 점점 활발해지고 있는 상황이다. 그 동안에 아프가니스탄 국경에 독립국가연합

(CIS, 1991년 11월 성립) 군대의 일원으로 경비 부대를 배치하고 내전 수습에 공헌한 러시아는 중앙아시아에 자국의 정치·군사적 존재를 강화했다. 어떻든 이슬람 원리주의와의 투쟁은 현대 중앙아시아 국가의 내정과 외교에서 가장 중요한 과제이다.

새로운 중앙아시아권의 성립과 과제

중앙아시아 각 나라 지도자들은 독립과 동시에 심각한 사태에 직면했다. 소비에트 체제는 많은 모순에도 불구하고 하나의 유기체로서 역할을 했는데, 독립과 함께 각국이 일거에 연방 경제 체제에서 분리되면서 경제가 파탄나고 안보 체계에도 많은 문제가 생겼다. 그리하여 중앙아시아 국가들은 모두 독립국가연합에 가맹하는 방안을 선택했다. 그 동안 연방 정부에 많은 것을 의존했던 중앙아시아 입장에서 보면 이는 필연적인 선택이었다.

그러나 독립국가연합은 기대했던 조정 기능을 발휘하지 못하고 가맹국의 이해 대립으로 기능 불능 상태에 빠졌다. 그리하여 각국은 이를 보완하기 위한 장치로서 중앙아시아의 지역 협력을 모색하게 되었다. 독립 직전인 1990년 6월 알마아타에서 이미 '위대한 조상들'과 '역사적 유대'를 상기하면서 변화된 소연방 내에서 새로운 중앙아시아권의 수립을 논의한 중앙아시아 5개국 수뇌들은, 1993년 1월 타슈켄트에서 이 문제를 재차 토의했다.

5개국 수뇌들은 이 회담에서 새로운 지역 명칭인 첸트랄리나야 아지아(중앙아시아)라는 명칭을 사용하기로 제안했다. 이는 한국어로 번역하면 과거의 명칭과 아무런 차이가 없다. 그러나 이 '첸트랄리나야 아지아'는 과거 소련에서 사용하던 지역 명칭(과거에 몽골·동투르키스탄·티베트를 비롯한 소련 이외의 내륙아시아를 '첸트랄리나야 아지아'라 했다)과 뜻하는 바가 전혀 다르다. 또 소련 시대의 스레드나야 아지아(중앙아시아)는 카자흐스탄을 제외한 중앙아시아 4개국을 지칭했지만, 이 새로운 중앙아시아(첸트랄리나야 아지아)는 카자흐스탄을 포함한 5개국 전체를 아우른다. 따라서 첸트랄리나야 아지아는 '스레드나야 아지아와 카자흐스탄'이라는 과거 지역 명칭을 대체한 것으로, 새롭게 태어난 중앙아시아권을 염두에 둔 명칭이다. 현재 이 명칭이 점점 정착되고 있다.

다섯 개의 손가락

중앙아시아 다섯 나라의 연대를 호소한 우즈베키스탄의 한 풍자 잡지의 삽화. 다섯 손가락을 들어 각 공화국간의 대립과 불화를 선동하는 움직임을 비판하고 협력을 호소하고 있다.

타슈켄트 회담에서는 중앙아시아의 지역 협력에 힘을 기울이고, 석유·전력·면화·곡물 등 자원을 효율적인 방법에 따라 공동으로 이용하고, 내전으로 어려움에 처한 타지키스탄의 '헌법적 권력'에 대한 정신적인 지원과 피폐한 국민에 대한 인도적 지원, 아랄 해를 살리기 위한 공동 기금 설립, 중앙아시아 공통 정보권의 신설을 비롯한 제반 문제에 대해 합의하고, 국제 사회에서 일정 정도 공동 보조를 취할 필요성도 논의되었다. 회담 성과는 중앙아시아의 통합 또는 역사적인 투르키스탄의 부활로 해석되기도 하지만, 이때 합의된 사항은 결과적으로 대부분 서면 합의로 끝나버렸다. 그 이유는 각국이 중앙아시아 지역 내 협력보다 독립국가연합의 기능 강화에 중점을 두었기 때문이다.

그 후에도 가끔씩 중앙아시아의 지역 협력을 실현하기 위한 논의가 제기되고, 1994년에는 카자흐스탄·우즈베키스탄·키르기스스탄 세 나라는 경제 동맹을 발족시켰다. 이러한 지역 협력의 시도는 새로운 중앙아시아권을, 이를테면 내부에서부터 완성하는 요인이 되며, 최근 국제 관계론에서 말하는 하위 지역 협력의 한 사례라고 할 수 있다. 그러나 소련이 붕괴한 후 10여 년이 지난 현재까지 중앙아시아의 지역 협력은 아직 미숙하고, 오히려 각국의 이해 대립 때문에 분리 경향이 증대되고 있는 상황이다.

이와 함께 중앙아시아의 대국大國을 자처하는 카자흐스탄과 우즈베키스탄은 '유라시아 동맹'과 '투르키스탄 통합'이라는 각각 다른 전략을 내걸고 대립하고 있다. 한편 국제통화기금을 비롯한 국제 기구의 지도 아래 급속한 경제 개혁을 추진하는 키르기스스탄과 시장 경제 수용에 신중한 우즈베키스탄은 경

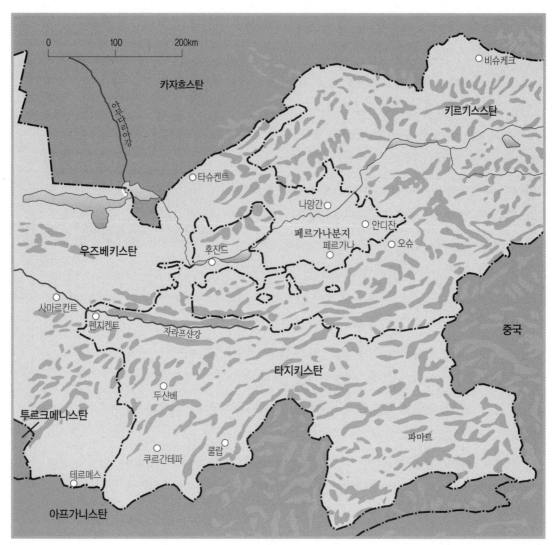

제 체제의 차이가 점점 커지고 있다. 그런가 하면 풍부한 천연 가스와 석유 자원을 보유하고 독자적인 경제 발전을 지향하는 투르크메니스탄은 중앙아시아 지역 협력에는 큰 관심을 나타내지 않고 있다. 투르크메니스탄은 이보다 남쪽의 이란을 경유하는 송유관과 철도를 통해 세계 시장에 참여하는 데 중점을 두고 있다. 그리고 격심한 내전으로 피폐해진 타지키스탄의 최대 과제는 무엇보다 나라를 재건하는 일이다.

　그러나 장기적인 전망을 갖고 추진한다면 중앙아시아 지역 협력은 이 지역의 안정과 발전을 이룩하는 데 불가결한 사항이다. 중앙아시아 동부의 페르가나 지방이 좋은 사례이다. 과거 코칸드 칸국 영토인 이 지역은 삼면이 산악으로 둘러싸인 분지를 이루고 있고, 분지와 그 주변에 다양한 민족이 섞여 살고 있다. 이곳은 역사적으로 하나로 통합된 지역이었는데, 1924년 이후 우즈베키스탄·타지키스탄·키르기스스탄의 국경이 복잡하게 교차하고 있다. 그리고 독립과 함께 이 국경선은 명목적인 경계선에서 실질적인 경계선으로 바뀌었다. 더구나 이 지역은 면적으로 보면 중앙아시아 전체 면적의 5%에 지나지 않지만, 전체 인구의 20%가 집중되어 있을 정도로 인구 밀도가 높은 곳이다. 또 독립 후 경제 사정의 악화로 만족할 만한 직업을 얻지 못한 젊은이들의 수도 증가하고 있다.

앞에서 언급했듯이 페레스트로이카 후기에 이곳에서 페르가나 사건과 오슈 사건 등 유혈 분쟁이 일어나고 이슬람 부흥 운동이 활발하게 전개되었다. 1997년 말에는 우즈베키스탄 나망간에서 처참한 암살과 총격 사건이 발생했는데, 당국은 이를 와하비의 소행으로 간주하고 부흥주의자 1000여 명을 검거하는 한편, 이슬람 부흥 운동을 철저하게 탄압했다. 아프가니스탄에서 타지키스탄을 경유하여 유입되는 무기와 마약도 점점 늘어나고 있다. 1999년과 2000년 여름에는 이른바 '이슬람 무장 세력'이 남쪽의 타지키스탄 영내에서 이 지역으로 침투하려 한 사건이 발생했다. 특히 1999년의 침입 사건은 중앙아시아 국가의 최대 지원국 가운데 하나인 일본 광산 기술자를 인질로 붙잡음으로써 많은 사람들의 이목을 집중시켰다.

이처럼 긴장을 안고 있는 지역에 중대한 분쟁이 발생하면, 이는 중앙아시아 전체의 안정을 흔들 것이다. 이를 사전에 방지하기 위해서는 이 지역의 사회·경제 문제가 해결되어야 한다. 그리고 이를 위해서 제한적인 수자원 이용과 사람과 물자의 원활한 이동, 교통망 정비, 안정적인 에너지 공급, 일상적인 정보 공개, 환경 오염 방지, 민족 관계 조정, 공동의 치안 유지를 비롯한 광범한 지역 협력이 요구되고 있다. 이 지역에서는 이미 국제연합과 국제비정부기구(NGO) 단체들이 활동하고 있는데, 무엇보다 세 나라의 실질적인 지역 협력

8.
현
대
의

선
택

483

이 중요한 실정이다.

한편 독립을 선언한 중앙아시아 국가들은 재빨리 터키와 이란을 비롯한 중동 이슬람 국가들과 외교 관계를 수립하고, 1992년에는 경제협력기구(ECO)에도 가입했다. 이 거대한 지역 협력 기구는 과거 터키와 이란, 파키스탄 3국의 지역 협력 기구에 중앙아시아 국가들과 아프가니스탄, 아제르바이잔이 가입하여 성립된 기구로 이를 통한 중동과 중앙아시아의 급속한 접근이 세계의 주목을 받았다. 그러나 이 기구는 아프가니스탄 내전으로 제대로 기능하지 못하는 데서 알 수 있듯이 실효를 발휘하지 못하고 있다. 터키의 강력한 주도로 시작된 투르크계 나라들의 협력 관계도 정상 회담을 개최한 것을 제외하면 통상적인 국제 관계의 수준에 머물고 있다.

끝으로 현대 중앙아시아의 국제 관계로 눈을 돌려보면, 거기에는 앞에서 언급한 이슬람 원리주의의 위협과 함께 중앙아시아의 풍부한 지하 자원에 대한 세계 각국의 관심을 확인할 수 있다. 특히 카스피 해 주변, 즉 카자흐스탄과 투르크메니스탄의 천연 가스와 석유 자원의 개발과 수송로 문제는 유럽, 미국, 러시아, 터키, 이란, 파키스탄을 비롯한 여러 나라의 이해가 맞서는 장으로 주목받고 있다. 따라서 이러한 자원을 둘러싼 국제 관계도 향후 중앙아시아 정세에 큰 영향을 끼칠 것이다.[11]

이상으로 페레스트로이카 이후 중앙아시아 국내외 동향에 대해 개관했다. 현대 중앙아시아 국가들은 많은 점에서 공통의 과제를 안고 있지만, 독립 후에는 각자가 처한 조건과 전략에 따라 개별적인 역사를 만들어가고 있다. 따라서 머지 않아 각 나라의 역사를 서술할 수 있을 것이고, 또 그렇게 하지 않으면 안 된다. 그렇지만 현재의 민족과 국가 틀을 전제로 해서 중앙아시아라는 유구한 역사를 재단하는 데는 신중을 기해야 한다. 이 책에 기술되어 있는 것처럼 중앙아시아에는 엄청나게 두터운 역사의 기층基層이 존재하기 때문이다.

---

11) 중앙아시아 국가들이 안고 있는 위와 같은 문제점과 정치 사회의 변화에 대한 전망은 9.11 사태 이후 미국의 대탈레반 전쟁을 계기로 이 지역에 대한 미국의 영향력이 확대되면서 크게 변화했다. 이 문제에 관한 자세한 사항은 성동기, 앞의 논문 참고.

부 록

참고 문헌

I. 중앙유라시아사 전체에 관한 문헌

A. 통사·개설서

(1) 江上波夫 編, 『中央アジア史』(世界各國史 16), 山川出版社, 1986

(2) 杉山正明, 『遊牧民から見た世界史』, 日本經濟新聞社, 1997(이진복 옮김, 『유목민이 본 세계사』, 학민사, 1999)

(3) 杉山正明 編, 『中央ユーラシアの統合』(岩波講座世界歷史 11), 岩波書店, 1997

(4) 間野英二, 『中央アジアの歷史』(講談社現代新書), 講談社, 1977

(5) 間野英二他, 『內陸アジア』(地域からの世界史 6), 朝日新聞社, 1992

(6) 若松寬 編, 『北アジア史』(アジアの歷史と文化 7), 同朋舍, 1999

(7) 間野英二 編, 『中央アジア史』(アジアの歷史と文化 8), 同朋舍, 1999

(8) 護雅夫·神田信夫, 『北アジア史』(世界各國史 12), 山川出版社, 1981

(9) 護雅夫·岡田英弘 編, 『中央ユーラシアの世界』(民族の世界史 4), 山川出版社, 1990

(10) 護雅夫, 『草原とオアシスの人々』(人間の世界歷史 7), 三省堂, 1984

(11) 山田信夫, 『草原とオアシス』(ビジュアル版世界の歷史 10), 講談社, 1985

(12) 梅村坦, 『內陸アジア史の展開』(世界史リブレット 11), 山川出版社, 1997

(13) V. V. Bartol'd, Istoriya kul'furnoi zhizni Turkestana, *Sochineniya*, tom 2, chast' 1, Moskva, 1963(『투르키스탄문화사』)

(14) Svat Soucek, *A History of Inner Asia*, Cambridge University Press, 2000

(15) P. B. Golden, *An Introduction to the History of Central Asia*, Wiesbaden, Otto Harrassowitz, 1992

   (1)은 세계 각국사의 구판舊版이지만, 여전히 참고할 가치가 있다. (2)는 중앙유라시아 유목민의 역동적인 역사를 중심으로 하여 세계사에 대해 재조명하고자 한 도전적인 책이다. (3)은 몽골 제국을 포함한 9~16세기 중앙유라시아의 역사에 관한 최근의 연구 성과를 집약한 훌륭한 논문집이다. 현재 일본의 연구 수준을 평가하는 데도 유익하다. (4)는 중앙아시아사를 실크로드 사관史觀에서 벗어나 유목민과 정주민의 남북 관계를 축으로 재구성한 책으로, 한 사람이 쓴 최초의 통사이다. 티무르조 부분이 가장 돋보인다. 중앙아시아사에 대한 필독 입문서이다. (5)는 간략한 중앙유라시아사 통사이다. (6)(7)은 북아시아사, 중앙아시아사 전문가들이 분담하여 집필한 최신의 개설서이다. 도판과 간략한 해설이 많고 근대사와 현대사

도 다루고 있다. (8)도 세계 각국사의 옛날 판이지만, 현재도 여전히 가치가 있다. (9)는 중앙유라시아의 여러 민족을 중심에 두고 그들의 역사와 문화를 해설한 독특한 개설서이다. (10)은 고대 돌궐족의 역사와 문화를 다루는 한편 중앙아시아사론에 대해서도 언급한 책이다. (11)은 스키타이와 흉노 시대에서 청조와 러시아 진출 시기까지의 중앙유라시아를 많은 도판을 사용하여 개관한 책이다. (12)는 현대적 관점에서 중앙유라시아사를 정리한 책이다. (13)은 러시아의 석학이 쓴 중앙아시아 통사인데, 현재도 여전히 참고할 가치가 있다. 특히 우즈베크 지배 시기 이후가 상세하다(러시아어). (14)는 영어로 쓰인 최근의 중앙유라시아 통사이다. 신장과 몽골까지 다루고 있지만 중앙아시아 부분이 가장 자세하다. (15)는 중앙유라시아 투르크계 민족들의 역사를 다룬 최근의 개설서이다. 티무르조 멸망 후 현대 민족들의 원형이 이루어지는 시기까지 다루고 있다.

B. 연구사 · 연구 안내 · 역사 지도

(1) 『內陸アジア・西アジア』(アジア歷史研究入門 4), 同朋舍, 1984

(2) 小松久男, 「中央アジア」, 『イスラム都市研究』(羽田正・三浦徹 編), 東京大學出版會, 1991

(3) 三浦徹・東長靖・黑木英充 編, 『イスラーム研究ハンドブック』, 榮光教育文化研究所/悠思社, 1995

(4) 森安孝夫, 「日本における內陸アジア史並びに東西交涉史研究の步み——イスラム化以前を中心に」, 『內陸アジア史研究』 10, 1995

(5) 江上波夫 編, 『東洋學の系譜』 2冊, 大修館書店, 1992・1994

(6) 高田時雄 編著, 『東洋學の系譜』 歐米編, 大修館書店, 1996

(7) ウェ・バルトリド, 外務省調査部 譯, 『歐洲殊に露西亞に於ける東洋研究史』, 生活社, 1939(復刻 新時代社, 1971)

(8) Denis Sinor, *Introduction à l'étude de l'Eurasie Centrale*, Wiesbaden, Otto Harrassowitz, 1963

(9) Denis Sinor, *Inner Asia, History-Civilization-Languages, A Syllabus*, 2nd, revised edition, Bloomington, Indiana University, 1971

(10) Yuri Bregel ed., *Historical Maps of Central Asia : 9th~19th centuries A.D.*, Bloomington, Indiana University, 2000

(1)은 중앙유라시아사를 연구하는 데 필수적인 입문서이다. (2)는 이슬람 시대 중앙아시아 도시 연구의 동향을 주제별로 정리한 책이다. (3)은 중앙아시아를 포함한 이슬람 연구의 훌륭한 연구 안내서이다. (4)는 초보자가 꼭 읽어야 할 간략한

연구사 정리이다. (5)(6)은 중앙유라시아의 역사·언어·문화 연구에서 뛰어난 업적을 남긴 동양학 연구자들에 대한 소개와 평전이다. (7)은 러시아의 중앙유라시아 연구사를 이해하는 데 현재까지도 유용한 고전이다. (8)(9)는 '중앙유라시아'라는 용어를 처음 쓴 학자가 집필한 훌륭한 연구 안내 및 입문서이다. (10)은 이슬람 시기 중앙아시아에 관한 역사 지도이다.

C. 문헌 목록

(1) ユネスコ東アジア文化研究センター編, 『日本における中央アジア關係研究文獻目錄 1879年~1987年3月』, 1988·1989

(2) ユネスコ東アジア文化研究センター編, 『日本における中東·イスラーム研究文獻目錄 1868年~1988年』, 1992

(3) Yuri Bregel, *Bibliography of Islamic Central Asia*, 3 vols, Bloomington, Indiana University, 1995

(4) *Abstracta Iranica*, Institut Français de Recherche en Iran

(5) *Index Islamicus*, London, Bowker Saur

(1)(2)는 가장 완비된 연구 문헌 목록이다. 1988년 이후 자료도 인터넷을 통해 검색이 가능하다. (3)은 이슬람 시대 중앙아시아사에 관한 최신 연구 문헌 목록으로 분야·주제별로 정리되어 있다. (4)는 원래 이란학의 회고와 전망이지만, 최근에는 중앙아시아사와 관계된 내용도 충실하고 비평까지 포함된 최신의 문헌 목록으로 유용하다. (5)는 매년 간행되는 정평이 있는 이슬람 연구 문헌 목록인데 중앙아시아와 관계된 내용도 독립된 항목으로 정리되어 있다.

D. 사전

(1) 梅棹忠夫 監修, 『世界民族問題事典』, 平凡社, 1995

(2) 綾部恒雄 監修, 『世界民族事典』, 弘文堂, 2000

(3) 『ロシア·ソ連を知る事典』, 平凡社, 1989(增補版 1994)

(4) *Encyclopaedia of Islam : New Edition*, Leiden, E. J. Brill, 1960~

(5) *Encyclopaedia Iranica*, Costa Mesa-California, Mazda Publisher, 1985~

(1)은 근·현대 중앙유라시아의 민족 문제를 폭넓게 다루고 이에 대해 해설한 책이다. (2)는 현대 중앙유라시아의 여러 민족들을 거의 망라한 최신의 민족지 자료이다. (3)의 러시아·소련의 중앙유라시아 부분은 참고할 만하다. (4)는 정평이 있는 이슬람 연구 백과사전으로 중앙아시아와 관계된 내용도 참고할 만한 항목이 많다. (5)는 이란학 백과사전이지만 중앙아시아와 관계된 내용도 충실하고 참고할

가치가 있다.

E. 학술 잡지(일본)

(1) 『內陸アジア言語の研究』(中央ユーラシア學研究會)

(2) 『內陸アジア史研究』(內陸アジア史學會)

(3) 『東洋史研究』(東洋史研究會)

(4) 『西南アジア研究』(西南アジア研究會)

(5) 『東洋學報』(財團法人東洋文庫)

(6) 『地域研究論集』(國立民族學博物館地域研究企劃交流センター)

(7) 『スラヴ研究』(北海道大學スラブ研究センター)

위의 책들은 중앙유라시아의 역사와 문화에 관한 최신 연구 성과들이 발표되는 대표적인 잡지이다. 『史學雜誌』(史學會)도 관련된 논문과 함께 유익한 문헌 목록이 실려 있다.

II. 각 장에 관한 참고 문헌

1장 초원 세계

(1) 藤川繁彦 編, 『中央ユーラシアの考古學』, 同成社, 1999

(2) 護雅夫 編, 『漢とローマ』(東西文明の交流 1), 平凡社, 1970

(3) 東京國立博物館 編, 『大草原の騎馬民族』, 東京國立博物館, 1997

(4) 田邊勝美・前田耕作 編, 『中央アジア』(世界美術大全集東洋編 15), 小學館, 1999

(5) 石黑寬 編譯, 『もう一つのシルクロード 草原民族の興亡と遺産』, 東海大學出版會, 1981

(6) アルバウム・ブレンチェス, 大林太良 監譯, 『黃金の番人』, 泰流社, 1983

(7) 羽田明他, 『民族の光と影』(古代文明の謎と發見 9), 每日新聞社, 1978

(8) 香山陽坪, 『騎馬民族の遺産』(沈默の世界史 6), 新潮社, 1971

(9) ルデンコ, 江上波夫・加藤九祚 譯, 『スキタイの藝術』, 新時代社, 1971

(10) 內田吟風 他譯註, 『騎馬民族史』 1・2(東洋文庫), 平凡社, 1971~1972

(11) 內田吟風, 『北アジア史研究』(匈奴篇・鮮卑柔然突厥篇), 同朋舍, 1975

(12) 松田壽男, 『遊牧民の歷史』(松田壽男著作集 2), 六興出版, 1986

(13) 護雅夫, 『古代トルコ民族史研究』 I・II・III, 山川出版社, 1967, 1992, 1998

(14) 山田信夫, 『北アジア遊牧民族史研究』, 東京大學出版會, 1989

(15) 澤田勳, 『匈奴』, 東方書店, 1996

(16) 加藤謙一, 『匈奴「帝國」』, 第一書房, 1998

(17) 江上波夫, 『匈奴の社會と文化』(江上波夫文化史論集 3), 山川出版社, 1999

(18) 梅原末治, 『蒙古ノイン・ウラ發見の遺物』(東洋文庫), 平凡社, 1960

(19) 小野川秀美, 「突厥碑文譯註」, 『滿蒙史論叢』 4, 1943

(20) 森安孝夫・オチル, 『モンゴル國現存遺蹟・碑文調査研究報告』, 中央ユーラシア學研究會, 1999

(21) 岩佐精一郎, 『岩佐精一郎遺稿』, 東京, 1936

(22) 護雅夫, 『古代遊牧帝國』(新書), 中央公論社, 1976

(23) 羽田亨, 『羽田博士史學論文集』 上卷 歷史篇, 京都大學東洋史研究會, 1957

(24) プリェートニェヴァ, 城田俊 譯, 『ハザール 謎の帝國』, 新潮社, 1996

(1)은 고고학 자료에 의거하여 청동기 시대부터 몽골 제국 시대까지 초원 지대 전역의 역사를 개괄한 책이다. 새로운 자료를 이용했을 뿐 아니라 그 내용도 매우 상세하다. (2)는 청동기 시대의 문화 교류, 파지리크의 소개, 훈족사 개설 등을 포괄하고 있다. (3)은 중국 북방 초원의 청동기를 편년編年하고 개관한 획기적인 전시회 도록이다. (4)는 스키타이에서 훈까지의 미술사를 다루었다. (5)는 각 시대 초원 유목민의 역사에 관한 소련의 연구 성과를 일반인들을 위하여 정리해 놓은 책이다. (6)은 주로 고고학 자료에 근거하여 소련 중앙아시아의 역사를 개관한 책이다.

(7)에 실려 있는 야마모토 다다나오(山本忠尙)의 「스키타이의 흥망」은 일본에서 몇 안 되는 스키타이 연구의 개설이다. (7)에는 야마다 노부오(山田信夫)의 「돌궐의 성쇠」도 실려 있다. (8)은 흑해 북안의 스키타이뿐 아니라 카자흐스탄에서 남시베리아에 이르는 스키타이 시대 유적을 개관한 책이다. (9)는 파지리크 출토품과 아케메네스조 미술을 비교한 책이다.

(10)~(14)는 흉노에서부터 돌궐・위구르 시대를 다룬 책이다. (10)은 중국 정사正史 북적전北狄傳(흉노에서 회골回鶻까지)의 역주서이다. (11)은 흉노가 중국 북방을 침략한 원인을 고찰한 논문 등을 포괄한 논문집이다. (12)에는 견마 교역絹馬交易, 유목 국가의 농경 문제에 관한 논문 등이 실려 있다. (13)의 I과 II에는 중국 사료뿐 아니라 돌궐 비문을 활용한 중요한 논문이 다수 실려 있다. (13)의 III에는 흉노에서부터 위구르 시대에 관한 연구 논문이 실려 있다. (14)도 논문집이지만 이 책은 흉노에서부터 몽골 제국 시기에 이르기까지 북아시아의 역사를 연속적으로 다루려고 한 의도가 엿보인다. 위구르 국가 발전의 특징에 관한 논문은 특히 중요하다.

(15)~(18)은 모두 흉노에 관한 책이다. (15)(16)은 유물사관을 포함한 기존의 역사관을 검토하면서 흉노 유목 국가를 역사적으로 위치지으려고 노력한 연구이다. 전

자는 일반인을 위한 책으로 쉽게 읽을 수 있다. (17)은 흉노의 사회·경제·풍속·종교에 관한 논문과 흉노·훈 동족론 등이 실린 명저의 개정판이다. (18)은 노인 울라 유적과 출토품에 대한 종합적 연구이다. 이 문제를 다룬 몽골 학자 도로지수렌의 연구(『古代學硏究』 117~121쪽)도 참고할 만하다. 돌궐사 연구의 중요 사료인 퀼 테긴 비문과 톤유쿠크 비문의 일본어 번역은 상당히 오래되었지만 (19)밖에 없다. 기타 돌궐 비문과 위구르 시대의 비문 역주는 (20)에 실려 있다. (21)에는 25세로 요절한 이와사 세이치로(岩佐精一郞)의 돌궐사에 관한 주옥 같은 논문이 실려 있지만, 부수가 적어 구입하기 어렵다. (22)는 일반인을 위한 돌궐사 개설서이다. (23)은 위구르사 연구의 고전적인 논문이 실려 있다. (24)는 러시아 고고학자가 쓴 하자르에 대한 개설서이다.

2장 오아시스 세계

(1) 護雅夫 編, 『漢とローマ』(東西文明の交流 1), 平凡社, 1970

(2) 山田信夫 編, 『ペルシアと唐』(東西文明の交流 2), 平凡社, 1971

(3) 井ノ口泰淳·水谷幸正 編, 『シルクロードの宗敎』(アジア佛敎史, 中國編 V), 佼成出版社, 1975

(4) 『榎一雄著作集』 1-6(全 11卷 + 英文著作 1卷), 中央アジア史 I-III, 東西交涉史 I-III, 汲古書院, 1992·1993

(5) 田邊勝美·前田耕作 編, 『中央アジア』(世界美術大全集東洋編 15), 小學館, 1999

(6) 『內陸アジア言語の硏究』, 神戸市外國語大學外國學硏究所, 1984~

(7) 香山陽坪, 『砂漠と草原の遺寶——中央アジアの文化と歷史』, 角川書店, 1963

(8) 羽田明, 『中央アジア史硏究』, 臨川書店, 1979

(9) 加藤九祚, 『中央アジア北部の佛敎遺跡の硏究』, シルクロード學硏究センター, 1997

(10) ニコラス·シムズ=ウイリアムズ, 熊本裕 譯, 「古代アフガニスタンにおける新知見——ヒンドゥークシュ北部出土のバクトリア語文書を中心に」, 『Oriente』 16(古代オリエント博物館), 1997

(11) 小谷仲男, 『大月氏 中央アジアに謎の民族を尋ねて』, 東方書店, 1999

(12) 伊瀬仙太郎, 『中國西域經營史硏究』, 巖南堂書店, 1955

(13) 『羽田博士史學論文集』 上·下, 京都大學東洋史硏究會, 1957

(14) 安部健夫, 『西ウィグル國史の硏究』, 彙文堂, 1958

(15) 池田溫, 「8世紀中葉にににおける敦煌のソグド人聚落」, 『ユーラシア文化硏究』 1, 1965

(16) 松田壽男, 『古代天山の歷史地理學的硏究』 增補版, 早稻田大學出版部, 1970

(17) 嶋崎晶, 『隋唐時代の東トゥルキスタン硏究』, 東京大學出版會, 1977

(18) 長澤和俊, 『シルクロード史研究』, 國書刊行會, 1979

(19) 『講座 敦煌』 全9卷, 大東出版社, 1980~1982

(20) 山口瑞鳳, 『チベット』上・下, 東京大學出版會, 1987

(21) 內藤みどり, 『西突厥史の研究』, 早稻田大學出版部, 1988

(22) 森安孝夫, 『ウイグル＝マニ教史の研究』, 大阪大學文學部紀要 31・32, 1991

(23) 羽田亨, 『西域文明史概論・西域文化史』(東洋文庫), 平凡社, 1992(初版 1931・1948)

(24) 山田信夫(小田壽典・P. Zieme・梅村坦・森安孝夫 編), 『ウイグル文契約文書集成』全 3卷, 大阪大學出版會, 1993

(25) 新疆吐魯番地區文物局 編, 『吐魯番新出摩尼敎文獻研究』, 文物出版社, 2000

(26) Denis Sinor ed., *The Cambridge History of Early Inner Asia*, Cambridge University Press, 1990

(27) *History of Civilizations of Central Asia*, Vol. I~Vol. IV(Part 1, 2), Paris, UNESCO, 1992・1994・1996・1998・2000

(28) N. Sims-Williams, J. Cribb, "A New Bactrian Inscription of Kanishka the Great", *Silk Road Art and Archaeology 4, Journal of the Institute of Silk Road Studies*, Kamakura, 1995・1996

(29) *Arkheologiya. Srednyaya Aziya i Dal'nii Vostok v epokhu Srednevekov'ya. Srednyaya Aziya v rannem srednevekov'e.* Moskva, 1999

(30) G. Frumkin, *Archaeology in Soviet Central Asia*, in *Handbuch der Orientalistik*, 7-III-1, Leiden/Köln, 1970

(31) M. Yaldiz, *Archäologie und Kunstgeschichte Chinesisch-Zentralasiens (Xinjiang)*, in *Handbuch der Orientalistik*, 7-III-2, Leiden etc., 1987

먼저 중앙아시아 전지역에 관한 책을 소개한다. (1)(2)는 둘 다 개설서인데, 특히 권말의 문헌 해제는 국내외의 기본 자료를 소개하고 있어 이용에 편리하다. (3)은 중앙아시아 불교의 흐름을 출토 유물과 관련지어 설명하고 있다. (26)은 서쪽은 카라한조・셀주크조, 동쪽은 몽골 제국 시대의 티베트, 거란과 여진까지 다룬 개론서이다. (4)는 2차 대전 후 일본의 중앙아시아사, 동서교섭사를 주도한 에노키 가즈오의 필독 논문을 집성한 책이다. (27)은 상세한 통사로서 현재 15세기 말기까지 간행되었다. 이 시리즈는 중앙아시아 당사국 학자들과 구미・일본의 연구자들까지 망라한 국제적・학제적 연구서이다. (5)는 일본에서 간행된 최신 중앙아시아 미술사의 기본서이다. 미술 관계로는 宮治昭・モタメディ遙子 編, 『シルクロード博物館』, 講談社, 1979도 있다.

다음은 중앙아시아 서부를 다룬 책이다. (7)은 중앙아시아 고고학 성과를 소개·해설한 책이다. (8)에는 이란이나 소그드인과 관련한 선구적인 논문이 포함되어 있다. (9)는 현지 상황을 근거로 한 불교 유적에 관한 연구서이다. (28)은 새로이 발견된 카니슈카왕 비문을 해독하고 해설한 책이다. (10)은 새로 발견된 박트리아 문서들을 간단하게 소개한 책으로 많은 점을 시사해준다. 쿠마모토 히로시(熊本裕)는 호탄어 전공자이다. (11)은 『ガンダーラ美術とクシャン王朝』(同朋舍, 1996)를 기초로 하여 쓴 소개서이자 현지 정보를 제공하는 의욕적인 저작이다. (29)는 중앙아시사 서부의 유적을 종합적으로 소개한 책이다. 이 분야는 대개 러시아어 문헌이 많지만, (30)은 영어로 쓰인 개설서이다.

마지막으로 중앙아시아 동부를 다룬 책을 소개한다. (12)는 오래되기는 했지만 한문 사료에 기초하여 쓴 한나라 때부터 당나라 때까지의 서역 지배에 관한 통사적 연구이다. (13)은 중앙아시아사의 새로운 분야를 개척한 하네다 도오루(羽田亨)의 주요 논문 집성이다. 중앙아시아사 연구의 기본 문헌으로 지금도 여전히 가치가 있다. (23)은 하네다 도오루가 쓴 개론적인 명저이다. (14)는 하네다 도오루의 저서 이후 일본의 위구르사 연구를 대표하는 책으로 몽골 시대까지 폭넓게 다루고 있다. (15)는 출토된 한문 문헌에 의거하여 둔황에서 소그드인의 족적을 실증한 논문이다. 이케다 온(池田溫)은 둔황·투르판 문서 연구를 주도한 학자이다. 이 분야에서는 시라수 조신(白須淨眞), 아라카와 마사하루(荒川正晴), 세키오 시로(關尾史朗) 등이 뒤를 잇고 있다. (16)은 독자적인 중앙아시아사관을 전개한 필독 문헌이다. 그 밖에도 『松田壽男著作集』全6卷(六興出版社, 1986~1987)도 있다. (17)에는 거사車師와 고창국, 카레즈 관개의 기원에 관한 연구와 통사적 내용이 실려 있다. (18)은 주로 중아아시아 동부의 고대사에 관한 논고이다. 둔황에 대해서는 중국사 분야에 많은 서적과 논문이 있지만, 여기서는 (19)만을 거론해 둔다. 이 책은 출판 당시까지 둔황학의 집대성이라 할 수 있는 시리즈인데, 특히 1, 2, 3, 6권에 실린 논문은 본 장과 관련이 깊다. 티베트에 대해서는 제5장을 참고하기 바란다. 여기서는 종합적인 개설서인 (20)만을 언급한다. (21)은 서돌궐의 역사, 비잔틴과의 관계를 망라한 연구서이다. (22)는 마니교를 기축으로 하여 위구르사에 새로운 빛을 던져 준 연구서이다. 저자는 그 밖에 「吐蕃の中央アジア進出」(『金澤大學法文學部論集 史學科篇』 4, 1984) 등 많은 논문을 썼다. (24)는 중앙아시아에서 출토된 고문서를 연구한 책으로 기초 연구서의 하나이다. (25)는 요시다 유타카(吉田豊), 모리야스 다카오(森安孝夫)의 소그드어, 위구르어 자료 연구와 룽신장(榮新江)의 연구 논문도 수록되어 있다. 참고로 요시다는 소그드어 전문가이다. (31)은 중앙아시아 동부의 고고학, 미술사 연구 성과를 한데 묶어놓은 책이다.

3장 중앙유라시아의 이슬람화와 투르크화

(1) 竺沙雅章 監修, 間野英二 責任編集, 『中央アジア史』(アジアの歴史と文化 8), 同朋舍, 1999

(2) 家島彦一 譯註, 『イブン・ファドラーンのヴォルガ・ブルガール旅行記』, 東京外國語大學アジア・アフリカ言語文化研究所, 1969

(3) H. A. R. Gibb, *The Arab Conquests in Central Asia*, New York, Ams Press, 1970

(4) W. Barthold, *Turkestan down to the Mongol Invasion*, E. J. W. Gibb Memorial Trust, 4th ed., 1977

(5) R. N. Frye, *The Heritage of Central Asia, from Antiquity to the Turkish Expansion*, Princeton, Markus Wiener Publisher, 1996

(6) R. N. Frye, *The Golden Age of Persia, The Arabs in the East*, London, Weidenfeld and Nicolson, 1975

(7) R. N. Frye, *The History of Bukhara, Translated from a Persian Abridgment of the Arabic Original by Narshakhi*, The Mediaeval Academy of America, Massachusetts, Cambridge, 1954

(8) M. S. Asimov and C. E. Bosworth (ed.), *History of Civilization of Central Asia*, vol. 4, part 1, Paris, UNESCO, 1998

(9) R. L. Canfield (ed.), *Turko-Persia in Historical Perspective*, Cambridge University Press, 1991

(1)은 간략한 개설서이지만 그 중 마노 에이지(間野英二)의 이슬람화와 투르크화에 대한 기술은 매우 중요하다. (2)는 921년 바그다드에서 불가르에 파견된 아랍인이 쓴 흥미로운 지리・여행서이다. (3)은 아랍의 중앙아시아 정복에 관한 선구적인 업적이다. (4)는 아랍 정복에서부터 몽골 시대까지 다룬 중앙아시아사 연구의 최고 걸작이다. (5)는 이슬람화・투르크화 이전 시대에 관한 개설서이다. (6)은 아랍 정복에서부터 카라한조 전성기까지 다룬 개설서이다. (7)은 나르샤히의 『부하라사』의 영어 번역본으로 상세한 주가 붙어 있다. (8)은 유네스코에서 기획・출판한 중앙아시아 문명사이다. 아랍 정복에서부터 15세기까지 다룬 공동 저작이다. (9)는 중앙아시아의 투르크・페르시아적 이슬람 문화에 관한 논문집이다.

4장 몽골 제국과 티무르 제국

(1) 佐口透, 『モンゴル帝國と西洋』(東西文明の交流 4), 平凡社, 1970

(2) 本田實信, 『モンゴル時代史研究』, 東京大學出版會, 1991

(3) 杉山正明 編, 『中央ユーラシアの統合』(岩波講座世界歷史 11), 岩波書店, 1997

(4) 杉山正明, 『大モンゴルの世界――陸と海の巨大帝國』(角川選書), 角川書店, 1992

(5) 杉山正明, 『モンゴル帝國の興亡』上・下(講談社現代新書), 講談社, 1996(임대희・김장구・양영우 옮김, 『몽골 세계제국』, 신서원, 1999)

(6) C. ドーソン, 佐口透 譯注, 『モンゴル帝國史』全6卷(東洋文庫), 平凡社, 1968~1979

(7) デイヴィド・モーガン, 杉山正明・大島淳子 譯, 『モンゴル帝國の歷史』(角川選書), 角川書店, 1993

(8) 村上正二, 『モンゴル帝國史研究』, 風間書房, 1993

(9) 志茂碩敏, 『モンゴル帝國史研究序說――イル汗國の中核部隊』, 東京大學出版會, 1995

(10) 杉山正明・北川誠一, 『大モンゴルの時代』(世界の歷史 9), 中央公論社, 1997

(11) 本田實信, 「イスラムとモンゴル」(岩波講座世界歷史 8, 『西アジア世界』), 岩波書店, 1969

(12) 中村淳・松川節, 「新發現の蒙漢合璧少林寺聖旨碑」, 『內陸アジア言語の研究』 8, 1993

(13) 宇野伸浩・村岡倫・松田孝一, 「元朝後期カラコルム城市ハーンカー建設祈念ペルシア語碑文研究」, 『內陸アジア言語の研究』 14, 1999

(14) 原山煌, 「タルバガン, 野に滿ちし頃――文獻資料より見たタルバガン」, 『國立民族學博物館研究報告別冊』 20, 1999

(15) 村上正二 譯注, 『モンゴル秘史――チンギス・カン物語』全3卷(東洋文庫), 平凡社, 1970~1976

(16) カルピニ・ルブルク, 護雅夫 譯, 『中央アジア・蒙古旅行記』, 桃源社, 1965

(17) マルコ・ポーロ, 愛宕松男 譯注, 『東方見聞錄』全2卷(東洋文庫), 平凡社, 1970~1971

(18) イブン・バットゥータ, 家島彦一 譯注, 『大旅行記』全7卷(東洋文庫), 平凡社, 1996~

(19) 間野英二, 『中央アジアの歷史』(講談社現代新書), 講談社, 1977

(20) 久保一之, 「ティムール帝國」, 『中央アジア史』(アジアの歷史と文化 8), 同朋舍, 1999

(21) 加藤和秀, 『ティームール朝成立史の研究』, 北海道大學圖書刊行會, 1999

(22) 間野英二, 「ティムール帝國とヘラート發展」, 『西アジア史』(アジアの歷史と文化 9), 同朋舍, 2000

(23) 間野英二, 「ティムール朝の社會」(岩波講座世界歷史 8, 『西アジア世界』), 岩波書店, 1969

(24) 久保一之, 「ティムール朝とその後――ティムール朝の政府・宮廷と15世紀中央アジアの輝き」(岩波講座世界歷史 11, 『中央ユーラシアの統合』), 岩波書店, 1997

(25) 磯貝健一, 「イブン・ルーズビハーンとカザク遠征」, 『西南アジア研究』 43, 1995

(26) B. M. ババジャーノフ, 磯貝健一 譯, 「16世紀ナクシュバンディーヤの指導者マフド

ウーメ・アゥザムの著作における政治理論」, 『西南アジア研究』 50, 1999

(27) 間野英二 譯注, 『バーブル・ナーマの研究』 III, 松香堂, 1998

(28) クラヴィホ, 山田信夫 譯, 『ティムール帝國紀行』, 桃源社, 1967

(29) W. Barthold, *Turkestan down to the Mongol Invasion*, London, 1928

(30) B. F. Manz, *The Rise and Rule of Tamerlane*, Cambridge, 1989

(31) R. D. McChesney, *Central Asia : Foundations of Change*, Princeton, 1996

(1)은 동서 교류를 전면에 놓고, 중앙유라시아의 틀에서 세계사적 관점으로 쓴 종합사이다. 권말의 문헌 해제도 매우 유익하다. 제4장에서 다루는 시대를 포함하지만, 저자의 티무르 제국에 대한 평가는 낮다. (2)는 동서양 사료를 구사하여 몽골 제국 성립기에서부터 몽골 시대 이후까지 다룬 연구서이다. (3)은 9~16세기 중앙유라시아의 역사를 다룬 논문집이다. 제4장과 관련이 있는 일본의 연구 현황을 보여준다.

(4)는 몽골 제국의 전체사를 구축하고자 한 저자의 기본 자세가 나타나 있으며 취할 부분이 많다. 몽골 제국 이후의 전망도 제시하고 있다. (5)는 몽골 제국의 역사를 다룬 통사이다. (6)은 1차 사료에 기초한 고전적 연구이다. 문명 지대의 역사 서술을 목표로 했기 때문에 조치 울루스와 차가타이 울루스에 대해서는 거의 다루지 않았다. (29)는 몽골 정복 시기의 중앙아시아사로서 현재까지도 신뢰할 만하다. (7)은 구미의 연구 현황을 반영하고 있다. (8)은 몽골 제국 성립기부터 원대元代의 지배 체제를 주요 연구 대상으로 한 저자의 연구 집성이다. (9)는 훌레구 울루스를 중심으로 제국을 지탱한 부족 집단을 상세히 분석한 책이다. (10)의 전반부는 동서 문화 교류를 주제로 하여 제국의 역사적 의의를 논하고, 후반은 이슬람 수용 이후 지배권 정당화의 변천을 다루었다. (11)은 가잔 칸의 개혁을 중심으로 하여 몽골의 서아시아 지배를 설명한 논문이다. (12)(13)은 비문이 지니는 역사 자료로서의 가능성을, 그리고 페스트를 주제로 한 (14)는 접근의 다양성을 가르쳐준다. (15)는 일본어 번역이 있는 주요 사료로서, 특히 제국 초기의 역사를 연구하는 데 꼭 필요한 자료이다. (16)은 몽골 제국 전반기에 몽골을 다녀간 수도사들의 여행 보고서이다. (17)은 유럽에 큰 영향을 준 이탈리아 상인의 견문록이다. (18)은 모로코에서 출발하여 3개 대륙을 여행한 이슬람교도의 여행기이다.

(19)는 고대에서 현대에 이르는 중앙아시아 통사로서 티무르 제국사 연구의 방향을 제시한 기초 문헌이다. (20)은 티무르 제국을 다룬 통사이다. (21)은 차가타이 울루스 자립기에서 티무르 제국 성립기에 이르는 정치사, 사회·경제사 관련 논문집이다. (30)은 티무르의 대두와 정권의 성격을 명확히 묘사한 정치사이다. (22)는 티무르 제국 시대의 도시 문화 발전 양상을 헤라트를 사례로 하여 쓴 논문이다.

(23)은 티무르 제국 시대의 행정에 관한 연구이다. (31)은 16세기 이후 중앙아시아사 연구 시각을 제시한 책이다. (25)는 유목 정권과 이슬람의 관계를 고찰한 논고이다. (26)은 중앙아시아에서 수피 교단의 정치 관여를 논한 논문으로 현지의 높은 연구수준을 보여주는 좋은 사례이다. (27)은 무갈조의 창설자인 바부르의 자서전을 일본어로 번역한 책이다. 가장 좋은 판본에 의거한 번역본으로 15~16세기사 연구에 중요한 사료이다. (28)은 티무르 궁정을 방문한 스페인 사절의 여행기이다.

5장 티베트 불교 세계의 형성과 전개

(1) スネルグローブ, 奥山直司 譯, 『チベット文化史』, 春秋社, 1998

(2) 石濱裕美子, 『圖說チベット歷史紀行』(ふくろうの本), 河出書房新社, 1999

(3) シャカッパ, 三浦順子 譯, 『チベット政治史』, 亞細亞大學アジア研究所出版會, 1992

(4) スタン, 山口瑞鳳 譯, 『チベットの文化』, 岩波書店, 1993

(5) 中野美代子, 『砂漠に埋もれた文字──パスパ文字のはなし』, 橘新書, 1971

(6) 佐藤長, 『中世チベット史研究』, 同朋舎, 1986

(7) 福田洋一・石濱裕美子, 『西藏佛教宗義研究第四卷』(東洋文庫), 平凡社, 1986

(8) 石濱裕美子, 『チベット佛教世界の歷史的研究』, 東方書店, 2001

(9) 色川大吉 編, 『チベット曼荼羅の世界』, 學研, 1989

(10) 鈴木中正, 『チベットをめぐる中印關係史』, 一橋書房, 1962

(11) 外務省調査局, 『蒙古喇嘛教史』, 生活社, 1940

(12) 吉田順一 他, 『アルタン・ハーン傳譯注』, 風間書房, 1998

(13) 岡田英弘, 『康熙帝の手紙』, 中央公論社, 1979

(14) I. デジデリ, 藥丸義美 譯, 『チベットの報告』(東洋文庫), 平凡社, 1991

(15) 中國民族撮影藝術出版社 編, 田中公明 譯, 『ポタラ宮の秘寶』, アジア文化交流協會, 1996

(16) ダライラマ14世, 『チベット わが祖國』, 中央公論社, 1989

(17) 長尾雅人, 『蒙古學問寺』, 中央公論社, 1992

(18) クンチョク・シター他, 『實踐チベット佛敎入門』, 春秋社, 1995

(19) 若松寬 譯, 『ゲセル・ハーン物語──モンゴル英雄敍事詩』(東洋文庫), 平凡社, 1993

티베트사 연구자는 세계적으로 상당수에 달하지만, 일본만 놓고 보면 그 수가 매우 적다. 그래서 여기서 소개하는 저작은 2차 대전 이전에 출판된 연구도 포괄했다. 먼저 티베트 통사를 이해하기 위해서는 (1)이 가장 상세하고 우수한 입문서이다. (2)는 (1)에 비하면 다소 간략한 통사이다. 그러나 티베트인의 역사 인식 부분이 상세하고, 또 17세기에서 현대에 이르는 달라이 라마 정권의 역사에 대해서는 최근의 연구 성과까지 반영하고 있다. (3)은 티베트 귀족인 샤캅파가 달라이 라마 정권의 내부 사료를 이용하여 집필한 티베트사로서 흥미진진한 내용이 많다. 잘 알려진 것처럼 중국 연구자들은 이 책에 대해 많은 비판을 가하고 있다. (4)는 본교나 민간 전승 등 불교 외의 티베트 문화에 중점을 둔 계몽서이다. (5)는 팍파 문자의 모델이 된 중앙유라시아 문자에 대해 언급한 연구서이다. 한문 사료에 치우치기는 했지만 팍파의 전기를 개관하고 있다. (6)은 12세기 여러 종파의 분열시대에서 18세기 구르카 전쟁에 이르는 시기의 티베트사의 주요 사건을 망라한 저명한 연구서이다. (7)은 몽골어, 티베트어 사료를 종횡으로 구사하여 몽골이 티베트 문화에 끼친 영향력을 여러 각도에서 논한 책이다. (8)은 티베트 불교에 의해 통합된 티베트, 몽골, 만주 지역의 역사를 만주어와 몽고어 등 1차 사료를 이용하여 서술한 책이다. 본 장의 서술은 이 연구서의 요약이다. (9)는 도호쿠대학(東北大學) 서장학술등산대西藏學術登山隊 인문반人文班의 보고서로 특히 오쿠야마 나오지(奧山直司)의 포탈라궁, 페코르 최텐[1]에 관한 고찰은 매우 우수하다. (10)은 중앙유라시아의 정치사에서 달라이 라마 체제가 얼마나 큰 영향력을 갖고 있었는지를 여러 측면에서 논의한 책이다.

(11)~(15)는 1차 자료의 일본어 번역이다. 먼저 (11)은 18세기에 쓰인 티베트어 『モンゴル佛教史』의 번역서이다. (12)는 알탄 칸에 관한 1차 사료로서 몽골문 『알탄 칸전』의 일본어 번역이다. (13)은 강희제가 갈단과 전쟁을 치르던 중 전장에서 황태자에게 보낸 서신의 일본어 번역이다. 17세기 후반 몽골, 티베트, 중국의 관계사에 대한 해설도 매우 상세하다. (14)는 18세기 초기 준가르 지배 하의 티베트를 방문한 선교사의 보고서이다. (15)는 포탈라궁의 사진집이다. 각 방의 명칭과 각 층의 상세한 평면도가 수록되어 있다.

(16)~(18)은 티베트 사회를 이해하는 데 유용한 참고서이다. (16)은 현 제14대 달라이 라마의 자서전이다. 이 책은 화신化身 라마승의 생활과 지위를 살피는 데 도움이 된다. (17)은 제2차 대전 전에 행해진 몽골 소재 티베트 불교 사원에 대한 조사 보고서로 승려의 생활과 학문 과정 등이 자세하다. (18)은 티베트인이 매일 독송하는 경전을 중심으로 티베트 불교의 기본 지식을 해설한 책이다. (19)는 티베트에서 가장 유명한 영웅서사시 『게세르 칸전』의 몽골어본을 번역한 책이다. 티베트 왕의 모습을 이해하는 데 도움이 된다.

---

1) 15세기 초기에 건립된 간체의 유명한 불탑 또는 그 불탑이 있는 사원. 한어의 백거사白居寺.

6장 중앙유라시아의 주변화

(1) 神田信夫 編, 『中國史』 4(世界歷史大系), 山川出版社, 1999

(2) 山口瑞鳳, 『チベット』 下, 東京大學出版會, 1988

(3) 矢野仁一, 『近代蒙古史研究』, 弘文堂, 1925

(4) 鈴木中正, 『チベットをめぐる中印關係史』, 一橋書房, 1962

(5) 島田正郎, 『淸朝蒙古例の研究』, 創文社, 1982

(6) 島田正郎, 『淸朝蒙古例の實効性の研究』, 創文社, 1992

(7) 吉田金一, 『近代露淸關係史』, 近藤出版社, 1974

(8) 羽田明, 『中央アジア史研究』, 臨川書店, 1982

(9) 宮脇淳子, 『最後の遊牧帝國 ジューンガル部の興亡』, 講談社, 1995

(10) 金子民雄, 『動亂の中央アジア探檢』(朝日文庫), 朝日新聞社, 1993

(11) 片岡一忠, 『淸朝新疆統治研究』, 雄山閣, 1991

(12) 西德二郎, 『中亞細亞紀事』, 陸軍文庫, 1886(復刻, 靑史社, 1987)

(13) 佐口透, 『18~19世紀東トルキスタン社會史研究』, 吉川弘文館, 1963

(14) 佐口透, 『新疆民族史研究』, 吉川弘文館, 1986

(15) 佐口透, 『新疆ムスリム研究』, 吉川弘文館, 1995

(16) 佐口透, 『ロシアとアジア草原』, 吉川弘文館, 1966

(17) Denis Twichett & John K. Fairbank ed., *The Cambridge History of China, vol. 10,* Late Ch'ing 1800~1911, Cambridge University Press, 1978

(18) Sh. Natsagdorj, *Khalkhyn tüükh*, Ulaanbaatar, 1963

(19) *Alastair Lamb, British India and Tibet, 1766~1910,* London, Routledge & Kegan Paul, 1930

(20) John K. Fairbank ed., *The Chinese World Order*, Cambridge University Press, 1968

(21) S. C. M. Paine, *Imperial Rivals*, Armonk, M. E. Sharp, 1996

(22) Nakami Tatsuo, "New Trends in the Study of Modern Mongolian History", *Acta Asiatica*, No. 76, 1999

(23) V. V. Barthold, *History of Semirechye*, in *Four Studies of Central Asia*, vol. 1, Leiden, translated by V. and T. Minorsky, 1956

(24) J. Fletcher, *Studies on Chinese and Islamic Inner Asia*, Variorum, 1995

(25) Edward Allworth ed., *Central Asia : 120 Years of Russian Rule*, Duke University Press, 1989

(26) G. J. Demko, *The Russian Colonization of Kazakhstan 1896~1916*, Indiana University,

1969

(27) Richard D. McChesney, *Central Asia : Foundations of Change*, Princeton, 1996

(28) Azade-Ayşe Rorlich, *The Volga Tatars : A Profile in National Resilience*, Stanford, Hoover Institution Press, 1986

청 지배 시기 몽골과 티베트에 대한 일본어로 된 체계적인 연구는 몇 안 된다. 개설로는 (1)(17)과 (2)의 해당 부분이 믿을 만하다. 특히 (17)에 실려 있는 J. Fletcher, "Ch'ing Inner Asia c. 1800 ; The Heyday of the Ch'ing order in Mongolia, Sinkiang and Tibet"는 모든 언어로 된 문헌을 구사한 우수한 논문이다. (30)은 출판된 지는 오래되었지만, 청대 몽골에 관한 고전적 연구로서 아직도 취할 부분이 있다. (18)은 청대 외몽골(할하 지역)에 대한 몽골어로 된 연구서이다. (4)와 (19)는 티베트와 청의 관계, 티베트를 둘러싼 국제 관계에 대한 저서이다. (5)(6)은 청대 몽골 법제에 대한 실증적인 연구이다. 청조의 국제질서 인식에 대한 (20), 그리고 러-청 관계에 관한 일본어로 된 가장 우수한 개설서인 (7), 최근의 연구 성과인 (21)도, 청대 몽골과 티베트를 이해하는 데 반드시 참고해야 할 자료이다. 다음 장에서 다룰 시기까지 포함하여 최근의 몽골사에 관한 사료 및 연구 동향에 대해서는 (22)에서 상세히 다루고 있다.

(23)은 러시아 석학이 쓴 일리 강 하류 유역의 역사 개설이다. 모굴리스탄에 대해 어느 정도 정리되어 있다. (8)은 이슬람화 이후 중앙아시아 역사 연구의 개척자인 하네다 아키라(羽田明)의 논문집이다. 50여 년 전에 쓴 글도 있지만 지금도 반드시 읽어야 할 책이다. (13)은 청조의 동투르키스탄 정복과 그 후 시대에 관한 대작이다. 한문으로 된 관련 사료가 거의 망라되어 있다. (9)는 이 책에서 다루지 못한 준가르사 개설서인데, 일본어로 읽을 수 있는 이 분야의 유일한 책이다. (10)은 19세기 영국과 러시아의 각축 과정에서 중앙아시아에서 활동한 탐험가들의 모습을 생생하게 정리한 책이다. (11)은 청조의 신장 정복에서 왕조 멸망까지 신장에 대한 통치 정책을 추적한 연구서이다. (12)는 1880년 여름에 일본인으로는 처음으로 러시아령 중앙아시아를 시찰한 외교관이 남긴 중앙아시아 기록으로서 사료적으로도 가치가 있다. (14)는 (13)의 보충편에 해당되고, 신장의 투르크계 무슬림 민족들과 유목 카자흐에 관한 연구 논문집이다. (15)는 청대 신장의 이슬람에 대해 역사적, 민족학적으로 고찰한 논문집이다. (24)는 저자의 사후에 정리된 논문집이다. 동투르키스탄과 중국 서북부 이슬람에 관한 가장 중요한 논문이 실려 있다.

(16)은 16~19세기 동서투르키스탄을 무대로 하여 전개된 통상의 역사를 다룬 명저이다. (25)는 러시아, 소련 시대의 중앙아시아사를 주제별로 개관한 기본 문헌이다. 산업, 문예, 음악, 건축 분야도 다루고 있다. (26)은 제정 러시아 시대 카자흐

초원의 식민 과정을 통계 자료를 이용하여 종합적으로 고찰한 연구서이다. (27)은 전근대 중앙아시아의 정치 권력과 사회경제 체제를 논한 최신의 연구서인데, 최근의 연구동향을 살피는 데 매우 유익하다. (28)은 카잔 칸국 시대에서 소련 시기에 이르는 타타르인의 통사로 근현대 부분이 특히 자세하다.

7장 혁명과 민족

(1) モンゴル科學アカデミー歷史研究所 編, 二木博史他 譯, 『モンゴル史』, 恒文社, 1988

(2) 磯野富士子, 『モンゴル革命』(中公新書), 中央公論社, 1974

(3) 小貫雅男, 『モンゴル現代史』(世界現代史 4), 山川出版社, 1993

(4) 坂本是忠, 『邊疆をめぐる中ソ關係史』, アジア經濟研究所, 1974

(5) 坂本是忠, 『中國邊境と少數民族問題』, アジア經濟研究所, 1970

(6) 毛里和子, 『周緣からの中國——民族問題と國家』, 東京大學出版會, 1998

(7) 松本ますみ, 『中國民族政策の研究——清末から1945年までの「民族論」を中心に』, 多賀出版, 1999

(8) 郝維民, 『內蒙古自治區史』, 呼和浩特, 內蒙古大學出版社, 1991

(9) 郝維民, 『內蒙古革命史』, 呼和浩特, 內蒙古大學出版社, 1998

(10) 江口圭一, 『資料日中戰爭期阿片政策——蒙疆政權資料を中心に』, 岩波書店, 1985

(11) ドムチョクドンロプ, 森久男 譯, 『德王自傳』, 岩波書店, 1994

(12) A. T. グルンフェルド, 八卷佳子 譯, 『現代チベットの步み』, 東方書店, 1994

(13) W. D. シャカッパ, 三浦順子 譯, 『チベット政治史』, 亞細亞大學, 1992

(14) 包爾漢, 『新疆五十年史』, 文史資料出版社, 1981

(15) オーウェン・ラティモア, 中國研究所 譯, 『アジアの焦點』, 弘文堂, 1951

(16) 王柯, 『東トルキスタン共和國研究, 中國のイスラムと民族問題』, 東京大學出版會, 1995

(17) 木村英亮・山本敏, 『中央アジア・シベリア』(ソ連現代史 2), 山川出版社, 1979

(18) アブデュルレシト・イブラヒム, 小松香織・小松久男 譯, 『ジャポンヤ』, 第三書館, 1991

(19) カルパナ・サーヘニー, 袴田茂樹 監修・松井秀和 譯, 『ロシアのオリエンタリズム 民族迫害の思想と歷史』, 柏書房, 2000

(20) サー・オラフ・カロー, 伊藤逃史 譯, 『ソヴィエト帝國——中亞侵略秘史』, 日本外政學會, 1956

(21) 小松久男, 『革命の中央アジア——あるジャディードの肖像』, 東京大學出版會, 1996

(22) 原暉之・山内昌之 編, 『スラブの民族』(講座スラブの世界 2), 弘文堂, 1995

(23) ヴァンサン・モンテイユ・森安達也 譯, 『ソ連ガイスラム化する日』, 中央公論社, 1983(再版 中公文庫, 1986)

(24) 山内昌之, 『スルタンガリエフの夢――イスラム世界とロシア革命』, 東京大學出版會, 1986

(25) 山内昌之, 『ラディカル・ヒストリー』(中公新書), 中央公論社, 1991

(26) 山内昌之, 『イスラムとロシア―― その後のスルタンガリエフ』東京大學出版會, 1995

(27) 山内昌之 編譯, 『史料 スルタンガリエフの夢と現實』, 東京大學出版會, 1998

(28) 歷史學研究會 編, 『强者の論理, 帝國主義の時代』(講座世界史 5), 東京大學出版會, 1995

(29) Charles R. Bawden, *The Modern History of Mongolia*, London, Kegan Paul International, 1989

(30) Udo B. Barkmann, *Geschichte der Mongolei*, Bonn, Bouvier, 1999

(31) Stephen Kotkin & Bruce A. Elleman ed., *Mongolia in the Twentieth Century, Landlocked Cosmopolitan*, Armonk, M. E. Sharpe, 1999

(32) Owen Lattimore, *Nationalism and Revolution in Mongolia*, Leiden, E. J. Brill, 1955

(33) Show-theng Leong, *Sino-Soviet Diplomatic Relations, 1917~1926*, Canberra Australion National University Press, 1976

(34) Bruce A. Elleman, *Diplomacy and Deception : The Secret History of Sino-Soviet Diplomatic Relations, 1917~1920*, Armonk, M. E. Sharpe, 1997

(35) Melvyn C. Goldstein, *A History of Modern Tibet, 1913~1951*, Berkley, University of California Press, 1989

(36) Nakane Chie, "New Trends in Tibetan Studies", *Acta Asiatica*, No. 76, 1999

(37) A. D. W. Forbes, *Warlords and Muslims In Chinese Central Asia, A Political History of Republican Sinkiang 1911~1949*, Cambridge University Press, 1986

(38) Alexandre Bennigsen, Chantal Lemercier-Quelquejay, *La presse et le mouvement national chez les Musulmans de Russie avant 1920*, Paris-La Haye, Mouton & Co, 1964

(39) Adeeb Khalid, *The Politics of Muslim Cultural Reform : Jadidism in Central Asia*, University of California Press, 1998

(40) Hélène Carrère d'Encausse, trans. by Quintin Hoare, *Islam and the Russian Empire : Reform and Revolution in Central Asia*, London, I. B. Tauris, 1988

(41) William Fierman, W. ed., *Soviet Central Asia : The Failed Transformation*, Westview

Press, 1991

(42) R. Vaidyanath, *The Formation of the Soviet Central Asian Republics : A Study in Soviet Nationalities Policy 1917~1936*, New Delhi, People's Publishing House, 1967

(43) A. Zeki Velidi Togan, *Bugünkü Türkili(Türkistan) ve Yakin Tarihi*, Istanbul, 1981(reprint)(『현대 투르키스탄과 근대사』)

20세기 몽골사 연구 분야에서는 최근의 국제 정세 변화, 특히 몽골의 민주화 과정과 함께 새로운 자료가 공개되고, 역사 평가에서 큰 변화가 일어나고 있다. 심지어 1920년대 이후 시기에 관한 과거의 개설서나 연구서의 기술은 완전히 폐기해야 할 것으로 인식되고 있다. (1)은 1960년대 몽골인 학자들이 쓴 몽골 통사 가운데서 인민공화국 시대 부분을 일본어로 번역한 것이다. (2)(3)은 일본어, (29)는 영어로 쓰인 몽골 현대사이다. (30)은 새로운 동향을 반영하여 쓴 최근의 저작이다. (31)은 20세기 몽골에 관한 여러 가지 문제를 검토한 논문집이다. (32)는 저명한 몽골 연구자가 몽골 근대사를 분석한 책으로 오래 전에 출판되었지만 아직도 참고할 만하다. 몽골 문제를 고찰한 중·소 관계사의 경우 (4)(33)(34)가 참고할 만하다.

한편 중국의 민족문제에 대해서는 우선 (5)~(7)을 읽는 것이 좋다. 20세기 내몽골에 대해서는 중국에서 출판된 것으로 (8)(9)가 대표적이다. 그리고 일본과 관련이 있는 몽강정권蒙疆政權에 대해서는 (10), 그리고 뎀축 동룹의 전기인 (11)이 있다. 티베트에 대해서는 근년, 서구와 이에 대항하기 위한 중국쪽의 각종 문헌, 자료들이 출판되고 있다. 티베트 문제에 대한 국제적 관심이 높아졌음을 보여준다. 그 가운데 (12)와 (35)가 대표적이고, (13)은 티베트인이 쓴 것으로는 정평이 나 있다. 최근의 티베트 연구 경향에 대해서는 (36)을 참고하기 바란다.

(14)는 해방 당시 신장 성 주석이 쓴 회고록이다. 저자의 정치적 입장 때문에 한쪽으로 치우친 점도 있다. (15)는 미국의 저명한 중국 연구자가 쓴 신장의 소개서이다. 오래되기는 했지만 아직도 취할 부분이 많다. (16)은 동투르키스탄에 관한 일본어로 된 유일한 연구서이다. 미공개 자료를 많이 활용하고 있다. (37)은 신해 혁명에서 공산당의 신장 해방 시기를 다룬 유일한 문헌이다.

(17)은 일본어로 된 유일한 소비에트 중앙아시아 통사이다. (18)은 1909년 일본을 방문한 타타르인 저널리스트의 일본 체류기이다. (19)는 러시아·소련의 중앙아시아와 카프카스의 무슬림 민족에 대한 멸시와 차별 문제를 논의한 자극적인 저작이다. (20)은 스탈린 시대를 중심으로 하여 제정 러시아, 소비에트 중앙아시아 투르크계 민족의 역사를 다룬 책으로 문화 분야의 내용도 상세하다. 영어 초판은 1953년에 간행되었다. (21)은 대표적인 자디드 지식인 피트라트의 생애를 중심으로 중앙아시아의 혁명과 민족 문제를 분석한 책이다. (22)는 소비에트 중앙아시아

의 혁명과 민족에 관한 논문이 실려 있다. 다른 지역과의 비교라는 관점에서도 유익한 책이다. (23)은 프랑스의 이슬람 연구자가 소비에트 중앙아시아의 이슬람과 정치를 전체적으로 고찰한 책이다. 원저는 1982년에 간행되었다. (24)는 지도적인 무슬림 공산주의자의 행동과 구상을 중심으로 하여 러시아 혁명을 이슬람 세계의 관점에서 조망한 획기적인 저작이다. (25)는 소련 내 이슬람 세계의 민족 문제의 정을 역사에서 찾아보려고 시도한 책이다. (26)은 새로운 자료를 이용하여 (24)를 보완하고, 현대의 타타르스탄을 포함하여 술탄 가리예프의 역사적 유산을 고찰한 책이다. (27)은 중앙아시아의 혁명과 민족에 관한 중요한 사료집이다. 러시아어에서 번역한 것으로 페레스트로이카 이후 공개된 새로운 사료를 다수 포함하고 있다. (28)에는 20세기 초기 러시아 무슬림 민족 운동과 1916년 무슬림 반란에 관한 논문이 실려 있다.

(38)은 제정 말기에서 러시아 혁명기에 걸쳐 러시아 영내에서 간행된 무슬림 신문·잡지에 관한 최초의 포괄적인 연구서이다. (39)는 투르키스탄의 자디드 운동을 원자료에 의거하여 고찰한 최신의 연구서이다. (40)은 부하라 아미르국의 자디드 개혁 운동에서 소비에트 혁명에 이르는 과정을 분석한 최초의 연구서이다. 프랑스어 초판은 1966년에 간행되었다. (41)은 소비에트 중앙아시아의 정치, 민족, 이슬람, 사회, 경제 문제를 비판적으로 검토한 우수한 논문집이다. (42)는 1924년의 '민족의 경계 획정'을 중심으로 중앙아시아 소비에트공화국의 형성 과정을 상세히 검토한 책이다. (43)은 무슬림 민족 운동 지도자이기도 했던 한 역사가가 쓴 상세한 중앙아시아 근현대사이다.(터키어)

또한 페레스트로이카 이후 중앙아시아와 러시아에서는 이 장에서 다룬 문제에 관한 새로운 연구가 많이 이루어졌다. 다만 모든 연구서들이 중앙아시아 현지어와 러시아어로 쓰여졌기 때문에 문헌 목록에 올리지는 않았다.

8장 현대의 선택

(1) 青木信治 編, 『變革下のモンゴル國經濟』, アジア經濟研究所, 1993
(2) 田中克彦, 『モンゴル 民族と自由』, 岩波書店, 1992
(3) 加々美光行, 『知られざる祈り』, 新評論, 1992
(4) 宇山智彦, 『中央アジアの歴史と現在』, 東洋書店, 2000
(5) 石田進 編, 『中央アジア・舊ソ連イスラーム諸國の讀み方』, ダイヤモンド社, 1994
(6) 木村英亮, 『ロシア現代史と中央アジア』, 有信堂, 1999
(7) アハメド・ラシッド, 坂井定雄・岡崎石也 譯, 『よみがえるシルクロード國家 中央アジア最新情報』, 講談社, 1996

(8) 山內昌之, 『瀕死のリヴァイアサン――ペレストロイカと民族問題』, TBSブリタニカ, 1990(再版, 講談社學術文庫, 1995)

(9) Asian Development Bank ed., *Mongolia: A Century Planned Economy in Transition*, Oxford University Press, 1992

(10) Beatrice F. Manz ed., *Central Asia in Historical Perspective*, Boulder, Westview Press, 1994

(11) Mohammad-Reza Djalili, Frédéric Grare and Shirin Akiner eds., *Tajikistan : The Trials of Independence*, London, Curzon Press, 1998

(12) H. B. Paksoy ed., *Central Asia Reader : The Rediscovery of History*, Armonk, M. E. Sharpe, 1994

몽골의 민주화와 시장 경제로의 이행 과정에 대한 일본어나 영어로 된 자료는 극소수에 불과하다. 사안이 여전히 현재 진행중인 문제라는 것도 하나의 이유이다. 경제 개혁에 대해서는 (1)(9)가 있고, 또한 민주화에 대해서는 (2)도 시사하는 것이 많다. (3)은 문화 대혁명 시기 신장에 관한 많은 정보를 얻을 수 있다. 다만 소수 민족의 인명 표기나 종교, 사회, 풍속에 관해서는 문제점이 있다.

(4)는 현대 중앙아시아를 어떻게 파악해야 할 것인가를 역사적 관점에서 논한 의욕적인 저작이다. (5)는 독립 전후 중앙아시아의 정치, 경제, 사회, 민족 문제, 이슬람 부흥 문제를 다룬 이해하기 쉬운 논문집이다. (7)은 소련에서 독립한 후 중앙아시아 5개국의 현황을 개관한 책이다. (8)은 페레스트로이카 시기에 중앙아시아에서 분출한 민족 문제를 종합적으로 고찰한 책이다. (10)은 페레스트로이카 시기 중앙아시아의 변화를 포함한 우수한 논문집이다. (11)은 타지키스탄 내전의 배경과 원인, 전개 과정, 평화와 인권 문제를 다룬 논문집이다. (12)는 페레스트로이카 시기 중앙아시아에서 간행된 논문과 사료를 중심으로 하여 편집된 책이다.

연 표

[약호] Tu 투르키스탄(동·서투르키스탄)
Ti 티베트   M 몽골   Ne 네팔
RT 러시아령 투르키스탄   R 러시아   CA 중앙아시아
Si 시베리아   Xin 신장(新疆)

연대	지역	일어난 일
기원전 7600~6600년경		서아시아에서 양과 염소의 가축화가 시작됨
5000~4000년		목축과 보리 재배를 함께 하는 복합 경제가 흑해 북쪽 연안에서 우랄 산맥까지 퍼짐
4000~3500년		우크라이나 중부 데레이프카 유적(말의 가축화와 기마의 개시설의 근거가 됨)
3500년경		서아시아에서 수레 바퀴가 발명됨
4천년기		인도-이란인, 카프카스에서 카스피 해, 아랄 해 방면으로 진출함(이들을 '코카소이드'라 함)
3000년경		북카자흐스탄의 보타이 부락지(대량의 말뼈 출토)
2500~1800년		카스피 해, 흑해 북방에 얌(수혈묘) 문화가 퍼짐(재배와 목축의 복합 경제)
3000년 말경		원原인도인, 마르기아나, 박트리아로 남하하여 간다라에 도달함
~3천년기 말		원原인도인, 미탄니 왕국을 건설하고 팔레스티나, 시리아로 진출함(~기원전 2천년기 전기)
2000~1500년		볼가 강 하류, 흑해 북쪽 연안의 카타콤(지하 횡혈묘) 문화 우랄에서부터 동쪽의 시베리아까지 재배·목축 문화가 퍼짐
1700년경		볼가 강 하류에 스루브(목곽묘) 문화가 나타남 남시베리아와 중앙아시아에 안드로노보 문화가 퍼짐
16세기경		볼가 지방과 카자흐스탄에서 말이 끄는 경차輕車를 사용함
16~15세기		초원 지대 동쪽 끝에 샤자뎬(夏家店)하층문화가 나타남
2천년기		중앙아시아 서부 지역이 청동기 시대로 진입함
13~12세기		남시베리아와 몽골 초원에서 카라수크 문화가 나타남
2천년기 말경		코페트다우 산맥 북쪽 기슭의 마르기아나 농경 문화, 관개 시설과 성새를 갖춘 도시형 부락을 형성하고 부흥함
10~9세기		초원의 건조화가 진행됨

연대	지역	일어난 일
기원전 9~8세기		선先스키타이 시대. 흑해 북안을 중심으로 하는 체르노고로프카형 문화와 북카프카스를 중심으로 하는 노보체르카스크형 문화
8~4세기		몽골 고원에서 중국 북부에 걸쳐 스키타이와 유사한 무기, 마구, 동물 문양을 갖춘 문화가 번영함
8세기 중엽		우라르투의 사르두리 2세 치세(764~735년 재위) 말기, 킴메리오이가 이란 서북부에 나타남
714년		아시리아의 사르곤 2세(722~705년 재위), 킴메리오이에게 습격당한 우라르투를 공격하여 대승을 거둠
8세기 말~7세기		킴메리오이와 스키타이가 서아시아를 침략함
7세기~기원후 1세기		남시베리아의 타가르 문화
670년대		스키타이의 파르타투아 왕, 아시리아의 아사르핫돈의 딸에게 혼인을 청함
7세기 중반경		킴메르, 아나톨리아 중서부로 들어가 프리기아와 리디아를 공격함
7세기 말		메디아가 아시리아의 수도 니네베를 포위할 당시 스키타이 왕 프로토티에스의 아들 마디에스가 이끄는 대군이 메디아군을 격파함
7세기 말경		메디아 왕국, 북방 스키타이의 지배를 벗어나 아시리아를 정복함
6세기 중반		메디아 왕국에서 자립한 아케메네스조 페르시아의 키로스 2세가 바빌로니아를 정복하고 박트리아와 북방의 사카인을 복속시킴
1천년기 중반경		호라즘과 소그디아나에 도시형 부락을 갖춘 지방 통일체가 출현함
5세기 전반		아케메네스조 페르시아, 그리스 원정 실패 후 차츰 쇠퇴함
4세기경		카스피해 북방 초원에서 사르마트 세력이 발흥함
331년		다레이오스(다리우스) 3세 아르벨라에서 알렉산드로스(알렉산더) 군대에게 패배함
329년		알렉산드로스, 중앙아시아 서부를 원정함(~기원전 327년)
323년		알렉산드로스, 바빌론에서 병사함
312년		셀레우코스조의 중앙아시아 지배가 시작됨(~기원전 250년경)
4~2세기		전기 사르마타이 문화(또는 프로호로프카 문화)
3세기 초		셀레우코스조의 안티오코스 1세, 마르기아나 · 소그디아나 · 박트리아 등 중앙아시아 서부를 통치함
3세기		간다라어(간다리)-카로슈티 문자 문화권이 타림 분지 남변으로 퍼지기 시작함(~기원후 3세기) 아소카 왕 비문 건립
250년경		박트리아의 사트랍(그리스인) 디오도투스 1세가 그레코-박트리아 왕국을 세움
3세기 중반경		페르시아계 파르니족의 아르사케스 형제가 셀레우코스조의 농경 파르티아 지방의 사트랍을 습격하고 자립함. 파르티아의 성립

연대		지역	일어난 일
기원전	246년		셀레우코스조의 안티오코스 2세가 사망함
	221년		진秦의 시황제, 중국을 통일함
	214년		시황제, 몽염蒙恬 장군을 보내 오르도스 지방의 흉노를 토벌함
	3세기 말		흉노의 묵특선우冒頓單于, 동호東胡와 월지月氏를 격파함
	200년		묵특선우, 한나라 고조高祖의 군대를 격파함
	2세기		사르마타이, 드네프르 강 유역에서 스키타이를 격파함
	2세기~		북방 유목민 사카 계통의 사람들이 서북인도를 지배함
	181년		흉노, 란저우(蘭州) 남방을 습격하여 2000여 명을 붙잡아감
	145년경		그레코-박트리아 왕국의 위기. 그리스 식민 도시 아이 하눔이 화공火攻으로 파괴됨
	141년		한나라 무제武帝가 즉위함
	139년		장건張騫, 대월지에 파견됨
	136년경		대월지, 소그디아나에서부터 박트리아 지방을 지배함(~기원전 129년경)
	133년		흉노의 대군을 유인하려던 한나라의 계략이 사전에 발각되어 실패함
	129년		무제가 파견한 네 명의 장군의 흉노 원정이 실패함
	128년		위청衛青이 이끄는 3만기騎가 흉노 수천 명을 참수하거나 포획함
	121년		한나라 군대가 하서지방河西地方을 탈취함. 소월지小月氏, 한漢의 곽거병霍去病의 토벌 후에도 둔황(敦煌) 주변에 널리 거주함(~기원후 3세기)
	119년		곽거병, 흉노로부터 하서 지방을 탈취함
	104년		한나라, 서역 오아시스 지방을 원정함. 이광리李廣利의 대원大宛 원정(~기원전 101년)
	102년		한나라, 이광리를 서역으로 파견함
	99년		흉노, 이릉李陵을 포로로 잡음
	90년		흉노, 이광리를 포로로 잡음
	60년		흉노 서부 변경의 일축왕日逐王, 한나라에 복속함
	1세기		아르사케스조 파르티아, 서방에서 로마 제국과 대치함
	59년		한나라, 정길鄭吉을 최초의 서역도호西域都護로 임명함
	57년		흉노에 5선우가 쟁립함
	51년		호한야선우呼韓邪單于가 이끄는 동흉노가 한나라에 복속함
	1세기 중반		셀레우코스조가 멸망함
	36년		서흉노, 한나라 군대에 패배함
	33년		호한야선우, 한나라 황실의 왕소군王昭君을 부인으로 맞이함

연대	지역	일어난 일
기원전후		인도 불교, 중앙아시아 서부로 확산되고 동방, 특히 중국에도 전해짐
기원전후~1세기경		쿠샨(貴霜), 박트리아로부터 영토를 확대함
1~5세기		남시베리아의 타슈티크 문화
48년		흉노가 남북으로 재차 분열됨
1세기 후반		카스피 해 북방 초원에 알란의 기마 유목민이 등장함
1세기 말		선비鮮卑, 서쪽으로 진출하여 북흉노의 잔여 세력을 흡수하고 몽골 고원을 제패함
~94년		반초班超, 타림 분지와 투르판 분지의 거의 전역을 제압하고 파미르 서쪽까지 후한後漢의 세력이 미치게 함
97년		반초, 부하인 감영甘英을 대진국大秦國에 파견함
166년		대진왕大秦王 안돈安敦의 사신이 후한後漢을 방문함
2세기 중반경		선비의 단석괴檀石槐가 등장함
2세기 말~3세기 초		선비의 가비능軻比能이 두각을 나타냄
3세기		마니교의 창시자 마니가 바빌론에서 탄생함
3세기경		초원의 흉노가 쇠퇴하고 오아시스 지방의 정치적 통합이 일어남
226년		사산조 페르시아가 아르사케스조 파르티아를 멸망시킴
235년		가비능이 위魏의 자객에게 암살됨
3세기 말		중국에서 경식硬式 안장이 출현함
4세기		둔황 막고굴 조영이 시작됨
4세기~		토유크와 베제클리크에 석굴 사원이 조영되어 번창함
304		5호 16국 시대가 시작됨(~439년)
4세기 전기		박트리아와 소그디아나에서 사산조 왕자를 중심으로 하는 부왕副王이 쿠샨 왕으로서 지배함(쿠샨–사산조)
350년경		훈족, 알란족을 습격함
375년경		발람베르가 이끄는 훈족이 동고트 왕국을 침략함
376년		훈족, 서고트를 압박함
395년		훈족, 서아시아를 원정함
399년		법현法顯, 인도를 향하여 출발함(~412년)
4세기 말~5세기		중국 북부에 뒷가리개(後輪)가 비스듬한 안장이 등장함
402년		유연柔然의 사륜社崙, 구두벌 카간(丘豆伐可汗)을 칭함(~422년) 북위北魏 유연을 토벌함
414년		대단大檀, 유연의 카간으로 즉위함(~429년)
424년		대단, 북위의 옛 도읍 성락盛樂을 함락시키고 세조 태무제太武帝를 포위함

연대	지역	일어난 일
434년		동로마의 테오도시우스 2세, 훈족에게 공납을 두 배로 늘려 줄 것을 약속함
447년~		훈족, 서로마 영내로 침입함
448년		저거안주沮渠安周, 투르판 분지의 교주交州를 정복함
5세기 중반		에프탈, 히온과 키다라를 흡수하여 영역을 넓힘(~6세기 중반)
451년		훈족, 서로마-서고트 연합군과 충돌함
452년		훈족의 수장 아틸라, 북이탈리아를 침략함. 로마 교황 레오 1세의 중재로 휴전함
453년		아틸라가 사망함
460년		고창高昌의 저거안주, 유연에 의하여 살해됨
485년		두륜豆崙, 유연의 카간으로 즉위함(~492년)
490년		고차高車의 아복지라阿伏至羅, 북위에 소그드인 상인을 사신으로 파견함
500년경		고차, 고창 왕을 계승한 마유馬儒가 북위와 내통하려 하자 살해하고, 국가麴嘉를 고창 왕으로 세움. 국씨 고창국의 성립(~640년)
523년		유연, 중국 북부 변경을 침략하여 약탈을 자행함
544년경		돌궐突厥의 아사나씨阿史那氏, 장성長城에 이름
545년		서위西魏의 우문태宇文泰, 돌궐에 사자를 보냄
546년		돌궐의 수장 토문土門, 서위에 조공 사절단을 보냄
6세기 중반		돌궐의 서부 세력, 북방 초원에서부터 중앙아시아 서부 일대를 지배함(583년 이후 이 세력을 서돌궐이라 부름)
6세기 중반경		비잔틴 황제 유스티니아누스 1세의 치세(527~565년) 말년, 아바르 유목민이 북카프카스에 출현함
551년		토문, 서위에서 공주를 맞이함
552년		토문, 유연을 공략하고 이리 카간(伊利可汗)을 칭함(~552년) 돌궐, 유연을 격파함
553년		돌궐의 무한 카간(木汗可汗)이 즉위함(~572년)
558년		돌궐, 사산조 페르시아와 함께 에프탈을 협공하여 멸망시킴
568년		돌궐의 이스테미(室點蜜), 비잔틴에 소그드인 사절을 파견함
572년		무한의 동생 타발他鉢이 카간에 즉위함(~581년)
574년		비잔틴의 유스티니아누스 2세, 바얀 칸이 이끄는 아바르에게 공납을 재개함
580년대		돌궐이 동·서로 나뉨
581년		사발략沙鉢略이 카간에 즉위함(~587년)
6세기 말경		몽골 고원 중앙부에 돌궐의 부구트 비문이 건립됨
583년		돌궐의 대라편大邏便, 서면 카간인 타르두(達頭)에게 도주함

연대	지역	일어난 일
6세기 말		하자르, 흑해 북부 연안에 진출함
600년		타르두, 몽골 고원에 진출하여 대카간이 됨(~603년)
7세기 전기		송첸 감보, 티베트 고원 전역을 통일함
609년		돌궐의 시필始畢 카간이 즉위함(~619년)
620년		돌궐의 일릭(頡利) 카간이 즉위함
7세기 전기		서돌궐, 타림 분지 일대까지 영향력을 미침
623/4년		아바르, 콘스탄티노플을 포위함. 헤라클레이오스 1세가 이를 격퇴함
627년경		현장玄奘, 인도를 향하여 출발함
630년		일릭 카간, 당에 항복하고 동돌궐이 망함 고창 왕 국문태麴文泰, 서돌궐과 연대함
634년		당唐, 토욕혼吐谷渾을 정벌함 토번吐蕃, 처음으로 당에 사신을 파견함
640년		당, 투르판 분지의 서주西州(高昌)에 안서도호부安西都護府 설치함 톈산 북쪽 기슭에 정주庭州(702년에 북정도호부)를 설치하고 서돌궐에 대항함
641년		송첸 감보, 당의 문성공주文成公主를 부인으로 맞이함. 그 후 당과 토번은 20년에 걸친 우호 관계를 유지함
642년		대大불가르의 수령 쿠브라트가 사망함 아랍군, 니하반드 전투에서 사산조 페르시아의 정규군을 격파함
644년		당, 서돌궐에서 아그니(焉耆)를 빼앗음
646년		당, 설연타薛延陀를 멸망시킴 당, 쿠차(龜玆) 왕 스바르나데바를 서돌궐로부터 귀순시킴
648년		안서도호부를 쿠차로 옮김
649년		호탄(于闐), 카슈가르(疏勒), 쿠차(龜玆), 아그니/카라샤르(焉耆)에 안서4진安西四鎭의 치소治所를 설치함(~670년)
7세기 중반경		하자르, 서돌궐로부터 독립함
7세기 후기		토번, 당나라에 대항하기 시작함
651년		아랍의 제1차 내전이 시작됨. 안서도호부를 서주로 옮김
657년		샤슈(石國=타슈켄트)에서 서돌궐의 아사나하로阿史那賀魯가 당군唐軍에게 붙잡힘
658년		당, 안서도호부를 서주에서 다시 쿠차로 옮김. 서돌궐을 멸망시킴
663년		토번, 토욕혼을 멸망시킴
665년		무아위야, 총신寵臣 지야드 이븐 아비히를 바스라 총독으로 임명하고 호라산 통치를 위임함

연대	지역	일어난 일
667년		지야드의 부장 하캄 이븐 암르 알 기파리가 발흐 방면으로 작전을 진행함
670년		토번의 쿠차 진출로 당의 안서도호부가 다시 고창으로 옮겨짐. 안서 4진도 폐지됨
671년		지야드, 바스라와 쿠파에서 5만 아랍 병사를 가족과 함께 호라산으로 이주시킴
674년		우베이둘라, 아무다리아 강을 건너 부하라 오아시스를 침입함
679년		호탄, 카슈가르, 쿠차, 수이압(碎葉)에 안서 4진의 치소를 다시 설치함(~719년)
680년		쿠브라트의 셋째 아들 아스파루흐, 도나우 강을 건너 비잔틴군을 격파함
682년		돌궐의 쿠틀룩(骨咄祿)이 당에서 독립, 일테리슈 카간이라 칭함(~691년)
686/87년		일테리슈 카간, 몽골 고원의 성지 외튀켄 산을 탈환함
691년		쿠틀룩의 동생 묵철黙啜, 카파간 카간을 칭함(~716년)
692년		토번, 튀르기슈(突騎施)와 연대한 당군唐軍에게 쿠차를 빼앗김 당의 안서도호부가 부활됨
696년		카파간 카간, 당의 측천무후則天武后에게 선우도호부 땅의 반환을 요구함
705년		아랍의 쿠타이바 이븐 무슬림, 호라산 총독에 기용됨
706년	Tu	쿠타이바, 아무다리아 강을 건너 바이칸드를 점령하고 많은 전리품을 손에 넣음
709년	Tu	쿠타이바, 격렬한 전투 후에 간신히 부하라를 정복함
710년	Ti	당의 금성공주金城公主가 티테 축첸에게 시집감
	Tu	사마르칸트 주민이 봉기하여 지배자 타르칸을 퇴위시킴
712년	Tu	투르크 부대가 아랍의 공격을 받은 사마르칸트를 도우러 갔지만, 현지인의 지지를 얻지 못하고 퇴각함
716년		빌게(毘伽) 카간이 즉위함
717년		아랍군, 호라즘을 정복함
719년		튀르기슈, 서돌궐의 주권을 장악함. 당이 수이압성(碎葉城)을 방기함
720년		빌게 카간, 당을 침략함
725년경		톤유쿠크(暾欲谷)가 사망함
727년		빌게 카간, 토번이 보낸 서한을 당 현종에게 헌상하고 성의를 표시함
731년		퀼 테긴(闕特勤)이 사망함
734년		빌게 카간이 사망함
737년		아랍군, 볼가 강 하류 지역까지 공격함. 하자르의 칸이 이슬람으로 개종함
740년대 중반	Tu	아무다리아 강과 사르다리아 강 사이 지역(마 와라 알 나흐르)과 페르가나 지방이 아랍군에게 정복됨
741~744년		위구르가 카를루크, 바스밀 등과 함께 돌궐을 공격함

연대	지역	일어난 일
		위구르의 수장 쿠틀룩 보일라(骨力裴羅)가 퀼 빌게 카간이 됨(~747년)
745년		돌궐 최후의 카간이 살해됨
747년		쿠틀룩 보일라의 아들 모윤 초르(磨延啜)가 갈륵葛勒 카간이 됨(~759년)
		아부 무슬림이 메르브를 장악하고 동방에서 우마이야조의 지배를 끝냄
751년	Tu	지야드 이븐 살리흐가 이끄는 아랍군이 탈라스 강변에서 고선지高仙芝가 이끄는 당군을 격파함
755년	Ti	안사安史의 난이 일어남(~763년). 토번의 숨파 정권이 물러남
757년		위구르의 갈륵 카간, 셀렝게 강가에 바이 발리크를 건설함(~758년경)
		갈륵 카간, 당에 원군을 보냄
759년		위구르의 뵈귀(牟羽) 카간이 즉위함(~779년)
8세기 후반	Tu	압바스조, 마 와라 알 나흐르에 지배권을 확립함
762년		모우 카간, 사조의史朝義의 꾐에 빠져 당나라를 침공하려고 중국을 향하여 출발함
763년		모우 카간, 마니교 승려를 대동하고 돌아감. 토번, 장안長安을 점령함
779년		위구르의 톤 바가 타르칸(頓莫賀達干), 쿠데타를 일으켜 카간이 됨(~789년)
	Ti	토번 왕 티송 데첸, 불교를 국교로 선언함. 삼예 사원의 본당을 낙성함
780년대~	Ti	토번, 둔황을 직접 지배 아래 둠(~848)
8세기 말~9세기 초		프랑크 왕국 카를 대제의 원정군이 아바르를 괴멸시킴
790년경	Ti	토번군, 쿠차의 안서도호부를 함락시키고 톈산 북쪽 기슭의 베슈발리크까지 진출함. 당나라의 서역 경영이 중단됨
803년		위구르, 고창高昌을 확보함
819년경	Tu	사만 후다의 일족, 압바스조로부터 마 와라 알 나흐르의 지배권을 얻음
822년	Ti	라사에서 당·번회맹唐蕃會盟을 체결함
824년	Ti	덴카르마 목록* 작성 작업이 이루어짐
840년		위구르에서 내분이 일어나고, 키르기스의 공격으로 멸망함
840년 직후		위구르, 에치나 강을 따라 남하하고, 50년 후 감주甘州를 확보함
846년		북정北庭의 위구르, 토번을 투르판에서 쫓아내고 고창성을 거점으로 삼음
848년		돈황의 토착 한인 호족 장의조張義潮가 토번 세력을 구축함
850년경		톈산위구르왕국(서위구르왕국)의 기반이 마련됨(~1280년경)
851년		장의조, 당에 의하여 귀의군절도사歸義軍節度使에 임명되고 자립함
		장씨의 돈황 지배가 시작됨(~907년)

* 8~9세기경에 정리된 현존하는 최고最古의 티베트 대장경 목록.

연대	지역	일어난 일
864년		도나우—불가리아의 칸인 보리스, 기독교를 국교로 삼음
	Tu	사만 후다 가문의 나스르, 사마르칸트의 지배자가 됨
	Tu	사만 후다 가문의 나스르, 칼리프 알 무타미드로부터 마 와라 알 나흐르 전역의 지배권을 부여받음
9세기 전반경		하자르 칸의 권위가 명목적인 것이 됨 하자르의 상층부, 유대교를 수용함
9세기 말	Tu	카라한조, 카슈가르를 점령하고 이슬람을 수용함
916년		거란의 야율아보기耶律阿保機, 대거란국황제大契丹國皇帝를 칭함
10세기 중반	Tu	셀주크가 오구즈로부터 떨어져 나와 시르다리아 강 좌안左岸으로 이주하고 잔드를 근거지로 삼음
~960년대		이성천李聖天이라는 이름으로 알려진 삼바바, 50년간 호탄 왕국을 통치함
10세기 후반	M	거란(遼), 몽골 고원으로 진출함
960년대		알프 테긴, 가즈나조의 기초를 쌓음
965년		키예프 루시의 스뱌토슬라프 대공, 하자르의 수도 이틸을 공략함
982년		톈산위구르왕국의 쉰퀼릭 카간, 베슈발리크에서 송사宋使 왕연덕王延德을 만남
992년	Tu	카라한조의 하산, 한때 사마르칸트와 부하라를 점령함
999년	Tu	카라한조 알리의 아들 나스르, 최종적으로 부하라를 공략하고 사만조를 멸망시킴
11세기		감주에 탕구트 세력이 미침
1004년		거란, 송과 전연澶淵의 맹盟을 맺고 가돈성可敦城에 진주건안鎭州建安을 설치함
1006년		호탄 왕국, 카라한조 이슬람 세력에게 멸망함
1014년		둔황의 조씨曹氏, 사주沙州위구르를 칭함
1020년대	Tu	셀주크 집단, 가즈나조 지배 하의 호라산 북부에 대한 침략을 개시함
1036년경		탕구트의 이원호李元昊, 하서회랑의 과주瓜州, 사주沙州, 숙주肅州를 차지함
1038년		셀주크 가문의 투글루크 벡, 니샤푸르에 입성함. 셀주크조가 성립함 탕구트, 대하국大夏國(서하국西夏國)을 세움(~1227년)
1040년	Tu	셀주크 군대, 단다나칸 전투에서 가즈나 군대를 격파함
11세기 중반	Tu	카라한조가 동ㆍ서로 분열됨
1054년	Ti	돔튠, 카담파를 창시함
1055년		셀주크조의 군대, 바그다드에 입성함
1069/70년	Tu	유수프 하스 하집, 『쿠타드구 빌릭(福樂智慧)』를 카슈가르의 지배자 타브가치 부그라 칸에게 헌상함
1073년	Ti	쿤촉 겔포, 사캬파를 창시함. 삼푸 사원을 건립함

연대	지역	일어난 일
1077/83년		마흐무드 알 카슈가리, 투르크-아랍어 사전 『디완 루가트 앗 튀르크』를 칼리프 알 묵타디에게 헌상함
1077년경		아누슈 테긴, 호라즘 총독에 임명됨. 호라즘 샤조의 기원
1115년		여진女眞의 아골타阿骨打, 제위에 오름. 국호를 금金이라 칭함
1120년		금, 요의 수도 상경上京을 공략함
1122년		금, 송과 동맹하여 요의 중경中京, 서경西京, 연경燕京을 공략함
1123년		금, 연운燕雲 16주州 중 6개 주를 송나라에 내줌
1124년 직후		거란의 야율대석耶律大石, 근거지를 서쪽으로 옮김
1125년		금, 요의 천조제天祚帝를 사로잡음. 요나라 멸망함
1132년	Tu	카라키타이(西遼) 건국
1142년	Tu	카라키타이, 마 와라 알 나흐르를 정복
1159년	Ti	카르마 두숨 켄파, 카르마사寺를 건립함. 추르푸사寺가 건립됨
1203년	M	테무진, 케레이트부部의 옹 칸을 급습함
1205년	M	몽골, 서하 치하의 과주와 사주를 침략함
	M	테무진, 몽골 고원 거의 전역을 통합함(봄)
1206년	M	테무진, 칭기스 칸으로 즉위함. 대몽골국 성립
1207년	M	칭기스 칸의 맏아들 조치, '삼림森林의 민民'을 토벌함
1208년	M	칭기스 칸, 나이만의 왕자 쿠출룩을 토벌함
1209년	M	서하와 톈산위구르왕국, 몽골에 정복됨
1211년	Tu	카라키타이의 국권을 찬탈한 나이만의 쿠출룩, 페르가나의 카라한조를 점령함
	M	칭기스 칸, 금나라 원정에 나섬(봄)
1212년	Tu	호라즘 샤조, 마 와라 알 나흐르의 카라한조를 멸망시킴
	M	쿠출룩, 카라키타이의 왕위를 빼앗음
1214년	M	몽골과 금의 화의가 성립됨(3월)
	M	금나라 선종宣宗, 카이펑(開封)으로 천도함(5월)
1215년	Tu	칭기스 칸, 중도를 정복함. 호라즘 샤조, 구르조를 격파하고 아프가니스탄까지 영토를 확대함
1217/18년	Tu	호라즘 샤조의 무함마드, 바그다드를 원정함
1218년	M	칭기스 칸이 호라즘 샤조에 파견한 통상단, 오트라르에서 피살됨(오트라르 사건)
1219년	M	칭기스 칸, 호라즘 원정함
1220년	Tu	호라즘 샤조가 붕괴됨
1223년	M	몽골군, 칼카 강변에서 루시의 제후諸侯 연합군을 격파함

연대	지역	일어난 일
1225년	M	몽골군 귀환(봄)
1226년	M	칭기스 칸, 서하 원정
1227년		서하 항복
	M	칭기스 칸, 리우반 산六盤山 남쪽 기슭 청수이 하(淸水河)에서 사망(8월 15일)
1229년	M	우구데이(오고타이), 대칸에 즉위(~41년)
1231년		호라즘 샤조, 완전히 멸망함
1232년	M	몽골군, 금의 주력군을 격파. 톨루이 사망(1월)
1233년		금의 수도 카이펑이 함락됨
1234년		금나라가 멸망함
1235년	M	몽골 고원 중앙부에 카라코룸을 건설함
1236년		몽골군 볼가-불가르를 정복함
	M	우구데이의 셋째 아들 쿠추, 남송 원정 도중 사망. 원정이 실패로 끝남(2월)
1237년	M	몽골군, 루시(러시아)의 공국公國으로 진격
1240년	M	키예프 함락
1241년	M	몽골군, 모히 초원에서 헝가리 국왕군을 격파(4월)
		레그니차(리그니치)에서 폴란드와 독일 연합 기사단을 격파함
1246년	M	우구데이의 아들 구유크, 대칸에 즉위(~48년)
1251년	M	톨루이의 맏아들 뭉케, 대칸에 즉위(~59년)
1253년	M	훌레구, 니자르파를 토벌하기 위하여 서아시아 원정에 나섬(~60년)
1256년	M	니자르파 교단의 루큰 웃딘 쿠르샤, 몽골군에 항복함(11월)
1258년	M	몽골군의 공격으로 바그다드 함락. 압바스조 멸망(2월)
1260년	M Ti	훌레구군, 알레포와 다마스쿠스를 함락시킴. 쿠빌라이 대칸에 즉위(~94년)
		티베트 승려 팍바를 국사國師에 임명. 아리크 부케, 카라코룸에서 즉위함
		맘루크조, 아인 잘루트에서 몽골군을 격파함
1261년	M	알구, 차가타이 칸에 즉위함
1264년	M	아리크 부케, 쿠빌라이에게 패배함(7월)
1266년 직후	Tu	위구르 왕 코치가르, 몽골 내분에 휩쓸려 한때 베슈발리크를 상실함
1266년	M	바라크, 차가타이 칸에 즉위함
1268년	M	쿠빌라이, 남송南宋 공격을 개시함
1269년	M	바라크·카이두·뭉케 테무르, 탈라스에서 회맹함(여름)
		마 와라 알 나흐르의 분할을 결정함
1270년		위구르 왕국의 수도 베슈발리크 함락

연대	지역	일어난 일
1271년	M	쿠빌라이, 국호를 대원大元으로 개칭 마르코 폴로, 중앙아시아를 거쳐 원나라에 감 원나라 군대, 남송의 원군援軍을 격파함(6월)
1273년	M	남송의 양양襄陽 수비군이 항복함(2월)
1275년		원나라의 네스토리우스교 사제 랍반 사우마, 중앙아시아 횡단 여행을 떠남
1276년	M	린안(臨安), 성문을 엶. 뭉케의 아들 시리기, 아리크 부케의 아들 요부쿠르와 멜릭 테무르 등의 반란(1월)
1279년	M	남송, 애산崖山 전투에서 멸망함
1283년	Tu	서위구르 왕가, 감숙의 영창永昌으로 이주함
1287년	M	옷치긴 가문의 장로 나얀이 거병擧兵함. 쿠빌라이가 이를 격파함
1289년	M	쿠빌라이, 카라코룸 방면으로 출병하고 카이두가 퇴각함
1291년	M	조치 울루스의 톡타, 칸위에 오름
1294년	M	성종 테무르가 즉위함
1295년	M	가잔, 재상 아미르 나우루즈의 조언으로 이슬람으로 개종. 일 칸에 즉위함
1298년	M	라시드 웃딘, 가잔에 의해 재상으로 임명됨
1300년	M	카이두와 원군元軍이 충돌. 카이두 사망(~1301년)
1301년	M	카이두의 아들 차파르가 즉위함
1303년	M	차가타이 가문의 두와와 카이두의 아들 차파르가 테무르에 신종信從 서약함
1305년	M	중앙아시아를 둘러싼 몽골 제국의 분쟁이 종결됨
1306년	Tu	두와 칸을 추대한 차가타이 가문의 주권 확립
1310년	Tu	에센 부카, 차가타이 울루스의 칸위에 오름
1316년	Tu	차가타이 가문의 야사우르, 여러 왕과 아미르를 이끌고 훌레구 울루스로 망명함
1320년	Tu	차가타이 칸 케벡, 호라즘에 군대를 보내어 야사우르를 타도함
1326년	Tu	타르마시린, 차가타이 울루스의 칸위에 오름
1335년		훌레구 울루스의 아부 사이드 칸이 사망함
1336년	Tu	티무르 탄생
1340년대	Tu	차가타이 울루스가 동서로 분열됨
1346년	Tu	투글루크 티무르가 즉위함
1360년	Tu	티무르, 투글루크 티무르에게 충성을 맹세하고 케슈를 영유함
1361년	Tu	투글루크 티무르, 차가타이 울루스를 통일함
1365년	Tu	티무르와 아미르 후세인, 모굴군에게 대패함
1368년		토곤 테무르(順帝), 대도大都를 버림. 대도, 명군에 의하여 파괴됨

연대	지역	일어난 일
1370년	Tu	티무르, 서투르키스탄을 통일하고 티무르 제국을 세움
1371년	Tu	티무르, 모굴리스탄 원정(~1390년)
1377년	Tu	티무르, 톡타미슈를 조치 울루스 좌익左翼의 칸으로 세움
1378년	Tu	톡타미슈, 사라이를 공략하고 조치 울루스의 지배권을 탈취함(봄)
1379년	Tu	티무르, 수피조의 수도 우르겐치를 공략하고 호라즘 전역을 지배함
1380년	Tu	티무르, 이란의 케르트조로 진격하고 서방 원정을 시작함
1382년	Tu	티무르, 케르트조와 사르베다르조를 지배하고 호라산 지방을 확보함
1385년		티무르, 잘라이르조의 수도 술타니야를 제압함
1386년		티무르, 3년 원정을 떠남. 아르메니아, 그루지아, 아나톨리아 동부로 진군 시라즈에 입성하고 무자파르조를 복속시킴(~1388년)
1388년	M	명군明軍의 급습으로 북원北元의 투구스 테무르 사망. 쿠빌라이계 왕통이 끊어짐
1391년		명나라, 하미를 정복함
1392년		티무르, 5년 전쟁(~1396년) 시작. 무자파르조를 멸하고 바그다드에 무혈 입성함 (1393년)
1394년		티무르, 그루지아를 재정복함
1395년	Tu	티무르, 조치 울루스의 수도 사라이를 공략함
1397년	Tu	티무르, 아흐마드 야사비의 성묘聖廟를 수리함
1398년		티무르, 델리 술탄조 지배 하의 델리를 점령함
1400년		티무르, 알레포를 점령함
1401년		티무르, 다마스쿠스에 입성함
1402년		티무르, 앙카라 전투에서 승리하고 오스만조의 술탄 바야지드를 체포함
1403년	Tu	티무르, 제국을 일족에게 분봉함
1404년	Tu	클라비호, 사마르칸트에서 티무르를 알현함 티무르, 명나라 원정을 떠남(11월)
1405년	Tu	티무르, 오트라르에서 사망(2월). 할릴 술탄, 사마르칸트에 입성함(2월)
1408년		아스족(阿蘇特)의 아룩타이 타이시, 푼야스리(本雅失里)를 몽골 칸으로 추대
1409년	Tu	샤 루흐, 사마르칸트를 점령. 티무르조 군주로 즉위함(~1447년)
1420년		샤 루흐, 명나라의 영락제永樂帝에게 사절단을 보냄
1428년	Tu	우즈베크의 아불 하이르 칸이 즉위함(~1468년)
1430/31년	Tu	아불 하이르 칸, 티무르조 영역인 호라즘을 원정함
1446년	Tu	아불 하이르 칸, 킵차크 초원의 동부를 통일하고, 시그나크·사우란·우즈겐드 를 점령함

연대	지역	일어난 일
1447년	Tu	울룩 벡, 티무르조의 왕위를 계승함
1449년	Tu M	울룩 벡, 아들인 압둘 라티프에게 살해됨
		오이라트의 에센, 명明을 공격함(토목지변土木之變)
1451년	Tu	티무르조의 아부 사이드, 아불 하이르 칸의 도움으로 마 와라 알 나흐르를 장악함
1452년	M	에센, 칸 위에 오름(~1454년)
1456년	Tu M	아불 하이르 칸, 칼마크(오이라트)군에 패배함
1457년	Tu	아부 사이드, 호라산으로 출병했으나 헤라트를 점령하지 못함
1458년	Tu	흑양부黑羊部의 자한 샤, 헤라트에 입성함
1462년	Tu	아부 사이드, 유누스를 모굴리스탄 칸으로 앉힘
1469년	Tu	아부 사이드, 백양부白羊部의 우준 아산에게 패하고 살해됨
1470년	Tu	티무르조의 술탄 후세인, 헤라트를 탈환하고 헤라트 정권을 수립함
1485년	Tu	모굴리스탄 칸국에서 술탄 아흐마드 칸이 즉위함
1487년	M	칭기스 가문의 다얀 칸이 즉위함(~1524년)
1500년	Tu	샤이바니 칸, 사마르칸트를 정복하고 마 와라 알 나흐르를 탈환함
		샤이바니조의 성립
1502/03년	Tu	모굴리스탄 칸국의 만수르 칸이 즉위함
1503년	Tu	샤이바니 칸, 쿤두스와 페르가나 분지 및 타슈켄트를 점령함
1506년	Tu	티무르조 헤라트 정권의 술탄 후세인이 사망함
1507년	Tu	샤이바니 칸, 티무르 제국을 멸망시킴
1508/09년	Tu	샤이바니 칸, 카자흐 원정에 실패함
1510년	Tu	샤이바니 칸, 사파비조의 샤 이스마일에게 패하고 사망함
1511년	Tu	바부르, 사마르칸트를 탈환함
	Tu	킵차크 초원에서 카자흐의 카심 칸이 즉위함(~1518년)
1512년	Tu	우즈베크군이 바부르를 격파함. 조치 후예인 일바르스가 히바 칸국을 일으킴
1513년	Tu	불교도 세력, 하미(코물)에서 최종적으로 쫓겨남
1514년	Tu	술탄 사이드가 즉위함. 카슈가르 칸국이 성립됨
1524/25년	Tu	낙슈반디 교단의 시합 웃딘 마흐무드, 카슈가르에 옴
1524년	Tu	모굴리스탄 칸국의 만수르 칸, 숙주肅州를 포위함
1526년		바부르, 파니파트에서 로디조 군대를 격파하고 무갈조를 건국함
1529년	Tu	명나라, 만수르의 통공通貢 요구를 승인함
1537/38년	Tu	카슈가르 칸국에서 압둘 라시드 술탄이 즉위함

연대	지역	일어난 일
1542년	M	알탄 칸이 즉위함(~1583년)
1552년	R	모스크바 대공 이반 4세, 볼가 강 중류의 카잔 공략하여 카잔 칸국을 멸망시킴(10월 2일)
	Tu	샤이바니조의 바라크 칸(~1556년), 사마르칸트를 점령하고 왕조를 다시 통일함
1556년	R	아스트라한 칸국, 러시아에 합병됨
1559/60년		카슈가르 칸국에서 압둘 카림 칸이 즉위함
1561년	Tu	샤이바니조의 이스칸다르 칸이 즉위함(~1583년). 압둘라 2세가 실권을 장악함
1578년	M Ti	알탄 칸, 겔룩파의 화신 라마승 소남갸초와 칭하이에서 만남
1582년	Si	코사크의 예르마크, 시비르 칸국의 수도 시비르를 점령함
1583년	Tu	압둘라 2세가 즉위함(~1598년)
1584년	Tu	샤이바니조의 압둘라 2세, 바다흐샨을 점령함
1588년		건주여진建州女眞, 만주국을 건국함
	Tu	압둘라 2세, 헤라트를 점령함
1591년		카슈가르 칸국에서 무함마드가 즉위함
1593/94년	Tu	압둘라 2세, 히바 칸국이 지배하는 호라즘을 정복함
1599년	Tu	샤이바니조가 멸망하고, 마 와라 알 나흐르 정권이 잔조朝로 넘어감
1604년	M	릭단 칸이 즉위함(~1634년)
1616년		누르하치, 여진족을 통일하고 후금後金이라 칭함
1628년경	R	토르구트의 부민部民, 러시아의 지배 아래 들어감
1634년	M	초로스부의 바아투르 홍타이지가 즉위함(~1655년). 준가르부를 부흥시킴
1635년	M	차하르부, 후금後金에 항복하고 북원北元이 멸망함
1636년	M	후금의 홍타이지, 만주인·몽골인·한인에 의하여 대청大淸 황제로 추대됨
1637년	M Ti	청나라, 내몽골의 차하르 왕가를 멸망시킴
		제5대 달라이 라마, 호쇼트부의 구시 칸에게 칸의 칭호를 줌
1638/39년	Tu	모굴리스탄 칸국에서 압둘라 칸이 즉위함
1642년	Ti	제5대 달라이 라마, 호쇼트부 구시 칸의 도움으로 카르마-카규파를 제압함
1643년	M	청나라, 내몽골에 『몽고율서蒙古律書』를 반포함
1644년		청나라 군대, 베이징에 입성함
	Tu	히바 칸국의 아불 가지 칸이 즉위함(~1663년)
1645년	Ti	포탈라궁을 건조하기 시작함(~1696년)
17세기 중엽		러시아 세력이 헤이룽 강(黑龍江) 유역까지 도달함

연대	지역	일어난 일
1670년	R	스테판 라진이 이끄는 농민 코사크의 반란이 일어남(~1671년)
1671/72년	M	아크 타글리크(白山黨)의 아파크, 동투르키스탄에서 추방되어 시닝西寧으로 감
1671년	M	바아투르 홍타이지의 아들 갈단, 준가르부 부장이 됨(~1697년)
	M Ti	달라이 칸, 제5대 달라이 라마로부터 칸 칭호를 받음
1674년	M Ti	할하의 투시예투 칸, 제5대 달라이 라마로부터 칸 칭호를 받음
1678년	M Ti	갈단, 제5대 달라이 라마로부터 칸 칭호를 받음
	M	갈단, 하미 · 투르판을 점령함
1679년	M Ti	갈단, 구시 칸과 함께 티베트 서부의 라다크 제압함
1680년경	M Ti	갈단, 타슈켄트 · 사이람을 점령함
1682년	Ti	제5대 달라이 라마가 사망함
1686년	M	갈단, 할하를 침공함. 할하 왕공들, 청나라로 피신함
1689년		청나라, 러시아와 네르친스크 조약을 체결함
1696년	M	강희제康熙帝, 준가르부의 갈단을 패주시킴
1697년	M	토르구트의 아유키 칸, 제5대 달라이 라마로부터 칸 칭호를 받음
	Tu	하미의 우베이둘라, 청조에 복속함
	M	갈단이 사망함. 체왕 랍탄이 준가르부를 통솔함(~1727년)
1703년	M Ti	라장 칸, 제5대 달라이 라마로부터 칸 칭호를 받음
1713년	M	체왕 랍탄, 회부回部를 침공함
1715년	Tu	러시아 장군 베코비치의 히바 원정이 실패로 끝남(~1717년)
1716년	R	러시아, 카자흐 초원 북쪽에 옴스크 요새를 건설함
1717년	Ti	준가르부의 체왕 랍탄, 라사를 점령함
1720년	Ti	청조와 칭하이(靑海) 호쇼트 엽합군, 제7대 달라이 라마를 옹립하고 라사를 침공함
1723년~	Tu	준가르, 카자흐 초원과 시르다리아 강 방면으로 대규모 침공 시작
1724년	Ti	청나라, 롭장 단진의 반란을 제압하고 칭하이 호쇼트를 병합함
1727년	M	준가르의 갈단 체링이 즉위함(~1745년)
1728년		러시아와 청조 사이에 캬흐타 조약이 비준됨
1730년	Tu	카자흐 소小쥐즈의 아불 하이르 칸, 러시아에 사신을 보내 복속을 요청함
1733년	Tu	투르판의 아민 호자, 청나라에 내속함
1740년	Tu	페르시아의 나디르 샤, 투르키스탄을 침공함
1743년	Tu	러시아, 카자흐 초원 서쪽에 오렌부르크 요새를 건설함
18세기 중엽	R	러시아의 반이슬람 정책이 강화되어 카잔의 536개 모스크 중 418개 파괴됨
1755년	M	건륭제乾隆帝, 준가르를 정복함

연대	지역	일어난 일
1756년	Tu	무함마드 라힘, 잔조朝를 폐하고 부하라에 망기트조를 개창함
1757년	Tu	카자흐의 이불라이, 청조에 조공을 바침
1759년	Tu	코칸드 칸국의 에르데니 벡, 청조에 복속을 서약함
	Xin	청조, 동투르키스탄을 정복하고 새로운 정복지를 신장(新疆)이라 부름
1762년	R	예카테리나 2세, 러시아 황제에 즉위(~1796년)
1768년	Ne	네팔에 구르카조가 성립됨
1770년대	Tu	러시아와 중앙아시아 사이의 무역이 격증함(~1790년대)
1771년	M Tu	토르구트 4부, 볼가 강 유역에서 일리 지방으로 귀환하고 청조에 복속함
		카자흐의 이불라이 술탄, 칸 위에 오르고, 러시아와 청조에 이중으로 조공을 바침
1773년	R	푸가초프의 반란(~1775년)
1780년	Ti	건륭제, 판첸 라마를 열하熱河로 초청함
1783년	R	러시아, 크림 칸국을 병합함(4월)
1788년	R	우랄 산맥의 우파에 오렌부르크 무슬림 성직자협의회가 개설됨
1791/92년	Ne	청조, 네팔에 군사 개입을 함
1792년	Ti	구르카 전쟁
1804년	Tu	콩그라트 부족의 엘튀제르, 칸을 선언하고 히바 칸국에 새 왕조를 개창함
1809년	Tu	코칸드 칸국, 타슈켄트를 점령함
1814년	Ne	영국과 네팔 사이에서 구르카 전쟁이 발발함
	Tu	코칸드 칸국, 투르키스탄시市를 점령함
1816년		『이번원칙례理藩院則例』가 반포됨
1817년	Ne	시킴, 영국의 보호 아래 들어감
1820년대	RT	러시아, 카자흐의 소小쥐즈와 중中쥐즈에 대한 직할 통치를 실시함
1826년	Xin	자한기르, 코칸드의 도움으로 카슈가르를 점령하고 호자 정권을 재건함
1828년	Xin	자한기르, 베이징에서 처형됨
1830년	Xin	코칸드 칸국, 카슈가르를 일시적으로 점령함
		카슈가르 호자 가문, 고토 회복을 위한 성전을 개시함
1835년	Tu	청조와 코칸드 칸국 사이에 통상 조약이 체결됨
1837년대	RT	카자흐의 케네사르 · 사투크 부자, 40년에 걸친 반反러시아투쟁을 전개함(~1877년)
1839년	Tu	페로프스키의 러시아군, 히바 칸국 원정에 실패함(1839년 11월~1840년 1월)
1840년		아편전쟁(~1842년)
1842년	Tu	부하라의 아미르 나술라, 코칸드 칸국을 침공하고 무함마드 알리 칸을 살해함

연대	지역	일어난 일
1845년	Xin Tu	7호자의 카슈가르 침략이 계속됨(~1860년)
1847년	RT	카자흐의 대大쥐즈, 러시아에 병합됨
	Si	무라비예프, 동부 시베리아의 총독에 임명됨
1853년	R	크림 전쟁(~1856년)
	Tu	러시아군, 시르다리아 강 하류의 아크 메시트 요새를 점령함
1854년	RT	러시아군, 카자흐 초원 남단에 베르니 요새를 축조함
	Si	무라비예프, 러시아군을 이끌고 시르다리아 강에서 헤이룽 강으로 진출함
1857년		인도 대반란이 일어남(1857년 5월~1859년 10월)
	Si	아무르 주와 연해주가 설치됨. 헤이룽 강 유역이 러시아의 영토로 편입됨
1858년		러-청 아이훈(愛琿) 조약이 체결됨(5월 28일)
		러-청 톈진 조약(天津條約)이 체결됨(6월 13일)
1860년		러-청 베이징 조약(北京條約)이 체결됨(11월)
1861년	Ne	시킴 조약이 체결됨
1862년	Xin	웨이수이(渭水) 분지에서 회민回民 반란이 발생함(4월)
1864년	Xin	쿠차에서 무슬림 반란이 발생함. 라시딘 호자가 즉위함(6월)
		러시아군, 아우리에 아타, 투르키스탄, 침켄트를 점령함
		러-청 타르바가타이 국경 조약이 체결됨
1865년	RT	러시아군, 타슈켄트를 점령함(5월 17일)
	Xin	코칸드의 야쿱 벡, 신장(新疆)에 무슬림 정권을 수립함
1867년	RT	러시아, 식민지 통치를 위하여 타슈켄트에 투르키스탄 총독부를 설치함(7월 11일)
1868년	RT	러시아군, 부하라 아미르국의 사마르칸트를 점령함(5월 2일)
	RT	부하라 아미르국, 러시아의 보호국이 됨(6월)
1870년	Xin	야쿱 벡, 톈산(天山) 이남의 거의 전역을 장악함
1871년	Xin	러시아군, 일리를 점령함
1873년	RT	러시아군, 히바를 점령함(5월 29일)
1875년	Xin	청조, 좌종당左宗業을 신장 원정군 총사령관에 임명함
1876년	RT	러시아, 코칸드 칸국을 병합하고 페르가나 주를 설치함(2월 19일)
1877년	Xin	청군清軍, 야쿱 벡에게 결정적인 타격을 입힘, 야쿱 벡이 자살함(4월~5월)
1878년 말	Xin	청조, 일리 계곡을 제외한 신장 전역을 러시아로부터 되찾음
1881년	RT	러시아군, 괴크테페 전투에서 유목 투르크멘의 저항을 분쇄함
		중앙아시아 철도가 건설됨(~1906년)
		가스프린스키, 파흐치사라이에서 『러시아의 이슬람』을 출간함
	RT	러시아령 투르키스탄에 자카스피 주가 창설됨

연대	지역	일어난 일
		러시아군 메르브를 점령함(5월)
	Xin	러-청 일리 조약(伊犁條約) 체결됨(2월 24일)
1884년	Xin	신장 성이 설립됨(11월)
	R	가스프린스키, 크림의 파흐치사라이에 '새로운 방식의 학교'를 세움
1886년	RT	신新부하라에 러시아 제국의 정치 대표부가 개설됨(1월 1일)
1890년대~	RT	러시아 · 우크라이나 농민을 본격적으로 카자흐 초원으로 이주시킴
1891년	Si	시베리아 횡단 철도의 건설이 시작됨
	RT	카자흐 초원 동부를 옴스크 소재 초원 총독부의 관리 아래 둠
1892년	Xin	러시아의 카슈가르 총영사 페트로프스키, 현존 최고(2세기경)의 불경 사본 『다르마파다(法句經)』를 구입함
1894년		청일 전쟁(~1895년)
1895년	Ti	제13대 달라이 라마, 실권을 장악함
1896년		러시아, 청조와 비밀 조약을 체결하고 동청철도東淸鐵道 부설권을 얻음
1898년	RT	둑치 이샨이 지휘하는 무슬림 집단, 안디잔의 러시아아군 병영 습격(5월 18일)
	Ti	바라노프 시절단이 라사에 도착함
20세기 초기	RT Xin	'새로운 방식의 학교', 동 · 서투르키스탄의 여러 도시에 보급됨
1901년		동삼성東三省 제도가 시행됨
1904년	Ti	제13대 달라이 라마, 외몽골로 피난감(7월)
	Ti	영허즈번드가 지휘하는 영국 대표단이 라사에 도착함. 라사 조약이 체결됨(9월) 러일 전쟁이 발발함(~1905년)
1905년	Ti	제6대 판첸 라마, 인도 정청政廳을 방문함(12월)
	RT R	타슈켄트의 개혁주의자 무나바르 카리, 투르키스탄인 자제를 위한 최초의 '새로운 방식의 학교'를 개설함. 포츠머스 조약이 체결됨(9월 5일) 러시아, 뤼순(旅順), 다롄(大連) 지역의 조차권과 창춘(長春)-뤼순 사이의 철도를 일본에 이양함 러시아에서 입헌제와 정치적 자유를 부여한 10월 조서가 반포됨(10월 17일) 타슈켄트-오렌부르크 사이의 철도가 개통됨 카자흐 지식인과 부족 장로들, 카자흐 초원으로의 이민 제한과 카자흐어 사용을 청원함
1906년	Ti	영-청 시짱(西藏) 조약이 체결됨(4월) 청조, 관제 개혁을 개시함
	R	러시아 무슬림의 정치조직 '무슬림연맹'이 결성됨
	RT	중앙아시아 철도와 타슈켄트-오렌부르크 철도가 연결됨
1907년	R	제정帝政의 반동이 시작됨. 무슬림 민족 운동에 제약을 가함(6월)

연대	지역	일어난 일
1908년	Ti	영–청 통상 협상이 체결됨 제13대 달라이 라마, 베이징에 도착함
1909년	Ti	제13대 달라이 라마, 베이징에서 라사로 돌아감(12월)
1910년	RT	부하라에서 수니파와 시아파의 충돌이 일어남(1월 9일~12일)
	Ti	쓰촨군(四川軍), 라사로 진격함. 제13대 달라이 라마, 인도로 망명함(2월)
1911년		우창 봉기(武昌蜂起)가 발발함(10월 10일)
	M	몽골, 독립을 선언함. 젭춘담바 쿠툭투를 국가 수반으로 추대함 복드 칸 정권이 성립됨(12월 1일)
1912년	Xin	중화민국이 성립됨(1월 1일) 일리에서 혁명파가 봉기함 몽골인 광푸(廣福)를 임시 도독으로 추대한 정부가 수립됨 양쩡신(楊增新), 신장 도독(성주석)이 됨(~1928년)
	M	러시아와 복드 칸 정권 사이에 러–몽 협정이 체결됨(11월)
1913년	Ti	제13대 달라이 라마, 라사로 돌아옴(1월) 티베트–몽골 조약이 체결됨(1월) 제13대 달라이 라마, '5개조 선언'을 발표함(3월) 심라 회의 시작(1913년 10월~1914년 4월)
	M	러–중 선언으로 양국은 중국의 종주권과 외몽골 자치를 승인함(11월 5일)
	RT	신문 《카자크》가 오렌부르크에서 창간됨(~1918년)
1914년		제1차 세계 대전이 발발함(8월)
1915년	M	캬흐타에서 몽–중–러 3국 협정이 체결됨(7월)
1916년	RT	제정(帝政)의 전시 동원령(6월 25일)에 반대하여 투르키스탄과 카자흐 초원에서 민중 봉기가 일어남(1916년 봉기)
1917년	R	러시아에서 2월 혁명이 발발함(2월 27일, 신력 3월 12일) 모스크바에서 전러시아 무슬림 대회가 개최됨(5월 14일~24일)
	RT	타슈켄트에서 슈로이 이슬라미야(이슬람평의회)가 조직됨(3월) 신문 『카자크』에 모인 지식인 주도로 각지에서 카자흐인 정치 집회가 열림(4월) 전수카자흐인 대회에서 카자흐 독립을 목표로 한 알라슈당이 결성됨(7월) 투르키스탄에서 투르크 연방주의자당이 결성되고 무슬림 자치 운동의 조직화에 기여함(8월)
	CA	러시아에서 10월 혁명이 일어남(10월 25일, 신력 11월 7일) 타슈켄트에 소비에트 정권이 성립됨(11월 1일) 그 후 중앙아시아 각지에 소비에트 정권이 확립됨 레닌과 스탈린 연명으로 무슬림에 대한 호소문이 발표됨(11월 20일) 코칸드에서 개최된 제4회 투르키스탄 무슬림 대회, 투르키스탄의 자치를 선언함

연대	지역	일어난 일
		(11월 27일)
		알라슈당, 러시아 헌법 제정 회의 선거에서 카자흐인의 압도적 지지와 현지 러시아인으로부터도 상당한 지지를 받음(겨울)
	Ti	티베트군, 쓰촨군(四川軍)으로부터 참도를 탈환함
1918년		소비에트 정권, 헌법 제정 회의를 해산하고 사회주의소비에트공화국을 선언함(1월)
	RT	타슈켄트의 소비에트 정권, 코칸드의 투르키스탄 자치 정부를 타도함(2월)
		바스마치 운동이 시작됨(2월)
		청년 부하라인이 조직됨. 소비에트 정권과 함께 아미르 정권에 대한 쿠테타를 시도했지만 실패로 끝남(3월)
		투르키스탄자치소비에트사회주의공화국이 성립됨(5월)
1919년 초	RT	피트라트, 타슈켄트에 '차가타이 간담회'라는 문예 서클을 만듦
	RT	투르키스탄 공산당 안에 무슬림 공산주의자의 공식 조직인 투르키스탄 지방 무슬림 뷰로가 창설됨(3월)
	M	중화민국 대총통, 외몽골 자치 철회를 선포함(11월)
1920년	RT	투르키스탄의 무슬림 공산주의자, 투르키스탄의 당명과 국명을 '투르크제민족공산당', '투르크소비에트공화국'으로 개칭을 건의(1월)
		히바 칸국에서 혁명이 일어나 호라즘소비에트공화국이 성립됨(4월 20일)
		코민테른, 바쿠에서 동방 제민족 대회 개최(8월 31일~9월 7일)
		적군赤軍의 부하라 입성(9월 1일)
		부하라인민소비에트공화국이 성립됨(10월 8일)
	Si	베르흐네 우딘스크에 극동공화국이 설립됨(5월)
	M	몽골인민당이 결성됨(6월)
	M	러시아 공산당 정치국, 몽골 지원을 결정함. 백군白軍의 운게른 외몽골 침입함(10월)
1921년	R	이르쿠츠크에 코민테른 극동서기국이 설립됨(1월)
	M	운게른, 후레(庫倫)에 입성하여 복드 칸 정권을 복구시킴(2월)
		캬흐타 교외의 데드 시베에서 몽골인민당 제1회 대회를 개최하고 몽골 해방을 결의함(3월)
		몽골 인민정부 수립(7월 11일)
		몽골 인민정부-소비에트 우호 조약을 체결(11월)
1922년	RT	바스마치 운동에 헌신한 엔베르 파샤, 부하라 동부에서 사망함(8월 4일)
		소비에트사회주의공화국연방이 성립됨(12월)
1923년	Ti	제6대 판첸 라마, 티베트를 탈출함
1924년	CA	바스마치 운동 관련 세력 대표들, 사마르칸트에서 비합법 무슬림 대회를 개최하

연대	지역	일어난 일
		고, '투르키스탄투르크독립이슬람공화국' 수립을 결의함(4월)
		중-소 잠정 통상 조약이 체결되고 외교 관계가 회복됨. 중-소 대강협정大綱協定이 체결되고, 외몽골에 대한 중화민국의 종주권을 승인함(5월)
		러시아공산당 중앙위원회 총회, 중앙아시아 각 민족의 경계 획정을 승인함. 이로써 현대 중앙아시아 국가들의 원형이 형성됨(10월 26일)
	M	몽골인민공화국이 성립됨(11월)
1925년	Ti	제6대 판첸 라마, 베이징에 도착함
	M	장자커우(張家口)에서 내몽골인민혁명당이 결성됨
1926년	CA	중앙아시아 남부 농업 지대에서 토지·수리 개혁이 시행됨. 지주·부농의 토지, 수리권, 생산 수단을 국유화하여 빈농에 분배함
1927년	CA	소비에트 정권, 중앙아시아 무슬림 여성해방운동(후줌)을 시작함
1928년	Xin	스벤 헤딘의 서북과학고사단西北科學考査團이 신장에 도착함(2월 7일)
		양쩡신이 살해됨(7월 7일)
	M	몽골인민혁명당 제7회 대회에서 담바도르지 등 우파를 추방함
1930년대 초	CA	유목민의 강제적인 정주화와 목축의 집단화 정책, 카자흐스탄에서 대규모 기근을 불러옴
1930년	Ti	티베트 군대, 쓰촨(四川)·시닝(西寧)군과 전투를 벌임(~1933년)
1931년	Xin	간쑤(甘肅)·신장(新疆)에서 회민 군벌 마중잉(馬仲英)이 반란을 일으킴(~1934년)
		하미에서 회토귀류回土歸流 문제가 발생함
1932년	Xin	무함마드 아민 부그라, 호탄에서 봉기하고 신정부를 수립함(2월)
	Xin	투르판에서 무슬림 반란이 시작됨(봄)
	M	몽골, 유목민의 집단화를 중지하고 유화 정책으로 전환함
1933년	Xin	우룸치에서 쿠테타 발생함. 성스차이(盛世才), 신장 성 임시 변방 독판督辦이 됨(4월)
		동투르키스탄 이슬람공화국이 성립됨(11월)
	Ti	제13대 달라이 라마가 서거함(12월)
1934년	M	올롱 숨(百靈廟)에서 덕왕德王 등이 몽고지방자치정무위원회를 조직함(4월)
	Xin	둥간의 공격으로 동투르키스탄이슬람공화국이 괴멸됨(2월)
1935년	Xin	성스차이 정부, 위구르[웨이우얼(維吾爾)]라는 민족 명칭을 채택함
1936년	M	덕왕의 내몽골군, 쑤이위안성(綏遠省) 주석 푸쭤이(傅作義) 군대를 격파함(11월)
	CA	소련군, 소-몽 상호 의정서에 의거하여 다시 몽골에 주둔함
1937년	M	몽고연맹자치정부가 성립됨(주석 운왕雲王, 부주석 덕왕德王)(10월)
	Ti	제6대 판첸 라마, 제쿤도(玉樹)에서 사망함(12월)
	Xin	성스차이, 코민테른 요원을 체포·추방함
1938년	Ti	칭하이 성(靑海省) 탁체에서 새로운 달라이 라마(제14대)가 발견됨

연대	지역	일어난 일
	CA	스탈린 정권의 대숙청, 중앙아시아에서도 맹위를 떨침
1939년	M	만주국과 몽골인민공화국의 국경 할힌 골(노몬한)에서 무력 충돌이 발생함(5월)
	Xin	신장 성과 소연방 사이에 항공로가 개설됨(6월)
	M	모스크바에서 할힌 골 사건의 정전 협정이 이루어짐(9월)
		장자커우에서 덕왕을 주석으로 하는 몽고연합자치정부가 수립됨(9월)
1941년		독·소전, 소련의 대조국 전쟁이 시작됨(6월)
1943년	CA	타슈켄트에서 제1회 무슬림 대회가 개최됨
		'중앙아시아-카자흐스탄 무슬림 종교국'이 창설됨(10월 20일)
1944년	Xin	성스차이, 국민당 정부에서 해임되어 충칭(重慶)으로 감(9월)
	Si	투바공화국, 소련의 자치주로 편입됨(10월, 1946년 8월 공표)
	Xin	알타이 지구의 카자흐족 오스만, '알타이민족혁명임시정부'를 수립함(10월)
		동투르키스탄공화국이 성립됨(11월 2일)
1945년	M	소련과 몽골인민공화국, 일본에 선전 포고를 함(8월)
	Xin	동투르키스탄공화국 군대, 우룸치 서쪽의 마나스(瑪納斯)에서 성 정부군과 대치함(9월)
	M	서몽골인민대표회의, 내몽골자치운동연합회를 조직함[주석 울란푸(烏蘭夫)](11월)
1946년	M	중국 국민당 정부, 몽골인민공화국 독립을 정식으로 승인함(1월)
		청더(承德)에서 내몽골 동부와 서부의 통일 회의가 개최됨(4월)
	Xin	소련, 동투르키스탄공화국 주석 알리 칸 토라를 납치함(6월)
		우룸치와 일리의 신장성연합정부가 발족됨(7월)
1947년	M	울란푸를 주석으로 하는 내몽골자치구인민정부가 성립됨(5월)
	Ti	티베트, 통상 사절단을 여러 나라에 파견함(~1948년)
1949년	Xin	동투르키스탄공화국의 아흐마드잔 등이 탑승한 비행기가 바이칼 호 부근에서 추락함(8월 27일)
		신장 성 정부, 인민정부에 따를 것을 표명(9월 26일)
		중화인민공화국이 성립함(10월 1일). 마오쩌둥과 스탈린, 일리 문제 처리를 합의함
1950년	Ti	중국국, 티베트 진격을 개시함. 제14대 달라이 라마, 인도 국경으로 피난감(10월)
1951년	Xin	오스만이 체포되어 처형됨(4월)
	Ti	가푸파 등 티베트 대표단, 베이징에 옴. 17개조의 평화 해방 협정에 조인함(5월)
		달라이 라마, 라사로 돌아옴
		인민해방군, 라사에 진주함(9월)
1952년	Xin	가을 신장에서 토지 제도 개혁이 시작되고 와크프(기진재산)가 몰수됨(가을)
1953년		쑤이위안 성 인민정부, 내몽골자치구 인민정부와 통합됨(11월)
1954년	Ti	달라이 라마·판첸 라마, 제1회 전국인민대표대회에 참석함. 티베트에 관한 중국-인도 사이에 협정이 이루어짐

연대	지역	일어난 일
1955년	Xin	신장위구르자치구가 성립됨(9월 30일). 준가르 분지에서 석유가 발견됨
	Ti	제14대 달라이 라마, '티베트 자치구 준비 위원회'를 승인함. 인도네시아 반둥에서 아시아-아프리카회의가 개최됨
1956년	Ti	티베트 자치구 준비 위원회가 발족됨
1959년	Ti	중국군 티베트 침공(3월 12일). 중국군 라사를 점령(3월 23일). 달라이 라마, 인도로 망명함(3월 31일)
	Xin	신장의 카자흐족, 소련으로 탈출하기 시작함
1960년	M	몽골인민공화국 신헌법 반포, 몽골의 사회주의화가 달성됨(7월)
	Ti	제14대 달라이 라마, 인도의 다람살라에 망명 정부 수립
1961년	Si	투바자치주, 투바사회주의자치공화국이 됨(10월)
1962년	M	몽골, 코메콘(소련 · 동유럽 경제상호원조회의)에 가입함
1963년	Xin	이 무렵부터 신장에서 중 · 소 국경 분쟁이 일어남
1965년	Ti	티베트자치구가 성립됨(9월 9일)
1966년	M	소련의 코시킨 수상, 몽골을 방문하고 우호 협력 상호 원조 조약을 체결함(1월) 몽골 인민혁명당 제15회 대회에서 신강령을 채택함(6월)
	Xin	신장에서 '문화대혁명'이 시작됨(8월)
1970년	Ti	카규파의 최키 걈둥파, 바즈라 다투 인터내셔널을 설립함
1974년	Ti	겔룩파의 툽텐 예셰, 대승불교 전통유지재단을 설립함
1976년		저우언라이, 주더, 마오쩌둥이 차례로 사망함
1979년		소련, 아프가니스탄을 침공함(12월)
	Ti	중국 정부, 3회에 걸쳐 티베트 본토에 대한 달라이 라마가 파견한 시찰단의 입국을 허락함(~1980년)
1982년	Xin	국가민족위원회 확대 회의, 신장의 종교 문제와 민족주의 문제를 논의함(4월) 중국 공산당 제12기 전국대표대회, 개방 정책을 채택함(9월)
1983년	CA	우즈베크공화국에서 면화를 둘러싼 부정 부패에 대한 적발이 시작됨
1985년		고르바초프, 소련공산당 서기장에 취임함(3월 12일)
	Ti	미국에서 티베트 독립 지원 단체인 티베트 하우스가 설립됨
1986년	CA	고르바초프, 타슈켄트에서 이슬람에 대한 비타협적 투쟁을 지시함(11월) 카자흐 공산당 제1서기 코나예프가 해임됨. 알마아타에서 항의 데모 시작됨(12월 17일) 고르바초프 정권, 페레스트로이카 정책에 착수함
1987년	Ti	중국 정부, 외국인 관광객에게 티베트를 개방함
	M	신칠렌(혁신) 정책을 실시함

연대	지역	일어난 일
1988년	CA	소련군, 아프가니스탄에서 철수하기 시작함(5월)
		우즈베크공화국에서 인민 전선 '비를리크'가 탄생함(11월)
1988년 이후	Xin	타림 분지에서 유전이 발견됨
1989년	Ti	제10대 판첸 라마가 시가체의 타시룬포사寺에서 심장병으로 사망함(1월)
		티베트 승려들, 대소사大昭寺 앞에서 대규모 시위를 함(3월)
	CA	무함마드 사디크 무함마드 유수프, 무슬림에 의하여 중앙아시아-카자흐스탄 종교 국장(무프티)으로 선출됨(2월)
		타지키스탄 지식인 그룹, 고르바초프에게 부하라와 사마르칸트를 타지키스탄에 편입하도록 요구함. 소련 대표 제4회 중앙아시아-카자흐스탄 무슬림 대회에서 소련과 무슬림의 새로운 협조 관계를 약속함(3월)
		아슈하바트에서 아르메니아인의 상점과 공장을 습격함(5월)
		우즈베키스탄의 페르가나에서 우즈베크인과 메스헤트-투르크인이 충돌함. 카자흐스탄 노비 우제니에서 카자흐인과 북카프카스 출신자들이 충돌함(6월)
1989년		천안문 사건이 일어남(6월 4일)
	Ti	제14대 달라이 라마, 노벨 평화상을 수상함(10월)
	Xin	위구르족·회족 시위대, 우룸치 정부 관서와 당기관을 습격함
	M	몽골에서 민주화 운동이 시작됨(12월)
1990년	CA	타지키스탄의 두샨베에서 도시 소요가 일어남(2월)
		키르기스스탄 오슈에서 키르기스인과 우즈베크인이 충돌함(6월)
		중앙아시아 5개국 수뇌 알마아타에서 회동하고 지역 협력 구상을 논의(6월 22일)
		중앙아시아 국가들 차례로 자주권을 선언함
		타슈켄트에서 이슬람 부흥당이 결성됨(10월)
1991년	CA	소련에서 '8월 구테타'가 발생함(8월 19일). 페르가나 지방에서 우즈베크의 이슬람 조직 아돌라트가 활동을 개시함
		소연방이 붕괴됨. 독립국가연합이 결성됨(12월). 티베트 '평화 해방' 40주년을 기념하여 베이징에 티베트연구센터(藏學研究中心)인 티베트의원(藏醫院)이 설립됨
1992년	M	몽골인민공화국, 국호를 몽골국으로 바꿈(2월)
	CA	중앙아시아 국가들, 경제협력기구(ECO)에 가입(2월 17일)
		타지키스탄이 내전 상태에 빠짐. 우즈베키스탄의 페르가나 지방에서 아돌라트에 대한 탄압이 행해짐(6월)
	Ti	틴레도르제, 추르푸사에서 제17대 카르마파로 즉위함
1993년	CA	중앙아시아 5개국 수뇌 타슈켄트에서 회동. '센트랄리나야 아지야(중앙아시아)'라는 지역 명칭을 사용하자고 제안함(1월)
		공산당이 반대파를 제압하고 타지키스탄 내전을 종식시킴. 이슬람 부흥당 세력이 아프가니스탄 북부로 이동함
	Ti	중국 정부, 판첸 라마의 유체遺体를 넣은 불탑 건립 비용을 국고에서 지원함

연대	지역	일어난 일
		박트리아의 수르흐코탈 부근의 라바타크에서 카니슈카 초기 사적을 기록한 비문이 발견됨
1994년	Xin	중일 공동으로 니야 유적 발굴 조사가 시작됨
	CA	카자흐스탄, 우즈베키스탄, 키르기스스탄의 경제 동맹이 발족됨
1995년	Ti	제14대 달라이 라마, 6세의 겐둔 최키 니마를 제10대 판첸 라마의 전생으로 발표함(5월)
		중국 정부, 겐둔 최키 니마를 뺀 후보자를 라사에 모아놓고 금병의례金瓶儀禮를 실시하여 겔첸 노르부를 제11대 판첸 라마로 결정함(11월)
1996년		탈레반, 아프가니스탄 내전에서 승리하고 수도 카불을 점령함(9월)
1997년	CA	타지키스탄에서 국민 화해 협정이 체결됨(6월). 카자흐스탄, 수도를 알마아타에서 아스타나(옛 악몰린스크)로 옮김
	CA	우즈베키스탄의 나망간에서 암살·총격 사건이 발생함
1998년	Xin	일리에서 충돌 사건이 발생함. 장쩌민(江澤民), 카자흐스탄의 나자르바예프 대통령과 회담하고 신장의 분리주의자를 옹호하지 않을 것을 약속받음
1999년	CA	타지키스탄 대통령 선거. 이슬람 부흥당이 패배함(1월)
		우즈베키스탄 수도 타슈켄트에서 대규모 폭탄 테러 사건이 발생함(2월 16일)
		'이슬람 무장 세력', 타지키스탄에서 우즈베키스탄으로 침투를 시도함(8월)
	Ti	제17대 겔바 카르마파(14세), 히말라야를 넘어 인도로 망명함(12월)
2000년	CA	이슬람 무장 세력, 우즈베키스탄·키르기스스탄 영내로 침입하여 총격전을 전개함(8월)

왕조 계보도*

**몽골 제국
대원 울루스**

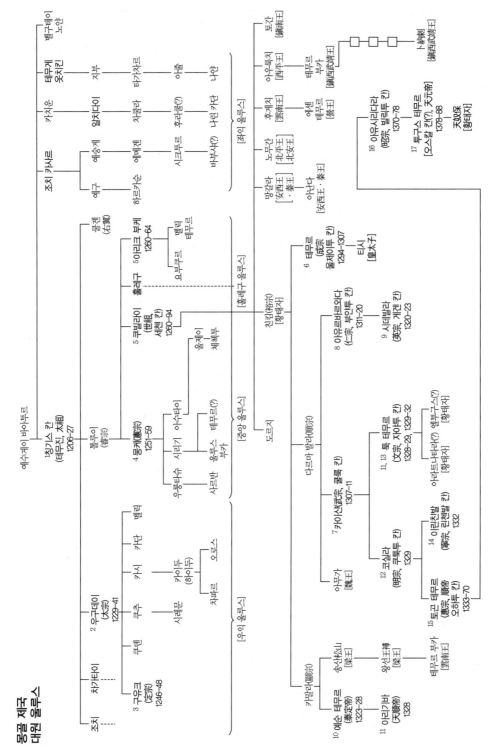

부록

원

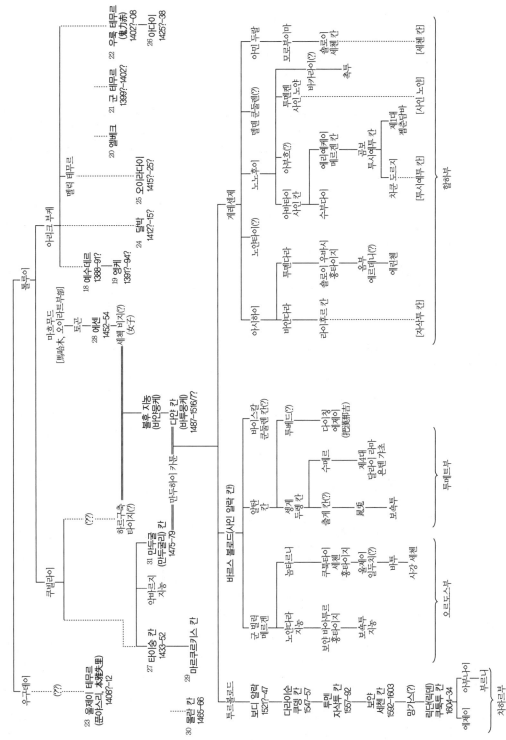

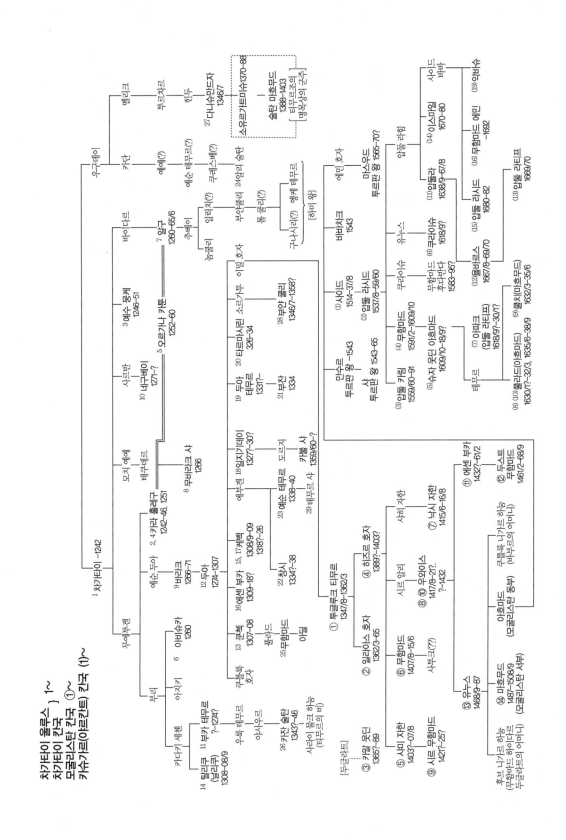

チガタイ・ウルス} 1〜
チガタイ 칸국 ①
모굴리스탄 칸국 ①
카슈가르(야르칸트) 칸국 (1)〜

チガ타이 1 ~1242

티무르조

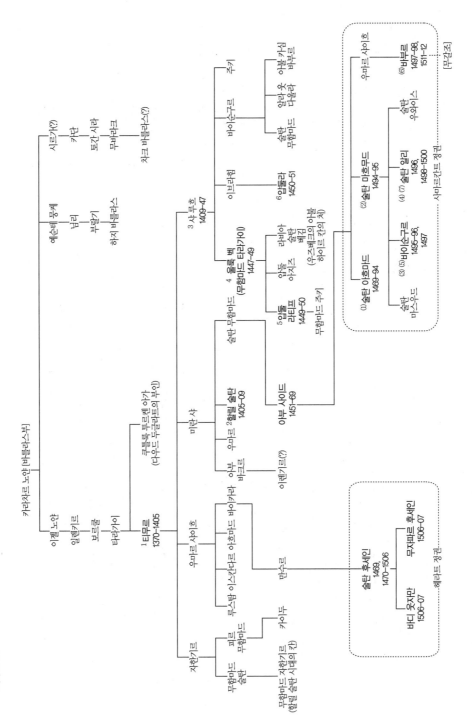

조치 울루스(金帳汗國 · 킵차크 칸국)

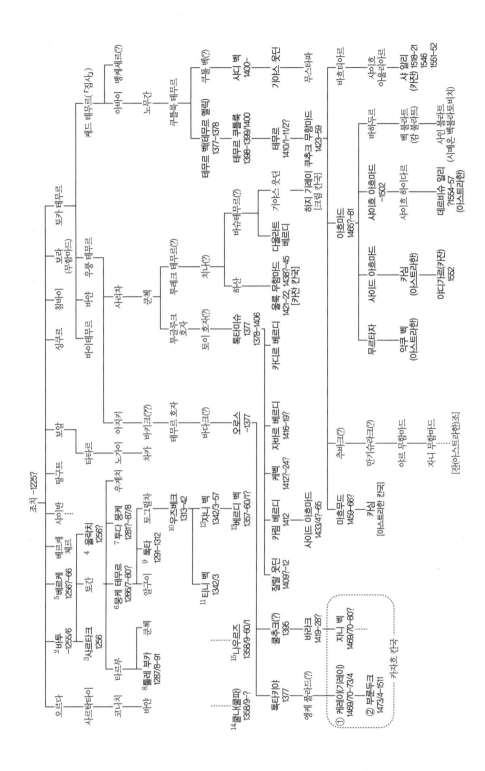

샤이바니조
잔(아스트라한)조

샤이반

바하두르
조치부카

카다크

발라카
밍티무르
탐마 톡타

아비 쿨
밍 테무르

엘베크
칸 벡(?)
마흐무드 호자

이람 샤
투글루크 하자
테무르 사이흐
아타가르
[하바 칸국]

풀라드
이브라힘
다울라트 사이흐
이불 하이르 1428-68

하즈르
마흐무드
바흐티야르

톤가(??)
세비체크(??)
수피(??)
주마두크(?)

베 캉디(?)
일리
하지 무함마드
마흥무다르
마흐무크

이바크
무르타자
카첨
[시비르 칸국]
사이다르크(?)

안키자르
카단
이크 베르디(?)
무사
무스타파

세비치 호자(?)
나우로즈 아흥마드
(바라크 칸)
1552-56

쿠츠쿤지 1510-30
얌불 라티프 1540-52

사이흐 하이다르 1468
얌둘라 1세 1540
아부 사이드 1530-33
술레이만
이스칸다르 1561-83
피르 무함마드 2세 1598-99
얌둘라 2세 1583-98
얌불 무민 1598

호자 무함마드
자니 벡
피르 무함마드 1세 1556-61
무함마드 라힘

사부다
마흥무드
마흐무드
우베이둘라 1533-40
얌불 아지즈 무함마드 라힘
부르한

무함마드
(샤이바니 칸)
1500-10
테무르

자초라 하눔
(?)

샤이바니조

[토가 테무르기家]

자니 무함마드

딘 무함마드

바키 무함마드 1599?-1605
딜리 무함마드 1605-11
이맘 쿨리 1611-42
나디르 무함마드 1642-45
얌둘 아지즈 1645-80
수브한 쿨리 1680-1702
우베이둘라 1702-11
이불 파이즈 1711-53?
얌둘 무민 1747-48

사이드
이브라힘
얌불 가지
1753-56,1758-88/9?

잔(아스트라한)조

카자흐 칸국

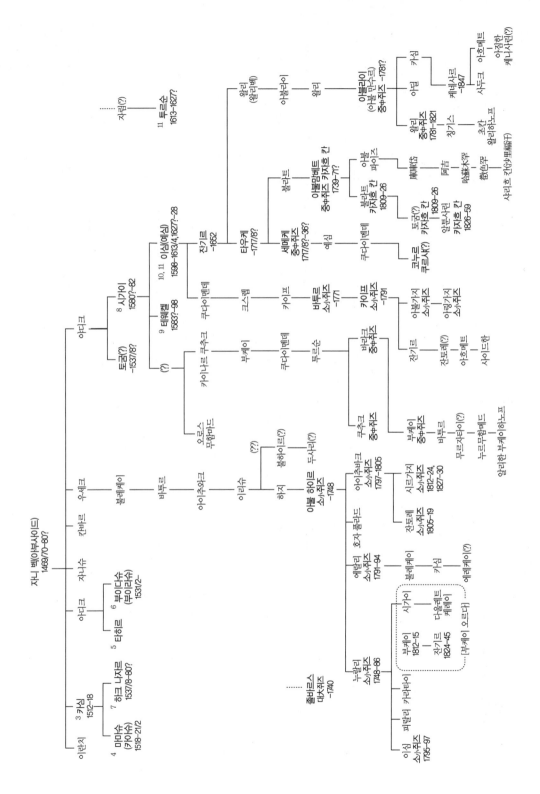

자니 벡(아부사이드)
1469/70-80?

이란지　3 가신　자나슈　아마크　우세크　칸바르　아마크　8 시가이　　토굼(?)
　　　1512-18　　　　　　　　　　　　　　　　　　1580?-82　　-1537/8?

4 마마슈　7 하크 나자르
(카야슈)　1537/8-80?
1518-21/2

5 타히르

6 부이다슈
(부이라슈)
1531/2-

9 테베켈　　　오로스
1533?-98　　무함마드

10, 11 이심(예심)
1598-1613/4,1627?-28

볼라케오　　바투르　　아이추와크　이리슈　　하지

졸바르스
대大칸조
-1740

이블 하이르
소小칸조
-1748

카이나르 루추크　　부케이　　쿠다이멘데　　　　잔기르
　　　　　　　　　　　　　　　　　　-1652

타우케
-1717/8?

볼라트

쿠다이멘데　　　　　크스켑　　토루순

세메케
중中칸조
1717/8?-36?

예심

이블람베트
중中칸조
1739-7?

카이프　바투르　　바리크
　　　소小칸조　　중中칸조
　　　-1771

볼라트
카자흐 칸조
1809-26

토굼(?)
카자흐 칸조

쿠누르 쿠로산(?)

쿠다이멘데

누랄리　　에랄리　아이추바크
소小칸조　소小칸조　소小칸조
1748-86　1791-94　1797-1805

카이프
소小칸조
-1791

이블가지
소小칸조

아이랑가지
소小칸조

이심
소小칸조
1795-97

파랄리 카라타이

시게이
더훌레트
케베이

[부케이 오르다]

볼케게오　　　가신

부케이
1812-15

잔기르
1824-45

에베게오(?)

루추크
중中칸조

바리크
소小칸조

잔토레
소小칸조
1805-19

시르가지
소小칸조
1812-24,
1827-30

이블
파야즈

발라트
1809-26

이른사리
1826-59

에베게오(?)

잔기르

잔토레(?)

아흐메트

사이드한

부케이
중中칸조

무르자타이(?)

누르무함메트

알리한 부케이하하노프

바투르

쿠다이멘데

알리
(알리베)

이블라이

알리

이블라이
(아불 만수르)
중中칸조 -1781?

알리
중中칸조
1781-1821

장기스

촌칸
알리하노프

아딜

카네사리르
-1847

사두크

자림(?)

11 토르순
1613-1627?

아흐메트

아겸한
케나사린(?)

사리흐 간(沙里顯干)
庫蘇占 阿吉
嗢色爾 哈蘇木字

인명 찾아보기[*]

---

* 여기에 수록된 인명의 1/3 정도는 원서 색인에 없는 것을 옮긴이가 추가한 것이다. 물론 라틴어 표기도 옮긴이가 찾아 수록
했다. 라틴어 표기는 현지어 표기 원칙을 따랐다. 다만 영어식 표기로 일반화된 것은 일반적인 관행을 따랐다. 그리고 유목
수령의 타이틀인 칸, 카간, 카안의 라틴어 표기는 기본적으로 원서를 따랐지만, 이 책이 교과서라는 점을 고려하여 몇 가지
사항을 옮긴이가 통일했다. 즉 칸의 경우 원서에는 Khan(몽골), Khān(서아시아 및 중앙아시아), 칸(일부 몽골의 칸), Qaghan
(일부 몽골의 칸) 등 여러 가지가 쓰이고 있는데, 이를 Khan(몽골), Khān(서아시아 및 중앙아시아)으로 일괄 통일하고, 몽골
의 일부 칸과 카칸은 원서의 표기인 [Qan 또는 Qaghan] 등을 병기했다. 다만 몽골 이전 투르크계 카간(돌궐과 위구르)의 경
우 원서대로 Qaghan을 사용했다.

나

다

지명·사항 찾아보기*

---

* 지명 및 사항도 1/3 이상을 옮긴이가 추가한 것이다. 원서에는 라틴어 표기가 병기되어 있지 않으나, 이 책이 교과서라는 점을 고려하여 옮긴이가 가능한 범위에서 찾아 넣었다. 이 역시 현지어 발음 표기 원칙을 준용했지만, 영어권에서 보편적으로 쓰이는 지명이나 사항의 경우 일반 관행을 따랐다.

저역자 소개

고마츠 히사오
(小松 久男)

1951년 생으로 도쿄대학에서 공부하고 현재 같은 대학 교수로 재직하고 있다. 주요 업적으로 『イスラム都市研究』(共著, 東京大學出版會, 1991), 『革命の中央アジアーあるジャディードの肖像』(東京大學出版會, 1996), 『ジャポンヤーイスラム系ロシア人の見た明治日本』(共譯, アブデュルレシト イブラヒム, 第3書館, 1991) 등이 있다.

집필 부문 서장, 제6장 3절, 제7장 3절, 제8장 3절

하야시 토시오
(林 俊雄)

1949년 생으로 도쿄대학에서 공부하고 현재 소카(創價)대학 교수로 재직하고 있다. 주요 업적으로 『講座文明と環境 5』(共編著, 朝倉書店, 1996), 『岩波講座世界歷史 3』(共著, 岩波書店, 1998), 『中央ユーラシアの考古學』(共著, 同成社, 1999) 등이 있다.

집필 부문 제1장

우메무라 히로시
(梅村 坦)

1946년 생으로 도쿄교육대학에서 공부하고 현재 주오대학 교수로 재직하고 있다. 주요 업적으로 『世界史リブレット 11 內陸アジア史の展開』(山川出版社, 1997), 『世界の歷史 7 宋と中央ユーラシア』(共著, 中央公論社, 1997), 『アジアの歷史と文化 8 中央アジア史』(共著, 同朋社, 1999), 「增補 天山ウイグル王の肖像をめくっで」(『鎌倉佛教の樣相』, 吉川弘文館, 1999) 등이 있다.

집필 부문 제2장

하마다 마사미
(濱田 正美)

1946년 생으로 교토대학에서 공부하고 현재 고베대학 교수로 재직하고 있다. 주요 논문으로 「サトク ボグラ ハン墓廟をめくっで」(『西南アジア研究』 No.34, 1991), 「鹽の義務と聖戰との間で」(『東洋史研究』 No.52-2, 1993), Le sufisme et "ses opposants' au Turkestan oriental, Islamic Mysticism Contestsd, Fr. de Jong & B. Radtke ed., Leiden, 1999.

집필 부문 제3장, 제6장 2절, 제7장 2절, 제8장 2절(3).

호리카와 토오루
(堀川 徹)

1950년생으로 교토대학에서 공부하고 현재 교토외국어대학 교수로 재직하고 있다. 주요 업적으로 『パクス イスラミカの世紀』(共著, 講談社現代新書, 1993), 『講座イスラーム世界 3 世界に廣がるイスラーム』(編共, 榮光教育文化研究所, 1995), 『アジアの歴史と文化 8 中央アジア史』(共著, 同朋社, 1999).　　**집필 부문** 제4장

이시하마 유미코
(石濱 裕美子)

1962년생으로 와세다대학에서 공부하고 현재 와세다대학 교수로 재직하고 있다. 주요 업적으로 『チベット佛教世界の歴史的研究』(東方書店, 2001), 『西藏佛教宗義研究 第4卷』(東洋文庫, 1974), 『圖説チベット歴史紀行』(河出書房新社, 1999), 『ダライ ラマの佛教入門』(譯, ダライ ラマ 14世, 光文社, 1995).　　**집필 부문** 제5장, 제8장 2절(3).

나카미 타츠오
(中見 立夫)

1952년생으로 히토츠바시대학에서 공부하고 현재 도쿄외국어대학 アジア アフリカ研究所 교수로 재직하고 있다. 주요 업적으로 『地域からの世界史 內陸アジア』(共著, 朝日新聞社, 1992), Mongolia in the Twentith Century, Landlocked Cosmopolitan(共著, M.E. Sharpe, 1999), "New Trends in the Study of Modern Mongolian History", Acta Asiatica No. 76, 1999.　　**집필 부문** 제6장 1절, 제7장 1절, 제8장 1절, 2절(1).

옮긴이 이평래

단국대학교 사학과와 같은 학교 대학원을 졸업하고, 몽골 과학아카데미 역사연구소에서 역사학박사학위를 취득했다. 몽골 국립대학교 한국어과 교수를 거쳐 현재는 국민대학교 한국학연구소에서 책임연구원으로 일하면서 한국외대와 한양대에서 가르치고 있다.
『몽골 민간 신화』(대원사), 『몽골의 종교』(소나무)를 우리말로 번역하고, 「20세기 초기 북몽골 왕공들의 정국인식과 독립구상」, 「16 18세기 몽문 법전의 선서」, 「한 몽 문화교류를 보는 시각」, 「몽골 외무부 소장 1920년대 한국 관련 자료」 등 몽골 근대사와 법사, 몽골 문화에 관한 많은 논문을 썼다.

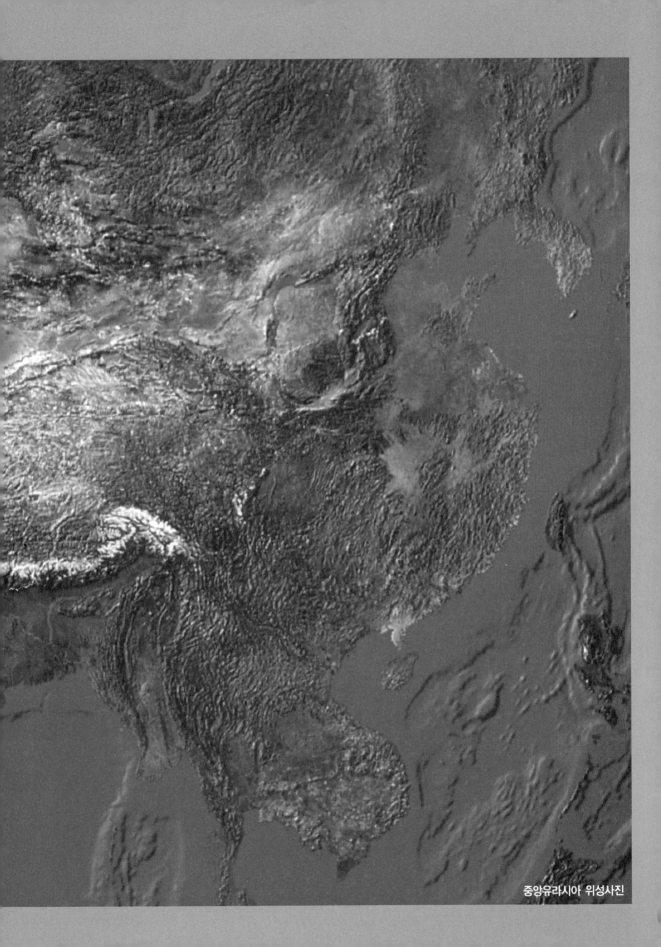

중앙유라시아 위성사진